엑스포지멘터리

시편 II

Psalms

엑스포지멘터리 시편 II

초판 1쇄 발행 2019년 5월 31일
2쇄 발행 2019년 6월 10일

지은이 송병현

펴낸곳 도서출판 이엠
등록번호 제25100-2015-000063
주소 서울시 구로구 공원로 3번지
전화 070-8832-4671
E-mail empublisher@gmail.com

내용 및 세미나 문의 스타선교회: 02-520-0877 / EMail: starofkorea@gmail.com / www.star123.kr
Copyright © 송병현, 2019, *Print in Korea.*
ISBN 979-11-86880-62-3   93230

「이 도서의 국립중앙도서관 출판시 도서목록(CIP)은 서지정보유통지원시스템 홈페이지(http://seoji.nl.go.kr)와 국가자
료공동목록시스템(http://www.nl.go.kr/kolisnet)에서 이용하실 수 있습니다. (CIP제어번호:CIP2015000753)」

엑스포지멘터리

시편 II

Psalms

| 송병현 지음 |

EXPOSItory comMENTARY

한국 교회를 위한 하나의 희망

저의 서재에는 성경 본문 연구에 관한 많은 책이 있습니다. 그중에는 주석서들도 있고 강해서들도 있습니다. 그러나 그중에 송병현 교수가 시도한 이런 책은 없습니다. 엑스포지멘터리, 듣기만 해도 가슴이 뛰는 책입니다. 설교자와 진지한 성경 학도 모두에게 꿈의 책이 아닐 수 없습니다. 이런 책이 좀 더 일찍 나올 수 있었다면 한국 교회가 어떠했을까를 생각해 봅니다. 저는 이 책을 꼼꼼히 읽어 보면서 가슴 깊은 곳에서 큰 자긍심을 느꼈습니다.

이 책은 지금까지 복음주의 교회가 쌓아 온 모든 학문적 업적을 망라하고 있을 뿐만 아니라 한국 교회 강단이 목말라하는 모든 실용적 갈망에 해답을 던져 줍니다. 이 책에서는 실제로 활용할 수 있는 충실한 신학적 정보가 일목요연하게 제시됩니다. 그러면서도 또한 위트와 감탄을 자아내는 감동적인 적용들도 제공됩니다. 얼마나 큰 축복이며 얼마나 신나는 일이며 얼마나 큰 은총인지요. 저의 사역에 좀 더 일찍 이런 학문적 효과를 활용하지 못한 것이 아쉽기만 합니다. 진실로 한국 교회의 내일을 위해 너무나 소중한 기여라고 생각합니다.

일찍이 한국 교회 1세대를 위해 박윤선 목사님과 이상근 목사님의

4

기여가 컸습니다. 그러나 이제 한국 교회는 새 시대의 리더십을 열어야 하는 교차로에 서 있습니다. 저는 송병현 교수가 이런 시점을 위해 준비된 선물이라고 생각합니다. 진지한 강해 설교를 시도하고자 하는 모든 이와 진지한 성경 강의를 준비하고자 하는 모든 성경공부 지도자에게 어떤 대가를 지불하고서라도 우선 이 책을 소장하고 성경을 연구하는 책상 가까운 곳에 두라고 권면하고 싶습니다. 앞으로 계속 출판될 책들이 참으로 기다려집니다.

한국 교회는 다행스럽게 말씀과 더불어 그 기초를 놓을 수 있었습니다. 이제는 그 말씀으로 어떻게 미래의 집을 지을 것인가를 고민하고 있습니다. 이 〈엑스포지멘터리 시리즈〉는 분명한 하나의 해답, 하나의 희망입니다. 이 책과 함께 성숙의 길을 걸어갈 한국 교회의 미래가 벌써 성급하게 기다려집니다. 더 나아가 한국 교회 역사의 성과물 중의 하나인 이 책이 다른 열방에도 나누어졌으면 합니다. 이제 우리는 복음에 빚진 자로서 열방을 학문적으로도 섬겨야 하기 때문입니다. 이 책을 한국 교회에 허락하신 우리 주님께 감사와 찬양을 드립니다.

이동원 | 지구촌교회 원로목사

5

총체적 변화를 가져다줄 영적 선물

교회사를 돌이켜볼 때, 교회가 위기에 처해 있었다면 결국 강단에서 하나님의 말씀이 제대로 선포되지 못한 데서 그 근본 원인을 찾을 수 있습니다. 영적 분별력이 있는 사람이라면 모두 이에 대해 동의할 것입니다. 사회가 아무리 암울할지라도 강단에서 선포되는 말씀이 살아 있는 한, 교회는 교회로서의 기능이 약화되지 않고 오히려 사회를 선도하고 국민들의 가슴에 희망을 안겨 주었습니다. 백 년 전 영적 부흥이 일어났던 한국의 초대교회가 그 좋은 예입니다. 이러한 영적 부흥은 살아 있는 하나님의 말씀이 강단에서 영적 권위를 가지고 "하나님께서 이렇게 말씀하셨다"고 선포되었을 때 나타났던 현상입니다.

오늘날에는 날이 갈수록 강단에서 선포되는 말씀이 약화되거나 축소되고 있습니다. 이런 상황 속에서 출간되는 송병현 교수의 〈엑스포지멘터리 시리즈〉는 한국 교회와 전 세계에 흩어진 7백만 한인 디아스포라에게 주는 커다란 영적 선물이 아닐 수 없습니다. 이 시리즈는 하나님의 말씀을 쉽게 이해할 수 있도록 풀이한 것으로, 목회자와 선교사는 물론이고 평신도들의 경건생활과 사역에도 큰 도움이 될 것입니다. 무엇보다도 저는 이 시리즈가 강단에서 원 저자이신 성령님의 의도대로 하나님 나라 복음이 선포되게 하여 믿는 이들에게 총체적 변화(total transformation)를 다시 경험할 수 있는 계기를 마련해 주리라 확신합니다.

송병현 교수는 지금까지 구약학계에서 토의된 학설 중 본문을 석의하는 데 불필요한 내용들은 걸러내는 한편, 철저하게 원 저자가 전하고자 하는 메시지를 현대인들이 가장 잘 이해할 수 있도록 전하고자 부단히 애를 썼습니다. 이 시리즈를 이용하는 모든 이에게 저자의 이런 수고와 노력에 걸맞은 하나님의 축복과 기쁨과 능력이 함께하실 것을 기대하면서 이 시리즈를 적극 추천합니다.

이태웅 | GMTC 초대 원장, 글로벌리더십포커스 원장

주석과 강해의 적절한 조화를 이뤄낸 시리즈

한국 교회는 성경 전체를 속독하는 '성경통독' 운동과 매일 짧은 본문을 읽는 '말씀 묵상'(QT) 운동이 세계 어느 나라 교회보다 활성화되어 있습니다. 얼마나 감사한 일인지 모릅니다. 그러나 상대적으로 책별 성경연구는 심각하게 결핍되어 있는 것이 사실입니다. 때때로 교회 지도자들 중에도 성경해석의 기본이 제대로 갖춰져 있지 않아 성경 저자가 말하려는 의도와 상관없이 본문을 인용해서 자신이 하고 싶은 말을 하는 분들이 적지 않음을 보고 충격을 받은 일도 있습니다. 앞으로 한국 교회가 풀어야 할 과제가 '진정한 말씀의 회복'이라면 이를 위해 가장 중요한 것은 바른 말씀의 세계로 인도해 줄 좋은 주석서와 강해서를 만나는 일일 것입니다.

좋은 주석서는 지금까지 축적된 다른 성경학자들의 연구 결과가 잘 정돈되어 있을 뿐 아니라 저자의 새로운 영적·신학적 통찰이 번뜩이는 책이어야 합니다. 또한 좋은 강해서는 자기 견해를 독자들에게 강요하는(impose) 책이 아니라, 철저한 본문 석의 과정을 거친 후에 추출되는 신학적·사회과학적 연구가 배어 있는 책이어야 할 것이며, 글의 표현이 현학적이지 않은, 독자들에게 친절한 저술이어야 할 것입니다.

그러나 솔직히 말씀드리면, 저는 서점에서 한국인 저자의 주석서나 강해서를 만나면 한참을 망설이다가 내려놓게 됩니다. 또 주석서를 시리즈로 사는 것은 어리석은 행동이라는 말을 신학교 교수들에게 들은 뒤로 여간해서 시리즈로 책을 사지 않습니다. 이는 아마도 풍성한 말씀의 보고(寶庫) 가운데로 이끌어 주는 만족스러운 주석서를 아직까지 발견하지 못했기 때문일 것입니다. 그러나 제가 처음으로 시리즈로 산 한국인 저자의 책이 있는데, 바로 송병현 교수의 〈엑스포지멘터리 시리즈〉입니다.

송병현 교수의 〈엑스포지멘터리 시리즈〉야말로 제가 가졌던 좋은 주석서와 강해서에 대한 모든 염원을 실현해 내고 있습니다. 이 주석서는 분명 한국 교회 목회자들과 평신도 성경 교사들의 고민을 해결해 줄 하나님의 값진 선물입니다. 지금까지 없었던, 주석서와 강해서의 적절한 조화를 이뤄낸 신개념의 해설주석이라는 점도 매우 신선하게 다가옵니다. 또한 쉽고 친절한 글이면서도 우물 깊은 곳에서 퍼올린 생수와 같은 깊이가 느껴집니다. 이 같은 주석 시리즈가 한국에서 나왔다는 사실에 저는 감격하지 않을 수 없습니다. 이 땅에서 말씀으로 세상에 도전하고자 하는 모든 목회자와 평신도에게 이 주석 시리즈를 적극 추천합니다.

이승장 | 예수마을교회 목사, 성서한국 공동대표

시리즈 서문

"너는 오십세까지는 좋은 선생이 되려고 노력하고, 그 이후에는 좋은 저자가 되려고 노력해라." 내가 시카고 근교에 위치한 트리니티 신학교(Trinity Evangelical Divinity School) 박사과정을 시작할 즘에 지금은 고인이 되신 스승 맥코미스키(Thomas E. McComiskey)와 아처(Gleason L. Archer) 두 교수님께서 주신 조언이었다. 너무 일찍 책을 쓰면 훗날 아쉬움이 많이 남는다며 하신 말씀이었다. 박사학위를 마치고 1997년에 한국에 들어와 신대원에서 가르치기 시작하면서 나는 이 조언을 마음에 새겼다. 사실 이 조언과 상관없이 내가 당시에 당장 책을 출판한다는 일은 불가능한 일이었다. 중학교를 다니던 70년대 중반에 캐나다로 이민을 갔다가 20여 년 만에 귀국하여 우리말로 강의하는 일 자체가 당시 나에게는 매우 큰 도전이었으며, 책을 출판하는 일은 사치로 느껴졌기 때문이다.

세월이 지나 어느덧 나는 선생님들이 말씀하신 오십을 눈앞에 두었다. 1997년에 귀국한 후 지난 10여 년 동안 나는 구약 전체에 대한 강의안을 만드는 일을 목표로 삼았다. 내 자신에게 동기를 부여하기 위하여 내가 몸담고 있는 신대원 학생들에게 학기마다 새로운 구약 강해

과목을 개설해 주었다. 감사한 것은 지혜문헌을 제외한 구약 모든 책의 본문관찰을 중심으로 한 강의안을 13년 만에 완성할 수 있었다는 점이다. 앞으로 수년에 거쳐 이 강의안들을 대폭 수정하여 매년 2-3권씩을 책으로 출판하려 한다. 지혜문헌은 잠시 미루어두었다. 시편 1권(1-41편)에 대하여 강의안을 만든 적이 있었는데, 본문관찰과 주해는 얼마든지 할 수 있었지만, 무언가 아쉬움이 남았다. 삶의 연륜이 가미되지 않은 데서 비롯된 부족함이었다. 그래서 나는 지혜문헌에 대한 주석은 육십을 바라볼 때쯤 집필하기로 작정했다. 삶을 조금 더 경험한 후로 미루어 놓은 것이다. 아마도 이 시리즈가 완성될 때쯤이면, 자연스럽게 지혜문헌에 대한 책들을 출판할 때가 되지 않을까 싶다.

이 시리즈는 설교를 하고 성경공부를 인도해야 하는 중견목회자들과 평신도 지도자들을 마음에 두고 집필한 책들이다. 나는 이 시리즈의 성향을 exposimentary("해설주석")이라고 부르고 싶다. Exposimentary라는 단어는 내가 만들어낸 용어이다. 해설/설명을 뜻하는 expository라는 단어와 주석을 뜻하는 commentary를 합성하였다. 대체적으로 expository는 본문과 별 연관성이 없는 주제와 묵상으로 치우치기 쉽고, commentary는 필요이상으로 논쟁적이고 기술적일 수 있다는 한계를 의식해서 이러한 상황을 의도적으로 피하고 가르치는 사역에 조금이나마 실용적이고 도움이 되는 교재를 만들기 위하여 만들어낸 개념이다. 나는 본문의 다양한 요소와 이슈들에 대하여 정확하게 석의하면서도 전후 문맥과 책 전체의 문형(文形; literary shape)을 최대한 고려하여 텍스트의 의미를 설명하고 우리의 삶과 연결하려고 노력했다. 또한 히브리어 사용은 최소화했다.

이 시리즈를 내 놓으면서 감사할 사람이 참 많다. 먼저, 지난 25년 동안 나의 인생의 동반자가 되어 아낌없는 후원과 격려를 해주었던 아내 임우민에게 감사한다. 아내를 생각할 때마다 참으로 현숙한 여인을 (cf. 잠31:10-31) 배필로 주신 하나님께 감사할 뿐이다. 아빠의 사역을 기도와 격려로 도와준 지혜, 은혜, 한빛에게도 고마운 마음을 표한다. 평생 기도와 후원을 아끼지 않은 친가와 처가 친척들에게도 감사하다는 말을 전하고 싶다. 항상 옆에서 돕고 격려해준 평생친구 장병환·윤인옥, 박선철·송주연 부부들에게도 고마움을 표하는 바이며, 시카고 유학시절에 큰 힘이 되어주셨던 이선구 장로님·최화자 권사님 부부에게도 이 자리를 빌려 평생 빚진 마음을 표하고 싶다. 우리 가족이 20여 년 만에 귀국하여 정착할 수 있도록 배려를 아끼지 않으신 백석학원 설립자 장종현 목사님에게도 감사하는 바다. 우리 부부의 영원한 담임 목자이신 이동원 목사님에게도 고마움을 표하고 싶다.

2009년 겨울 방배동에서

감사의 글

스타선교회의 사역에 물심양면으로 헌신하여 오늘도 하나님의 말씀이 온 세상에 선포되는 일에 기쁜 마음으로 동참하시는 백영걸, 정진성, 장병환, 임우민, 정채훈, 송은혜, 강숙희 이사님들께 감사의 마음을 전하고 싶습니다. 이사님들의 헌신이 있기에 세상은 조금 더 살맛나는 곳이 되고 있습니다.

2019년 아카시아 향기가 진동하는 방배동에서

일러두기

엑스포지멘터리(exposimentary)는 '해설/설명'을 뜻하는 엑스포지토리 (expository)라는 단어와 '주석'을 뜻하는 코멘터리(commentary)를 합성한 단어다. 본문의 뜻과 저자의 의도와는 별 연관성이 없는 주제와 묵상 으로 치우치기 쉬운 엑스포지토리(expository)의 한계와 필요이상으로 논 쟁적이고 기술적일 수 있는 코멘터리(commentary)의 한계를 극복하여 목회현장에서 가르치고 선포하는 사역에 실질적으로 도움이 되도록 하는 새로운 장르다. 본문의 다양한 요소와 이슈들에 대하여 정확하게 석의하면서도 전후 문맥과 책 전체의 문형(文形; literary shape)을 최대한 고려하여 텍스트의 의미를 설명하고 성도의 삶과 연결하려고 노력하 는 설명서다. 엑스포지멘터리는 다음과 같은 원칙을 바탕으로 인용한 정보를 표기한다.

1. 참고문헌을 모두 표기하지 않고 선별된 참고문헌으로 대신한다.
2. 출처를 표기할 때 각주(foot note) 처리는 하지 않는다.
3. 출처 표기는 괄호 안에 하되 페이지는 밝히지 않는다.
4. 여러 학자들이 동일하게 해석할 때 모든 학자들을 표기하지 않고

일부만 표기한다.

5. 한 출처를 인용하여 설명할 때, 설명이 길어지더라도 각 문장마다
출처를 표기하지 않는다.

주석은 목적과 주 대상에 따라 인용하는 정보 출처와 참고문헌 표기
가 매우 탄력적으로 제시되는 장르다. 참고문헌이 없이 출판되는 주석
들도 있고, 각주가 전혀 없이 출판되는 주석들도 있다. 또한 각주와 참
고문헌이 없이 출판되는 주석들도 있다. 엑스포지멘터리 시리즈는 이
같은 장르의 탄력적인 성향을 고려하여 제작된 주석이다.

선별된 약어표

개역	개역성경
개정	개역성경개정판
공동	공동번역
새번역	표준새번역 개정판
현대	현대인의 성경
아가페	아가페 쉬운성경
BHK	Biblica Hebraica Kittel
BHS	Biblica Hebraica Stuttgartensia
ESV	English Standard Version
CSB	Nashville: Broadman & Holman, Christian Standard Bible
KJV	King James Version
LXX	칠십인역(Septuaginta)
MT	마소라 사본
NAB	New American Bible
NAS	New American Standard Bible
NEB	New English Bible

NIV	New International Version
NRS	New Revised Standard Bible
TNK	Jewish Publication Society Tanakh
TNIV	Today's New International Version
AAR	American Academy of Religion
AB	Anchor Bible
ABD	The Anchor Bible Dictionary
ABRL	Anchor Bible Reference Library
ACCS	Ancient Christian Commentary on Scripture
AJSL	American Journal of Semitic Languages and Literature
ANET	J. B. Pritchard, ed., The Ancient Near Eastern Texts Relating to the Old Testament. 3rd. ed. Princeton: Princeton University Press, 1969.
ANETS	Ancient Near Eastern Texts and Studies
AOTC	Abingdon Old Testament Commentary
ASORDS	American Schools of Oriental Research Dissertation Series
BA	Biblical Archaeologist
BAR	Biblical Archaeology Review
BASOR	Bulletin of the American Schools of Oriental Research
BBR	Bulletin for Biblical Research
BCBC	Believers Church Bible Commentary
BDB	F. Brown, S. R. Driver & C. A. Briggs, A Hebrew and English Lexicon of the Old Testament. Oxford: Clarendon Press, 1907.
BETL	Bibliotheca Ephemeridum Theoloicarum Lovaniensium
BibOr	Biblia et Orientalia
BibSac	Bibliotheca Sacra

BibInt	Biblical Interpretation
BJRL	Bulletin of the John Rylands Library
BJS	Brown Judaic Studies
BLS	Bible and Literature Series
BN	Biblische Notizen
BO	Berit Olam: Studies in Hebrew Narrative & Poetry
BR	Bible Review
BRS	The Biblical Relevancy Series
BSC	Bible Student Commentary
BT	The Bible Today
BTCB	Brazos Theological Commentary on the Bible
BV	Biblical Viewpoint
BZAW	Beihefte zur Zeitschrift für die alttestamentliche Wissenschaft
CAD	Chicago Assyrian Dictionary
CBC	Cambridge Bible Commentary
CBSC	Cambridge Bible for Schools and Colleges
CBQ	Catholic Biblical Quarterly
CBQMS	Catholic Biblical Quarterly Monograph Series
CB	Communicator's Bible
CHANE	Culture and History of the Ancient Near East
DSB	Daily Study Bible
EBC	Expositor's Bible Commentary
ECC	Eerdmans Critical Commentary
EncJud	Encyclopedia Judaica
EvJ	Evangelical Journal
EvQ	Evangelical Quarterly
ET	Expository Times

ETL	Ephemerides Theologicae Lovanienses
FOTL	Forms of Old Testament Literature
GCA	Gratz College Annual of Jewish Studies
GKC	E. Kautszch and A. E. Cowley, Gesenius' Hebrew Grammar. Second English edition. Oxford: Clarendon Press, 1910.
GTJ	Grace Theological Journal
HALOT	L. Koehler and W. Baumgartner, The Hebrew and Aramaic Lexicon of the Old Testament. Trans. by M. E. J. Richardson. Leiden: E. J. Brill, 1994–2000.
HBT	Horizon in Biblical Theology
HSM	Harvard Semitic Monographs
HOTC	Holman Old Testament Commentary
HUCA	Hebrew Union College Annual
IB	Interpreter's Bible
ICC	International Critical Commentary
IDB	Interpreter's Dictionary of the Bible
ISBE	G. W. Bromiley (ed.), The International Standard Bible Encyclopedia. 4 vols. Grand Rapids: 1979–88.
ITC	International Theological Commentary
J–M	P. Joüon–T. Muraoka, A Grammar of Biblical Hebrew. Part One: Orthography and Phonetics. Part Two: Morphology. Part Three: Syntax. Subsidia Biblica 14/I–II. Rome: Editrice Pontificio Istituto Biblico, 1991.
JAAR	Journal of the American Academy of Religion
JANES	Journal of Ancient Near Eastern Society
JNES	Journal of Near Eastern Studies

JBL	Journal of Biblical Literature
JBQ	Jewish Bible Quarterly
JJS	Journal of Jewish Studies
JSJ	Journal for the Study of Judaism
JNES	Journal of Near Eastern Studies
JSOT	Journal for the Study of the Old Testament
JSOTSup	Journal for the Study of the Old Testament Supplement Series
JPSTC	JPS Torah Commentary
LCBI	Literary Currents in Biblical Interpretation
MHUC	Monographs of the Hebrew Union College
MJT	Midwestern Journal of Theology
MOT	Mastering the Old Testament
MSG	Mercer Student Guide
NAC	New American Commentary
NCB	New Century Bible Commentary
NCBC	New Collegeville Bible Commentary
NEAEHL	E. Stern (ed.), The New Encyclopedia of Archaeological Excavations in the Holy Land. 4 vols. Jerusalem: Israel Exploration Society & Carta, 1993.
NIB	New Interpreter's Bible
NIBC	New International Biblical Commentary
NICOT	New International Commentary on the Old Testament
NIDOTTE	W. A. Van Gemeren, ed., The New International Dictionary of Old Testament Theology and Exegesis. Grand Rapids: Zondervan, 1996.
NIVAC	New International Version Application Commentary

OBC	Oxford Bible Commentary
Or	Orientalia
OTA	Old Testament Abstracts
OTE	Old Testament Essays
OTG	Old Testament Guides
OTL	Old Testament Library
OTM	Old Testament Message
OTS	Oudtestamentische Studiën
OTWSA	Ou-Testamentiese Werkgemeenskap in Suid-Afrika
PBC	People's Bible Commentary
PEQ	Palestine Exploration Quarterly
PSB	Princeton Seminary Bulletin
RevExp	Review and Expositor
RTR	Reformed Theological Review
SBJT	Southern Baptist Journal of Theology
SBLDS	Society of Biblical Literature Dissertation Series
SBLMS	Society of Biblical Literature Monograph Series
SBLSymS	Society of Biblical Literature Symposium Series
SHBC	Smyth & Helwys Bible Commentary
SJOT	Scandinavian Journal of the Old Testament
SJT	Scottish Journal of Theology
SSN	Studia Semitica Neerlandica
TBC	Torch Bible Commentary
TynBul	Tyndale Bulletin
TD	Theology Digest
TDOT	G. J. Botterweck and H. Ringgren (eds.), Theological Dictionary of the Old Testament. Vol. I-. Grand Rapids:

Eerdmans, 1974-.

TGUOS	Transactions of the Glasgow University Oriental Society
THAT	Theologisches Handwörterbuch zum Alten Testament. 2 vols. Munich: Chr. Kaiser, 1971-1976.
TJ	Trinity Journal
TOTC	Tyndale Old Testament Commentaries
TS	Theological Studies
TWAT	Theologisches Wörterbuch zum Alten Testament. Stuttgart: W. Kohlhammer, 1970-.
TWBC	The Westminster Bible Companion
TWOT	R. L. Harris, G. L. Archer, Jr., and B. K. Waltke (eds.), Theological Wordbook of the Old Testament. 2 vols. Chicago: Moody, 1980.
TZ	Theologische Zeitschrift
UBT	Understanding Biblical Themes
VT	Vetus Testament
VTSup	Vetus Testament Supplement Series
W-O	B. K. Waltke and M. O'Connor, An Introduction to Biblical Hebrew Syntax. Winona Lake: Eisenbrauns, 1990.
WBC	Word Biblical Commentary
WBCom	Westminster Bible Companion
WCS	Welwyn Commentary Series
WEC	Wycliffe Exegetical Commentary
WTJ	The Westminster Theological Journal
ZAW	Zeitschrift für die alttestamentliche Wissenschaft

차례

선별된 참고문헌

(Select Bibliography)

Alden, R. L. *Psalms*, 3 vols. Chicago: Moody Press, 1974−76.

_____. "Chiastic Psalms: a study in the mechanics of Semitic poetry in Psalms 1−50." JETS 17.1 (Winter, 1974): 11−28.

_____. "Chiastic Psalms (II): a study in the mechanics of Semitic poetry in Psalms 51−100." JETS 19.3 (Summer, 1976): 191−200.

_____. "Chiastic Psalms(III): a study in the mechanics of Semitic poetry in Psalms 101−150." JETS 21.3 (Sept. 1978): 199−210.

Alexander, T. D. "The Psalms and the After Life." IBS 9 (Jan. 1987): 2−17.

Allen, L. C. *Psalms 100-150*. rev. ed. WBC. Grand Rapids: Thomas Nelson Publishers, 2002.

_____. "Psalm 73: Pilgrimage from Doubt to Faith." BBR 7 (1997): 1−10.

_____. "Structure and Meaning in Psalm 50." Vox Evangelica 14 (1984): 17−38.

_____. "Psalm 73: an Analysis." TynBul 33 (1982): 93−118.

_____. "Faith on Trial: an Analysis of Psalm 139." Vox Evangelica 10 (1977): 5–23.

Allen, R. B. *When the Song is New: Understanding the Kingdom in the Psalms.* Nashville, Ten.: Thomas Nelson Publishers, 1983.

_____. "Psalm 87: A Song Rarely Sung." BibSac 153 (April–June 1996): 131–40.

Allison, D. C. "Psalm 23 (22) in Early Christianity. A Suggestion." IBS 5.3 (1983): 132–137.

Aloisi, J. "Who is David's Lord? Another Look at Psalm 110:1." DBSJ 10 (Fall 2005): 103–23.

Alter, R. *The Book of Psalms: A Translation with Commentary.* New York: W. W. Norton & Company, 2009.

Althann, R. "Atonement and Reconciliation in Psalms 3, 6, and 83." JNSL 25 (1999): 75–82.

Anderson, A. A. *Psalms,* 2 vols. NCB. Grand Rapids: Eerdmans, 1972.

_____. "Index of Psalms According to Type." Pp. 239–42 in *Out of the Depths: The Psalms Speak for Us Today.* 3rd. ed. Ed. by Anderson, B. W. ; S. Bishop. Louisville, KY: Westminster John Knox Press, 2000.

Anderson, B. W.; S. Bishop. *Out of the Depths: The Psalms Speak for Us Today.* 3rd. ed. Louisville, KY: Westminster John Knox Press, 2000.

Anderson, G. W. "Enemies and Evildoers in the Book of Psalms." BJRL 48 (1965–66): 18–29.

Anderson, R. D. "The Division and Order of the Psalms." WTJ 56.2 (Fall 1994): 219–241.

Auffret, P. *Literary Structure of Psalm 2.* JSOTSup. Sheffield: Sheffield Academic Press, 1978.

Avishur, Y. *Studies in Hebrew and Ugaritic Psalms.* Jerusalem: Magnes

Press, 1994.

Ballard, W. H. *The Divine Warrior Motif in the Psalms*. Richland Hills, Tex.: D & F Scott Publishing, 1999.

Ballard, H. W., W. D. Tucker, eds. *Introduction to Wisdom Literature and the Psalms*. Festschrift for Marvin E. Tate. Macon, GA.: Mercer University Press, 2000.

Barentsen, J. "Restoration and its blessings: a theological analysis of Psalm 51 and 32." GTJ 5.2 (Fall 1984): 247–269.

Barker, D. G. "The Lord Watches Over You: A Pilgrimage Reading of Psalms 121." BibSac 152 (April–June 1995): 163–81.

_____. "The Waters of the Earth: An Exegetical Study of Psalm 104:1–9." GTJ 7.1 (Spring 1986): 57–80.

Barré, M. ; J. S. Kselman. "New Exodus, Covenant, and Restoration in Psalm 23." Pp. 97–127 in *Word of the Lord Shall Go Forth: Essays in Honor of David Noel Freedman in Celebration of His Sixtieth Birthday*. Ed. by Carol L. Meyers & M. O'Connor. Winona Lake, Ind.: Eisenbrauns, 1983.

Barry, C. D. "Is Psalm 110 a Messianic Psalm?" BibSAc 157: 626 (2000): 160–73.

Barton, S. C., ed. *Where Shall Wisdom Be Found? Wisdom in the Bible, the Church and the Contemporary World*. Edinburgh: T & T Clark, 1999.

Bateman, H. W. "Psalm 110:1 and the New Testament." BibSac 149 (Oct. 1992): 483–53.

Beckwith, R. T. "The Early History of the Psalter." TynBul 46.1 (1995): 1–27.

Bellinger, W. H. *Psalms. Reading and Studying the Book of Praises*.

Peabody, Mass.: Hendrickson, 1990.

_____. *A Hermeneutics of Curiosity and Readings of Psalm 61*. Mercer Island, WA: Mercer Publishing, 1995.

_____. *Psalms: A Guide to Studying the Psalter*. 2nded. GrandRapids:BakerP ublishingHouse,2012.

_____. "The Interpretation of Psalm 11." EQ 56.2 (Apr.–June 1984): 95–102.

Bennett, R. A. "Wisdom Motifs in Psalm 14 = 53." BASOR 220 (1975): 15–21.

Berry, G. R. "The Titles of the Psalms." JBL 33.3 (1914): 198–200.

Beuken, A. A. M. "Psalm 39: Some Aspects of the Old Testament Understanding of Prayer." Heythrop Journal 19 (1978):1–11.

Bland, D. "Exegesis of Psalm 62." RQ 23.2 (1980): 82–95.

Boguslawski, S. O. "The Psalms: Prophetic Polemics against Sacrifice." IBS 5.1 (1983): 14–41.

Bonhoeffer, D. *Psalms: The Prayer Book of the Bible*. Trans. by J. H. Burtness. Minneapolis, MN: Augsberg Press, 1974.

Booij, T. H. "Psalm Cxxxix: Text, Syntax, Meaning." VT 55:1 (2005): 1–19.

Bosma, C. J.; E. Talstra. "Psalm 67: Blessing Harvest and History: A Proposal for Exegetical Methodology." CTJ 36 (2001): 290–313.

Bratcher, R. G.; W. D. Reyburn. *A Translator's Handbook on the Book of Psalms*. New York: United Bible Societies, 1991.

Brown, W. *Seeing the Psalms: A Theology of Metaphor*. Philadelphia: Westminster John Knox Press, 2002.

Broyles, C. *Psalms*. NIBCOT. Peabody, MA: Hendrickson Publishers, 1999.

_____. *The Conflict of Faith and Experience in the Psalms.* Sheffield: Sheffield Academic Press, 1989.

Brueggemann, W. *The Message of the Psalms.* Philadelphia: Augsburg Press, 1984.

_____. *Praying the Psalms.* Winona, MN: Saint Mary's Press, 1992.

_____. "Voice as Counter to Violence." CTJ 36 (2001): 22–33.

_____. "Psalms and the Life of Faith: A Suggested Typology of Function." JSOT 17 (1980): 3–32.

Brueggemann, W.; W. H. Bellinger. *Psalms.* NCBC. Cambridge: Cambridge University Press, 2014.

Bullock, C. H. *Encountering the Book of Psalms: A Literary and Theological Introduction.* Grand Rapids: Baker Books, 2001.

_____. *An Introduction to the Old Testament Poetic Books: The Wisdom and Songs of Israel.* Chicago: Moody Press, 1979.

Calvin, J. *Commentary on The Psalms.* Abridged. Carlisle, Pen.: The Banner of Truth, 2009.

Childs, B. S. "Psalm Titles and Midrashic Exegesis." JSS 16 (1971): 137–50.

_____. "Reflections on the Modern Study of the Psalms. Pp. 377–88 in *Magnalia Dei: The Mighty Acts of God.* Ed. by F. M. Cross et al. Garden City, NJ: Doubleday, 1976.

_____. "Psalm 8 in the Context of the Christian Canon." Interpretation 23 (1969): 20–31.

Christensen, D. L. "The Book of Psalms Within the Canonical Process in Ancient Israel." JETS 39.3 (Sept. 1996): 421–32.

Clayton, J. N. "An Examination of Holy Space in Psalm 73: Is Wisdom's Path Infused With an Eschatologically Oriented Hope?" TJ 27.1

(Spring 2006): 17—42.

Clifford, R. J. *Psalms*, 2 vols. AOTC. Nashville, TN: Abingdon Press, 2002—03.

_____. "Creation in the Psalms." Pp. 57—69 in *Creation in the Biblical Traditions*. Ed. by R. J. Clifford and J. J. Collins. CBQMS. Washington, DC: Catholic Biblical Association of America, 1992.

Clines, D. J. A. "Psalm Research Since 1955: II. The Literary Genres." TynBul. 20 (1969): 105—125.

_____. "Psalm Research Since 1955: I. The Psalms and the Cult." TynBul. 18 (1967): 103—26.

Collins, T. "Decoding the Psalms: A Structural Approach to the Psalter." JSOT 37 (1987): 41—60.

Cooper, A. M. "The Life and Time of King David according to the Book of Psalms. Pp. 117—31 in *The Poet and the Historian: Essays in Literary and Historical Biblical Criticism*. Chico, CA: Scholars, 1983.

Craigie, P. C. *Psalms 1-50*. rev. ed. with supplement by M. Tate. Grand Rapids: Thomas Nelson Publishers, 2004.

_____. "Psalm xxix in the Hebrew Poetic Tradition." VT 22 (1972): 143—51.

Creach, J. *Yahweh as Refuge and the Editing of the Hebrew Psalter*. Sheffield Academic Press, 1996.

Crenshaw, J. L. *Old Testament Wisdom. An Introduction*. 3rded.Louisville, KY:WestminsterJohnKnoxPress,2010.

_____. *The Psalms: An Introduction*. Grand Rapids: Wm. B. Eerdmans Publishers, 2001.

_____. "Wisdom Psalms?" CR 8 (2000): 9—17.

Croft, S. J. L. "The Antagonists in the Psalms." Pp. 15–48 in *The Identity of the Individual in the Psalms*. JSOTSup. Sheffield: Sheffield Academic Press, 1987.

Crow, L. *The Song of Ascents (Psalms 120-134)*. Chico, CA: Scholars Press, 1996.

Crumpacker, M. M. "Formal analysis and the Psalms." JETS 24.1 (March 1981): 11–21.

Culley, R. C. *Oral Formulaic Language in the Biblical Psalms*. Toronto: University of Toronto Press, 1967.

Curtis, E. M. "Ancient Psalms and Modern Worship." BibSac 153 (1997): 285–96.

Dahood, M. Psalms. 3 vols. AB. Garden City, NY: Doubleday, 1966–70.

Davidson, R. *The Vitality and Richness of Worship: A Commentary on the Book of Psalms*. Grand Rapids: Wm. B. Eerdmans Publishers, 1998.

Davis, E. F. "Exploding the Limits: Form and Function in Psalm 22." JSOT 53 (1992): 93–105.

Day, J. *Crying for Justice*. Grand Rapids: Kregel Publications, 2005.

_____. "The Imprecatory Psalms and Christian Ethics." BibSac. 159(April–June 2002): 166–86.

_____. *Psalms*. OTG. Sheffield: Sheffield Academic Press, 1992.

_____. "Echoes of Baal's Seven Thunders and Lightnings in Psalm xxix and Habakkuk iii 9 and the identity of the seraphim in Isaiah vi." VT 29 (1979): 143–51.

_____. *God's Conflict with the Dragon and the Sea: Echoes of Canaanite Myth in the Old Testament*. Cambridge: Cambridge University Press,

1985.

Day, J.; R. P. Gordon, H. G. M. Williamson, eds. *Wisdom in Ancient Israel. Essays in Honour of J. A. Emerton.* Cambridge: Cambridge University Press, 1995.

deClaissé-Walford, N. *Reading from the Beginning.* Macon, GA: Mercer University Press, 1997.

_____. *Psalms.* Edinburgh: T & T Clark, 2003.

deClaissé-Walford, N.; R. A. Jacobson, B. L. Tanner. *The Book of Psalms.* NICOT. Grand Rapids: Wm. B. Eerdmans Publishers, 2014.

Delitzsch, F. *Biblical Commentary on the Psalms.* Trans. by D. Eaton. London: Hodder and Stoughton, 1902.

Dell, K. J. "'I Will Solve My Riddle to the Music of the Lyre' (Psalm XLIX 4[5]): A Cultic Setting for Wisdom Psalms?" VT 54.4 (2004): 445-58.

Dillon, R. J. "The Psalms of the Suffering Just." Worship 61 (1987): 430-40.

Dorsey, D. A. *The Literary Structure of the Old Testament. A Commentary on Genesis-Malachi.* Grand Rapids: Baker Publishing House, 1999.

Dray, S. P. "Psalm 130. Out of the Depth." Evangel 14:3 (1996): 66-67.

_____. "Embattling Faith in the Spiritual Night: An Exposition of Psalm 61." Evangel 18.1 (Spring 2000): 2-4.

Durham, J. I. "The King as 'Messiah' in the Psalms." RE 81 (1984): 425-35.

Eaton, J. H. *Psalms.* TBC. London: SCM Press, 1967.

_____. *Kingship and the Psalms.* London: H. R. Allenson Publishers,

1976.

Ebeling, G. *Word of Faith*. Philadelphia: Minneapolis, MN: Fortress Press, Press, 1963.

Enns, P. E. "Creation and Re-Creation: Psalm 95 and Its Interpretation in Hebrew 3:1-4:13." WTJ 55.2 (1993): 255-280.

Estes, D. J. "Poetic Artistry in the Expression of Fear in Psalm 49." BibSac 161 (Jan.-Mar. 2004): 55-71.

Feininger, B. "A Decade of German Psalm-Criticism." JSOT 20 (1981): 91-103.

Firth, D. G. *Surrendering Retribution in the Psalms: Responses to Violence in the Individual Complaints*. Carlisle: Paternoster Press, 2005.

Fishbane, M. A. *Biblical Interpretation in Ancient Israel*. Oxford: Oxford University Press, 1985.

Flint, P. W. "The Book of Psalms in the Light of the Dead Sea Scrolls." VT 48.4 (1998): 453-72.

Flint, P.; P. Miller, eds. *The Book of Psalms: Composition and Reception*. Leiden: E. J. Brill, 2005.

Fløysvik, I. *When God Becomes My Enemy*. St. Louis, MO: Concordia Publishing House, 1997.

Fokkelman, J. *The Psalms in Form: The Hebrew Psalter in Its Poetic Shape*. Leiden: Deo Publishing, 2002.

Freedman, D. N. *Psalm 119: The Exaltation of Torah*. San Diego: Eisenbrauns, 1999.

Frost, S. B. "The Christian Interpretation of the Psalms." Canadian Journal of Theology 5 (1959): 25-34.

Futato, M. *Transformed by Praise*. Phillipsburg, NJ: P & R Publishing Company, 2002.

Gaster, T. H. "Psalm 29." JQR 37 (1946–7): 55–65.

Gerstenberger, E. S. *Psalms, vol. 1*. FOTL. Grand Rapids: Eerdmans, 1988.

_____. *Psalms, Part 2 and Lamentations*. FOTL. Grand Rapids: Eerdmans, 2001.

_____. "Enemies and Evildoers in the Psalms: A Challenge to Christian Preaching." HBT 5 (1983): 61–77.

Gese, H. *Essays on Biblical Theology*. Minneapolis: Augsburg, 1981.

Gillingham, S. E. *The Poems and Psalms of the Hebrew Bible*. Oxford: Oxford University Press, 1994.

_____. *Psalms Through the Centuries: Volume One*. Oxford: Blackwell, 2008.

Godfrey, W. R. *Learning to Love the Psalms*. Sanford, FL: Reformation Trust Publishing, 2017.

Goldingay, J. *Psalms*, 3 vols. Grand Rapids: Baker Academic Books, 2006–2008.

_____. *Praying the Psalms*. Nottingham: Grove Books, 1993.

_____. "The Dynamic Cycle of Praise and Prayer in the Psalms." JSOT 20 (1981): 85–90.

Goulder, M. D. "The Songs of Ascents and Nehemiah." JSOT 75 (1997): 43–58.

_____. *The Psalms of Asaph and the Pentateuch: Studies in the Psalter, III*. JSOTSup. Sheffield: Sheffield Academic Press, 1996.

_____. *The Psalms of the Sons of Korah*. JSOTSup. Sheffield: Sheffield Academic Press, 1983.

Graham, P. "Psalm 77: A Study in Faith and History." RQ 18.3 (1975): 151–58.

Gren, C. R. "Piercing the ambiguities of Psalm 45:7—8." TynBul 35 (1984): 65—89.

Grether, O. *Name und Wort Gottes im Alten Testament*. BZAW. Giessen: A. Topelmann, 1934.

Grogan, G. W. *Psalms*. THOTC. Grand Rapids: Wm. B. Eerdmans Publishers, 2008.

Gunkel, H. *The Psalms: a form-critical introduction*. Minneapolis, MN: Fortress Press, 1967.

_____. *Introduction to Psalms: The Genres of the Religious Lyric of Israel*. Completed by J. Begrich and trans. by J. D. Nogalski. Macon, GA: Mercer University Press, 1998.

Gunnel, A. "'Walk,' 'Stand,' and 'Sit' in Psalm i 1—2." VT 32 (1982): 327.

Guthrie, H. H. *Israel's Sacred Songs: A Study of Dominant Themes*. New York: Seabury, 1966.

Haglund, E. *Historical Motifs in the Psalms*. Stockholm: CWK Gleerup, 1984.

Harmon, A. M. "Aspects of Paul's Use of the Psalms." WTJ 32 (1969): 1—23.

Harrisville, R. A. "Paul and the Psalms." Word and World 5 (1985): 168—79.

Hay, D. M. *Glory at the Right Hand: Psalm 110 in Early Christianity*. Nashville: Abingdon Press, 1973.

Hayes, E. "The Unity of the Egyptian Hallel: Psalms 113—18." BBR 9 (1999): 145—56.

Heineman, M. H. "An Exposition of Psalm 22." BibSac 147 (July 1990): 286—308.

Herbert, A. S. "Our Present Understanding of the Psalms." The London Quarterly & Holborn Review (January 1965): 25–29.

Holladay, W. L. *The Psalms through Three Thousand Years: Prayerbook of a Cloud of Witnesses.* Minneapolis, MN: Fortress Press, 1993.

Hossfeld, F.–L.; E. Zenger. *Psalms,* 3 vols. Hermeneia. Minneapolis, MN: Fortress Press, 2006–11.

Houston, W. "David, Asaph and the Mighty Works of God: Theme and Genre in the Psalm Collections. JSOT 68 (1995): 93–111.

Howard, D. M. *The Structure of Psalms 93-100.* Winona Lake, IN: Eisenbrauns, 1997.

Hurowitz, V. A. "Additional Elements of Alphabetical Thinking in Psalm XXXIV." VT 52.3 (2002): 326–333.

Hurvitz, A. "Wisdom Vocabulary in the Hebrew Psalter: A Contribution to the Study of 'Wisdom Psalms.'" VT 38 (1988): 41–51.

Hutton, R. R. "Cush the Benjamite and Psalm Midrash." HAR 10 (1986): 123–37.

Hyde, C. "The Remembrance of the Exodus in the Psalms." Worship 62 (1988): 404–14.

Jackson, J. J.; M. Kessler, eds. *Rhetorical Criticism: Essays in Honor of James Muilenburg.* Pittsburgh: Pickwick, 1974.

Janzen, J. G. "Another Look at Psalm XII 6." VT 54.2 (2004): 157–64.

Jenson, R. W. "Psalm 32." Interpretation 32 (1979): 172–76.

Jeremias, I. *Theophanie. Die Geschichte einer alttestamentiiche Gattung.* Neukirchen–Vluyn: Neukirchener Verlag, 1965.

Jinkins, M. "The Virtues of the Righteous in Psalm 37." Pp. 164–201 in *Psalms and Practice.* Ed. by S. B. Reid. Collegeville, MN: Liturgical Press, 2001.

Kaiser, W. C. "The Promise to David in Psalm 16 and its application in Acts 2:25—33 and 13:32—37." JETS 23.3 (Sept. 1980): 219—229.

Keel, O. *The Symbolism of the Biblical World: Ancient Near Eastern Iconography and the Book of Psalms.* New York: Seabury, 1978.

Kidner, D. *Psalms,* 2 vols. TOTC. Downers Grove, IL: InterVarsity Press, 1973—75.

Kirkpatrick, A. F. *The Book of Psalms.* Cambridge: Cambridge University Press, 1898.

Kistemaker, S. *The Psalms Citations in the Epistle of the Hebrews.* Amsterdam, 1961.

Klouda, S. L. "The Dialectical Interplay of Seeing and Hearing in Psalm 19 and Its Connection to Wisdom." BBR 10.2 (2000): 181—95.

Knight, G. A. F. *Psalms,* 2 vols. DSB. 1982—83.

Knight, L. C. "I Will Show Him My Salvation: The Experience of Anxiety in Meaning of Psalm 91." RQ 43.4 (2001): 280—92.

Kraus, H—J. *Psalms,* 2 vols. Trans. by H. C. Oswald. Minneapolis, MN: Augusburg Press, 1988—89.

_____. *The Theology of the Psalms.* Trans. by K. Crim. Minneapolis: Augsberg, 1986.

Kselman, J. S. "Psalm 3: A Structural and Literary Study." CBQ 49 (1987): 572—80.

Kugel, J. L. "The Canonical Wisdom Psalms of Ancient Israel—Their Rhetorical, Thematic, and Formal Dimensions." Pp. 186—223 in *Rhetorical Criticism: Essays in Honor of James Muilenburg.* Ed. by J. J. Jackson and M. Kessler. Pittsburgh: Pickwick, 1974.

Kuntz, J. K. "Engaging the Psalms: Gains and Trends in Recent Research." CR 2 (1994): 77—106.

Kwakkel, G. *According to My Righteousness: Upright Behaviour As Grounds for Deliverance in Psalms 7, 17, 18, 26, and 44.* Leiden: Brill Academic Publishers, 2002.

Lacocque, A. "I Am Black and Beautiful." Pp. 162–71 in *Scrolls of Love: Ruth and the Song of Song.* Ed. by P. S. Hawkins and L. C. Stahlberg. New York: Fordham University Press, 2006.

Levenson, J. D. "A Technical Meaning for *n'm* in the Hebrew Bible." VT 35 (1985): 61–7.

Lewis, C. S. *Reflections on the Psalms.* San Diego: Harcourt Brace Jovanovich, 1959.

Limburg, J. *Psalms.* WBCom Louisville, KY: Westminster John Knox Press, 2000.

_____. *Psalms for Sojourners.* Minneapolis, MN: Fortress Press, 2002.

_____. "Who Cares for the Earth? Psalm 8 and the Environment." Word and World Supplement Series 1 (1992): 43–52.

Linton, O. "Interpretation of the Psalms in Early Church." Studia Patristica 4 (1961): 143–56.

Longman, T. *How to Read the Psalms.* Downers Grove, IL: InterVarsity Press, 1988.

_____. "Psalm 98: a Divine Warrior Victory Song." JETS 27.3 (Sept. 1984): 267–74.

Luther, M. *Commentary on the First Twenty-Two Psalms.* Trans. by H. Cole. London: Simpkin & Marshall, 1826.

Maloney, L. "A Portrait of the Righteous Person." RQ 45.3 (2003): 151–64.

Mandolfo, C. *God in the Dock: Dialogic Tension in the Psalms of Lament.* JSOTSup. New York: Sheffield Academic Press, 2002.

Marlowe, W. C. "'Spirit of Your Holiness' in Psalm 51:3." TJ 19.1 (1998):
    29-49.

Mathys, H. P. "Psalm CL." VT 50.3 (2000): 329-344.

Mays, J. L. *Psalms*. Interpretation. Louisville: Westminster John Knox
    Press, 1994.

_____. *The Lord Reigns*. Louisville, KY: Westminster John Knox Press,
    1994.

_____. "Past, Present, and Prospect in Psalm Study." Pp. 147-56
    in *Old Testament Interpretation: Past, Present, and Future: Essays in
    Honor of Gene M. Tucker*. Ed. by J. L. Mays et al. Nashville, TN:
    Abingdon Press, 1995.

_____. "The David of the Psalms." Interpretation 40 (1986): 143-55.

McCann, J. C. "The Book of Psalms." Pp. 639-1280 in *New Interpreter's
    Bible*, vol. 4. Nashville, TN: Abingdon Press, 1995.

_____. *A Theological Introduction to the Book of Psalms: The Psalms as Torah*.
    Nashville, TN: Abingdon Press, 1993.

McCann, C., ed. *The Shape and Shaping of the Psalter*. Sheffield Academic
    Press, 1993.

McConville, J. G. "Statement of Assurance in Psalms of Lament." IBS 8.2
    (1986): 64-75.

McFall, L. "The Evidence For a Logical Arrangement of the Psalter."
    WTJ 62.2 (2000): 223-56.

Merrill, A. L. "Psalm XXIII and the Jerusalem Tradition."

Meyer, F. B. *The Shepherd Psalm*. Ross-shire: Christian Heritage: 2005.

Millard, M. *Die Komposition des Psalters. Ein formgeschichtlicher Ansatz: Die
    Komposition des Psalters*. Tübingen: Mohr Siebeck, 1994.

Miller, P. D. *Interpreting the Psalms*. Minneapolis, MN: Fortress Press,

1986.

Mitchell, D. *The Message of the Psalter. An Eschatological Programme in the Book of Psalms*. Sheffield: Sheffield Academic Press, 1997.

Mosca, P. G. "Psalm 26: Poetic Structure and the Form—Critical Task." CBQ 47 (1985): 21–37.

Mowinkel, S. *Psalms in Israel's Worship*. 2 vols. Trans. by D. R. Ap–Thomas. Nashville, TN: Abingdon Press, 1962.

Murphy, R. E. *The Gift of the Psalms*. Peabody, Mass.: Hendrickson, 2000.

_____. *The Tree of Life: An Exploration of Biblical Wisdom Literature*. 3rd. ed. Grand Rapids: Wm. B. Eerdmans Publishers, 2002.

Nasuti, H. P. "Historical Narrative and Identity in the Psalms." HBT 23.2 (2001): 132–53.

Nogalski, J. D. "Reading David in the Psalter: A Study in Liturgical Hemeneutics." HBT 23.2 (2001): 168–91.

Obenhaus, S. R. "The Creation Faith of the Psalmists." TJ 21.2 (2000): 131–42.

Ofosu, A. "BATACH in the Book of the Psalms." IBS 15.1 (1993): 23–38.

Ollenburger, B. C. *Zion, the City of the Great King. A Theological Symbol of the Jerusalem Cult*. Sheffield: Sheffield Academic Press, 1987.

Osgood, H. "Dashing The Little Ones Against The Rock." PTR 1.1 (1903): 23–37.

Parsons, G. W. "Guidelines for Understanding and Proclaiming the Psalms. BibSac. 147 (1990): 169–187.

Patterson, R. D. "A multiplex approach to Psalm 45." GTJ 6.1 (Spring 1985): 29–48.

_____. "Psalm 22: from trial to triumph." JETS 47.2 (June 2004): 213–33.

Patton, C. L. "Psalm 132: A Methodological Inquiry." CBQ 57.4 (1995): 643–54.

Perdue, L. G. *Wisdom Literature: A Theological History.* Louisville, KY: Westminster John Knox Press, 2007.

_____. "'Yahweh Is King over All the Earth': An Exegesis of Psalm 47." RQ 17.2 (1974): 85–98.

Perdue, L. G., G. B. Scott, W. J. Wiseman, eds. *In Search of Wisdom.* Louisville, KY: Westminster John Knox Press, 1993.

Perowne, J. J. S. *The Book of Psalms: A New Translation with Introductions and Notes Explanatory and Critical.* George Bell and Sons, 1878.

Pettegrew, L. D. "Is There Knowledge of the Most High? (Psalm 73:11)." MSJ 12.2 (Fall 2001): 133–48.

Pfeiffer, C. F. "Lothan (Gen 36:20) and Leviathan (Psalm 104:26)." EQ 32.4 (1960): 208–11.

Rendtorff, R. "The Concept of Revelation in Ancient Israel." Pp. 25–53 in *Revelation as History.* Ed. by C. Pannenberg. London: Macmillan, 1969.

Ridderbos, H. N. *Die Psalmen,* 2 vols. Berlin: de Gruyter, 1972.

Rohland, E. Die Bedeutung der Erwählungstraditionen Isarel für die Eschatologie der alttestamentlichen Propheten. Heidelberg: dissertation, 1956.

Roberts, J. J. M. "God's Imperial Reign According to the Psalter." HBT 23.2 (2001): 211–21.

Ross, A. P. *A Commentary on the Psalms.* 3 vols. Kregel Exegetical Library. Grand Rapids: Kregel Publishing, 2011–16.

Sabourin, L. *The Psalms, Their Origin and Meaning.* New Edition. New York: Alba House, 1974.

Sakenfeld, K. D. *The Meaning of Hesed in the Hebrew Bible: A New Inquiry.* Eugene, OR: Wipf & Stock Publishers, 2002.

Sanders, J. A. *The Dead Sea Psalms Scroll.* Ithaca, NY: Cornell University Press, 1967.

Sarna, N. M. *Songs of the Heart.* New York: Schocken, 1993.

Sasson, V. "The Language of Rebellion in Psalm 2 and the Plaster Texts from Deir Alla."AUSS 24.2 (Summer 1986): 147–54.

Sawyer, J. F. A. "An Analysis of the Context and Meaning of the Psalm–Headings." Pp. 26–38 in *Transactions of the Glasgow University Oriental Society* 22 (1967–68).

Schaeffer, K. *Psalms.* BO. Collegeville, MN: Liturgical Press, 2001.

Schroeder, C. "A Love Song: Psalm 45 in the Light of Ancient Near Eastern Marriage Texts." CBQ 58.3 (1996): 417–32.

Seybold, K. *Introducing the Psalms.* Trans. by G. Dunphy. Edinburgh: T & T Clark, 1990.

Shalom, P. "Psalm XXVII 10 and the Babylonian Theodicy." VT 32 (1982): 489–92.

Sharrock, G. E. "Psalm 74: A Literary–Structural Analysis." AUSS 21.3 (Autumn 1983): 211–223.

Slomovik, F. "Toward an Understanding of the Formation of the Historical Titles in the Book of the Psalms." ZAW 91 (1979): 350–81.

Smick, E. B. "Mythopoetic Language in the Psalms." WTJ 44 (1982): 88–98.

Smith, M. S. *Psalms: The Divine Journey.* Mahwah, NJ: Paulist Press,

1987.

Smith, T. L. "A Crisis in Faith: An Exegesis of Psalm 73." RQ 17.3 (1974): 162-84.

Snaith, N. H. "Selah." VT 2 (1952): 43-56.

Tappy, R. "Psalm 23: Symbolism and Structure." CBQ 57.2 (1995): 255-80.

Tate, M. E. *Psalms 51-100*. WBC. Waco, TX: Word, 1991.

Terrien, S. ECC. Grand Rapids: Wm. B. Eerdmans Publishers, 2002.

Tesh, S. E., W. D. Zorn. *Psalms*, 2 vols. The College Press NIV Commentary. Joplin, Mon.: College Press Publishing Company, 1999-2004.

Thirtle, J. W. *The Titles of the Psalms; Their Nature and Meaning Explained*. 2nded. NewYork:HenryFrowde,1905.

Thomas, M. "Psalm 1 and 112 as a paradigm for the comparison of wisdom motifs in the Psalms." JETS 29.1 (March 1986): 15-24.

Tidball, D. "Song of the Crucified One: The Psalms and the Crucifixion." SBJT 11.2 (Summer 2007): 48-61.

Torrance, T. F. "The First of the Hallel Psalms." EQ 27.1 (1955): 36-41.

_____. "The Last of the Hallel Psalms." EQ 28.2 (1956): 101-08.

Towns, E. L. *The Ultimate Guide to the Names of God: Three Bestsellers in One Volume*. Elgin, IL: Regal Books, 2014.

Travers, M. *Encountering God in the Psalms*. Grand Rapids: Kregel Publishing, 2003.

Treves, M. "The Date of Psalm 24." VT 10 (1960): 428-37.

Tsevat, M. *A Study of the Language of Biblical Psalms*. JBLMS. Philadelphia: Society of Biblical Literature, 1955.

Tucker, W. D. "Revisiting the Plagues in Psalm cv." VT 55.3 (2005): 401−12.

Tucker, W. D., J. A. Grant. *Psalms, vol.2*. NIVAC. Grand Rapids: Zondervan, 2018.

VanGemeren, W. "Psalms." Pp. 1−880 in *Expositor's Bible Commentary*, vol. 5. Grand Rapids: Zondervan, 1991.

Vogt, E. "'The Place in Life' of Psalm 23." Biblica 34 (1953): 195−211.

Von Rad, G. *Old Testament Theology*, 2 vols. San Francisco: Harper & Row, 1965.

_____. *Wisdom in Israel*. New York: Bloomsbury Publishing, 1993.

Vos, J. G. "The Ethical Problem of the Imprecating Psalms." WTJ 4 (1992): 123−38.

Waltke, B. K. "A Canonical Process Approach to the Psalms. Pp. 3−18 in *Tradition and Testament: Essays in Honor of Charles Lee Feinberg*. Ed. by J. S. Feinberg and P. D. Finberg. Chicago: Moody Press, 1981.

Walton, J. H. "Psalms: A Cantata about the Davidic Covenant." JETS 34.1 (March 1991): 21−31.

Ward, M. J. "Psalm 109: David's Poem of Vengeance." AUSS 18.2 (1980): 163−68.

Watts, J. D. W. "Yahweh Malak Psalms." TZ 21 (1965): 341−48.

Weiser, A. *Psalms*. OTL. Louisville, KY: Westminster John Knox Press, 1962.

Westermann, C. *The Psalms: Structure, Content and Message*. Philadelphia: Augsburg Press, 1980.

_____. *The Living Psalms*. Grand Rapids: Wm. B. Eerdmans Publishers, 1989.

_____. *The Praise of God in the Psalms*. Trans. by K. Crim. Richmond: John Knox Press, 1965.

Whybray, N. *Reading the Psalms as a Book*. JSOTSup. Sheffield: Sheffield Academic Press, 1996.

Wilcock, M. *The Message of Psalms*, 2 vols. BST. Downers Grove, IL.: InterVarsity Press, 2001.

Wildberger, H. *Isaiah 1-12*. CC. Trans. by T. H. Trapp. Minneapolis, MN: Fortress Press, 1991.

Williams, D. M. *Psalms,* 2 vols. CC. Waco, TX: Word, 2000.

Willis, J. T. "Psalm 1: An Entity." ZAW 9 (1979):381-401.

Wilson, G. H. *Psalms,* vol. 1. NIVAC. Grand Rapids: Zondervan, 2003.

_____. *The Editing of the Hebrew Psalter*. Chico, CA: Scholars Press, 1985.

_____. "Evidence of Editorial Divisions in the Hebrew Psalter." VT 34 (1984): 337-52.

_____. "The Use of 'Untitled' Psalms in the Hebrew Psalter." ZAW 97 (1985): 404-13.

Young, E. J. "The Background of Psalm 139." BETS 8.3 (Summer 1965): 101-110.

Zemek, G. J. "Grandeur and Grace: God's Transcendence and Immanence in Psalm 113." MSJ 1.2 (Fall 1990): 129-48.

Zenger, E. *A God of Vengeance? Understanding the Psalms of Divine Wrath*. Trans. by L. M. Maloney. Louisville, KY: Westminster John Knox Press, 1996.

_____. "New Approaches to the Study of the Psalms." Proceedings of the Irish Biblical Association 17(1994): 37-54.

시편 II

42−89편

제2권(42−72편)

시편은 한 권의 책이 아니며 총 다섯 권으로 구성되어 있다. (1)1−41
편, (2)42−72편, (3)73−89편, (4)90−106편, (5)107−150편. 처음 네 권
은 모두 "여호와를 찬송할지로다"와 같은 내용의 송영(頌榮; doxology)
으로 마무리되며 '아멘'으로 마침표를 찍는다(41:13, 72:18−20, 89:52,
106:48, 145:21). 그러나 제5권에서는 이러한 현상을 찾아볼 수 없다. 시
편 145−150편이 시편 전체에 대한 송영 역할을 하기 때문이다.

　제1권은 하나님의 성호들 중 '여호와'(יהוה)를 많이 사용하며 제2권은
'하나님'(אלהים)을 많이 사용하고 있다. 그래서 학자들은 제1권과 제2권
을 차별화하기 위하여 42−83편을 '엘로힘 성향 시편'(Elohistic Psalter)이
라고 부르기도 한다(참조. Clines, Creach).

　제1권에 기록된 시들 대부분이 그러듯 제2권을 구성하고 있는 시들
의 반 이상이 다윗의 이름과 연관되어 있다. 그러나 고라의 자손, 아
삽, 솔로몬 등도 표제가 언급하는 이름들이다. 또한 제2권은 다음과
같은 말로 끝을 내린다. "이새의 아들 다윗의 기도가 필하다"(דוד בן־ישׁי
כלו תפלות)(72:20). 제2권을 구성하고 있는 시들은 표제에 등장하는 이름
들에 따라 구분하면 다음과 같다.

42−49편	고라 자손
50편	아삽
51−65편	다윗
66−67편	무명
68−70편	다윗
71편	무명
72편	솔로몬

제42-43편

고라 자손의 마스길, 인도자를 따라 부르는 노래

I. 장르/양식: 개인 탄식시(참조. 3편)

이 노래는 위기에 처한 한 개인의 노래다. 또한 시편에는 고라 자손과 연관된 노래가 12편이 있는데(42-29, 84-85, 87-88편), 그중 이 노래가 첫 번째 노래다. 고라 자손은 예루살렘 성전에서 성가를 부르던 사람들이다(Terrien, cf. 대상 9:19, 대하 20:19). 성전의 아름다움과 성전에서 사역하는 레위 사람들의 일상이 이 시편의 배경이 된 듯하다(Grogan).

이 시편은 엘로힘 성향의 시가 중심을 이루는 제2권을 시작하는 노래답게 하나님의 성호 '여호와'는 단 한번 언급하지만, '엘로힘'은 직접 혹은 대명사를 통해 총 12차례나 사용한다(Goldingay). 이 노래는 표제에 '마스길'(מַשְׂכִּיל)이란 이름이 주어진 13개의 시편 중 두 번째 것이다 (cf. 32, 44, 45, 52-55, 74, 78, 88, 89, 142편). 마스길의 정확한 의미는 아직도 연구 대상으로 남아 있다(cf. HALOT, Terrien). 다만 '훈계하다, 가르치다'는 이 단어가 반영하고 있는 기본적인 개념으로 추측될 뿐이다 (참조. NIDOTTE).

II. 구조

거의 모든 학자들은 시편 제2권을 시작하고 있는 42-43편이 둘이 아닌 한 편의 시로 취급되어야 한다고 주장한다(cf. 9-10편). 이 두 시편은 다음과 같은 특징을 지녔기 때문이다(참조. Brueggemann & Bellinger, Craigie, Grogan, McCann, Schökel, vanGemeren, Ross, Wilson). (1)42편에는 표제가 있지만, 43편에는 없다. (2)여러 히브리어 사본들(MT)이 이 두 노래를 한 편으로 취급하고 있다. (3)두 편에서 사용되는 후렴구가 있다(42:5, 11; 43:5, 참조. 42:9와 43:2). (4)지난날에 대한 회고로 시작되었다가(42:4, 6) 미래에 대한 소망으로 발전한다(43:3). (5)두 편 모두 탄식시 양식을 취하고 있다. 반면에 42편은 기자가 자신의 깊은 내면에 말을 하고 있고, 43편은 하나님께 드리는 기도라 해서 따로 구분해야 한다고 주장하는 학자들도 있다(deClaissé-Walford et al.). 이 외에도 이 두 편은 공통적인 단어들과 주제들을 반영하고 있다(cf. Broyles). 이 주석에서는 42-43편을 하나의 통일성 있는 노래로 간주한다.

반복되는 문구와 단어를 기준으로 이 시들에 대하여 다음과 같은 구조가 제시되었다(Alden, Lund). 42:1-3(A)과 42:8-10(A′)에서는 "살아계신 하나님, 나의 생명의 하나님, 날마다, 밤마다"와 "네 하나님이 어디에 있느냐?" 등이 반복된다. 42:4(B)와 42:6-7(B′)에서는 "내가 기억하다, 내 속에, 나의 영혼" 등이 반복된다. 42:11(A″)과 43:5(A‴)는 똑같은 문장이다. 그러나 43:1-2(B″)와 43:4(B‴)는 어떠한 연관성도 없는 듯하다.

42:1-3	A	
42:4		B
42:5			C
42:6-7		B′
42:8-10	A′	

42:11	A″	
43:1-2		B″
43:3		C′
43:4		B‴
43:5	A‴	

시편 42-43편의 구조는 생각보다 단순하다. 시작부터 끝까지 탄식과 소망이 교차하고 있기 때문이다(cf. deClaissé-Walford et al., vanGemeren). 그러므로 이 주석에서는 다음과 같은 구조를 바탕으로 본문을 주해해 나가고자 한다.

  A. 탄식(42:1-4)
    B. 소망(42:5)
  A′. 탄식(42:6-7)
    B′. 소망(42:8)
  A″. 탄식(42:9-10)
    B″. 소망(42:11)
  A‴. 탄식(43:1-4)
    B‴. 소망(43:5)

III. 주해

이 노래들이 저작되고 불린 정황에 대하여는 논란이 많다(cf. Craigie). 내용을 살펴보면 분명 하나님에게서 분리된 사람의 고뇌인 것은 확실하다. 그러나 어느 시대와 어떤 상황을 배경으로 하고 있는가는 확실하지 않다. 학자들은 대체적으로 이 노래가 유다 사람들이 바빌론으로 포로가 되어 끌려 간 이후 예루살렘 성전에서 드리던 예배를 그리워하며 부른 노래라고 생각한다(Brueggemann & Bellinger, Gerstenberger,

Goldingay, vanGemeren, 참조. 3, 7절).

포로시대 이후에 바빌론이나 페르시아에서 저작된 것이라는 견해도 있다(cf. deClaissé-Walford et al., Wilson). 노래의 핵심은 하나님께 분리된 사람의 고뇌이며, 기자는 '목마름'과 '물' 이미지를 바탕으로 시를 전개해 나간다. 하나님의 품에서 멀어져 있는 사람이 주님의 품을 사모하기를 마치 목마른 사슴이 시냇물을 간절히 바라는 매우 깊은 감성적인 언어와 이미지로 묘사되고 있다. 하나님에 대한 우리의 사모함이 항상 이랬으면 좋겠다.

1. 탄식(42:1-4)

¹ 하나님이여
사슴이 시냇물을 찾기에 갈급함같이
내 영혼이 주를 찾기에 갈급하나이다
² 내 영혼이 하나님 곧 살아 계시는 하나님을 갈망하나니
내가 어느 때에 나아가서 하나님의 얼굴을 뵈올까
³ 사람들이 종일 내게 하는 말이
네 하나님이 어디 있느뇨 하오니
내 눈물이 주야로 내 음식이 되었도다
⁴ 내가 전에 성일을 지키는 무리와 동행하여
기쁨과 감사의 소리를 내며
그들을 하나님의 집으로 인도하였더니
이제 이 일을 기억하고 내 마음이 상하는도다

기자는 하나님과 분리된 고달픔을 자연에서 온 이미지를 통해 가장 절박하게 표현하고 있다. 그는 목마른 사슴이 시냇물을 찾는 갈급함으로 하나님을 찾는다(1절). '영혼'으로 번역된 히브리어 단어(נֶפֶשׁ)의 기본적인 의미는 '삶/생명'이다(HALOT). 그러므로 사람의 영적인 면모를 강조하는 '영혼'은 바람직한 번역이 아니다. 더 정확한 번역은 '온몸/존재'다(cf. Brueggemann & Bellinger) 기자는 온몸과 마음을 다하여 생명의 근원이신 하나님(주님의 얼굴, 2절)을 사모하고 있다. 저자가 어떠한 이유에서 하나님을 이처럼 간절히 찾는지는 알 수 없다. 질병 때문일 수도 있고, 그 외 여러 가지 어려운 일들이 그를 이런 상황으로 몰아갔을 수도 있다.

사슴이 간절히 시냇물을 찾는 이미지는 사모함을 초월한다. 만일 사슴이 물을 찾지 못하면 죽을 것이기 때문이다. 그러므로 이 이미지는 생사(生死)가 달린 절박함을 가장 극적으로 묘사하고 있다. 저자는 하나님을 만나지 못하면 곧 죽을 것 같은 느낌으로 온몸과 마음을 다하여 눈물을 흘리며 주님을 갈망한다(Brueggemann & Bellinger). '갈망하다'(ערג)는 사모함이 얼마나 간절한지 숨을 헐떡인다는 뜻이다(HALOT). 신약도 이러한 간절함으로 주님을 찾을 것을 권면한다(cf. 마 5:6, 요 4:14, 6:35).

기자는 하나님을 뵙기를 참으로 간절히 바란다(2절). 그가 사모하는 하나님은 우상들처럼 생명이 없지 않으며, 살아 계셔서 생기로 가득한 하나님이시므로 그를 반겨 주실 것이다. 그러므로 그는 하나님의 얼굴을 뵙고자 간절히 소망하며 시간이 지날수록 그의 사모함은 더해만 간다. 그는 자기가 찾는 하나님을 '살아 계시는 하나님'(אל חי)(2절, cf. 수 3:10, 삼상 17:26, 36)이라고 한다. 이 표현은 '생수'(cf. 렘 2:13, 17:13)와 '생명의 샘'(cf. 시 36:8-9)을 배경으로 하고 있으며, 8절에 가서는 '생명의 하나님'(אל חי)으로 번역되고 있다(vanGemeren, cf. 8절). 기자는 생명과 물을 연결하여 목마른 사람이 생수를 간절히 바라는 이미지를 지속하고 있는 것이다.

그는 매일 "내가 언제나 주님을 뵐 수 있을까?"라는 질문을 묵상한다. 저자가 이런 질문을 하는 것은 하나님을 뵙는 일이 어디서 가능한가에 대한 그의 생각을 읽을 수 있는 대목이다. 우리는 언제, 어디서든 마음만 먹으면 하나님을 뵐 수 있다고 생각한다. 반면에 기자는 하나님의 얼굴을 뵈려면 특정한 장소로 가야 하는 것으로 생각한다. 아마도 그가 생각하는 특정한 장소는 성전일 것이다. 그는 성전으로 나가야만 하나님의 얼굴을 뵐 수 있다고 생각한다(cf. Brueggemann & Bellinger). 그렇지 않다면 이렇게 탄식할 필요가 없다.

우리는 기자가 어떠한 사정으로 인해 성전으로 나아갈 수 없는지 알 수 없다. 대부분 주석가들이 주장하는 것처럼 그가 포로가 되어 끌려간 바빌론에서 살고 있기 때문일 수 있다. 그러나 이 시편의 내용이 이처럼 구체적인 정황을 논하기에는 너무나도 평이한 점을 감안하면, 꼭 그렇게 해석할 필요는 없다. 질병으로 인해, 혹은 어떤 사정으로 인해 성전이 있는 예루살렘으로 갈 수 없는 자신의 형편을 이렇게 묘사할 수도 있기 때문이다.

하나님의 얼굴 뵙기를 간절히 사모하는 그를 가장 힘들게 하는 것은 주변 사람들의 비아냥거림이다(3절). 그들은 너의 하나님이 어디 있냐며 그를 조롱한다. 만일 이 시가 바빌론에서 저작된 것이라면 그를 조롱하는 사람들은 그를 바빌론으로 끌어온 바빌론 사람들일 것이다. 그러나 앞에서 언급한 것처럼 기자를 바빌론으로 끌려간 포로민으로 제한할 필요는 없다. 신앙이 투철한 사람일수록 곤경에 처하면 이런 비아냥거림을 감수해야 하기 때문이다.

주변 사람들이 기자를 조롱한다는 것은 그의 삶에서 무언가 일이 잘 풀리지 않고 있음을 암시한다. 만일 모든 일이 잘 되고 있다면 주변 사람들이 이렇게 비아냥거리지 않을 것이기 때문이다. 또한 주변 사람들의 비아냥거림은 기자가 당면하고 있는 어려움이 질병 등 외부적으로 드러난 현상이어서 누구든 보면 알 수 있는 상황이라는 것을 암시한다.

기자는 주변 사람들의 비아냥거림과 정죄가 얼마나 속이 상한지 밤낮으로 눈물이 멈추는 날이 없다. 그는 "내 눈물이 주야로 내 음식이 되었다"고 한다(3절). 그저 눈물밖에 나오지 않는 상황에 처했다는 뜻이다.

그는 마음을 추스르기 위하여 과거에 그를 기쁘게 했던 일을 회상해 본다(4절). 그리고 거룩한 날(종교적인 성일)을 기념하기 위하여 순례자들을 이끌고 하나님을 찾았던 일을 생각한다. '하나님의 집'(בֵּית אֱלֹהִים)은 성전을 의미한다. 그러므로 이 노래는 솔로몬 성전이 완공된 다음에 저작된 노래가 확실하다.

그는 그때의 감격을 떠올려 본다. 그와 함께 순례길에 오른 사람들은 기쁨과 감사의 노래를 부르며 성전에 입성했다(4절). 원래 사람이 힘들고 어려울 때 행복했던 과거를 회상하면 큰 위로와 힘을 얻기도 한다. 앞으로도 그런 일을 경험할 수 있다는 소망이 생기기 때문이다. 그러나 저자의 경우 행복했던 날에 대한 회상은 오히려 그의 마음을 상하게 한다(4절).

기자는 "마음을 상하게 한다"(אֶשְׁפְּכָה עָלַי נַפְשִׁי)는 표현을 통해 1절에서 '온몸과 마음'을 상징했던 단어(נֶפֶשׁ)와 '쏟아내다'(שָׁפַך)를 함께 사용하여 그의 삶의 모든 것이 무너졌음을 강조한다. 그는 물을 찾지 못해 목이 마른 사슴 이미지(1절)로 노래를 시작했는데, 그의 목마름은 아직도 채워지지 않는다. 오히려 그는 물을 쏟듯이 자기 몸과 마음을 주님 앞에 쏟고 있다. 본문은 기자의 목마름을 더 가중시키는 효과를 발휘하고 있다. 그에게는 옛적 일(성전을 방문했던 일)이 되풀이될 것이라는 기대와 소망이 없기 때문이다. 그는 참으로 절망적인 상황에 처해 있다.

2. 소망(42:5)

> 5 내 영혼아 네가 어찌하여 낙심하며
> 어찌하여 내 속에서 불안해하는가
> 너는 하나님께 소망을 두라
> 그가 나타나 도우심으로 말미암아

내가 여전히 찬송하리로다

기자가 삶을 돌아보면 한숨밖에 나오지 않지만, 그래도 삶을 포기하지 않으려고 안간힘을 쓴다. 그는 자기 영혼에게 낙심하거나 불안해하지 말라고 달래 본다. 또한 그의 영혼이 절망과 불안을 극복할 수 있는 비법도 스스로 제시해 본다. 바로 하나님께 소망을 두고 하나님의 '도우심/구원'(ישועה)을 간절히 바라는 일이다. 하나님께 '소망을 두는'(יחל) 일은 결코 쉽지 않다. 상황이 어떻든 간에 간절하게, 지속적으로 하나님만 바라보는 것을 의미하기 때문이다(cf. HALOT). 그는 사람이 하나님을 간절히 사모하면 주님은 분명히 그를 도우신다는 믿음을 버리지 않았다. 그러므로 주님이 그를 구원하시는 날, 그는 하나님께 감사와 감격의 찬송을 드린다는 소망을 갖고 있다.

저자는 그가 갇혀 있는 암울한 현실에서 눈을 떼고, 대신 하나님을 바라볼 것을 자기 스스로에게 주문하고 있다. 그가 당면한 상황은 참으로 절망적이므로 어떠한 소망의 근거도 없다. 그의 삶은 보면 볼수록 낙심만 커질 뿐이다. 그는 이 절망감을 이겨내는 유일한 방법은 더 이상 자신이 처한 상황을 '묵상'하지 않고, 그의 피난처이자 도움이 되시는 하나님을 '묵상'하는 것이라고 확신한다. 그러므로 그는 자기 자신에게 오직 하나님을 바라볼 것을 권면한다. 믿음이 절망할 때, 우리는 그 절망이 소망하도록 해야 한다(cf. vanGemeren).

3. 탄식(42:6-7)

⁶ 내 하나님이여
내 영혼이 내 속에서 낙심이 되므로
내가 요단 땅과 헤르몬과 미살 산에서 주를 기억하나이다
⁷ 주의 폭포 소리에 깊은 바다가 서로 부르며

주의 모든 파도와 물결이 나를 휩쓸었나이다

기자가 자기 자신에게 하나님을 소망하라며 스스로를 추슬러보려고 하지만 쉽지 않다. 그의 낙심한 마음이 요단 땅과 헤르몬과 미살 산에서 주님을 기념했던 일을 회상한다(6절). '미살 산'(מִצְעָר הַר)의 위치는 알수 없지만, 헤르몬 산 근처에 있었을 것이다. 이 시편이 바빌론에서 저작되었다고 주장하는 사람들은 이 지명들이 약속의 땅 밖에 있다는 사실에 주목한다(cf. Wilson). 저자가 더 이상 하나님의 성전을 찾아갈 수 없는 상황을 이렇게 표현하고 있다고 생각하기 때문이다. 그러므로 그들은 이 시편이 바빌론에서 저작되었다는 입장을 뒷받침하는 증거로 삼는다. 그러나 그렇게 해석할 필요는 없다.

요단 강 주변과 헤르몬 산과 미살 산은 모두 물과 연관된 이미지들이다. 북쪽에 위치한 헤르몬 산과 미살 산은 약속의 땅 밖에 있기는 하지만, 이 지역에서 시작된 물줄기는 요단 강을 통해 사해로 흘러드는 가나안에서 가장 큰 물줄기였다. 이 시편은 물과 목마름의 이미지를 계속 사용하여 메시지를 전하고 있다. 이러한 상황에서 기자는 이 지명들을 언급하며 가나안 땅에서 가장 큰 물줄기인 요단 강과 연관하여 하나님을 추억한다. 하나님은 마음만 먹으시면 얼마든지 그의 목마름을 채워 주실 것을 확신하면서 말이다.

헤르몬 산에서부터 강한 물줄기를 형성한 강물은 흐르면서 곳곳에서 큰 폭포를 형성한다(7절). 주님의 물줄기가 얼마나 강한지 깊은 바다를 형성하기에 충분하다. '깊은 바다'(תְּהוֹם)는 가나안 창조 신화에 자주 등장하는 원초적 바다/홍수다(cf. NIDOTTE). 기자는 하나님의 생수가 그의 갈증을 해소해 주기를 바랐지만, 헤르몬 산과 미살 산에서 시작한 하나님의 물줄기는 오히려 큰 바다가 되어 그의 생명을 위협한다(7절). 하나님의 심판이 그를 위협하고 있다는 의미다.

기자는 참으로 힘든 시간을 보내고 있다. 예전에 즐겨 찾던 성전으

로 더 이상 순례를 갈 수 없게 된 것이 그를 아프게 한다(cf. 2절). 하나
님이 그를 버리셨기 때문에 그가 성전에 갈 수 없게 되었다는 원수들
의 비아냥거림을 감당하는 것도 버겁다(cf. 3절). 그래서 그는 유일한 소
망이신 하나님을 간절히 바랐다(5절). 마치 목마른 사슴이 시냇물을 찾
는 것처럼 말이다. 그런데 이게 웬일인가! 정작 시냇물인 줄 알고 찾았
더니 그를 죽이는 깊은 물이었다(cf. Goldingay). 하나님이 그의 심판자가
되신 것이다.

우리는 기자가 어떤 죄로 인해 하나님의 심판을 받고 있는지 알 수
없다. 혹은 그가 처한 절박한 상황에서 하나님의 침묵을 이렇게 생각
할 수도 있다. 중요한 것은 그가 그렇게 믿고 의지했던 하나님마저도
그의 편이 아니라는 사실이다. 만일 우리가 이러한 상황에 처한다면
우리는 어떻게 해야 하는가?

4. 소망(42:8)

> ⁸ 낮에는 여호와께서 그의 인자하심을 베푸시고
> 밤에는 그의 찬송이 내게 있어
> 생명의 하나님께 기도하리로다

비록 그가 처한 상황이 그를 매우 힘들게 하며, 심지어는 하나님에
대하여 실망하라고 하지만, 기자는 다시 한번 하나님을 신뢰한다. 그
가 신뢰하는 하나님은 그가 사모했지만 만날 수 없었던 '살아계신 하나
님'(חי אל)이다(2절). 기자는 본문에서 주님과의 관계를 강조하기 위하여
같은 성호에 소유격 접미사를 붙여 '내 생명의 하나님'(חיי אל)이라고 부
른다.

이것이야말로 참 믿음이 아니겠는가! 모든 일이 잘될 때 하나님을 의
지하는 것은 쉬운 일이다. 그러나 일이 잘되지 않고, 심지어는 하나님

에 대하여 실망할 수도 있는 상황이 전개되더라도 하나님을 신뢰하고 바라는 것이야말로 참으로 이상적이고 큰 믿음이다. 기자는 이러한 믿음으로 하나님이 그에게 베풀어 주신 은혜를 묵상한다.

주님은 낮이면 기자에게 인자하심을 베푸시고, 밤이면 그에게 찬송을 주신다. 주님이 그를 주야로 보살펴 주신다는 뜻이다. 그러나 그의 감정과 느낌은 하나님이 그를 심판하시고 버리셨다고 한다. 이러한 생각은 감정과 느낌일 뿐 진실이 아니다. 진실은 비록 그가 체감하지 못한다 할지라도 아직도 하나님은 그를 사랑하셔서 낮이면 인자를 베푸시고, 밤에는 찬송을 주신다. '인자'(חֶסֶד)는 한번 맺으면 지속되는 언약적 관계에 근거한 성실함을 의미한다(cf. Sakenfeld). 인상적인 사실은 이때까지 기자가 하나님을 '엘로힘'으로 언급하다가 이곳에서만 '여호와'로 부른다는 점이다.

이미 언급한 것처럼 제2권은 엘로힘적인 시편들이다. 이러한 상황에서, 더욱이 시편이 시작된 이후 지속적으로 '엘로힘'으로 하나님을 부르다가 이곳에서는 '여호와'로 부르는 것이 특이하다. 저자가 본문에서 언급하고 있는 언약적 관계와 '여호와'는 결코 떼 놓을 수 없는 관계를 유지하고 있기 때문이다(Wilson). 하나님은 기자와 맺으신 언약 때문이라도 그를 버리실 수 없다. 그러므로 기자가 삶에서 가장 어두운 터널을 지나는 순간에도 그를 보호하시며 부를 찬송을 주신다. '찬송'(שִׁיר)은 즐거워서 입으로 흥얼대는 노래를 의미한다(HALOT).

낮과 밤은 그가 원수들의 비아냥거림으로 인해 밤낮 흘렸던 눈물을 연상케 한다(3절). 그러므로 그는 결코 원수들의 비아냥("너의 하나님이 어디에 있느냐?")이 실현되지 않도록 하겠다는 의지를 표현하고 있다. 어떻게 이 일이 가능한가? 하나님이 그에게 주신 찬송이 그의 기도가 되기 때문이다. 개역개정이 "[내가] 생명의 하나님께 기도하리로다"로 번역한 히브리어 문구(תְּפִלָּה לְאֵל חַיָּי)의 더 정확한 번역과 의미는 "(이것[찬송]이) 나의 살아계신 하나님께 기도가 되었다"는 것이다(NIV, ESV,

NRS, TNK). 기자는 하나님이 그에게 주신 찬송으로 주님께 기도하는 일을 통해 하나님이 그를 버리지 않으셨다고 선언하며 원수들의 비아냥거림을 잠재우고자 한다.

5. 탄식(42:9-10)

> ⁹ 내 반석이신 하나님께 말하기를
> 어찌하여 나를 잊으셨나이까
> 내가 어찌하여 원수의 압제로 말미암아
> 슬프게 다니나이까 하리로다
> ¹⁰ 내 뼈를 찌르는 칼같이
> 내 대적이 나를 비방하여 늘 내게 말하기를
> 네 하나님이 어디 있느냐 하도다

기자가 하나님은 자신을 버리지 않으셨을 뿐만 아니라 낮에는 은혜를 베푸시고 밤에는 찬송을 주신다며 스스로 위로해 보지만(8절), 그때뿐이다. 그는 바로 다음 순간에 다시 절망한다. 그의 느낌과 감정이 확신과 불안감 사이에서 요동치고 있는 것이다. 그는 세 가지를 탄식한다.

첫째, 하나님이 그를 잊으셨다는 생각을 떨칠 수가 없다(9a절). 고대 근동 사람들은 잊혀지는 것을 가장 큰 저주 중 하나라고 생각했다. 이러한 상황에서 다름 아닌 하나님께 잊혀진다는 것은 참으로 두려운 일이다. 마치 자식이 부모에게 잊혀지는 것과 같은 상황이다.

둘째, 하나님은 원수들의 압제로 인해 비참하게 사는 그를 보고만 계신다(9b절). 기자와 언약을 맺으신 하나님은 분명 억울한 일을 당하고 있는 그의 삶에 개입하시어 그를 구원하셔야 한다. 그러나 웬일인지 하나님은 부당하게 억압받고 있는 그의 삶을 방치하신다. 하나님은 기자의 삶에 전혀 관심이 없으신 듯하다.

셋째, 하나님은 원수들의 비방에도 침묵하신다(10절). 원수들은 하나님이 기자의 고통에 침묵하시는 것은 주님이 그를 버리셨기 때문이라며 비아냥거린다(cf. Brueggemann & Bellinger). 하나님의 침묵은 원수들이 그를 공격하기 위하여 사용하는 무기가 된 것이다. 그는 이러한 상황을 가장 힘들어한다. 그러므로 그는 원수들의 비방을 마치 칼이 그를 찌르는 듯한 아픔으로 표현한다.

6. 소망(42:11)

> [11] 내 영혼아 네가 어찌하여 낙심하며
> 어찌하여 내 속에서 불안해하는가
> 너는 하나님께 소망을 두라
> 나는 그가 나타나 도우심으로 말미암아
> 내 하나님을 여전히 찬송하리로다

기자는 지속되는 하나님의 침묵에 대하여 이미 5절에서 했던 말을 통해 다시 한번 자신을 추스른다. 그는 스스로에게 낙심하거나 불안해하지 말라고 권면한다. 그는 자신이 당면한 문제를 해결할 수 있는 유일한 방법은 바로 하나님께 소망을 두고 하나님의 '도우심/구원'(יְשׁוּעָה)을 간절히 바라는 것이라고 다짐해 본다. 이미 언급한 것처럼 하나님께 '소망을 두는'(יחל) 일은 결코 쉽지 않다. 그가 처한 불안하고 불확실한 상황에서도 간절하게, 또한 지속적으로 하나님만 바라보는 것이기 때문이다(cf. HALOT). 그는 사람이 하나님을 간절히 사모하면 주님은 분명히 그를 도우신다는 믿음을 아직도 가지고 있다. 그러므로 그는 주님이 그를 구원하시는 날, 하나님께 감사와 감격의 찬송을 드릴 일을 소망하고 있다.

저자는 한번 더 자기 스스로에게 그가 갇혀 있는 암울한 현실에서 눈을 떼고, 하나님을 바라볼 것을 주문하고 있다. 하나님의 침묵과 원수들의 비아냥거림으로 가득한 그의 현실은 참으로 절망적이며 어떠한 소망도 줄 수 없다. 그저 좌절과 절망감만 커질 뿐이다. 그는 이 절망감을 이겨내는 유일한 방법은 더 이상 자신이 처한 상황을 '묵상'하지 않고 그의 피난처이자 도움이 되시는 하나님을 '묵상'하는 것이라고 확신한다. 그러므로 그는 자기 자신에게 오직 하나님을 바라볼 것을 권면한다.

7. 탄식(43:1-4)

¹ 하나님이여 나를 판단하시되
경건하지 아니한 나라에 대하여 내 송사를 변호하시며
간사하고 불의한 자에게서 나를 건지소서
² 주는 나의 힘이 되신 하나님이시거늘
어찌하여 나를 버리셨나이까
내가 어찌하여 원수의 억압으로 말미암아 슬프게 다니나이까
³ 주의 빛과 주의 진리를 보내시어 나를 인도하시고
주의 거룩한 산과 주께서 계시는 곳에 이르게 하소서
⁴ 그런즉 내가 하나님의 제단에 나아가
나의 큰 기쁨의 하나님께 이르리이다
하나님이여 나의 하나님이여
내가 수금으로 주를 찬양하리이다

칠십인역(LXX)은 이 시편에 '다윗의 시'(ψαλμὸς τῷ Δαυιδ)라는 표제를 삽입하여 이 시를 42편에서 독립된 시로 구분하려 한다. 아마도 예배에서 43편을 따로 사용하기 위하여 표제를 붙인 듯하다(Goldingay). 그러나 마소라 사본(MT)에는 없는 말이다. 그러므로 42편과 43편을 같은

노래로 취급하는 것이 바람직하다.

저자는 자기의 억울함을 항변하기 위하여 법적인 언어를 사용하여 하나님께 호소한다. "판단하다/재판하다(שׁפט), 변호하다/다투다(ריב)"(1절). 그는 하나님을 재판관이자 그의 변호인으로 생각하며 하나님이 그가 처한 상황을 헤아리시면 그의 억울함을 인정하실 것이라 확신한다. 개역개정의 '나라'로 번역한 히브리어 단어(גוי)는 문맥상 '무리'로 해석하는 것이 더 설득력이 있다(cf. 새번역, 공동, 아가페, 현대인).

기자는 하나님이 그의 사정을 헤아리시기만 하면 모든 문제가 해결될 것을 확신하지만, 하나님은 도대체 그의 삶에 관심이 없으신 듯하다. 그러므로 그는 다시 한번 하나님께 울부짖는다. "어찌하여 나를 버리셨나이까?"(2절, 참조. 마 14:34, 요 12:27). 그의 탄식에는 배신감이 서려 있다. 그는 평생 하나님을 자기의 힘이라고 확신했다. '힘'(מעוז)을 더 정확하게 번역하면 '산성/요새/피난처'다(HALOT, cf. NIV, ESV, NRS, RSV, TNK). 그러나 이번에는 웬일인지 하나님이 그를 보호하는 산성이 되거나 피난처가 되지 않으셨다. 그러므로 그는 자신이 무방비 상태로 적들에게 노출되어 있다고 생각한다.

기자는 하나님이 그를 버리셨다는 생각으로 슬픔에 잠겨 절망할 수도 있지만, 끝까지 주님을 포기하지 않는다. 그는 하나님이 고난의 어두움으로 가득한 그의 삶에 구원의 빛을 보내시고, 원수들의 거짓(하나님이 그를 버리셨다는 주장)으로 가득한 그의 삶에 진리(하나님이 그를 버리지 않으셨으며 아직도 그를 사랑하신다는 사실)를 보내시기를 간절히 소망한다(3절). 그는 하나님의 빛과 진리의 인도 아래 그분이 계시는 거룩한 산, 곧 시온 산에 이르기를 원한다.

시온 산에 이르면 그는 하나님을 예배하며 찬양과 경배를 드릴 것이다(4절). 그가 얼마나 하나님을 간절히 사모하는지, 성전에 이르면 하나님께 "하나님이여, 나의 하나님이여!"라며 그분을 찾을 것이다. 이것이 기자의 꿈이자 소망이다. 그는 자신이 원수들의 손에서 구원을 받

고 하나님께 의롭다고 인정을 받는 것도 중요하다고 생각하지만(1-2
절), 그에게 더 중요한 일은 하나님을 직접 만나 뵙고 목청을 높여 하나
님을 찬양하고 경배하는 것이다(4절). 이 모든 것은 하나님의 빛과 진
리가 그를 성전으로 인도할 때 가능한 일이다. 그러므로 그는 하나님
의 임재를 간절히 사모한다.

8. 소망(43:5)

> 5 내 영혼아 네가 어찌하여 낙심하며
> 어찌하여 내 속에서 불안해하는가
> 너는 하나님께 소망을 두라
> 그가 나타나 도우심으로 말미암아
> 내 하나님을 여전히 찬송하리로다

저자는 앞에서 이미 두 차례나 사용했던 후렴구(42:5, 11)로 노래를
마무리한다. 그가 아무리 스스로를 위로하려 해도 위로가 잘되지 않는
다. 그는 낙심하고 불안해할 수밖에 없는 상황에 처해 있다. 그러나 그
는 하나님께 소망을 두는 일을 포기할 수도 없다. 그는 하나님이 그와
함께하신다는 믿음과 하나님이 그를 버리셨다는 감정 사이에 갈등하
고 있기 때문이다. 이러한 갈등은 심리학과 신학의 대립이라 할 수 있
다(cf. Terrien).

그럼에도 불구하고 기자는 하나님에 대한 신뢰로 마침표를 찍는다.
"내 하나님을 여전히 찬송하리로다." 처한 상황이 어떻든 결코 하나님
에 대한 믿음을 버리지 않고 끝까지 하나님을 사모하며 기다리겠다는
의지의 표현이다. 기자는 참으로 어려운 상황에 처해 있다. 그가 간절
히 사모한 하나님의 구원은 아직 실현되지 않았다(Goldingay). 그럼에
도 불구하고 위기에 처한 그는 끝까지 하나님을 소망한다. 여호와가

그의 하나님(אֱלֹהָיו)이시기 때문이다. 하나님과의 관계만 확실하면 우리가 삶에서 경험하는 절망과 소망은 모두 우리를 더욱더 성숙하게 한다(Brueggemann & Bellinger). 그러므로 우리는 절망스러운 상황에서도 좌절할 필요는 없다. 모든 것을 합해 선을 이루시는 하나님을 믿기 때문이다.

제44편
고라 자손의 마스길, 인도자를 따라 부르는 노래

I. 장르/양식: 회중 탄식시(cf. 12편)

이 노래에서는 복수의 음성과 단수의 음성이 교차한다. 이러한 현상은 왕과 백성이 이 노래의 일부를 교창으로 불렀기 때문이라고 설명하기 보다는 단순한 문학적 장르로 간주하거나(Craigie) 예배를 인도하는 이가 성도들의 아픔을 자기 개인의 아픔으로 간주하여 이렇게 하는 것으로 이해하는 것이 바람직하다(Grogan). 그러므로 이 시를 두 개의 노래가 혼합된 것으로 보기보다는 한편의 회중 탄식시로 보아야 한다(cf. Brueggemann & Bellinger). 온 공동체가 함께 주님 앞에서 슬픈 노래를 부르다가 적절한 때에 노래의 내용을 개인적인 상황에 적용하고 있다.

우리는 이미 시편 12편에서 회중 탄식시를 접했다. 그러나 12편은 분량도 짧고 내용도 어느 정도의 불확실성을 지니고 있다. 그러므로 학자들은 이 시를 양식비평이 정의하는 회중 탄식시의 첫 사례라고 하기도 한다(deClaissé-Walford et al., McCann, Wilson).

이 노래가 불린 정황은 아마도 이스라엘이 전쟁에서 패한 다음일 것으로 추정된다(Brueggemann & Bellinger, Craigie, Goldingay, Ross, vanGemeren). 일부 주석가들은 이 노래가 포로기 이후 시대(McCann), 더 구체적으로 페르시아 시대(Gerstenberger), 혹은 마카비 시대를 배경으로 하고 있다고 하지만(Calvin, cf. deClaissé-Walford et al.), 대부분 학자들은 포로기 전 시대에 저작된 것으로 간주한다(Craigie, Weiser). 일부 학자들은 히스기야 왕 혹은 요시야 왕 시대, 곧 유다에 영적 부흥이 임했던 시대에 저작된 것으로 간주하기도 한다(cf. Kraus, Ross).

II. 구조

이 시편에서 단수와 복수가 교차하며 노래를 진행하고 있는 상황을 반영하여 구조를 분석하면 다음과 같다(cf. Craigie. DeClaissé-Walford et al.). 이렇게 구분하면 스피커(speaker)가 누구인지가 확실해진다. 반면에 같은 내용이 연이어 중복되는데 따로 취급해야 하는 단점이 있다(cf. 네 섹션을 구성하고 있는 44:4-8은 한꺼번에 같은 섹션으로 취급될 수 있다).

  A. 하나님이 과거에 베풀어 주신 은혜 찬양(44:1-8)
      백성: 과거 하나님의 은혜(44:1-3)
      왕/리더: 과거를 현재에 적용(44:4)
      백성: 확신의 근거(44:5)
      왕/리더: 신뢰 선포(44:6)
      백성: 확신 선포(44:7-8)
  B. 하나님께 억울함을 호소함(44:9-22)
      백성: 당면한 위기(9-14)
      왕/리더: 수치 선언(44:15-16)
      백성: 억울함 선포(44:17-22)
  C. 온 공동체가 함께 드리는 기도(44:23-26)

밴게메렌(vanGemeren)은 일명 '지구랏 구조'(Ziggurat structure, cf. Ridderbos)라며 이 시편의 구조를 다음과 같이 제시한다(cf. McCann, Ross,

Wilson). 이 구조에 따르면 전쟁에 패한 공동체가 하나님이 과거에 베풀어 주셨던 승리를 회상하는 일로 시작하여 당면한 어려운 현실에서 승리 주시기를 바라는 기도로 마무리된다. 이 주석에서도 다음과 같은 흐름에 따라 본문을 주해해 나갈 것이다.

   A. 과거에 있었던 하나님의 구원(44:1-3)
     B. 하나님을 신뢰함(44:4-8)
       C. 고통과 수모(44:9-16)
         D. 억울함 주장(44:17-22)
           E. 구원을 바라는 기도(44:23-26)

III. 주해

제2권이 공동체가 함께 예배 드린 일을 회상하는(cf. 42:4) 개인 탄식시로 시작했다가(42-43편) 이 노래처럼 회중 탄식시로 이어지는 것은 당연한 일이다. 이 노래의 핵심도 공동체가 위기에 처한 상황에서 지속되는 하나님의 침묵이다. 이 노래를 부른 공동체는 하나님의 침묵에 좌절하지 않고 주님의 개입을 바라는 간절한 기도로 승화시킨다.

1. 과거에 있었던 하나님의 구원(44:1-3)

[1] 하나님이여

주께서 우리 조상들의 날

곧 옛날에 행하신 일을

그들이 우리에게 일러주매

우리가 우리 귀로 들었나이다

[2] 주께서 주의 손으로 뭇 백성을 내쫓으시고

우리 조상들을 이 땅에 뿌리박게 하시며

주께서 다른 민족들은 고달프게 하시고
우리 조상들은 번성하게 하셨나이다
³ 그들이 자기 칼로 땅을 얻어 차지함이 아니요
그들의 팔이 그들을 구원함도 아니라
오직 주의 오른손과 주의 팔과 주의 얼굴의 빛으로 하셨으니
주께서 그들을 기뻐하신 까닭이니이다

기자는 옛적에 들은 이야기로 노래를 시작한다. 하나님이 오래 전에 그들의 조상을 위하여 하신 일들에 관한 이야기다(1절). 바람직한 시작이다. 과거에 하나님이 베풀어 주신 은혜는 과거에 머물지 않고 현재의 불확실성과 미래의 불안감을 해소하는 최고의 처방이기 때문이다.

저자가 회상하는 일은 이스라엘이 어떻게 하여 약속의 땅 가나안을 차지하게 되었는가다(참조. 여호수아). 신명기 6장 20−25절은 이스라엘이 이집트 종살이에서 구원받은 일과 가나안 땅을 하나님께 선물로 받은 일을 자손 대대로 가르치라고 하는데, 본문은 이러한 권면이 잘 이루어졌음을 암시한다.

이스라엘은 자기 능력으로 가나안을 정복한 것이 아니다. 여호와께서 자기 손으로 이방인들을 내쫓으시고 조상들은 그 땅에 뿌리박게 하셨다(2절). '내쫓다'(ירש)와 '뿌리박다'(נטע)는 매우 강력한 대조를 이루고 있다. 하나님이 그 땅에 살아서는 안 되는 사람들은 뿌리째 뽑아 내치시고, 그 땅에 살아야 할 사람들은 나무를 심듯 심으셨다는 의미다.

개역개정은 하나님이 그 땅에서 이스라엘은 번성하게 하시고 다른 민족들은 고달프게 하셨다고 하는데(2절), 정확한 번역이 아니다. 이 히브리어 문구(תָּרַע לְאֻמִּים וַתְּשַׁלְּחֵם)를 문자적으로 번역하면 "그들을 박살 내고 그들을 내쳤다"가 된다(cf. NAS, TNK, CSB). 하나님은 이스라엘을 가나안에 심으시기 위하여 원주민들을 모두 박살내서 내쫓으셨다. 이스라엘이 번성하도록 했다는 의미는 본문에 포함되어 있지 않다. 본문

의 강조점은 하나님이 가나안 주민들을 모두 제거하여 이스라엘의 정착을 위협하지 못하도록 한 일에 있지, 이스라엘의 번성에 있지 않은 것이다.

그러므로 기자는 고백한다. 그의 조상들이 땅을 차지하게 된 것은 그들의 능력으로 된 일이 아니다. 오직 주님이 자기 능력에 따라 행하신 일이다(3절). 그는 이러한 사실을 강조하기 위하여 하나님의 능력의 상징인 "주의 손… 주의 오른손… 주의 팔"(2-3절, cf. 출 15:6, 13, 16)이 가나안 정복을 이루셨다고 한다. 이스라엘의 구원의 역사는 이렇게 시작되었다.

하나님이 가나안에 거하던 뭇 백성을 내치시고 그들의 땅을 하나님께서 주셨기 때문에 이스라엘이 가나안에 뿌리를 내리고 번성할 수 있었다. 그렇다면 왜 하나님은 이스라엘에게 이런 은혜를 베푸셨는가? 주께서 아무런 조건 없이 그들을 기뻐하셨기 때문이다(cf. 신 4:37-38, 7:7-8, 9:4-6). 저자는 하나님의 이스라엘을 향한 선택과 사랑과 자비를 노래하고 있다.

2. 하나님을 신뢰함(44:4-8)

4 하나님이여 주는 나의 왕이시니
야곱에게 구원을 베푸소서
5 우리가 주를 의지하여 우리 대적을 누르고
우리를 치러 일어나는 자를 주의 이름으로 밟으리이다
6 나는 내 활을 의지하지 아니할 것이라
내 칼이 나를 구원하지 못하리이다
7 오직 주께서 우리를 우리 원수들에게서 구원하시고
우리를 미워하는 자로 수치를 당하게 하셨나이다
8 우리가 종일 하나님을 자랑하였나이다

우리는 하나님의 이름에 영원히 감사하리이다 (셀라)

4절에서 스피커가 일인칭 복수 '우리'에서 단수 '나'로 바뀌었다가 5
절에서 다시 '우리'로 바뀌고 있으며 이러한 현상은 6-8절에서도 반복
되고 있다. 나(4절) - 우리(5절) - 나(6절) - 우리(7-8절). 이러한 현상은
예배에서 인도자와 회중이 이 시를 교독문처럼 번갈아가며 노래하는
상황을 반영할 수도 있지만, 이 시에서 '나'는 분명 왕이거나 높은 지위
에 있는 지도자가 확실하다(Craigie, deClaissé-Walford et al., Ross). 백성과
왕(지도자)이 번갈아가며 노래하고 있는 것이다.[1]

4절을 노래하는 왕은 분명 그 누구와 견줄 수 없는 이스라엘의 절대
권력자다. 하지만 하나님 앞에서 자신을 겸허히 낮춘다. 그는 하나님
을 자기 왕으로 인정하고 고백한다. 그가 이렇게 고백하는 것에는 두
가지 이유가 있는 듯하다.

첫째, 그는 이스라엘은 하나님의 백성이고, 하나님은 그들의 왕이시
라는 신학적 이해를 지닌 사람이다. 이스라엘의 왕은 하나님이 자기
백성을 다스리기 위하여 세우신 도구다. 그러므로 이스라엘 왕의 권위
는 하나님이 그에게 위임한 것이지 그의 것이 아니다. 이 왕은 이러한
사실을 잘 알고 있기 때문에 이러한 고백을 하고 있다.

둘째, 그는 이스라엘을 도울 수 있는 이는 자신이 아니라 그들의 왕

---

1 1-8절은 다음과 같은 교차대구법적 구조를 보이고 있다(vanGemeren).
　A. 과거의 전통(1절)
　　B. 과거 원수들을 상대로 거둔 승리(2절)
　　　C. 인간의 힘으로 거두지 않은 승리(3a절)
　　　　D. 주님이 이루신 승리(3b절)
　　　　　E. 개인적인 확신 고백(4절)
　　　　D′. 주님이 이루신 승리(5a절)
　　　C′. 인간의 힘으로 거두지 않은 승리(6절)
　　B′. 과거 원수들을 상대로 거둔 승리(7절)
　A′. 현 세대가 하나님을 찬양함(8절)

이신 하나님이라는 사실을 인정한다. 앞 섹션에서 이스라엘은 자신들의 능력으로 약속의 땅을 차지한 것이 아니라, 하나님이 직접 적들과 싸워 이루신 승리와 은혜로 이 땅에 정착하며 살게 되었다는 것을 인정했다. 최근 전쟁에서 패하고 돌아온 그는 이러한 사실을 더욱더 실감하고 있다. 그러므로 인간 왕인 그는 신적 왕이신 하나님께 "야곱에게 구원을 베푸소서"라고 호소한다. 인간 왕인 자기는 할 수 없는 일을 신적인 왕이신 하나님은 분명히 하실 수 있다는 확신에서 비롯된 간구다. 그는 자신의 한계를 겸허하게 인정하는 이상적인 인간 왕이다.

하나님이 왕의 기도(4절)를 들으시고 이스라엘에게 구원을 베푸신다면 어떤 상황이 전개될 것인가? 백성들은 적들을 상대로 승리할 것을 확신한다(5절). 그들은 대적을 누르고 원수들을 밟을 것이다. '누르다'(נגח)의 더 정확한 번역은 '[뿔로] 들이받다'이다(HALOT). 마치 뿔이 있는 짐승(소)이 들이받듯 적들을 들이받을 것이며, 공격을 당한 적들은 어찌할 바를 몰라 우왕좌왕하는 모습을 연상케 한다. 또한 하나님이 그들에게 구원을 베푸시면 그들은 원수들을 밟을 것이다. '밟다'(בוס)는 회복 불능 상태까지 짓밟는다는 의미다(HALOT). 그들은 적들이 다시는 일어나지 못하도록 지근지근 밟아 절대적인 승리를 거둘 것이다.

이러한 승리는 백성이 주의 이름으로 전쟁할 때나 가능한 일이다. 그들이 '주의 이름으로'(בשמך) 전쟁하는 것은 하나님이 그들과 함께하시는 성전을 의미한다. 백성들은 온전히 '하나님을 의지할 것'을 고백하고 있다. 또한 인상적인 것은 '주를 의지하여'(בך)라는 표현이다. 문자적으로 번역하면 '당신[주님] 안에서'가 된다. 이스라엘은 자신들이 주님 안에 거하며, 주님 안에서 전쟁할 때만 그들이 꿈꾸는 절대적인 승리를 얻을 수 있다는 사실을 고백하고 있다. 앞에서 그들의 조상이 가나안 땅을 차지하게 된 이유를 의식하고 드리는 고백이다.

왕도 백성들의 고백에 전적으로 동의한다. 그러므로 그는 자기 활을 의지하지 않을 것을 다짐한다(6절). 그가 활을 의지하지 않는 것은 그의 칼이 백성은 고사하고 왕 자신도 구원하지 못한다는 사실을 잘 알기 때문이다. '활(חֶשֶׁת)과 칼(חֶרֶב)'(6절)은 군사력을 상징한다. 전쟁은 여호와께 속한 것이기 때문에 이스라엘이 가지고 있는 군사력은 별 의미가 없다는 고백이다(cf. 수 1:9, 24:12). 왕은 겸손히 전쟁에 능하신 만군의 여호와를 바라보고 있다.

왕의 겸손한 고백에 용기를 얻은 백성들이 더욱더 확실하게 하나님의 능력을 찬양한다(7절). 하나님은 그들을 원수들의 손에서 구원하실 수 있는 유일한 분이시며 그들을 미워하는 자들이 수치를 당하게 하시는 분이다. 그들의 구원과 보복은 오직 여호와께 있다는 고백이다. 만일 이 문장의 시제를 과거로 간주하면(개역개정, 새번역, 공동, NAS, ESV, NRS) 이스라엘은 과거에 하나님이 행하셨던 일을 회상하며, "예전에 이렇게 하셨는데, 지금도 그렇게 해 주십시오"라는 염원을 담아 이렇게 노래하고 있다.

반면에 시제를 현재로 해석하면(아가페, 현대인, NIV, TNK, CSB) "하나님은 항상 이렇게 하시는 분"이라는 원리를 강조한다. 이 노래가 전쟁에서 패하고 돌아온 공동체가 부르는 노래라는 것을 의식하면 시제를 과거로 간주하는 것이 옳다. 그들은 옛적에 승리를 주셨던 하나님이 이번에는 실패를 안겨 주신 것에 대하여 혼란스러워하며 하나님께 옛적 영광을 다시 허락해 달라고 간구하고 있는 것이다.

백성들은 하나님이 예전에 베푸셨던 구원에 버금 가는 구원을 곧 베푸실 것을 기대하며 여호와가 그들의 하나님 되심을 종일 자랑했다(8절). 그들은 하나님의 구원이 임박했다고 확신한다. 그러므로 그들은 앞으로도 영원히 하나님의 이름을 찬양할 것이라고 선언한다. 하나님이 그들의 삶에 곧 개입하실 것이라는 사실에 대하여 어떠한 의심의 여지가 없는 고백이다.

3. 고통과 수모(44:9-16)

9 그러나 이제는 주께서 우리를 버려 욕을 당하게 하시고
우리 군대와 함께 나아가지 아니하시나이다
10 주께서 우리를 대적들에게서 돌아서게 하시니
우리를 미워하는 자가 자기를 위하여 탈취하였나이다
11 주께서 우리를 잡아 먹힐 양처럼 그들에게 넘겨 주시고
여러 민족 중에 우리를 흩으셨나이다
12 주께서 주의 백성을 헐값으로 파심이여
그들을 판 값으로 이익을 얻지 못하셨나이다
13 주께서 우리로 하여금 이웃에게 욕을 당하게 하시니
그들이 우리를 둘러싸고 조소하고 조롱하나이다
14 주께서 우리를 뭇 백성 중에 이야깃거리가 되게 하시며
민족 중에서 머리 흔듦을 당하게 하셨나이다
15 나의 능욕이 종일 내 앞에 있으며
수치가 내 얼굴을 덮었으니
16 나를 비방하고 욕하는 소리 때문이요
나의 원수와 나의 복수자 때문이니이다

노래하는 이들이 눈길을 현실로 돌리니 암담하고 비참한 패배가 앞을 가린다. 예전에는 그들과 함께 직접 전쟁터로 가시어 그들에게 승리를 주셨던 하나님이 이번에는 그들과 함께 나가지 않으셨기 때문이다(9절). 그러므로 일부 주석가들은 이 섹션이 여호와의 실패를 회고하고 있다고 주장하는데(Brueggemann & Bellinger), 설득력이 있는 주장은 아니다.

기자는 과거와 현실의 대조적인 상황을 강조하기 위하여 이 섹션을 '그러나 이제는'(אָף)이라는 말로 시작한다(Craigie, deClaissé-Walford et al.,

Wilson). 그들은 과거에 큰 은혜를 베푸셨던 하나님이 이제는 그들을 버려 욕을 당하게 하셨다고 탄식한다(9절). 주의 백성이 하나님과 함께할 때만 승리와 영광을 얻을 수 있다는 점을 감안하면(cf. 4-8절), 하나님이 그들을 버리시면 그들이 수치를 당하는 것은 뻔한 일이다. 그러므로 이 노래를 부르고 있는 백성들에게 가장 중요한 이슈는 전쟁의 승패가 아니라 하나님이 그들을 버리셨다는 것이다. 하나님은 이스라엘에게 승리를 주시지만, 실패도 주시는 분이다(Goldingay).

하나님께 버림받은 자들이 전쟁에서 실패하는 것은 당연한 일이다. 그러므로 그들은 적들에게 쫓기고, 약탈을 당했다(10절). 적들이 강해서가 아니다. 하나님이 그들을 적들에게 잡아 먹힐 양처럼 넘겨주셨기 때문이다(11a절). 백성들은 자신들을 어떠한 저항도 해보지 못하고 그저 사람들의 먹거리가 되기 위하여 끌려가는 양에 비교하여 독자들의 측은지심(惻隱之心)을 최대한 끌어내고자 한다. 결국 약탈당하고 인질로 잡힌 이스라엘 사람들은 여러 민족 중에 흩어졌다. 그런데 슬픈 노래를 부르는 이 공동체는 이 일을 되돌아보며 그들을 열방에 흩으신 이도 하나님이라고 한다(11b절). 하나님은 처음부터 이스라엘을 도살장으로 보내기 위하여 그들을 양육하신 목자와 같다는 것이다(Grogan). 이스라엘이 열방에 흩어진 일은 바빌론 포로가 되어 끌려간 일과 가장 밀접한 연관이 있다. 하나님은 주의 백성에게 병도 주시고 약도 주시는 분이다.

백성들은 자신들이 적들에게 패하여 욕을 당한 일을 상업적 거래에 비유한다. 하나님이 그들을 헐값으로 팔았다는 것이다(12a절). 이스라엘이 원수들에게 억압당하는 일을 "하나님이 그들을 파셨다"(מכר)고 하는 표현은 사사기에 자주 등장한다(cf. 삿 2:14, 3:8, 4:2). 이러한 표현은 이스라엘이 당하지 않아도 될 고통을 하나님께 범죄함으로 당하게 된 일을 효과적으로 묘사한다.

안타까운 것은 이번 '거래'에서 하나님이 얻은 이익은 하나도 없다는 사실이다(12b절). 예전에는 하나님이 범죄한 이스라엘을 원수들에게 팔아 어느 정도의 수익을 거두셨다. 그들이 적들에게 억압당하면 회개하고 주님께 돌아왔기 때문이다(참조. 사사기). 그러나 이번에는 하나님이 어떠한 이익도 내지 못하셨다. 그들은 회개할 만한 죄를 짓지 않았기 때문이다(참조. 19-20절). 결국 이스라엘은 특별한 이유도 모른 채 희생되는 양과 같기 때문에 이번 거래에서는 하나님도 이스라엘도 이익을 내지 못했다.

하나님께 버림받은 이스라엘은 결국 열방에게 웃음거리가 되었다(13-14절). 이스라엘이 하나님의 구원을 입어 이집트를 떠날 때와 가나안에 입성할 때, 그들은 열방의 부러움을 사는 민족이었다. 그러나 그들은 지난 수백 년 동안 여호와께 끊임없이 범죄하여 결국 하나님께 버림받고 이웃들에게 멸시와 조롱을 당하는 민족으로 전락했다. 이스라엘이 열방들의 조롱거리가 되는 것은 주전 586년에 있었던 예루살렘 멸망 사건과 가장 밀접한 연관성이 있는 표현이다. 그들은 어느덧 옛적 이집트에서 종살이하던 모습으로 돌아왔다.

백성들의 절망적인 고백에 이어 왕이 탄식을 이어간다(15-16절). 만일 이 노래가 바빌론 포로기 이후에 저작된 것이라면 이 시에 왕이 등장하는 것이 납득이 잘 되지 않는다. 유다의 마지막 왕인 시드기야가 이러한 고백을 했을 리 만무하고, 그 이후로는 왕이 없었기 때문이다. 그러므로 이 시는 포로기 이전 시대에 저작된 것을 편집한 것이거나, 포로기 공동체가 없는 왕을 가상인물로 만들어 노래의 일부를 부르게 한 것이라 할 수 있다.

백성들도 엄청난 수치와 수모를 겪었으니, 왕은 얼마나 더 감당하기 어려운 수모를 당했겠는가! 그러므로 그는 능욕과 수치가 하루 종일 그를 엄습한다고 한다(15절). 차마 얼굴을 들고 다닐 수 없는 상황이다. 또한 그의 주변에는 그를 욕하는 소리와 원수들의 비아냥만 있다(16절). 이 노래는 사람이 당할 수 있는 최고의 수치와 수모를 묘사하고 있다. 백성들의 사기는 완전히 꺾였지만, 왜 이런 일이 자신들에게 일어났는가에 대한 답을 찾으려는 노력을 포기할 정도로 꺾인 것은 아니다(Kidner).

4. 억울함 주장(44:17-22)

¹⁷ 이 모든 일이 우리에게 임하였으나
우리가 주를 잊지 아니하며
주의 언약을 어기지 아니하였나이다
¹⁸ 우리의 마음은 위축되지 아니하고
우리 걸음도 주의 길을 떠나지 아니하였으나
¹⁹ 주께서 우리를 승냥이의 처소에 밀어 넣으시고
우리를 사망의 그늘로 덮으셨나이다
²⁰ 우리가 우리 하나님의 이름을 잊어버렸거나
우리 손을 이방 신에게 향하여 폈다면
²¹ 하나님이 이를 알아내지 아니하셨으리이까
무릇 주는 마음의 비밀을 아시나이다
²² 우리가 종일 주를 위하여 죽임을 당하게 되며
도살할 양같이 여김을 받았나이다

이스라엘이 9-16절이 언급한 수치와 수모를 당할 만한 짓을 했는가? 그렇지 않다는 것이 본문에 서려 있는 백성들의 탄식이다. 이 섹션에 기록된 내용은 이 시가 포로기 이후에 저작되었다고 주장하는 사람들이 설득력 있게 설명해야 하는 부분이다. 바빌론의 손에 유다가 멸망하고 주의 백성이 포로가 되어 끌려갈 때와는 전혀 어울리지 않는 억울함의 호소이기 때문이다. 구약에 의하면 유다가 뿌리째 뽑히고 주민들이 바빌론으로 끌려갈 때 그 누구도 억울하다며 하소연할 수 없었기 때문이다. 그러므로 본문은 포로기 이전에 이 노래가 저작되었다고 주장하는 사람들이 제시하는 가장 확실한 증거다.

백성들은 앞 섹션에 언급된 혹독한 재앙이 임했는데도 자신들은 하나님을 떠나거나 잊지 않았고 주님과의 언약을 어기지도 않았다고 회고한다(17절). 그들은 재앙으로 인해 위축된 적이 없고, 하나님의 길을 떠난 적도 없다(18절). 전쟁이 그들에게 매우 불리하게 전개되는 상황에서도 그들은 온전히 하나님이 가르쳐 주신 길과 말씀에 의지하여 살았다는 것이다.

그렇다면 그들은 자신들이 당한 국가적 재앙을 어떻게 이해해야 하는가? 그들은 아무리 생각해 보아도 이런 재앙을 당할 만한 죄를 짓지 않았다고 확신한다. 그러므로 그들은 자신들이 내릴 수 있는 유일한 결론에 이른다. "하나님이 [이유 없이] 그들을 승냥이의 처소에 밀어 넣으시어 죽음으로 몰아가셨다"(19절). 하나님이 그들과 맺으신 언약을 위반했다는 주장이다(deClaissé-Walford et al.).

승냥이는 광야에서 사는 짐승인데, 기자는 승냥이를 통해 그들이 사는 땅이 하나님의 심판을 받아 모두 황무지처럼 변한 현실을 탄식한다(Kirkpatrick). 백성들은 마음을 다해 하나님과 맺은 언약을 준수했다고 한다. 반면에 하나님은 이스라엘과 맺으신 언약에 따라 행하지 않으셨기 때문에, 그들은 하나님께 참으로 억울한 일을 당했다는 것이다.

이어 그들은 한번도 하나님의 이름을 잊은 적이 없으며 우상들을 숭배한 적도 없다고 항변한다(20절). 만일 그들이 우상을 숭배하거나 하나님을 잊은 적이 있다면, 세상의 모든 비밀을 아시는 하나님이 이러한 사실을 모를 리가 없다고 한다. 만일 그들이 우상을 숭배하거나 하나님을 망각하고 산 적이 있다면, 모든 것을 아시는 하나님이 알려주셔서 자신들의 죄를 깨닫게 해달라는 논리다(cf. Terrien). 그들은 '하늘을 우러러 한 점 부끄러움이 없는 삶'을 살았다는 것이다.

그런데도 그들은 죽임을 당하고 온갖 고난을 겪고 있다. 이러한 일을 당할 만한 죄를 짓지 않은 상황에서 이러한 상황이 펼쳐지고 있다는 현실을 어떻게 이해해야 하는가? 그들은 자신들이 하나님을 위하여 이러한 고통을 당하는 것으로 해석한다(22절). '당신[주님] 때문에'(עָלֶיךָ) 는 두 가지 의미로 해석될 수 있다. 첫째, 자신들은 이러한 고난을 당할 만한 일을 하지 않았는데 이런 일을 당하는 것은 하나님의 무관심 내지는 실수로 인한 것이라는 의미다. 둘째, 하나님이 왜 이런 일을 허락하셨는지 알지 못하는 신비로운(mysterious) 상황에서 하나님과 주님의 사역을 위하여 자신들이 '의로운 고통'을 감수하고 있다는 의미다. 대부분 주석가들은 후자를 선호한다(Calvin, Kidner, McCann, vanGemeren, Wilson). 그러나 이 노래가 탄식시라는 점을 고려할 때 전자가 더 설득력이 있어 보인다. 만일 그들이 주님을 위하여 이처럼 '의로운 고통'을 당한다고 생각했다면, 굳이 이렇게 슬퍼할 필요는 없기 때문이다.

5. 구원을 바라는 기도(44:23-26)

²³ 주여 깨소서
어찌하여 주무시나이까
일어나시고 우리를 영원히 버리지 마소서
²⁴ 어찌하여 주의 얼굴을 가리시고
우리의 고난과 압제를 잊으시나이까
²⁵ 우리 영혼은 진토 속에 파묻히고
우리 몸은 땅에 붙었나이다
²⁶ 일어나 우리를 도우소서
주의 인자하심으로 말미암아 우리를 구원하소서

자신들이 당하는 고통은 참으로 억울한 일이며 하나님이 그들의 형편을 헤아리지 않으셔서 빚어진 것이라고 확신하는 백성들은 그들이 처한 상황에 하나님이 관심을 가져 주실 것을 간절히 바라며 이 섹션을 두 개의 명령문으로 시작하고, 두 개의 명령문으로 마무리한다. "깨소서, 일어나소서(23절), 일어나소서, 구원하소서"(26절). 또한 이 명령문들 사이에는 하나님께 드리는 두 개의 '어찌하여' 질문이 있다. 믿기 힘든 일이 벌어지고 있음을 암시한다.

그들은 하나님께 잠에서 깨어나실 것을 간절히 호소한다(23a절). 백성들은 하나님이 '매우 깊은 잠'(יָשֵׁן)에 들어 있기 때문에(cf. 창 2:21) 이런 일이 벌어지고 있다고 생각한다. 하나님이 깨어나셔야 그들이 버림받지 않는다는 생각으로 하나님께 부르짖는다(23b절). 이스라엘이 하나님 앞에 설 때 진정한 경건과 경외함으로 주님을 부르던 일을 생각하면, 하나님께 깨어나시라고 외치는 것은 망언에 가깝다(Terrien). 그들이 당면한 상황이 매우 절박하여 격식을 차릴 겨를이 없다는 것을 암시한다.

고대 근동 신화에서는 잠자는 신들이 종종 등장한다(deClaissé-Walford et al., 참조. 왕상 18:27). 그러나 성경은 창조주 하나님이 주무시는 일이 없다고 한다(cf. 시 121:3). 그렇다면 백성들은 무엇 때문에 하나님이 주무신다고 생각하는가? 하나님이 얼굴을 가리시고 그들의 고난과 압제에 침묵하시기 때문이다(24절). 구약에서 하나님이 얼굴을 누구에게 향하시는 것은 곧 구원과 은혜를 베푸시는 일을 뜻하며, 얼굴을 가리시는 것은 아예 관심을 주지 않으시는 것을 의미한다. 이러한 상황에서 최근 그들이 경험한 고난을 곰곰이 생각해 보니 그 재앙이 결코 자신들의 죄에서 비롯된 것은 아니라는 사실이 확실하다. 그렇다면 유일하게 남은 가능성은 하나님이 그들의 형편을 헤아리지 않으셨기 때문이다. 그러므로 백성들은 하나님께 얼굴을 가리지 마시고 그들의 고난과 압제를 잊지 말라고 호소한다.

백성들이 당면하고 있는 고통은 마치 그들의 영혼을 흙 속에 파묻고 그들의 몸을 땅 표면에 붙이는 것처럼 혹독하다(25절). 기자는 쌍을 이루는 '영혼'(נֶפֶשׁ)과 '몸/육체'(בֶּטֶן)를 통해 그들의 고통이 단순히 영적인 고통이거나 육체적인 고통이 아니라, 온몸과 마음을 위협하는 총체적인 고통임을 강조한다. 또한 '진토'(עָפָר)와 '땅'(אֶרֶץ)은 사람이 거할 수 있는 가장 낮은 곳을 의미한다. 그들은 더 이상 내려갈 수 없는 곳까지 내려가는 수모를 당하고 있다는 뜻이다.

그러므로 그들은 유일한 소망이신 하나님께 다시 한번 그들의 삶에 개입하실 것을 호소한다. "일어나서 우리를 도우소서!"(26절). 옛적에 이스라엘이 하나님의 인도하심에 따라 광야를 여행할 때 그들의 길을 인도할 하나님의 법궤가 움직이기 시작할 때면 "일어나소서"(קוּמָה)를 외쳤다(cf. 민 10:35). 백성들은 옛적 일을 상기시키는 이 표현을 통해 하나님께 예전에 그들의 조상에게 베풀어 주셨던 구원을 자기들에게도 베푸실 것을 간구하고 있다.

생각해 보면 구원이 당장 그들에게 임하지 않는다고 해서 큰 문제가 되는 것은 아니다. 그들이 가장 불안해하는 것은 하나님이 그들을 버리셨다는 생각이다. 그러므로 이 순간 그들에게 가장 필요한 것은 여호와께서 그들과 함께하신다는 증표다. 옛적에 하나님이 무지개를 노아와 자식들에게 증표로 보여 주신 것처럼 말이다(창 9:15). 하나님이 함께하신다는 확신/믿음만 있다면, 고통은 어느 정도 견뎌낼 수 있기 때문이다. 그러므로 우리가 환난을 당할 때 가장 간절히 구할 것은 하나님이 우리와 함께하신다는 증거다.

앞에서 그들은 자신들의 억울함을 호소했다(cf. 17-19절). 자신들은 이러한 벌을 받을 만한 죄를 짓지 않았다는 것이다. 그러나 그들은 자신들의 억울함이 하나님이 그들을 구원하시기에는 부족하다는 것을 잘 안다. 그러므로 그들은 하나님의 인자하심에 호소한다(26b절). '인자하심'(חֶסֶד)은 하나님과 주의 백성이 맺은 언약에 근거한 충성을 의미한다(Sakenfeld). 그들은 하나님이 그들과 맺으신 관계를 근거로 마지막 호소를 하고 있다. 신실한 백성의 마지막 소망은 하나님의 신실하심이기 때문이다(Mays).

제45편
고라 자손의 마스길, 사랑의 노래, 인도자를 따라 소산님에 맞춘 것

I. 장르/양식: 왕족시(cf. 2편)

시편 42-43편과 44편처럼 이 노래의 표제도 '고라 자손', '마스길', '인도자를 따라'라는 말을 포함하고 있다. 여기에 '사랑의 노래'(שִׁיר יְדִידֹת)와 '소산님'(שֹׁשַׁנִּים)이라는 표현을 새로이 더한다. '사랑의 노래'로 불리는 시편으로는 이 노래가 유일하며 결혼과 연관되어 있다 하여(cf. Grogan), NIV는 '결혼식 노래'(Wedding Song)라고 번역했다. '소산님'(שֹׁשַׁנִּים)은 백합 혹은 연꽃을 의미하는 '소산'(שׁוּשַׁן)의 복수형이다(cf. HALOT). 아마도 당시에 불렸던 '백합들'(שֹׁשַׁנִּים)이라는 노래의 곡조에 맞춰 이 시를 노래하라는 지시로 생각된다(cf. Delitzsch). '소산님'은 시편 80편의 표제에도 등장하며 단수인 '소산'(שׁוּשַׁן)은 시편 60편의 표제에 포함되어 있다.

이 시는 왕을 찬양하는 노래이며 시편에서 인간을 찬양하는 시로는 이 노래가 유일하다. 표제가 언급하는 것처럼 이 시는 사랑의 노래다. 내용을 살펴보면 왕의 결혼식 때 불렸던 것이 확실하다(Brueggemann & Bellinger, cf. NIV). 남 왕국 유다 혹은 북 왕국 이스라엘의 왕이 '두로의 딸'(12절)을 아내로 맞이한 일을 기념하는 노래다.

구약에서 가장 잘 알려진 이스라엘 왕과 두로의 딸(공주)의 결혼은 아합과 이세벨의 연합이다(참조. 왕상 16:31). 그러므로 많은 학자들이 이들의 결혼에서 이 노래가 처음으로 불린 정황으로 지목한다. 그러나 '두로의 딸'이 굳이 공주일 필요는 없으며, 내용이 상당히 일반적이어서 아합과 이세벨의 결혼을 배경으로 이 시를 해석할 필요는 없다는 반론도 만만치 않다. 이 노래가 처음으로 불린 정황에 대하여 정확히 알 수는 없다. 하지만 세월이 지나면서 이 노래가 왕들의 결혼식에 종종 사용되었을 가능성은 많아 보인다.

이 시가 왕의 결혼식을 기념하는 노래라는 사실을 감안하면, 이 시는 왕정시대에 저작된 것이 확실하다. 어떻게 해서 인간 왕을 찬양하고 그의 결혼식을 기념하는 노래가 정경인 시편에 포함되게 되었을까? 유대교와 기독교가 오래 전부터 이 시의 일부를 메시아적인 노래로 해석해 왔기 때문이다(cf. 6-7절, 히 1:8-9). 아마도 유태인들이 하나님과 이스라엘을 결혼한 부부 관계로 본 것도 일조했을 것이다(참조. Lewis). 구약에서 이스라엘의 왕은 하나님의 왕권을 위임받은 자로서 메시아의 부분적인 모형이 될 수 있는 것도 어느 정도 작용했을 것이다(Patterson, 참조. 6절). 또한 이 시편의 주요 구절(2, 6, 7절)에 '하나님'이 등장하는 것도 한 몫 했을 것이다.

II. 구조

한 학자는 이 시편에 대하여 다음과 같이 자세한 구조를 제시한다(Alden). 이 짧은 시에 대하여 지나치게 자세한 구조라는 생각이 들 뿐만 아니라, 서로 쌍을 이루며 대칭을 형성하는 부분들이 설득력이 없어 보이기도 한다(예, A-A′, E-E′).

A. 내가 말함(45:1)
  B. 당신은 영원히 복을 받은 사람(45:2)
    C. 영광스러운 신랑(45:3-8)

　　　D. 왕의 딸(45:9)

　　　　E. 떠나는 신부(45:10)

　　　　E′. 끌어 안는 신부(45:11)

　　　D′. 두로의 딸(45:12)

　　C′. 아름다운 신부(45:13-15)

　B′. 왕의 자녀들이 통치할 것(45:16)

A′. 내가 기억하게 할 것(45:17)

다음은 밴게메렌(vanGemeren)이 제시한 구조다. 내용을 살펴보면 굳이 B에서 C를, 또한 B′에서 C′를 구분할 필요가 있을까 하는 의문이 든다. 오히려 2-9절과 10-15절은 각각 한 섹션으로 묶는 것이 바람직하다.

　A. 서론(45:1)

　　B. 왕께 선언(45:2-5)

　　　C. 신랑의 영광(45:6-9)

　　B′. 신부에게 선언(45:10-12)

　　　C′. 신부의 영광(45:13-15)

　A. 결론(45:16-17)

이 주석에서는 다음과 같이 네 파트로 구성된 간단한 구조를 바탕으로 본문을 주해해 나가고자 한다(cf. Craigie, deClaissé-Walford et al., Wilson).

　A. 서론(45:1)

　　B. 신랑에게(45:2-9)

　　B′. 신부에게(45:10-15)

　A′. 결론(45:16-17)

III. 주해

이 노래는 왕이 다른 나라 여인을 아내로 맞이하는 결혼식을 기념한다. 그래서 학자들은 이 노래를 아합과 이세벨의 연합뿐만 아니라, 솔로몬의 여러 결혼식 중 하나, 혹은 여호사밧의 아들 요람 왕이 이세벨의 딸 아달랴를 아내로 맞이한 일과 연관시키기도 한다(cf. deClaissé-Walford et al.). 이 노래가 언제 처음 불렸는지는 알 수 없지만, 이후 여러 왕들의 결혼식에서 사용되었을 것이다. 내용은 결혼하는 신랑과 신부를 찬양하며 자식이 많은 복된 가정이 되도록 빌어주는 일로 마무리된다.

1. 서론(45:1)

> ¹ 내 마음이 좋은 말로 왕을 위하여 지은 것을 말하리니
>   내 혀는 글 솜씨가 뛰어난 서기관의 붓끝과 같도다

기자는 결혼식을 기념하여 '좋은 말'(דָּבָר טוֹב)로 지은 노래를 부르고자 한다. 그는 자신의 작품은 글로 남기기보다는 사람의 목소리로 불릴 때 더 의미가 있다는 것을 강조하기 위하여 자기 혀를 글 솜씨가 뛰어난 서기관의 붓끝에 비교한다. 서기관의 능숙한 글솜씨에 버금가는 노래로 신랑과 신부를 축복하겠다는 선언이다.

신랑은 다름 아닌 기자가 사는 나라의 왕이다. 아마도 저자는 성전에서 사역하는 선지자나 왕궁을 출입하는 서기관일 것이다(cf. McCann). 그는 온 백성을 대표하여 왕의 결혼식에서 노래를 부르는 특권을 누리고 있다. 그러므로 그는 '흥분된 마음으로'(רָחַשׁ לִבִּי) 신랑인 왕을 위하여 기쁨의 노래를 부르고자 한다.

2. 신랑에게(45:2-9)

² 왕은 사람들보다 아름다워
은혜를 입술에 머금으니
그러므로 하나님이 왕에게 영원히 복을 주시도다
³ 용사여 칼을 허리에 차고
왕의 영화와 위엄을 입으소서
⁴ 왕은 진리와 온유와 공의를 위하여
왕의 위엄을 세우시고
병거에 오르소서
왕의 오른손이 왕에게 놀라운 일을 가르치리이다
⁵ 왕의 화살은 날카로워
왕의 원수의 염통을 뚫으니
만민이 왕의 앞에 엎드러지는도다
⁶ 하나님이여
주의 보좌는 영원하며
주의 나라의 규는 공평한 규이니이다
⁷ 왕은 정의를 사랑하고 악을 미워하시니
그러므로 하나님 곧 왕의 하나님이
즐거움의 기름을 왕에게 부어
왕의 동료보다 뛰어나게 하셨나이다
⁸ 왕의 모든 옷은 몰약과 침향과 육계의 향기가 있으며
상아궁에서 나오는 현악은 왕을 즐겁게 하도다
⁹ 왕이 가까이 하는 여인들 중에는 왕들의 딸이 있으며
왕후는 오빌의 금으로 꾸미고 왕의 오른쪽에 서도다

저자는 이 섹션에서 하나님이 다윗 왕조를 세워 이스라엘을 다스리게 하신 목적과 방법을 노래한다. "이스라엘의 왕은 이러해야 한다"며 하나님이 세우신 이상적인 왕권의 모습을 묘사하고 있다. 이날 결혼하는 왕은 본문이 묘사하고 있는 왕의 모습과 일치하는가, 혹은 그렇지 않은가는 중요하지 않다. 만일 일치하지 않으면 왕은 이 기회를 통해 다시 한번 자기 자신을 성찰해야 한다. 일치한다면 하나님께 감사해야 한다. 이 시가 한 왕의 결혼식을 기념하는 노래이지만 정경에 보존된 것은 아마도 왕의 종교적, 도덕적, 윤리적 의무를 정의하고 있기 때문일 것이다(Terrien).

기자는 왕이 사람들보다 아름답다고 한다(2절). '아름답다'(יפה)의 기본적인 의미는 스스로 자기 자신을 가꾸거나 장식한다는 의미다(cf. HALOT). 왕은 어떻게 자기 자신을 아름답게 했는가? '은혜'(חן)를 입에 머금는 일을 통해서다. 평상시에 자기가 다스리는 백성들에게 많은 자비와 긍휼을 베푼다는 뜻이다. 그렇다면 일부 주석가들이 말하는 것처럼 기자는 왕의 신체적 아름다움을 노래하고자 하는 것이 아니다(참조. McCann). 그는 왕의 인격적 아름다움을 노래하고자 한다. 하나님이 그를 영원히(לעולם) 축복하시는 것도 이러한 이유에서다. 대단한 신체적 아름다움을 지녔던 사울을 버리신 것을 보면 본문이 왕의 인격적 아름다움을 노래하고 있다는 것이 더 확실해진다.

저자는 왕에게 위대한 용사가 전쟁에 나가는 모습에 걸맞은 차림을 갖추라고 한다(3절). 칼을 차고 왕의 영화와 위엄을 부각시키는 옷을 입은 모습을 보여 달라는 요청이다. '영화'(הוד)와 '위엄'(הדר)은 시편 21편 5절에서 하나님이 사람에게 주시는 선물로 언급된다. 결혼하는 이날, 왕은 가장 영화로운 모습을 보일 필요가 있다.

기자는 화려하게 갖추어 입은 왕에게 병거에 올라 백성들 앞에서 위엄이 있는 자태를 뽐내며 시위해 달라고 한다(4절). 왕이 시위하는 목적은 자기의 놀라운 위상을 자랑하기 위해서가 아니다. 왕은 항상 자기가 통치하는 백성들 중에 진리와 온유와 공의를 실현하기 위하여 통치하고 있다는 것을 그들에게 알리기 위해서 위풍당당하게 시위를 해야 한다.

'진리'(אֱמֶת)는 지속적인 성실함에 근거한 신뢰를, '공의'(צֶדֶק)는 공동체의 평안을 위한 변하지 않는 기준을 의미한다(cf. HALOT, NIDOTTE). '온유'(עֲנָוָה)는 이곳에서 딱 한번 사용되는 단어라 정확한 의미는 확실하지가 않다(cf. HALOT). 아마도 진리와 공의를 행할 때 갖추어야 할 부드러움/융통성을 의미하는 듯하다. 개역개정은 왕의 오른손이 놀라운 일을 '가르칠 것'이라고 하는데(cf. ESV, NRS), 혼란을 야기할 수 있는 번역이다. '가르치다'의 의미로 번역된 단어(וְתוֹרְךָ)의 기본적인 의미는 '두렵다/놀라다'이며 본문에서 이 분사는 '놀라운 일들'을 뜻한다. 그러므로 본문의 의미는 "왕의 오른손이 놀라운 일들을 하게 하소서"이다(참조. 새번역, 공동, 아가페, 현대인, NIV, NAS, TNK). 왕이 병거를 타고 백성들 앞에서 시위하면서 왕의 위상에 걸맞은 일들을 행하라는 뜻이다.

다음으로 기자는 왕의 군사적 능력을 찬양한다(5절). 자신과 통치하는 나라를 위하여 전쟁하러 갈 때면 왕이 쏜 화살은 원수들의 심장을 뚫을 정도로 대단한 정확성과 위력을 지녔다. 결국 왕은 모든 적들을 상대로 승리하고, 적들은 그 앞에 엎드려진다. 자기 백성들에게는 관대하지만, 적들은 대단한 능력으로 제압한다.

이러한 왕의 권세는 그가 스스로 노력해서 얻은 것이 아니라 하나님이 그에게 위임해 주신 것이다(6-7절). 일부 주석가들은 '하나님'(אֱלֹהִים)을 왕에서 신의 위상으로 격상시킨 표현으로 해석할 것을 제안하지만(McCann, Wilson, 참조. RSV, TNK), 이스라엘의 하나님 여호와를 의미하는 것으로 해석하는 것이 바람직하다(cf. 새번역, 아가페, 현대인, NIV, ESV, NAS, NRS). 하나님이 앉으신 보좌는 영원하며, 주님은 그곳에 앉아 의로운 규로 자기 나라를 다스리신다(6절). 왕이신 하나님이 자기 백성 이스라엘을 다스리시는 모습을 묘사하고 있다. 하나님은 결혼하는 왕의 하나님도 되시며, 그에게 자기 백성을 다스리는 왕으로 세우시고 통치할 능력도 주셨다(7절). 하나님의 세우심을 입은 왕은 정의를 사랑하고 악을 미워한다. 왕은 하나님이 그에게 맡겨 주신 백성을 공정하게 판단하고 판결한다는 뜻이다.

하나님의 위임을 받아 공평하고 정의롭게 백성을 다스리는 왕이 사는 모습과 궁은 그의 위상과 권위를 잘 반영한다(8절). 그가 입는 모든 옷은 몰약과 침향과 육계 등 세상에서 가장 진귀한 향으로 진동한다. 또한 그가 사는 곳은 상아궁이며 항상 흥겨운 음악으로 가득하다. '상아'(שֵׁן)는 가나안 지역의 토산품이 아니며 비싼 수입품이었다(cf. ABD). 그의 왕궁이 상아로 장식되었다는 것은 왕의 호화스러운 처소를 효과적으로 묘사하고 있다. 또한 그가 사는 곳은 음악이 끊이지 않는다.

이처럼 모든 것을 갖추고 누리는 왕이 결혼한다(9절). 평상시에도 왕의 주변에는 항상 다른 나라 왕들의 딸들이 있다. 왕이 마음만 먹으면 언제든 자기가 원하는 왕족을 아내로 맞이할 수 있다는 의미다. 이러한 상황에서 한 여인(이방 공주)이 특별한 선택을 받았다. 왕의 선택을 받은 신부는 당시 세상에서 가장 귀하다고 여겨졌던 오빌의 금으로(cf. 사 13:12, ABD) 장식하고 왕의 오른 편에 서 있다. 세상에서 가장 아름답고 화려한 신랑 신부의 모습이다.

3. 신부에게(45:10-15)

> [10] 딸이여 듣고 보고 귀를 기울일지어다
> 네 백성과 네 아버지의 집을 잊어버릴지어다
> [11] 그리하면 왕이 네 아름다움을 사모하실지라
> 그는 네 주인이시니 너는 그를 경배할지어다
> [12] 두로의 딸은 예물을 드리고
> 백성 중 부한 자도 네 얼굴 보기를 원하리로다
> [13] 왕의 딸은 궁중에서 모든 영화를 누리니

그의 옷은 금으로 수 놓았도다
¹⁴ 수 놓은 옷을 입은 그는 왕께로 인도함을 받으며
시종하는 친구 처녀들도 왕께로 이끌려 갈 것이라
¹⁵ 그들은 기쁨과 즐거움으로 인도함을 받고
왕궁에 들어가리로다

기자가 이번에는 신부에게 노래를 이어간다. 먼저 신부는 자신의 과거와 거리를 두고 왕과 새로 시작한 가정에 전념해야 한다(10절). 그녀는 떠나온 백성과 친정을 잊어야 한다. 그들은 완전히 망각하고 살라는 것이 아니라, 결혼하면 그들과의 관계를 새롭게 설정해야 한다는 뜻이다. 예전에는 한 아버지의 딸로, 한 백성의 공주로서 살았다면, 이제는 다른 나라의 왕비로, 또한 그 나라를 다스리는 왕의 아내로 자기 신분을 정의해야 한다. 이러한 권면은 두 사람이 결혼하면 부모를 떠나 서로 한 몸을 이루라는 말씀(창 2:24)을 연상케 한다.

신부가 마음과 몸가짐을 이렇게 하면, 신랑은 그녀를 주저 없이 사랑할 것이다(11절). 왕의 사랑을 흠뻑 받은 신부는 남편의 사랑에 대하여 적절한 대응을 해야 한다. 바로 신부는 자신을 사랑하는 남편을 존경하고 잘 섬기는 것이다. 사랑은 일방 통행이 아니라, 쌍방 통행이다. 사랑을 받은 사람은 받은 것 이상으로 돌려주어야 그 사랑은 더 자란다.

신부가 이러한 자세로 결혼에 임하면 그녀는 세상의 선망의 대상이 될 것이다(12절). 그녀의 고향인 두로의 여인들이 그에게 예물을 바치며 경배할 것이고, 그녀가 남편으로 맞이한 왕의 나라 귀족들도 그녀의 얼굴을 볼 수 있기를 간절히 바랄 것이다. 그녀가 어느 곳에 있든지 사람들은 그녀를 존경하고 부러워할 것이라는 의미다. 남편의 사랑을 마음껏 받고, 그 사랑에 적절하게 반응하면 그녀는 모든 사람에게 기쁨을 줄 것이다.

기자는 신부가 왕궁에서도 영화를 누릴 것이라고 한다(13-15절). 그

녀는 금으로 수놓은 옷을 입고(13절), 당당하게 왕에게 나아갈 것이며,
그녀가 왕에게 나아갈 때, 결혼할 때 고향에서 그녀와 함께 온 처녀들
도 함께할 것이다(14절). 신부는 절대 친정과 고향에서 고립된 삶을 살
지 않을 것이라는 뜻이다. 모든 사람이 기뻐하고 즐거워하는 왕궁 생
활을 할 것이다(15절).

4. 결론(45:16-17)

> ¹⁶ 왕의 아들들은 왕의 조상들을 계승할 것이라
> 왕이 그들로 온 세계의 군왕을 삼으리로다
> ¹⁷ 내가 왕의 이름을 만세에 기억하게 하리니
> 그러므로 만민이 왕을 영원히 찬송하리로다

일부 학자들은 이 말씀이 오로지 신랑인 왕에게만 선포된 것이라 한
다(Grogan). 하지만 기자가 신랑과 신부를 따로 축복하기를 마친 다음
이 둘의 연합이 이룰 가정에 대한 축복을 선포하는 것으로 이해하는
것이 바람직하다. 앞으로 이 둘로부터 많은 아들들이 태어나 조상 때
부터 이어온 왕권(다윗 왕조?)을 계승할 것을 바란다(16절). 저자가 '조상
들'(אבות)을 언급하는 것으로 보아 이 왕이 속한 왕조가 상당 기간 지속
되어 온 것을 알 수 있다(Wilson). 그러므로 결혼하는 왕은 왕조를 시작
한 다윗은 아니며 어느 정도 세월이 지난 다음 그의 후손들 중 한 사람
일 것이다. 또한 다윗 왕조는 앞으로도 계속 번성하여 이 결혼을 통해
태어날 왕의 아들들은 '군왕들'(שׂרים, 왕자들)이 되어 이스라엘뿐만 아니
라 온 세상을 다스릴 것이라는 복을 빌어주고 있다(참조. Goldingay).

이 시편의 마지막 절은 만민이 왕의 이름을 영원히 찬송할 것이라며
축복을 빈다(17절). 그런데 이 축복을 비는 이는 누구인가? 만일 기자
라면 그는 어떻게 왕의 이름을 영원히 기억되게 할 것인가? 기자는 이

노래가 앞으로도 계속 불리도록 할 것이며, 이 노래가 불릴 때마다 사람들은 왕을 기억할 것이라는 의미다.

그러나 저자에게는 이러한 능력이 없으므로, 마지막 절을 노래하는 이를 하나님으로 해석해야 한다고 하는 이들도 있다(McCann, cf. Ross, vanGemeren). 6절은 이미 하나님과 왕을 함께 언급한 적이 있다. 그러므로 하나님이 마지막 절을 노래하시는 것이라는 해석도 자연스럽다. 자기가 세운 다윗 왕조에 속한 왕의 결혼식을 지켜보시던 하나님이 결혼을 축복하시며 노래를 마무리하시는 것이다.

제46편
고라 자손의 시, 인도자를 따라 알라못에 맞춘 노래

I. 장르/양식: 회중 찬양시(cf. 8편)

표제에 '알라못에 맞춘 노래'라는 말이 등장한다. '알라못'(עֲלָמוֹת)은 히브리어로 처녀를 뜻하는 단어(עַלְמָה)의 복수형이다(cf. HALOT). 아마도 당시 불렸던 노래들 중에 '처녀들'(알라못)이라는 곡이 있었고, 이 노래의 곡조에 맞추어 부르라는 지시로 여겨진다(Craigie, Wilson).

이 노래가 불려진 정황에 대하여는 의견이 분분하다. 이스라엘이 전쟁에서 승리하고 돌아온 후 부른 노래라고 하기도 하고(cf. 대하 20:1-30, 왕하 18:13019:36), 가을 추수를 마무리하고 여호와의 왕권을 기념하며 부른 노래라고 하기도 한다(cf. Anderson). 다윗 왕조의 강건함을 강조하기 위하여 부른 노래라고 하기도 한다(Craigie). 저작된 시기로는 선지자 이사야가 활동하던 때가 제시되기도 한다(Grogan).

시온의 이상화된(idealized Zion) 모습을 노래하는 이 시편은 '시온의 노래'(a song of Zion)다(Brueggemann & Bellinger, Grogan). 시온의 노래에 속하는 시편으로는 48, 76, 84, 87, 122편 등이 있으며, 이 시편들이 공통적으로 노래하는 신학을 '시온 사상'(Zion Theology)이라고 한다(cf. Ollenburger). 이 신학은 노트(Martin Noth)와 폰라드(Gerhard von Rad)가 처

음 제시했으며 폰라드의 제자 로랜드(Edward Rohland)에 의하여 발전되었다.

시온 사상의 주요 골자는 다음과 같다. 첫째, 시온은 북방 산(צָפוֹן) 중 가장 높은 산이다(시 48:2-3). 둘째, 그곳에서부터 강이 흐른다(시 46:4). 셋째, 여호와께서 그곳에서 흉용한 물("flood of chaos waters")을 누르셨다(시 46:2-3). "땅이 변하든지, 산이 흔들려 바다 가운데 빠지든지, 바닷물이 흉용하고 뛰놀든지 그것이 넘침으로 산이 요동할지라도 우리는 두려워하지 아니하리라." 넷째, 시온에 계신 여호와께서 열방과 그들의 왕을 이기셨다(시 46:6, 48:5-7, 76:4, 6-7). 빌드버거(Wildberger)와 윤커(Junker)는 '만국의 순례'(pilgrimage)가 시온 사상의 다섯 번째 요소라고 주장한다. 이들의 주장은 이사야 2장 1-4절에 근거를 두고 있으나 대부분의 학자들은 이들의 주장을 받아들이지 않는다.

종교개혁자 루터는 이 시에서 영감을 받아 "내주는 강한 성이요"(찬송가 585장)란 찬송을 지었다. 그가 시작한 개혁의 길은 참으로 험난했으며 그에게 많은 핍박과 고난을 안겨 주었다. 루터는 힘이 들고 어려울 때마다 이 찬송을 부르며 하나님의 위로를 사모했다. 이러한 이유로 우리는 매년 10월 마지막 주가 되면 1517년 10월 31일에 시작된 종교개혁을 기념하면서 이 찬송을 함께 부른다. 찬송가 585장의 1절과 3절은 다음과 같다. 루터가 당면했던 고난과 역경과 그의 흔들리지 않는 믿음을 잘 표현하고 있다.

1. 내 주는 강한 성이요 방패와 병기되시니
   큰 환난에서 우리를 구하여 내시리로다
   옛 원수 마귀는 이때도 힘을 써 모략과 권세로
   무기를 삼으니 천하에 누가 당하랴
2. 이 땅에 마귀 들끓어 우리를 삼키려 하나
   겁내지 말고 섰거라 진리로 이기리로다

친척과 재물과 명예와 생명을 다 빼앗긴대도
진리는 살아서 그 나라 영원하리라

II. 구조

알덴(Alden)은 이 시의 구조를 다음과 같이 제시한다. 본문의 내용을 상
당히 잘 반영하고 있는 구조다. 이 시가 시온 사상의 기초가 된다는 사
실을 감안할 때, E와 E′를 시온 사상의 네 번째 요소인 하나님의 열방
에 대한 승리로 묶는 것이 바람직하다.[2]

  A. 하나님은 나의 피난처(46:1)

    B. 두려워 하지 않음(46:2)

      C. 하나님이 자연 재해를 다스리심(46:3-4)

        D. 하나님이 함께하심(46:5)

          E. 열방이 분노함(46:6a)

          E′. 하나님이 말씀하심(46:6b)

        D′. 하나님이 함께하심(46:7)

      C′. 하나님이 정치적 재난을 다스리심(46:8-9)

    B′. 잠잠히 기다림(46:10)

  A′. 하나님은 나의 피난처(46:11)

---

2 테리엔(Terrien)은 이 시를 1-7절과 8-11절 등 두 섹션으로 나눈 다음 1-7절에 대하여
  다음과 같은 구조를 제시한다.
  A. 피난처와 힘(1a절)
    B. 도우심으로 두려움 없음(1b절)
      C. 땅이 흔들림(2a절)
        D. 바다가 요동침(3a절)
          E. 하나님의 도시(5a절)
          E′. 적절한 도움(5b절)
        D′. 열방이 요동하고 흔들림(6a절)
      C′. 땅이 녹음(6b절)
    B′. 하나님이 우리와 함께하심(7a절)
  A′. 강한 성과 힘(7b절)

밴게메렌(vanGemeren)은 다음과 같이 간략한 구조를 제시한다. 7절과
11절이 후렴구가 되어 반복되고 있기는 하지만, 1절을 이 후렴구들과
동일시하는 것은 큰 설득력이 없어 보인다. 게다가 '하나님의 현현'도
모두 고백식으로 표현되어 있기 때문에, 나머지 텍스트에서 효과적으
로 구분될 수 있는가에 대하여 의문이 든다.

A. 고백(46:1)
   B. 하나님의 현현(46:2-6)
A. 고백(46:7)
   B. 선지적 신탁(46:8-10)
A. 고백(46:11)

이 주석에서는 다음과 같이 세 차례 규칙적으로 등장하는 '셀라'(סֶלָה)
를 기준으로(3, 7, 11절) 세 섹션으로 이 시를 구분하여 주해해 나가고자
한다(cf. Goldingay, Grogan, Ross, Terrien, Wilson). 이 구조의 장점은 하나님
의 역사가 모두 주님의 도성인 시온에서부터 시작되며(4-7절), 주님은
주의 백성의 피난처가 되실 뿐만 아니라(1-3절), 궁극적으로는 온 열방
에서 전쟁을 없애 그들의 피난처도 되실 것을 선언하는 점이다.

A. 하나님은 우리의 피난처(46:1-3)
   B. 하나님의 도성 시온(46:4-7)
A'. 하나님은 온 세상의 피난처(46:8-11)

III. 주해

하나님이 방어하시는 시온은 어떠한 외부 세력의 침략에도 안전하므로
주의 백성의 피난처가 된다. 하나님은 침략자들을 무찌르실 뿐만 아니
라 세상 통치의 중심으로 삼으신다. 하나님이 다스리는 세상에는 더 이
상 전쟁이 없으며 시온에 계시는 하나님은 온 열방의 높임을 받으신다.

1. 하나님은 우리의 피난처(46:1-3)

> ¹ 하나님은 우리의 피난처시요 힘이시니
> 환난 중에 만날 큰 도움이시라
> ² 그러므로 땅이 변하든지
> 산이 흔들려 바다 가운데에 빠지든지
> ³ 바닷물이 솟아나고 뛰놀든지
> 그것이 넘침으로 산이 흔들릴지라도
> 우리는 두려워하지 아니하리로다(셀라)

하나님은 주의 백성에게 어떤 분이신가? 주님은 자기 백성에게 원수들을 상대로 승리와 구원을 베푸시기도 하지만, 본문이 말하는 것처럼 때로는 그들이 삶의 환난과 위험에서 도피할 수 있는 피난처가 되기도 하신다(1절). '피난처'(מַחֲסֶה, cf. 2:12)는 위험을 피하여 몸을 숨길 수 있는 은신처를 의미하며(cf. HALOT), 시편에서 가장 중요한 개념 중 하나다 (McCann). 하나님을 피난처로 고백하는 일은 곧 하나님이 온 세상을 창조하시고 다스리신다는 믿음을 바탕으로 하고 있다. 창조주 하나님은 언제든 위험을 느낀 백성들을 안전하게 보호하는 요새가 되어 주신다.

하나님은 자기 백성에게 피난처가 되시며 '힘'(עֹז)도 되신다(1절). '피난처'가 방어적인 면을 강조하는 단어라면 '힘'은 공격적인 면을 강조하고 있다. 하나님은 우리가 당면한 환난을 이길 수 있는 힘을 공급해 주시는 분이다. 그러므로 우리가 어려움을 겪을 때 가장 확실히 우리를 도우실 분도 하나님이시다. '도움'도 이 히브리어 명사(עֶזְרָה, 학사 에스라의 이름이기도 함)의 좋은 번역이지만(cf. NIV, NAS, NRS), 더 정확한 번역은 '돕는 자'(helper)다(cf. 새번역, 공동, 아가페, 현대인, CSB).

개역개정은 히브리어 단어(מְאֹד)를 '큰'으로 번역하여 하나님이 주시는 도움의 규모에 초점을 맞추고 있지만, 문맥상 '때'(언제든, 항상)가 더

96

어울린다(Wilson, cf. 새번역, 공동, 아가페, 현대인, NIV, NAS, CSV). 하나님은 주의 백성이 도움이 필요할 때면 언제든 옆에서 도움을 주실 수 있는 분이시다. 심지어는 우리가 '호랑이에게 물려가도' 돕는 자이신 하나님이 우리를 도와주시려고 곁을 지키고 계시기에 하나님께 도움을 청하면 된다.

이처럼 우리를 도우실 능력이 있고, 도우실 의지도 있으신 하나님이 우리 곁에 계시니 무엇이 두렵겠는가! 그러므로 기자는 땅이 변하든, 산이 바다에 빠지든, 바닷물이 뛰놀든, 물이 넘쳐 산봉우리를 뒤흔들든 아무것도 두려워하지 않겠다고 다짐한다(2-3절). 고대 근동의 정서에 의하면 이러한 이미지는 창조주 하나님이 세상에 질서를 확립하시기 전에 있었던 무질서의 상징이다(Anderson, Dahood, cf. ANET). 또한 이 이미지들은 노아 홍수 이후로는 세상에 한번도 일어난 일이 아니다(cf. 창 6-9장). 본문의 이미지들과 연결하여 생각할 수 있는 유일한 것은 장차 임할 여호와의 날이다(cf. 사 24:18-23, 렘 4:24, 나 1:5). 그래서 일부 학자들은 본문을 종말론적으로 읽기를 제안한다(vanGemeren, cf. Grogan). 그러나 본문이 묘사하고 있는 끔찍한 재앙은 언제든, 누구에게든 상징적으로 임할 수 있다는 점을 고려하면(cf. Goldingay), 굳이 종말론적인 해석으로 제한할 필요는 없다.

기자는 자신이 한번도 경험한 적은 없지만, 상상할 수 있는 최악의 천재지변(혹은 하나님이 창조하신 질서정연한 세상을 완전히 뒤집는 일)이 일어난다 해도 두려워하지 않겠다고 선언한다(cf. McCann). 하나님은 그를 숨기실 피난처이자 이러한 천재지변을 견디어 낼 수 있도록 그를 도우실 분이시기 때문이다.

개혁자 루터가 왜 이 시편을 자주 묵상했는지 이해가 간다. 그가 개혁을 단행한 후 그의 세상은 본문이 묘사하고 있는 것과 비슷한 신학적 소용돌이와 위협으로 가득했다. 이러한 상황에서 그가 유일하게 위로를 삼을 수 있는 사실은 하나님이 그의 피난처가 되시고, 모든 역경을 이겨낼 수 있도록 도우시는 분이라는 믿음이었다. 그러므로 이 섹션은 생애 최고의 위협을 당한 사람이 하나님께 드릴 수 있는 최고의 신앙고백이다.

2. 하나님의 도성 시온(46:4-7)

> ⁴ 한 시내가 있어 나뉘어 흘러
> 하나님의 성 곧 지존하신 이의 성소를 기쁘게 하도다
> ⁵ 하나님이 그 성 중에 계시매
> 성이 흔들리지 아니할 것이라
> 새벽에 하나님이 도우시리로다
> ⁶ 뭇 나라가 떠들며 왕국이 흔들렸더니
> 그가 소리를 내시매 땅이 녹았도다
> ⁷ 만군의 여호와께서 우리와 함께하시니
> 야곱의 하나님은 우리의 피난처시로다(셀라)

이 섹션은 하나님이 계시는 시온을 가장 이상적으로 노래한다. 원래 시온에는 강/시내가 없다. 이 천연 요새의 가장 큰 문제는 물이었다. 그러므로 일부 학자들은 시온의 노래가 강을 언급하는 것을 당혹스러워한다(Brueggemann & Bellinger). 그러나 기자는 이 천연 요새에 시내가 흐른다며 이상화된(idealized) 시온을 꿈꾸고 있다(4절, cf. 겔 47:1-12, 계 22:1-2). 생존에 꼭 필요한 물이 없는 곳에 물이 흐른다는 것은 사람의 생존을 위협하는 최악의 상황에서도(cf. 2절) 하나님은 자기 백성을 보호하시고 그들의 필요에 따라 공급하신다는 것을 상징한다(McCann).

인상적인 것은 앞 섹션(2-3절)에서 물은 높은 산과 땅을 위협하고 삼키는 무질서한 힘의 상징이었다. 이 섹션에서 물은 시온을 기쁘게 하는 잔잔히 흐르는 시내다. 옛적 에덴의 모습을 연상케 한다(Wilson, vanGemeren, 창 2:10-14). 창조주 하나님이 창조질서를 위협하는 흉흉한 바다를 정복하시어 생명을 선사하는 시내로 탈바꿈하게 하셨기 때문이다. 또한 이사야 선지자는 여호와께서 아시리아의 흉흉한 유프라테스 강물에서 자기 백성을 보호하실 것을 상징하며 잔잔히 흐르는 실로의 물을 언급한다(사 8:6-8). 축복과 회복을 상징하는 시내가 흐르는 곳, 곧 하나님이 계시는 성전은 창조 질서와 사람의 생명을 위협하는 흉흉한 물의 방어벽이다(Levenson). 하나님은 우리의 생존을 위협하는 가장 위험한 상황도 평정하시고 변화시켜 오히려 평화와 위로가 되게 하시는 분이다. 개혁자 루터도 하나님의 이 같은 은혜를 경험했을 것이다.

잔잔히 흐르는 시냇물은 '하나님의 도성'(עיר־אלהים)이자 '지존하신 분'(משכני עליון)의 '성소'(קדש)를 기쁘게 한다(4절). 모두 다 하나님과 성전의 거룩함을 강력하게 드러내는 표현들이다. 시온이 기뻐하는 것은 치명적인 한계점(물 문제)이 해결되었기 때문이다. 하나님은 세상을 위협하는 물을 변화시켜 생명을 주는 생수가 되게 하셨다. 성경에서 하나님의 도성은 시온을 포함하고 있는 예루살렘을 뜻한다.

이 능력의 하나님이 시온에 계시므로 성이 흔들리지 않는다(5절). '흔들리다'(מוט)는 좌우로 심하게 떠는 것을 의미한다(cf. HALOT). 하나님의 임재가 도성을 흔들려는 적들의 공격과 침략에도 시온을 견고한 성으로 유지한다. 하나님이 시온을 신속하게 도우시기 때문이다. 유태인들은 저녁에 해가 질 때 시작하여 다음날 해질녘에 하루가 끝난다고 생각했다(cf. 창 1장). 그러므로 '새벽'(בקר)은 날이 시작된 지 얼마 지나지 않은 시점이다. 적들이 시온을 공격할 때 하나님의 보호가 도성에 곧 임할 것을 의미한다.

하나님의 도우심으로 공격을 받은 시온은 무사하지만, 공격을 한 나라들은 온전하지 못하다(6절). 그들은 맹수처럼 으르렁거리지만(המה), 비틀거린다(מוט). 열방은 하나님이 계시는 시온을 정복할 만한 능력을 지니지 않았다. 그러므로 공격한 그들이 오히려 두려워한다. 하나님이 그들을 향해 목소리를 높이셨기 때문이다(6절). 왕의 목소리는 통치권의 상징이다. 그러므로 온 세상을 다스리시는 왕이신 하나님이 목소리를 높이시면 땅은 사정없이 좌우로 흔들리며 녹아내린다. '녹다'(מוג)는 하나님의 현현과 연관된 표현으로(암 9:5, 나 1:5), 또한 그 무엇도 하나님의 계획이 실현되는 것을 방해할 수 없도록 모든 반대가 사라진다는 뜻이다(출 15:15, 수 2:9, 24, 렘 49:23, cf. NIDOTTE). 적들이 얼마나 더 두렵겠는가! 반면에 주님의 목소리가 세상의 근간을 흔드는 상황에서도 주의 백성들은 안전하다. 세상을 흔드시는 이가 바로 그들의 하나님이시기 때문이다.

기자는 이 노래에서 두 차례 반복되는 후렴구로 이 섹션을 마무리한다(7절). 시온에 머물며 자기 백성을 보호하시는 분은 다름 아닌 '만군의 여호와'(יהוה צבאות)이시다. 주님은 세상에서 가장 싸움을 잘하는, 가장 용맹스러운 용사라는 의미다. 이분은 또한 '야곱의 하나님'(אלהי יעקב)이시다. 만군의 여호와는 가장 용맹스러운 주님이심을 강조하는 것에 반해, 야곱의 하나님은 연약하고 낮은 자들의 하나님이라는 의미를 지녔다. 가장 높고 위대하신 하나님이 세상에서 가장 낮은 자들의 피난처가 되어 주셨다. 그러므로 세상의 낮은 자들은 두려워할 필요가 없다. 하나님이 그들을 모든 환난에서 보호하시는 방어막이 되셨기 때문이다.

3. 하나님은 온 세상의 피난처(46:8-11)

<blockquote>
8 와서 여호와의 행적을 볼지어다
그가 땅을 황무지로 만드셨도다
9 그가 땅 끝까지 전쟁을 쉬게 하심이여
활을 꺾고 창을 끊으며
</blockquote>

수레를 불사르시는도다

10 이르시기를 너희는 가만히 있어

내가 하나님 됨을 알지어다

내가 뭇 나라 중에서 높임을 받으리라

내가 세계 중에서 높임을 받으리라 하시도다

11 만군의 여호와께서 우리와 함께하시니

야곱의 하나님은 우리의 피난처시로다(셀라)

　하나님의 놀라운 능력과 은혜에 감동한 기자가 주님의 놀라운 행적을 '와서 보라'며 권면한다(8절. cf. 요 1:46). 자신은 있는 그대로를 말했으니 각자 스스로 사실 여부를 확인해 보라는 것이다. 무엇을 보란 말인가? 오직 온 세상을 다스리시는 여호와만이 하실 수 있는 '왕의 행적'을 보라는 뜻이다(cf. McCann). 기자는 여호와께서 땅을 황무지로 만드신 것을 보라고 한다. 성경에서 '황무지'(שַׁמָּה)는 항상 하나님의 심판을 받아 파괴된 모습을 묘사한다(HALOT). 시온을 침략한 자들이 사는 곳이 하나님의 심판으로 철저하게 파괴되어 다시는 하나님을 대적할 엄두를 내지 못하는 상황을 묘사하고 있다. 그러므로 '황무지'는 사람이 살지 않는 땅이 아니라, 거주민들이 더 이상 하나님을 대적하지 못하는 무력화된 땅을 의미한다.

　하나님이 세상을 심판하여 황무지로 바꾸시니 좋은 일이 생긴다. 온 세상에서 전쟁을 쉬게 하신다(9절). '쉬다'(שׁבת)는 여호수아가 한동안 땅에서 전쟁을 멈추게(שׁקט) 한 것이 아니라(수 11:23), 영구적으로 전쟁이 사라진다는 의미다(HALOT). 하나님이 활(קֶשֶׁת)과 창(חֲנִית)과 병거(עֲגָלָה) 등 사람이 전쟁할 때 사용하는 도구들을 모두 불태우신다. 그러므로 모든 무기를 잃은 사람들이 전쟁할 의지를 상실하는 것은 당연한 일이다. 우리에게는 좋은 일이지만, 폭력과 전쟁을 즐기는 자들에게는 공포를 자아내는 상황이다(Wilson).

전쟁이 하나님의 심판에 의하여 영구적으로 사라진다는 것이 인상적이다. 인류는 스스로 평화를 조성하지 못한다. 창조주 하나님이 개입하셔야만 영구적인 평화가 가능하다.

모든 일을 이루신 하나님이 드디어 피난처이신 주님께 자신들을 맡긴 사람들에게 말씀하신다(10a절). "너희는 가만히 있어 내가 하나님 됨을 알지어다." 개역개정이 "가만히 있다"로 번역한 동사(רפה)는 [붙잡고 있는 것을] 떠나 보낸다"(let go, release)는 의미를 지녔다(HALOT, cf. "무기를 버리라"[Throw down your weapons!], McCann). 그러므로 본문에서 가만히 있는다는 것은 아무 일도 하지 않는 것이 아니라, 우리가 삶에서 붙잡고 있는 모든 것들(근심, 걱정 등)을 손을 펴서 떠나 보내고 오직 하나님만 붙잡으라는 뜻이다. 평생 근심과 걱정으로 가득한 삶을 살아온 사람이 이것들을 떠나 보내는 것은 결코 쉽지 않은 일이다. 그러나 손을 펴서 이것들을 떠나 보내야 하나님을 붙잡을 수 있다.

사람이 근심과 걱정에서 해방될 때, 그는 드디어 주님이 하나님 되심을 알게 될 것이다(10b절). "내가 하나님 됨을 알지어다"는 성경에서 가장 인상적인 말씀이다. 주님이 하나님 되심을 안다는 것은 시온에 거하시는 주님이 우리의 피난처가 되신다는 것을 인정하는 것이다. 주님이 하나님 되심을 안다는 것은 하나님이 우리가 걱정하고 염려하는 모든 것을 다스리고 통치하신다는 사실을 고백하는 것이다. 그러므로 주님이 하나님 되심을 안다는 것은 우리가 우리 삶의 모든 걱정과 근심을 떠나 보내고 오직 주님만 붙잡는 것을 의미한다. 평생 협박과 공갈로 생명에 위협을 받았던 개혁자 루터가 이 시편을 통해 얼마나 큰 자유를 누렸을까 상상해 보면 마음이 뜨거워진다.

하나님은 자기 백성에게 피난처가 되어 주시는 자상하고 인자하시고 섬세하신 주님이면서 동시에 온 열방 중에서 높임을 받으실 위대하신 통치자다(10c-d절). 하나님의 내재하심과 초월성을 강조하고 있다. 우리에게는 한없이 자상하고 따뜻하신 주님이 온 세상을 호령하는 위대한 왕이시며, 온 열방의 경배를 받기에 합당하신 분이다. 주의 백성이라고 자부하는 우리는 더욱더 열심히 주님을 예배하고 온 세상에 주님을 자랑할 사명이 있다.

기자는 7절에서 사용한 후렴구로 이 노래를 마무리한다(1절). 그러나 8-10절을 묵상하니 이 후렴구가 하나님에 대하여 선언하는 진리가 새로운 감동을 준다. '만군의 하나님'은 참으로 싸움에 능하시지만 세상에서 전쟁을 없애기 위하여 싸우시는 분이다(8절). 온 세상에서 전쟁을 멈추신 하나님이(9절) '우리와 함께' 하신다. 하나님이 우리와 함께하신다면 누가 우리를 대적할 수 있겠는가! 평화의 하나님이 우리의 혼란스럽고 요동치는 삶도 평화롭게 하실 것이다.

연약한 자들을 보살피시는 '야곱의 하나님'이 모든 근심과 걱정을 떠나 보내고 오직 자기만 붙잡으라고 하신다(10절). 우리의 연약함과 근심거리를 모두 해결해 주시겠다는 의지의 표현이다. 온 세계 중에서 높임을 받으시는 위대하신 하나님이 '우리의 피난처'가 되어 자상하고 따뜻하게 우리를 보호하신다. 원수들의 그 어떠한 공격도 우리를 해할 수 없다. 피난처이신 하나님이 우리의 방어막이 되어 주실 것이기 때문이다. 우리가 사모하는 참 평안은 오직 하나님만이 주실 수 있다.

제47편
고라 자손의 시, 인도자를 따라 부르는 노래

I. 장르/양식: 회중 찬양시(cf. 8편)

두 시온의 노래(46, 48편) 사이에 위치한 이 시는 24편과 함께 여호와의 왕 되심을 가장 인상적으로 노래한다. 하나님은 이스라엘뿐만 아니라 온 세상을 다스리는 왕이심을 기념한다(2, 7절). 확실하지는 않지만 가을이면 신년예배 때 하나님의 왕위 즉위식을 기념하는 예식에서(Mowinckel, Weiser), 혹은 다윗이 전쟁에서 승리하고 돌아온 직후(Roberts), 혹은 예루살렘으로 순례를 가는 성도들에 의하여 불려졌을 것으로 생각된다(Gerstenberger). 그래서 이 시는 즉위시(a psalm of enthronement)라고 불리기도 한다(Morgenstern, Muilenberg, von Rad, Watts, cf. 93, 96-99, 149편).

기독교 역사에서는 하나님이 보좌에 오르시는 5절을 근거로 이 노래를 '예수 승천일'(Ascension Day) 기념예배에 사용했다(deClaissé-Walford et al., vanGemeren). 예수 승천일은 부활절에서 정확히 40일 후가 되는 날이다.

II. 구조

학자들은 대체적으로 이 시를 1-5절과 6-9절 등 두 파트로 구분한다
(cf. Craigie, Ross, Wilson). 이 주석에서는 다음과 같이 조금 더 자세하게
세분화하여 본문을 주해해 나가고자 한다(cf. vanGemeren). 두 파트로 구
분하는 사람들은 5절과 6절에서 이 노래를 나누지만, 5-6절을 함께 취
급해도 무관하다(cf. 새번역, NIV, NRS).

  A. 온 땅의 왕이신 여호와(47:1-2)

    B. 백성에게 땅을 주신 여호와(47:3-4)

      C. 왕이신 여호와를 찬양하라(47:5-6)

    B. 온 땅의 주인이신 여호와(47:7-8)

  A. 온 땅의 왕들이 여호와께 경배함(47:9)

III. 주해

이 시는 앞 노래(46편)에서 여호와께 패한 나라들에게 이스라엘의 왕이
신 여호와께 복종할 뿐만 아니라 주의 백성들과 하나가 되어 함께 손
뼉 치며 소리를 높여 하나님이 온 세상의 왕이 되심을 기뻐하라고 한
다. 그러므로 하나님의 왕권을 기념하는 잔치를 통해 이스라엘과 열방
이 하나가 되고 있다. 이러한 정황을 강조하기 위하여 기자는 '이방나
라들'(גוים)이라는 단어는 8절에서 단 한 차례 사용하고, 나머지 부분에
서는 그들을 지명하며 '민족'(עם)과 '나라'(לאם)라는 중립적인 단어만을
사용한다.

  이 시는 바벨탑 사건 이후 온 세상에 흩어져 다양한 언어를 말하며
사는 민족들이 주님 앞에서 한 백성이 될 것을 노래한다(Wilson). 그
러므로 이 노래는 종말론적으로 해석되기도 하지만(Beuken, Goldingay,
Kidner), 이스라엘의 예배에서 있었던 일이라며 예식/예배적으로 해석

하는 주석가들도 있고(Anderson), 상징적으로나마 이미 성취된 사실이
라며 역사적으로 해석하는 사람들도 있다(cf. Goldingay, vanGemeren).

1. 온 땅의 왕이신 여호와(47:1-2)

> ^{1} 너희 만민들아
> 손바닥을 치고
> 즐거운 소리로 하나님께 외칠지어다
> ^{2} 지존하신 여호와는 두려우시고
> 온 땅에 큰 왕이 되심이로다

기자는 이스라엘 뿐만 아니라 세상 '모든 민족들'(כׇּל־הׇעַמִּים)에게 손뼉
을 치며 즐겁게 소리치라고 한다(1절). '손바닥을 치다'(תִּקְעוּ־כׇף)는 각자
자기 손을 부딪쳐 소리를 내는 것이 아니라, 옆에 있는 사람과 한 손
씩 마주쳐서 함께 소리를 내라는 뜻이다(HALOT). 이방인들과 하나님
의 백성이 서로 연합하여 함께 하나님을 찬양하라는 것이다(cf. McCann,
Wilson, 잠 11:15, 17:18, 22:26). 고대 근동에서 왕의 즉위식은 큰소리로
외치는 것과 손뼉 침을 동반했다(cf. 삼상 10:24, 왕하 11:12-13).

이스라엘 사람들과 이방인들은 함께 여호와는 이스라엘의 하나님이
실 뿐만 아니라 세상에 있는 모든 백성의 하나님이 되심을 기쁘게 외
쳐야 한다. 중요한 것은 하나님이 온 세상의 통치자이자 보호자가 되
심을 온 세상에 혹은 서로에게 외치는 것이 아니라 '하나님께'(לֵאלֹהִים)
외치라고 한다는 것이다. 하나님이 그들의 왕이 되심을 고백하고 인정
하라는 권면이다.

온 세상의 통치자이신 여호와는 어떤 분이신가? 기자는 세 가지로
하나님을 찬양한다(2절). 주님은 지존하신 분이시며, 두려운 분이시며,
온 세상의 왕이시다. '지존하신 여호와'(יְהוׇה עֶלְיוֹן) 하나님은 세상 그 누

구와도 비교하실 수 없는 지극히 높으신 곳에 거하시는 분이심을 강조하는 표현이다(cf. 창 14:18-20). '두려우신 분'(נוֹרָא)은 사람들에게 경외와 두려움을 자아내는 분이라는 뜻이다(cf. 창 3:10). '온 땅에 큰 왕이 되신 분'(מֶלֶךְ גָּדוֹל עַל־כָּל־הָאָרֶץ)은 세상에 견줄 자가 없는 유일하신 왕이라는 의미를 지녔다(cf. 말 1:11, 14). 기자는 자신이 상상할 수 있는 최고의 언어를 구상하며 하나님의 위대하심을 찬양하라고 권면한다. 그는 1절에서 '하나님'(אֱלֹהִים)으로 주님에 대한 찬양을 평범하게 시작하여 '지존하신 분'(עֶלְיוֹן)과 '두려우신 분'(נוֹרָא)을 거쳐 2절 끝에 가서는 가장 극적인 '온 세상의 가장 위대하신 왕'(מֶלֶךְ גָּדוֹל עַל־כָּל־הָאָרֶץ)이라며 점층적으로 찬양의 수위를 높여가고 있다.

2. 백성에게 땅을 주신 여호와(47:3-4)

³ 여호와께서 만민을 우리에게,
나라들을 우리 발 아래에 복종하게 하시며
⁴ 우리를 위하여 기업을 택하시나니
곧 사랑하신 야곱의 영화로다(셀라)

기자는 잠시 과거를 회상하며 어떻게 하여 온 땅이 여호와를 경배하게 되었는가를 회고한다. 하나님이 이스라엘을 통하여 온 세상을 정복하셨기 때문이다. 하나님은 민족들을 정복하여(cf. 시 135:8-11, 136:10-20) 이스라엘의 발 아래 두어 복종하게 하셨다(3절). 또한 그들의 땅 중 일부를 취하여 이스라엘에게 주셨다(4절, cf. 출 32:13, 레 20:24, 신 4:21, 수 11:23, 시 28:9, 105:11, 135:12, 136:21-22).

하나님의 이 같은 구속사적인 과정이 곧 야곱의 영화다. '야곱의 영화'(גְּאוֹן יַעֲקֹב)가 선지서에서는 종종 하나님을 의지하지 않는 이스라엘의 교만을 의미하며 사용되지만(cf. 호 5:5, 7:10, 암 6:8, 8:7), 이 노래에서는 좋은 의미에서 '자랑거리'를 뜻한다. 하나님이 이스라엘에게 기업을 주신 것은 주님이 그들을 '사랑하시기'(אהב) 때문이다(4절, cf. 신 7:8, 시 78:68, 사 43:4, 호 11:1).

하나님이 정복하신 세상 모든 백성의 찬양을 받으시는 것이 마치 열방이 원하지 않는데 억지로 주님을 찬양하는 듯한 '억지 춘향'적인 오해를 살 수 있다. 그러나 그렇지 않다. 하나님이 그들을 정복하실 때에는 그들이 원하지 않았을 수 있지만, 일단 주님께 정복을 당하여 통치를 받아 보니 너무나도 좋다. 그러므로 그들은 여호와가 이렇게 좋으신 분인지 "예전엔 미쳐 몰랐다"며 마음을 다하여 적극적으로 찬양한다.

3. 왕이신 여호와를 찬양하라(47:5-6)

> [5] 하나님께서 즐거운 함성 중에 올라가심이여
> 여호와께서 나팔 소리 중에 올라가시도다
> [6] 찬송하라
> 하나님을 찬송하라
> 찬송하라
> 우리 왕을 찬송하라

여호와의 왕 되심을 기념하는 예식/예배가 이 섹션에서 절정에 달한다. 백성들이 목청을 높여 찬양하는 중에 하나님이 왕의 자리로 올라가신다(5절). 상징적으로 표현할 때 하나님의 보좌는 하늘에 있지만(cf. 시 103:19), 그 보좌에 앉으실 때 주님이 발을 얹는 받침대(footstool)는 이 땅에 있다(cf. 시 99:5, 132:7, 대상 28:2). 여호와는 하늘에 계시면서 동시에 이 땅에도 계신다. 성전에서 드리는 기념 예배에서는 아마도 하나님의 법궤가 행진하는 것이 하나님이 보좌에 앉으신 것과 동일시 되었을 것이다.

악기들도 가만히 있지 않는다. 악기들이 세상에서 가장 아름다운 음악을 연주하는 동안, 특히 양의 뿔로 만든 '나팔'(שׁוֹפָר)이 소리를 내는 중에 하나님이 보좌로 올라가신다. 왜 하필이면 나팔인가? 나팔은 왕이 왕위에 오르는 즉위식에서 사용되는 악기이기 때문이다(cf. 왕상 1:34, 39). 기자는 악기들 중 나팔을 지목하여 이 노래가 하나님의 왕위에 오르심을 기념하고 있다는 것을 온 세상에 더 확고하게 알리고자 한다.

이 광경을 본 백성들이 소리를 더 높여 하나님을 찬송한다. 기자는 6절에서만 '찬송하라'(זַמְּרוּ)는 명령을 네 차례나 반복하여 사람이 하나님을 찬송하지 않고는 견딜 수 없는 분위기를 조성하고 있다. 하나님의 보좌가 있는 성전에서 악기들이 내는 소리와 백성들의 감격한 목소리로 가득한 상황을 상상할 수 있다. 그런 상황을 상상하니 나도 머리끝에서 발끝까지 전율이 흐르는 것을 느낀다!

4. 온 땅의 주인이신 여호와(47:7-8)

⁷ 하나님은 온 땅의 왕이심이라
지혜의 시로 찬송할지어다
⁸ 하나님이 뭇 백성을 다스리시며
하나님이 그의 거룩한 보좌에 앉으셨도다

구약에서 하나님의 왕권을 노래할 때는 항상 '여호와'(יהוה)와 연관이 되어 있다(출 15:18, 대상 16:31, 시 931, 96:10, 97:1, 99:1, 146:10, 사 24:23, 미 4:7). 3절도 여호와의 왕권을 노래했다. 8절은 이 원칙에서 예외적이다. 본문은 "엘로힘이 다스리신다"(מָלַךְ אֱלֹהִים)라고 한다. 두 가지 이유가 있는 듯하다. 첫째, 시편 2권이 엘로힘 성향의 시들(Elohistic Psalter)을 수집해 놓은 책이기 때문이다(Wilson). 그러므로 '엘로힘'을 선호하는 성향을 보인다. 둘째, 기자는 가나안 종교의 잘못된 주장을 비판하고자 (polemic) 한다(cf. Anderson). 가나안 사람들은 바알이 온 세상의 왕이라고 했다. 이러한 상황에서 이스라엘과 특별한 관계를 맺으신 '여호와'가 아니라 가나안 사람들도 익숙한 성호 '엘로힘'의 왕권을 선언하여 바알이 아니라 엘로힘이 왕이심을 선언하고자 한다(Anderson).

드디어 세상 모든 민족의 왕이신 하나님이 보좌에 앉으셨다(8절). 앞 섹션에서 이성을 잃은 사람처럼 하나님을 열렬히 찬양하던 백성들도 차분해지기 시작한다. 그러므로 그들은 마음을 가다듬고 하나님이 온 땅의 왕이심을 찬양한다(7a절). 그들은 지혜의 시로 주님의 왕 되심을 찬양한다(7b절). '지혜의 시'(מַשְׂכִּיל)는 우리가 이미 몇 시편의 표제에서 접했던 히브리어 단어 '마스길'을 개역개정이 번역한 것이다(cf. 32, 42, 44, 45편).

'마스길'의 정확한 의미는 알 수 없지만, 대체적으로 사람들에게 교훈을 주기 위해 저작된 시를 뜻한다(cf. NIDOTTE). 그렇다면 7절은 우리에게 두 가지를 요구한다. 첫째, 하나님이 온 세상의 왕이심을 찬양하고 선포하라 한다. 우리의 삶과 예배는 하나님의 왕 되심을 끊임없이 묵상하고 선포해야 한다. 둘째, 서로에게 교훈과 가르침을 줄 수 있는 시로 주님을 찬송하라 한다. 무의미한 중언부언이 아니라, 의미가 있고 교훈이 서려 있는 찬송으로 하나님의 왕 되심을 찬송하면 찬양의 파급 효과가 함께 하나님을 찬양하는 사람들에게도 미칠 것이다. 그러므로 첫 번째 요구는 전적으로 하나님을 위한 것이라면, 두 번째 요구는 공동체를 위한 것이라 할 수 있다. 하나님을 지혜의 시로 찬양하면 예배자들도 자신들의 삶에서 묵상하고 실천할 수 있는 교훈을 얻을 것이기 때문이다.

하나님은 온 세상 사람들의 찬양을 받기에 합당하신 분이다. 주님은 세상 모든 사람을 다스리시는 분이시기 때문이다(8a절). 세상 모든 백성을 뜻하는 '뭇 백성'(עַל־גּוֹיִם)에서 이 시는 처음으로 이방 민족을 이스라엘 민족에서 구분하는 단어(נוים)를 사용하고 있다. 바로 앞에 등장한 시에서 하나님이 '세계 중'(בנוים)에 높임을 받으리라고 하셨는데(46:10), 드디어 이 본문에서 높임을 받으셨다는 연계성 때문일 것이다(Wilson).

위대하신 하나님이 온 세상의 왕에게 합당한 거룩한 보좌에 앉으셨다. 우리의 하나님이 우리의 왕이실 뿐만 아니라 온 세상(נוים)의 왕이 되시니, 주의 백성인 우리는 세상 사람들보다 더 열정적으로 하나님의 왕 되심을 찬양할 이유가 있다.

5. 온 땅의 왕들이 여호와께 경배함(47:9)

> ⁹ 뭇 나라의 고관들이 모임이여
> 아브라함의 하나님의 백성이 되도다
> 세상의 모든 방패는 하나님의 것임이여
> 그는 높임을 받으시리로다

하나님이 온 세상을 다스리는 왕이 되시니 두 가지 일이 일어난다. 첫째, 온 세상 사람들이 하나님의 백성이 된다(9a-b절). 이방인들이 아브라함의 후손이 된 것이다(Brueggemann & Bellinger). 이러한 사실은 이미 1절이 암시했지만, 드디어 본문에서 공식적으로 선포되고 있다. 하나님이 열방을 정복하신 이유는 이스라엘뿐만 아니라 세상 모든 민족들을 자기 백성으로 삼으시기 위함이다. '세상'(ארץ)이 이 시편에서 세 차례 사용되는 것도 이러한 사실을 강조하고 있다(2, 7, 9절). 옛적에 하나님은 아브라함에게 온 세상의 축복의 통로가 될 것이라고 말씀하셨는데(창 12:3), 드디어 온 열방이 '아브라함의 하나님'(אלהי אברהם)의 백성이 되었다!

이 위대한 하나님의 사역은 예수 그리스도를 통해 시작되었고 아직도 진행 중이다. 주님이 다시 오시는 날 완성될 것이다. 본문은 아직 성취되지 않은 종말론적으로 해석되어야 한다(Goldingay, Weiser). 이 시편은 주의 백성이 바빌론이나 로마처럼 세상을 지배하는 권세와 갈등을 빚을 때면 세상 모든 민족이 주님을 경배할 날을 꿈꾸며 성도들이 부르기에 좋은 노래다(Terrien, cf. 계 4:9).

  둘째, 하나님의 다스림을 받는 민족들의 우두머리들이 '세상의 방패들'(מָגִנֵּי־אֶרֶץ)을 하나님 앞에 내려놓는다(9c절). 그러나 이 문장의 의미가 정확하지 않다. '방패'는 이 단어(מָגֵן)의 사전적 의미다(cf. HALOT). 그러나 일부 번역본들과 학자들은 칠십인역의 '위대한 자들'(οἱ κραταιοὶ τῆς γῆς, mighty ones of the earth)로 수정한다(새번역, 공동, 아가페, NIV, TNK, CSB). 이 두 해석의 차이는 이러하다. '세상의 방패들'로 해석하면 고관들이 하나님께 복종하는 의미에서 자신들의 무기(방패)를 하나님께 드린다는 뜻이다. '세상의 위대한 자들'로 해석하면 하나님이 세상을 다스리는 지도자들을 자기 소유로 삼으신다는 의미다. 본문에서 온 세상 백성이 하나님의 백성이 되었다는 사실을 선언하고 있는 문맥을 감안할 때, 기자가 그들의 지도자들(위대한 자들)도 하나님의 소유가 됨을 선언하는 것으로 해석하는 것이 설득력이 있다.

제48편

고라 자손의 시 곧 노래

I. 장르/양식: 회중 찬양시(cf. 8편)

표제는 이 시편에 '시'(מִזְמוֹר)와 '노래'(שִׁיר)라는 말을 담고 있다. 이 두 단어가 지닌 차이점이 무엇인지 알 수는 없지만, 분명 어느 정도의 차이는 있었다는 것을 암시한다. 일부 학자들은 4-6절을 근거로 이 노래가 주전 701년에 있었던 아시리아 왕 산헤립의 예루살렘 침략 직후에 저작된 것이라고 하기도 한다(Terrien, cf. Goldingay). 그러나 정확히 알 수는 없다. 칠십인역(LXX)은 표제에 '주(week)의 이틀째'(δευτέρᾳ σαββάτου)라는 말을 더했다. 아마도 제2성전 시대에 이 노래가 매주 월요일 예배에서 사용된 것을 암시하는 듯하다(Goldingay, cf. Grogan).

유태인들은 이 노래를 장막절(Feast of Tabernacle)을 기념하는 예배 때 불렀고, 교회는 성령강림절이라고도 알려진 오순절을 기념하며 불렀다(Craigie, cf. Kidner). 처음으로 이 시를 노래한 사람들은 예루살렘에 있는 하나님의 성전에 거의 도착한 순례자들이었을 것이다(McCann, cf. vanGemeren).

이 시는 주의 백성이 함께 부른 찬양시다. 매우 간략하고 평이한 표제를 지닌 이 노래는 여호와가 거하시는 시온을 찬양하는 '시온의 노래'이

기도 하다(Gordon, Morgenstern, Roberts, cf. 46, 76, 84, 87, 122편). 이 노래는 45-47편과 상당한 연관성을 지니고 있다(cf. Craigie, Goldingay, McCann, vanGemeren). (1)이 노래는 하나님을 위대하신 왕으로 찬양하는데, 47편 2절이 이미 하나님을 위대하신 왕으로 높인 적이 있다. (2)이 노래는 시온을 '하나님의 성(עיר)'이라고 하는데(1, 8절), 46편 4절이 이미 언급한 테마다. (3)'만군의 여호와'(8절)는 46편 7절과 46편 11절에서 사용되었다. (4)하나님을 '요새'(משׂגב)라고 하는 것도 이미 46편 7절과 46편 11절이 노래한 것이다. (5)세상 왕들이 여호와에게서 도망하는 이미지(4-7절)도 45편 17절을 바탕으로 한다. (6)하나님의 왕권이 지닌 영광이 영원히 기념되는 것처럼(45:17), 시온의 영광이 영원히 기념된다(13절). 이 시편은 제2권에서 온 세상을 다스리시는 왕으로 하나님을 찬양하는 네 편이 노래들 중에 으뜸이다(deClaissé-Walford et al.).

이 노래가 46편과 47편과는 각별한 관계를 유지하고 있다 하여 이 세 편의 시를 '3부작'(trilogy)이라고 부르기도 한다(Stuhlmueller). 비록 이 시가 시온을 집중적으로 노래하고 있지만, 노래의 초점이 그곳에 계시는 하나님에게 맞춰져 있기 때문에 오랜 세월 동안 주의 백성의 하나님에 대한 신앙을 표현하는 노래로 불려져 왔다.

II. 구조

대부분 주석가들은 이 노래가 뚜렷한 구조를 지니지 않았다고 생각한다(cf. Terrien). 또한 각 파트로 섹션화하는 것도 다양하다. 일부 학자들은 이 노래를 세 파트로(Ross, vanGemeren), 혹은 다섯 파트로(Terrien) 구분한다. 그러나 대부분의 사람들은 본문을 네 섹션으로 나눈다(deClaissé-Walford et al., Goldingay, McCann, Wilson). 이 주석에서도 다음과 같이 네 파트로 구분하여 주해해 나가고자 한다.

이 시편은 분명히 시온의 아름다움과 견고함을 노래하고 있지만,

시온이 위대한 것은 그곳에 계신 하나님 때문이다. 그러므로 시온이 아니라 그곳에 임한 하나님의 임재에 초점을 맞추어 이 노래를 주해해 나갈 것이다. 노래의 시작(1-3절)과 끝(12-14절)이 내용적으로 대칭(symmetry)을 이루고 있다(Brueggemann & Bellinger).

  A. 시온 성에 계신 하나님(48:1-3)
  B. 시온 성을 견고케 하신 하나님(48:4-8)
  C. 시온 성에 있는 성전에 계신 하나님(48:9-11)
  D. 시온 성을 돌아보라는 권면(48:12-14)

III. 주해

이 노래는 분명 시온 성은 난공불락이며 매우 아름다운 곳으로 세상의 중심이라고 노래한다. 그러나 시온의 지리적 위치나 상황이 이처럼 뛰어난 성으로 만든 것은 아니다. 그곳에 하나님이 계시기 때문에 이 모든 것이 가능하다. 이 노래는 시온에 관한 것이 아니라 하나님에 관한 노래다("The psalm does not say 'This is Zion' but 'This is God'," Goldingay).

1. 시온 성에 계신 하나님(48:1-3)

<blockquote>
1 여호와는 위대하시니 우리 하나님의 성,

거룩한 산에서 극진히 찬양 받으시리로다

2 터가 높고 아름다워

온 세계가 즐거워함이여

큰 왕의 성

곧 북방에 있는 시온 산이 그러하도다

3 하나님이 그 여러 궁중에서

자기를 요새로 알리셨도다
</blockquote>

'엘로힘적인 시들'(Elohistic psalms)을 모아 놓은 책에서 이 노래는 '여호와'로 시작하는 것이 특이하다(cf. 1절). 기자가 하나님을 이스라엘과 언약을 맺으시고 자기 백성으로 다스리시는 왕으로 묘사하는 것이 노래의 핵심 주제가 될 것이기 때문이다. 이스라엘의 왕이신 여호와는 얼마나 위대하신지 온 백성의 극진한 찬양을 받기에 합당하다. '위대하심'(נָּדֹול)과 '극진히'(מְאֹד)는 최상급(superlatives) 언어들이다. 여호와는 세상 민족 왕들과 비교할 수 없는 참으로 위대하신 분이다(cf. 44:4). 그러므로 주의 백성 이스라엘이 드릴 수 있는 최고의 찬양을 받기에 합당하신 분이다. 하나님은 참으로 그 누구와 비교할 수 없는 위대한 왕이 되심에 대한 감격과 우리가 드릴 수 있는 가장 아름다운 찬양을 드리려는 노력은 오늘날에도 예배를 드릴 때마다 우리의 마음에 거룩한 부담이 되어야 한다.

여호와는 자기 백성이 드리는 감격의 찬양을 하나님의 성, 거룩한 산에서 받으신다(1절). 성경에서 '하나님의 성'(עִיר אֱלֹהִים)은 예루살렘을 뜻하며, '거룩한 산'(הַר־קָדְשׁ)은 예루살렘 안에 있는 시온 산을 뜻한다. 이곳이 큰 왕의 성이다. 1절에서 하나님을 위대하다고 했던 기자가 이번에는 주님을 '큰 왕'(מֶלֶךְ רָב)이라고 하는데, 성경에서 이곳에 한 번 나오는 표현이다. 기자는 아름다운 시온 주님의 '성'(קִרְיָה)이라고 하는데, 1절에서 사용한 '성'(עִיר)과 다른 단어이다(2절). 둘 다 마을이나 성을 의미하지만, 규모로는 일상적으로 1절의 '성'(עִיר)이 2절에서 사용되는 '성'(קִרְיָה)보다 더 크다.

아마도 '위대하다'(נָּדֹול)는 질(質)에 관한 언어이고, '크다'(רַב)는 양(量)에 관한 언어인 점을 감안하여 2절에서 규모가 더 작은 '성'(קִרְיָה)을 사용하는 듯하다. 하나님은 얼마나 위대하신지 세상에서 가장 아름다운 시온 성마저도 주님을 감당하기에는 비좁게 느껴진다는 것이다. 기자는 주의 백성이 예루살렘과 그 안에 있는 시온 산에서 목청을 높여 하나님을 가장 위대하신 왕으로 경배하는 상황을 노래하고 있다.

이어 기자는 예루살렘은 터가 높고 아름다우며 온 세계가 즐거워한다고 한다(2a절). 기자는 상징적인 언어를 사용하여 예루살렘이 세상의 중심이 되고, 온 열방이 예루살렘으로 순례를 오는 상황을 상상하고 있다. 사실 예루살렘은 가나안의 다른 지역에 비해 터가 높고 아름답다 할 수 없다(cf. Craigie, Goldingay). 그런 예루살렘이 온 세상의 수도(중심도시)가 되고 모든 민족이 흠모하는 곳이 되는 것은 여호와 하나님이 그곳에 계시기 때문이다.

기자는 시온 산이 북방에 있다고 하는데(2b절), 무슨 뜻인가? '북방'(צָפוֹן)은 북쪽을 가리키기도 하지만, 가나안 신화에서 신들, 특히 가나안 신들의 아버지 엘(El)이 거처하는 곳으로 알려진 북쪽에 있는 산을 뜻하기도 한다(Dahood, Terrien, cf. HALOT, Craigie, Goldingay). 그래서 새번역과 일부 영어 번역본들은 이 단어를 고유명사로 처리하여 소리 나는 대로 '자뽄 산'(Zaphon)이라고 번역했다(NAS, NIV, TNK). 저자는 평행법을 사용하여 예루살렘이 세상의 중심이 되고 만민들의 선망의 대상이 되는 것처럼, 하나님이 거하시는 시온 산도 세상 모든 신들이 부러워하는 곳임을 선언한다. 예루살렘이 '새로운 자뽄 산'이 된 것이다(deClaissé-Walford et al.). 그렇다고 해서 그가 신들이나 엘의 존재를 인정하는 것은 아니다. 그는 단지 당시 사람들이 익숙해져 있는 문화적 코드를 사용하여 그들이 이곳에 있다고 생각한 모든 신들은 허상이며 그곳에는 시온에 계신 여호와만이 참 신이라는 점을 강조하여, 세상 사람들이 선망하는 '자뽄'은 곧 예루살렘이라고 하는 것뿐이다(cf. McCann).

이처럼 위대하신 왕이신 여호와께서 자기 자신을 시온의 요새로 알리셨다(3절). '요새'(מִשְׂגָּב)는 46편 7절과 11절에서 피난처로 번역된 단어와 같은 단어다. 하나님이 시온을 방어하실 뿐만 아니라, 세상에서 피신하여 시온을 찾는 자기 백성들을 보호하시는 은신처가 되셨다는 뜻이다. 학자들은 가장 위대하신 하나님이 가장 연약한 자들의 은신처가

되어 주시는 것을 성경적인 종교가 지닌 가장 아름다운 '모순'(paradox)
라고 하기도 하고, '구약의 비우심'(kenosis)이라고 하기도 한다(von Rad).[3]
언제든 시온으로 피할 수 있는 특권을 지닌 주의 백성은 참으로 행복
하다. 세상에서 가장 아름다운 요새인 시온에 거하시는 위대하신 하나
님이 그들의 보호자가 되셨기 때문이다(3절).

2. 시온 성을 견고케 하신 하나님(48:4-8)

<blockquote>

[4] 왕들이 모여서 함께 지나갔음이여

[5] 그들이 보고 놀라고 두려워 빨리 지나갔도다

[6] 거기서 떨림이 그들을 사로잡으니

고통이 해산하는 여인의 고통 같도다

[7] 주께서 동풍으로 다시스의 배를 깨뜨리시도다

[8] 우리가 들은 대로 만군의 여호와의 성,

우리 하나님의 성에서 보았나니

하나님이 이를 영원히 견고하게 하시리로다(셀라)

</blockquote>

개역개정의 4-5절 번역이 신통치 않다. 4절의 '모이다'(יעד)(4절)의 의
미는 '[누구와] 싸우기 위하여 결집하다'는 뜻이며, '지나가다'(עבר)는
'진군하다'(HALOT, cf. NIV, NAS, ESV), 혹은 '맹렬하게 공격하다'(stormed
furiously)는 의미를 지녔다(Anderson). 5절의 '지나가다'(חפז)(5절)는 '[신속
하게] 도망가다'는 뜻이다(HALOT, cf. NIV, NAS, ESV, NRS). 그렇다면
기자가 4-5절에서 말하고자 하는 바는 열방의 왕들이 시온에 계시는
하나님을 상대로 싸워 보려고 모였지만, 그들은 하나님을 보자 마자 싸
워 보지도 못하고 두려워 떨며 신속하게 도망갔다는 것이다(cf. 새번역,

---

3 이 신학적 용어는 하나님이신 예수님이 인류의 구원자로 이 땅에 오셨을 때 신성(divinity)
을 모두 비우시고(kenosis) 인간의 모습을 취하셨다는 교리에서 유래한다.

아가페, 현대인, NIV, NAS, TNK).

여호와 하나님이 얼마나 두려운지 왕들은 하나님을 보자 마자 공포
에 휩싸여 사정없이 떨기 시작했다(cf. 출 15:14, 수 2:11). 또한 아이를 낳
는 여인의 고통에 견줄 만한 고통이 그들을 사로잡았다(cf. 왕하 19:35,
사 21:3, 26:17, 렘 4:31, 6:24). 기자는 이러한 비유들로 하나님의 적들을
조롱하고자 한다(Brueggemann & Bellinger). 하나님은 절대로 세상의 왕들
이 대적할 수 있는 분이 아니시기 때문이다. 하나님은 아무 일도 안 하
시고 자기 자신을 보여 주시는 것만으로 사람들을 죽이실 수 있다. 그
러므로 하나님을 대적하려는 사람들은 모두 어리석다.

개역개정의 7절 번역도 매끄럽지가 못하다. 앞 구절들과 전혀 연관
성이 없는 독립 문장으로 번역하고 있어 혼란을 야기하기 때문이다.
이 구절은 4-6절의 결과를 파손된 다시스의 배에 비유하고 있으므로
"마치… 같다"라는 말이 필요하다(cf. 새번역, 공동, 아가페, 현대인, NIV,
NAS, NRS, TNK, CSB). 저자는 하나님이 그를 대적하려고 모인 열방의
왕들을 물리치신 것을 큰 바람으로 다시스의 배를 깨뜨리신 일에 비유
하고 있다. 다시스는 오늘날 스페인에 있는 곳으로(cf. ABD), 요나가 하
나님으로부터 도망할 때 가려고 했던 곳이기도 하다. 이 이미지는 여
호사밧이 다시스로 보낸 배들이 태풍으로 인해 완전히 파손된 일을 배
경으로 하고 있는 듯하다(cf. 대하 20:36-37).

하나님은 그를 대적하려는 자들에게는 이처럼 두려운 분이지만, 자
기 백성에게는 한없이 인자하신 분이다. 이렇다 할 노동이 없이 적들
을 물리치시는 하나님이 고개만 끄떡이면 우리를 구원하실 수 있다
(Calvin). 주님은 시온에 머무시며 자기 백성의 피난처가 되셨다. 그러
므로 백성들의 피난처이신 하나님이 건재하시려면 시온도 건재해야
한다. 기자는 열방 왕들의 '공격'이 있은 다음에도 '여호와의 성'인 예루
살렘(시온)은 '들은 대로' 건재한 것을 '보았다'고 한다(8절). 하나님을 보
자마자 떨고 흔들리는 적들과는 매우 대조적이다. 군사적인 능력이 가

장 뛰어나신 '만군의 여호와'가 자기 성을 영원히 견고하게 하신다. 하나님이 지키시는 성을 누가 넘보거나 공격할 수 있겠는가! 그러므로 주의 백성은 언제든지 주님의 도성으로 몸을 피해 하나님의 품에 안길 수 있다.

신앙이 세대에서 세대로 전수되려면 후 세대는 전 세대에게 '듣는 것'(전승 등)이 있어야 하지만, 이것만으로는 부족하다. 후 세대는 스스로 '보아야 한다.' 기자는 이러한 신앙의 성향을 '듣고⋯ 보다'(8절)로 표현하고 있다(Wilson). 그러므로 사람이 하나님의 구원을 경험하여 주님의 자녀가 되는 과정에서 하나님에 대하여 선진들에게 듣고 놀라우신 하나님의 사역을 스스로 보는 일은 매우 중요하다(cf. vanGemeren).

3. 시온 성에 있는 성전에 계신 하나님(48:9-11)

⁹ 하나님이여
우리가 주의 전 가운데에서
주의 인자하심을 생각하였나이다
¹⁰ 하나님이여
주의 이름과 같이 찬송도 땅 끝까지 미쳤으며
주의 오른손에는 정의가 충만하였나이다
¹¹ 주의 심판으로 말미암아 시온 산은 기뻐하고
유다의 딸들은 즐거워할지어다

하나님을 대적한 자들은 공포에 질려 도망하는 상황에서 하나님이 계신 곳, 곧 예루살렘 성전을 피난처로 삼은 백성들이 주님을 묵상한다(9절). 기자가 성전을 언급하는 것은 이 노래가 성전 예배에서 사용된 것임을 암시한다. 하나님은 적들에게는 참으로 두려우신 분이지만, 자기 자녀들에게는 한없이 '인자하신'(חֶסֶד) 분이다(9절). 이 단어는 하나님이 이스라엘과 맺으신 관계로 인하여 그들을 열방과 다르게 대하신다는 것을 강조한다. 언약에 근거한 하나님의 인자하심(חֶסֶד)에는 끝이 없다.

또한 하나님의 통치를 생각하니 하나님의 '이름/명성'(שֵׁם)과 '찬송'(תְּהִלָּה)이 땅 끝까지 미친다(10절). 하나님의 명성과 찬송이 주님이 거하시는 시온으로만 제한된 것이 아니라, 온 세상을 가득 채웠다는 뜻이다. 두 가지 이유로 인해서다.

첫째, 주님의 오른손에 정의가 충만하기 때문이다. 일부 번역본들은 '정의'(צֶדֶק)를 승리(victory, cf. 새번역)로 번역하여 하나님이 온 땅에서 승리하셨다는 점을 강조하는데(NAS, NRS, RSV), 정의(righteousness)로 두어 하나님의 의로우신 통치를 강조하는 것이 바람직하다(공동, 아가페, 현대인, NIV, ESV, TNK). 앞 섹션에서 승리는 이미 거두셨기 때문이다. 또한 하나님의 통치의 가장 중요한 결과는 공의와 정의가 실현되는 것이다. 하나님은 자신이 다스리는 세상에서 죄인들로 인해 잘못된 것들을 바로 잡기를 원하신다(Grogan).

둘째, 하나님이 시온을 침략해온 왕들을 심판하셨기 때문이다(11절). 이 일로 인하여 왕들은 공포에 질려 도망갔지만, 시온과 유다의 딸들은 기뻐한다. 한쪽은 겁에 질려 소리도 지르지 못하는데, 다른 쪽은 기쁨으로 소리치는 것이 인상적인 대조를 이룬다.

시온(땅, 영토의 상징)과 유다의 딸(백성의 상징)이 모두 즐거워한다는 것은 주님의 나라와 백성이 함께 기뻐한다는 의미다. 하나님이 땅만, 혹은 백성만 구원하신 것이 아니라, 이 둘을 모두 구원하셨기 때문이다. 그러므로 예루살렘은 시간과 장소를 초월해서 항상 하나님이 베푸시는 구원의 결정체라 할 수 있다(cf. deClaissé-Walford et al.).

4. 시온 성을 돌아보라는 권면(48:12-14)

¹² 너희는 시온을 돌면서

121

그곳을 둘러보고
그 망대들을 세어 보라
¹³ 그의 성벽을 자세히 보고
그의 궁전을 살펴서 후대에 전하라
¹⁴ 이 하나님은 영원히 우리 하나님이시니
그가 우리를 죽을 때까지 인도하시리로다

하나님이 거하시며 보호하시기 때문에 시온은 난공불락이라고 한 기자는 독자들에게 이 성의 아름다움을 마음껏 즐겨보라고 한다(12절). 성 둘레를 걸으면서 망대들(מִגְדָּלִים)과 성벽(חֵיל)과 궁전들을 샅샅이 살피라는 것이다. '궁전들'(אַרְמְנוֹת)은 더 정확히 번역하면 왕이 거하는 곳이 아니라 사람들이 피하는 '요새/성루'(citadel)다(HALOT, cf. 공동, 현대인, NIV, NAS, NRS). 성의 아름다움을 만끽한 다음에는 후대에게 그 아름다움에 대하여 전하라고 한다(13절).

기자는 12-13절에서 다섯 개의 명령문을 사용하고 있는데, 그중 셋째 명령문('망대들을 세어 보라')과 다섯째 명령문('후대에 전하라')은 같은 동사 '세다/알리다'(סָפַר)를 사용한다. 그러므로 이 두 명령문은 다음과 같은 효과를 유도한다. "망대를 세어보아라(count)… 그리고 후세대에게 알려주어라(recount)"(Alter). 8절과 연관하여 언급한 것처럼 기자는 신앙이 한 세대에서 다음 세대로 전수되기를 간절히 바란다.

시온 성은 분명 아름답고 주의 백성을 보호하기에 충분한 요새이지만, 그들을 구원하고 인도하는 이는 그곳에 거하시는 하나님이시지 성 자체는 아니다. 그러므로 성의 아름다움을 살펴보라고 한 기자는 하나님이 "영원히 우리 하나님이시며, 죽을 때까지 인도하시는 분"이라고 한다(14절). 우리의 모든 믿음은 하나님에게 있는 것이지 어떤 장소에 있는 것이 아니다. 심지어는 하나님이 거하시는 시온도 하나님의 임재를 대신할 수는 없다.

제49편

고라 자손의 시, 인도자를 따라 부르는 노래

I. 장르/양식: 지혜시(cf. 3편)

이 시는 번역과 해석에 있어서 상당한 난제들을 안고 있지만, 전반적인 의미는 확실하다(Grogan, cf. vanGemeren). 이 노래는 기도나 찬양이라기보다는 재물에 대하여 교훈을 주는 노래다(cf. 1, 3편). 아마도 고대 사회에서 사람들을 가르치기 위하여 저작이 된 노래로 보인다. 그러나 어린아이들을 가르치기 위한 노래는 아니다. 노래의 핵심 중심 주제가 재물과 죽음의 상관성인데, 이 주제는 세상을 어느 정도 경험해 본 성인들에게 더 의미 있는 것이기 때문이다. 일부 학자들은 이 시가 잠언의 일부, 특히 1-9장에 포함되어도 전혀 손색이 없다고 생각하기도 하고(deClaissé-Walford et al., cf. Brueggemann & Bellinger, Goldingay), 욥기와 전도서와 매우 흡사하다고 생각한다(Kidner, Wilson, cf. Craigie).

노래의 주제는 재물의 허무함이 확실하지만, 이 노래가 언제 저작되었는지는 알 수 없다. 일부 학자들은 빈부의 차이가 만연하던 주전 8세기를 역사적 배경으로 간주하지만(Kirkpatrick), 유다가 경제적으로 참으로 어려운 때를 보냈던 포로기 이후 시대에 저작된 것이라고 하는 주석가들도 있다(Anderson, McCann). 바빌론에서 돌아온 귀향민들이 경제적으로 참으로 어려운 시간을 보낼 때, 재물이 다가 아니라는 교훈을 주기 위하여 저작된 시라는 뜻이다(cf. Perdue, Volz). 정확한 저작 시기는 알 수 없지만, 이 시편이 노래하는 주제는 언제, 어느 장소에서든 시사성이 있다. 특히 오늘처럼 물질 만능주의가 만연한 시대에는 더욱더 그렇다.

II. 구조

이 노래는 12절과 20절이 거의 같은 내용을 반복하는 후렴구 역할을 하는 특징을 지녔다. 그 외에는 본문을 섹션화 하는데 사용할 만한 단서는 없다. 그러므로 학자들은 이 시편을 간단하게는 3섹션으로, 자세하게는 5-6섹션으로 구분한다(cf. Craigie, deClaissé-Walford et al., Goldingay, McCann, Ross, vanGemeren, Wilson). 시의 구조를 파악하기가 매우 어렵다는 뜻이다.

이 노래는 가장 보존이 잘 되지 않은 시편 중 하나이다 보니(Terrien), 텍스트의 불확실성이 구조를 파악하는 일을 더 어렵게 한다. 대부분 학자들은 첫 부분을 시의 서론/도입 부분으로 생각하여 전체적인 구조를 논할 때 독립적으로 취급한다(Craigie, deClaissé-Walford et al., vanGemeren, Wilson). 또한 기자가 그를 비방하는 자들을 두려워하지 않는다고 선언한 후(5절), 그 이유(하나님이 그를 구원하실 것이라는 확신)를 말해 주는 것(13-15절)이 시의 구조를 논할 때 고려되어야 한다. 이 주석에서는 다음과 같은 분석을 바탕으로 본문을 주해해 나가고자 한다.

서론: 내게 귀를 기울이라(49:1-4)
  A. 재물의 한계: 죽음 앞에서 무능함(49:5-9)
    B. 피할 수 없는 죽음(49:10-12)
    B′. 피할 수 있는 죽음(49:13-15)
  A′. 재물의 한계: 죽음 앞에서 무능함(49:16-20)

III. 주해

이 노래는 우리의 피난처가 되시는 하나님과 그의 거처인 시온을 찬양한 시편 46-48편의 결정체라고 할 수 있다(cf. McCann, Wilson). 온 열방 백성의 찬송 중에 시온에 거하시는 하나님이 세상을 어떻게 주관해 나가시는가에 관한 것이기 때문이다. 기자는 부자들과 권세자들이 세상을 주도해 나가는 것 같지만(cf. 6, 18절), 실상은 그렇지 않다고 단언한다. 그들은 세상을 호령하고 부귀영화도 누리기 때문에 매우 강인해 보이지만, 죽음 앞에서는 손가락 하나 까딱할 수 없는 미약한 존재들이다. 오직 세상을 지배하시는 창조주 하나님만이 사람의 생사를 주관하신다(15절). 그러므로 하나님께 사랑받는 사람은 복되다. 주님께서 죽음을 포함한 그들의 모든 것을 주관하시기 때문이다.

1. 서론: 내게 귀를 기울이라(49:1-4)

¹ 뭇 백성들아 이를 들으라
세상의 거민들아 모두 귀를 기울이라
² 귀천 빈부를 막론하고 다 들을지어다
³ 내 입은 지혜를 말하겠고
내 마음은 명철을 작은 소리로 읊조리리로다
⁴ 내가 비유에 내 귀를 기울이고
수금으로 나의 오묘한 말을 풀리로다

기자는 마치 잠언에서 지혜가 외치듯 자기 말에 귀를 기울여 달라며 노래를 시작한다. 그는 세상 모든 백성에게 귀를 기울여 달라고 한다(1절). 이러한 행태의 스피치는 선지서에서 자주 사용된다(cf. 미 1:2). 저자는 이때까지 46-48편을 통해 온 세상을 정복하고 다스리시는 분으로 하나님을 묘사했다. 이제 그는 마치 선지자처럼 온 세상이 그의 말에 귀를 기울이기를 요구한다. 그가 지금부터 하는 말은 주의 백성뿐만 아니라, 세상 모든 백성에 관한 것이며, 그들이 듣고 순종하면 그들도 주의 백성처럼 복을 누릴 것이기 때문이다.

'세상'(חֶלֶד)을 뜻하는 단어는 흔하지 않은 단어이며, 사람의 수명을 뜻하기도 한다(HALOT). 또한 이 단어는 '공간적인 세상'(the world in space)이 아니라 '시간적인 세상'(the world at that time)을 의미한다(Wilson). 저자가 말하고자 하는 지혜는 부자와 권세자가 세상을 호령하는 시대의 세상에 관한 것이기 때문에 이 단어를 사용하고 있다.

기자의 지혜에 대한 스피치는(cf. 3절) 신분에 상관없이 모든 사람에게 도움이 될 것이다. 그러므로 그는 낮은 자들과 존귀한 자들을 한 쌍('귀천')으로 부르며 자기 말에 귀를 기울여줄 것을 요구한다(2절). '낮은 자들'(בְּנֵי אָדָם)을 문자적으로 풀이하면 '사람의 아들들'이다(cf. 시 62:9). 일반적으로 인류를 뜻하거나 신분적으로 낮은 사람들을 가리키는 말이다. '존귀한 자들'(בְּנֵי־אִישׁ)은 '남자의 아들들'이라는 의미를 지녔다. 용사들이나 신분이 높은 이들을 일컫는 말이다.

그는 또한 부자와 가난한 사람들에게 경청을 요구한다(2절). '부자'(עָשִׁיר)와 '가난한 자'(אֶבְיוֹן)는 한 쌍을 형성하며 사람이 처할 수 있는 경제적인 여건을 모두 포함한다. 기자는 자신이 하고자 하는 말이 '부자는 겸손하게 하는 지혜를 담고 있고, 가난한 자들에게는 위로가 될 수 있는 명철을 담고 있다'고 확신한다.

저자는 자신이 하고자 하는 말을 지혜와 명철이라고 부른다(3절). 1절에서 선지자처럼 시작하여 3절에서는 지혜자처럼 말하고 있다. 그래서 이 섹션을 선지자 전승과 지혜 전승의 결합이라고 하기도 한다(Goldingay, vanGemeren). 기자는 선지자처럼 수금이 연주되는 상황에서 하나님이 주시는 가르침을 받아 전달한다(cf. Goldingay).

'지혜'(חָכְמָה)는 지혜 문헌에서 매우 흔히 사용되는 단어로 살아갈 때 필요한 슬기로움을 의미한다. 하지만 하나님이 사람에게 선물로 주시는 삶에 대한 통찰력을 의미하기도 한다(cf. NIDOTTE). 본문에서 이 단어가 '명철'과 함께 사용되는 것을 보면 이러한 의미를 지녔다. '명철'(הנונה)은 흔하지 않은 단어이지만, 이 단어의 어원이 상대적으로 흔하기 때문에 뜻을 규명하는 것은 어렵지 않다. 이 단어의 기본적인 의미는 '묵상'(meditation)이다.

기자는 자신이 지금부터 하고자 하는 말은 많은 묵상을 통해 얻은 하나님의 지혜라고 한다. 이 점을 강조하기 위하여 그는 자기 입뿐만 아니라 '마음'(לב, heart to heart)으로 말하고자 한다. 그는 우리가 지닌 모든 '가면'(persona)을 벗어 던지고, 솔직 담백하게 마음과 마음으로 이어지는 대화를 하고 싶은 것이다. 삶에 대한 통찰력과 지혜는 모든 허세와 가식(pretension)을 내려놓고 가슴과 가슴이 만날 때 가장 효과적으로 전달된다.

기자는 비유에 자신의 귀를 기울이고 오묘한 말을 음악으로 풀겠다고 한다(4절). '비유'(משל)는 격언이나 잠언을 뜻하며 의미를 쉽게 파악할 수 있는 것들이다(HALOT). '오묘한 말'(חידה)은 답을 알아내기는 쉽지 않지만, 재미있는 수수께끼를 가리킨다(HALOT, cf. 삿 14장). 기자는 쉬운 말(비유)로 최대한 설명하고 부족한 부분은 어렵지만 재미있는 말(오묘한 말)을 통해 가르침을 줄 것을 선언한다. 오묘한 말은 '수금'(כנור)을 동반할 것이라고 하는데, 아마도 음악이 사람의 마음을 열어주는 효과를 발휘하기 때문일 것이다.

이 섹션은 지혜와 연관된 네 개의 단어를 사용하고 있다(cf. 잠 1:1-6). 지혜(חכמה), 명철(הנונה), 비유(משל), 오묘한 말(חידה). 기자는 이 노래가 교육적인 효과를 유도하는 지혜시(wisdom psalm)라는 사실을 확실히 하고자 한다. 그러므로 누구든 열린 마음으로 이 시를 읽고 묵상한다면 삶에 큰 도움이 될 통찰력을 얻을 것이다. 이 네 개의 단어들 중에 지혜와 명철은 복수로, 비유와 오묘한 말은 단수로 사용되고 있다. 아마

도 복수가 사용되는 것은 '큰 지혜, 큰 명철'을 뜻하기 위해서일 것이다
(vanGemeren).

2. 재물의 한계(49:5-9)

> 5 죄악이 나를 따라다니며
> 나를 에워싸는 환난의 날을
> 내가 어찌 두려워하랴
> 6 자기의 재물을 의지하고
> 부유함을 자랑하는 자는
> 7 아무도 자기의 형제를 구원하지 못하며
> 그를 위한 속전을 하나님께 바치지도 못할 것은
> 8 그들의 생명을 속량하는 값이 너무 엄청나서
> 영원히 마련하지 못할 것임이니라
> 9 그가 영원히 살아서
> 죽음을 보지 않을 것인가

기자는 자신의 가르침을 악이 성행하고 환난으로 가득한 현실에 대
한 묵상으로 시작한다(5절). 의인이 온갖 불의가 지배하는 세상을 살아
내는 것은 쉽지 않은 일이다. 그러나 그는 환난의 날들이 그를 에워싼
다 할지라도 두려워하지 않을 것이라고 선언한다. 그를 핍박하는 사람
들은 심판하시는 하나님을 두려워하지 않는 자들이며, 미래가 없는 사
람들이기 때문이다(52:5-7). 또한 온갖 고통에 시달리는 그와는 대조적
으로 세상에서 많은 재물을 모으고 떵떵거리며 사는 사람들도 죽음 앞
에서는 아무런 힘을 발휘하지 못하는 것은 그와 별반 다를 바가 없다.

부자들은 모은 재물을 의지하고 부유함을 자랑하지만(6절), 별 의미
가 없다. 아무리 부자라도 자기 형제를 죽음에서 구원하지 못하고, 심

지어는 자기 자신을 위하여 하나님의 죄 사함을 살 수도 없다(7절). 생명을 속량하는 값(속전, cf. 출 13:11-16)이 너무나도 엄청나서 아무리 많은 재물을 모아도 결코 그 값을 마련하지 못할 것이기 때문이다(8절). 그러므로 세상에서 아무리 큰 부귀영화를 누리는 사람이라도 해도 죽기는 마찬가지다(9절). 기자는 부자들에게 그들이 소유한 재물이 아무런 효력을 발휘하지 못할 것이라며 죽음에 대하여 신중하게 생각할 것을 경고하고 있다. 예수님이 자신의 생명으로 우리를 구원하신 일이 얼마나 가치 있고 소중한 일인가를 생각하게 한다.

본문은 재물의 허무함을 잘 설명하고 있다. 재물은 분명 큰 능력을 지녔다. 재물을 사용하여 친구를 얻을 수도 있고, 많은 편안함을 누릴 수도 있다. 재물을 잘 활용하면 어느 정도의 행복도 누릴 수 있다. 그러나 재물은 분명 한계를 지녔다. 죽음 앞에서는 참으로 무의미한 것이 재물이다. 부자나 가난한 사람이나, 지혜로운 사람이나 어리석은 자나 죽기는 마찬가지기 때문이다(cf. 10절, 시 39:4-6, 전 2:12-26). 그러므로 죽음을 앞둔 부자에게 그가 평생 수고하여 모은 재물은 어떠한 효과도 발휘하지 못하는, 별 의미가 없는 환상(illusion)에 불과하다. 생명을 돈으로 살 수 있는 것이 아니기 때문이다.

3. 피할 수 없는 죽음(49:10-12)

> [10] 그러나 그는 지혜 있는 자도 죽고
> 어리석고 무지한 자도 함께 망하며
> 그들의 재물은 남에게 남겨 두고
> 떠나는 것을 보게 되리로다
> [11] 그러나 그들의 속 생각에
> 그들의 집은 영원히 있고
> 그들의 거처는 대대에 이르리라 하여

그들의 토지를 자기 이름으로 부르도다
[12] 사람은 존귀하나 장구하지 못함이여
멸망하는 짐승 같도다

죽음은 모든 사람에게 공평하다. 지혜 있는 자도 죽음을 피할 수 없고, 어리석고 무지한 자도 죽는다(10a절). 그들이 죽으면 그들이 평생 모았던 재물은 어떻게 되는가? 아무것도 자신들이 가는 '저 세상'으로 챙겨가지 못하고 고스란히 이 땅에 남겨두어야 한다(10b절). 부자들도 주변에서 이러한 상황이 반복되고 있는 현실을 보고 있을 것이다. 그러므로 재물에 지나치게 집착하지 않는 것이 좋다.

그러나 부자들은 재물에 대한 집착을 포기하지 않는다. 그러므로 자신들이 모은 재물을 유산으로 남겨 영원히 기억되기를 원한다(11절). 새번역은 11절을 대부분의 번역본들처럼 애매한 마소라 사본(MT)을 따르지 않고 더 정확한 칠십인역(LXX)을 따라 번역했다. "사람들이 땅을 차지하여 제 이름으로 등기를 해 두었어도 그들의 영원한 집, 그들이 영원히 머물 곳은 오직 무덤뿐이다"(cf. 아가페, NIV, ESV, NRS, TNK). 부자들이 땅을 사람의 이름에 따라 부르는 것은 고대 근동에서 왕들이 정복한 땅에 자기 이름을 부여하여 자기 이름을 기리는 것과 평행을 이룬다(Wilson). 그러나 결국 그들의 땅은 남의 손에 넘어가고 그들이 유일하게 자기 땅이라고 할 수 있는 것은 묻혀 있는 무덤뿐이다.

부자들은 자신들이 남긴 집이 영원히 있고, 그들이 이룩한 업적이 대대로 기억되기를 원한다. 그러나 후세대가 설령 그들의 업적을 기억한다 해도 이미 죽어서 아무것도 알지 못하고 느끼지 못하는 그들에게 무슨 도움이 될까? 그러므로 이 또한 부질없는 짓이다.

"사람은 존귀하나 장구하지 못하며"(12절, cf. 20절)의 의미는 "사람이 제아무리 영화를 누린다 해도 죽음은 피할 수 없다"는 뜻이다(새번역, cf. 공동, 아가페, 현대인). 결국 아무도 모르고 알아 주지도 않는 짐승처럼 죽기는 매일반이다. 죽음 앞에서는 사람이나 짐승이나 별 차이가 없다는 뜻이다. 기자는 인생의 허무함을 참으로 현실적으로 묘사한다. 이처럼 허무한 삶인데, 우리는 왜 그렇게 치열하게 투쟁하며 사는 것일까?

4. 피할 수 있는 죽음(49:13-15)

¹³ 이것이 바로 어리석은 자들의 길이며
그들의 말을 기뻐하는 자들의 종말이로다(셀라)
¹⁴ 그들은 양같이 스올에 두기로 작정되었으니
사망이 그들의 목자일 것이라
정직한 자들이 아침에 그들을 다스리리니
그들의 아름다움은 소멸하고
스올이 그들의 거처가 되리라
¹⁵ 그러나 하나님은 나를 영접하시리니
이러므로 내 영혼을 스올의 권세에서 건져내시리로다(셀라)

기자는 재물이 죽음 앞에서는 아무런 의미가 없다는 사실을 깨닫지 못하여 온갖 발버둥을 쳐보지만, 결국 짐승처럼 죽어가는 것이 어리석은 사람들과 그들의 말을 귀담아 듣는 자들의 종말이라고 한다 (13절). 죽음이 목자가 되어 양을 인도하듯 그들을 스올로 데려갈 것이다(14절). 개역개정이 '목자'(רעה)로 번역한 단어의 기본적 의미는 "[풀을] 먹이다"는 뜻이다(HALOT). 그러므로 일부 주석가들은 이 단어 사용에서 언어유희를 포착하여 "사망이 그들을 먹을 것이다"로 해석한다 (Wilson). 목자는 원래 양들을 먹이는 사람인데, 죽음은 악인들을 먹어치울 것을 뜻한다.

성경에서 목자의 이미지는 매우 긍정적이지만, 자신의 능력을 의지하는 악인들에게는 매우 부정적이다. 그들이 평생 재물을 추구한 것이 마치 죽음을 따른 것, 혹은 죽음에게 먹히기 위한 것과 같다는 뜻일까?

악인들에게 스올은 영원한 거처가 되고 그들의 아름다움은 모두 소멸할 것이다. 그런데 "정직한 자들이 아침에 그들을 다스릴 것"(14절)은 무엇을 의미하는가? 두 가지 의미를 지녔다. 첫째, 고통과 핍박의 시간은 '어두운 밤'이며, 아무리 혹독하고 어두운 밤이라 할지라도 반드시 아침이 되면 끝날 것이다. 드디어 아침이 되면 밤새 고통을 받던 의인들이 그들을 억압하고 핍박한 자들을 다스리게 될 것이라는 뜻이다(deClaissé-Walford et al., Wilson). 둘째, 이 세상에서 부자들과 권세가들이 지배하고 핍박했던 '정직한 자들'(יְשָׁרִים, 의인들)이 새로 시작되는 아침(내세, 다음 세상)에는 그들을 다스리는 자들이 될 것이라는 뜻이다(Alexander, cf. Terrien).

그러므로 이 말씀은 이 땅에서 억압을 당하며 가난하게 사는 의인들에게 큰 위로가 된다(Wilson). 언젠가는 지배하는 자들과 지배받는 자들의 위치가 바뀔 것이기 때문이다. 설령 이 세상에서는 바뀌지 않더라도 다음 세상에서는 분명히 바뀐다. 그러므로 이 땅에 이런 일이 일어나지 않더라도 낙심할 필요는 없다. 일부 학자들은 본문이 내세에 관한 것이 아니라 의인들이 죽기 전에 이 땅에서 이루어질 일이라고 하지만, 가장 자연스러운 해석은 두 가지 가능성을 모두 수용하는 것이다.

다음 세상에서는 어떠한 소망도 없는 부자들과는 달리 기자에게는 내세에 대한 확고한 확신이 있다(15절). 마치 에녹과 엘리야처럼 말이다(McCann, cf. 창 5:24, 왕하 2:1-12). 하나님이 그를 영접하시고 스올의 권세에서 구원하실 것이라는 소망이다. 부자들이 자신들과 자기 능력을 믿어 이렇게 되었다는 점을 감안하면, 기자가 미래에 대하여 확고한 소망을 가지는 것은 멸망하는 자들과 달리 전적으로 하나님을 의지하고 믿는다는 것을 뜻한다. 실제로 신약은 세상의 그 무엇도 우리를 예수 그리소도 안에 있는 주님의 사랑에서 끊을 수 없다고 선언한다(롬

8:38-39). 믿는 사람들은 믿음으로 구원에 이르게 되는 것이다. 부자들이 아무리 많은 돈을 지불하고라도 얻고자 했던 생명을 기자는 돈 한 푼 들이지 않고 하나님을 의지하여 얻게 될 것이다.

5. 재물의 한계(49:16-20)

<blockquote>

¹⁶ 사람이 치부하여

그의 집의 영광이 더할 때에

너는 두려워하지 말지어다

¹⁷ 그가 죽으매 가져가는 것이 없고

그의 영광이 그를 따라 내려가지 못함이로다

¹⁸ 그가 비록 생시에 자기를 축하하며

스스로 좋게 함으로 사람들에게 칭찬을 받을지라도

¹⁹ 그들은 그들의 역대 조상들에게로 돌아가리니

영원히 빛을 보지 못하리로다

²⁰ 존귀하나 깨닫지 못하는 사람은

멸망하는 짐승 같도다

</blockquote>

기자는 이때까지 아무리 많은 재물이라도 죽음을 피하게 해 줄 수 없으며, 사람이 죽음을 피할 수 있는 유일한 방법은 인간의 생사를 주관하시는 하나님을 의지하는 것이라고 선언한 다음, 본문에서 가장 자연스러운 권면으로 노래를 마무리한다. "부자를 부러워하지도, 두려워하지도 말라." 아무리 큰 부를 축적한 부자라 할지라도 죽을 때 가져갈 수 있는 것은 아무것도 없다(17절). 부는 이 땅에서의 삶에만 영향을 미칠 뿐 영생에는 어떠한 영향력도 행사할 수 없는 덧없는 것이기 때문이다. 그러므로 누가 아무리 큰 부를 쌓는다 해도 그를 두려워할 필요는 없다(16절). 죽음은 모든 사람에게 공평하다.

또한 그가 살아 있는 동안에 이 세상에서 아무리 큰 부귀영화를 누린다 해도 결국 죽어 조상들과 함께 어두운 곳(스올)에서 영원히 빛을 보지 못할 것이다(19절). 빛을 보지 못한다는 것은 하나님이 주시는 구원(영생)을 누리지 못할 것을 의미한다. 반면에 기자는 하나님이 그를 구원하실 것이라고 확신했다(15절). 다가오는 내세가 한 사람에게는 소망이, 다른 사람에게는 절망이 되고 있다. 저자는 12절에서 했던 말과 거의 비슷한 말을 반복하며 노래를 마무리한다(20절). 그의 가르침을 깨닫지 못하는 사람은 짐승과 동일한 운명을 맞이할 것이라는 경고성 지혜(wisdom)인 듯하다(Grogan).

제50편
아삽의 시

I. 장르/양식: 선지적 권면(prophetic exhortation, cf. 81, 95편)

이 노래는 아삽과 연관된 첫 노래이며 제2권에서는 이 노래가 유일하다. 아삽의 시는 제3권에서 집중적으로 발견된다(cf. 73-83편). 역대기에 의하면 아삽 자손들은 성전과 긴밀한 관계를 유지했다. 그들은 성전에서 찬양하는 음악가들이었으며(대하 5:12), 선지자들로 활동하기도 했다(Buss, Terrien, cf. 대상 15:17, 19; 16:4-7, 대하 29:30).

이 노래는 찬양시나 기도시가 아니다. 이 시는 선지자들이 선포한 메시지와 매우 비슷하기 때문에 만일 이 시가 선지서의 일부로 전수되었다 할지라도 우리는 전혀 이상하게 생각하지 않을 것이다(Goldingay, cf. Grogan). 그러므로 학자들은 이 시가 선지자들이 백성들에게 선포한 메시지에서 유래한 것으로 추정하며, 이스라엘이 하나님과 맺은 언약을 갱신하는 예배/축제를 드릴 때 사용된 것이라 한다(Brueggemann & Bellinger, Craigie, Day, Kraus). 그들이 언약 갱신 예배를 논하는 것은 5절과 16절이 '언약(בְּרִית)'을 언급하기 때문이다(cf. Allen, Bos).

그러나 '언약'이라는 용어가 꼭 갱신 예배와 연관될 필요는 없다고 생각한다. 언제든 주의 백성이 예배를 드릴 때면 하나님과 맺은 언약이 언급되는 것은 당연한 일이기 때문이다. 그러므로 한 주석가는 이 노래를 포로기 이후에 여러 회당 예배에서 사용된 '예식적 설교'(liturgical sermon)라고 부른다(Gerstenberger).

이 시편은 예배자들을 향한 비난과 경고를 동반하는 특성을 지녔다(Mowinckel). 하나님의 현현이 예루살렘 성전에 임하면서 주의 백성이 얼마나 신실하게 하나님과 맺은 언약을 실천했는가를 재판/평가한다. 그동안 우리가 접했던 것들과는 현저히 다른 면모를 보이는 것이다. 그렇다고 해서 이 노래를 다르게 취급할 필요는 없다. 예나 지금이나 예배 중에 선포되는 메시지는 종종 말씀대로 살지 못한 성도들에 대한 비난과 경고를 동반하기 때문이다.

II. 구조

대부분 학자들은 이 노래의 처음 두 파트를 1-6절과 7-15절로 규명한다(deClaissé-Walford et al., Craigie, Goldingay, McCann, Ross, vanGemeren). 그러나 16-23절을 어떻게 나누는가에 대하여는 다소 이견이 있다. 일부 학자들은 이 섹션을 16-22절과 23절 등 두 파트로 구분하고, 다른 사람들은 16-21절과 22-23절로 구분한다.

밴게메렌(vanGemeren)은 16-23절을 16-21절과 22-23절로 구분하여 다음과 같은 구조를 제시한다(cf. Goldingay). 아쉬운 것은 22절도 16절에서 시작한 악인들에 대한 비난/경고의 일부인데 따로 떼어 냈다는 점이다. 내용을 감안할 때 23절을 따로 취급하는 것이 오히려 더 바람직해 보인다(cf. deClaissé-Walford et al., McCann).

  A. 하나님의 의로운 심판(50:1-6)

    B. 경건한 사람들을 위한 경고(50:7-15)

    B. 악한 사람들을 위한 경고(50:16-21)

  A. 하나님의 의로운 심판(50:22-23)

이 주석에서는 다음과 같이 세 섹션으로 구분하여 본문을 살펴 나가고자 한다. 선지자가 선포한 메시지와 매우 흡사한 이 노래의 성향을 최대한 살리며 주해해 나갈 것이다.

A. 심판하시는 하나님의 현현(50:1-6)

B. 제물보다 하나님을 우선시하라는 권면(50:7-15)

C. 하나님을 잊은 자들에 대한 경고(50:16-23)

III. 주해

이 노래는 신앙의 눈으로만 볼 수 있는 재판을 진행한다(Mays). 재판장이신 하나님은 형식에 치우쳐 있는 종교 혹은 매너리즘(mannerism)에 빠져 있는 이스라엘의 신앙에 대하여 강력하게 경고하신다. 위선적이고, 본질은 놓친 채 형식과 외형적인 것들에 여념하는 예배를 버리고 참 영적인 갱신을 추구하라고 권면하신다. 그렇다면 이스라엘은 어떻게 자신들의 예배와 삶을 갱신할 수 있는가? 오직 하나님과 그의 말씀에 순종함으로 갱신을 이루어 내야 한다.

1. 심판하시는 하나님의 현현(50:1-6)

¹ 전능하신 이 여호와 하나님께서 말씀하사
해 돋는 데서부터 지는 데까지 세상을 부르셨도다
² 온전히 아름다운 시온에서
하나님이 빛을 비추셨도다
³ 우리 하나님이 오사
잠잠하지 아니하시니
그 앞에는 삼키는 불이 있고
그 사방에는 광풍이 불리로다

137

⁴ 하나님이 자기의 백성을 판결하시려고
위 하늘과 아래 땅에 선포하여
⁵ 이르시되 나의 성도들을 내 앞에 모으라
그들은 제사로 나와 언약한 이들이니라 하시도다
⁶ 하늘이 그의 공의를 선포하리니
하나님 그는 심판장이심이로다(셀라)

기자는 시온에 임하신 하나님은 어떤 분인가에 대한 소개로 노래를 시작한다. 첫째, 하나님은 전능하신 분이시다(1절). 번역본들은 노래를 시작하는 하나님의 성호 세 개(יהוה אלהים אל)의 관계에 대하여 각자 다른 해석을 내놓았다. 칠십인역(LXX) 등은 처음 두 단어의 관계를 연계형―절대형(relative-absolute)으로 간주하여 '신들 중의 신, 여호와'(the God of gods, the Lord)로 번역했다(cf. CSB). NRS 등은 '전능하신 이, 여호와 하나님'(the mighty one, God the Lord)으로 번역했다(cf. 새번역, 공동, 현대인, ESV, RSV, TNK). NIV는 "전능하신 이, 하나님, 여호와"(the Mighty One, God, the Lord)로 번역하여 세 성호를 각자 독립적으로 취급했다.

이 세 가지 옵션 중 세 번째, '전능하신 이, 하나님, 여호와'가 저자의 의도를 가장 잘 표현하는 듯하다. 기자는 완전 수인 '3'(세 가지)을 사용하고 있다. 이 세 성호가 나열된 방식을 보면 점차적으로 강화되지만, 독립적인 성향을 보이기 때문이다. '전능하신 이'(세상 여러 신들 중 으뜸이신 하나님)→'엘로힘'(세상을 창조하시고 다스리시는 하나님)→'여호와'(이스라엘과 특별한 관계를 맺으신 하나님). '엘'과 '엘로힘'은 이스라엘의 이웃들도 쉽게 알아들을 수 있는 일반적인 성호라는 점을 감안하면, 기자는 이 나열 방식을 사용하여 세상 사람들에게 "당신들이 엘과 엘로힘으로 믿는 그 신이 바로 여호와이시다"라는 메시지를 선포하는 듯하다(Wilson, cf. Goldingay).

이러한 효과를 발휘하기 위하여 기자는 '엘로힘 시편집'이라고 하는 제2권에서 거의 언급하지 않는 '여호와'를 세 성호들의 세 번째 자리, 곧 절정의 자리에 갖다 놓았다. 시내 산에서 이스라엘과 언약을 맺으신 하나님, 곧 세상에서 가장 으뜸인 신이시며, 온 세상을 창조하시고 다스리시는 하나님이 말씀하셨다.

이어 저자는 여호와께서 하신 일을 몇 가지로 정리하고 있다. 첫째, 하나님은 자기 백성인 이스라엘뿐만 아니라, '세상'(אֶרֶץ)을 부르셨다(1절). 본문은 '세상'의 범위를 '해가 돋는 데서부터 지는 데까지'라고 정의한다. '해가 뜨는 곳'(מִמִּזְרָח)은 우리가 상상할 수 있는 가장 동쪽을 의미한다. '해지는 곳'(מְבוֹא)은 우리가 상상할 수 있는 가장 서쪽을 의미한다. 여호와께서 세상 모든 민족을 부르셨다는 의미다.

둘째, 하나님은 시온에 임하시어 빛을 비추셨다(2절). 기자는 시온을 아름다운 곳이라고 하는데(cf. 48:2), '아름다운'(מִכְלַל־יֹפִי)은 가장 완벽한 미를 지녔다는 뜻이다(HALOT). 세상에서 가장 위대하신 하나님이 시온에 임하시니 시온이 세상에서 가장 아름다운 곳이 되었다(cf. Goldingay). 하나님은 그곳에서 빛을 비추시는데, 주님의 구원이 그곳에 임했다는 것을 의미할 수도 있고, 태양을 신들의 심판과 연관시켰던 고대 근동의 문화적 정서를 감안하면 하나님이 심판하기 위하여 오셨음을 알리는 이미지일 수도 있다(cf. Wilson).

셋째, 하나님의 임재는 조용히 임하지 않고 온갖 천재지변을 동반한다(3절). 주님 앞에는 삼키는 불이 있고, 사방에서 광풍이 분다. 시내 산에 임하신 하나님의 현현을 연상케 한다(cf. 출 19:5-6, 8, 16, 18; 24:17). 하나님이 일부러 이런 일을 행하시는 것이 아니라, 하나님은 참으로 위대하고 거룩하시기 때문에 주님이 가시는 곳마다 이런 현상이 일어난다.

넷째, 하나님은 자기 백성을 판결하시려고 오셨다(4-6절). '판결하다'(דִּין)(4절)는 잘잘못을 따져본다는 뜻이다(HALOT). 주의 백성의 잘잘못을 따져보기 전에 하늘과 땅에게 선포하신다(4절). '선포하다'(קָרָא)로 번역된 단어의 의미는 '부르다'는 뜻이다(HALOT). 하나님이 하늘과 땅을 증인/배심원으로 세우셨다는 뜻이다(cf. NIV, TNK, CSB). 하늘과 땅은 이때까지 주의 백성이 한 일을 모두 지켜보았기 때문에 재판에서 증인/배심원으로 자주 등장한다(cf. 신 32:1, 사 1:2, 미 6:1-2).

하늘과 땅이 증인/배심원 자리에 앉자 주의 백성에 대한 재판이 시작된다(5절). 재판을 받는 백성은 '제사로 하나님과 언약을 맺은 자들'이다(cf. 출 24:7). 재판은 주의 백성이 얼마나 하나님과 맺은 언약에 성실하게 임했는가를 따져 보기 위한 것이다(5절). 과거에는 하나님이 이스라엘의 불순종에 대하여 침묵하셨지만(cf. 21절), 이제는 더 이상 그들의 죄에 대하여 잠잠하지 않으실 것이다(3절). 하늘은 모든 재판 과정에서 재판장이신 하나님은 참으로 의로우시다는 것을 선포한다(6절, cf. 시 97:6). 어떠한 편파적인 판결은 없음을 선언하는 것이다.

2. 제물보다 하나님을 우선시하라는 권면(50:7-15)

⁷ 내 백성아 들을지어다 내가 말하리라
이스라엘아 내가 네게 증언하리라
나는 하나님 곧 네 하나님이로다
⁸ 나는 네 제물 때문에 너를 책망하지 아니하리니
네 번제가 항상 내 앞에 있음이로다
⁹ 내가 네 집에서 수소나
네 우리에서 숫염소를 가져가지 아니하리니
¹⁰ 이는 삼림의 짐승들과
뭇 산의 가축이 다 내 것이며
¹¹ 산의 모든 새들도 내가 아는 것이며
들의 짐승도 내 것임이로다
¹² 내가 가령 주려도 네게 이르지 아니할 것은

세계와 거기에 충만한 것이 내 것임이로다
¹³ 내가 수소의 고기를 먹으며
염소의 피를 마시겠느냐
¹⁴ 감사로 하나님께 제사를 드리며
지존하신 이에게 네 서원을 갚으며
¹⁵ 환난 날에 나를 부르라
내가 너를 건지리니
네가 나를 영화롭게 하리로다

7절을 시작하는 '들으라'(שִׁמְעָה)는 옛적에 모세가 '셰마'(신 6:4-5)를 선포하면서 백성들의 경청을 요구한 명령을 연상케 한다(McCann). 그때는 새롭고 좋은 말씀에 귀를 기울이라는 의도에서 들으라고 했지만, 이제는 받은 말씀을 어긴 사람들을 비난하고 정죄하기 위하여 들으라고 한다(deClaissé-Walford et al., cf. 호 5:1, 욜 1:2, 미 6:9, 사 44:1). 또한 "나는 하나님 곧 네 하나님이로다"(אֱלֹהִים אֱלֹהֶיךָ אָנֹכִי)(7절)는 "나는 네 하나님 여호와라"(אָנֹכִי יְהוָה אֱלֹהֶיךָ)(출 20:2, 신 5:6)의 '엘로힘 버전'이라 할 수 있다(cf. Wilson). 저자는 시내 산 율법과 연관된 이 용어들을 사용하여 이스라엘이 하나님과 맺은 언약의 핵심은 하나님께 충성하며 그의 말씀에 순종하는 일이라는 것을 강조하고자 한다.

하나님께 순종하는 일이 언약의 핵심이라면, 아무리 값진 제물이라도 결코 순종을 대신할 수는 없다. 그러므로 기자는 순종의 중요성을 강조한 다음, 제물은 순종만큼 중요하지 않다는 사실을 몇 가지로 선포한다. 첫째, 하나님은 주의 백성이 드린 제물로 인해 그들을 책망하신 적이 없다(8절). 이 말씀은 이스라엘이 하나님께 많은 제물을 드렸다는 것을 전제한다(Wilson). 그러나 그들이 때로는 정성이 부족한 상태로, 혹은 율법이 제시한 기준에 따라 제물을 드리지 않았을 때에도 하나님은 그들의 제물을 문제삼지 않으셨다는 뜻이다. 하나님은 이스라엘이 드린 제물을 상당히 너그럽게 대하셨다.

둘째, 하나님은 백성들에게 수소와 숫염소처럼 크고 비싼 제물을 요구하지 않으셨다(9절). 세상에 있는 모든 산짐승들과 가축들을 막론해서(10절) 모든 새들과 들짐승까지도 하나님의 것이기 때문이다(11절). 기자는 세상에 있는 모든 짐승이 주님의 소유인 상황에서 하나님이 무엇이 부족하여 자기 백성에게 요구하신 제물의 크기와 값에 집착하시겠냐는 논리를 펼치고 있다.

셋째, 하나님은 자급자족하시는 분이다(12절). 고대 근동 사람들은 자신들이 바치는 제물을 신들이 먹으며 산다고 생각했다. 그러므로 사람들은 신들이 굶지 않도록 먹을 것을 바칠 의무가 있다(Oppenheim). 반면에 온 세상의 주인이신 이스라엘의 하나님은 절대 배고플 일이 없으시다. 설령 일이 생겼다고 가정하더라도 온 세상이 하나님의 것이기 때문에 배고픔을 해결하기 위하여 자기 백성에게 제물을 요구하지는 않으실 것이다(12절). 더욱이 하나님은 짐승의 고기와 피로 허기를 달래는 분이 아니다(13절).

그렇다면 하나님은 왜 백성들에게 제물을 요구하시는가? 백성들이 감사한 마음으로 하나님을 예배하고 그들이 주님께 서원한 바를 이루게 하고, 환난 날에 그들을 돕기 위해서다. 기자는 이러한 사실을 세 개의 명령문으로 표현하고 있다(14-15a절). (1)감사로 하나님께 제사를 드려라. (2)지존하신 이에게 네 서원을 갚으라. (3)환난 날에 나를 부르라.

'감사제(תּוֹדָה)와 '서원제'(נֶדֶר)는 율법이 요구해서가 아니라, 예배자가 자원해서 드리는 예물들이다(vanGemeren). 기자는 감사하는 마음이 우리가 하나님께 드릴 수 있는 가장 중요한 제물이라고 한다(McCann). 이러한 사실을 깨닫고 환난 날에 주님께 감사한 마음으로 예물을 드리면 하나님은 분명 그를 도우실 것이다. 15절에서 하나의 신학적 공식이 형성되고 있다. 사람이 부르짖음→하나님이 구원하심→사람이 하나님을 영화롭게 함.

제물은 창조주의 은혜를 입은 사람이 입은 은혜에 대하여 감사함을 표현하는 도구로서 자신은 전적으로 하나님을 의지하며 사는 연약한 존재라는 것을 고백하는 행위다. 또한 제물은 예배자가 주님께 약속한 것을 실천하는 수단이다. 그렇다면 제물은 사람이 하나님께 겸손히 나아갈 수 있는 특권을 부여하기 때문에 제물을 받으시는 하나님을 위한 것이 아니라, 제물을 드리는 사람을 위한 것이다. 하나님은 제물이 필요 없으시지만, 사람은 제물이 필요하다(deClaissé-Walford et al.).

제물이 하나님을 위한 것이 아니라 사람을 위한 것이라는 사실이 15절에서 더 역력하게 드러난다. 제물로 주님을 영화롭게 한 사람이 환난 날에 부르짖으면 하나님이 그를 구원하실 것을 약속하시기 때문이다(Goldingay). 기자는 예배자들에게 자신들을 의지하지 말고 오직 하나님을 의지하라고 외치고 있다(McCann). 하나님을 의지하여 구원을 입은 사람은 하나님을 영화롭게 할 것이다. 자신이 경험한 은혜에 대하여 하나님께 모든 영광을 돌릴 것이라는 뜻이다.

기자가 이처럼 '제물 무용론'에 대하여 강력한 어조로 말하는 것을 보면 당시 사람들은 제물이 무엇을 의미하는가는 망각한 채 제물을 드리는 일에만 급급했음을 암시한다. 본질은 잊고 형식만 남은 예배를 드린 것이다. 사람들은 제물을 그들의 모든 문제를 해결해 주는 일종의 '부적처럼 생각하거나, 제물을 드림으로 율법의 요구사항을 모두 충족시켰다고 생각했다. 저자는 이러한 상황에서 제물은 절대 이런 용도로 사용될 수 없으며, 제물은 하나님을 위한 것이 아니라 예배자를 위한 것임을 선언하고 있다.

하나님은 사람이 그분께 드릴 수 있는 그 어떤 제물보다도 크신 분이다. 그러므로 성도들은 자신들이 드리는 제물이 하나님을 기쁘게 한다는 생각을 버려야 한다. 오히려 드리는 이들을 기쁘게 하는 것이 제물이다. 또한 성도들은 제물을 드리는 일로 율법의 요구를 모두 충족시킨다는 생각을 버려야 한다. 하나님이 원하시는 율법 준수는 말씀에 순종하는 삶이기 때문이다.

3. 하나님을 잊은 자들에 대한 경고(50:16-23)

16 악인에게는 하나님이 이르시되
네가 어찌하여 내 율례를 전하며
내 언약을 네 입에 두느냐
17 네가 교훈을 미워하고
내 말을 네 뒤로 던지며
18 도둑을 본즉 그와 연합하고
간음하는 자들과 동료가 되며
19 네 입을 악에게 내어 주고
네 혀로 거짓을 꾸미며
20 앉아서 네 형제를 공박하며
네 어머니의 아들을 비방하는도다
21 네가 이 일을 행하여도 내가 잠잠하였더니
네가 나를 너와 같은 줄로 생각하였도다
그러나 내가 너를 책망하여
네 죄를 네 눈 앞에 낱낱이 드러내리라 하시는도다
22 하나님을 잊어버린 너희여
이제 이를 생각하라
그렇지 아니하면 내가 너희를 찢으리니
건질 자 없으리라
23 감사로 제사를 드리는 자가
나를 영화롭게 하나니
그의 행위를 옳게 하는 자에게

내가 하나님의 구원을 보이리라

앞 섹션이 권면이었다면, 이 섹션은 맹렬한 비난이다. 기자는 하나님의 율법대로 살지 않는 사람들을 악인들이라고 부른다(16절). 일부 주석가들은 악인은 종교적 기준과 가치에 상관하지 않고 부도덕한 삶을 사는 사람을 칭한다고 하지만(Terrien), '악인'(רָשָׁע)은 '죄인'(חַטָּא)과 구분될 필요가 있다. 죄인은 소돔 사람들처럼 율법과 상관없이 악하게 사는 사람들을 뜻하며, 악인은 율법을 범하는 사람들을 뜻한다(Goldingay, Wilson, cf. HALOT). 그러므로 저자가 악인들이라고 비난하고 있는 사람들도 이스라엘 공동체에 속한 사람들이다(Terrien). 그러므로 그들도 분명 하나님의 율법을 알고 전한다. 심지어는 하나님과의 언약을 논한다(16절). 그러나 그들은 전혀 율법대로 살지 않는다. 그들의 행실을 보면 모두 십계명을 위반하는 것들이다(Goldingay, McCann).

악인들은 서슴지 않고 도둑과 연합하고 간음하는 자들과 동료가 된다(18절). 율법은 이런 자들을 멀리하라고 한다. 악인들에게 율법보다 더 중요한 것이 우정이고 이해관계다. 결국 그들이 하나님을 경외하고 율법을 귀하게 여긴다고 고백하는 것은 입에 발린 말에 지나지 않는다.

그들은 입으로도 온갖 악한 일들을 말한다(19절). 거짓말을 할 뿐만 아니라 아예 자기 입을 악한 일에 내어주었다. 그들의 입에서 경건은 찾아볼 수 없으며, 나오는 것마다 악하다는 뜻이다. 집에서는 형제들에게 이런 짓을 한다. 특별한 까닭 없이 그들을 비방하고 비난한다(20절). 자기 형제들에게도 이러니 다른 사람들에게는 얼마나 더 악하게 굴겠는가! 사람은 입으로 가장 많은 죄를 짓는다.

악인들이 이런 짓을 하는데도 하나님은 침묵하셨다. 악인들은 하나님의 침묵을 주님의 그들에 대한 무관심, 혹은 주님도 그들처럼 악을 행하고 말하는 분으로 해석하여 더 날뛰었다(21a절). 만일 하나님이 이

런 일을 싫어하셨다면, 심판이 자신들에게 이미 임했어야 한다는 추론
에서 이런 결론에 도달한 것이다. 참으로 어이없는 일이다. 그러므로
하나님은 더 이상 침묵하지 않으신다(cf. 3절).

기자는 악인들이 하나님이 주신 말씀과 기준을 무시하고 이같이 행
한 이유를 세 가지로 정리한다. 첫째, 그들이 하나님의 교훈을 미워했
기 때문이다(17a절, cf. 신 11:2, 렘 17:23). 입으로는 하나님을 사랑하고,
말씀을 귀하게 여긴다고 하지만, 그들은 마치 하나님의 교훈을 미워하
는 자들의 것과 다를 바가 없다. 둘째, 그들이 하나님의 말씀을 뒤로
던졌기 때문이다(17b절, cf. 느 9:26). 하나님의 말씀은 성도들이 가는 길
을 비추는 등불이 되도록 앞에 두어야 하는데, 그들은 뒤에 두었다. 하
나님의 말씀과 기준은 그들의 우선순위가 아니었던 것이다. 셋째, 그
들이 하나님을 잊었기 때문이다(22a절). 하나님을 잊는 것은 스스로 멸
망을 자처하는 일이다(cf. 신 8:19, 호 8:14, 13:6). 비록 그들의 입은 하나
님을 기억하지만, 그들의 몸은 주님을 잊었다. 그들은 실용적인 무신
론자였던 것이다. 만일 그들이 하나님의 교훈을 사랑하고, 주님의 말
씀을 앞에 두고, 하나님을 잊지 않았다면, 이런 짓들은 하지 않았을 것
이다.

하나님은 악인들을 반드시 심판하실 것이다(21b절). 그들이 저지
른 죄를 낱낱이 드러내어 책임을 물으실 것이다. 하나님이 그들을 찢
으시면, 그들을 건질 자가 없다. 기자가 사용하는 이미지는 사자처
럼 강인한 짐승이 먹잇감이 된 연약한 짐승을 물어뜯는 것이다(cf. 호
5:14). 악인들은 남들을 '찢었다.' 하나님은 그들이 한 대로 갚아 주신다
(Goldingay).

다행히 기회는 아직 있다. 만일 그들이 양심의 가책을 받아 회개하
고 돌아온다면 하나님은 분명 그들을 살리실 것이다(cf. vanGemeren). 저
자는 22b–23절에서 하나님의 심판을 피할 수 있음을 두 가지로 말한
다. 첫째, 만일 그들은 자신들이 저지른 죄가 얼마나 심각한 것들인가

를 깨닫고 회개한다면, 하나님은 그들을 '찢지 않으실 것'(죽이지 않으실 것)이다(cf. 22a절). 둘째, 악인들도 회개하고 돌아와 감사제를 드릴 수 있다(cf. 23a절).

앞에서는 환난날에 하나님께 부르짖는 사람이 주님을 영화롭게 한다고 했는데(15절), 23절은 감사제를 드리는 자가 하나님을 영화롭게 할 것이라고 한다. 무슨 뜻인가? 하나님께 부르짖는다는 것은 자신의 능력으로는 도저히 할 수 없는 일(처한 곤경에서 구원을 받는 일)을 하나님이 이루어 주시기를 간절히 소망한다는 뜻이다. 그러므로 하나님께 부르짖는 것은 자기 자신을 믿고 의지하는 것을 포기하고 오직 그를 도우실 수 있는 하나님을 의지한다는 고백이다.

하나님께 감사의 예배를 드리는 것은 예배자가 그의 삶에 임한 하나님의 인도하심과 도우심을 고백하는 행위다. 자신은 전적으로 하나님을 의지하여 살 수밖에 없는 연약한 존재라는 것을 인정하는 행위다. 그러므로 하나님께 부르짖은 사람은 그를 구원하신 하나님께, 감사제를 드리는 사람은 감사할 이유를 주신 하나님께 모든 영광을 드림으로 하나님을 영화롭게 한다.

세상은 기독교가 연약한 자들을 위한 종교라고 하는데, 옳은 말이다. 그러나 기독교는 강하지만 창조주 앞에서 겸손한 사람들의 종교이기도 하다. 하나님은 감사하는 자들을 도우시고 구원하시는 일로 그들에게 화답하실 것이다(23b절).

제51편

다윗의 시, 인도자를 따라 부르는 노래,
다윗이 밧세바와 동침한 후 선지자 나단이 그에게 왔을 때

I. 장르/양식: 개인 탄식시(cf. 3편)

이 시편은 한 개인의 죄 고백과 용서를 구하는 기도다(Kraus). 이 노래
가 개인 탄식시가 지녀야 할 모든 요소를 완벽하게 지닌 것은 아니다.
기자를 괴롭히는 원수들에 대한 언급이 없으며, 하나님께 그들을 벌해
달라는 기도도 빠져 있다. 대신 기자는 처음부터 끝까지 자신이 하나
님께 저지른 죄에 집중한다. 기자를 괴롭히는 원수는 다름 아닌 자기
자신이다. 그러므로 그는 하나님께 그를 정결케 해달라고 간구한다.
그를 '괴롭히는 원수'인 자신을 벌해 달라고 기도하는 것이다. 이러한
차원에서 이 노래는 개인 탄식시로 손색이 없을 뿐만 아니라, 가장 확
고하고 강렬한 죄의 고백이다.

　개인 탄식시인 이 노래의 핵심 주제는 저자가 저지른 죄로 인해 괴로
워하며 주님께 용서를 구하는 것이다. 또한 이웃을 가르치겠다는 의지
의 표현(13절)과 예배가 어떤 것인가에 대한 가르침 등은 지혜시 성향을
지니고 있다. 이러한 면에서 이 노래는 에스라 9장과 느헤미야 9장과
다니엘 9장 등과 비슷하다. 회개하며 하나님의 용서를 구했던 에스라와

느헤미야와 다니엘은 더 나아가 그들이 속한 공동체의 안녕도 구했다. 이 시편 기자도 공동체에 대한 염려로 노래를 마무리한다(18-19절).

저자가 죄를 고백하는 것은 시편 전체에서 이 시와 38편이 유일하다(Goldingay). 그러므로 교회는 이 시와 38편을 일곱 개의 참회시에 포함했다(cf. 6, 32, 38, 102, 130, 143편). 또한 기독교 역사에서 51편은 참회시들 중에서 가장 인기가 있어 가장 자주 사용된 것이기도 하다(Brueggemann & Bellinger). 성도들은 매년 사순절을 시작하는 '재의 수요일'(Ash Wednesday)이 되면 이 시편을 묵상했다. 예수님이 우리의 죄로 인해 죽으신 일을 기념하는 절기를 시작하기에 가장 적합한 시라고 생각했기 때문이다.

시의 표제는 다윗을 언급한다. 제2권에서는 처음 있는 일이며, 시편 전체에서는 두 번째 다윗 모음집(51-70/71편, 66-67편은 예외)의 서론 역할을 한다. 표제가 언급하고 있는 역사적인 정황은 다윗이 밧세바와 간음한 후 나단이 그를 찾아와 하나님의 말씀을 책망한 때다(cf. 삼하 11:1-12:25).

그러나 다윗이 이때 일로 인하여 이 노래를 저작한 것인가에 대하여는 학자들의 논란이 많다(cf. Tate, Terrien). 일부 학자들은 예루살렘의 성을 쌓으라는 말씀(18절)을 근거로 이 노래가 예루살렘 성이 함락된 상태로 방치되었던 주전 586-444년 사이에 저작된 것이라고 하지만(cf. Kidner, Terrien), 성을 쌓으라는 말은 비유적으로 혹은 상징적으로 해석될 수 있기 때문에 큰 설득력이 있는 것은 아니다. 표제가 제시하는 역사적 배경을 부정할 만한 이유가 없으므로 다윗이 밧세바와 간음한 후 괴로워하며 부른 노래로 간주하는 것이 바람직하다(cf. Ross).

II. 구조

이 시의 특징은 여러 단어와 개념이 반복적으로 사용된다는 점이다(cf.

Goldingay). 이 같은 단어와 개념 반복을 근거로 한 학자는 이 시를 1-9절과 10-17절 등 두 파트로 나누어 다음과 같이 세세한 구조를 제시한다(Terrien, cf. Goldingay).[4] 가장 아쉬운 것은 분석에서 18-19절을 배제한 일이다. 또한 그의 분석은 단어와 개념의 반복은 매우 잘 포착했지만, 이것들을 전제척으로 아우르는 문단 나누기가 필요하다.

제1부(1-9절)

a. 지우소서(blot out)(1절)

  b. 나를 씻으소서(wash me)(2절)

    c. 나를 정결하게 하소서(purify me)(2절)

      d. 내가 아나이다(I know)(3절)

        e. 내가 죄를 지었나이다(I have sinned)(4절)

          중심 구절: 주님은 의로우십니다(Thou art just)(4절)

        e'. 죄악 중에(in a state of sin)(5절)

      d'. 내가 알게 하소서(make me know)(6절)

    c'. 내가 정결하겠나이다(I shall be pure)(7절)

  b'. 나를 씻으소서(wash me)(7절)

a'. 지우소서(blot out)(9절)

제2부(10-17절)

a. 정한 마음… 정직한 영(pure heart… steadfast spirit)(10절)

  b. 쫓아내지 마시며… 거두지 마소서(cast me not… take not)(11절)

    c. 당신의 구원(thy salvation)(12절)

      중심 구절: 내가 주님의 길을 가르치겠나이다(I shall teach thy ways)(13절)

    c'. 나의 구원의 하나님(God of my salvation)(14절)

---

4 18-19절은 훗날 책 편집 과정에서 삽입된 것이라며 구조에 포함시키지 않는다(cf. Tate). 우리말과 영어의 문장 구조와 표현적 차이를 충분히 살릴 수 없으므로 실제적인 차이는 괄호 안에 있는 영어 문구를 참조하라.

b′. 기뻐하지 아니하시며… 기뻐하지 아니하시나이다(delightest not… hast no pleasure)(16절)

a′. 상한 심령… 통회하는 마음(broken spirit… contrite heart)(17절)

대부분의 학자들은 이 노래를 4-6파트로 구분한다. 이 주석에서는 다음과 같은 구조를 바탕으로 본문을 주해해 나가고자 한다. 시의 중심은 육체적(C)—영적(C′) 정결을 간절히 소망하는 것에 있다.

A. 죄 사함을 구함(51:1-2)

　B. 하나님의 가르침대로 살지 못함을 고백(51:3-6)

　　C. 육체적인 정결을 간절히 바람(51:7-9)

　　C′. 영적인 정결을 간절히 바람(51:10-12)

　B′. 하나님의 뜻대로 살기를 열망함(51:13-17)

A′. 시온과 예배의 회복을 구함(51:18-19)

III. 주해

하나님은 짐승 제물과 번제를 즐기지 않으시는 분이라고 선언하는 것에서(51:16) 이 시는 바로 앞에 등장한 시편 50편(cf. 8-14절)과 맥을 같이 한다. 그러나 시편 50편은 하나님이 어떤 제물을 기뻐하시는지에 대하여는 말하지 않았다. 이 시편 기자는 하나님이 기뻐하시는 제사는 상한 심령과 통회하는 마음이라고 한다(51:17).

이러한 통찰력을 바탕으로 도저히 감당할 수 없는 심각한 죄를 지은 기자는 영혼을 하나님 앞에 쏟아 놓으며 주님의 용서를 구한다. 또한 찬양도 하나님이 기뻐하시는 제물이다. 그러므로 그는 하나님께 찬양을 예물로 드릴 것이라 한다(cf. 14-15절). 노래가 끝날 때, 그는 하나님이 그의 죄를 사하셨다는 것을 확신하고, 감사와 찬양의 제단을 쌓고자 한다.

1. 죄 사함을 구함(51:1-2)

¹ 하나님이여
주의 인자를 따라 내게 은혜를 베푸시며
주의 많은 긍휼을 따라 내 죄악을 지워 주소서
² 나의 죄악을 말갛게 씻으시며
나의 죄를 깨끗이 제하소서

기자는 주님의 인자에 호소한다(1b절). '인자'(חֶסֶד)는 우리가 이미 시편에서 수 차례 접한 단어이며 언약적 충성을 뜻하는 관계적인 언어다. 그렇다면 하나님의 인자하심은 어떻게 설명할 수 있는가? 다음 행은 주님의 인자하심을 '많은 긍휼'(כְּרֹב רַחֲמֶיךָ)이라고 하는데(1c절), '긍휼'(רַחֲמִים)은 매우 자상하고 따뜻한 마음에서 비롯되는 사랑하는 감정이다(NIDOTTE, cf. HALOT).

온 세상에 내세울 만한 많은 업적을 이룬 사람도 하나님께 도움을 청할 때는 주의 인자하심에 호소했다. 그러므로 죄의 수렁에 빠져 있는 저자가 하나님의 인자하심(따뜻하고 자상한 마음에서 비롯되는 사랑)에 호소하는 것은 더욱더 당연한 일이라 할 수 있다. 신분의 귀천과 이룬 업적에 상관없이 모든 사람은 하나님의 인자하심을 바랄 수 있다.

저자가 하나님께 구하는 은혜는 어떤 것인가? 그의 죄악을 지워 주시는 것이다(1c절). 그는 하나님의 은혜는 무궁무진하므로 그의 죄악이 아무리 크고 심각하다 할지라도 주님은 분명 그의 죄를 용서하실 것이라고 확신한다. '지우다'(מחה)는 완전히 파괴한다는 의미를 지녔다(HALOT, cf. 사 43:25, 44:22). 그러므로 하나님이 기자의 죄를 용서하시면, 그 죄는 하나님과 기자 사이에 어떠한 문제도 되지 않을 것이다. 하나님이 완전히 그 죄를 파괴하시어 없애시기 때문이다.

하나님께 죄악을 완전히 파괴해 달라고 기도한 기자가 이어서 기도

한다. 하나님이 그의 죄악을 말갛게 씻으시고 깨끗이 제하시기를 간절히 바란다(2절). '말갛게 씻다'(כַּבְּסֵנִי הֶרֶב)는 빨래에서 오는 표현이며 옷에 때가 하나도 남지 않도록 빨기를 반복하는 일을 묘사한다(cf. Tate, 렘 2:22, 4:14). '깨끗이 제하다'(טהר)는 제의적인 언어로 정결하게 된다는 의미를 지녔다(HALOT, cf. 레 16:30, 렘 33:8, 겔 36:25, 33; 37:23). 그렇다면 저자가 원하는 '지우심'(용서)(1절)은 육체적으로 죄의 영향력에서 벗어나는 것(말갛게 씻음)과 영적으로 정하게 되어(깨끗이 제하다) 하나님께 나아갈 수 있는 상태를 뜻한다.

기자는 본문에서 죄를 세 차례 언급하며 세 개의 히브리어 단어를 사용하고 있다. '죄악'(פֶּשַׁע), '죄악'(עָוֹן), '죄'(חַטָּאת). '죄악'(פֶּשַׁע)은 하나님과의 관계를 단절하는 범죄를 뜻한다(HALOT). '죄악'(עָוֹן)은 잘못된 행동과 죄로 인한 죄책감을 의미한다(HALOT). '죄'(חַטָּאת)는 죄에 대한 가장 기본적이고 포괄적인 개념이다. 죄에 대한 이 세 단어는 사람들이 저지를 수 있는 가장 기본적인 개념들이다(deClaissé-Walford et al., cf. Anderson). 기자는 시를 시작하면서 이 다양한 단어들을 세 차례나 사용하여 죄의 사무침을 고백하고자 한다. 자기는 하나님 앞에서 참으로 죄인이라는 것이다. 그는 자기가 지은 죄에 대하여 이처럼 확고하게 의식하고 있음을 하나님께 고백하는 것은 주님 앞에서의 삶을 사모하는 그의 마음이 참으로 간절하기 때문이다. 그는 '죄를 초월한 삶'(life beyond sin)을 갈망하고 있다(Brueggemann & Bellinger).

2. 하나님의 가르침대로 살지 못함을 고백(51:3-6)

³ 무릇 나는 내 죄과를 아오니
내 죄가 항상 내 앞에 있나이다
⁴ 내가 주께만 범죄하여
주의 목전에 악을 행하였사오니

주께서 말씀하실 때에 의로우시다 하고
주께서 심판하실 때에 순전하시다 하리이다
⁵ 내가 죄악 중에서 출생하였음이여
어머니가 죄 중에서 나를 잉태하였나이다
⁶ 보소서 주께서는 중심이 진실함을 원하시오니
내게 지혜를 은밀히 가르치시리이다

기자는 자신의 죄에 대하여 잘 알고 있으며, 항상 죄를 의식하며 살고 있다고 한다(3절). 원래는 하나님의 말씀이 그의 앞에 있으며 삶을 지배하고 인도해야 하는데, 죄가 하나님의 말씀을 대신하여 그를 지배한다. 기자는 자신의 죄와 죄로 인한 죄책감으로 인해 편할 날이 없다고 탄식하고 있다.

사람이 죄를 지으면 피해자(들)가 있다. 대부분의 경우 죄는 남에게 피해를 입히기 때문이다. 이 노래가 다윗이 밧세바를 범한 일과 연관이 있다면 더욱이 그렇다. 밧세바뿐만 아니라 그녀의 남편 우리아도 다윗이 저지른 죄의 희생양이 되어 죽었기 때문이다. 그런데 다윗은 자기는 주님께만 범죄했다고 한다(4절, cf. 삼하 12:13). 어떻게 이해해야 하는가?

다윗이 이 죄로 인하여 수많은 사람들을 희생시키고도 마치 그들에게는 아무런 피해도 입힌 적이 없었다며 뻔뻔하게 말하는 것인가? 아니다. 다윗은 분명 자신이 저지른 죄에 대하여 매우 아파하고 있으며, 피해를 입힌 사람들에 대하여 매우 미안한 마음을 지니고 있다.

그는 일종의 비교법을 사용하고 있다. 다른 사람들에게도 분명 심각한 죄를 지었고 그들을 아프게 했다. 그러나 자기 죄로 인하여 그들이 받은 상처와 아픔을 하나님이 받으신 상처와 아픔에 비교하자면 하나님이 훨씬 더 큰 상처를 입으셨다는 사실을 고백하고 인정하는 표현이다(cf. McCann, Wilson).

죄로 인해 하나님께 큰 상처와 아픔을 안겨준 기자는 자신이 하나님 앞에서 범죄했다는 사실을 한번 더 고백한다(4a절). 그러므로 주님이 어떠한 말씀을 하셔도 자신은 하나님이 의로우시다 할 것이요, 어떻게 심판하시든 순전하다고 할 것이라고 고백한다(4b절). 본문에서 '말하다'(דבר)는 '판결을 선언하다'는 의미를 지녔으며(cf. 새번역, NIV, NRS, TNK), '순전하다'(זכה)는 '흠이 없다'는 의미를 지녔다(ESV, NAS, NRS, CSV). 그는 주님이 그의 죄에 대하여 어떠한 판결을 선언하시든 그 판결은 옳은 것이며, 어떤 벌을 내리시던 주님의 결정은 정당하다고 인정할 할 것이다(cf. 공동, 아가페, NIV).

저자는 자기 자신을 주님의 심판에 온전히 맡기고 어떠한 벌을 내리시든 달게 받을 것이라는 의지를 표현하고 있다. 죄의 가장 기본적인 성향은 부인하는 것과 남에게 책임을 떠넘기는 것인데, 다윗은 자기가 저지른 죄에 대하여 책임을 통감하며 어떠한 벌이라로 받겠다며 주님의 판결에 자신을 맡기고 있다. 아마도 성경이 그를 '하나님의 마음에 합한 자'라고 하는 이유 중 하나가 이처럼 자기 행실에 대하여 전적으로 책임을 지고 하나님의 판결에 자기 자신을 맡기는 겸손함일 것이다.

저자는 이어 선을 행하지 못하고 오직 악을 행하는 자신의 절망적인 처지를 탄식한다(5절). 그는 죄악 중에서 태어났고, 그의 어머니도 죄 중에서 그를 잉태했다는 것이다. 이번에 그가 죄를 지은 것은 그의 삶에서 처음 있는 일이 아니다. 되돌아보니 아주 어렸을 때부터 죄만 짓고 살아왔다는 사실을 깨닫게 되었다. 세상에 태어나기 전부터 죄를 알고 죄 짓기에 익숙해져 있었으니 평생 죄를 지으며 살아온 자기 자신에 대한 절망이다.

다윗이 자신의 죄에 대한 정당성을 주장하고자 하는 것은 아니다. 그는 단지 죄가 매우 나쁘다는 것을 알면서도 죄의 굴레에서 빠져나오지 못하는 자신에게 큰 실망감을 느끼며 좌절한다. 마치 약물에 중독되어 있는 사람이 중독이 나쁜 것인 줄 알면서도 헤어나오지 못하는 것처럼 기자는 죄에 중독되어 있으며 그런 자신이 밉다. 그러므로 그가 간절히 바라는 것은 하나님의 용서뿐만 아니라, 자신의 죄성에서 해방되는 일이다(Mays).

이러한 사실을 아시는지 모르시는지 하나님의 그에 대한 기대와 기준은 한없이 높을 뿐이다(6절). 6절 해석이 매우 어렵다. 그렇다 보니 번역본마다 상당한 차이를 보이고 있다. 최소한 다섯 가지의 각기 다른 해석이 있다.

첫째, NIV는 2행의 분사(בַּטֻּחוֹת)를 어머니의 자궁을 뜻하는 '은밀한 곳'으로 해석하여 "[비록 내가 죄 속에서 잉태되었지만] 주님은 태 속에서부터 신실함을 요구하셨습니다. 그러므로 그 비밀스러운 곳에서 저에게 지혜를 가르치셨습니다"(Yet you desired faithfulness even in the womb; you taught me wisdom in that secret place)로 번역했다. 이렇게 번역하면 하나님은 기자가 세상에 태어나기 전부터 지혜를 가르치셨지만, 기자는 죄를 지어 하나님의 노력과 바람에 부응하지 못했다는 의미다.

둘째, 칠십인역(LXX)은 비밀스러운 것을 하나님의 지혜로 해석하여 이렇게 번역한다. "보십시오. 주님은 진실을 사랑하십니다. 그러므로 주님은 저에게 주님의 지혜에 대한 비밀스럽고 숨겨진 것들을 보여 주셨습니다"(ἰδοὺ γὰρ ἀλήθειαν ἠγάπησας τὰ ἄδηλα καὶ τὰ κρύφια τῆς σοφίας σου ἐδήλωσάς μοι)(cf. 공동).

셋째, NAS는 2행의 분사를 '은밀하게'로 해석하여 "보십시오, 주님은 진정한 성실함을 요구하십니다. 그러므로 은밀하게 저에게 지혜를 가르치십니다"(Behold, you desire true sincerity; and secretly you teach me wisdom). 이 해석은 비록 기자가 하나님께 범죄했지만, 하나님은 그에 대한 기대를 포기하지 않으시고 계속 지혜로 가르치신다는 의미다(cf. ESV).

넷째, NRS는 기자가 비록 죄는 지었지만, 아직도 하나님께 가르침을 간절히 바라고 있는 것으로 해석한다. "주님은 [내 속] 가장 깊은 곳에서 진리를 요구하십니다. 그러므로 저의 비밀스러운(숨겨진) 마음에 지혜를 가르쳐 주십시오"(You desire truth in the inward being; therefore teach me wisdom in my secret heart). 이 번역은 죄를 지어 하나님의 기준에 미치지 못한 저자가 앞으로는 그 기준을 충족시키고 싶다며 하나님께 지혜를 구하는 것으로 해석한 것이다(cf. 개역개정, 아가페, CSB).

다섯째, TNK는 전혀 다른 번역을 제시한다. "참으로 주님은 숨겨진 것에 대한 진실을 요구하십니다. 비밀스러운 것들(숨겨진 것들)에 대한 지혜를 저에게 가르쳐 주십시오"(Indeed You desire truth about that which is hidden; teach me wisdom about secret things). 이 번역은 기자가 이번 일로 인하여 자신이 죄 중에서 잉태되었다는 '숨겨진 것'을 깨달았다며(cf. 5절), 이같이 깊이 묵상하지 않으면 깨달을 수 없는 '숨겨진 것들'에 대한 지혜를 달라고 기도하고 있다는 뜻이다. 비록 죄는 지었지만, 기자의 지혜에 대한 욕망을 돋보이게 하는 해석이다.

기자는 5절에서 자신은 죄 속에서 잉태되었으므로 평생 죄를 지을 수밖에 없다는 사실을 고백하며 괴로워했다. 또한 3절에서 시작된 이 섹션에서 그는 오직 자신의 죄를 하나님께 고백하는 일에 집중하고 있다. 이러한 문맥에서 기자가 돌연 하나님의 지혜를 구하는 것은 납득이 가지 않는다. 그러므로 NIV의 "주님은 태 속에서부터 신실함을 요구하셨습니다. 그러므로 그 비밀스러운 곳에서 저에게 지혜를 가르치셨습니다"가 문맥에 가장 잘 어울린다. 기자가 죄 속에서 태어난 것에 상관없이 하나님은 그가 어머니 자궁에 있을 때부터 의롭게 살라며 지혜를 가르쳐 주셨지만, 자신의 죄로 인하여 하나님의 모든 수고도 별 효과를 발휘하지 못했다는 고백인 것이다.

그렇다면 하나님은 인간이 결코 거룩하게 살지 못한다는 사실을 알면서도 그가 어머니의 태 속에 있을 때부터 지혜를 가르치시는가? 사람에게 진실함을 원하시기 때문이다. '진실함'(אֱמֶת)은 성실하여 신뢰할 만하다는 의미를 지녔다(HALOT). 사람은 태어날 때부터 죄를 짓지만, 이것이 그의 최종 모습은 아니다. 하나님은 죄인으로 태어난 인간이 죄인으로 죽는 것을 원치 않으신다. 하나님은 각 사람이 언젠가는 진실하게 되기를 원하신다(cf. McCann, vanGemeren, Wilson). 그러므로 하나님은 인간이 태어나기 전부터 그에게 지혜를 가르치신다.

3. 육체적인 정결을 간절히 바람(51:7-9)

> ⁷ 우슬초로 나를 정결하게 하소서
> 내가 정하리이다
> 나의 죄를 씻어 주소서
> 내가 눈보다 희리이다
> ⁸ 내게 즐겁고 기쁜 소리를 들려 주시사
> 주께서 꺾으신 뼈들도 즐거워하게 하소서
> ⁹ 주의 얼굴을 내 죄에서 돌이키시고
> 내 모든 죄악을 지워 주소서

하나님은 인간에게 진실함을 기대하시지만, 인간은 죄밖에 주님 앞에 내어놓을 것이 없다. 그가 경건하고 거룩하게 되어 주님께 진실한 삶을 보여드릴 수 있는 유일한 방법은 하나님의 도움을 받아 죄 문제를 해결하는 일이다. 사람은 쉽게 죄를 짓지만, 그 죄를 스스로 해결하지는 못하기 때문이다. 그러므로 기자는 이 섹션에서 하나님이 그의 죄 문제를 해결해 주시기를 간절히 호소한다.

그는 주님이 우슬초로 그를 정결하게 해 주셔야 자기가 정하게 되어 눈보다 희게 될 것이라고 한다(7절). '우슬초'(אֵזוֹב)는 유월절에 문설주에 피를 뿌릴 때와 나병 환자를 깨끗하게 하는 의식을 치를 때와 시체와 접촉하여 부정하게 된 사람을 정결하게 하는 데 사용되는 관목이지만, 정확히 어떤 식물을 뜻하는지 알 수는 없다(cf. ABD, 출 12:22, 레 14:4, 6, 49). 기자는 하나님이 그의 제사장이 되어 우슬초에 물을 적셔 그에게

뿌려 주시며 모든 죄에서 정결하게 되었음을 선언해 주시기를 원한다 (vanGemeren, cf. Brueggemann & Bellinger).

'정하다'(טָהֵר)도 의례적 언어다. 기자는 외적인 정결과 내적인 정결을 추구한다. 하나님이 의례를 통해 그의 죄를 씻어 주시면(외적), 그의 내면도 정결해져 눈보다 희게 될 것이라고 확신한다(cf. 사 1:18). 당시 눈은 가나안 지역 사람들이 접할 수 있는 가장 깨끗한(하얀) 색을 지녔다. 그는 하나님 앞에서 다시 순결해지기를 간절히 소망한다.

기자는 하나님께 죄를 씻어 달라고 간절히 기도했지만, 주님께서 그의 바람을 이루어 주실지에 대하여는 확신이 서지 않는다. 그는 자신이 참으로 큰 죄를 지었다고 생각하기 때문이다. 그러므로 그는 한번 더 주님께 즐겁고 기쁜 소리를 들려 달라고 기도한다(8절). 그가 하나님께 듣기 원하는 즐겁고 기쁜 소리는 그의 죄가 주님의 용서를 받았다는 선언이다(cf. 사 6:7). 하나님이 그에게 이 즐겁고 기쁜 소리를 들려 주시면 '주님이 꺾으신 뼈들'도 즐거워할 것이다.

무슨 뜻인가? 기자는 하나님의 벌을 받아 고통 속에 있다. 그러나 만일 하나님이 그의 죄를 사하신다면, 하나님이 그의 죄를 사하셨다는 소식에 신음 속에 있는 그의 몸이 기뻐할 것이라는 뜻이다. 사람의 죄가 사함을 받으면 기쁨과 즐거움이 다시 그를 찾아온다. 하나님이 인간의 죄를 사하실 때 그의 영혼만 자유를 얻는 것이 아니라, 육체도 해방을 누릴 때가 있다.

다윗은 하나님이 자기 죄를 용서하시고 더 이상 문제 삼지 않으셨으면 한다(9절). 그는 이러한 상황을 '주께서 얼굴을 그[다윗]의 죄에서 돌이키시는 것'으로 표현한다. '돌이키다'(סָתַר)의 더 정확한 번역은 '숨다/숨기다'이다(HALOT). 그는 하나님이 자기 얼굴을 그의 죄에서 숨기시기를 원한다. 원래 하나님이 얼굴을 숨기시는 것은 분노하셔서 죄인을 버리신다는 뜻이다(cf. 시 13:1, 27:9). 그러므로 하나님이 얼굴을 숨기시면 성도는 불안하다(cf. 30:7, 143:7). 그러나 기자는 이곳에서 같은 표현을 사용하여 주님께 그의 죄는 버리시되 자기는 버리지 말아 달라고 간구하고 있다. 용서하시고 나면 다시는 그의 죄를 보지 말아 달라는 염원이다. 이렇게 해 주시면 그의 모든 죄는 하나님 앞에서 지워질 것이다. '지우다'(מחה)는 완전히 파괴하여 없앤다는 뜻이다. 기자는 그의 죄를 해결할 수 있는 유일한 방법은 하나님께 있다고 고백하고 있다.

4. 영적인 정결을 간절히 바람(51:10-12)

¹⁰ 하나님이여
내 속에 정한 마음을 창조하시고
내 안에 정직한 영을 새롭게 하소서
¹¹ 나를 주 앞에서 쫓아내지 마시며
주의 성령을 내게서 거두지 마소서
¹² 주의 구원의 즐거움을 내게 회복시켜 주시고
자원하는 심령을 주사 나를 붙드소서

앞에서 기자는 하나님이 그의 죄를 용서하셔서 그의 마음을 눈과 같이 희게 해달라고 기도했다(7절). 그는 깨끗해진 그의 마음을 영원히 간직하기를 원한다. 그러므로 그는 정한 마음, 곧 정직한 영을 달라고 기도한다(10절). '정한 마음'(לֵב טָהוֹר)에서 '정한'은 하나님이 그가 지닌 모든 부정함을 정결하게 해 주신 일을 상기시키는 단어다(cf. 7절).

다윗은 하나님이 그에게 정한 마음을 주시기 위해 사용할 만한 것이 자기 안에는 없다는 사실을 잘 안다. 그러므로 그는 하나님께 정한 마음을 창조해 달라고 간구한다. '창조하다'(ברא)는 하나님이 아무것도 없을 때 세상을 창조하신 일을 연상케 하는 단어다(cf. 창 1장). 하나님이 불가능을 가능케 하시는 일을 묘사하는 단어인 것이다(Goldingay, cf. Terrien). 기자는 옛적에 하나님이 세상을 창조하신 기적을 행하셨던 것처럼 죄로 찌든 그의 삶에 선을 창조하시는 기적을 행하시어 그의 삶을 완전히 새롭게 하시기를 간절히 바라고 있다(Calvin). 다윗은 선이라고는 찾아볼 수 없는 그의 마음에 하나님이 선한 것(정한 마음)을 창조하시기를 간절히 바라고 있는 것이다. 그가 바라는 정한 마음이 다음 행에서는 정직한 영으로 표현되고 있다.

'정직한 영'(רוּחַ נָכוֹן)을 더 정확하게 번역하면 '견고한/심지가 굳은 영/마음'이다(새번역, 공동, 현대인, NIV, NAS, TNK, cf. HALOT). 다윗은 하나님이 정결하게 해 주신 마음을 오래 간직하기를 원한다. 그러므로 그는 그의 마음이 흔들리지 않도록 주님이 굳건하게 붙들어 달라고 기도하고 있다. 혹시 그가 흔들리거나 넘어지면, 그때마다 하나님이 그의 마음을 새롭게 하시기를 원한다. 그러므로 그는 '회복하다' 혹은 '갱신하다'는 의미를 지닌 동사 '새롭다'(חדשׁ)를 사용한다(HALOT).

기자가 가장 두려워하는 것이 하나님 앞에서 쫓겨나는 일이다. 다윗은 자기가 지은 죄가 충분히 그를 하나님 앞에서 쫓아낼 수 있다는 점을 염려한다. 간음한 것도 모자라 그 죄를 덮으려고 여럿을 살인했으니 왜 두렵지 않겠는가? 그러므로 그는 하나님께 자기를 쫓아내지 말아 달라고 간절히 부탁한다(11a절).

만일 하나님이 그를 쫓아낸다면 다윗은 어떻게 그 사실을 의식하게 될까? 하나님이 다윗 안에 있는 성령을 거두시면 알게 될 것이다. 그러므로 그는 주의 성령을 거두지 말라고 기도한다(11b절). '주의 성령'(רוּחַ קָדְשְׁךָ)에 대한 해석이 분분하다. 대부분 번역본들은 삼위일체 하나님 중 세 번째 인격체이신 성령(Holy Spirit)으로 해석한다(개역개정, 새번역, 아가페, NIV, ESV, CSB). 그러나 하나님의 '거룩한 뜻'(공동) 혹은 '거룩한 숨결'(현대인)이라는 해석도 있다. 일부 영어 번역본들은 매우 애매하게 번역했다(cf. NAS, NRS, TNK).

'거룩한 뜻'은 큰 죄를 지은 기자가 죄사함을 받았으니 앞으로도 하나님의 인도하심을 받으며 살고 싶다고 하는 해석이다. '거룩한 숨결'

은 기자가 심판을 받아 죽을 수도 있다는 두려움을 갖고 있다는 해석이다. 가장 자연스러운 해석은 삼위일체 하나님 중 세 번째 인격체이신 보혜사 성령이다(cf. Goldingay). 당시 가장 영적이었던 사람 중 하나였던 다윗은 이미 삼위일체 하나님에 대한 이해를 가지고 있었던 것이다.

이어 다윗은 하나님께 두 가지를 더 구한다(12절). 첫째, 주님의 구원의 즐거움을 다시 누릴 수 있도록 그를 회복시켜 달라고 기도한다(12a절). 그는 삶과 신앙에서 주님만이 주실 수 있는 즐거움과 기쁨이 얼마나 중요한가를 잘 아는 사람이다. 주님이 주실 수 있는 기쁨 중에 가장 큰 것은 '구원의 기쁨'(שְׂשׂוֹן יִשְׁעֶךָ)이다. 다윗이 죄로 인하여 한동안 주님의 구원의 기쁨을 누리지 못했으니 이 기쁨을 구하는 것은 당연한 일이다.

둘째, 다윗은 자원하는 심령을 주시어 자기를 붙들어 달라고 기도한다. '자원하는 심령'(רוּחַ נְדִיבָה)을 '대단한 심령'(princely spirit, cf. 삼상 16:13)으로 해석해야 한다는 주석가가 있지만(Eaton), 단순히 주어진 일이면 무엇이든 열정을 가지고 자원해서 하는 의지를 뜻한다(cf. HALOT). 다윗은 무엇을 스스로 자원해서 하겠다고 하는 것인가? 주님과 말씀에 순종하는 일을 의욕을 가지고 자발적으로 하겠다는 의미다(아가페, 현대인). 다윗은 주님이 자원하는 심령을 통해 그를 붙잡아 주셔야 다시는 죄를 짓지 않을 것이라고 고백한다(12b절).

5. 하나님이 뜻대로 살기를 열망함(51:13-17)

¹³ 그리하면 내가 범죄자에게 주의 도를 가르치리니
죄인들이 주께 돌아오리이다
¹⁴ 하나님이여
나의 구원의 하나님이여
피 흘린 죄에서 나를 건지소서

내 혀가 주의 공의를 높이 노래하리이다

¹⁵ 주여 내 입술을 열어 주소서

내 입이 주를 찬송하여 전파하리이다

¹⁶ 주께서는 제사를 기뻐하지 아니하시나니

그렇지 아니하면 내가 드렸을 것이라

주는 번제를 기뻐하지 아니하시나이다

¹⁷ 하나님께서 구하시는 제사는 상한 심령이라

하나님이여

상하고 통회하는 마음을 주께서 멸시하지 아니하시리이다

기자는 하나님의 용서와 그가 신앙인으로 살 수 있도록 지속적인 축복과 인도하심을 구한 다음, 하나님이 그렇게 해 주시면 죄인들에게 주님의 도를 가르치겠다고 한다(13a절). 일종의 서원을 하고 있지만, 그렇다고 해서 하나님께 협상을 하자는 것은 아니다. 그는 단순히 자신이 체험한 하나님의 용서하심과 은혜를 사람들에게 간증하여 그들도 하나님의 뜻(죄인들이 회개하고 용서받기를 기뻐하신다는 것)을 알도록 하겠다는 의지를 밝히고 있다. 다윗은 하나님께서 그에게 정한 마음과 정직한 영을 주시고, 그에게 주신 성령을 거두어 가지 않으시는 은혜를 체험할 것을 확신한다(10-11절).

다윗은 이 같은 은혜를 경험하면 결코 잠잠히 있지 않을 것이다. 그는 자기 '혀와 입술과 입'(14-15절)을 동원하여 하나님을 찬양하며 간증할 것이라고 선언한다. 고대 이스라엘 사람들에게 주님의 용서와 회복은 사적인(private) 일로 간직할 만한 것이 아니었으며, 공개적으로 기뻐하고 간증할 만한 일이었다(Wilson). 다윗은 하나님에 대한 그의 증언을 들은 죄인들이 주님께 돌아올 것을 확신한다(13b절). 죄를 짓고 그 죄에 대하여 어찌할 바를 모르는 사람들에게 다윗의 가르침은 복음이 될 것이기 때문이다.

죄인들에게 주님에 대하여 가르치는 일을 잠시 상상해 본 다윗이 더 절실하게 두 가지를 구한다. 그의 상상력이 더 열심히 기도하도록 자극한 것이다. 첫째, 그는 하나님이 그를 죄에서 건지시기를 기도한다 (14절). 다윗의 신앙을 생각할 때, 아마도 이때쯤이면 그는 하나님이 그의 죄를 용서하실 것을 확신했을 것이다. 그러나 그는 한번 더 간절히 주님의 용서를 구한다. 자기의 죄가 하나님이 쉽게 용서하시기에는 너무나도 흉악하다는 생각이 그를 사로잡고 있기 때문일 것이다. 그는 '피흘린 죄'(דָּמִים), 곧 죽을 수밖에 없는 죄를 지었다며(Tate, cf. 민 35:30-34) 살인한 사실을 고백한다(14c절, cf. HALOT). 다윗은 아무리 용서가 무한하신 하나님이라도 여럿을 살인한 죄인을 용서하는 일은 결코 쉽지 않을 것이라는 사실을 잘 알고 있다. 또한 그는 용서받은 살인자로서 사람들에게 하나님의 용서와 은혜에 대하여 가르치고 싶은 마음이 간절하다(cf. 13절). 그러므로 그는 다시 한번 간절히 용서를 구한다.

둘째, 그는 하나님이 그의 입술을 열어 주시어 주님을 목청껏 찬양하도록 해달라고 기도한다(15절). 그는 하나님을 찬양하고 싶다. 그러나 할 수 없다. 큰 죄를 짓고 나니 그동안 그를 참으로 사랑해 주시고 축복해 주신 하나님을 배신한 것 같아서 면목이 없다(cf. Kidner). 그는 너무나 죄송해서 스스로 하나님을 찬양할 수가 없다. 그는 하나님이 그에게 임하셔서 찬양의 입술을 열어 주셔야만 하나님을 찬양할 수 있다. 찬양은 주님이 성도들에게 주시는 선물이기 때문이다.

또한 그는 자기 안에 선한 것이 하나도 없다는 것을 잘 안다. 그러므로 그는 하나님께 정직한 영을 주시고 주의 성령을 거두지 마시라고 기도했다(10-11절). 그가 마음속 깊은 곳에서 우러나는 찬양을 드리게 된다면, 그것은 하나님이 정직한 영과 성령이 그의 삶을 다스리게 해달라는 다윗의 기도를 들어주셨다는 증거가 될 것이다. 그러므로 그는 주께서 그의 입술에 찬송을 주실 것을 간절히 기도한다.

다윗은 어떻게 해서든 하나님과의 관계를 회복하려고 하고 있다. 그래야만 그는 '하나님으로부터 소외된 옛 삶'(an old life of alienation)을 떠나 '기쁨의 관계를 근거로 한 새 삶'(a new life of glad relationship)으로 들어갈 수 있다(Brueggemann & Bellinger). 만일 번제와 제사가 하나님을 기쁘게 하여 깨진 관계를 회복할 수 있었다면 그는 이미 수천 마리의 짐승이라도 드렸을 것이다. 그러나 하나님은 이런 것들을 기뻐하지 않으신다(16절).

다윗이 '제물 무용론'을 주장하는 것은 아니다. 제물은 분명 중요하고 좋은 것이다. 율법이 요구하고 있는 것이며, 잠시 후 19절에서 다윗도 하나님이 기뻐하시는 제물이 있다고 분명히 말하고 있기 때문이다. 다윗이 번제와 제사가 별 의미가 없다고 하는 것은 이런 것들이 회개를 동반하지 않을 때다. 만일 죄 지은 사람이 회개하지 않고 그저 하나님께 제물만 죗값으로 바치면 된다고 생각한다면 큰 오산이다. 제물은 부적이 아니며 죄인의 회개를 대신할 수 없기 때문이다.

하나님이 원하시는 제사는 죄인의 상한 심령이다(17절). '상한 심령'(רוּחַ נִשְׁבָּרָה)은 산산조각이 난 항아리를 연상케 하는 표현이다(cf. HALOT). 더 나아가 기자는 상한 심령을 통회하는 마음이라고 정의한다. 항아리처럼 '산산조각이 나고'(상한, שׁבר) 완전히 '으스러진'(통회하는, דכה) 마음은 어떤 것일까? 완전히 겸손해진(낮아진) 사람이 자기 스스로는 어떠한 선한 일도 할 수 없다며 온전히 자기 자신을 하나님께 드리는 것이다(McCann). 하나님은 오늘도 아무것도 없어 오직 상한 심령만을 드릴 수 있는 탕자들이 돌아오기를 기다리신다(cf. 눅 15:21-24).

6. 시온과 예배의 회복을 구함(51:18-19)

> [18] 주의 은택으로 시온에 선을 행하시고
> 예루살렘 성을 쌓으소서
> [19] 그때에 주께서 의로운 제사와

번제와 온전한 번제를 기뻐하시리니
그때에 그들이 수소를 주의 제단에 드리리이다

시가 시작된 이후 이때까지 개인적인 이슈에만 치중했던 다윗이 초점을 바꾸어 그가 속한 공동체의 평안과 번영을 구한다. 그의 죄가 부정적인 영향을 끼친 예루살렘이 회복되고 시온에서 드려지는 예배가 회복되기를 간절히 바란다. 예루살렘의 성을 쌓으라는 말을 문자적으로 받아들이는 학자들은 바빌론 사람들이 성벽을 허문 주전 586년에서 느헤미야가 성벽을 재건한 주전 444년 사이에 이 말씀이 삽입된 것이라고 한다(cf. Kidner, McCann, Terrien, Wilson).

그러나 만일 다윗이 자기가 죄를 짓고도 회개하지 않은 채 뻔뻔하게 율법이 정해 놓은 때마다 시온에서 예배를 드려 하나님의 도성을 '무너뜨렸다'(예배가 의미하는 바를 훼손했다)고 해석한다면, 이 말씀은 다윗의 입에서 나온 말이 될 수 있다. 그는 자신이 죄로 오염시킨 예배가 하나님의 은혜로 정결해지고 회복되기를 바란다. 회개하지 않은 죄인이 예배를 드리면 그것은 위선적일 뿐만 아니라 예배가 상징하는 바를 심각하게 훼손하기 때문이다.

하나님이 시온을 회복시키시는 날(의로운 제사가 드려지는 날), 다윗은 번제와 온전한 번제로 수소들을 바치는 예배(제사)를 드릴 것이다(19절). 하나님은 그가 드리는 의로운 제사(올바른, 제대로 된 예배)를 기뻐받으실 것이다. 제물이 상한 심령을 대신할 수는 없지만, 제물도 분명 예배의 한 부분이다. 그러므로 제물을 드릴 때 드리는 사람이 자기의 상한 심령을 함께 주님께 드리는 것은 매우 중요하다.

하나님께 자비를 베풀어 달라며(1절) 시작된 시가 주님께 제물을 드리겠다고 다짐하며(19절) 끝나는 것이 매우 인상적이다. 이 과정에서 기자는 일부 단어들을 매우 전략적으로 사용하고 있다. 그는 죄에 대한 단어를 1-9절에서는 열두 차례 사용하지만, 10-19절에서는 두 차례밖에 사용하지 않는다. 반면에 하나님의 이름은 1-9절에서 단 한 차례 등장하지만, 10-19절에서는 여섯 차례 등장한다. 노래가 시작되면서 시를 가득 채웠던 '죄'가 점차적으로 '하나님'께 자리를 내주고 있는 것이다(Goldingay). 저자의 삶에서도 죄가 사라지고 하나님이 그 자리를 채우신다.

제52편

다윗의 마스길, 인도자를 따라 부르는 노래, 에돔인 도엑이 사울에게
이르러 다윗이 아히멜렉의 집에 왔다고 그에게 말하던 때에

I. 장르/양식: 개인 탄식시(cf. 3편)

개인 탄식시로 구분되지만 이 시편은 하나님께 드리는 기도가 아니다.
의인들을 괴롭히는 악인들을 향한 경고다. 일부 학자들은 이 노래가
포로기 이후 예루살렘 성전에 만연했던 제사장들 간의 내분을 반영하
고 있다고 하지만(이 노래가 한 쪽이 반대 쪽을 공격하는 모양새를 갖추고 있다
고 함), 그렇게 단정할 만한 증거는 없다. 그러므로 이 말씀은 주의 자
녀가 언제든 악인들로 인하여 힘든 일을 겪을 때 하나님의 개입을 갈
망하며 묵상할 수 있는 말씀이다.

　이 시편은 마지막 절인 9절에 가서야 처음으로 하나님을 언급한다.
전통적인 탄식시 범주를 벗어난 것이다. 그러므로 이 노래는 시편 50,
81, 95편과 함께 선지자적 권면(prophetic exhortation)/예언적 심판 말씀
(prophetic judgement speech)으로 간주되기도 한다(cf. Anderson, deClaissé-
Walford et al., Goldingay, Tate). 이 시편은 하나님을 의지하지 않는 악인들
은 뿌리가 뽑히는 나무로(5절), 의인은 주님이 키우시는 올리브 나무로
(8절) 비유하는 것이 1편과 비슷하다. 지혜시 성향을 포함하고 있는 것

이다. 더 나아가 51편 13절은 용서받은 죄인이 "죄인들에게 하나님의 길을 가르치겠다"고 약속했는데, 이 시에서 그 약속이 지켜지고 있다 (Goldingay).

표제가 다윗이 놉에 있는 제사장 아히멜렉을 찾은 지 얼마되지 않은 때를 역사적 배경으로 지목하고 있다(cf. 삼상 21-22장, cf. 22:9). 사무엘서에 의하면 다윗이 정신병을 앓는 사울과 더이상 함께 할 수 없어 도망할 때 아무것도 가진 것이 없어서 가는 길에 아히멜렉을 찾아가 거짓말하며 도움을 구한 적이 있다. 얼마 후 사울이 도엑을 통해 이 사실을 알게 되었고, 사울은 아히멜렉뿐 아니라 그와 함께 있던 제사장들을 포함해 모두 85명을 학살했다.

이 사건은 다윗이 이 시편을 저작하게 된 동기라고 하는데, 대부분 학자들은 별 설득력이 없는 정보라고 생각한다. 사실 그 사건에서는 다윗이 아히멜렉에게 거짓말을 한 것이 화근이 되었는데, 이 노래에서 다윗은 그 사실에 대하여 어떠한 양심의 가책도 느끼지 않으면서(cf. 8-9절) 도엑에게 모든 책임을 전가하고 있기 때문이다(cf. Ross). 게다가 이 시편이 묘사하고 있는 악인의 모습은 도엑이 아니라 사울에 더 가깝다는 견해도 있다(Perowne). 만일 이 노래가 도엑 사건과 연관이 있다면, 아마도 누군가가 훗날 다윗의 수난(Passion of David)을 기념하기 위하여 저작한 시일 것이다(Terrien).

대안으로는 이 노래가 포로기 이후 시대에 외부적 위협에서 공동체를 결속시키고 가르치기 위하여 저작된 것이거나(Gerstenberger), 제사장들 사이의 계파 갈등에서 비롯된 노래라는 주장이다(Tate). 그러나 이 시편이 언제 어떤 상황에서 저작되었는가는 전혀 알 수 없다는 결론이 지배적이다(Goldingay, Kraus).

II. 구조

학자들은 이 시편을 간단하게는 두 섹션으로(Ross), 자세하게는 네 섹션으로 구분한다(vanGemeren). 이슈 중 하나는 악인을 비난하는 1-4절과 그들에 대한 심판을 선언하는 5절을 함께 취급할 것인가, 따로 취급할 것인가다. 만일 5절을 따로 취급한다면, 6절과 함께 붙일 것인가, 혹은 따로 구분할 것인가다. 이러한 이슈로 인하여 주석가들마다 다른 견해를 내놓았다(cf. deClaissé-Walford et al., McCann, Ross, Tate, Terrien, vanGemeren). 이 주석에서는 다음과 같은 구조를 바탕으로 본문을 주해해 나가고자 한다.[5]

  A. 하나님이 심판하시는 악인의 삶(52:1-5)

    B. 의인이 악인을 비웃음(52:6-7)

  A'. 하나님이 보살피시는 의인의 삶(52:8-9)

III. 주해

비록 세상은 악인들이 악한 수단과 방법을 동원하여 승승장구하며 하나님은 이 같은 상황을 침묵으로 일관하시는 것 같지만, 악인들은 절대 하나님의 심판을 피하지 못한다. 반면에 악인들의 음해와 핍박을 받아 곤경에 빠지는 의인들은 사실 하나님이 가꾸시는 올리브나무와 같다. 또한 당장은 악인들로 인해 고난을 당하는 의인들이 언젠가는

---

5 알덴(Alden)은 1-5절에 대하여 다음과 같은 관찰을 내놓았다.
  A. 하나님의 은혜는 계속된다(1절)
    B. 너의 혀는 속이는 일을 한다(2절)
      C. 너는 악을 사랑한다(3a절)
        D. 거짓말(3b절)
      C'. 너는 삼키는 말을 좋아한다(4a절)
    B'. 너의 속이는 혀(4b절)
  A'. 하나님이 너를 영원히 파괴하실 것이다(5a절)

그들을 비웃을 수 있는 여유를 누리게 될 것이다.

1. 하나님이 심판하시는 악인의 삶(52:1-5)

> ¹ 포악한 자여 네가 어찌하여
> 악한 계획을 스스로 자랑하는가
> 하나님의 인자하심은 항상 있도다
> ² 네 혀가 심한 악을 꾀하여
> 날카로운 삭도같이 간사를 행하는도다
> ³ 네가 선보다 악을 사랑하며
> 의를 말함보다 거짓을 사랑하는도다 (셀라)
> ⁴ 간사한 혀여
> 너는 남을 해치는 모든 말을 좋아하는도다
> ⁵ 그런즉 하나님이 영원히 너를 멸하심이여
> 너를 붙잡아 네 장막에서 뽑아 내며
> 살아 있는 땅에서 네 뿌리를 빼시리로다 (셀라)

기자의 악인에 대한 비난과 정죄는 말에 치중되어 있다. '악한 계획 자랑'(1절), '심한 악을 꾀하는 혀'(2절), '의를 말함보다 거짓을 사랑함'(3절), '남을 해치는 말을 좋아하는 간사한 혀'(4절). 사람이 저지르는 죄악 중 80-90퍼센트 이상이 입을 통해 이루어지거나 입에서 시작되는 현실을 잘 반영하고 있다. 역으로 말하자면 사람이 입만 잘 다스릴 수 있다면 그는 죄를 거의 짓지 않고 살 수 있다는 뜻이다. 그러므로 경건한 삶을 살고 싶은 사람은 입을 잘 단속하면 상당 부분 성공할 수 있다.

1절의 번역과 해석이 쉽지 않다. 마소라 사본도 불확실하지만, 악인을 비난하는 말과 전혀 상관이 없는 듯한 '하나님의 인자하심'이 함께 언급되기 때문이다. 개역개정처럼 ESV는 "위대한 영웅이여 왜 악을 자

랑하는가? 하나님의 꾸준하신 사랑은 하루 종일 견디어 내도다"(Why do you boast of evil, O mighty man? The steadfast love of God endures all the day) 로 번역했다(cf. 공동, 현대인, TNK, CSB). 이러한 번역은 악인을 냉소적으로 '위대한 영웅'(הַגִּבּוֹר)이라고 칭하는 마소라 사본을 문자적으로 번역한 것이다. 하나님이 이 '영웅'을 당장 심판하여 멸하시는 것이 마땅하지만, 인자하심(חֶסֶד)를 발휘하셔서 참고 계신다는 뜻이다. 혹은 하나님의 은혜가 그들의 악한 계획이 실현되지 않도록 막고 계신다는 의미로 해석될 수 있다. 악인들의 악한 노력은 성공하지 못할 것이라는 경고다. 혹은 악인이 하나님의 인자하심을 자랑하지 않고 악을 행하는 일을 자랑으로 삼는 것에 대한 비난으로 해석될 수도 있다(cf. McCann).

NIV는 "위대한 영웅이여, 왜 악을 자랑하는가? 하나님 보시기에 수치스러운 자인 너는 왜 하루 종일 [악을] 자랑하는가?"(Why do you boast of evil, you mighty hero? Why do you boast all day long, you who are a disgrace in the eyes of God?)로 번역했다(cf. 아가페). 하나님이 악인의 행실을 모두 알고 계시고 그를 이미 수치스러운 자로 판단하셨다는 뜻이다.

NAS는 "하나님이 베풀어 주신 자비로 영웅이 된 자여, 왜 하루 종일 악을 기뻐하는가?"(Why do you glory in what is evil, you who are mighty by the mercy of God? All day long)라고 번역했다. 악인의 행동은 하나님이 그에게 베풀어 주신 은혜를 배신한 것이라며, 그를 배은망덕한 사람으로 몰아가는 번역이다.

NRS는 "위대한 자여, 왜 하루 종일 경건한 사람들을 해하기 위해 저지른 악한 일을 자랑하는가?"(Why do you boast, O mighty one, of mischief done against the godly? All day long)로 번역했다(cf. 새번역). 문장의 초점은 악인들이 저지른 모든 악이 아니라, 그들의 행동 중에 의인들을 상대로 나쁜 짓을 한 것에 맞춰져 있다.

그중 첫 번째(개역개정, ESV) 해석이 가장 합리적이다. 기자는 악인이 아무리 악한 계획을 세우고 날뛰어도 하나님의 인자하심이 그의 계획이 성공하지 못하게 막을 것이다. 또한 자기 백성을 해하지 못하도록 보호하실 것이라고 선언한다. 악인이 당장 망하지 않는 것은 심판주 하나님의 무관심이나 무능함이 아니라 인내하심을 드러내는 일이라는 뜻이다.

하나님의 오래 참으심을 무관심과 무능함으로 잘못 이해한 악인이 더 날뛴다. 그는 심한 악을 꾀하고 예리한 칼이 닥치는 대로 자르듯 남을 해치는 일을 즐긴다(2절). 그는 앉으나 서나 포악을 꾀하며 남을 괴롭히는 일만 한다.

기자는 악인이 이렇게 행하는 것은 선을 몰라서가 아니라고 한다. 그들도 옳고 그름에 대하여 알고 있지만, 선보다 악을 더 사랑하기 때문에 이런 짓을 한다(3절). 의를 말하기보다는 거짓을 말하는 것을 더 즐긴다. 그러므로 악인들이 악을 행하는 것은 무지함에서 비롯된 것이 아니라, 의지적인 선택에서 비롯된 일이다(cf. Goldingay). 절제를 모르는 악인들이 죄를 짓는 도구로 가장 유용하게 사용하는 것은 이미 언급한 것처럼 그들의 혀(말)다(4절). 그들은 악의적으로 남을 비방하고 곤경에 빠트리는 말을 즐긴다. 하나님의 심판을 두려워하지 않는 자들의 모습이다.

악인들이 하나님의 심판을 두려워하지 않는다고 해서 그들에 대한 심판이 없어지는 것은 아니다. 하나님은 분명이 그들에게 책임을 물으시는 심판을 행하실 것이다(5절). 하나님이 그들을 심판하시면, 그들은 마치 뿌리째 뽑혀 말라 죽도록 내동댕이쳐진 나무와 같고 살던 집에서 쫓겨나 다시는 돌아가지 못하는 사람같이 될 것이다(5절). 본문은 악인들이 집에서 쫓겨나는 일을 "주님이 그들을 [살던] 집에서 찢어 내 잡아가신다"(יַחְתְּךָ וְיִסָּחֲךָ מֵאֹהֶל)고 하는데(5절), 그들이 남에게 한 짓들을 그대로 갚아 주신다는 의미다. 그들은 악한 말과 행실로 남의 삶을 찢고 몰락시켰다. 이제 그들이 하나님의 보복을 받는다(Wilson). 하나님의 심판은 분명히 임할 것이며, 그들은 죽음을 면치 못할 것이라는 경고다. 하나님은 지속적으로, 또한 영구적으로 악인들을 멸하실 것이다(Brueggemann & Bellinger). 오래 전에 스펄전(Spurgeon) 목사는 이 말씀을 하나님이 악인의 장례식장에서 읽어 주시는 추도 연설(eulogy)이라고 했다.

2. 의인이 악인을 비웃음(52:6-7)

> 6 의인이 보고 두려워하며
> 또 그를 비웃어 말하기를
> 7 이 사람은 하나님을 자기 힘으로 삼지 아니하고
> 오직 자기 재물의 풍부함을 의지하며
> 자기의 악으로 스스로 든든하게 하던 자라 하리로다

악인들이 하나님의 심판을 받아 한순간에 몰락하는 일은 지켜보는 의인들을 두렵게 한다(6a절). 마치 영원할 것처럼 날뛰던 악인들을 한순간에 처단한 하나님의 심판에 경이로움을 표하는 것이다(cf. 공도, 아가페). 악인들의 심판은 하나님이 의인들을 위로하는 방법 중 하나라는 것을 깨닫고 그들의 마음이 편안해지며 두려움이 기쁨으로 변한다(vanGemeren).

이어 의인들은 악인들을 비웃는다(6b절). 하나님의 심판이 임하니 피해자들이 가해자들을 비웃게 된 것이다. 가해자들을 비웃는 피해자들은 가해자들이 왜 이렇게 몰락하게 되었는지에 대한 평가를 내린다(7절). 그들이 하나님을 의지하지 않고 자기 재력을 믿으며, 삶에서 하나님이 기뻐하시는 경건과 거룩을 실천하지 않고 온갖 악한 짓으로 삶을 채웠기 때문이다(7절). 그들은 자기 능력으로 '용사'(גִּבּוֹר)가 되어(1절) 나쁜 짓(의인들을 괴롭히는 일)을 '용맹스럽게' 했지만, 하나님이 보시기에 그들은 연약한 자들을 공격하는 비겁하고 별볼일 없는 '사람'(גֶּבֶר)에 불과하다. 기자는 1절과 7절에서 언어유희를 구상하고 있는 것이다. '용사'(gibor, 1절)가 [별볼일 없는] '사람'(geber, 7절)이 되었다.

기자는 창조주 하나님이 행하시는 인과응보를 확고히 믿는다. 이것이 그의 신학의 기반이다. 하나님은 주님을 의지하는 사람은 복을 주시지만, 그렇지 않고 자신을 믿는 사람은 벌하신다. 또한 하나님은 선을 행하는 사람은 기뻐하시지만, 악을 행하는 사람은 분명 심판하신다.

3. 하나님이 보살피시는 의인의 삶(52:8-9)

> ⁸ 그러나 나는 하나님의 집에 있는 푸른 감람나무 같음이여
> 하나님의 인자하심을 영원히 의지하리로다
> ⁹ 주께서 이를 행하셨으므로
> 내가 영원히 주께 감사하고
> 주의 이름이 선하시므로
> 주의 성도 앞에서 내가 주의 이름을 사모하리이다

기자는 앞에서 악인을 뿌리째 뽑혀 버려지는 나무로 묘사했다(5절). 이와는 대조적으로 자신은 하나님의 집에 심어진 푸른 감람나무 같다고 한다(8절). '하나님의 집 안에'(בְּבֵית אֱלֹהִים) 심어진 나무는 당연히 집 주인이신 하나님의 보호를 받는다. 게다가 이 감람나무는 '푸르기까지'(רַעֲנָן) 하다. 매우 건강하게 잘 자란 나무를 뜻한다. 생명의 근원이신 하나님의 집에 심어진 나무가 이렇게 잘 자라는 것은 당연한 일이다. 생기로 가득하신 하나님이 나무의 생기와 왕성한 번성의 근원이 되시기 때문이다(Weiser). 게다가 세상에서 가장 위대하신 정원사가 가꾸시니 얼마나 잘 자랐겠는가!(cf. 요일 4:4) 잘 자란 감람나무는 많은 열매를 통해 주인이신 하나님께 큰 기쁨을 선사한다. 하나님을 진노케 하는 악인과의 대조를 가장 극명하게 드러내는 비유다.

그런데 왜 감람나무인가? 감람나무는 극단적인 날씨와 가뭄과 홍수를 가장 잘 견디는 나무로 알려져 있다. 또한 가나안 지역 나무들 중 가장 오래 사는 나무다(cf. Grogan, Tate). 어떤 감람나무는 1000년까지 산다고 한다. 기자가 의인을 감람나무에 비유하는 것은 오늘 있다 내일 뽑히는 나무와 같은 악인들의 순간적인(transient) 성향과 대조하기 위해서일 것이다. 감람나무의 열매와 기름은 사람과 짐승에게 매우 유익하다. 감람나무 한 그루가 매년 생산하는 올리브유는 20리터 이상이라고 한다(vanGemeren). 성전에서도 올리브유를 많이 사용했다. 이 점도 저자가 감람나무 비유를 고려한 이유 중 하나일 것이다. 의인은 하나님과 사람들을 이롭게 하며, 그들을 기쁘게 한다. 또한 감람나무가 날씨와 환경을 가장 잘 견디어 내는 나무인 것처럼 의인들도 어떠한 상황에 처할 때 오직 하나님만 바라보며 견디어 내기를 바라는 권면이 암시된 듯하다. 끝까지 견디는 자가 복이 있다.

하나님이 의인들을 성전의 감람나무처럼 보호하시고 가꾸시니 기자는 주님께 영원히 감사할 따름이다(9a절). 또한 하나님의 이름이 선하시므로 그는 주의 성도들 앞에서 영원히 주님의 이름을 찬양하고 사모할 것이다(9b절). 하나님의 이름이 선하다는 것은 주님이 약속하신 모든 것을 지키시고 행하셔서 세상말로 '이름값'을 하신다는 의미다. 하나님은 자기 백성들에게 많은 축복과 보호를 약속하셨는데, 이 모든 것을 이루시니 하나님의 이름은 선하시고 신뢰할 만하다는 것이 기자의 고백이다.

제53편
다윗의 마스길, 인도자를 따라 마할랏에 맞춘 노래

I. 장르/양식: 개인 탄식시(cf. 3편)

이 노래는 시편 14편의 복사본에 가깝다(Brueggemann & Bellinger, Grogan). 그러므로 이 두 시편을 쌍둥이 시편이라고 하기도 한다(deClaissé–Walford et al.). 그러나 일란성 쌍둥이는 아니고, 이란성 쌍둥이에 가깝다. 사용하는 단어들이 몇 개 다르기도 하고, 두 가지 중요한 차이점을 지녔기 때문이다. 첫 번째 차이점은 하나님의 성호다. 두 시편이 하나님의 성호를 각각 7회씩 사용하는 것은 같다. 그러나 14편은 '여호와'(יהוה)를 네 차례, '엘로힘'(אלהים)을 세 차례 사용한다. 반면에 이 시편은 '엘로힘'만 일곱 차례를 사용한다. 이 같은 현상은 이 시편을 일명 '엘로힘 시편집'(Elohistic Psalter)라고 불리는 42–83편에 포함하기 위한 편집자(들)의 노력의 결과다.

두 번째 차이점은 14편 5–6절과 53편 5절의 차이다. 14편 1–4절과 53편1–4절은 거의 동일하게 진행되다가 이 두 섹션에서 서로 다르게 진행된다. 이어 결론 역할을 하는 14편 7절과 53편 6절도 같다. 두 섹션의 차이는 다음과 같다.

14:5-6	53:5
그러나 거기서 그들은 두려워하고 두려워하였으니 하나님이 의인의 세대에 계심이로다 너희가 가난한 자의 계획을 부끄럽게 하나 오직 여호와는 그의 피난처가 되시도다	그들이 두려움이 없는 곳에서 크게 두려워하였으니 너를 대항하여 진친 그들의 뼈를 하나님이 흩으심이라 하나님이 그들을 버리셨으므로 네가 그들에게 수치를 당하게 하였도다

위 차이점을 근거로 일부 주석가들은 14편이 원본이었던 노래를 누군가 자기가 사는 상황에 맞게 편집한 것이라고 한다. 그들은 편집자가 악인들을 비난하는 평범한 다윗 시대 노래를 훗날 주의 백성을 침략한 이방인 적에게 적용하고 있다고 한다(Anderson, Dahood, Tate). 여호사밧이나 히스기야 시대가 자주 언급된다(Delitzsch, Terrien).

이외에 53편의 표제가 14편의 표제보다 더 많은 정보를 제공한다는 차이점도 지녔다. 14편은 '다윗의 시, 인도자를 따라 부르는 노래'라고 하는데, 53편은 '다윗의 마스길, 인도자를 따라 마할랏에 맞춘 노래'라고 한다. 마스길은 지혜를 가르치기 위하여 부른 노래를 뜻하며(Mowinckel) 32편 이후 여러 차례 사용된 용어다. '마할랏'(מָחֲלַת)은 하프(harp)를 뜻하며(Terrien, Wilson, cf. HALOT), 이 노래와 88편의 표제에서 사용된다. 이 두 노래는 하프 연주와 함께 부르라는 의미를 지녔다(cf. Kraus).

이 시를 회중 탄식시로(Bellinger), 혹은 지침시(Brueggemann & Bellinger, deClaissé-Walford et al.), 혹은 지혜시로 구분하기도 한다(Bennett, Craigie, Terrien). 그러나 이 시가 기도문이나 찬양이 아니라는 사실을 근거로 '선지자적 권면'(prophetic exhortation)으로 취급되기도 한다(McCann).

II. 구조

이 시를 다음과 같이 다섯 파트로 구분해 주해하고자 한다.

  A. 악인의 세계관(53:1)
    B. 선한 사람들이 사라짐(53:2-3)
      C. 악인들이 의인을 핍박함(53:4)
    B'. 악한 사람들이 사라짐(53:5)
  A'. 의인의 세계관(53:6)

III. 주해

기자는 악이 성행하는 세상에 대한 사람의 관점과 하나님의 관점을 대조하고 있다. 어리석은 자들은 악한 짓을 하고 나서 하나님의 즉결심판이 곧바로 임하지 않자 아예 하나님이 없다고 착각한다. 하나님이 심판을 보류하시자 그들은 세상에 심판하시는 하나님은 존재하지 않는다고 결론을 내린 것이다.

  사실은 하나님이 하늘에서 악인들의 일거수일투족을 지켜 보신다. 악인들에 대한 심판이 하나님의 계획에 따라 잠시 지연되는 것뿐이다. 이 시가 언급하고 있는 심판은 세상이 끝나는 날에 실현될 것이다(cf. deClaissé-Walford et al.).

1. 악인의 세계관(53:1)

> ¹ 어리석은 자는 그의 마음에 이르기를
> 하나님이 없다 하는도다
> 그들은 부패하며 가증한 악을 행함이여
> 선을 행하는 자가 없도다

이 구절과 14편 1절을 비교하면 유일한 차이는 14편 1절은 '가증'(עֲלִילָה)을 사용하고 본문은 '악'(עָוֶל)을 사용한다는 점이다. '가증'(עֲלִילָה)은 비행

(경범죄)을, '악'(עָוֶל)은 부정직 혹은 괴팍함을 강조하는 단어다(HALOT). 이 노래가 14편보다 악인의 행태를 더 악하게 묘사하고 있는 것이다.

'어리석은 자'(נָבָל)는 단순하거나 정신적으로 부족한 사람을 뜻하는 것이 아니다(Goldingay, Terrien, vanGemeren). 무신론자를 뜻하는 것도 아니다. 시편과 지혜문헌에서 '어리석은 자'는 악인과 비슷한 말이다. 머리가 영특하고 많은 지식을 지녔을지라도 하나님과 삶에 대하여 별로 아는 것이 없는 사람을 의미한다(Davidson, McCann). 그러므로 이 단어(נָבָל)는 윤리적인 결함을 강조하는 단어다(cf. HALOT). 어리석은 사람은 마음속에서 하나님을 제거한 사람이다(cf. 삼하 13:13, 시 74:18, 22, 잠 1:7). 하나님이 없는 그들의 삶에는 선행도 없다. 그러므로 기자는 1-2절에서 '없다'(אֵין)는 단어를 네 차례나 사용하여 하나님이 없으면 선행도 없다는 사실을 강조한다. "하나님이 없다… 선을 행하는 자가 없다… 선을 행하는 자가 없다… 하나도 없다."

선지서에서 어리석은 사람들은 하나님을 두려워하지 않고, 사회적 약자들을 박해하고 착취하여 부를 축적하는 자들이다(cf. 사 32:4-7; 렘 17:11). 신명기는 어리석은 사람들은 '하나님은 의로우시고 신실하신 분'이라고 고백하면서도 정작 자신들의 삶에서는 이것들을 무시하는 자들이라고 한다(신 32:6).

그러므로 성경은 삶과 고백이 동떨어진 자들을 어리석은 사람들이라고 한다. 잘못된 전제(專制)(하나님이 없다는 생각)에 근거하여 잘못된 행동을 하는 자들이다(Mays). 실용적 무신론자들(practical atheists)인 것이다 (Whybray). 그들은 지혜가 없다(하나님을 지적(知的)으로 인정할 뿐 하나님의 말씀과 지혜를 삶에 적용하지 않는다). 지혜가 있었더라면 그들은 하나님을 삶의 중심에 두었을 것이며(cf. 2절), 연약한 사람들을 돌보았을 것이다 (시 41:1). 그러나 어리석은 자들은 부패하고 행실이 가증해서 선을 행하지 않는다. 그들은 세상에 심판하시는 하나님은 없다고 확신하기 때문이다(cf. 시 10:4).

2. 선한 사람들이 사라짐(53:2-3)

² 하나님이 하늘에서 인생을 굽어살피사
지각이 있어 하나님을 찾는 자가 있는가 보려 하신즉
³ 각기 물러가 함께 더러운 자가 되고
선을 행하는 자가 없으니 하나도 없도다

이 섹션과 14:2-3을 비교하면 차이는 '여호와'(יהוה)(14:2)가 '하나
님'(אלהים)(2절)으로 바뀌었고, '각기 물러가'(כֻּלּוֹ סָג יַחְדָּו)(3절)가 '다 치우
쳐'(הַכֹּל סָר יַחְדָּו)(14:3)를 대체하고 있다는 점이다. '물러가다'(סוג)는 '치우
치다'(סור)의 비슷한 말이기는 하지만, 행동의 부정적인 면모를 조금 더
강하게 표현한다(cf. HALOT).

기자가 '하나님이 없다'고 한다는 어리석은 사람들은 무신론자들이
아니라 이신론(異神論)을 주장하는 사람들이다. "하나님은 계시지만,
그분은 이 세상에서 벌어지는 일에 대하여 별 관심이 없으신 분이다."
고대 근동 사회에는 어느 신을 숭배하느냐에 대한 차이는 있었지만,
오늘날 우리가 이해하는 무신론(無神論)을 지향하는 사람들은 없었다
(deClaissé-Walford et al.).

악인들의 논리와는 달리 하나님은 하늘에서 어리석은 자들로 가득한
세상을 내려다 보고 계신다(2절). 또한 이신론자들이 주장하는 것처럼
하나님은 세상을 별 관심 없이 바라만 보고 있으신 분이 아니다. 어리
석은 사람들이 생각하는 것(심판하시는 하나님이 없다고 단정하는 일)의 정
반대 상황이 세상의 실체다. 심판하시는 하나님이 관심 있게 세상을
지켜보고 계신다.

하나님은 세상을 내려다보시면서 지혜로운 자들을 찾으신다. 지혜로
운 자들은 누군가? 시편 2편 10-11절에 지혜로운 사람은 하나님을 섬
기는 자라고 했다. 본문은 [하나님을 섬기기 위하여] 주님을 찾는 사람

들이라고 한다(2절). 또한 시편은 하나님을 신뢰하는 일(9:10), 하나님을 예배하는 일(22:6-7), 하나님께 피하는 일(34:8-10, cf. 14:6)을 하나님을 찾는 것이라고 한다.

안타깝게도 세상 사람들이 각기 물러가 더러운 자로 전락했기 때문에 하나님은 의인을 찾지 못하신다(3절). 죄는 하나님께 나아가는 길에 치우치는 일에서 시작된다(Goldingay). 이 노래는 두 번씩이나 "선을 행하는 자가 없으니 하나도 없다"고 한다(1, 3절). 모두 '더러운 자/부패한 자(אלח)들'이기 때문이다. 이 동사의 사용은 홍수 전 노아 시대를 연상시키는 말이다(cf. 창 6:12). 또한 온 인류가 함께 공모하여 바벨탑을 쌓을 때 보여 주었던 악행을 생각하게 한다(cf. 창 11:1-9). 광야에서 이스라엘이 금송아지를 숭배한 사건도 인간의 썩어빠짐을 보여 주는 일이다(출 32:8).

이스라엘의 역사와 인류 역사는 "선을 행하는 자가 없으니 하나도 없다"는 말씀이 전혀 부정할 수 없는 사실이라는 결론을 내리게 한다. 예레미야도 예루살렘에 의인 한 사람만 있어도 벌을 내리지 않으시겠다는 하나님의 말씀을 듣고 찾아 나섰다가 한 명도 찾지 못하여 절망한 적이 있다(cf. 렘 5장). 사도 바울은 1-3절을 인용하여 죄의 노예가 되어 있는 온 인류의 전반적인 상황을 묘사한다(롬 3:11-18).

3. 악인들이 의인을 핍박함(53:4)

> ⁴ 죄악을 행하는 자는 다 무지하냐
> 그들이 떡 먹듯이 내 백성을 먹으면서
> 여호와를 부르지 아니하는도다

이 말씀과 14편 4절의 유일한 차이는 '여호와'(יהוה)(14:2)가 '하나님'(אלהים)으로 바뀌었다는 점이다. 이 시편이 '엘로힘 시편집'의 일부

이기 때문이다. 저자는 주의 자녀들이 이 땅에서 얼마나 힘들고 어려운 삶을 사는가를 잘 안다. 악인들이 그들을 밥을 먹듯이 먹으려 하기 때문이다. 저자가 사용하는 이미지는 당시 사람들이 식사 때마다 먹는 빵을 먹는 모습이다(Ross, cf. 미 3:1-3). 악인들은 마치 끼니마다 음식을 먹듯이 주의 백성들을 먹어 치운다(착취하고 괴롭힘)는 뜻이다.

악인들은 하나님이 살아 계시고 세상을 정의와 공의로 다스리신다는 사실을 인정하지 않는 실용적 무신론자들이다. 그러므로 그들은 연약하고 힘없는 사람들을 착취하고 약탈하는 일을 서슴지 않는다. 악인들이 이런 짓을 하면서 희생당하는 사람들의 하나님을 부르지 않는다. 당연하다. 하나님을 부르면 그들이 심판을 피할 수 없을 것이기 때문이다. 그들은 마치 하나님이 존재하지 않는 것처럼 행동한다. 만일 그들이 하나님을 부를 수 있는 영성이 있는 자들이었다면 분명 회개했을 것이고, 하나님을 믿었을 것이다.

4. 선한 사람들 보존(53:5)

> ⁵ 그들이 두려움이 없는 곳에서 크게 두려워하였으니
> 너를 대항하여 진친 그들의 뼈를 하나님이 흩으심이라
> 하나님이 그들을 버리셨으므로
> 네가 그들에게 수치를 당하게 하였도다

본문을 14편 5-6절과 비교하면 매우 다르다. 이 두 시편의 가장 큰 차이점이다. 14편 5-6절은 온갖 악을 행하며 하나님이 없다고 하던 악인들이 주님이 의인들과 함께하심을 보고 매우 두려워할 것이라고 한다(14:5). 또한 하나님은 악인들이 착취하고 억압하는 가난한 사람들의 피난처라고 한다(14:6). 이처럼 14편 5-6절은 하나님이 없다고 한 악인들이 하나님이 살아 계심을 간접적으로 보고 체험할 것을 경고하고 있

다. 반면에 본문은 하나님이 악인들을 직접 심판하실 것이라고 한다. 하나님의 악인들에 대한 심판이 '수동태'에서 '능동태'로 바뀐 것이다.

이 세상은 어리석은 자들(악인들)과 하나님의 전쟁터다. 하나님과 악인들은 같은 부류를 중간에 놓고 싸운다. 하나님의 백성들, 특히 그들 중 가장 가난하고 힘없는 사람들을 놓고 싸운다.[6] 악인들이 그들을 착취하고 짓밟으려 하고, 하나님은 악인들의 손에서 그들을 보호하고 구원하신다. 결과는 뻔하다. 하나님은 의인들을 악인들의 손에서 구원하실 뿐만 아니라, 악인들을 심판하시고 그들의 뼈를 흩으신다. 다시는 그들이 의인들을 괴롭히지 못하도록 죽이실 것이라는 뜻이다. 어찌 사람이 하나님을 상대로 이길 수 있겠는가!

하나님이 자기 백성과 함께하시면서 보호하시고 그들을 괴롭힌 악인들을 벌하시니 악인들이 크게 두려워한다. 그들은 하나님이 없는 세상은(cf. 1절) 자신들이 마음대로 할 수 있는 곳이라고 생각하여 어떠한 두려움도 없이 설쳐 댔다. 그러나 현실은 그들이 생각했던 것과 달랐다. 하나님은 엄연히 살아 계시고, 그들이 희생양으로 삼았던 연약한 자들 편에 서 계셨다. 그러므로 악인들은 원래 두려움이 없는 곳(자기들 마음대로 하던 세상)에서 심판하시는 하나님 때문에 크게 두려워하기 시작했다.

하나님의 심판은 주님이 악인들을 버리고 가난한 의인들을 택하셨다는 의미를 지녔다. 그러므로 버림받은 악인들은 선택받은 의인들로 인해 수치를 당한다. 악인들은 생각하기를 자기들이 세상에서 가장 존귀한 자들이라고 생각했는데, 정작 하나님은 그들을 천하다 하시고, 그들이 버린 의인들을 택하셨기 때문이다. 그러므로 하나님의 선택은 악인들의 핍박을 받은 의인들이 그들을 핍박하는 악인들에게 큰 수치를 안겨 주는 결과를 초래했다.

---

6 한 주석가는 본문을 주전 701년에 있었던 산헤립의 유다 침략과 연관시킨다(Dahood, cf. Terrien). 그러나 그렇게 단정할 만한 증거는 없다. 이 노래는 특정한 전쟁이 아니라, 일상적인 악인과 그들이 희생양으로 삼는 의인들의 갈등을 배경으로 하고 있다.

5. 의인의 세계관(53:6)

> ⁶ 시온에서 이스라엘을 구원하여 줄 자 누구인가
> 하나님이 자기 백성의 포로된 것을 돌이키실 때에
> 야곱이 즐거워하며 이스라엘이 기뻐하리로다

개역개정은 본문과 14편 7절을 번역하는 일에서 미세한 표현의 차이를 보이지만(14절은 처음 두 행을 "이스라엘의 구원이 시온에서 나오기를 원하도다"와 "그의 백성을 포로된 곳에서 돌이키실 때에"라고 번역하고 있음), 마소라 사본(MT)으로는 동일하다. 유일한 차이는 14편 7절은 '여호와'로, 본문은 '하나님'으로 성호를 표현하고 있는 것뿐이다.

비록 세상은 악인들이 성행하는 곳이 되었지만, 그들은 결코 이 세상을 장악하지는 못할 것이다. 하나님이 절대 허락하시지 않을 것이기 때문이다. 사실 악인들은 두려워하고 있다(cf. 5절). 이 세상은 의의 하나님의 소유물이며 언젠가는 자신들이 저지른 죄에 대한 대가를 치러야 한다는 사실도 알고 있다.

이러한 사실을 포착하는 순간 시인은 기도한다. "하나님 이스라엘을 구하시옵소서." 그런데 "시온에서 이스라엘을 구원하여 줄 자가 누구인가 … 자기 백성의 포로된 것을 돌이키실 때"는 무슨 뜻인가? 시온은 하나님이 거하시는 곳이기 때문에 그곳에서 구원[하나님]이 나오는 것은 특별한 의미가 없을 수도 있다. 그러나 백성을 포로된 곳에서 돌이키는 것은 바빌론에 끌려가 포로로 살고 있는 사람들을 본국으로 돌아가게 해달라는 간구일 수도 있다. 그러므로 많은 학자들은 누군가가 이 구절을 포로시대 때 삽입한 것으로 간주한다(Goldingay, McCann, Perowne, cf. 겔 16:53, 습 2:7).

시인은 이 노래를 통해 악인이 성행하는 세상에서 의인이 무엇을 보고 어디서 위로를 얻어야 할 것인가를 제안한다. 비록 우리 피부에 당

장 느껴지지는 않더라도 하나님은 매우 관심 있는 눈으로 이 세상을 바라보고 계신다. 하나님은 꾸준히 의인을 찾으시며 의인의 편이시다. 하나님이 찾으시고 보호하시는 의인은 누구인가? 본문은 시온과 이스라엘(2x)과 야곱을 언급한다. 모두 하나님을 아는 백성과 연관된 용어들이다. 그러므로 하나님이 없다고 주장하는 악인들과 대조를 이루는 의인들, 또한 하나님이 보호하시는 의인들은 하나님을 아는 주의 백성이다(deClaissé-Walford et al.).

　하나님은 가난하고 비천한 사람들을 놓고 악인들과 싸우신다. 결과는 뻔하지만, 포기를 모르는 악인들이 죽기 살기로 하나님과 다툰다. 그렇다 보니 우리가 기대하는 것처럼 신속하게 싸움이 끝나지 않는다. 그러므로 결과가 당장 보이지 않는 것이 하나님과 악인들 사이에 끼어 있는 우리에게는 문제가 될 수 있다. 여호와는 정의의 하나님이시기 때문에 주님의 구원의 손길을 바라며 우리는 기도해야 한다. 언젠가는 우리를 속박하고 억압하는 모든 것에서 풀려나 자유하게 해달라고 기도해야 한다.

제54편
다윗의 마스길, 인도자를 따라 현악에 맞춘 노래,
십 사람이 사울에게 이르러 말하기를 다윗이 우리가 있는 곳에
숨지 아니하였나이까 하던 때에

I. 장르/양식: 개인 탄식시(cf. 3편)

이 노래는 52-53편처럼 하나님을 두려워하지 않는 원수들의 손에서 구원해 달라는 기도문이다. 표제는 이 시를 다윗의 삶의 한 부분과 연결한다. 사무엘상 23장 19절과 26장 1절에 의하면 다윗이 사울에게 쫓겨 다니며 살 때 십 사람들(זיפים)이 다윗의 위치를 사울에게 알려준 적이 있다. 표제는 그때 일과 이 시편을 연결 짓지만, 시편의 내용이 워낙 보편적이어서 이 노래를 그 일과 연관하여 해석하기는 다소 무리가 있다는 것이 학자들의 전반적인 견해다(cf. Gerstenberger, Goldingay, Kraus).

일부 주석가들은 포로기 이후 시대, 더 구체적으로 말하자면 주전 5세기를 최종 편집 연대로 보기도 한다. 이때 메시아를 학수고대하던 유태인들이 그들에게 전수된 이 노래를 종말론적인 관점에서 편집했다는 것이다(Terrien, cf. Goldingay). 그러나 대부분 주석가들은 이 시편은 때와 장소에 상관없이 언제든지 억울한 일을 당한 성도가 묵상하고 부를 만한 노래라는 것이라 한다(Kraus, McCann, Ross, vanGemeren). 특정한 시대를 저작 시기로 논하기에는 증거가 부족하다는 것이다. 한 가지 특이한 것은 이 노래가 '엘로힘 모음집'에 속하지만, 마지막 절에서 '여호와'(יהוה)께 감사하는 것으로 마무리되는 점이다.

Ⅱ. 구조

이 시편을 자세하게 섹션화하는 사람들은 7절로 구성된 시를 5-6섹션으로 구분한다(vanGemeren, Terrien, Wilson). 다음은 밴게메렌(vanGemeren)이 제시한 구조다. 이 분석의 장점은 이 노래의 핵심 포인트인 4절을 독립적으로 구분하여 한 중앙에 두었다는 것이다.

  A. 구원을 위한 기도(54:1-2)
    B. 기도를 하게 된 정황(54:3)
      C. 신뢰 확인(54:4)
    B'. 기도의 응답(54:5)
  A'. 구원에 대한 감사(54:6-7)

그러나 본문을 주해하는 일에서는 지나친 세분화보다는 더 간소화한 구조가 매력적이다. 또한 3절(B)은 첫 번째 섹션(A)과 합해도 별 문제가 없다. 4절(C)과 5절(B')을 하나로 묶는 것도 별 문제가 되지 않는다. 그러므로 이 주석에서는 다음 구조를 바탕으로 본문을 주해해 나가고자 한다.

  A. 하나님께 드리는 기도(54:1-3)
    B. 하나님이 도우실 것 확신(54:4-5)
  A'. 하나님께 드리는 감사(54:6-7)

III. 주해

이 노래는 성도가 하나님을 경외하지 않는 자들에게 당한 억울한 일
에 대한 탄식으로 시작했다가, 하나님이 그의 기도를 들으신 것에 대
한 확신과 감사로 끝이 난다. 핵심 메시지는 하나님이 탄식하는 기자
를 도와 분명히 원수들에게 보복해 주실 것이라는 4절 말씀이다(cf.
Brueggemann & Bellinger).

1. 하나님께 드리는 기도(54:1-3)

¹ 하나님이여
주의 이름으로 나를 구원하시고
주의 힘으로 나를 변호하소서
² 하나님이여 내 기도를 들으시며
내 입의 말에 귀를 기울이소서
³ 낯선 자들이 일어나 나를 치고
포악한 자들이 나의 생명을 수색하며
하나님을 자기 앞에 두지 아니하였음이니이다 (셀라)

기자는 남에게 참으로 원통한 일을 당했지만, 자기 힘으로는 도저히
해결할 수 없다는 절망감이 앞선다. 그러므로 그는 하나님께 도와 달
라는 호소를 두 차례 하는 일로 노래를 시작한다(1절). "나를 구원하시
고… 나를 변호하소서." 그는 하나님께 도움의 손길을 보내 달라는 것
이 아니라, 직접 개입하시를 기도하고 있다. 하나님이 직접 그를 원수
들의 손에서 구하시고, 직접 변호해 주시기를 원한다.

이어 그는 답답하고 원통한 자기 심정을 하나님께 헤아려 달라는 간
구를 두 차례 반복한다(2절). "기도를 들으소서… 귀를 기울이소서."

그는 자기가 너무나도 억울한 일을 당했다. 그러므로 누군가에게 자기 일을 말하지 않으면 너무나도 고통스러울 것 같다. 기자가 하나님께 도움보다 더 바라는 것이 있다. 그가 옳다고 인정하시는 것이다 (Goldingay).

사람이 참으로 억울한 일을 당하면 누군가에게 하소연하며 자기 자신을 정리할 시간을 가져야 한다. 이 과정이 잘 이루어지지 않으면 정신 질환으로 변할 수도 있다. 기자는 또한 정의로우신 하나님이 그가 당한 참으로 억울한 일을 헤아리시면 분명 도우실 것이라고 확신하기 때문에 이렇게 기도하고 있다.

저자가 기도하는 이유는 낯선 자들이 그의 생명을 노리는데, 그들은 또한 포악한 자들이기 때문이다(3절). '낯선 자들'(זָרִים)은 원래 비(非)이스라엘 사람들을 일컫는 말이다(HALOT, cf. 삼상 23:11-12). 기자는 이 용어를 사용하여 원수들을 이방인 대하듯이 하고자 한다. 그들은 하나님을 두려워하지 않는 자들이기 때문에 이방인들과 별반 다를 바가 없다는 점을 강조하기 위해서다(Wilson).

차라리 앙심을 품을 만한 사람에게 해코지를 당하면 그래도 나은데, 전혀 그럴 만한 이유가 없는 사람에게 당할 때는 참으로 억울하고 황당하다. 그러므로 기자는 그들을 경멸하는 투로 이방인들이라 하며 '포악한 자들'(עָרִיצִים)이라고도 한다. 포악한 자들은 매우 폭력적이고 성질이 급한 사람들을 뜻한다(cf. HALOT). 그들은 앞뒤 가리지 않고 폭력을 일삼는 자들이다. 이런 사람들과는 정면 대결을 피하는 것이 지혜롭다. 이성과 논리가 통할 리 없는 자들이기 때문이다. 그러므로 기자도 그들을 직접 대하지 않고 하나님께 자기의 억울함을 호소하고 있다.

'일어나다'(קוּם)와 '수색하다'(בָּקַשׁ)는 원수들이 얼마나 그를 열정적으로 찾아 나섰는가를 묘사한다. 기자는 그들과 별 상관이 없는 사람이기 때문에 그냥 지나쳐도 될 텐데 긁어 부스럼을 만드는 상황이다. 시편 편집자들이 표제에 십 사람들의 이야기를 집어넣은 이유가 여기에 있는 듯하다. 다윗이 사울에게 쫓겨 다닐 때 아마도 여러 마을(지역) 사람들은 다윗이 어디를 기점으로 배회하고 있는가에 대하여 알았을 것이다. 다윗은 이미 많은 사람들을 거느리고 있었기 때문에 행동 경로를 숨기는 일이 쉽지 않았다. 이러한 상황에서 다른 사람들은 모두 침묵하는데, 십 사람들만 사울이 통치 수도로 삼았던 기브아까지 두 차례나 찾아가 다윗이 어디에 숨어 있는지를 알린다(삼상 23:19, 26:1). 그들은 개입하지 않아도 될 일에 개입하여 하나님이 왕으로 세우신 다윗을 곤경에 빠트린 것이다.

하나님이 보호하시는 사람을 해하려 하는 사람들은 어떤 자들일까? 절대 하나님과 함께하거나, 하나님께 자기 자신을 맡기고 인도하심을 구하는 사람들은 아니다. 만일 그런 사람들이라면, 하나님이 자신을 중심으로 한 영적 교통을 통해 이런 일을 하지 못하도록 하셨을 것이기 때문이다. 그러므로 기자는 당연한 결론에 도달한다(3절). 그들은 하나님을 자기 앞에 두지 아니한 자들이다. 하나님의 이름을 들어 본 적이 있고, 심지어는 종종 하나님께 예배를 드린다 해도 삶에서는 하나님과 주님의 말씀을 우선순위에 두지 않는 실용적인 무신론자들이라는 의미다. 다윗이 사울에게 쫓겨 다닐 때 이 말씀을 적용한다면, 하나님을 사람보다 더 두려워하는 사람이라면 절대 사울을 찾아가 다윗이 숨어 있는 곳을 고자질하지는 않았을 것이다(cf. Delitzsch).

이러한 상황에 대하여 별로 놀랄 필요는 없다 오늘날 교회에도 이런 자들이 제법 많이 있기 때문이다. 그들에게 신앙은 액땜을 하거나 번영을 약속하는 부적이지 하나님과 그의 백성들과 맺는 관계가 아니기 때문이다. 그러므로 '교인들'과 '성도들'을 구분해야 한다.

2. 하나님이 도우실 것을 확신(54:4-5)

⁴ 하나님은 나를 돕는 이시며

주께서는 내 생명을 붙들어 주시는 이시니이다
⁵ 주께서는 내 원수에게 악으로 갚으시리니
주의 성실하심으로 그들을 멸하소서

악인들이 기자를 괴롭히는 이유는 그들이 하나님을 두려워하기는커녕 하나님을 안중에도 두지 않았기 때문이다(cf. 3절). 반면에 공격당하고 있는 그는 어떠한가? 그는 철저하게 하나님을 의지하고 경외하는 사람이다. 여기에 그의 소망이 있다. 하나님을 두려워하지 않는 자가 하나님이 함께하시며 보호하시는 자에게 싸움을 걸어오는 것은 곧 하나님과 싸우겠다는 의미다. 그러므로 공격받으신 하나님이 가만히 있지 않으시는 것은 당연한 일이다.

기자는 하나님은 그를 '돕는 이'(עזר)라고 하는데(4절), 자기보다 훨씬 더 능력이 뛰어나신 분이라는 뜻이다. 우리보다 더 강한 자만이 우리를 도울 수 있기 때문이다. 또한 기자는 주님을 '내 생명을 붙들어 주시는 이'(בסמכי נפשי)라며 자신의 모든 것이 하나님께 달려 있다고 고백한다. 하나님을 안중에 두지 않은 악인들과 달리, 기자에게 하나님은 그의 모든 것이 되신다. 이 시편의 핵심 메시지다.

주님은 하나님을 자기의 모든 것이라고 고백하는 기자가 곤경에 처한 상황을 오래 묵인하지 않으실 것이다. 하나님은 분명 그를 해하려는 자들을 벌하실 것이다(5a절). '원수'(שורר)는 비방하는 말로 남에게 해를 끼치는 사람을 뜻한다(Wilson, cf. NIV, HALOT). 기자는 자신이 원수들의 중상모략으로 인해 큰 피해를 본 사실을 암시하고 있다. 이 사실을 확인하면서 하나님이 그들을 벌하실 때 그들을 끝장내어 달라고 기도한다. 그들이 '완전한 파멸'(צמת)에 이를 때까지 '성실하게/꾸준히'(אמת) 심판을 행하시라고 간구한다(5b절). 다시는 남에게 피해를 주지 못하도록 완전히 망하도록 심판해 달라는 기도다. 참으로 무서운 기도다. 그러나 정작 가해자들은 누군가가 그들에 대하여 이런 기도를 드리고 있다는 사실을 의식하지 못하며, 의식한다 해도 별로 상관하지 않는다. 심판하시는 하나님은 안중에도 없기 때문이다.

3. 하나님께 드리는 감사(54:6-7)

> ⁶ 내가 낙헌제로 주께 제사하리이다
> 여호와여 주의 이름에 감사하오리니
> 주의 이름이 선하심이니이다
> ⁷ 참으로 주께서는 모든 환난에서 나를 건지시고
> 내 원수가 보응 받는 것을 내 눈이 똑똑히 보게 하셨나이다

주님께서 자기 기도를 들어 주실 것을 확신하는 기자가 하나님께 제물을 드릴 것을 약속한다. 그가 제물을 약속하는 것은 하나님과 협상하자는 뜻이 아니다. "그들을 벌하시면… 제물을 드리겠나이다." 그는 하나님이 어떻게 원수들을 대하시든 상관없이 제물을 드릴 것이다. 그는 하나님의 이름이 선하다는 것을 믿고 주님의 이름에 감사하며 이 제물을 드리고자 한다(6절). 하나님의 '이름'(ཀ)이 선하다고 하는 것은 하나님의 선하신 성품을 전적으로 믿고 신뢰한다는 뜻이다. 하나님은 절대 그를 실망시키지 않으실 것이라는 확신이다.

저자가 이처럼 확고하게 하나님을 신뢰하는 것은 과거에도 그렇게 하셨기 때문이다(7절). 그는 과거에도 참으로 어려운 곤경에 처한 적이 여러 차례 있었다. 그때마다 그는 하나님께 도와 달라고 기도했을 것이다. 하나님은 그의 기도를 들으시고 환난에서 그를 구하시고 그를 괴롭힌 원수들을 벌하셨다. 이러한 사실을 깨닫고 나니 기자의 두려움이 사라졌다. 하나님이 과거에 베푸신 은혜로 인해 기자가 당면한 현재에서 모든 염려와 두려움이 사라진 것이다. 과거에 구원을 베푸신 하나님이 이번에도 은혜를 베푸실 것을 확신하기 때문이다.

제55편

다윗의 마스길, 인도자를 따라 현악에 맞춘 노래

I. 장르/양식: 개인 탄식시(cf. 3편)

이때까지 원수들의 비방과 방해로 인한 개인 탄식시는 여럿 있었다. 또한 친구들이 전혀 도움이 되지 않거나 오히려 악인들과 합세하여 기자를 괴롭힌다는 노래들도 있었다(cf. 31:11, 35:12-15, 38:11, 41:9). 그러나 저자가 매우 가까이 지내던 친구의 반역과 배신을 슬퍼하고 분노하는 한 탄식시는 이 시편이 처음이다. 이 시는 믿었던 친구에게 배신당한 사람의 울부짖음이다.

표제가 다윗을 언급하고 있기 때문에 옛 주석가들은 다윗의 삶에서 이 노래의 배경을 찾으려 했다. 가장 유력한 정황으로 제시된 것은 압살롬 반역 때 다윗의 오랜 친구 아히도벨이 그를 배신한 일이다 (Delitzsch, Grogan, cf. 삼하 15-17장). 그러나 이때 다윗이 "여호와여 원하옵건대 아히도벨의 모략을 어리석게 하옵소서"(삼하 15:31)라고 기도한 것을 보면 다윗이 아히도벨의 전략을 두려워했지만, 아히도벨을 개인적으로 미워하지는 않았던 것으로 생각된다. 이 노래의 대상이 아히도벨이라는 주장은 별 설득력이 없다는 뜻이다.

예전에는 6-8절이 예레미야 9장 1-3절과 비슷하고 예레미야 9

장 4-6절이 친구의 배신을 탄식하고 있다 하여 예레미야를 이 노래의 저자로 보는 견해가 있었다(cf. Delitzsch, Mays, Rogerson & MacKay). 또한 이 시가 친구의 배신을 슬퍼하고 있다고 해서 가룟유다가 예수님을 배신한 일과 연결한 해석도 있었다(cf. Kirkpatrick, Rogerson & MacKay, cf. 히 2:17-18). 그러나 오늘날 이러한 주장을 받아들이는 사람은 더 이상 없다. 이 시는 죽음까지 생각하게 할 정도로 어려운 상황에 처한 사람이 매우 불안해하며 부른 노래로 간주하고(Brueggemann & Bellinger, Gerstenberger), 누가, 언제 이 시를 저작했는가에 대하여는 해결되지 않은 문제로 남겨 두는 것이 가장 바람직하다. 이렇다 할 결정적인 증거가 없기 때문이다.

일부 주석가들은 이 노래가 하나가 아니라 둘이었으며, 포로기 이후에 하나로 편집된 것이라고 주장한다. 크라우스(Kraus)는 1-18a절과 18b-23절이 각자 독립적인 시였는데, 편집자의 실수로 하나로 묶이게 된 것이라 한다. 그가 제시한 가장 큰 증거로서 1-18a절에서는 도성 안에 존재하는 악이 중심 주제이고, 18b-23절에서는 기자가 당면하고 있는 전쟁이 중심 주제인데, 12-14절과 20-21절이 친구의 배신을 주제로 삼고 있다 보니 훗날 편집자가 이 두 독립적인 노래를 별 생각없이 하나로 묶었다는 것이다.

모두가 이러한 해석에 동의하는 것은 아니다. 앤더슨(Anderson)은 이 노래는 한 편의 통일성을 지닌 시라고 한다. 18절에서 주제가 급변하는 것은 기자가 그만큼 고통스러운 시간을 보내고 있다는 것을 암시할 뿐, 굳이 두 편의 시가 하나로 묶인 것으로 볼 필요는 없다는 것이다(cf. deClaissé-Walford et al., McCann). 또한 18-23절에 묘사된 전쟁을 살펴보면 치열한 삶을 상징적으로 혹은 비유적으로 표현한 것이라고 해석할 수 있는 여지가 다분하다. 그러므로 두 편의 시로 보기보다는 한 편의 통일성을 유지하는 시로 보는 것이 바람직하다.

II. 구조

이 시는 매우 다양한 주제 변화와 매끈하지 못한 흐름을 지니고 있다. 게다가 본문이 잘 보존된 상황이 아니다(cf. Gerstenberger, Tate). 그렇다 보니 학자들도 이 시를 섹션화하는 일에 매우 다양한 모습을 보인다. 간략하게는 세 파트로, 자세하게는 열세 파트로 나눈다(cf. deClaissé-Walford et al., Goldingay, May, Ross, Tate, Terrien, vanGemeren, Wilson).

본 주석에서는 다음과 같은 구조를 바탕으로 본문을 주해해 나가고자 한다. 이 구조의 장점은 이 시편이 제시하고 있는 오랜 친구의 배신을 중심에 갖다 두어 기자가 느꼈을 배신감과 절망을 강조한다는 점이다.

  A. 원수들의 공격으로 인한 의인의 분노와 탄식(55:1-3)
    B. 탈출하고 싶은 두려운 현실(55:4-7)
      C. 온갖 죄악으로 가득 찬 도성(55:8-11)
        D. 그동안 함께해온 오랜 친구의 배신(55:12-14)
      C′. 하나님이 도성에서 부르짖는 이를 구원하심(55:15-18)
    B′. 옛 친구가 죽이는 자로 변한 현실(55:19-21)
  A′. 하나님이 악인과 의인을 구별하심(55:22-23)

III. 주해

삶에서 우리를 가장 당혹스럽게 하는 것들 중 하나는 우리와 함께하면서 우리를 전적으로 지지한다고 생각해온 사람들의 배신이다. 특히 오랫동안 죽마고우라 생각하고 지내온 친구의 배신은 더욱더 우리를 아프게 한다. 이 시편은 평생을 함께하며 의지해온 친구가 어느 날 갑자기 원수로 변한 충격적인 상황에 좌절하는 사람의 절망감을 노래하고 있다. 이러한 사실이 얼마나 고통스러운지 기자가 가장 바라는 것은 그 상황에서 도망하는 것이다(cf. 6절). 그러나 그렇게 할 수 없어서 괴로워하며 자리를 지켜야 하는 사람의 아픔을 노래하고 있다.

1. 원수들의 공격으로 인한 의인의 분노와 탄식(55:1-3)

¹ 하나님이여
내 기도에 귀를 기울이시고
내가 간구할 때에 숨지 마소서
² 내게 굽히사 응답하소서
내가 근심으로 편하지 못하여 탄식하오니
³ 이는 원수의 소리와 악인의 압제 때문이라
그들이 죄악을 내게 더하며 노하여 나를 핍박하나이다

기자는 이 노래를 원수들에게 심한 고통을 당하고 있는 사람이 할 만
한 기도로 시작한다. 먼저 그는 하나님이 그의 기도에 귀를 기울여 주
실 것을 세 차례 명령문으로 호소한다(1-2a절). "귀를 기울이소서(הַאֲזִינָ
ה)… [내 간구에서] 숨지 마소서(אַל־תִּתְעַלַּם)… 응답하소서(הַקְשִׁיבָה)." 특히
'응답하다'(קשב)는 완전히 집중하여 자기 하소연을 들어 달라는 뜻이다
(HALOT). 자신은 너무나도 원통하고 억울한 일을 당했다며 매우 간절
한 마음으로 심판하시는 하나님께 자기와 그를 괴롭히는 자들 사이에
판결해 달라는 간구다.

기자는 자기 마음이 심히 불편하여 그저 나오는 것이 탄식뿐이라고
한다(2b절). "근심으로 편하지 못하다"(אָרִיד בְּשִׂיחִי)는 충격과 걱정으로 인
하여 마음이 엄청난 혼란에 빠져 갈피를 잡지 못하고 있다는 뜻이다
(NAS, TNK, ESV, cf. HALOT). 무엇이 그를 이 같은 혼란에 빠트렸는가?
그는 원수의 '(목)소리'(קול)와 그가 자신에게 가하는 압제 때문이라고
한다(3a절). '압제'로 번역된 단어(עָקָה)는 구약 성경에서 이곳에 단 한번
등장하기 때문에 정확한 의미를 파악하기가 쉽지 않다. 대체적으로 학

자들은 압력/스트레스로 해석한다(cf. Wilson). 기자를 가장 힘들게 하는 것은 원수들의 말과 그 말로 인해 받는 스트레스라는 것이다.

그는 자신을 힘들게 하는 자를 일상적이고 평범한 용어인 '원수'(אֹיֵב)와 '악인'(רָשָׁע)으로 묘사하고 있다(3a절). 나중에 그의 원수가 다름 아닌 오랜 친구라는 사실이 밝혀질 때 독자들의 충격이 훨씬 더 크게 하기 위해서다. 전혀 기대하지 않았던 사람이 원수로 드러나기 때문이다.

한 원수(단수)에 대하여 언급해오던 기자가 '그들'(복수)이라며 원수가 여럿임을 밝힌다(3b절). 마치 온 세상이 원수들과 그들의 농간에 놀아나는 자들로 가득한 분위기를 조성하고 있다. 기자는 원수들에게 포위당한 외로운 사람이다. 홀로는 도저히 수많은 적들을 감당할 수가 없다. 그러므로 하나님은 꼭 그를 도와주셔야 한다. 공의와 정의를 기뻐하시는 하나님이 억울한 희생자가 나오도록 묵인하시면 안 되기 때문이다.

2. 탈출하고 싶은 두려운 현실(55:4-7)

⁴ 내 마음이 내 속에서 심히 아파하며
사망의 위험이 내게 이르렀도다
⁵ 두려움과 떨림이 내게 이르고
공포가 나를 덮었도다
⁶ 나는 말하기를 만일 내게 비둘기같이 날개가 있다면
날아가서 편히 쉬리로다
⁷ 내가 멀리 날아가서
광야에 머무르리로다 (셀라)

앞에서 기자는 원수들이 그를 참으로 힘들게 한다고 했다. 이 섹션에서도 그는 원수들이 누구이며, 그들이 구체적으로 어떤 짓을 했는가에 대하여 말하지 않는다. 그는 자기가 느낀 공포와 위기감 등 감정을 회고할 뿐이다. 악인들에 대한 긴장감(suspense)을 계속 높여가고 있다.

저자는 원수들로 인해 마음이 심히 아팠다고 한다(4a절). '아프다'(חיל)는 고통이 너무 심해 몸을 심히 비트는 것을 뜻하며(렘 4:19, 겔 30:16, 미 4:10), 아이를 낳는 여자의 고통을 묘사하는 데 많이 사용된다(cf. 사 13:8, 23:4, 26:17, 45:10, 합 3:10). 그는 원수들로 인해 참으로 견디기 힘든 고통을 당하고 있다. 고통이 얼마나 심한지 '사망의 위험'이 그에게 이르렀다고 한다(4b절). '사망의 위험'(אימות מות)은 사망이 주는 공포감을 뜻한다(출 15:16, cf. HALOT). 죽음이 참으로 가까이 있다고 생각하는 사람만이 느낄 수 있는 두려움이다. 기자가 원수들로 인해 경험한 죽음에 대한 공포감이 얼마나 컸는지 그는 다시 한번 두려움과 떨림이 그의 삶을 채우고 극도의 공포가 그를 덮었다고 한다(5절). '덮다'(כסה)는 옷이나 이불 등으로 씌운다는 뜻이다. 도저히 벗어날 수도 없고 빠져나갈 수도 없는 공포와 두려움이 그의 삶을 가득 채웠다는 의미다.

기자는 원수들로 인해 자신이 공포와 두려움으로 가득 찬 현실에 꼼짝 할 수 없게 갇혀 있다고 생각한다. 그러므로 그는 할 수만 있다면 현실에서 탈출하고 싶어한다. 만일 그에게 비둘기처럼 날개가 있다면 안식을 찾아 이미 멀리 날아갔을 것이다(6절, cf. 렘 9:1-2). 비둘기를 뜻하는 히브리어 단어는 '요나'(יונה)로 소리나며 선지자 요나의 이름이기도 하다. 그러므로 일부 학자들은 요나가 하나님에게서 도망가기 위하여 욥바에서 배를 타고 다시스로 갔던 일을 시편 기자가 떠올렸을 거라고 한다. 재미 있는 연상이지만, 본문의 메시지와는 별 상관없는 발상이다. 들비둘기는 광야에서도 가장 사람의 손이 닿지 않는 곳에 둥지를 틀었다(Tate). 그러므로 기자가 비둘기의 날개를 갈망하는 것은 '세상 끝, 곧 사람이 하나도 없는 곳'으로 가고 싶다고 하는 것이다. 그는 사람이 살지 않는 광야까지 도망가 그곳에 머물고 싶어 한다(7절).

삶이 얼마나 힘든지 그저 도피하고 싶은 마음뿐이다. 특히 사람이

살지 않는 광야까지 가고 싶다는 것은 그가 사람들에게 받은 상처를
짐작하게 한다. 안타깝게도 현실은 그의 도피를 허락하지 않는다. 그
러므로 기자의 절망감과 두려움은 커져만 간다.

3. 온갖 죄악으로 가득 찬 도성(55:8-11)

> ⁸ 내가 나의 피난처로 속히 가서
> 폭풍과 광풍을 피하리라 하였도다
> ⁹ 내가 성내에서 강포와 분쟁을 보았사오니
> 주여 그들을 멸하소서
> 그들의 혀를 잘라 버리소서
> ¹⁰ 그들이 주야로 성벽 위에 두루 다니니
> 성 중에는 죄악과 재난이 있으며
> ¹¹ 악독이 그중에 있고
> 압박과 속임수가 그 거리를 떠나지 아니하도다

　기자는 자신이 비둘기의 날개를 가지고 있다면 아무도 없는 광야로
피하고 싶다고 했다(cf. 6-7절). 그는 자신이 처한 상황(원수들이 괴롭히는
상황)에서 사람이 없는 광야로 도망하는 것만이 피난처로 가는 것과 같
다고 한다(8a절). 사람이 없는 광야가 그의 피난처이고, 그곳에 몸을 숨
기고 폭풍과 광풍을 피하고자 하는 것은(8b절) 그를 위협하는 '광풍과
폭풍'이 사람으로 인한 것임을 암시한다.
　드디어 저자는 왜 그가 살던 곳에서 도피하고자 하는지를 말한다
(9-11절). 그곳은 온갖 악이 성행하는 곳이라며, 일곱 가지로 묘사한
다. '강포, 분쟁, 죄악, 재난, 악독, 압박, 속임수.' 기자가 사용하고 있
는 이미지는 강포와 분쟁이 성벽 위를 두루 돌아다니는 파수꾼이다
(Tate, 9-10절). '강포'(חמס)는 잔인하고 잘못된 폭력을, '분쟁'(ריב)은 오

래 지속되는 다툼을 뜻한다(cf. HALOT). 압박과 속임수는 성의 모든 비즈니스(재판, 장사 등등)가 이루어지는 거리를 떠나지 않는다. 이론적으로 말하자면 하나님의 모양과 형상대로 창조된 인간들이 모여 사는 곳인 성(城)은 더 경건하고 거룩한 곳이어야 하는데, 현실은 그렇지 않다. 사람들이 많이 모여 사는 곳일수록 더 많은 죄와 고통이 있다.

기자는 성을 온갖 폭력과 죄로 오염시킨 "사람들을 멸하시고 혀를 잘라 버리라"고 기도한다(9b-c절, cf. ESV). 개역개정의 번역은 지나치게 폭력적이고 불확실한 본문에 대한 하나의 가능성이다. 번역본마다 의미를 다르게 번역해 놓은 것을 보면 알 수 있다. 첫째, 새번역은 "그들을 말끔히 없애 버리시고, 그들의 언어가 혼잡하게 되도록 하여 주십시오"라고 번역하여 개역개정과 첫 부분(9b절)은 같이하지만, 마지막 부분(9c절)은 악인들의 혀를 자르는 의미가 아니라 그들의 말에 혼란을 주시라는 기도로 해석했다. 둘째, 대부분 번역본들이 악인들을 멸하라는 말은 삭제하고 그들의 말에 혼란을 주라는 의미로 해석했다. "악한 자들을 갈팡질팡하게 하시고, 그들의 말을 혼란스럽게 하소서"(아가페, cf. 현대인, NIV, NAS, TNK, CSB). 셋째, RSV는 9b절이 악인들을 멸하시라고 기도하는 것이 아니라, 그들의 계획을 망하게 해주시라고 기도하는 것으로 번역했다. 넷째, 공동번역은 전혀 다른 의미로 이 구절을 번역했다. "그 독살스런 혀 끝에 말려 들지 않으련만. 주여, 성 안에는 보이느니 폭행과 분쟁뿐입니다."

그중 두 번째 번역인 "악한 자들을 갈팡질팡하게 하시고, 그들의 말을 혼란스럽게 하소서"가 가장 문맥에 어울리는 해석으로 생각된다. 이때까지 기자는 악인들의 말을 문제삼아 왔고 그들의 스피치에 초점을 맞추어 왔기 때문이다(cf. 3절). 물론 9a절에서 강포와 분쟁을 처음으로 언급하고 있지만, 악인들의 말도 '강포와 분쟁'에 포함될 수 있다. 말을 혼란스럽게 한다는 것이 바벨탑 사건을 생각나게 한다(Terrien, cf. 창 11장).

기자는 악인들이 주야로 성벽 위에 두루 다니며 죄를 짓는다고 한다 (10절). 온갖 죄를 쉬지 않고 짓는다는 뜻이다. 그들은 죄를 짓기 위하여 태어난 자들처럼 산다. 결국 그들이 거하는 성은 온갖 죄악과 죄로 인한 재난(남의 피를 흘리는 일 등)이 가득하다(10b-11절). 안타까운 것은 성벽은 원래 성 주민을 보호하기 위하여 세운 것인데, 악인들이 지배하는 성의 성벽은 주민들을 보호하지 못할 뿐만 아니라 더 많은 죄에 노출시킨다. 악인들이 날뛰는 도성의 절망적인 모습이다.

4. 그동안 함께해 온 오랜 친구의 배신(55:12-14)

> [12] 나를 책망하는 자는 원수가 아니라
> 원수일진대 내가 참았으리라
> 나를 대하여 자기를 높이는 자는
> 나를 미워하는 자가 아니라
> 미워하는 자일진대
> 내가 그를 피하여 숨었으리라
> [13] 그는 곧 너로다 나의 동료,
> 나의 친구요 나의 가까운 친우로다
> [14] 우리가 같이 재미있게 의논하며
> 무리와 함께하여 하나님의 집안에서 다녔도다

기자는 드디어 그를 참담하게 만든 원수가 누구인지를 밝힌다. 먼저 그는 그를 괴롭히는 자가 차라리 악의적인 의도를 가지고 처음부터 그를 괴롭힌 원수였으면 좋았을 뻔했다고 한다(12절). 그랬더라면 잘 견뎌 냈을 것이다. 우리는 원수들에게 선한 것을 기대하지 않기 때문에 설령 해코지를 당해도 놀랄 일은 아니라고 생각한다. 그냥 그렇겠거니 하고 참는다. 또한 미워하는 자들이 우리를 괴롭히면 피하거나 숨으면 된다고 생각한다. 심지어는 그들과 말을 섞는 일까지 꺼린다. 우리 말에 이러한 정황을 적절하게 표현해 주는 것이 있다. "똥이 더러워서 피하지 무서워서 피하는 것이 아니다."

기자를 괴롭히는 사람이 원수나 미워하는 자가 아니라면 누구란 말인가? 바로 자기 친구이자 동료라고 한다(13절). 그는 자신도 이 사실이 도대체 믿기지 않는다며 매우 간략하게, 그러나 매우 효과적으로 선포하여 충격적인 면모를 부각시킨다. "그 사람은 바로 너! 내 동료, 내 친구, 내 벗이다!"(וְאַתָּה אֱנוֹשׁ כְּעֶרְכִּי אַלּוּפִי וּמְיֻדָּעִי) 기자가 사용하는 세 단어 – 동료, 친구, 벗 – 모두 이 세상에서 우리가 가장 의지하고 신뢰하는 부류의 사람들을 묘사한다. 기자는 도대체 믿을 수 없는 일이 벌어졌다며 괴로워하고 있다.

더 나아가 이 친구는 많은 시간을 함께 보냈을 뿐만 아니라, 함께 신앙생활을 하던 사람이다(14절). 때가 되면 무리지어 하나님의 집(성전)에 올라가 함께 성전 뜰을 거닐던 사이였다. 그때만 해도 친구는 한때 하나님을 경외하던 사람이었던 것이다. 지금은 어떠한가? 기자가 다음 섹션에서 친구들에게 저주를 선언하는 것으로 보아 하나님을 떠났거나, 하나님에게서 멀어진 사람이 확실하다. 기자의 친구들은 그의 원수가 되었을 뿐만 아니라, 하나님의 원수도 되었다. 윤리와 우정과 신앙은 함께 가는 듯하다. 신앙이 건전하고 믿음이 클수록 윤리적이고 우정도 깊어진다. 그러나 신앙이 흔들리면 윤리와 우정도 끝이 난다. 하나님을 경외하는 경건한 삶의 근간이 흔들렸기 때문이다.

5. 하나님이 도성에서 부르짖는 이를 구원하심(55:15-18)

> [15] 사망이 갑자기 그들에게 임하여
> 산 채로 스올에 내려갈지어다
> 이는 악독이 그들의 거처에 있고

그들 가운데에 있음이로다
¹⁶ 나는 하나님께 부르짖으리니
여호와께서 나를 구원하시리로다
¹⁷ 저녁과 아침과 정오에 내가 근심하여 탄식하리니
여호와께서 내 소리를 들으시리로다
¹⁸ 나를 대적하는 자 많더니 나를 치는 전쟁에서
그가 내 생명을 구원하사 평안하게 하셨도다

기자가 악인들을 떠올리니 분하다는 생각이 든다. 한때는 친구들이었고 신앙의 동지들이었지만, 이제는 남남이고 그들은 주님까지 떠났다. 한없이 서운하고 분하다. 그러므로 그들에게 저주를 선언한다. "사망이 갑자기 그들을 덮쳐 산 채로 스올로 끌려갈지어다!"(15a절, cf. 민 16:30). 그러나 맹목적인 저주는 아니다. 그는 심판하시는 하나님이 그들이 한 대로 그들에게 갚아 주시기를 원하는 마음에서 저주를 빈다(15b절). 심은 대로 거두게 해 달라는 기도다. 한때 친구였던 사람에게 이런 저주를 받는 사람이 이 사실을 알게 되면 어떤 생각이 들까? 갑자기 친구들을 서운하지 않게 해야겠다는 생각이 든다.

악인이 된 친구는 하나님의 심판을 받아 스올로 끌려 가겠지만, 기자는 어떻게 될 것인가? 그는 자신은 하나님께 부르짖고 있으니 분명 여호와께서 그를 구원하시리라고 확신한다(16절). 당면해 있는 현실이 분명 바뀔 것이라는 믿음이다. 현재 그는 한때 친구였던 악인들의 괴롭힘을 받고 있다. 그러나 하나님이 그의 일에 개입하시면 정작 그들이 벌을 받을 것이고, 그들에게 괴롭힘을 받고 있는 그는 구원에 이를 것이다.

기자는 일이 꼭 이렇게 될 것을 확신한다. 그는 하루 종일 이렇게 되기를 하나님께 간절히, 꾸준히 기도한다. '저녁과 아침과 정오'(17절, cf. 단 6:10). 기도는 분명 노동이다. 기도 응답은 그 노동에 대한 하나님의 보상이라 할 수 있다. 하나님은 기자와 특별한 관계를 맺으시고 그를 보호하시는 분이다. 이 사실을 알고 있는 기자는 이 관계를 기도의 근거로 삼고 있다. 기자는 자신이 하나님과의 관계를 근거로 기도를 드리고 있다는 사실을 강조하기 위하여 이 '엘로힘 시편집'에서 '여호와'(יהוה)를 두 차례나 부른다(16-17절).

하나님이 기자와 함께하시니 적은 많지만 두렵지는 않다(18절). 하나님이 분명 그를 보호하시고 구원하실 것을 믿고 확신하기 때문이다. 그를 구원하신 하나님이 그에게 '평안'(שׁלום)도 주실 것이다. 이때까지 그가 너무 고통스러워서 도망가고 싶어했던 모든 상황과 감정이 정리되어 하나님의 다스림을 받을 것이라는 의미다. 하나님이 함께하시면 우리는 언제, 어디서든 하나님만이 주실 수 있는 참 평안을 누릴 수 있다.

6. 옛 친구가 죽이는 자로 변한 현실(55:19-21)

¹⁹ 옛부터 계시는 하나님이 들으시고
그들을 낮추시리이다 (셀라)
그들은 변하지 아니하며
하나님을 경외하지 아니함이니이다
²⁰ 그는 손을 들어 자기와 화목한 자를 치고
그의 언약을 배반하였도다
²¹ 그의 입은 우유 기름보다 미끄러우나
그의 마음은 전쟁이요
그의 말은 기름보다 유하나
실상은 뽑힌 칼이로다

기자는 하나님이 그의 기도를 들으시고 한때 그의 친구들이었던 악인들을 낮추실 것을 확신한다(19a절). 그들을 벌하실 것이라는 뜻이다.

그러나 하나님의 징계를 받고도 그들은 변하지 않고, 주님을 경외하지도 않는다(19b절). 강퍅한 자의 전형적인 모습이다. 이런 사람들에게는 징계가 소용이 없다. 상황 판단을 하지 못할 정도로 어리석기 때문이다. 또한 하나님을 경외하는 마음은 주님이 우리 안에 창조하시는 아름다운 것인데(cf. 시 51:10), 악인들은 주님께 이런 선물을 받지 못했다.

하나님은 왜 그들에게 하나님을 경외하는 마음을 주지 않으셨는가? 그들은 온갖 속임수를 써서 남을 괴롭히기 때문이다(20절). 일부 주석가들은 원수가 된 친구가 위반한 '언약'(בְּרִית)을 하나님이 이스라엘과 맺으신 언약을 뜻하는 것으로 해석하지만(vanGemeren, Wilson), 기자와의 친구 관계를 뜻하는 것으로 해석하는 것이 바람직하다(cf. 새번역, 아가페, 현대인, NRS, TNK). 기자의 옛 친구는 언약을 맺어 서로 화목하기로 한 사람을 쳤다(20절). 아마도 그는 자신과 친구와의 관계를 염두에 두고 이런 말을 하는 듯하다. 원수가 된 친구는 '화평'(שָׁלוֹם)을 약속했지만, 정작 화평은 없었다. 그러므로 결국 그는 언약을 배반했다. '배반하다'(חָלַל)는 더럽히다는 뜻이다(cf. HALOT). 경건하고 거룩한 언약을 죄와 위반으로 더럽힌 것이다.

원수의 말은 우유 기름보다 미끄럽고, 기름보다 유하지만, 정작 그의 마음은 전쟁이요, 입은 뽑힌 칼이다(21절). '우유 기름'(מַחְמָאֹת)은 성경에서 이곳에 단 한 차례 사용되는 단어라 뜻을 파악하기가 쉽지 않지만, 오늘날의 버터(butter)를 뜻하는 것으로 생각하면 된다(cf. 아가페, NIV, NAS, NRS, TNK). '기름보다 유하다'는 건조한 피부에 기름을 발라 증세를 누그러뜨리고 매끄럽게 하는 일에서 온 표현이다(cf. 새번역, 공동, NIV, TNK). 절대 믿을 만한 사람이 아니며, 말하는 것과 삶이 참으로 다르다는 뜻이다. 그는 항상 평화를 말하고 매우 부드럽고 다정다감하게 말한다. 그러나 그의 마음은 항상 폭력을 생각하고 누구를 망하게 할 계획으로 가득하다. 이런 사람은 자기 외에는 그 누구도 행복하고 편안하게 살면 안 된다고 생각한다.

7. 하나님이 악인과 의인을 구별하심(55:22-23)

²² 네 짐을 여호와께 맡기라
그가 너를 붙드시고
의인의 요동함을 영원히 허락하지 아니하시리로다
²³ 하나님이여
주께서 그들로 파멸의 웅덩이에 빠지게 하시리이다
피를 흘리게 하며 속이는 자들은
그들의 날의 반도 살지 못할 것이나
나는 주를 의지하리이다

이 같은 상황, 곧 원수로 변한 옛 친구가 죽이겠다며 온갖 폭력과 음모를 꾸밀 때 우리는 무엇을 할 수 있는가? 아무것도 없다! 우리가 그보다 힘이 더 세다면 모르겠지만, 그가 더 강하다면 더욱이 그렇다. 기자는 지혜로운 결단을 내리며 자기와 같은 처지에 처한 사람을 권면한다. "네 짐을 여호와께 맡기라"(22a절). 원수로 변한 옛 친구의 공격은 그가 감당하기에는 너무나도 무거운 짐이다. 만일 그 짐을 지려 하면 무게에 짓눌려 죽을 것이다. 그러므로 그는 무거워 도저히 질 수 없는 짐을 여호와께 맡기며, 우리도 비슷한 상황에 처하면 그렇게 할 것을 권면한다. 앞에서처럼(cf. 16-17절) 기자는 하나님과 그의 관계를 근거로 주님께 자기의 짐을 부탁하고 있다는 사실을 강조하기 위하여 '엘로힘 시편집'에서 언약을 강조하는 하나님의 이름인 '여호와'를 사용하고 있다(22절).

하나님께 짐을 맡기면 주님은 절대 우리를 실망시키지 않으실 것이다. 주님은 짐을 맡긴 우리가 넘어지지 않도록 붙드시고, 우리가 세태에 흔들리는 것을 오랫동안 허락하지 않으실 것이다(22b-c절). 하나님이 꼭 이렇게 하실 것을 강조하기 위하여 기자는 '그'(הוא)가 붙드실 것이라며 강조형을 사용하고 있다. 주의 자녀가 평생 이 땅에서 전혀 흔들리지 않을 수는 없겠지만, 설령 흔들림이 오더라도 오래 지속되지는 않을 것이라는 의미다. 주님이 그들을 보호하시기 때문이다.

이 같은 믿음과 확신을 근거로 기자는 기도로 마무리한다(23절). 사실 기도라기보다는 이때까지의 내용을 재차 확인하는 것에 더 가깝다. 그가 확인하는 바는 세 가지다. 첫째, 하나님은 악인들이 의인들을 잡으려고 파 놓은 파멸의 웅덩이에 스스로 빠지게 하실 것이다. 하나님이 꼭 이렇게 하실 것이라는 사실을 강조하기 위하여 기자는 2인칭 강조형(אַתָּה)을 사용하고 있다. 원수들이 자기 꾀에 넘어가게 하실 것이라는 뜻이다.

둘째, 남의 피를 흘리고 속이는 자들은 매우 짧은 삶을 살 것이다. 그들은 분명 자기들만 오래 살겠다고 나쁜 짓을 하는데, 정작 창조주는 그 악한 자들의 수명을 의인들의 수명보다 더 짧게 하실 것이다.

셋째, 기자는 오직 주만 의지하며 살 것이다. 주님만을 바라보는 사람에게 세상이 요동치는 것은 잠시이며, 악인들의 공격도 곧 멈출 것이다. 하나님이 이러한 상황을 오랫동안 지켜 보고만 계시지는 않을 것이기 때문이다(cf. 22절). 현실에서 도피하고 싶을 정도로 어려운 상황에서 시작된 노래가 하나님이 그 상황을 다스리시고 곧 모든 것이 제자리를 찾을 것이라는 믿음과 확신으로 마무리되는 것은 매우 인상적이다. 주님 안에 거하는 사람들은 모두 이런 확고한 믿음과 확신으로 세상을 이길 수 있다.

제56편

다윗의 믹담 시, 인도자를 따라 요낫 엘렘 르호김에 맞춘 노래,
다윗이 가드에서 블레셋인에게 잡힌 때에

I. 장르/양식: 개인 탄식시(cf. 3편)

표제는 '요낫 엘렘 르호김'(יוֹנַת אֵלֶם רְחֹקִים)에 맞춘 노래라는 말을 담고
있다. 문자적으로 풀이하자면 중앙에 있는 단어 '엘렘'(אֵלֶם)을 어떻게
해석하느냐(오크 나무 혹은 조용한)에 따라 '먼 곳에 있는 오크 나무에 앉
은 비둘기'(A Dove of Distant Oaks)(Wilson) 혹은 '먼 곳에 있는 조용한 비둘
기'(The Silent Dove of Distant Lands)(Ross, cf. Tate)가 된다. 편집자들이 활동
하던 시대에 이 제목으로 불리는 노래가 있었고, 이 노래의 음에 따라
부르라는 지시다.

또한 표제는 이 시를 다윗이 사울에게 쫓겨 다닐 때 블레셋의 5대 주
요 도시 중 하나인 가드로 망명을 시도할 때 있었던 일과 연관시킨다
(cf. 삼상 21:10-15). 그때 다윗은 가드 왕 아기스에게 자신을 맡길 생각
을 가지고 그곳을 찾았지만, 상황이 여의치 않았다. 결국 그는 신분을
속이고 아기스 왕 앞에서 미친 척 연기하여 그곳에서 도망쳐 나왔다(cf.
삼상 22:1).

일부 학자들은 그 사건을 이 노래의 역사적 배경으로 간주하지만

(Grogan), 상당 수의 학자들은 이 노래를 다윗이 아기스를 찾아간 사건과 연관시키기가 쉽지 않다고 한다(cf. Anderson, Kraus). 대안으로는 압살롬의 반역으로 인해 다윗이 쫓기던 시절이 제시되기도 한다(Goulder). 그러나 시의 내용 중 어느 특정한 사건과 연관시킬 만한 구체적인 단서들이 별로 없다.

언제 어떤 상황에서 이 노래가 저작된 것인지는 도저히 알 수 없지만, 내용은 개인 탄식시가 분명하며 원수들의 말로 인해 어려움을 겪는 사람이면 누구든 공감할 수 있을 정도로 보편적이다. 그러므로 언제든 성도가 원수들에게 괴롭힘을 당할 때, 특히 원수들이 그가 한 말을 곡해하여 비방할 때 묵상하고 부를 만한 노래라고 생각된다. 그렇다고 해서 이 시의 용도를 굳이 개인적인 사용으로 제한할 필요는 없다. 공동체가 함께 부를 만한 노래이기도 하기 때문이다(Ross).

II. 구조

주석가들은 이 시를 5-6파트로 섹션화 하는데(cf. deClaissé-Walford et al., vanGemeren), 가장 자연스러운 것은 1-4절, 5-11절, 12-13절 등 세 파트로 구분하는 것이다. 거의 똑 같은 문장이 4절과 10-11절에서 후렴으로 반복되면서 각 섹션의 경계선을 분명히 해주기 때문이다. 또한 1-4절과 5-11절은 거의 같은 탄식을 두 차례 반복하고 있으며, 12-13절은 두 번 반복된 탄식에 대한 자연스러운 결론이라는 것도 이 같은 해석을 뒷받침한다. 그러므로 이 주석에서는 다음과 같은 분석을 바탕으로 본문을 주해해 나갈 것이다.

  A. 하나님의 자비를 구하는 기도(56:1-4)
    B. 원수들이 망하도록 기도함(56:5-11)
  A′. 하나님의 자비에 대한 감사와 서원(56:12-13)

III. 주해

이 노래는 자신이 한 말이 타인에 의하여 악의적으로 곡해되어 고통을 겪는 사람의 노래다. 원수들의 비방으로 인해 큰 위기에 처한 사람은 당연히 두려워할 것이다. 그러나 믿음이 그 두려움을 이길 수 있다며 용기를 북돋우는 노래다. 그러므로 이 시는 매우 절망적인 현실에서 시작하여 매우 낙관적인 소망으로 끝을 맺는다.

1. 하나님의 자비를 구하는 기도(56:1-4)

¹ 하나님이여
내게 은혜를 베푸소서
사람이 나를 삼키려고 종일 치며 압제하나이다
² 내 원수가 종일 나를 삼키려 하며
나를 교만하게 치는 자들이 많사오니
³ 내가 두려워하는 날에는
내가 주를 의지하리이다
⁴ 내가 하나님을 의지하고
그 말씀을 찬송하올지라
내가 하나님을 의지하였은즉
두려워하지 아니하리니
혈육을 가진 사람이 내게 어찌하리이까

기자는 간절한 마음으로 하나님의 은혜를 구하며 노래를 시작한다(1절). 한둘이 아니라 '수많은'(רַבִּים) 원수들이 작심하고 그를 괴롭히고 있기 때문이다(2절). 그들은 어떻게든 그를 무너뜨리려고 안간힘을 쓴다. 기자는 이 수많은 원수들이 쉴 틈 없이 공격해 오는 것을 강조하기 위하여 1-2절에서 '종일'(כָּל־הַיּוֹם)을 두 차례 사용하며, 그들의 공격을 다섯 차례 회고한다. "삼키다/짓밟다(שָׁאַף)··· 치다(לָחַם)··· 압제하다(לָחַץ)··· 삼키다(שָׁאַף)··· 치다(לָחַם)."

기자는 그들이 '교만하게'(מָרוֹם) 친다고 하는데(2절), 일부 번역본들은 이 단어를 원수들의 자세를 묘사하는 것이 아니라 하나님을 뜻하는 호격형(vocative)으로 취급한다. "나를 비방하는 원수들이 온종일 나를 짓밟고 거칠게 나를 공격하는 자들이 참으로 많아지고 있습니다. 오 전능하신 하나님!"(새번역, cf. 현대인, NAS, NRS, TNK). 그러나 이 단어는 산봉우리 등 '높은 곳'을 뜻하며 원수들과 연관하여 사용되고 있다(HALOT). 그렇다면 기자의 원수들은 사회적으로 높은 지위에 있는 사람들임을 암시한다(Wilson). 다행인 것은 그를 괴롭히는 자들은 '사람'(אֱנוֹשׁ)이다(1절). 그가 의지하는 하나님과 비교할 수 없는 연약한 인간이다. 그럼에도 불구하고 자신도 연약한 인간에 불과한 기자는 하나님 무서운 줄 모르고 날뛰는 사람에 불과한 원수들이 두렵다. 그래서 그는 수많은 원수들이 자신들의 사회적 지위를 악용하여 무자비하게, 지속적으로 공격해 오는 매우 절박한 상황에서 주님께 도움을 청하고 있다.

원수들로 인해 기자는 하루하루 사는 것이 매우 두렵다. 다행히 두려움이 커질수록 하나님에 대한 그의 믿음도 커진다. 현대인성경이 3절의 의미를 정확하게 표현했다. "나 비록 이토록 무서워 떨어도 굳게 굳게 주님을 믿습니다." 기자는 원수들의 계속되는 공격에 대하여 아무것도 할 수가 없다. 언젠가는 그들의 공격이 끝날 것을 기대하며 견디어 내는 수밖에 없다. 그는 이 어려운 시간을 하나님을 의지하여 이겨내고자 한다. 그러므로 원수들의 공격이 강해지고 잔인해질수록 하나님을 붙들려는 기자의 의지와 절박함도 커져간다. 고통스럽고 위기에 처한 삶이 기자를 더 큰 믿음으로 인도하고 있다!

하나님을 의지한다는 것은 무엇을 의미하는가? 저자는 3-4절에서

'의지하다'(בטח)를 두 차례 사용한다. 3절에서는 심히 두렵고 떨리는 날이면 주님을 의지하여 그 두려움을 이겨내겠다고 하고, 4절에서는 하나님을 의지하니 더 이상 두렵지 않다고 한다. 하나님을 의지하는 것은 곧 두려움에서 해방되는 것을 뜻한다.

그러나 우리가 알다시피 사람이 작정한다고 해서 두려움에서 해방될 수 있는 것은 아니다. 그 두려움이 자아내는 공포감을 충분히 이겨낼 수 있는 평강이 임할 때 비로소 두려움에서 해방되었다고 할 수 있다. 그렇다면 기자가 하나님을 의지하여 두려움을 이겨내는 것은 곧 하나님의 위로와 평안이 그에게 임했음을 의미한다. 하나님이 '스스로 돕는 자를 도우신 것'이다.

하나님이 주신 평강으로 두려움에서 해방되고 나니 찬송이 나온다(4a-b절). 기자는 하나님과 하나님의 말씀을 찬양하겠다고 하는데, 하나님의 말씀이 찬양의 대상이 되는 것이 흔한 일은 아니다(Goldingay). 아마도 그가 하나님의 말씀(보호하시겠다는 약속)을 믿겠다는 의지를 표현하는 것으로 생각된다. 우리가 슬픔과 두려움 중에도 찬송을 부르려고 노력해야 하는 이유가 여기에 있다. 억지로라도 하나님을 찬송하기 시작하면 어느덧 하나님의 평강이 우리를 슬픔과 두려움에서 해방시켜 주신다. 해방된 영혼은 더 힘껏 하나님을 찬양하며 큰 은혜를 경험한다. 우리의 찬송은 하나님을 의지하는 결과이지만, 동시에 하나님을 더욱더 의지하게 하는 동기가 된다.

기자가 하나님을 의지하니 상황이 달라 보인다. 전에는 한없이 두렵게만 느껴졌던 원수들이 전혀 두렵지 않다(4c-d절). 세상을 창조하시고 다스리시는 하나님이 그와 함께하시며 도우실 것이라고 생각하니 갑자기 원수들이 작아 보인다. 가만히 생각해 보니 그들은 혈육을 가진 사람에 불과하다. 반면에 그와 함께하시는 하나님은 그들을 창조하신 분이다. 창조주와 그가 창조한 피조물을 어떻게 비교하겠는가! 그러므로 기자는 더 이상 두렵지 않을 뿐만 아니라 그를 괴롭히던 원수들에 대하여 담대해졌다. "혈육을 가진 사람이 내게 어찌하리이까!"(4d절).

하나님이 저자가 처한 상황을 바꿔 주신 것이 아니다. 그가 스스로 바뀌었다. 무엇이 이런 변화를 가져왔는가? 자신과 하나님의 관계, 또한 원수들과 하나님의 관계를 생각하다가 이렇게 되었다. 이것이 믿음의 능력이다. 믿음은 우리가 처한 상황을 바꾸는 것이 아니라, 우리를 바꾼다.

2. 원수들이 망하도록 기도함(56:5-11)

⁵ 그들이 종일 내 말을 곡해하며
나를 치는 그들의 모든 생각은 사악이라
⁶ 그들이 내 생명을 엿보았던 것과 같이
또 모여 숨어 내 발자취를 지켜보나이다
⁷ 그들이 악을 행하고야 안전하오리이까
하나님이여 분노하사 뭇 백성을 낮추소서
⁸ 나의 유리함을 주께서 계수하셨사오니
나의 눈물을 주의 병에 담으소서
이것이 주의 책에 기록되지 아니하였나이까
⁹ 내가 아뢰는 날에 내 원수들이 물러가리니
이것으로 하나님이 내 편이심을 내가 아나이다
¹⁰ 내가 하나님을 의지하여 그의 말씀을 찬송하며
여호와를 의지하여 그의 말씀을 찬송하리이다
¹¹ 내가 하나님을 의지하였은즉 두려워하지 아니하리니
사람이 내게 어찌하리이까

처음에는 원수들로 인해 너무 힘이 들어 별 말을 못하고 그저 하나님께 도와 달라는 기도만 할 수 있었던 기자가 주님을 의지하여 평안과

담대함을 얻고 나니 원수들과 그들에 대한 심경을 더 자세하게 말할
용기가 생겼다. 그러므로 이 섹션은 앞 섹션(1-4절)의 추가 설명이라
할 수 있다. 이 점을 암시하기 위하여 기자는 10-11절에서 4절을 거의
반복하다시피 한다. 4절과 10-11절이 일종의 후렴 역할을 하고 있는
것이다.

앞에서도 기자는 두 차례나 원수들이 '종일'(כָּל־הַיּוֹם)(1-2절) 그를 괴
롭힌다고 했다. 이번에도 같은 문구인 '종일'(כָּל־הַיּוֹם)을 반복 사용하
여 그들의 지칠 줄 모르는 꾸준한 악행을 고발한다(5a절). 원수들이 하
루 종일 어떤 악을 행하는가? 기자는 그들이 자기 말을 곡해한다며 탄
식한다(5a절). '곡해하다'(עָצַב)는 비난하거나 상처를 입힌다는 뜻이다
(HALOT). 악인들은 기자의 '말에 상처를 입히고' 있다. 그가 하는 말의
의도를 꼬고 비틀어 원래 의도를 왜곡시킨다는 뜻이다(cf. 아가페, 현대
인, NIV, CSB).

왜 그들은 저자의 말을 왜곡시키는가? 어떻게든 그를 해치기 위해서
이다(5b절). 그러므로 그는 악인들의 모든 생각을 악하다고 단정한다.
6절은 원수들이 기자에게 하고 있는 악한 짓들을 묘사하고 있는데, 현
대인성경이 가장 잘 번역하고 있다. "저들은 음침한 곳에 모여서 나의
일거수 일투족을 일일이 다 엿보며 어떻게 하면 나의 목숨 빼앗을 수
있을까 기회를 노립니다"(cf. NIV, NRS, ESV, TNK). 그는 악인들의 감시
에 숨이 막힐 지경이다.

여태까지 했던 노래가 원수들에 대하여 말하다가 갑자기 민족을 뜻
하는 '뭇 백성'(עַמִּים)(7절)을 언급하는 것이 특이하다(cf. 새번역, NIV, NAS,
CSB). 주석가들은 기자가 악인들의 집안 전체를 의미하는 것이라고 하
기도 하고(Durham), 하나님이 기자의 원수들을 심판하실 때 온 세상
에 있는 모든 악인들을 함께 심판해 달라는 의미로 해석하기도 한다
(Kirkpatrick, vanGemeren). 이 시편은 원래 개인 탄식시였는데, 훗날 온 공
동체가 부르는 애가가 되면서 빚어진 일이라는 해석도 있다(Wilson, cf.

Terrien). 혼자인 기자에게 수많은 원수들은 마치 민족들처럼 느껴진다는 일종의 과장법일 수도 있다.

기자는 정의의 하나님이 이러한 상황을 지켜만 보고 계시면 안된다며 주님이 그들을 처벌하시기를 간구한다. "하나님, 저토록 못된 짓을 하고 있는 저들을 그냥 두지 마소서. 화를 벌컥 내시어 땅바닥에 내동댕이치소서"(7절, 현대인). 하나님이 자기 편이 되시어 직접 원수들을 혼내시라는 기도다.

기자는 하나님의 개입을 설득하기 위하여 자신이 원수들로 인해 아프고 힘들었던 일도 회고한다(8절). 그는 원수들로 인해 참으로 많이 방황했다. '방황'(נֹד)은 성경에서 이곳에 한번 사용되는 단어인데, 매우 고통스러운 나날들을 보냈다는 뜻이다(cf. HALOT). 그가 원수들로 인해 흘린 눈물이 얼마나 많은지 하나님이 병에 담아 보관해 주셨으면 한다. '병'(נֹאד)은 가죽부대를 뜻한다. 그러므로 오늘날의 통념상 병보다는 항아리 혹은 가죽부대가 더 적절한 번역이다(cf. 새번역, 공동, 현대인). 그는 원수들로 인해 항아리를 채울 정도로 참으로 많은 피눈물을 흘렸다며 일종의 과장법을 사용하고 있다. 그는 또한 하나님이 자기가 이처럼 많은 눈물을 흘린 것을 꼭 책에 기록해 두시기를 간절히 바란다. 원수들을 심판하실 때 증거물로 사용하라는 뜻이다.

다행인 것은 기자가 하나님께 도움을 청하며 부르짖으면, 원수들은 분명 물러갈 것이라는 사실이다(9절). 그들은 하나님을 믿지는 않지만, 하나님이 어떤 분인가를 알기 때문에 두려워한다. 또한 그들이 물러가는 것은 하나님이 그들의 편이 아니라 기자의 편이라는 사실을 인정하기 때문이다. 그도 이 사실을 의식하고 하나님이 원수들을 벌하실 때 주님이 자기 편이 되심을 알 것이라고 한다. 그는 하나님이 원수들을 벌하시는 것을 주님이 그의 편이라는 사실을 확인할 수 있는 '눈에 보이는 증거'로 삼겠다는 것이다. 그러나 하나님이 우리 편이라는 사실을 항상 우리 눈으로 확인할 수 있는 것은 아니다. 때로는 하나님이 우리 눈에 보이지 않는 방법으로 역사하시고, 때로는 우리가 원하는 확인 방법을 따르지 않으실 수도 있기 때문이다. 그러므로 기자의 이 같은 선언은 그의 희망을 표하는 것이라고 할 수 있다. 성경은 눈으로 보지 않고 믿는 사람이 복되다고 한다(요 20:24-31).

　원수들과 치열하게 싸우는 중에 하나님이 우리 편이라는 사실을 확인하면 우리는 무엇을 해야 하는가? 더 이상 원수들과 싸울 필요가 없다. 우리 편인 하나님이 다 알아서 하실 것이기 때문이다. 그러므로 우리는 더 이상 괴로워하거나 고민할 필요가 없다. 심지어는 공격해 오는 원수들을 두려워할 필요도 없다. 그럴 시간에 오히려 그들을 벌하시고 우리를 보호하실 하나님을 찬양하는 것이 바람직하다. 이 땅에서 우리가 누릴 수 있는 참 평안은 하나님의 선물이며, 선물을 이미 받았거나, 장차 받기를 원하는 사람은 그 선물을 주신 하나님을 찬양하는 것이 당연하기 때문이다.

　기자는 자신도 그렇게 한다며 독자들도 그렇게 할 것을 권면한다(10-11절). 이 말씀은 4절을 후렴처럼 반복하고 있지만, 중간에 "여호와를 의지하여 그의 말씀을 찬송하리이다"가 삽입되었다. 대부분 주석가들은 10-11절이 4절을 반복하고 있다는 점과 이 노래가 '엘로힘 시편집'의 일부라는 점을 고려하여 '여호와'를 언급하는 이 문장이 훗날 임의적으로(실수로) 삽입된 것이라고 한다. 이 문장을 내버려 두거나 삭제한다 해서 의미가 달라지는 것은 아니다.

3. 하나님의 자비에 대한 감사와 서원(56:12-13)

12 하나님이여
내가 주께 서원함이 있사온즉
내가 감사제를 주께 드리리니
13 주께서 내 생명을 사망에서 건지셨음이라

주께서 나로 하나님 앞,

생명의 빛에 다니게 하시려고

실족하지 아니하게 하지 아니하셨나이까

하나님의 도움뿐만 아니라 원수들과의 갈등에서 주님이 자기 편이라는 사실을 새롭게 깨달은 기자가 하나님께 받은 감동과 그 감동을 주신 주님께 감사하고 싶은 마음이 간절하여 가만히 있을 수가 없다. 그러므로 그는 하나님께 서원한 감사제를 드리고자 한다(12절). 감사제를 준비하는 기자는 원수들이 그를 죽이려고 계획하는 모든 일에서 하나님이 반드시 그를 구하실 것을 확신한다(13절). 왜냐하면 하나님은 그가 원수들에게 죽임을 당하는 것이 아니라 주님 앞에서 살게 하기 위하여 그를 창조하셨기 때문이다.

이러한 사실을 깨달은 기자가 삶에 대한 새로운 다짐으로 노래를 마무리한다. "이제 나는 빛 가운데서, 하나님이 보는 앞에서 걸어가겠습니다"(아가페). 삶을 포기하고 싶은 절망감으로 시작했던 노래가 삶에 대한 의욕으로 마무리되는 것이 참으로 인상적이다. 하나님이 어떤 분이시고, 정의로우신 하나님은 우리가 억울한 일을 당하는 것을 오래 지켜보지 않으실 것이며, 우리와 함께하며 우리 편이 되어 주실 것이라는 사실을 깨달으면 삶에 대한 의욕이 솟아나는 것은 당연한 일이다. 그러므로 원수들이 괴롭게 할 때, 그 일에 대하여 묵상하거나 괴로워하기보다는 선하신 하나님을 묵상하고 사모하려고 노력해야 한다. 이것이 곤경에 처한 사람의 현명한 선택이다.

제57편

다윗의 믹담 시, 인도자를 따라 알다스헷에 맞춘 노래,
다윗이 사울을 피하여 굴에 있던 때에

I. 장르/양식: 개인 탄식시(cf. 3편)

이 노래는 시편 56편처럼 위기에 처한 사람이 하나님을 신뢰함으로 그
위기를 탈출하는 내용을 담고 있는 개인 탄식시다(Gunkel, Kraus). 표제
는 당시 대중들에게 잘 알려진 노래로 추정되는 알다스헷에 맞추어 부
르는 노래라고 하는데, '알다스헷'(אַל־תַּשְׁחֵת)은 '파괴하지 말라'는 의미를
지녔다(cf. HALOT). 이 노래는 한 농부가 자신이 가꾼 포도나무들의 첫
포도송이들이 좋지 않을 때에도 나무들을 파괴하기를 거부한다는 내
용을 담은 속담에서 유래된 것이라는 추측이 있지만(Tate), 단정하기는
쉽지 않다. 알다스헷은 58편과 59편의 표제에도 등장한다.

　일부 학자들은 1-4절과 6-10절의 내용과 분위기가 확연히 다르다
하여 이 시편이 두 개의 독립적인 노래를 합한 것이라고 주장한다(cf.
Ross). 그러나 같은 후렴구가 5절과 11절에서 반복되면서 같은 주제를
노래하는 통일성 있는 시를 두 섹션으로 구분할 뿐, 두 독립적인 노래
를 하나로 합한 것이라고 단정하기에는 증거가 부족하다. 7-11절은
거의 동일한 형태로 108편 1-5절에 다시 등장한다. 또한 10절은 36편

5절을 거의 그대로 반복하고 있다.

표제는 다윗이 사울을 피하여 굴에 있던 때를 시의 역사적 배경으로 제시한다. 다윗은 사울을 피해 굴에 숨은 적이 두 번 있었는데, 한 번은 아둘람 광야에 있는 굴에 숨었고(cf. 삼상 22장), 한번은 엔게디 골짜기에 있는 굴에 숨었다(cf. 삼상 24장). 그러나 대부분 학자들은 그때 일이 이 시의 역사적 배경이라고 생각하지는 않는다(Kirkpatrick). 이 시편의 내용이 그때 일과 연결하기가 쉽지 않기 때문이다. 일부 주석가들은 이 시편이 늦은 왕정시대에 저작된 것이라고 추정한다 (Anderson). 정확히 언제 저작된 것인지는 알 수 없지만, 포로기 이후 시대 공동체가 자신들이 사용하기 위하여 편집한 것이라고 하기도 한다 (Wilson).

학자들은 4절을 바탕으로 억울하게 궁지에 몰린 사람이 성전으로 피신하여 부른 노래라고 하기도 하고(Kraus), 적들과 싸워야 하는 왕의 기도라고 하기도 한다(Eaton). 8절을 바탕으로 사람들이 밤새 기도할 때 부른 노래라는 주장도 있고, 원수들의 악의적인 가십(gossip)에 시달리는 사람이 억울함과 의로움을 호소하는 기도라고 하기도 한다 (Brueggemann & Bellinger). 이 노래가 고통당하는 사람들을 위하여 회당에 모여 예배하는 사람들이 사용한 것이라는 추측도 있다(Gerstenberger). 그러나 시편 56편처럼 이 노래가 언제, 어떤 정황에서 저작되고 사용된 것인지는 확실하지 않다.

II. 구조

이 노래를 1-5절과 6-11절 등 두 파트로 구분하는 일 외에 구체적인 구조를 논하는 것은 쉽지 않다. 밴게메렌(vanGemeren)은 1-5절과 6-11절 등 두 파트로 시를 구분하면서도 다음과 같이 매우 복잡한 구조를 제시한다.

I. 탄식(57:1-4)

A. 보호를 위한 기도(57:1)

  B. 구원, 사랑, 신실함을 위한 기도(57:2-3)

    C. 원수들(57:4)

  후렴(57:5)

II. 감사(57:6-10)

    C'. 원수들(57:6)

A'. 힘을 주심에 감사(57:7-8)

  B'. 사랑과 신실함에 대한 감사(57:9-10)

  후렴(57:11)

위 분석은 후렴(5, 11절)이 구조에 반영되지 않은 것과 전체적인 구조의 흐름이 매끄럽지 못한 것이 다소 아쉽다. 이 시편의 경우 후렴이 반복되며 노래를 두 파트로 나눈다는 점과 짧은 시라는 점을 고려하여 다음과 같이 두 파트로 구분해서 주해해 나가고자 한다.

A. 구원을 간구하는 이의 기도(57:1-5)

B. 구원을 확신하는 이의 찬양(57:6-11)

III. 주해

이 노래도 56편처럼 궁지에 몰린 사람이 하나님의 도움을 바라며 드리는 기도다. 곤경에 처한 기자는 하나님의 보호하시는 날개 아래에서 모든 재앙을 피할 수 있기를 희망한다. 56편은 기자가 당면한 문제에 초점을 맞추었지만, 이 노래는 문제를 해결해 주시는 하나님을 찬양하는 일에 초점을 맞춘다. 이 과정에서 기자는 다양한 이미지를 매우 효과적으로 사용한다(Schaefer). 56편과 이 노래는 탄식시라는 공통점을 지녔지만, 내용은 상당히 다르다.

1. 구원을 간구하는 이의 기도(57:1-5)

¹ 하나님이여

내게 은혜를 베푸소서

내게 은혜를 베푸소서

내 영혼이 주께로 피하되

주의 날개 그늘 아래에서

이 재앙들이 지나기까지 피하리이다

² 내가 지존하신 하나님께 부르짖음이여

곧 나를 위하여 모든 것을 이루시는 하나님께로다

³ 그가 하늘에서 보내사

나를 삼키려는 자의 비방에서 나를 구원하실지라 (셀라)

하나님이 그의 인자와 진리를 보내시리로다

⁴ 내 영혼이 사자들 가운데에서 살며

내가 불사르는 자들 중에 누웠으니

곧 사람의 아들들 중에라

그들의 이는 창과 화살이요

그들의 혀는 날카로운 칼 같도다

⁵ 하나님이여

주는 하늘 위에 높이 들리시며

주의 영광이 온 세계 위에 높아지기를 원하나이다

매우 큰 곤경에 처한 기자는 두 차례나 하나님께 은혜를 베풀어 달라는 간구로 노래를 시작한다(1a-c절cf. 56:1). 자기는 참으로 가련한 사람이니 주님이 그를 불쌍히 여기시어 자비를 베풀어 달라는 기도다. 그러나 그는 하나님의 도우심이 그에게 임할 때까지 기다릴 수가 없다. 그가 당면하고 있는 위기가 너무나도 크고, 당하고 있는 재앙들이 참으로 많기 때문이다.

그러므로 절박한 저자가 스스로 하나님의 날개 아래로 피신하여 온 갖 위기가 지나기까지 그곳에 머물기를 원한다(1d-f절). 시편 55편 6절 과 56편의 표제는 비둘기를 언급했는데, 이 구절은 새끼들을 보호하는 어미새로 하나님을 묘사하고 있는 것이 인상적이다(Grogan).

기자는 '피하다'(חסה)를 두 차례 사용하여 자신의 하나님에 대한 신 뢰를 고백하고 있다. 첫 번째 사용(חָסָיָה)은 완료형이며 과거에 그가 하 나님께 피했던 일을 강조한다. 두 번째 사용(אֶחְסֶה)은 미완료형이며 앞 으로도 꾸준히 하나님께 피할 것을 강조한다(Wilson). 그는 견디기 힘 든 현실에서 한 걸음 떠나 주님의 품에 안기기를 원한다. 하나님의 품 에서 그를 괴롭히는 온갖 재앙들이 끝날 때까지 기다릴 것이다. '날 개'(כָּנָף)가 시은좌를 구성하고 있는 천사들의 날개를 뜻한다 하여(cf. Goldingay) 저자가 예루살렘 성전으로 도피한 것으로 해석하기도 하지 만(Dahood, Kraus, Tate), 이 이미지는 어미새가 새끼 새를 보호하는 일에 서 온 것이다(Terrien). '날개'는 날개뿐만 아니라 옷자락을 뜻하기도 하 며, 보호를 위하여 덮는 일을 상징하는 것에 초점이 맞춰져 있다(cf. 룻 3:9, 사 34:15, 시 17:8, 36:7, 57:1, 마 23:37).

기자가 의지하는 하나님은 어떤 분이신가? 기자는 두 가지로 하나 님에 대하여 증언한다(2절). 첫째, 하나님은 지존하신 분이다. '지존하 신 하나님'(אֱלֹהִים עֶלְיוֹן)은 세상의 신들과 절대 비교될 수 없는, 매우 특 별하고 높으신 분이라는 뜻이다(cf. HALOT). 둘째, 하나님은 우리를 위 해 모든 것을 이루시는 하나님이다. '이루다'(גמר)는 하나님이 각 사람 에 대하여 계획하신 바를 성취하신다는 뜻으로 해석될 수도 있지만(개 역개정, 아가페, NRS, ESV, CSB), 본문에서는 억울한 일을 당한 사람들을 위해 복수하신다는 뜻으로 사용되고 있다(HALOT, cf. 새번역, NIV, Tate). 하나님은 우리가 억울한 일을 당하면 꼭 복수하시는 분이며, 세상의 그 어떤 신(들)도 하나님의 보복을 방해할 수는 없다. 주님은 홀로 위대하시고 능력이 있으신 지존하신 하나님이시기 때문이다.

이처럼 위대하신 하나님이 하늘에서 도움을 보내 기자를 구원하실 것이다(3절). 하나님이 하늘에서 보내신다는 것은 주님이 하늘에 거하시기 때문일 수도 있고, 하나님이 보내시는 도움이 이 땅에 있는 것들과 질적으로 다르다는 의미도 될 수 있다. 하나님이 하늘에서 보내시는 도움은 인자와 진리다. '인자'(חֶסֶד)는 관계적인 용어로서 하나님과 기자 사이에 맺어진 언약관계를 근거로 베푸시는 은총이다(Sakenfeld). '진리'(אֱמֶת)는 성실함/꾸준함을 강조하는 단어다(HALOT). 기자는 하나님이 자신과의 관계와 성실하심을 위해서라도 꼭 그에게 베풀어 주실 것을 확신한다. 세상에서 가장 강력한 것은 하나님의 자녀들을 향한 꾸준한 사랑이다(cf. 롬 8:31-39).

하나님의 구원을 갈망하는 기자는 자신이 처한 상황을 여러 가지 비유를 통해 참으로 절박한 것으로 묘사한다(4절). 첫째, 그는 지금 당장이라도 그를 물어뜯을 듯이 달려드는 사자들 중에 산다(4a절). 원수들은 그에게 상처를 주는 것에 관심이 없다. 그들의 유일한 관심은 그를 갈기갈기 찢어 죽이는 것이다. 둘째, 그는 불사르는 자들 중에 누웠다고 하는데(4b-c절), '불사르다'(לֹהֵט)의 원 의미는 '걸신 들린 듯 먹다'이다(HALOT, cf. Tate). 이 비유는 물어 뜯는 사자의 비유를 한번 더 설명하는 것이다. 그러나 물어 뜯는 자들 중에 누워 있는 기자는 절망하지 않는다. 그들이 아무리 그를 괴롭히려 해도 '별볼일 없는 인간들'(אָדָם-בְּנֵי, 사람의 아들들)에 불과하기 때문이다(Kirkpatrick, cf. Wilson). 반면에 그는 전능자의 보호하시는 날개 아래 와 있다.

셋째, 기자는 그를 괴롭히는 원수들의 이는 창과 화살이며, 혀는 날카로운 칼 같다고 한다(4d-e절). 그가 원수들의 비방과 곡해하는 말로 인해 고통당하고 있음을 암시한다. 그들의 말이 얼마나 치명적인지 창과 화살과 예리한 칼 등 남을 죽이기 위하여 사용하는 무기들에 비교하고 있다.

그러나 기자는 더 이상 원수들을 두려워하지 않는다. 그는 전능자의 날개 아래 와 있기 때문이다(cf. 1절). 하나님은 분명 원수들의 공격에서 그를 보호하시고 구원하실 것이다. 그러므로 그는 이 섹션을 그 놀라운 구원을 베푸실 하나님에 대한 찬양으로 마무리한다(5절). 저자는 하나님의 높이 들리심을 강조한다. "하늘 위에 높이 들리시며… 온 세계 위에 높아지기를 원하나이다." 하나님은 인간이 사는 이 세상을 초월하신 분이시므로 그가 이 세상에서 겪고 있는 일은 하나님께 아무런 문제가 되지 않는다는 고백이다.

2. 구원을 확신하는 이의 찬양(57:6-11)

⁶ 그들이 내 걸음을 막으려고
그물을 준비하였으니
내 영혼이 억울하도다
그들이 내 앞에 웅덩이를 팠으나
자기들이 그중에 빠졌도다 (셀라)
⁷ 하나님이여
내 마음이 확정되었고
내 마음이 확정되었사오니
내가 노래하고
내가 찬송하리이다
⁸ 내 영광아 깰지어다
비파야, 수금아, 깰지어다
내가 새벽을 깨우리로다
⁹ 주여 내가 만민 중에서 주께 감사하오며
뭇 나라 중에서 주를 찬송하리이다
¹⁰ 무릇 주의 인자는 커서 하늘에 미치고

주의 진리는 궁창에 이르나이다
¹¹ 하나님이여
주는 하늘 위에 높이 들리시며
주의 영광이 온 세계 위에 높아지기를 원하나이다

기자는 원수들이 그를 해하려고 음모를 꾸미고 비방하는 일을 두고 그물을 치고 웅덩이를 판 것에 비유한다(6절). 이 모든 일에 대하여 그는 참으로 억울해하며, 그의 억울함을 헤아리신 하나님이 오히려 그들이 스스로 파 놓은 함정에 빠지게 하실 것이라는 말 한마디만 할 뿐, 그들을 더 이상 저주하거나 분노하지 않는다. 그는 나머지 시간과 공간을 하나님을 묵상하고 찬양하는 일에 할애한다.

저자는 원수들이 자신의 생명을 위협하는 온갖 방해가 사라진 것은 아니지만, 하나님이 그 모든 위험에서 그를 보호하실 것을 믿고 확신하기에 걱정하지 않는다. 그러므로 그는 세상 일로 걱정할 시간에 창조주 하나님을 찬양하기로 마음을 정한다. 그는 오로지 하나님을 찬양하겠다는 확고한 의지를 강조하기 위하여 "내 마음이 확정되었다"(לִבִּי נָכוֹן)는 말을 두 차례 반복한다(7절). 절대 흔들리지 않을 각오를 했다는 것이다. '확정하다'(כון)는 어떠한 경우에도 요지부동한 결정을 한다는 뜻이다(cf. HALOT).

그는 목소리로만 주님을 찬양하는 것이 아니라(7절), 자기 영광과 온갖 악기와 함께 주님을 찬양하고자 한다(8절). '영광'(כָּבוֹד)은 생명/영혼을 의미한다(cf. 새번역, 공동, 아가페, NIV, NAS, NRS, TNK). 기자는 영혼을 담은 찬양으로 주님을 경배하고자 한다. 그는 하나님을 찬양하는 일로 새벽을 깨우려고 한다. 성경에서 새벽은 하나님의 구원이 임하는 시간이다(Brueggemann & Bellinger). '새벽을 깨우다'는 무엇을 의미하는가? 일부 주석가들은 이 표현을 가나안 신화와 연결시키지만(cf. Dahood, McCann, Tate), 별 설득력이 없다. 두 가지 해석이 가능하다.

첫째, 하나님을 찬양하며 밤을 새겠다는 뜻이다(Kraus, cf. McCann). 한국 교회의 정서에 빗대자면 철야기도를 하겠다는 것이다.

둘째, 하루를 하나님에 대한 찬양으로 시작하겠다는 의미다 (vanGemeren). 한국교회의 정서에 빗대자면 새벽기도로 하루를 시작하겠다는 것이다. 어느 해석을 선호하든 중요하지 않다. 중요한 것은 하나님을 찬송하는 것이 그의 삶을 가득 채운다는 사실이다. 시편에서 고통은 짙은 밤으로, 구원은 날이 밝음으로 묘사되는 경우가 여러 차례 있다(cf. 5:3, 30:5, 59:16, 88:13, 130:5-6). 이 사실과 연결해서 해석하면 기자는 아침이 되면 분명 하나님의 구원이 그에게 임할 것이라는 믿음을 근거로 새벽을 깨우고자 한다.

더 나아가 기자는 온 열방 앞에서도 주님께 감사하며 찬양하겠다고 서원한다(9절). '만민'(עַמִּים)과 '뭇 나라'(אֻמִּים)는 분명히 이스라엘의 범위를 초월하는 개념들이다(cf. HALOT). 그러므로 일부 주석가들은 9절이 포로기 이후 시대에 이 노래가 공동체의 노래로 개작된 증거라고 한다 (Gerstenberger, Wilson). 그러나 기자가 지금은 제한된 공간인 성전에서 주님을 찬양하지만, 언젠가는 온 세상이 지켜보는 곳에서 주님의 위대하심을 노래하고자 하는 비전을 선포하는 것일 수도 있다(cf. Goldingay).

그가 찬송할 내용은 하나님의 '인자'(חֶסֶד)는 얼마나 큰지 가장 높은 하늘에 닿고, 주님의 '진리/성실하심'(אֱמֶת)은 궁창(대기)을 가득 채운다는 사실이다(10절). 이처럼 은혜가 끝이 없고 항상 신뢰와 믿음으로 우리의 삶을 가득 채우시는 하나님이시니 어찌 찬양하지 않을 수 있겠는가! 또한 이처럼 위대하신 하나님을 어찌 우리 가슴에만 품을 수 있겠는가! 그러므로 기자는 하나님이 하늘보다 더 높이 들리시며, 주님의 영광이 온 세계보다 더 높아지기를 간절히 원한다(11절, cf. 5절). 탄식과 애가로 시작한 노래가 위대한 경배와 찬양으로 변했다.

제58편
다윗의 믹담 시, 인도자를 따라 알다스헷에 맞춘 노래

I. 장르/양식: 회중 탄식시(cf. 12편)

이 시편도 56-57편처럼 세상을 다스리시는 이는 하나님이시므로 사람이 어떠하든 결국 주님의 뜻이 이 땅에 펼쳐질 것이라는 사실을 강조한다(cf. 11-12절). 한 가지 특이한 점은 일상적으로 탄식시는 하나님께 드리는 기도(탄식)로 시작하는데, 이 시는 악을 행하는 자들을 향한 스피치로 시작한다는 것이다(cf. 1-2절). 그러므로 이 노래를 악한 지도자들을 향한 선지자적 심판 스피치(prophetic judgment speech)로 분류하기도 한다(cf. McCann). 또한 이 노래는 회중 탄식시가 아니라 개인 탄식시라는 견해도 있다(deClaissé-Walford et al., cf. vanGemeren). 그러나 복수형이 지속적으로 등장하므로 회중 탄식시로 분류하는 것이 바람직하다(Anderson).

표제는 당시 대중들에게 잘 알려진 노래로 추정되는 알다스헷에 맞추어 부르는 노래라고 하는데 '알다스헷'(אל־תשחת)은 '파괴하지 말라'는 의미를 지녔다(cf. HALOT). 알다스헷은 57-59편의 표제에 연속적으로 등장하며 이번이 두번째다. '알다스헷'으로 불리는 노래는 한 농부가 자신이 가꾼 포도나무들의 첫 포도송이들이 좋지 않을 때에도 나무들을 파괴하기를 거부한다는 내용을 담은 속담에서 유래된 것이라는 추측이 있지만(Tate), 단정하기는 쉽지 않다.

다윗이 표제에 언급된다 해서 다윗의 삶에서 이 시의 역사적 배경을 찾으려는 노력이 있었다. 델리츠(Delitzsch)는 다윗의 아들 압살롬의 반역을 지목했다. 압살롬이 정의에 대하여 열정을 보였지만, 정작 자신은 참으로 부패한 인간이었기 때문이다(cf. 삼하 15-17장). 그러나 대부분 사람들은 이 시는 압살롬을 참으로 사랑했던 다윗이 그의 아들에게 할 만한 말이 아니라며 동의하지 않는다(Kirkpatrick, Ross). 다윗이 이 시편을 지었다고 하는 주석가들마저도 압살롬 사건과는 연결하지 않는다(vanGemeren).

이 시편의 역사적 배경뿐만 아니라 저작 시기도 가늠하기가 불가능하다. 일부는 이 노래는 가장 일찍 저작된 시편 중 하나에 속하며 이른 왕정 시대에 저작된 것이라고 한다(Briggs). 포로기 이후 시대에 저작된 것이라는 주장도 있다(McCann). 노래의 역사적 배경과 저작 시기와 저자에 대한 지나친 확신은 바람직하지 않은 것이다(cf. Goldingay).

II. 구조

다음은 알덴(Alden)이 제시한 구조다. 교차대구법적 구조를 제기하기 위하여 다소 강요된 부분이 있다. 예를 들자면 7-9절은 악인들을 여러 가지(물, 화살, 달팽이, 아이, 불, 나무, 바람)에 비유하여 비난하는 과정에서 달팽이를 언급하기는 하지만 핵심 내용은 아니다. 또한 '손'(B)과 '발'(B')이 대칭을 이루는 것은 맞지만, 손은 악인의 손(죄를 상징)인 것에 반해 발은 의인의 발(심판을 상징)이라는 점이 평행을 이룬다고 보기에는 다소 부담스럽다. 밴게메렌(vanGemeren)도 비슷한 구조를 제시하지만, 텍스트를 섹션화하는 일에서는 확연한 차이를 보이고 있다.

   A. 지도자들이 의롭게 판결하지 않음(58:1)

     B. 악인들은 폭력적인 손을 지녔음(58:2)

       C. 악인 묘사: 뱀 같음(58:3-5)

         D. "하나님, 그들의 이를 꺾으소서"(58:6a)

         D′. "하나님, 그들의 이를 꺾으소서"(58:6b)

       C′. 악인 저주: 달팽이 같음(58:7-9)

     B′. 의인은 악인의 피로 발을 씻을 것(58:10)

  A′. 하나님이 판결하실 것(58:11)

이 시편은 스피치의 성향에 따라 구분하는 것이 합리적이다. 기자는 1-2절에서 직설화법으로 악인들에게 말한다. 3-5절에서는 간접화법으로 악인들의 행동을 비난한다. 이어 6-9절은 정의를 위하여 하나님께 기도하며, 10-11절은 하나님이 악인들을 심판하실 것을 선포한다. 이러한 점을 감안하여 다음과 같은 구조를 바탕으로 본문을 주해해 나가고자 한다.

  A. 악인들을 향한 비난(58:1-2)

  A′. 악인들을 비난하는 이유(58:3-5)

    B. 악인들의 심판을 간구함(58:6-9)

    B′. 악인들의 심판을 확신함(58:10-11)

III. 주해

기자는 권력을 잡은 통치자들과 불합리한 사회적 제도에 대한 비판을 쏟아내고 있다. 사회적 지도자들을 간접적으로 비난한 시편들은 여럿 있지만, 이 시편처럼 노골적으로 '통치자들'을 비판하는 것은 흔하지 않다. 하나님은 악한 통치자들을 심판하실 것이며, 그들에게 억울하게 당한 의인들은 그들이 심판받는 것을 보고 기뻐할 것이다.

1. 악인들을 향한 비난(58:1-2)

¹ 통치자들아
너희가 정의를 말해야 하거늘 어찌 잠잠하냐
인자들아 너희가 올바르게 판결해야 하거늘 어찌 잠잠하냐
² 아직도 너희가 중심에 악을 행하며
땅에서 너희 손으로 폭력을 달아 주는도다

노래를 시작하는 1절을 번역하기가 쉽지 않다. '잠잠하다'로 번역된
단어(אלם)도 문제를 안고 있다. 성경에서 자주 사용되는 단어가 아니
며 전통적으로 '잠잠하다'로 해석되어 왔지만(cf. HALOT), 의미가 정확
하지가 않다. 많은 번역본들은 이 단어가 '신들'(אלים)을 뜻하는 것으로
해석한다. "너희 신들이여, 너희는 참으로 정의를 선포하는가?"(Do you
indeed pronounce justice, O gods?, NAS, cf. ESV, NRS, RSV) 그러므로 본문
이 고대 근동의 다신주의를 반영하고 있다는 주장도 있다(cf. Anderson,
Kraus). 논할 가치도 없는 억지스러운 주장이다. 지도자들을 '신들'로 비
꼬는 말일 수는 있다(McCann, cf. Tate).

더 나아가 마소라 사본에는 '통치자들'이 없다. 단지 이 구절에서 사
용되는 동사들이 정의를 말하고 올바른 판결(재판)을 해야 한다는 점을
강조하고 있기 때문에 포함된 주어격 2인칭 복수접미사를 '통치자들'로
번역한 것뿐이다(cf. McCann). 그러므로 더 정확한 번역은 "너희가 참으
로 정의를 말하느냐? 너희가 공정하게 사람을 재판하느냐?"가 된다(cf.
새번역, 아가페, 현대인, 공동). 이러한 질문은 그들(통치자들)이 이렇게 하
지 않았다는 점을 냉소적으로 비난하기 위한 것이다.

하나님의 권위를 위임받아 공의와 정의로 다스려야 할 통치자들이
왜 정의를 말하는 일에 관심이 없고, 사람들을 공정하게 재판하지 않
는가? 기자는 그들이 마음으로는 불의를 꾀하고, 손으로는 폭력을 일

삼기 때문이라고 한다(2절). '마음'(לֵב)과 '손'(יָד)은 한 쌍이 되어 사람이 계획한 것을 손이 실천하는 상황을 묘사한다. 또한 통치자들이 마음속으로 생각한 '불의'(עַוְלָה)가 행동으로 드러나는 것이 '폭력'(חָמָס)이다.

통치자들이 공의와 정의로 다스려야 백성이 행복하고 세상이 평온한데, 이 통치자들은 공의와 정의를 실현하는 일에 관심이 없다. 그들은 오직 악한 계획을 세우고, 그 계획에 따라 폭력을 행사하는 일에만 관심이 있다. 이러한 사회에서는 백성들의 삶이 한없이 고달프다. 그러므로 기자는 직무유기를 한 그들을 맹렬하게 비난한다.

2. 악인들을 비난하는 이유(58:3-5)

³ 악인은 모태에서부터 멀어졌음이여
나면서부터 곁길로 나아가 거짓을 말하는도다
⁴ 그들의 독은 뱀의 독 같으며
그들은 귀를 막은 귀머거리 독사 같으니
⁵ 술사의 홀리는 소리도 듣지 않고
능숙한 술객의 요술도 따르지 아니하는 독사로다

기자가 통치자들을 맹렬하게 비난하는 것은, 그들은 처음부터(권력을 잡기 전부터) 공의와 정의를 실현하는 통치를 할 생각이 없는 악한 자들이었기 때문이다. 그들이 권력을 잡은 이유는 어떤 고상하고 거룩한 목적을 이루기 위해서가 아니라, 단지 자기들 마음대로 그 권력을 휘두르고 남용하기 위해서였다.

악인들은 모태에서부터 멀어졌다(3a절). '멀어지다'(זוּר)는 '곁길로 빠지다'는 뜻이다(HALOT). 또한 나면서부터 곁길로 나갔다(3절). '곁길로 나아가다'(תָּעָה)는 '그릇된 길로 가다'는 뜻이다(cf. 아가페, 공동). 기자는 통치자들이 어렸을 때부터 잘못된 길을 가는 자들이었다고 한다.

그러나 악인들이 이렇게 된 것은 그들이 스스로 선택한 것이지 상황이
그들을 이렇게 몰아간 것이 아니다. 이 점을 강조하기 위하여 기자는
3-5절에서 그들의 의지와 선택을 강조하는 문법을 사용하고 있다.

태어날 때부터 그릇된 길을 선택하는 일에 익숙했던 통치자들은 성
인이 되어서도 의지를 가지고 악한 일만 한다(4-5절). 그들이 권력을
잘못 사용하므로 그들의 권력은 뱀의 독과 같고 그들은 그 독을 품은
독사와 같다(4a절). 정확히 어떤 유형의 독사인지는 알 수 없지만 코브
라나 살모사 정도로 생각하면 될 것이다(Tate). 가장 큰 문제는 그 독사
들(권력자들)이 누구의 조언도 듣지 않겠다며 자신들의 귀를 막은 것에
있다(4b절). 그들은 스스로 모든 조언에 귀머거리를 자청한 것이다.

기자는 이러한 통치자들을 술사의 소리도 듣지 않고 술객의 요술도
따르지 않는, 통제가 되지 않는 독사라고 한다(5절). 바구니에서 올라
온 코브라가 조련사의 피리 소리에 춤을 추어야 하는데, 코브라가 바
구니를 탈출하여 자기 마음대로 조련사와 관객들을 물어 죽이는 상황
을 생각하게 한다(cf. Dahood). 통치자들은 인간 조언자들뿐만 아니라
하나님의 음성과 지시도 무시하고 자기 마음대로 행하는 통제불능의
악인들이라는 뜻이다.

3. 악인들의 심판을 간구함(58:6-9)

⁶ 하나님이여

그들의 입에서 이를 꺾으소서

여호와여

젊은 사자의 어금니를 꺾어 내시며
⁷ 그들이 급히 흐르는 물같이 사라지게 하시며

겨누는 화살이 꺾임 같게 하시며
⁸ 소멸하여 가는 달팽이 같게 하시며

> 만삭되지 못하여 출생한 아이가
> 햇빛을 보지 못함 같게 하소서
> 9 가시나무 불이 가마를 뜨겁게 하기 전에
> 생나무든지 불 붙는 나무든지
> 강한 바람으로 휩쓸려가게 하소서

　통치자들은 태생이 악하고 권력을 잡은 유일한 이유는 권력을 폭력처럼 행사하기 위해서라고 비난한 기자는 하나님께 그들을 심판하시라고 한다. 성경에 의하면 이스라엘은 원래 하나님의 백성이며 하나님의 직접적인 통치를 받는다. 이러한 상황에서 하나님은 사람들을 자기를 대신할 지도자들로 세워 그들에게 권력을 위임해 주시고 자기 백성을 통치하도록 하셨다. 그렇다면 비난받는 통치자들은 하나님이 그들에게 보살피라고 맡기신 주님의 백성을 오히려 죽이고 괴롭히는 범죄를 저질렀다. 그들에게 권력을 위임해 주신 하나님의 뜻과 상반되는 짓들을 한 것이다. 그러므로 그들은 위임하신 분(하나님)의 처벌을 받는 것이 당연하다.

　이번에도 기자는 비유를 통해 하나님의 심판을 간구한다. 첫째, 하나님이 통치자들의 이빨을 부러뜨리시되 젊은 사자들의 송곳니를 부수듯이 해달라고 기도한다(6절). 이빨은 먹이를 찢고 물어뜯는 일을 상징한다. 그러므로 기자가 구하는 것은 통치자들이 더 이상 백성들(특히 의인들)을 먹잇감으로 삼지 못하도록 해 달라는 것이다. 기자는 이 구절에서 '하나님'(אלהים)과 '여호와'(יהוה)를 함께 사용하고 있다.

　둘째, 흐르는 물이 사라지는 것처럼 해달라고 기도한다(7a절). 강물은 함께 흐를 때 힘을 발휘한다. 그러나 만일 물줄기가 여러 갈래로 나누어지고 또 나누어져 흐르면 결국 물은 흙에 흡수되어 사라지게 된다. 악인들은 자신들이 사람의 생명을 위협하는 영원히 흐르는 급류라고 생각하지만, 기자는 하나님이 그들을 사라지는 물이 되도록 해달라고 기도한다. 그들이 계획한 바가 실현되지 않도록, 또한 폭력을 행사하지 못하도록 막는 기도다.

셋째, 하나님이 겨누는 화살이 꺾이는 것처럼 그들을 꺾으시기를 바란다(7b절). 이 말씀의 히브리어 텍스트(MT)의 의미가 확실하지 않다. 그러므로 두 가지 해석이 가능하다. 개역개정처럼 목표물을 맞추지 못하는 화살처럼 되게 해달라고 번역하는 것이다(새번역, 아가페, 현대인, NIV, ESV, TNK). 혹은 공동번역처럼 그들을 잘린 풀이 밟혀 시드는 것처럼 해달라는 기도다(메시지, NAS, NRS, RSV). 기자가 지속적으로 자연 현상을 언급하는 것으로 보아 '잘려 밟히는 풀'(후자)로 해석하는 것이 정황에 더 잘 어울린다. 기자는 사람들을 짓밟는 그들이 언젠가는 짓밟히는 자들이 되도록 기도하고 있다.

넷째, 기자는 하나님이 악인들을 소멸하여 가는 달팽이 같게 해달라고 기도한다(8a절). 이미지는 민달팽이(slug)가 움직임에 따라 조금씩 [닳아] 없어지는 모습이다. 물론 민달팽이가 움직임에 따라 닳아 없어지지는 않는다. 그러나 고대 사람들의 눈에는 집도 없이 돌아다니는 민달팽이가 간 길을 보면 무언가가 묻어 있고, 묻어 있는 것은 민달팽이의 일부였다. 그러므로 계속 길을 가는 민달팽이는 언젠가는 닳아 없어질 것으로 생각했을 것이다. 특히 민달팽이에게 소금을 뿌린 후 끈적끈적한 점액으로 녹는 것을 보면 더욱더 이런 생각을 하게 되었을 것이다. 기자는 악인들이 더 이상 남을 해할 수 없도록 그들을 소멸시켜 달라고 기도하고 있다.

다섯째, 만삭이 되지 못하여 출생한 아이가 햇빛을 보지 못함 같게 해달라고 기도한다(8b-c). 의료 시설과 기술이 좋지 못했던 당시 미숙아로 태어난 아이들은 대부분 살아남지 못했다. 기자는 하나님이 미숙아로 태어난 아이들이 생존할 가능성이 없는 것처럼 악인들이 오래 살지 못하도록(cf. NAS, NRS, RSV), 그래서 그들의 만행이 속히 멈추도록 기도하고 있다. 혹은 미숙아가 아니라 죽어서 태어난 아이가 해를 보지 못하는 것처럼 악인들도 속히 죽게 해달라는 기도로 해석할 수도 있다(cf. NIV, ESV, TNK).

여섯째, 가시나무 불이 가마를 뜨겁게 하기 전에 그 가시나무가 바람에 휩쓸려 가게 해달라고 간구한다(9절). 이 구절은 참으로 번역이 어려운 말씀이다(cf. Dahood, Grogan, Tate). 비록 번역이 쉽지는 않지만(cf. 새번역, 공동, 현대인, 아가페), 전반적인 의미는 확실하다. 악인들이 가시나무에 비유되고 있고, 그들이 괴롭히는 백성이 가마솥으로 묘사되고 있다. 가시나무인 악인들은 자신들의 불(화력)로 가마솥(백성)을 뜨겁게 하고자 하는데(괴롭히고자 하는데), 기자는 그들이 솥을 달구기 전(백성들을 더 이상 괴롭히기 전)에 하나님이 그들을 모조리 바람에 휩쓸려가게 해달라고 기도한다. 그 가시나무들(악인들)이 마른 나무이든 축축한 생나무이든 상관없이 모조리 쓸어 가시라는 기도다.

4. 악인들의 심판을 확신함(58:10-11)

> ¹⁰ 의인이 악인의 보복 당함을 보고 기뻐함이여
> 그의 발을 악인의 피에 씻으리로다
> ¹¹ 그때에 사람의 말이 진실로 의인에게 갚음이 있고
> 진실로 땅에서 심판하시는 하나님이 계시다 하리로다

기자는 자기가 앞 섹션에서 기도한 대로 하나님이 악인들을 심판하시면 주님의 심판이 세상에 어떤 영향을 미칠 것인가를 노래한다. 그는 하나님의 심판 효과를 두 가지로 말한다. 첫째, 악인들에게 괴롭힘을 당해온 의인들이 기뻐할 것이다(10절). 특히 악한 통치자들에게 억울하게 당해온 사람들의 입장에서 하나님의 심판은 얼마나 좋은 소식이겠는가!

의인들은 자기 발을 악인의 피로 씻을 것이다(cf. 창 49:11). 고대 근

동에서 이러한 일을 실제적으로 행한 것은 아니고, 절대적인 승리를 상징하는 이미지였다(Dahood, Grogan, Wilson, cf. 사 63:1-6, 계 14:19-20, 19:13-14). 승자가 패자의 목을 밟는 것과 비슷한 의미를 지녔다. 원수들에 대한 보복보다는 하나님의 정의가 이 땅에서 실현된 것이 의인들을 더욱더 기쁘게 한다(Mays, vanGemeren).

또한 고대 사람들은 발이 사람의 신체에서 가장 더러운 부위라고 생각했다. 그래서 주인의 발을 씻어 주는 일은 가장 낮은 노예가 도맡아 했다. 그러므로 하나님이 악한 통치자들을 심판하시는 날, 그들의 피가 의인들의 발을 씻는 데 사용된다는 것은 그 악인들이 참으로 낮아지고, 그들이 핍박하고 착취했던 의인들은 참으로 존귀하게 될 것이라는 의미를 지녔다.

둘째, 하나님이 악인들을 심판하시면 온 세상 사람들이 정의로우신 하나님이 통치하시는 세상에 참으로 정의가 살아있음을 인정하게 될 것이다(11절). 의인들이 악인들의 피에 발을 씻는 행위가 심판의 의미를 사적으로 즐기는 면모를 지녔다면 이 말씀은 심판이 공개적인 효과를 발휘할 것이라는 뜻이다. 억울하게 당한 의인들은 위로와 보상을 받고, 그들을 까닭없이 괴롭히며 폭력을 행사했던 악인들이 벌을 받으면 세상 사람들은 "진실로 땅에서 심판하시는 하나님이 계신다"고 외치며 기뻐할 것이다. 그러므로 이 시편은 보복에 대한 열망보다는 정의 실현에 대한 열망을 담은 노래다(Brueggemann & Bellinger).

제59편

다윗의 믹담 시, 인도자를 따라 알다스헷에 맞춘 노래,
사울이 사람을 보내어 다윗을 죽이려고 그 집을 지킨 때에

I. 장르/양식: 개인 탄식시(cf. 3편)

시편 57-58편에 이어 '파괴하지 말라'(אַל־תַּשְׁחֵת)는 뜻을 지닌 알다스헷 곡에 맞춘 노래로는 세 번째다. 이 노래는 개인 탄식시이지만, 곳곳에 공동체적인 요소들을 포함하고 있다(cf. 5, 8, 11-13절). 그러므로 일부 학자들은 원래 이 노래가 개인 탄식시였는데, 예배 등에서 사용하기 위하여 공동체가 변화를 준 것이라고 하는가 하면(Anderson, Wilson), 원래 예배에서 사용되던 것을 한 개인이 자기 용도로 개작한 것이라고 하기도 한다(vanGemeren). 내용이 백성을 다스리는 왕을 위한 것을 포함하고 있다 하여 왕족시로 취급하는 사람도 있다(Dahood, cf. Eaton).

표제는 사울이 사람을 보내어 다윗을 죽이려고 그 집을 지킨 때에 부른 노래라고 한다. 사무엘상 19편 11-17절에 의하면 '하나님이 보내신 악령'에 시달리던 사울이 궁에서 다윗을 창으로 찔러 죽이려 했다. 다윗이 궁을 급히 빠져나와 집으로 도주했지만, 사울은 군인들을 그의 집으로 보내 감시하도록 했다. 곧 다윗을 잡아 죽일 계획이었다. 상황을 알아챈 다윗의 아내 미갈이 그를 비밀리 창문을 통해 달아내려 도

주하게 한 일이 있었다. 표제는 이 노래가 이 사건을 배경으로 하고 있다고 한다.

그러나 표제의 정보가 이 노래의 역사적 정황이라고 생각하는 학자들은 거의 없다(cf. deClaissé-Walford et al.). 이 시는 원수들이 언어로 기자를 괴롭히고 있다고 하는데, 사울은 말이 아니라 창으로 다윗을 괴롭힌 것도 이 시와 잘 어울리지 않는다. 학자들은 이 노래가 억울하게 모함을 당한 사람이 성전으로 도피할 때 부른 노래라고 하기도 하고, 포로기 이후 시대에 고통받던 공동체의 기도라고 하기도 한다(Wilson, cf. Gerstenberger). 이 노래도 저자와 저작된 정황을 규명하기가 매우 어렵다는 뜻이다.

II. 구조

많은 학자들이 이 노래를 여섯 섹션으로 나누는데, 재미있는 현상은 각자 본문을 섹션화 하는 일에서는 현저한 차이를 보인다는 점이다. 다음은 알덴(Alden)의 제안이다.

  A. 높은 곳을 향한 기도(59:1-2)
    B. 악인들에 대한 불평(59:3-8)
      C. 하나님 신뢰 증언(59:9)
      C′. 하나님 신뢰 증언(59:10)
    B′. 악인들에 대한 저주(59:11-15)
  A′. 높은 요새이신 하나님 찬양(59:16-17)

밴게메렌(vanGemeren)도 본문을 여섯 섹션으로 나누는 것에서는 알덴과 비슷하지만, 텍스트를 섹션으로 구분하는 일에서는 상당한 차이를 보인다. 다음을 참조하라.

  A. 구원을 위한 기도(59:1-3)

    B. 억울한 사람과 탄원(59:4-5)

      C. 악인과 하나님(59:6-8)

      C′. 하나님을 소망함(59:9-10a)

    B′. 악인에 대한 저주(59:10b-13)

  A′. 하나님의 응답에 대한 확신(59:14-17)

이 시편은 같은 내용이 6절과 14절에서 두차례 후렴처럼 반복되는 특징을 지녔다. 또한 이 섹션들 앞(1-5, 11-13절)과 뒤(7-10, 15-17절)의 내용도 서로 비슷하다. 그러므로 이 노래는 1-10절과 11-17절 등 평행을 이루는 두 섹션으로 구성되어 있다. 이러한 상황을 반영하여 이 주석에서는 다음과 같은 구조를 바탕으로 본문을 주해해 나가고자 한다.

  A. 억울한 일을 당한 자의 구원을 위한 기도(59:1-5)

    B. 짖는 개와 같은 원수들(59:6-7)

      C. 피난처가 되신 하나님(59:8-10)

  A′. 억울한 일을 당한 자의 심판을 위한 기도(59:11-13)

    B′. 짖는 개와 같은 원수들(59:14-15)

      C′. 피난처가 되신 하나님 찬양(59:16-17)

III. 주해

남을 괴롭히기를 좋아하는 원수들의 비방으로 인해 참으로 억울한 일을 당한 사람이 공의와 정의의 하나님께 공정한 판결을 위해 기도한다. 그가 하나님께 도움을 청하는 근거는 하나님이 그와 특별한 관계를 맺으시고 그를 보호하시겠다고 약속하셨기 때문이다. 이러한 상황을 강조하기 위하여 기자는 언약을 강조하는 성호인 '여호와'(יהוה)를 '엘로힘 시편집'에 속한 이 시에서 세 차례나 언급한다(3, 5, 8절).

더 나아가 기자는 하나님의 심판을 받은 원수들이 생존하여 주의 백성들에게 하나님의 통치와 심판에 대하여 교훈을 주는 증거가 되도록 해달라고 간구한다. 하나님이 자신의 억울한 상황을 헤아려 주실 것을 확신하는 기자는 하나님에 대한 찬양으로 노래를 마무리한다.

1. 억울한 일을 당한 자의 구원을 위한 기도(59:1-5)

¹ 나의 하나님이여
나의 원수에게서 나를 건지시고
일어나 치려는 자에게서 나를 높이 드소서
² 악을 행하는 자에게서 나를 건지시고
피 흘리기를 즐기는 자에게서 나를 구원하소서
³ 그들이 나의 생명을 해하려고 엎드려 기다리고
강한 자들이 모여 나를 치려 하오니
여호와여
이는 나의 잘못으로 말미암음이 아니요
나의 죄로 말미암음도 아니로소이다
⁴ 내가 허물이 없으나
그들이 달려와서 스스로 준비하오니
주여 나를 도우시기 위하여 깨어 살펴주소서
⁵ 주님은 만군의 하나님 여호와,
이스라엘의 하나님이시오니
일어나 모든 나라들을 벌하소서
악을 행하는 모든 자들에게 은혜를 베풀지 마소서 (셀라)

기자는 마치 개떼가 그를 포위하고 있다고 생각할 정도로 많은 원수들에게 에워싸인 느낌을 받는다(cf. 6-7절). 원수들의 숫자가 워낙 많고 막강해서 누가 그를 돕고 싶어도 도울 수 없는 어려운 상황이다. 그를 유일하게 도우실 수 있는 분은 오직 그의 하나님이시다. 하나님이 그와 관계를 맺으시며 보호하겠다고 약속하셨기 때문이다. 그는 자신과 하나님의 관계를 강조하기 위하여 주님을 '나의 하나님'(אֱלֹהַי)이라고 부르며, 자신과 주님의 관계는 나-당신'(I-Thou)을 형성하고 있음을 부각시킨다. 그와 주님의 관계가 그의 탄식을 해소할 수 있는 유일한 것이기 때문이다(Brueggemann & Bellinger). 그와 주님과의 관계를 생각하셔서 하나님이 자기 기도에 귀를 기울여 달라는 부탁을 하는 것이다.

저자는 1-2절에서 하나님이 원수들에게서 그를 구원해 주시라는 호소를 네 차례나 하고 있다. "건지소서(נצל)··· [높이] 드소서(שׁגב)··· 건지소서(נצל)··· 구원하소서(ישׁע)." 원수들로 인해 그가 겪고 있는 엄청난 스트레스를 암시하고 있다. 또한 그는 1-2절에서 그를 괴롭히는 자들을 네 가지로 묘사한다. "내 원수들(איב), 일어나 나를 치려는 자들(מִמִּתְקוֹמְמַי), 악을 행하는 자들(פֹּעֲלֵי אָוֶן), 피 흘리기를 즐기는 자들(אַנְשֵׁי דָמִים)." 자신은 참으로 폭력적이고 무자비한 사람들에게 포위를 당한 채 괴롭힘을 당하고 있다는 것이다. 그러므로 그는 하나님께 '나를 높이 드소서'(תְּשַׂגְּבֵנִי)라며 자신을 원수들의 손이 닿지 않는 높은 곳으로 이동해 달라고 간구한다(1절). 원수들의 공격 범위에서 벗어나는 것만이 그가 상상할 수 있는 구원이라는 뜻이다.

기자를 노리는 원수들은 무자비하고 폭력적인 사람들이며 또한 '강한 자들'(עַזִּים)이다(3절). 이런 사람은 하나를 상대하기도 버거운데, 떼를 이루어 공격을 하고 있으니 당해낼 방법이 없다. 게다가 그들은 그를 죽이기 위하여 '엎드려 기다린다'(אָרְבוּ). 이 동사의 배경이 되는 이미지는 사자가 수풀 사이에 숨어 있다가 불쑥 먹잇감을 공격하는 모습이다(Goldingay). 은밀한 곳에 숨어서 가장 효과적으로 공격할 때를 기다리다가 친다는 뜻이다(cf. 미 7:2, 시 10:8-9, 잠 1:11). 공개적으로 싸움을 걸어오는 사람들에 대하여는 마음의 준비라도 할 수 있지만, 이처럼 불현듯 공격해 오면 어떠한 대항도 하지 못하고 당할 수밖에 없다. 게다가 그들은 강한 자들이다. 그는 자신이 처한 절박한 상황을 하나님께 아뢰고 있다.

저자를 더 힘들게 하는 것은 그가 잘못하거나 죄를 지어서 그들에게 이런 대우를 받고 있는 것이 아니기 때문이다(3절). 아무리 생각해 보아도 그들을 해한 적도, 해하려고 한 적도 없다. 그들은 이렇다 할 이유가 없이 그를 공격하고 있다(4절). 그러므로 기자의 입장에서는 참으로 억울한 일이다. 이런 상황에서는 심판자이신 하나님이 그와 그들 사이에 판결하시어 잘못한 쪽을 벌하시고, 억울한 쪽을 위로하실 때 비로소 문제가 해결된다(cf. 4절). 기자는 하나님이 자기와 맺으신 관계를 생각해서라도 자기 일에 꼭 개입하셔야 한다며 '엘로힘 시편집'에서 관계를 강조하는 성호 '여호와'(יהוה)를 사용하여 하나님께 부르짖는다(4절).

이때까지 개인적인 탄식으로 하나님께 기도했던 기자가 갑자기 이스라엘의 하나님을 찾고 모든 나라를 벌하라고 기도한다(5절). 이 같은 말씀(cf. 8, 11-13절) 때문에 일부 학자들은 이 시를 회중(공동체) 탄식시라고 하는 것이다. 만일 이 시편의 저자가 이스라엘의 왕이라면(cf. Tate) 개인 탄식시에서도 얼마든지 이런 기도를 드릴 수 있다. 그러므로 일부 학자들은 이 시편을 왕족시로 간주하기도 하는 것이다.

기자는 하나님을 세 가지 성호로 부른다. '여호와, 만군의 하나님, 이스라엘의 하나님'(5절). '여호와'(יהוה)와 '이스라엘의 하나님'(אלהי ישראל)은 이스라엘과 하나님의 관계를 강조하며, '만군의 하나님'(אלהים צבאות)은 참으로 전쟁에 능하신, 능력의 주님을 강조하는 성호다. 구약에서 '만군의 여호와'는 흔한 표현이지만, '만군의 하나님'은 그다지 흔하지 않은 성호다. 그래서 일부 주석가들은 여기서도 훗날 편집의 흔적을 본다(Wilson). 기자는 하나님께 이스라엘과의 관계를 생각하시어 온 천하에 능력을 발휘해 주실 것을 호소하고 있다.

그는 어떤 형태로 주님이 능력을 발휘해 주시기를 바라는가? 온 열방을 벌하셔서 주님의 능력을 온 세상에 드러내시기를 원한다(5절). '모든 나라'(כל־גוים)는 일종의 과장법으로 이스라엘을 미워하고 괴롭히는 나라들을 의미할 수 있다(cf. Terrien). 그러나 기자는 창조주이신 여호와는 이스라엘의 하나님이실 뿐만 아니라 온 열방의 하나님이시기 때문에 악인들을 심판하실 때 그를 괴롭히는 자들만 심판하시지 말고, 주님이 다스리시는 세상에 있는 모든 악인들을 함께 심판해 달라는 의미로 이런 기도를 했을 수도 있다. 그는 하나님의 정의와 공의가 온 세상에 공평하게 적용되기를 원하는 것이다. 기자는 하나님이 세상에 있는 모든 악인들을 '자비롭게 대하지 말라'(אל־תחן)고 기도하고 있다. 이때까지 여러 시편에서 기자들은 하나님께 자신들을 '자비롭게 대해 달라'(חנן)고 기도했다. 본문은 원수들에게는 자비를 베풀지 말라고 한다. 하나님이 그들과 원수들을 동일하게 대해서는 안된다는 뜻이다. 그들을 대하실 때 이스라엘과 기자를 대하시는 것처럼 관대하게 하시지 말고, 그들이 저지른 죄의 대가를 치르게 해달라는 기도다.

2. 짖는 개와 같은 원수들(59:6-7)

⁶ 그들이 저물어 돌아와서
개처럼 울며 성으로 두루 다니고
⁷ 그들의 입으로는 악을 토하며
그들의 입술에는 칼이 있어 이르기를
누가 들으리요 하나이다

기자는 앞 섹션에서 하나님께 악인들을 자비롭게 대하지 말라고(용서하지 말라고) 기도했는데, 후렴구인 이 섹션에서는 하나님이 그들을 용서하시면 안되는 이유를 말한다. 그들은 밤이면 온 도성을 돌아다니며 짖어 대는 개들과 같기 때문이다(6절). 성경에서 사람을 개에 비교하는 것은 경멸을 뜻한다. 원수들은 스스로 사람으로 취급받기를 포기한 자들이라는 것이다. 게다가 그들은 물어뜯고 싸우고 싶어서 안달이 난 모습이다. 전혀 용서할 가치가 없는 사람들이라는 뜻이다.

기자가 악인들을 짖는 개에 비교하는 것을 보면, 그가 악인들의 비방과 곡해 등 말로 인해 가장 큰 피해를 보고 있음을 암시한다. 더 나아가 그는 악인들은 입으로 악을 토하며 입술에는 칼이 있다고 한다(7절). 그들의 말은 사람을 격려하고 위로하는 치유가 아니라, 죽이고 해하는 독기를 품었다는 뜻이다. 게다가 그들은 당당하고 뻔뻔하여 자신들의 말을 들을 사람이 없다며 후환을 두려워하지 않는다.

3. 피난처가 되신 하나님(59:8-10)

⁸ 여호와여
주께서 그들을 비웃으시며
모든 나라들을 조롱하시리이다
⁹ 하나님은 나의 요새이시니
그의 힘으로 말미암아 내가 주를 바라리이다
¹⁰ 나의 하나님이 그의 인자하심으로 나를 영접하시며
하나님이 나를 원수가 보응 받는 것을 내가 보게 하시리이다

악인들은 아무도 그들의 말에 귀를 기울이지 않으며, 그들이 어떤 짓을 해도 아무도 상관하지 않는다며 온갖 악행을 서슴지 않았다(cf. 7절). 기자는 하나님이 그들을 지켜보고 계시며 그들의 어리석음을 비웃으신다고 한다(8절). 관점의 차이다. 악인들은 그 누구도 그들의 못된 행위를 지켜보는 이가 없다고 하고, 기자는 그들을 지켜보시는 분이 계신다고 하는 것이다.

악인들의 못된 행동을 지켜보시던 하나님이 그들의 어리석음을 조롱하시는데, 기자는 그들을 '모든 나라들'(כָּל־גּוֹיִם)이라고 한다(8절). 이 표

현 역시 원래 개인적인 노래였던 이 시편을 공동체적인 차원으로 끌어들인 흔적이라 할 수 있지만, 6절을 설명하면서 언급한 것처럼 기자가 하나님이 심판을 시작하시면 자기를 괴롭히는 악인들뿐만 아니라, 세상에 있는 모든 악인들을 심판하실 것을 확신하는 말일 수 있다.

하나님의 비웃음거리가 된 악인들과는 달리 기자는 자기의 요새가 되신 하나님을 찬양한다(9절). 그는 원수들이 아무리 그를 해하려 해도 성공하지 못할 것을 확신한다. 요새이신 하나님께 피하면 아무도 그를 해치지 못하도록 그를 보호하실 것이기 때문이다.

다음 행(9b절)의 의미가 확실하지 않다. 개역개정이 '그의 힘으로 말미암아'로 번역한 히브리어 문구(עֻזּוֹ אֵלֶיךָ)의 문자적 의미는 "그의 능력이 당신[주님]께 있으니"라는 뜻이다. 히브리어와 우리말의 문장 구조의 차이로 인해 9절의 문장 순서가 바뀌어 있다. 마소라 사본은 이 절을 '그의 힘으로…'로 시작하는 것이다. 또한 8절에서 본문이 사용하고 있는 3인칭 남성단수 '그'의 선행사(antecedent)는 '여호와'다. 그러므로 이 문구의 문자적 의미는 "그[여호와]의 능력이 당신[하나님]께 있다"가 된다. 열방에 흩어져 있는 악인들을 심판하시는 하나님은 곧 이스라엘과 관계를 맺으신 여호와라며 둘 사이에 어떠한 차별도 허용하지 말라는 의미다.

하나님은 주님께 피하는 기자를 모른 척하지 않으실 것이다. 주님은 그를 영접하실 것이며, 원수들이 벌을 받아 괴로워하는 모습을 그에게 보여 주실 것이다(10절). '영접하시다'(קדם)의 문자적 의미는 '… 앞에 나타나다'이다(HALOT). 하나님이 '주님의 자비로우심으로'(חַסְדּוֹ) 기자에게 나타나기 때문에 '영접하다'라는 의미가 가능하다. 또한 "원수가 보응 받는 것을 보게 하시리라"(וַיַּרְאֵנִי בְשֹׁרְרָי)를 문자적으로 번역하면 "내게 내 원수들을 보게 하실 것이다"이다. 보복에 대한 부분이 빠져 있는 것이다. 그러나 문맥이 보복을 전제하기 때문에 이런 해석이 가능하다. 하나님은 그에게 피하는 사람을 환대하실 뿐만 아니라, 그들의 눈에서 눈물을 씻어 주시고, 분명히 그들을 울린 자들을 벌하실 것이다.

4. 억울한 일을 당한 자의 심판을 위한 기도(59:11-13)

¹¹ 그들을 죽이지 마옵소서

나의 백성이 잊을까 하나이다

우리 방패 되신 주여

주의 능력으로 그들을 흩으시고 낮추소서

¹² 그들의 입술의 말은 곧 그들의 입의 죄라

그들이 말하는 저주와 거짓말로 말미암아

그들이 그 교만한 중에서 사로잡히게 하소서

¹³ 진노하심으로 소멸하시되 없어지기까지 소멸하사

하나님이 야곱 중에서 다스리심을 땅 끝까지 알게 하소서 (셀라)

기자는 하나님께 원수들을 완전히 죽여 멸하여 달라고 하는가(cf. 13절), 아니면 그들을 벌하시기는 하되 죽이지는 말고 살려 두어 두고두고 주의 백성에게 교훈이 되게 해달라고 기도하는가?(cf. 11절). 대부분 번역본들은 그들을 살려 두어 악인들은 저런 벌을 받는다며 백성들에게 산 교훈이 되도록 해달라는 것으로 번역한다(새번역, 아가페, 공동, NIV, NRS, TNK, ESV). 그러나 NAS는 11절을 "하나님, 그들을 죽이소서. 그렇지 않으면 그들은 내 백성을 [계속] 속일 것입니다…"(Slay them, God, lest they deceive my people…)로 번역했다.

대부분 번역본들이 죽이지 말라고 하기 때문에 다소 황당한 번역이라 할 수 있지만, 기자가 13절에서 그들을 죽여 달라고 하는 것을 감안할 때 문맥을 고려하면 오히려 합리적인 번역이라 할 수 있다. 다른 가능성은 당장은 그들을 죽이지 말고 옆에 두어 그들이 심판을 받아 고통당하는 모습이 백성들에게 교훈이 되게 하시고(11절), 훗날 그런 교육 효과가 다한 다음에는 그들을 꼭 죽이시라는 뜻으로(13절) 해석할 수 있다. 아마도 기자가 의도한 바가 바로 이것일 것이다. 한동안 원수들을 본보기로 사용하다가 효력을 다하면 처벌하라는 것이다. 기자가 12절에서 원수들을 당장 죽이지 말라는 이유가 NAS가 해석한 것처럼 그들이 백성들을 속이는 것을 염려해서가 아니라 '내 백성들이 잊을까'(פֶּן־יִשְׁכְּחוּ עַמִּי)를 염려하기 때문인 것도 이러한 해석을 뒷받침한다. 또한 옛적에 하나님은 이스라엘의 영적인 삶에 도움이 되라고 가나안 사람들을 완전히 멸하지 않고 소수를 살려두어 이스라엘 중에 두신 적이 있다(삿 2:20-23, cf. 출 9:16).

하나님을 요새(9절)라고 했던 기자가 본문에서는 주님을 방패라며 찬양한다(11c절). '방패'(מָגֵן)는 전쟁에서 군인이 의지할 수 있는 가장 확실한 보호 장비다. 전능하신 주님이 방패가 되어 주시면 원수들이 쏘아대는 온갖 화살과 창과 칼은 우려할 바가 아니다. 그러므로 기자는 곧바로 방패가 되신 하나님께 공격해 오는 적들을 오히려 공격하여 그들에게 패배를 안겨 달라고 기도한다(11d절).

그들은 의로우신 하나님의 벌을 받을 만한 자들이기 때문이다. 그들의 입은 죄를 말하고 죄로 가득 차 있다(12절). 내뱉는 말마다 저주와 거짓말이다(12b절). 그들이 이런 일을 서슴지 않는 것은 교만하기 때문이다(12c절). 그들은 사람뿐만 아니라 하나님도 두려워하지 않기 때문에 이런 짓을 하고 있다. 자기들은 최고이며 이 세상 그 누구도 그들과 견줄 수 없다는 착각 속에 사는 가련한 인생들이다(cf. 7절).

사람을 두려워하지 않는 것은 그렇다 하더라도 하나님도 두려워하지 않는 자들에게 소망이 있는가? 없다는 것이 기자의 단호한 입장이다. 그러므로 그는 하나님께 이 악인들을 죽여 세상에서 끊어지게 해달라고 기도한다(13a절). 그는 하나님께 악인들이 세상에서 완전히 사라지게 해달라는 기도를 드리며 두 차례 '끝내다'(כָּלָה)는 동사를 사용한다. 한번은 하나님의 "진노로 그들을 절단 내시고"(כַּלֵּה בְחֵמָה), 한번은 그들이 "더 이상 존재하지 않을 때까지 멸하시라고"(כָּלֵה וְאֵינֵמוֹ) 한다. 그들을 확실하게 처단해 달라는 부탁이며, 기자가 얼마나 그들에 대하여 분노하고 있는가를 엿볼 수 있는 대목이다.

하나님이 이처럼 모든 원수들을 절단내시면 온 세상이 야곱의 하나님을 알게 될 것이다(13b절). 여호와가 자기 백성인 이스라엘을 다스리시며, 동시에 온 세상을 다스리시는 분이심을 깨닫게 될 것이다. 또한 여호와는 이스라엘뿐만 아니라 온 세상을 창조하신 창조주이시며, 공의와 정의로 세상을 심판하시는 분이심을 알게 될 것이다. 기자는 하나님의 의로우신 심판이 그의 사적인 영역에만 영향을 주는 것이 아니라, 온 세상에 지대한 영향을 미칠 것이라며 주님의 심판을 간절히 바라고 있다.

5. 짖는 개와 같은 원수들(59:14-15)

¹⁴ 그들에게 저물어 돌아와서
개처럼 울며 성으로 두루 다니게 하소서
¹⁵ 그들은 먹을 것을 찾아 유리하다가
배부름을 얻지 못하면 밤을 새우려니와

14절은 6절을 그대로 반복하고 있으며, 히브리어 사본으로는 글자 하나 다르지 않다. 개역개정은 14절과 6절의 억양을 조금 다르게 번역했다. 6절은 "그들이 저물어 돌아와서 개처럼 울며 성으로 두루 다닌다"며 악인들의 만행을 하나님께 고발하는 듯한 느낌을 준다. 반면에 14절은 "두루 다니게 하소서"로 번역하여 원수들이 무슨 짓을 하든 간에 더 이상 관여하지 않을 테니 하나님이 그들이 밤이면 개처럼 돌아다니도록 내버려두셔도 된다는 억양으로 번역했다.

미세하지만, 설득력이 있는 번역의 차이다. 6절에서는 원수들의 횡

포에 불안을 느꼈던 기자가 탄식하며 하나님께 그들의 행동을 일러바치는 행태를 취했다면, 이제는 원수들에 대하여 어느 정도 마음에 여유를 갖고 "할 테면 해보라"는 자세를 취하고 있기 때문이다. 무엇이 그의 마음에서 6절의 조바심이 14절의 여유로 바뀌게 했는가? 하나님이 그가 피할 요새이자 보호하는 방패이시며, 악인들을 심판하여 멸할 심판자가 되심을 의식했기 때문이다.

원수들은 밤새 성을 돌아다니며 우는 개와 같다(14절, cf. 6절). 7절은 그들이 남을 해치기 위해 희생양을 찾아 돌아다니는 개와 같다고 했다. 반면에 본문은 그들이 먹을 것을 찾아 헤매는 개들과 같다고 한다(15절). 어느덧 원수들은 남을 물어뜯는 여유를 지닌 배부른 개가 아니라, 생존을 위해 먹을 것을 찾아 나서야 하는 배고픈 개로 전락했다. 그들은 허기진 배를 채우지 못해 소리치는 개와 같다. 상황이 이렇기 때문에 아마도 기자는 14절에서 "할 테면 해보라"는 여유를 가진 것으로 생각된다. 악인들은 더 이상 희생양으로 삼을 만한 사람들을 찾지 못할 것이라는 의미다. 심판하시는 하나님이 그들을 치실 것이기 때문이다.

6. 피난처가 되신 하나님 찬양(59:16-17)

¹⁶ 나는 주의 힘을 노래하며
아침에 주의 인자하심을 높이 부르오리니
주는 나의 요새이시며
나의 환난 날에 피난처심이니이다
¹⁷ 나의 힘이시여
내가 주께 찬송하오리니
하나님은 나의 요새이시며
나를 긍휼히 여기시는 하나님이심이니이다

기자가 원수들의 압박에서 해방되니 하나님을 찬송할 심적 여유와 즐거움이 생겼다. 그는 아침마다 주님을 찬양하고자 한다(16절). 아침에 일어나자마자 제일 먼저 주님을 찬양하는 일로 하루를 시작하겠다는 것이다. 6절과 14절은 원수들은 밤에 돌아다니는 개와 같다고 했다. 16절은 아침에 주님을 찬양하겠다고 한다. 하나님이 원수들의 공격을 퇴치하는 데 오래 걸리지 않았다는 뜻이다. 또한 '저녁과 아침'이 이 노래에서 함께 언급되는 것은 기자가 성전에서 밤을 새며 기도한 것을 의미하는 것으로 해석되기도 한다(Kraus).

그가 찬양하고자 하는 주제는 다음과 같다. (1)힘 (2)인자하심 (3)요새 (4)피난처. 하나님의 '힘'(עֹז)을 찬양하는 것은 주님이 능력으로 우리를 구원하시기 때문이다. 만일 능력이 없으면 아무리 돕고 싶어도 도울 수 없다. 하나님은 곤경에 처한 자기 백성을 얼마든지 구원할 수 있는 능력을 지닌 분이시다. 그러므로 도움이 필요한 사람은 능력의 하나님께 기도하면 된다.

하나님의 '인자하심(16절)/긍휼히 여기심'(17절)(חֶסֶד)을 찬양하는 것은 하나님이 무한한 능력을 지니셨다 할지라도 인자하심이 없으면 그 능력을 사용하여 우리를 돕지 않으실 것이기 때문이다. 하나님이 우리를 도우시는 것은 구원하실 능력이 있고, 우리를 긍휼히 여기시는 마음이 있기 때문이다.

하나님이 '요새'(מִשְׂגָּב) 되심을 찬양하는 것은 우리가 주님 품에 거하면 그 누구도 우리를 공격할 수 없기 때문이다. '요새'는 문자적으로 '높은 곳'이라는 뜻을 지녔다(HALOT). 그러므로 이미지는 원수들이 우리를 공격하지 못하도록 하기 위하여 하나님이 우리를 그들의 손이 닿지 않는, 공격할 수 없는 높은 곳에 두시는 것을 내포하고 있다. 원수들의 손이 미치지 않는 높은 곳에 있는 요새이신 하나님이 우리를 감싸시고 원수들의 어떠한 공격도 모두 차단하신다.

하나님이 '피난처'(מָנוֹס) 되심을 찬양하는 것은 주님은 언제든 위로가 필요하거나 지친 우리를 품어 주는 분이시기 때문이다. '피난처'는 숨을 만한 장소라는 개념을 전제하고 있다(HALOT). 치열한 세상에서 경쟁에 지치고 원수들의 공격에 쫓길 때, 하나님은 우리를 숨겨 주는 안식처가 되어 주실 것이다.

제60편

다윗이 교훈하기 위하여 지은 믹담, 인도자를 따라 수산에듯에
맞춘 노래, 다윗이 아람 나하라임과 아람소바와 싸우는 중에 요압이
돌아와 에돔을 소금 골짜기에서 쳐서 만 이천 명을 죽인 때에

I. 장르/양식: 회중 탄식시(cf. 12편)

이 시편은 해석자들에게 여러 가지 어려움을 준다(cf. deClaissé-Walford et
al., McCann, Tate). 학자들은 해석을 어렵게 하는 요인들로 마소라 사본
의 불확실성과 혼란스러운 흐름과 수많은 지리적 이름 등을 든다. 그
러나 전반적인 내용은 별 어려움 없이 해석할 수 있다.

이 시는 회중 탄식시가 지녀야 할 양식과 흐름을 모두 지닌 것은 아
니지만, 회중 탄식시인 것은 확실하다. 함께 모여 노래를 부르는 사람
들은 최근 전쟁에서 큰 패배를 맛본 공동체이며, 그들은 무엇보다도
하나님이 그들을 버리셨기 때문에 이런 패배를 겪게 된 것이라며 절망
한다. 그러나 많은 탄식시가 그러하듯이 이 노래도 하나님에 대한 확
신으로 마무리된다.

표제는 이 시가 다윗의 믹담이며 '교훈하기 위하여'(לְלַמֵּד) 지은 것이
라고 하는데, 시편 표제에 이러한 표현이 등장하는 것은 이 노래가 유
일하다. 또한 이 노래는 '수산에듯'(שׁוּשַׁן עֵדוּת)이라는 당시에 알려진 곡

에 맞춘 노래라고 하는데, '수산에듯'은 '언약의 나리꽃'(The Lily of the Covenant)이라는 의미를 지녔다(cf. NIV, NRS). 다윗의 장군이었던 요압이 에돔을 소금 골짜기에서 쳐서 12,000명을 죽인 때에 부른 노래라고 하는데, 노래의 내용과 잘 어울리지 않는 듯한 느낌을 준다. 이 시는 승리를 기념하는 노래가 아니라, 하나님이 자기들을 버리셨다며 탄식하는 슬픈 노래이기 때문이다. 한 가지 가능성은 이 결정적인 승리가 있기 바로 전에 이스라엘이 큰 패배를 경험했던 일을 회상하면서 부른 노래로 간주하는 것이다.

학자들은 대부분 표제가 언급하는 전쟁을 사무엘하 8:1-14(cf. 대상 18:1-13)와 연관시킨다(Brueggemann & Bellinger). 표제가 언급하는 소금 골짜기와 다윗이 에돔에게서 거둔 승리와 이 시편이 언급하는 민족들이 대부분 사무엘하 8장에 다윗에게 정복당한 것으로 기록되어 있기 때문이다. 다윗은 주변 국가들을 치는 원정에 나섰는데, 먼저 블레셋과 모압을 쳐서 남쪽을 평정시킨 다음에 북쪽 유프라테스 강까지 진출했다. 그는 하나님의 도움으로 가는 곳마다 승승장구했고 돌아오는 길에 소금 골짜기에서 에돔 군 18,000명을 쳐죽였다(삼하 8:13).

이 시편의 표제가 제공하는 정보가 사무엘하 18장과 이 사건을 재차 회고하고 있는 역대상 18:1-13과 잘 어울리지 않는 부분들도 있다. 예를 들자면 다윗에게 죽임을 당한 에돔 군 숫자에 대하여 표제는 12,000명이라 하지만, 사무엘상 18장은 18,000명이라 한다. 또한 역대상 18:12는 소금 골짜기에서 승리를 거둔 다윗의 장군은 아비새라고 하는데, 표제는 요압이라고 하는 점도 다르다. 이러한 차이에도 불구하고 구약의 역사서에는 이 사건이 표제의 내용에 가장 근접해 있다(cf. Grogan).

시편 108:6-13은 이 시의 5-12절을 재인용한 것이다. 또한 이를 앞서가는 108:1-5는 시편 57:7-11을 재인용한 것이다. 시편 108편은 57편과 60편을 재인용하여 구성한 노래인 것이다. 이러한 현상은 당시편집자들이 필요에 따라 일부 시편을 재구성/재인용하는 관례를 반영하고 있다.

이 시편은 언제 저작된 것일까? 일찍 저작된 것으로 여기는 학자들은 다윗 시대 혹은 늦어도 솔로몬 시대라고 한다(Deltzsch, Ross, Terrien). 6-7절이 북 왕국의 주요 도시들을 언급한다 해서 이스라엘이 멸망한 주전 722년에 처음 불렸다가 훗날 요시야 시대에 남왕국으로 반입되어 예루살렘이 멸망한 586년경에 개작된 것이라고 하기도 한다(Kraus, cf. Tate). 또한 주전 2세기 마카비 시대라고 주장하는 이도 있다(Ogden). 그 누구도 확실한 저작 시기로 학계를 설득시킬 수 없다는 뜻이다(cf. Goldingay).

II. 구조

이 시편의 구조를 간단하게 분석하는 사람들은 세 파트로, 자세하게 분석하는 사람들은 여섯 섹션으로까지 구분한다(cf. deClaissé-Walford et al., vanGemeren, Wilson). 다음은 밴게메렌(vanGemeren)이 제시한 구조다.

  A. 거부(60:1-3)
    B. 승리에 대한 확신(60:4)
      C. 기도(60:5)
      C'. 신탁: 하나님의 응답(60:6-8)
  A'. 거부(60:9-11)
    B'. 승리에 대한 확신(60:12)

위 구조에 대하여 드는 생각은 기도(C)를 굳이 따로 분리할 필요가 있을까 하는 것이다. 특히 11절도 분명 기도이지만 따로 구분하지 않고 거부(A')에 포함한 것을 보면 더욱이 그런 생각이 든다. 만일 그렇게 하면 다음과 같이 훨씬 더 균형 있는 구조를 제시할 수 있다. 이 시편의 중심은 하나님의 신탁을 형성하고 있는 6-8절이다. 그러므로 본 주석에서는 다음 구조를 바탕으로 본문을 주해할 것이다.

  A. 버림받은 백성의 탄식(60:1-3)
    B. 구원을 바라는 기도(60:4-5)
      C. 신탁: 하나님이 온 세상을 다스리신다(60:6-8)
  A´. 버림받은 백성의 탄식(60:9-11)
    B´. 구원을 바라는 기도(60:12)

III. 주해

살다 보면 짜릿한 승리의 순간도 있고, 낙심하게 하는 패배의 순간도 있다. 이 시편은 군사적 패배를 경험한 공동체의 탄식이다. 패배가 더 뼈아프게 느껴지는 것은 하나님이 그들을 버리셨다는 생각이다. 이 노래를 부르는 공동체는 주님이 그들을 버리셨다는 생각을 떨쳐 버리려고 안간힘을 쓴다. 다행히 하나님이 다시 그들과 함께하시며 승리를 주실 것이라는 소망으로 마무리된다.

1. 버림받은 백성의 탄식(60:1-3)

               ¹ 하나님이여
   주께서 우리를 버려 흩으셨고 분노하셨사오나
       지금은 우리를 회복시키소서
 ² 주께서 땅을 진동시키사 갈라지게 하셨사오니
    그 틈을 기우소서 땅이 흔들림이니이다
   ³ 주께서 주의 백성에게 어려움을 보이시고
 비틀거리게 하는 포도주를 우리에게 마시게 하셨나이다

주의 백성이 전쟁에서 크게 패했다. 그들을 도륙한 자들은 분명 외국 군대(들)이다. 그러나 백성들은 주님이 분노하셔서 그들을 치고 흩으셨다고 한다(1b절). 그들을 친 자들은 분명 외국 군대인데, 왜 하나님이 치셨다며 탄식하는가? 그들은 자신들이 하는 모든 전쟁은 하나님께 속했다는 사실을 잘 알고 있기 때문이다. 그들 군대의 승패는 무기나 전술에 달려 있지 않고 하나님께 달려 있다. 그러므로 그들이 적들에게 패한 것은 적들의 능력과 전술이 뛰어나서가 아니다. 이유는 알 수 없지만 하나님이 그들에게 분노하고 떠나 더 이상 그들과 함께하지 않으셨기 때문이다. 패배는 하나님이 그들을 버리심에서 비롯된 것이라는 사실을 강조하기 위하여 이 섹션은 하나님의 행하심을 이스라엘에게는 부정적인 결과를 초래한 동사 일곱 개를 사용하여 묘사한다. "버리셨다(זְנַחְתָּנוּ)… 흩으셨다(פְּרַצְתָּנוּ)… 분노하셨다(אָנַפְתָּ)… 진동시키셨다(הִרְעַשְׁתָּה)… 갈라지게 하셨다(פְּצַמְתָּהּ)… [어려움을] 보이셨다(הִרְאִיתָה)… 마시게 하셨다(הִשְׁקִיתָנוּ)"(1-3절). 일이 이렇게 된 것은 전적으로 하나님이 그들을 버리신 것에서 비롯되었다는 뜻이다.

기자는 분명 하나님이 그들을 치셨다고 확신하지만, 그 사실에 좌절하지 않고 곧바로 그들을 치신 주님께 회복시켜 달라고 기도한다(1c절). 거의 모든 번역본들이 마지막 문구(תְּשׁוֹבֵב לָנוּ)에서 "우리를 회복시켜 주십시오"라는 의미로 번역하고 있지만(새번역, NIV, ESV, NRS, TNK), "우리에게 돌아오십시오"로 번역하는 것이 바람직하다(Ogden, cf. 현대인, 아가페, 공동). 전쟁에서 패한 공동체는 적들을 상대로 승리하여 상황이 회복되는 것보다 화를 내고 그들을 떠나신 하나님이 속히 그들에게 돌아오시게 하는 것이 더 중요한 이슈라고 생각한다.

우리는 하나의 모순을 보고 있다. 원래 사람들은 누가 때리면, 그 사람을 기피한다. 반면에 기자는 주께 얻어맞았다면서도 주님께 돌아와 달라고 기도하고 있다(cf. 호 6:1-2). 이것이 우리가 마음에 새겨야 할 일종의 신앙적 모순이다. 하나님이 우리를 치신다 할지라도 절대 주님을 떠나거나 피해서는 안되며, 오히려 하나님께 돌아가야 한다.

기자는 비유적인 언어를 통해 하나님이 속히 돌아오셔서 모든 것을 원래대로 되돌려 주시기를 원한다. 그들이 서 있는 땅을 갈라지게 하시어 흔들리게 하셨으니, 속히 기우시어 예전처럼 흔들리지 않도록 해 달라고 한다(2절). '기우다'(רפא)는 '치료하다'는 뜻이다. 잘못된 부분들을 모두 고쳐 예전처럼 온전하게 해주시라는 기도다. 그래야 그들이 회복된 땅을 밟고 설 수 있기 때문이다. 이 말씀이 사용하는 이미지는 폭우로 인해 산사태가 난 상황이라 하는 사람들도 있지만(Goldingay), 지진으로 인해 땅이 훼손된 상황에서 온 것이다(McCann, Tate). 지진이 오면 땅이 갈라지고, 흔들려 사람이 바로 설 수 없는 상황이 된다. 이 말씀에서는 이스라엘이 전쟁에 패배한 것이 마치 그들이 서있는 땅이 찢어지고 갈라진 것처럼 묘사하고 있다(cf. Anderson).

땅이 갈라지고 흔들려 바로 설 수도 없는데, 설상가상으로 주님은 그들에게 어려움을 보이시고 취하게 하는 술을 먹이셨다(3절). 어려움을 보이신 것은 곤란을 겪게 하셨다는 뜻이다(cf. 새번역, 공동, 아가페, NIV, NAS). 술을 먹이셨다는 것은 마치 취한 사람이 몸을 가누지 못하는 것처럼 가뜩이나 불완전한 땅에 서 있는 사람을 비틀거리게 하셨다는 의미다. 기자가 하고자 하는 말은 하나님이 그들을 버리시어 원수들에게 패한 것도 마음 아픈 일인데, 그들이 패하게 된 것은 다름 아닌 그들의 하나님 여호와께서 그들을 훼방하셨기 때문이라고 회고하고 있다. 어떠한 이유에서인지 하나님이 원수들의 편에서 그들을 상대로 싸우신 격이 되었다.

2. 구원을 바라는 기도(60:4-5)

> ⁴ 주를 경외하는 자에게 깃발을 주시고
> 진리를 위하여 달게 하셨나이다 (셀라)

⁵ 주께서 사랑하시는 자를 건지시기 위하여
주의 오른손으로 구원하시고 응답하소서

4절을 정확히 번역하는 일이 두 가지로 인해 매우 어렵다. 첫째, 이 말씀이 과거에 있었던 일에 대한 회고인가, 혹은 이렇게 해달라는 기도인가? 많은 번역본들이 개역개정처럼 하나님이 이미 그들에게 깃발을 주시고 달게 하셨다는 의미로 번역한다(아가페, NIV, ESV, NRS). 이렇게 해석할 경우 얼마 전 패한 전쟁에서 하나님이 주의 백성에게 깃발을 주시면서 무리하게 달게 하시어 백성들을 적의 궁수들의 화살에 노출시킨 것을 의미한다(cf. Tate, Wilson).

반면에 주를 경외하는 자들에게 깃발을 주시라는 기도문으로 번역한 번역본들도 많다(새번역, 공동, NAS, TNK). 지난날에 대한 회상은 1-3절에서 끝이 났고, 4-5절은 미래에 임할 하나님의 도움에 대한 기도로 해석하는 것이 바람직하다. 곧 4절을 기도로 보는 후자가 더 설득력이 있다. 이렇게 해석하면 하나님이 승리를 상징하는 깃발을 주실 것이라는 긍정적인 메시지가 된다.

둘째, 개역개정은 4b절을 "진리를 위하여 달게 하셨나이다"라고 하는데(cf. TNK), 무엇을 뜻하는지 쉽게 이해가 되지 않는다. 그래서 새번역은 4절을 "활을 쏘는 자들에게서 피하여 도망치도록, 깃발을 세워서 주님을 경외하는 사람들을 인도해 주십시오"라고 번역했다(cf. 공동, NIV, NAS, ESV, NRS, TNK). 기자가 주님의 보호를 바라는 기도를 드리고 있다는 점을 감안하면 주를 경외하는 사람들이 하나님이 세우신 깃발 아래로 피신하여 적들의 화살을 벗어날 수 있도록 해달라는 기도로 해석하는 것이 바람직하다.

저자는 하나님이 이스라엘 사람들 중 모든 사람은 아니더라도 최소한 주님을 경외하는 사람들은 구하실 책임이 있다고 생각한다(1절). 또한 그는 주님을 경외하는 사람은 다름 아닌 하나님이 사랑하시는 자들이라고 한다(5a절). 사람이 하나님을 경외하면, 하나님은 그의 경외에 대한 반응으로 그를 사랑하신다는 원리가 드러나고 있다. 하나님은 사랑하는 사람이 오랫동안 곤경에 처하는 일을 결코 묵인하지 않으실 것이다. 그러므로 주님이 그를 사랑하시는 것은 주를 경외하는 사람을 구원해야 할 또 하나의 이유가 된다.

하나님이 꼭 주를 경외하는 사람들을 구원하실 것을 확신하는 기자는 주께서 그들을 구원하실 때 오른손으로 하시라고 기도한다(5b절). 오른 손은 두 손 중에서도 능력과 베풂의 상징이다. 기자는 하나님이 의인들을 구원하실 때 그 누구도 대항할 수 없는 확고한 능력으로 하실 것을 기도하고 있다.

3. 신탁: 하나님이 온 세상을 다스리신다(60:6-8)

6 하나님이 그의 거룩하심으로 말씀하시되
내가 뛰놀리라
내가 세겜을 나누며
숙곳 골짜기를 측량하리라
7 길르앗이 내 것이요
므낫세도 내 것이며
에브라임은 내 머리의 투구요
유다는 나의 규이며
8 모압은 나의 목욕통이라
에돔에는 나의 신발을 던지리라
블레셋아 나로 말미암아 외치라 하셨도다

기자의 간절한 기도에 하나님이 응답하셨다. 이 신탁이 성전에서 일하는 제사장을 통해서, 혹은 선지자를 통해서 온 것인지는 알 수 없지

만(cf. Kraus), 분명 하나님은 이 말씀을 주셨다. 그런데 메시지나 의도
가 잘 이해되지 않는 신탁이다. 기자는 "그래, 네가 기도한 것처럼 내
가 너희를 구하겠다" 식의 신탁을 기대했을 것이다. 그런데 실제로 그
에게 전달된 주님의 말씀은 마치 동문서답처럼 느껴진다.

개역개정은 칠십인역(LXX)을 따라 주님이 '자신의 거룩하심'(ἐν τῷ
ἁγίῳ αὐτοῦ)으로 말씀하셨다고 하는데, 이 히브리어 문구(בְּקָדְשׁוֹ)는 '그의
성전에서'라는 의미를 지녔다(아가페, 공동, 현대인, NIV, NAS, RSV, TNK).
성전과 연관된 누군가가 이 말씀을 기자에게 전달해 주었다는 뜻이다.
하나님이 기도를 들으시고 말씀하신 것은 참으로 반갑고 좋은 일이다.
구원을 기대하게 하기 때문이다.

개역개정은 하나님이 하신 첫 말씀(אֶעְלֹזָה)을 "내가 뛰놀리라"(6b절)로
번역했는데, 만족스러운 번역은 아니다. 새번역은 의미를 보강하기 위
하여 "기뻐하면서 뛰놀겠다"로, 공동번역은 "나 이제 혼연히 일어나"
로, 아가페는 "내가 승리하면"(cf. 현대인)으로 번역했다. 이 동사(עלז)는
'승리하다'는 의미를 지녔다(HALOT). 그러므로 이 말씀은 하나님이 전
쟁에 패하여 탄식하며 기도하는 주의 백성에게 그들이 두려워하는 적
들과의 전쟁은 주님께 전혀 문제가 되지 않으며, 하나님이 그들을 상
대로 이미 승리하셨다고 선언하는 것이다.

승리하신 하나님은 세겜을 나누고 숙곳 골짜기를 측량하신다(6c-d
절). 주인이 자기 땅을 마음대로 하는 모습이다. 이어 하나님은 길르앗
과 므낫세도 자기 소유라고 하신다(7a-b절). 세겜과 숙곳과 길르앗과
므낫세 등 네 지명 모두 북 왕국 이스라엘과 연관이 있으며(cf. ABD) 이
시편에서는 이스라엘을 상징하는 총체성을 지녔다. 세겜은 요단 강 서
편에, 숙곳은 바로 강 건너 동편에 위치했다. 길르앗은 요단 강 동편
에, 므낫세는 동편과 서편에 땅을 받았는데, 본문에서는 서편을 염두
에 두고 있다. 그러므로 이 네 지리적 이름은 요단 강 동편과 서편을
아우르는 북 왕국 전체를 상징한다. 북 왕국을 통틀어 에브라임이라고도

하는데 이 이름이 등장하는 것도 이러한 의미를 부각시키는 듯하다.

일부 주석가들은 이 지명들이 국가적인 탄식시에 언급되는 이유는 북 왕국 이스라엘이 아시리아의 손에 멸망했기 때문이라고 한다. 이 노래는 주전 722년경에 북 왕국의 멸망을 배경으로 불린 노래라는 것이다. 이렇게 해석할 경우 이 섹션이 언젠가는 주께서 멸망한 북 왕국 이스라엘을 다시 회복시키실 것을 다짐하는 것으로 이해할 수 있다.

그러나 그렇게 단정할 필요는 없다. 이 도시들이 언급이 되는 것은 하나님의 그들에 대한 소유권과 특별한 관계를 강조하기 위해서다(cf. deClaissé-Walford et al., Goldingay). 이어지는 두 행에서 에브라임은 주님의 투구로, 유다는 주님의 규에 비유되는 것을 보면 이러한 사실이 더 확실해진다(7c-d절). 투구는 전쟁 무기다. 그러므로 일부 주석가들은 에브라임이 언제든 하나님이 사용하실 수 있는 무기로 존재하고 있음을 암시하는 말씀이라고 한다(Mowinckel). 권세를 상징하는 규는 하나님이 소중하게 여겨 애착을 가지고 항상 가지고 다니시는 물건이다. 반면에 모압과 에돔과 블레셋은(8절) 이스라엘의 전통적인 원수들이며 (Brueggemann & Bellinger, cf. 출 15:14-15), 하나님이 이용하시고 정복하시는 나라들이다. 그들은 하나님의 애착이 가는 소유물이 아니며, 특별한 관계를 맺은 나라들도 아니다. 게다가 9절이 에돔을 정복하는 것을 갈망하는 것으로 보아, 이 노래는 우리가 알지 못하는 에돔과 연관된 사건과 연관되어 있는 노래다.

이 말씀을 통해 하나님은 전쟁에서 패하고 돌아와 탄식하는 주의 백성들에게 염려하지 말라고 당부하신다. 주님이 자기 백성에게 패배를 안겨 준 자들을 상대로 승리하실 것이기 때문이다. 이 점을 강조하기 위하여 본문은 모압과 에돔과 블레셋 세 나라를 언급한다. 이 나라들은 주의 백성을 계속 괴롭혀 온 전통적인 적들이며 남쪽에서 주의 백성을 포위하고 있는 나라들이다(블레셋: 남서쪽, 모압과 에돔: 남동쪽). 이 세 나라 들 중 하나의 예로 주님은 블레셋을 격파하고 승전가를 부를

것이라고 하신다(8c절).[7]

하나님은 정복한 이방 나라들(모압, 블레셋)을 목욕통으로 삼으실 것이라고 하는데, 잡일을 위하여 그들을 종으로 부리실 것을 의미한다(cf. Kirkpatrick). 개역개정은 하나님이 에돔은 신발장으로 삼으실 것이라고 하는데, 더 정확하게 번역하면 "에돔에게 자기 신발을 던지실 것"(נַעֲלִי עַל־אֱדוֹם אַשְׁלִיךְ)이라고 한다(cf. 새번역, 아가페, NIV, NAS, ESV, NRS, TNK). 신발을 누구에게 던지는 것은 그를 상대로 승리했다는 의미다(Wilson, cf. Dahood). 하나님은 이스라엘의 전통적인 적들을 정복하시어 목욕통 등 부리는 기구들로 사용하시지만, 그들을 투구 다루듯 다루시는 에브라임과 규를 잡으시듯 잡으신 유다처럼 귀하게 여기지 않으실 것이라고 선언하시는 것이다.

하나님이 귀하게 여기시는 에브라임과 유다는 절대 망하지 않을 것이다. 이번의 패배는 하나의 전투에 불과하며 전쟁은 계속되고 있다. 또한 전쟁은 여호와께 속한 것이다. 전쟁을 주관하시는 하나님이 유다와 에브라임을 포기하거나 적들에게 넘겨주지 않으시고, 아직도 그들을 귀하게 여기시니 유다와 에브라임은 분명 승리할 것이다. 이 사실을 강조하기 위하여 주님의 신탁은 "내가 승리하리라"(6절)로 시작하여 "블레셋을 격파하고 승전가를 부르겠다"(8절, 새번역)로 끝이 난다.

이 섹션은 주의 백성에게 믿음을 요구하고 있다. 그들은 적들에게 크게 패하여 좌절하고 있다. 이런 상황에서 하나님은 그들에게 패배를 안겨 준 적들을 상대로 승리할 것이라고 선언하신다. 주의 백성은 결정해야 한다. 뼈아픈 실패를 맛본 현실이 실체의 전부라고 인정할 것인가, 현실을 초월한 하나님의 말씀을 믿을 것인가. 당연히 주님의 말씀을 믿어야 된다. 우리가 접하고 보는 현실 뒤에는 그 현실을 주관하

---

7 개역개정의 "블레셋이 나로 말미암아 외치리라"의 의미가 정확하지 않다. 모든 번역본들은 하나님이 블레셋을 상대로 승리할 것을 선언하시는 것으로 해석한다(새번역, 아가페, 공동, NIV, NAS, NRS, TNK, cf. 렘 50:15).

시는 하나님이 계신다.

4. 버림받은 백성의 탄식(60:9-11)

> 9 누가 나를 이끌어 견고한 성에 들이며
> 누가 나를 에돔에 인도할까
> 10 하나님이여
> 주께서 우리를 버리지 아니하셨나이까
> 하나님이여
> 주께서 우리 군대와 함께 나아가지 아니하시나이다
> 11 우리를 도와 대적을 치게 하소서
> 사람의 구원은 헛됨이니이다

신탁을 받은 기자가 자기의 고민을 털어놓는다. 그는 백성들을 이끌고 가서 에돔을 정복하고자 하지만 자신이 없다(9절). 에돔의 성들은 참으로 견고하기 때문이다. 아마도 이 시편의 기자가 왕이었음을 암시하는 듯하다. 그러나 그는 홀로 군사를 이끌고 가서 에돔을 정복할 자신이 없다. 최근의 패배가 그를 더욱더 위축시켰을 것이다.

기자는 최근에 맛본 패배의 원인들 중 단연 신학적 이유를 가장 중요한 요인으로 지적한다. 하나님이 그들을 버리셨기 때문이다(10절). 원래 이스라엘의 전쟁은 하나님이 함께하시고 인도하시는 성전(聖戰)인데, 이번 전쟁은 그렇지 않았다는 것이다. 하나님이 그들의 군대와 함께 가지 않으신 전쟁이다. 결국 이스라엘은 하나님의 도우심 없이 홀로 전쟁을 했고 적에게 패했다. 기자는 이러한 사실을 전쟁이 시작되기 전에는 의식하지는 못했고 패배한 후에나 비로소 깨달았을 것이다. 하나님이 함께하시지 않는 전쟁을 하는 것은 어리석고 무모한 일이기 때문이다.

살면서 우리도 항상 염려해야 할 이슈는 '하나님이 정작 우리와 함께 하시는가'이다. 조금이라도 의심의 여지가 있거나, 하나님이 함께하지 않으신다는 생각이 들면 하던 일을 멈추고 이 시편 기자처럼 하나님이 다시 우리와 함께하시는 확신을 얻을 때까지 기도하고 주님의 임재를 사모해야 한다. 하나님이 함께하지 않으시면 함께하실 때까지 하던 일을 멈추고 아무것도 하지 않는 것이 좋다.

기자는 하나님의 도움을 간절히 청한다(11절). 그는 하나님이 함께하심과 도우심으로 원수들을 치기를 간절히 소망한다. 이 말씀은 이스라엘 군대가 아직도 존재하며 하나님의 지휘를 바란다는 뜻이다. 그러므로 이 노래는 북 왕국 멸망과 상관이 없는 노래다(Weiser). 저자는 하나님의 도우심을 간절히 바라는 이유를 분명히 말하고 있다. "사람의 구원은 헛되다." 하나님의 도우심에 비교할 때 사람들의 도움은 별 도움이 되지 않는다는 것이다. 역사를 살펴보면 나라나 개인이 사람을 의존했다가 낭패를 본 사례가 수도 없이 많다. 기자가 외치는 대로 사람의 구원(도움)은 헛되다!

기자는 오직 하나님만이 그를 도우실 수 있고, 하나님의 도우심만이 중요하다며 주님의 도우심을 사모하고 있다. 자신이 처한 위기를 정치적·군사적으로 해결하지 않고, 신앙적으로 해결하려는 그의 믿음이 돋보인다. 하나님이 그들을 버리셨다고 확신하는 상황에서 만일 주님이 그들을 도우신다면, 주님의 도움은 군사적인 도움으로만 의미 있는 것이 아니다. 주님이 그들과 함께하신다는 뜻이 되기 때문이다. 기자는 참으로 지혜로운 기도를 하고 있다.

5. 구원을 바라는 기도(60:12)

¹² 우리가 하나님을 의지하고 용감하게 행하리니
그는 우리의 대적을 밟으실 이심이로다

기자는 하나님이 다시 그들과 함께해 주시면, 어떻게 적들과 싸울 것인가에 대한 포부를 말한다. 그는 함께하시는 하나님을 의지하여 용감하고 장렬하게 싸울 것을 다짐한다. 이러한 기자의 다짐은 하나님께 한번만 더 기회를 달라는 염원이 서려 있다. 또한 그가 용맹스럽게 싸울 의지를 다지는 것은 전쟁에 함께하시는 주님이 원수들을 짓밟으실 것을 믿고 확신하기 때문이다. 만일 이스라엘이 전쟁에서 승리한다면, 그 승리는 어느 정도 그들의 노력과 능력의 대가이겠지만, 궁극적으로 그 승리는 그들과 함께하시며 적들을 밟으신 하나님이 이루신 승리다. 우리도 이 신적 용사가 속이 오셔서 우리의 삶에서 승리하시기를 꾸준히 바라며 기도해야 한다.

제61편
다윗의 시, 인도자를 따라 현악에 맞춘 노래

I. 장르/양식: 개인 탄식시(cf. 3편)

이 노래는 한 개인의 슬픔을 표현하는 탄식시다(Kraus). 또한 이 개인
은 자신의 통치가 지속되기를 바라는 왕일 수도 있다. 그러므로 이 시
를 왕족시(royal psalm)라고 하는가 하면(Eaton), 왕족 탄식시(royal lament
psalm)로 부르기도 한다(Dahood). 이 시가 감사기도를 포함하고 있다
고 해서 신뢰시(psalm of trust)로 분류하는 학자도 있다(Goldingay, cf.
deClaissé-Walford et al.). 이 노래가 탄식시이기도 하고, 감사시이기도 하
다는 주장도 있다(Tate).

표제는 특정한 역사적 정황을 제공하지 않으면서 단순히 다윗의 시
라고 한다. 시의 내용을 보면 특별히 다윗의 시대를 배제할 말한 증거
는 없으며, 다윗이 저작한 것으로 보아도 문제될 것은 없다. 현대인성
경은 4절에서 '성전'을 언급하여 혼란을 야기한다. 다윗 시대에는 성전
이 아직 건축되지 않았고, 주님의 법궤만이 장막에 있었기 때문이다.
그러나 이 히브리어 단어(히브리)는 성전이 아니라 성막/장막으로 번역되
어야 한다(HALOT, cf. 개역개정, 새번역, 아가페, 공동).

왕이 오래 살도록 해달라는 기도(6절)를 오랫동안 병을 앓았던 히스

기야 왕과 연결 지어 그의 시대에 저작된 시라고 생각하는 학자가 있다(Terrien), 그런가 하면 이 노래가 매우 오래된 것이기는 하지만 왕을 위한 기도인 6-7절은 훗날 삽입된 것이라고 하는 사람들도 있다. 예전에 저작된 시를 포로기 이후 공동체가 개작하여 사용한 것이라는 주장도 있다(McCann, Wilson). 이렇게 주장하는 사람들은 포로기 이후 공동체가 이 노래를 장차 오실 메시아를 소망하면서 불렀다고 한다. 이 시편이 왕을 언급하기 때문이다. 그러나 이러한 주장을 뒷받침할 만한 증거는 없다. 저자인 왕이 6-7절에서 자신을 위한 기도를 3인칭으로 드리고 있다고 간주하면 한편의 통일성 있는 시로 간주하는 데 문제가 될 것이 없다(Grogan, Wilcox).

만일 다윗이 이 노래를 저작했다면 언제쯤일까? 한 주석가는 압살롬이 반역을 일으켜 예루살렘에서 도피한 다윗이 아직 돌아오지 못한 때라고 한다(Kirkpatrick). 한 학자는 이 시가 왕정시대에서 유래한 것은 맞지만, 다윗 시대는 아니라고 한다(Anderson). 거의 모든 시편이 그렇듯이 노래도 정확한 역사적 정황을 가늠하기가 쉽지 않다.

II. 구조

대부분 주석가들은 6-7절과 8절을 두 개의 독립적인 유니트로 취급한다. 단지 1-5절을 하나로 취급할 것인가, 혹은 1-2절과 3-5절 등 두 섹션으로 구분할 것인가에서 차이를 보인다. 이 주석에서는 1-5절을 1-2절과 3-5절로 구분하여 다음과 같은 구조를 바탕으로 본문을 주해해 나가고자 한다(cf. vanGemeren).

  A. 나를 보호해 달라는 기도(61:1-2)
    B. 나의 피난처이신 하나님(61:3-5)
  A′. 왕을 보호해 달라는 기도(61:6-7)
    B′. 나의 찬양을 받으실 하나님(61:8)

III. 주해

학자들 사이에서 가장 논쟁이 되고 있는 것은 5절을 과거형으로 혹은 미래형으로 해석할 것인가다(cf. McCann). 만일 과거형으로 해석하면 기자는 이 노래가 진행되는 동안 하나님께 응답을 받았고, 미래형이라면 앞으로 응답 받을 것을 확신하는 고백이기 때문이다. 그러나 생각해 보면 이미 받은 것인지, 앞으로 받을 것인지는 그다지 큰 이슈가 되지 못한다. 기자는 확고한 믿음으로 이 기도를 드리고 있기에 아직 받지 않았다 할지라도 앞으로 받을 것을 믿고 확신하기 때문이다. 전능하신 하나님에 대한 확고한 신뢰로 사는 사람에게는 응답 받은 기도와 응답 받을 기도는 별반 다르지 않다.

1. 나를 보호해 달라는 기도(61:1-2)

¹ 하나님이여
나의 부르짖음을 들으시며
내 기도에 유의하소서
² 내 마음이 약해질 때에
땅 끝에서부터 주께 부르짖으오리니
나 보다 높은 바위에 나를 인도하소서

기자는 하나님께 자기 기도를 들어 달라는 호소를 두 차례 하는 것으로 노래를 시작한다(1절). 그가 자기 기도를 '나의 부르짖음'(רִנָּתִי)이라고 하는 것은 그가 참으로 어려운 상황에 처해 있으며, 그저 나오는 것은 통곡과 탄식뿐이라는 것을 암시한다. 또한 '유의하다'(קָשַׁב)는 귀를 기울여/신경을 집중하여 듣는다는 뜻이다(HALOT). 그는 만일 하나님이 자기 기도를 듣지 않거나 놓치시면 죽을 것 같은 절박함으로 기도하고 있다.

기자는 자기 마음이 약해질 대로 약해졌다는 것도 고백한다(2절). '약하다'(עטף)는 기력이 완전히 쇠해졌거나 아프다는 뜻이다(cf. HALOT). 그는 하나님께 부르짖을 힘도 없는 상황에서 혼신을 다하여 겨우 기도하고 있다. 게다가 그는 '땅 끝에서부터' 기도하고 있다(2b절). 일부 학자들은 이 말씀이 기자가 바빌론 등 다른 나라로 끌려간 상황에서 기도하고 있음을 의미한다고 하지만, 그렇게 해석할 필요는 없다. 하나님이 자기와 함께하지 않으신다고 생각하는 성도에게는 어디든 그가 있는 곳이 땅끝이며, 하나님이 계시는 곳에서 가장 먼 곳으로 느껴진다. 또한 자신이 모든 사랑하는 사람들에게게서 차단되고, 사회적으로 소외되었다고 생각하는 사람은 이렇게 말할 수 있다(cf. Tate). 게다가 주의 백성이 바빌론에서 기도한다고 해서 하나님이 듣지 않으실 분은 아니다(cf. Calvin). 그러므로 '땅 끝'은 영적인 비유로 보는 것이 바람직하다.

기자가 기도하는 것은 하나님이 그를 그보다 높은 바위 위로 인도하시는 일이다(2c절. cf. 시 113:4, 138:6). 그는 자신이 수렁에 빠져 있거나, 원수들에게 포위되어 있다고 생각한다. 저자는 그를 둘러싼 주변 환경을 온갖 파도가 몰아치는 바다로 묘사한다(Brueggemann & Bellinger). 아무리 주변을 둘러보아도 스스로 위기를 해결해 나갈 실마리가 보이지 않는다는 뜻이다. 그러므로 그는 주님께 원수들의 공격이 닿지 않는, 곧 파도들이 위협할 수 없는 '높은 바위'로 인도해 달라고 기도한다. 참으로 절박한 상황에 처한 사람이 드리는 기도다.

2. 나의 피난처이신 하나님(61:3-5)

³ 주는 나의 피난처시요
원수를 피하는 견고한 망대이심이니이다

⁴ 내가 영원히 주의 장막에 머물며
내가 주의 날개 아래로 피하리이다 (셀라)
⁵ 주 하나님이여
주께서 나의 서원을 들으시고
주의 이름을 경외하는 자가 얻을 기업을 내게 주셨나이다

앞에서 자기를 '높은 바위'로 인도해 달라고 기도한 기자가 이 섹션에서는 그 '높은 바위'가 어디인지를 밝힌다. 다름 아닌 주님의 품이다. 주님은 그의 피난처이시며 원수들의 공격을 피하는 견고한 망대이시기 때문이다. 하나님이 '피난처'(מַחֲסֶה) 되심은 환난과 핍박이 기자를 해하지 못하도록 숨겨 주시는 기능을 강조하는 은유이며(cf. 시 2:12, 5:11, 14:6, 46:1, 62:7-8), 하나님이 '망대'(מִגְדַּל־עֹז) 되심은 적들의 공격을 막아 주는 역할을 강조하는 비유다(cf. 잠 18:10). 전쟁과 연관된 이미지들이다(Brueggemann & Bellinger). 하나님은 우리를 전쟁처럼 치열한 삶에서 우리를 숨기고 방어해 주시는 분이다.

기자가 갈망하는 '높은 바위'이자 '주님의 품'이 이 땅에서는 하나님의 '성막'(אֹהֶל)이기도 하다(4절). 만일 다윗 시대에 이 노래가 저작되었다면 이때 성막은 예루살렘에 있었다. 어떠한 이유에서인지는 알 수 없지만 그는 하나님의 성막이 있는 예루살렘에서 멀리 떨어져 있으며, 가고 싶어도 갈 수 없는 상황에 처해 있다. 그러므로 그는 성막에서 가장 먼 '땅 끝'에 있으며, 하나님의 성막으로 나아가는 것을 주님의 날개 아래 피하는 것에 비유한다. 또한 그곳이 그를 보호할 수 있는 망대이고 그가 환난이 지나갈 때까지 숨을 수 있는 피난처이기에 성막으로 나아가기를 간절히 소망한다.

기자가 왜 이처럼 성막으로 나아가기를 간절히 소망하는 것일까? 그곳이 어떤 신비한 능력을 지니고 있어서 누구든 그곳을 찾는 사람은 환난에서 보호를 받고 그곳이 원수들의 공격을 모두 퇴치해 주기 때

문인가? 아니다. 그곳에는 신비로운 능력이 없다. 단지 그곳에 계시는 하나님이 위대하시고 능력이 있으시기 때문이다. 그러므로 성막은 하나님이 그곳에 머무시는 한 신비로운 망대이고 피난처이지, 하나님이 떠나시면 평범한 공간에 불과하다.

기자는 성막에 많은 은유적 비유를 부여하여 사용하고 있다. 하나님이 계시는 성막은 그가 피할 수 있는 피난처이며, 그를 보호할 수 있는 망대다. 그러므로 성막으로 나아가는 것은 곧 주의 날개 아래로 피하는 것과 같다. 그러나 그 성막으로 나아갈 수 없는 기자는 '땅 끝'에 서 있다. 땅 끝에 서 있는 그는 그저 간절히 그곳으로 나아갈 수 있게 해 달라고 기도할 뿐이다(cf. 1절).

저자는 분명히 하나님이 그의 기도를 들어 주실 것을 확신한다(5절). 대부분 번역본들은 개역개정처럼 이 구절을 과거로 번역하여 그가 기도 중에 응답을 받은 것으로 간주한다(cf. 새번역, 아가페, NIV, NAS, RSV, TNK). 동사의 형태가 모두 완료형을 사용하고 있기 때문이다. 이렇게 해석할 경우 그는 이 구절에서 드디어 성막에 입성했다. 그러나 꼭 그렇게 간주할 필요는 없다. 공동번역은 "하느님, 당신은 나의 소원을 들어주시고, 당신 이름을 존경하는 자들에게 땅을 허락하십니다"로 번역하면서 기자가 이미 이루어진 일을 회고하는 것이 아니라 하나의 원리, 곧 하나님은 성도들의 소원을 들어주시는 분이고 땅을 주시는 분이심을 선언하는 것으로 해석했다.

기자가 이 시에서 지속적으로 은유적인 표현을 사용하고, 그가 하나님의 보호와 인도하심을 피난처와 망대에 비교하고 있으며, 성막으로 나아가는 것을 주의 날개 아래로 피하는 것으로 묘사하고 있음을 감안하면, 굳이 5절을 그가 성막을 찾은 다음(기도가 응답이 된 다음)에 드린 기도라고 생각할 필요는 없다. 그가 서있는 '땅 끝'에서라도 하나님의 임재를 경험한다면, 그는 바로 주의 날개 아래 있는 것과 같기 때문이다. 그러므로 공동번역이 한 것처럼 하나님은 자기 자녀들의 서원을 들으시는 분이시고, 그들에게 여호와를 경외하는 자들에게 합당한 기업을 주시는 분이심을 찬양하는 것으로 해석하는 것이 바람직하다. 저자는 하나님은 이런 분이시라며 자기 기도도 들어 주실 것을 소망하고 있다. 성경에서 기업은 항상 땅과 연관이 되어 있는 표현이다.

3. 왕을 보호해 달라는 기도(61:6-7)

> [6] 주께서 왕에게 장수하게 하사
> 그의 나이가 여러 대에 미치게 하시리이다
> [7] 그가 영원히 하나님 앞에서 거주하리니
> 인자와 진리를 예비하사 그를 보호하소서

많은 학자들이 이 섹션을 근거로 이 노래가 왕족시, 혹은 포로기 이후 시대에 장차 오실 메시아를 갈망하면서 부른 노래라고 한다. 또한 전혀 예측할 수 없었던 왕에 대한 기도가 갑자기 등장하여 노래의 흐름을 끊는 것은 이 섹션은 원래 노래의 일부가 아니었으며, 훗날 삽입된 것이기 때문이라는 주장도 있다. 이 모든 것은 추측이며, 정확히 어떠한 정황으로 인해 왕에 대한 기도가 이곳에 등장하는지는 알 수 없다.

기자는 왕에 대하여 세 가지를 기도한다. 첫째, 왕이 장수하게 해 달라는 기도다(6절). 성경은 장수는 하나님의 축복이라고 한다. 또한 경건하고 거룩한 왕이 오래 사는 것은 온 백성에게 큰 복이 될 것이다. 그가 하나님을 경외하는 마음으로 백성들을 통치하면 백성들도 하나님의 평안과 안식을 누릴 수 있기 때문이다.

둘째, 왕이 영원히 하나님 앞에 있게 해달라는 기도다(7a절). 기자는 왕의 신앙이 절대 흔들리지 않도록 해달라고 기도하고 있다. 이스라엘은 인간 왕이 신적인 왕이신 하나님의 권위를 위임받아 다스리는 신정 통치 체제를 지향하는 나라였다. 이런 나라에서 왕이 항상 하나님 앞에서 거하는 것은 매우 중요하다. 왕은 하나님의 계획과 뜻에 따라 백성을 다스려야 하는데, 그렇게 하려면 하나님과 왕의 관계가 단절되거나 소통이 잘 이루어지지 않는 것은 치명적이다. 그러므로 기자는 왕이 영원히 하나님 앞에 거하면서 주님이 하시는 말씀을 하나도 놓치지 않게 해달라고 기도하고 있다. 하나님 앞에서 영원히 거하는 것은 마치 시편 23편의 "내가 여호와의 집에 영원히 살리로다"(6절)라는 기도를 연상케 한다.

셋째, 하나님이 인자와 진리로 왕을 보호하시기를 기도한다(7b절). 왕이 하나님을 사모하여 주님 앞에서 영원히 살고 싶어할 때 주님은 왕을 인자와 진리로 맞이해 주시고 보호해 주시라는 기도다. '인자'(חֶסֶד)와 '진리'(אֱמֶת)는 이때까지 시편에서 하나님의 성품을 묘사하며 자주 사용되어온 단어들이며, 이스라엘의 왕권이 유지될 수 있도록 베푸신 은혜다(cf. 삼하 7:28, 15:20, 시 40:11, 89:14). '인자'는 하나님이 이스라엘과 맺으신 언약을 근거로 베푸시는 보살핌과 은혜를 의미하는 관계적 언어이고, '진리'는 성실하심을 강조하는 단어다. 하나님은 왕과 맺으신 특별한 관계를 생각하셔서 꾸준하게 왕을 보살피고 인도하시기를 희망하는 기도다.

4. 나의 찬양을 받으실 하나님(61:8)

> [8] 그리하시면 내가 주의 이름을 영원히 찬양하며
> 매일 나의 서원을 이행하리이다

기자는 하나님이 그의 기도를 모두 응답하실 것을 믿고 확신하며, 주님을 영원히 찬양하고 매일 서원한 바를 이행할 것을 다짐한다. 개역개정의 "그리하시면… 이행하리이다"는 번역이 기자가 하나님께 "그리하시면… 저도 이렇게 할 것이고… 그리하지 않으시면… 나도 이렇

게 하지 않을 것입니다"라며 조건을 제시하는 것 같은 오해를 유발한다. 그러므로 현대인성경처럼 아예 "끊임없이 주께 감사 노래 부르리이다…"로 번역하는 것도 괜찮고, 새번역과 공동번역처럼 하나님이 온전히 이루실 그날이 꼭 올 것을 확신하며 "그때에…"로 번역하는 것도 좋다.

하나님으로부터 참으로 멀리 떨어져 있는 '땅 끝'에서 주님이 계신 곳을 바라보고 있는 기자는 하나님의 성막에 이르러 마음껏 하나님을 찬양하고 경배할 수 있는 날이 속히 올 것을 간절히 소망하고 있다. 그는 하나님을 찬양하고 경배하는 일은 주님이 성도들에게 지워준 짐이 아니라, 하나님이 택하신 소수에게만 허락하신 특권이라는 사실을 잘 알고 있다. 그는 자신이 이 특권을 빼앗긴 사람처럼 생각한다. 그러므로 그는 마음껏 주님을 찬양할 수 있는 날이 속히 오기를 사모한다.

제62편
다윗의 시, 인도자를 따라 여두둔의 법칙에 따라 부르는 노래

I. 장르/양식: 지혜시(cf. 1편)

이 노래는 서로 연관성이 있어 보이는 61-63편 중 중앙에 위치하며 61
편과 63편을 이어주는 역할을 한다(Kraus, McCann). 61:2-3은 '바위, 피
난처, 힘' 등을 언급하는데, 62편 7절이 이 세 단어를 한꺼번에 사용하
며 앞서가는 시편과의 연관성을 유지한다. 또한 63편과의 연관성으로
는 힘(62:11, 63:2), 인자/변함없는 사랑(62:12, 63:3), 영혼(62:1, 5, 63:1, 5,
8) 등을 꼽을 수 있다.

이 시는 표제에 여두둔(ידותון)이란 단어가 들어가 있는 세 시편 중 두
번째다(cf. 39, 77편). 개역개정은 '여두둔 법칙에 따라 부르는 노래'라
는 말을 더하여 여두둔이 마치 특정한 장르의 음악인 것처럼 이해하
지만, 여두둔은 사람 이름이라는 것이 대부분 학자들의 해석이다(cf.
Goldingay, Terrien). 역대기상 16장 42절에 의하면 여두둔은 다윗 시대에
성전에서 음악을 지휘하던 세 주요 레위인들 중 하나였다(대상 16:41-
42, 대하 5:12, cf. 대상 29:15). 나머지 두 사람은 아삽과 헤만이었다.

저자는 어떤 정황에서 이 노래를 불렀을까? 3-4절이 원수에 대하여
말하지만, 구체적인 정보는 별로 없다. 그러므로 학자들은 그가 병을

앓으면서(cf. 6, 38편), 원수들의 핍박을 피하여 성전으로 도피한 상황에서(cf. 5, 7편), 혹은 하나님의 도움을 청하기 위하여 부른 노래라고 하기도 한다. 구체적인 정황을 배경으로 읽기를 원하는 사람들은 이 노래가 다윗이 압살롬에게 쫓길 때 부른 노래라고 한다(Kirkpatrick). 포로기 이후 시대에 제작된 노래라는 주장도 있다(Tate). 정황을 가늠하기가 참으로 어려운 것이다.

많은 학자들은 이 노래를 하나님에 대한 믿음과 확신을 고백하는 신뢰시(psalm of trust)라고 한다. 하나님께 간구하는 내용은 없고 주님을 찬양하고 의지한다는 내용이 주류를 이루기 때문이다. 실제로 하나님께 직접적으로 기도하는 것은 12절에 가서야 있는 일이지만, 주님께 직접 드리는 기도에서도 간구하는 내용은 없다. 그러므로 신뢰시로 구분하는 것은 어느 정도 설득력이 있다.

그러나 이 시는 지혜시(wisdom psalm)로 구분되어야 한다. 지혜시는 사람들에게 하나님과 삶에 대한 가르침을 주고자 하는 노래인데, 8-10절의 내용이 이러한 의도를 분명히 드러내고 있다. 8-10절의 양식은 잠언에 포함해도 손색이 없을 정도로 비슷하다. 이 섹션은 분명 잠언처럼 사람들에게 지혜를 가르치고자 하는 성향을 지니고 있는 것이다. 기자의 이러한 의도를 고려해서 이 시는 지혜시로 구분되어야 한다.

II. 구조

이 시편의 특징은 거의 비슷한 내용이 반복되는 것이다. 1절은 거의 그대로 5절에서 반복되고, 2절은 약간 변화한 모습으로 6절에서 반복된다. 1-2절과 5-6절이 각 섹션을 시작하는 정형화된 고백 역할을 하면서 이 시의 구조를 분석하는 데 상당한 영향을 미치는 것이다.

일부 학자들은 이 노래를 2-3섹션으로 구분하기를 선호하지만(cf. Broyles, Ross, McCann, Wilson), 5-6섹션으로 나누어 교차대구법적 구조를 제시하는 이들도 많다(Alden, deClaissé-Walford et al., vanGemeren). 다음
은 알덴(Alden)의 제안이다.

A. 신뢰에 대한 증언(62:1-2)

  B. 비관적 고발(62:3-4)

    C. 신뢰에 대한 증언(62:5-6)

    C'. 신뢰에 대한 증언(62:7)

  B'. 비관적 고발(62:9-10)

A'. 신뢰에 대한 증언(62:11-12)

위 구조를 보면서 떠오르는 질문은 만일 A와 A'와 C와 C'가 어떠한
차이가 없는 같은 내용이라면, 굳이 A와 C로 구분할 필요가 있는가
하는 것이다. 또한 5-7절을 C와 C'로 구분하는 것도 별 설득력이 없
다. 일상적으로 대부분의 시편에서 '셀라'(סֶלָה)가 어떤 기준에 따라 삽
입되었는지 가늠하기가 어려운데, 이 시편에서는 4절과 8절 끝에 삽
입되면서 시를 합리적인 단락으로 나누는 역할을 한다. 이 주석에서
는 다음과 같이 간결화된 섹션화를 바탕으로 본문을 주해해 나가고자
한다.

A. 원수들의 공격(62:1-4)

B. 하나님의 보호(62:5-8)

C. 공동체를 위한 교훈(62:9-12)

III. 주해

악한 사람들이 시기하여 모함하고 악의적인 비방으로 공격할 때 우리
는 어떻게 해야 하는가? 기자는 조용히 하나님을 기다리라고 한다. 전
능하신 하나님이 우리 구원의 요새이시며 반석이시기 때문이다. 주님
은 결코 원수들의 의도와 계획이 이루어지지 않도록 우리를 보호하시

고 그들의 계획을 모두 수포로 돌리실 것이기 때문이다.

1. 원수들의 공격(62:1-4)

¹ 나의 영혼이 잠잠히 하나님만 바람이여
나의 구원이 그에게서 나오는도다
² 오직 그만이
나의 반석이시요
나의 구원이시요
나의 요새이시니
내가 크게 흔들리지 아니하리로다
³ 넘어지는 담과 흔들리는 울타리같이
사람을 죽이려고 너희가 일제히 공격하기를
언제까지 하려느냐
⁴ 그들이 그를 그의 높은 자리에서
떨어뜨리기만 꾀하고 거짓을 즐겨 하니
입으로는 축복이요 속으로는 저주로다 (셀라)

기자는 원수들에게서 생명을 위협하는 공격을 받고 있다(3절). 원수들이 그를 높은 자리에서 떨어뜨리려고 하는 것으로 보아(cf. 4절), 그는 상당한 사회적 지위를 누리는 사람이다. 원수들의 공격을 받은 그는 인간적인 반격을 자제한다. 대신 잠잠히 하나님이 문제를 해결해 주실 것을 믿고 오직 주님만을 바라본다(1a절). '잠잠히'(דוּמִיָּה)는 아무 말도 하지 않고 침묵한다는 뜻이다(HALOT). 자신은 참으로 억울하다며 아무리 주변에 억울하다고 하소연해 보았자 문제를 해결하는 데 도움은 되지 않는다. 오히려 사람들의 동정심이 아니라 의심을 살 수 있다. 그러므로 기자는 입을 굳게 다물고 하나님만 바라본다. '그의 구

279

원'(יְשׁוּעָתִי)이 주님에게서 오기 때문이다(1b절). 그는 하나님만이 그의 구원의 출처라며 그분만이 그를 구원하실 수 있다고 고백한다.

1절에서 자신의 구원은 오직 하나님에게서만 온다고 확신한 기자가 2절에서 하나님을 세 가지로 찬양한다. '나의 반석', '나의 구원', '나의 요새'. 1절에서는 하나님에게서 구원이 온다고 했는데, 2절에서는 아예 하나님을 자기 구원이라고 찬양한다. '반석'(צוּר)과 '요새'(מִשְׂגָּב)는 둘 다 보호와 연관이 있는 표현들이다. 그러므로 기자는 하나님만이 그를 구원하시는 분이시며 또한 보호하시는 분이라며 찬양을 아끼지 않는 고백을 하고 있다. 이러한 이미지를 사용하고 있는 2절은 여러 면에서 시편 15편의 결론을 연상하게 한다(Brueggemann & Bellinger).

이런 하나님이 그와 함께하시기 때문에 그는 어떠한 상황에서도 "크게 흔들리지 않겠다"고 다짐한다. "크게 흔들리지 않는다"(לֹא־אֶמּוֹט רַבָּה)는 일부 번역본들이 번역한 것처럼 아예 흔들리지 않는다는 말이 아니다(cf. 새번역, NIV, NRS, TNK). 때로는 흔들리고 두렵겠지만, 좌절하고 정신을 놓을 정도로 하지는 않겠다는 뜻이다(cf. NAS, ESV, LXX). 이러한 의미를 현대인성경이 잘 살렸다. "나 비록 비틀거린다 해도 절대로 쓰러지지는 않으리라."

살다 보면 공격해 오는 적들이 위협적으로 느껴질 뿐만 아니라 두렵게 느껴질 때가 있다. 사람이 혹독한 공격 앞에서 두려워하는 것은 당연하다. 그러나 우리는 이 시편 기자처럼 잠시 두려워하기는 하되 절망해서는 안 되며 회복이 불가능할 정도로 흔들려서도 안 된다. 방법은 딱 한 가지다. 당면한 상황과 우리 자신에 집중되어 있는 시야를 돌려 하나님을 바라보는 것이다. 우리가 처한 상황과 자신을 보고 있으면 두려움과 절망감이 우리를 사로잡을 것이다. 그러므로 적들에게 지지 않으려면 우리 자신에게서 시선을 떼어 하나님을 바라보아야 한다. 하나님이 바로 우리의 반석이시고, 요새이시며, 구원이시기 때문이다.

악인들은 공격을 멈추지 않는다. 또한 그들은 죽이기 위하여 공격한다(3절). 그러나 하나님께 용기를 얻은 기자는 오히려 그들에게 "언제까지 이런 짓을 하겠느냐?"며 나무란다. 그는 넘어지는 담과 흔들리는 울타리 이미지를 사용하는데, 같은 이미지를 반복하고 있다. '넘어지는 담'(נשׁוּי קִיר)은 '기울어진 담벼락'이라는 뜻이다. 이런 벽은 허물어야 한다. 무너지면 밑에 있는 사람을 죽이거나 다치게 할 수 있기 때문이다. 그러므로 이 벽은 원래 건축된 목적의 역할을 전혀 못하는 벽이다. 옛적부터 무너지지 않는 담을 세우기 위하여 공사할 때 다림줄을 사용했다. 하나님은 이스라엘 사람들을 심판하실 때 다림줄을 사용하시기도 한다(암 7:1-9). '흔들리는 울타리'(הַדְּחוּיָה גָּדֵר)도 같은 의미를 구상하고 있다.

그런데 누가 넘어지는 담 같고 기울어진 담벼락 같은가? 기자인가, 아니면 그를 공격하고 있는 원수들인가? 마소라 사본이 확실하지 않다. 개역개정은 원수들이 사람을 죽이는 넘어지는 담과 흔들리는 울타리라고 한다(cf. 공동, NAS, RSV, LXX). 다른 번역본들은 기자가 자기 자신을 이렇게 묘사하고 있는 것으로 번역한다. "언제까지 당신들 모두가 힘을 합하여 나를 쓰러뜨리려고 하십니까? 나는 쓰러지는 벽, 허물어지려는 담과 같습니다"(아가페, cf. 새번역, 현대인, NIV, ESV, NRS, TNK, CSB). 전자는 원수들의 파괴력과 저자를 죽이려는 의도를 강조하며, 후자는 기자의 힘없고 처량한 모습을 강조하여 동정심을 유발하려고 한다. 자신은 원수들이 죽이려고 할 만한 가치가 없다는 것이다. 기자가 사회적으로 높은 자리에 있는 사람임을 감안하면(cf. 4절), 원수들은 사람을 죽이는 벽으로 해석하는 것이 바람직하다.

원수들은 높은 위치에 있는 기자를 어떻게 든 그 자리에서 끌어내리려고 안간힘을 쓴다(4절). 그러므로 그들은 그를 해할 음모를 꾀하고 하는 말마다 거짓뿐이다. 악인들도 상당한 능력을 지녔겠지만, 기자의 상대는 되지 못한다. 능력이 되는 사람은 정정당당하게 싸움을 걸어오지 이처럼 야비한 방법을 사용하지 않기 때문이다. 자신들의 능력의

한계를 정확히 아는 원수들은 기자에게 대들지는 못하고, 축복을 외치
며 마음속으로는 저주한다. 겉으로 말하는 것과 마음속에 품은 생각이
완전 딴판이라는 뜻이다. 악인들은 비겁하고 야비한 방법으로 그를 음
해하고 있다. 이런 사람들은 대꾸할 가치도 없고 대꾸해 보았자 소모
적이다. 그러므로 기자처럼 하나님께 모든 것을 맡기고 주님을 바라보
는 것이 가장 현명한 방법이다. 구원이 주님에게서 오기 때문이다.

2. 하나님의 보호(62:5-8)

⁵ 나의 영혼아
잠잠히 하나님만 바라라
무릇 나의 소망이 그로부터 나오는도다
⁶ 오직 그만이
나의 반석이시요
나의 구원이시요
나의 요새이시니
내가 흔들리지 아니하리로다
⁷ 나의 구원과 영광이 하나님께 있음이여
내 힘의 반석과 피난처도 하나님께 있도다
⁸ 백성들아 시시로 그를 의지하고
그의 앞에 마음을 토하라
하나님은 우리의 피난처시로다 (셀라)

기자는 새 섹션을 시작하면서 1절에서 했던 말을 거의 그대로 반복
한다(5절). 1절에서는 '자기 영혼이 잠잠히'(דּוּמִיָּה נַפְשִׁי) 하나님만 바라본
다고 했는데, 5절에서는 하나님만 바라보기 위해서 "자기 영혼에게 잠
잠하라고"(דּוֹמִּי נַפְשִׁי) 명령한다. 그는 긍정적인 섹션이 원수들에 관한 섹

션(3-4절)을 포위하는 구조를 통해 하나님은 분명 자기 백성을 위기에서 구원하실 것이라고 선언한다(McCann). 앞 섹션과 뒷 섹션의 가장 큰 차이점은 1절은 하나님에게서 '그의 구원'(יְשׁוּעָתִי)이 온다고 했는데, 5절에서는 '그의 소망'(תִּקְוָתִי)이 주님에게서 온다고 한다는 것이다. 그는 하나님이 분명 그에게 구원을 베푸실 것을 소망하고 있다.

6절은 2절을 그대로 반복하며 하나님을 반석, 구원, 요새로 찬양한다. 한 가지 차이점은 2절은 '크게 흔들리지 않을 것'(לֹא־אֶמּוֹט רַבָּה)이라고 했는데, 6절은 단순히 '흔들리지 않을 것'(לֹא אֶמּוֹט)이라고 한다. 노래가 시작할 때는 '조금은 흔들리겠지만, 완전히 흔들리지는 않을 것이다'라는 각오를 밝혔다면, 하나님께 기도하며 찬양하니 어느덧 '절대 흔들리지 않을 것'을 다짐하게 되었다. 이것이 기도와 찬양의 힘이다.

하나님을 찬양하고 주님께 기도하고 나니 원수들로 인해 절대 흔들리지 않을 것을 확신한 기자는 더 이상 그들에 대하여 두려워하지 않게 되었다. 그러므로 노래를 시작할 때는 원수들의 공격에 대하여 힘들어 했지만(3-4절), 이제는 더 이상 그들의 공격은 문제가 되지 않는다. 그러므로 원수들에 대한 이야기는 아예 하지 않고, 나머지 시간을 그들의 손에서 그를 구하실 하나님을 찬양하고 기도하는 일에 힘쓴다. 그는 자신의 구원과 영광이 하나님께 있고, 그의 힘의 반석과 피난처도 하나님께 있다고 고백한다(7절). '영광'(כָּבוֹד)은 명예를 뜻한다(cf. HALOT). 그러므로 이 말씀의 더 정확한 의미는 "내 구원과 명예는 오직 하나님께 달려 있습니다. 주님은 나의 단단한 바위이시며 피난처이십니다"이다(cf. 새번역, 아가페, NIV, NAS, ESV, NRS, RSV). 하나님은 그가 아는 가장 확실하고 믿을 만한 구원자이시라는 뜻이다.

이런 능력과 인자함을 겸비한 하나님을 옆에 두고 다른 신들이나 구원자들을 찾아 나서는 것은 참으로 어리석은 일이다. 그러므로 기자는 백성들에게 권면한다. "어렵고 힘들 때마다 항상 주님을 찾고 의지하라"(8절). 주님 앞에 마음을 '토하라'(שָׁפַךְ)고 한다. 주님께 마음을 쏟아 놓으라는 뜻으로 마음속에 있는 모든 염려와 아픔을 아낌없이 털어 놓으라는 뜻이다(cf. 새번역). 우리가 당면한 삶이 아무리 고통스럽고 절망적으로 느껴져도 끝에 가서 우리는 여호와 하나님의 보호를 받고 있음을 깨닫게 될 것이다(Brueggemann & Bellinger). 하나님은 우리가 쏟아 놓은 모든 것을 반드시 들어주시고, 치료하시고, 위로하실 것이다(8c절).

3. 공동체를 위한 교훈(62:9-12)

⁹ 아, 슬프도다
사람은 입김이며 인생도 속임수이니
저울에 달면 그들은 입김보다 가벼우리로다
¹⁰ 포악을 의지하지 말며
탈취한 것으로 허망하여지지 말며
재물이 늘어도 거기에 마음을 두지 말지어다
¹¹ 하나님이 한두 번 하신 말씀을 내가 들었나니
권능은 하나님께 속하였다 하셨도다
¹² 주여 인자함은 주께 속하오니
주께서 각 사람이 행한 대로 갚으심이니이다

어려운 일이 생기면 우리의 피난처이신 하나님을 찾아가 마음을 쏟아 놓으라고 권면한 기자가 왜 사람들에게 도움을 청하는 것은 별 의미가 없는지 설명한다(9절). 사람은 입김에 불과하며, 인생도 속임수에 불과하기 때문이다. 성경에서 '사람'(בְנֵי־אָדָם)은 흔히 신분이 낮은 사람들을 뜻하며, '인생'(בְנֵי אִישׁ)은 신분이 높은 사람들을 뜻한다(cf. Grogan, HALOT). '입김'(הֶבֶל)은 헛됨/허무를 뜻하는 단어로 전도서에서 많이 사용되는 단어다. '속임수'(כָּזָב)는 실체가 없다는 뜻이다(cf. HALOT). 그러므로 대부분 번역본들이 "신분이 낮은 사람도 입김에 불과하고, 신분이 높은 사람도 헛될 뿐이다"라는 의미로 번역한다(cf. 새번역, 아가페, NIV, ESV, NRS). 인간은 신분의 귀천에 상관없이 아무도 믿고 의지할 만한 사람이 되지 못한다는 뜻이다.

사람은 얼마나 허무하고 헛된지 저울에 달아보면 입김의 무게보다 가볍다는 것을 알게 될 것이다. 이것이 우리의 모습이다. 이처럼 허무한 우리를 자기 생명을 내주고라도 구원할 가치가 있을 만큼 존귀하다며 십자가 죽음을 마다하지 않으신 주님을 우리가 어찌 찬양하지 않으랴! 구원은 우리가 그 의미를 알아갈수록 우리를 찬양하는 사람들로 만들어간다.

참으로 위대한 주님의 구원을 입은 사람은 어떻게 살아야 하는가? 기자는 한마디로 세상 사람들처럼 살지 말라고 한다(10절). 첫째, 포악을 의지하지 말라고 한다(10a절). '포악'(עשק)은 남을 억압하고 착취하는 것을 뜻한다(HALOT). 주님의 은혜를 체험한 사람은 절대 남을 착취하거나 억압해서는 안 된다. 주님의 구원의 손길이 우리에게 임하기 전에 우리도 남들에게 이런 일을 당하고 나서 너무나도 억울해 잠을 이루지 못한 적도 있다. 그러므로 우리의 눈에서 피눈물나게 했던 포악을 남에게 행해서는 안 된다. 이런 짓을 하라고 하나님이 우리를 구원하신 것이 아니기 때문이다.

둘째, 탈취한 것으로 허망하여지지 말라고 한다(10b절). 남의 것을 빼앗아 잘 살려는 생각을 버리라는 뜻이다(공동, cf. 새번역, NIV, NAS, ESV, NRS, TNK). 우리는 우리 재산이 소중한 것처럼 남의 재산도 소중하며, 우리가 무엇을 소유할 권한이 있는 것처럼 남들도 소유할 권한이 있다는 것을 인정해야 한다. 기자가 부를 쌓지 말라고 하는 것이 아니다. 부를 쌓되 정당한 방법으로 쌓으라는 권면을 하고 있다.

셋째, 재물이 늘어도 거기에 마음을 두지 말라고 한다(10c절). 재물이 우상이 되면 안 된다는 경고다. 우리는 전투적이고 공격적인 소비주의(militant consumerism) 시대를 살고 있다(Brueggemann & Bellinger). 이러한 시대에는 재물이 우상이 되기 십상이다. 주의 자녀들은 마음을 잘 다스려 결코 재물의 지배를 받지 않도록 해야 한다. 크리스천들에게 재물은 득이 될 수도 있고, 실이 될 수도 있다. 예수님도 우리의 보물이 있는 곳에 우리의 마음이 있다며 재물을 우상화 하는 것에 대하여 경고하셨다(마 6:19-21).

기자는 자기가 하나님께 들은 말로 노래를 마무리한다. 개역개정은 "하나님이 한두 번 말씀하신 것을 내가 들었다"고 하는데(11a절), 히브리어 텍스트를 문자적으로 해석하면 "하나님이 한번 말씀하셨고, 나는 두 가지를 들었다/배웠다"이다(cf. 새번역, NIV, NAS, TNK). 지혜문헌에서 종종 등장하는 'X, X+1' 화술이 사용되고 있다(cf. Roth, 잠 6:16-19, 30:15-31). 기자가 듣고 배운 두 가지는 무엇인가? '권능'(עז)은 하나님께 속하였다는 것(11b절)과 '인자하시며 한결같은 사랑'(חסד)도 주님의 것(12a절)이라는 사실이다. 전능하신 하나님은 능력에 있어서 그 누구와도 비교할 수 없는 독보적이신 분이다. 또한 전능하신 분은 꾸준히 자기와 관계를 맺은 사람들을 사랑하시는 분이다. 구약은 능력과 은혜가 하나님 안에서 하나가 되었다고 한다(Weiser). 그러므로 우리는 주님 안에 있는 한 어떠한 적도 두려워할 필요가 없다.

그렇다고 해서 전능하신 하나님이 항상 자기 백성에게 복을 주시는 분은 아니다. 주님은 공의로운 재판관이시기 때문에 모든 사람을 심판하신다. 그들의 행실에 따라 보상으로 복을 주시기도 하지만, 벌로 갚으시기도 한다(12b절). 사람은 어떻게 사느냐에 따라 하나님의 축복을 누릴 수도 있고, 벌을 받을 수도 있다. 갑자기 선하게 살아야겠다는 생각이 든다.

제63편
다윗의 시, 유다 광야에 있을 때에

I. 장르/양식: 개인 탄식시(cf. 3편)

이 시는 원수들의 공격을 받는 한 사람의 노래이기 때문에(cf. 1, 9-11절) 개인 탄식시로 구분되지만, 원수들의 핍박에 대하여 하나님께 간구하는 구체적인 것은 없다. 대신 하나님을 사모하고 주님과 함께하고픈 간절한 마음을 표현하고 있다. 그러므로 학자들은 이 노래의 양식에 대하여 매우 다양한 대안을 내 놓았다. 그들이 제시한 대안을 정리해 보면 찬양시(psalm of praise, cf. 4절), 감사시(psalm of thanksgiving, cf. 5절), 신뢰시(psalm of trust, cf. 7-8절), 왕족시(royal psalm, cf. 11절), 묵상시(psalm of meditation), 성전에서 밤새 기도하며 부른 노래(psalm of night vigil/incubation, cf. 2, 6절) 등 매우 다양하다. 이 노래는 참으로 여러 면모를 골고루 가진 시편이다.

이 시편이 요시야 시대에 저작된 것이라고 하는 학자도 있지만(Terrien), 표제는 다윗이 이 노래를 부른 것은 유다 광야에 있을 때라고 한다. 우리가 다윗의 삶에서 이러한 때를 찾는다면 언제쯤일까? 사무엘서와 연결해 보면 두 가지 가능성이 있다. 첫째는 다윗이 사울에게 쫓기던 시대다(cf. 삼상 23장). 그러나 마지막 절(11절)은 다윗이 이미 왕위에 오른 것을 전제하는데, 사울에게 쫓길 당시에는 왕이 아니었다는 점을 감안하면 잘 어울리지 않는다. 둘째는 압살롬이 반역을 일으켰을 때다(cf. 삼하 15장). 그러므로 일부 주석가들은 이 두 시기 중 하나와 이 노래를 연결하여 해석하지만(cf. Delitzsch, Grogan, Kirkpatrick, Ross), 대부분 사람들은 표제가 제시하는 정보를 무시한 채 이 시편을 해석한다. 표제는 다윗이 광야에 있을 때 부른 노래라고 하지만, 2절은 기자가 성전에 있는 것으로 묘사하고 있기 때문이다.

그러므로 이 시를 다윗의 삶과 연관시키기를 꺼리는 사람들은 성도가 성전을 찾아가 밤새 기도할 때 부른 노래라고 하고(Ceresko, Kraus, McKay, Wilson), 포로기 전에 성전에서 법궤를 기념하며 부른 노래라고 하며(Weiser), 왕이 성전에서 원수들을 물리쳐 달라며 드린 예식에서 사용된 노래라고(Mowvinckel) 하기도 한다. 우리는 맨 처음 이 노래가 불리거나 사용되기 시작한 정황에 대해서도 별로 아는 바가 없다는 뜻이다.

이처럼 세 가지 정황에 대하여 다양한 추측이 제시되는 것은 이 노래가 참으로 다양한 용도로 사용되었음을 암시한다(Brueggemann & Bellinger). 실제로 내용을 살펴보면 언제 어디서든 하나님의 임재를 갈망하는 성도가 부를 만한 노래다. 그러므로 이 시편의 경우 역사적인 정황과 저자를 정확하게 규명하는 것보다 이 노래가 불릴 수 있고 메시지가 선포될 수 있는 영적 범위를 고려하는 것이 더 현명한 처사다(cf. McCann).

II. 구조

대체적으로 학자들은 이 시편을 세 섹션으로 구분한다(cf. Goldingay, McCann, Ross, Tate, Wilson). 그러나 각 학자가 이 시편을 섹션으로 나누는 것을 보면 매우 다르다. 세 섹션으로 구분하기에는 주제의 변화가 다양하기 때문이다. 본 주석에서는 1-5절과 6-11절이 평행적 구조를 지닌 것으로 간주하여 다음과 같은 분석을 바탕으로 본문을 주해하고자 한다(cf vanGemeren).

  A. 하나님을 애타게 찾음(63:1)
    B. 하나님의 영광을 봄(63:2-3)
      C. 하나님을 찬양함(63:4-5)
  A′. 하나님을 간절히 묵상함(63:6-8)
    B′. 하나님의 심판을 봄(63:9-10)
      C′. 왕을 찬양함(63:11)

III. 주해

목말라 죽을 지경에 이른 사람이 간절하게 물을 찾는 것처럼 이 시편 기자는 하나님을 찾는다. 목마른 사슴이 시냇물을 찾는 비유로 시작하는 시편 42편을 생각하게 한다. 무엇이 부족해서가 아니라 하나님과 함께하는 시간이 좋고 주님의 품이 그립기 때문이다. 이처럼 간절히 주님을 찾는 기자는 주님의 인자하심 안에서 만족과 평안을 찾는다. 이 노래는 주님 안에서 평안과 안식을 누리는 사람의 노래다(Smith).

1. 하나님을 애타게 찾음(63:1)

¹ 하나님이여
주는 나의 하나님이시라
내가 간절히 주를 찾되
물이 없어 마르고 황폐한 땅에서
내 영혼이 주를 갈망하며
내 육체가 주를 앙모하나이다

기자는 그가 간절히 찾는 하나님은 다름 아닌 '나의 하나님'(אֵלִי)이라며 하나님과 자신의 관계를 확인하면서 노래를 시작한다. 그가 이 시편에서 노래하는 모든 것이 바로 그와 하나님의 관계에 의존하고 있다(Davidson). 또한 그는 오직 주님만을 사모하며 주님을 바란다며 주님을 뜻하는 2인칭 인칭대명사(אַתָּה)를 강조형으로 사용한다.

그는 자신이 하나님을 찾는 것을 물이 없는 사막에서 목마른 사람이 물을 찾는 것에 비유한다. 찾지 못하면 죽을 것 같은 절박함과 찾지 못하면 죽는다는 간절함으로 주님을 찾고 있다. 주님은 목말라 죽어가는 그에게 생명을 주실 수 있는 생수 같은 분이시기 때문이다.

기자는 자기 '영혼'(נֶפֶשׁ)과 '육체'(בָּשָׂר)가 모두 주를 사모한다고 한다. 몸과 마음을 다해 하나님을 간절히 바란다는 뜻이다. 하나님은 우리의 영적인 필요만, 혹은 육체적인 필요만 채워 주시는 분이 아니라, 우리의 모든 필요를 만족시키실 수 있는 전인적인 분이시다. 그러므로 기자는 하나님 외에는 그 누구도 그를 만족시킬 수 없다며 애절하게 주님을 찾고 있다.

2. 하나님의 영광을 봄(63:2-3)

² 내가 주의 권능과 영광을 보기 위하여
이와 같이 성소에서 주를 바라보았나이다
³ 주의 인자하심이 생명보다 나으므로
내 입술이 주를 찬양할 것이라

2절이 기자가 예전에 성전을 방문했던 일을 회상하는 것인지, 이 노래를 부르는 순간에 성전에 와 있다는 것인지, 혹은 앞으로 성전을 방문하게 되기를 소망하는 것인지가 정확하지 않다. 그러므로 번역본들도 세 가지로 나뉘어져 있다. 첫째, 기자는 예전에 성전을 방문했던 일을 회상하고 있다(개역개정, 아가페, NIV, NRS, ESV). 이렇게 간주하면 그가 성전에서 멀리 떨어져 있는 광야를 헤매고 있다는 1절을 문자적으로 해석해야 한다.

둘째, 기자가 이 노래를 하는 순간 성전에 와 있다는 해석이다(새번역, 현대인, NAS, CSB). 이 해석에 따르면 성전에 예배를 드리러 온 기자가 성전 뜰에서 주님을 사모하기를 물이 없는 사막에서 물을 찾아 헤매는 사람처럼 간절한 마음으로 하고 있다며 1절을 은유/비유적으로 해석해야 한다. 그는 이 순간 광야를 헤매고 있는 것이 아니라, 성전에 와 있기 때문이다.

셋째, 기자가 언젠가는 성전에서 주님을 바라볼 수 있기를 희망하고 있다는 해석이다(TNK, cf. Wilson). 이 해석 또한 1절을 문자적으로 해석해야 한다. 기자는 성전에서 멀리 떨어진 곳에 있으며, 어떠한 이유인지는 알 수 없지만, 당분간 성전을 찾아와 주님을 예배할 수 없는 상황에 처해 있다.

이 노래의 전반적인 분위기가 매우 긍정적이며, 하나님을 직접 경험한 일을 찬양하는 것으로 보아 그는 성전에 와 있다는 두 번째 해석이 문맥에 가장 잘 어울린다. 그는 물이 없는 광야에서 물을 찾아 헤매는 사람처럼 성전 뜰에서 간절한 마음으로 주님이 그를 만나 주시기를 사모하고 있다. 예배를 드리기 위하여 이미 성전 뜰에 서 있으면서도 이처럼 간절한 마음으로 예배에 임하는 그가 부럽다.

기자가 성전을 찾은 이유는 주님의 권능과 영광을 보기 위해서다(2a절). '권능'(עז)은 육체적인 힘과 능력을 의미하며, '영광'(כבוד)은 위엄(honour)을 강조하는 개념이다(HALOT, cf. 29:1). 성전은 성도들이 하나님의 능력과 위엄을 경험할 수 있는 곳이라는 의미다. 성전에서 선포되는 메시지와, 거룩하고 경건한 예배 중에 드리는 찬양과 기도, 성도 간의 교통 등이 이러한 경험을 할 수 있도록 해야 한다.

성전에서 예배를 드리는 기자는 주님의 인자하심을 마음껏 체험하기를 기대한다(3절). '인자하심'(חֶסֶד)은 시편에서 매우 자주 사용되는 단어다. 이것은 하나님이 그와 맺은 관계를 근거로 베푸시는 특별한 은총을 뜻한다(cf. Sakenfeld). 기자는 하나님의 인자하심은 생명(사는 것)보다더 좋다고 한다. 생각해 보면 참으로 옳은 말이다. 우리는 하루 하루를주님의 인자하심을 누리며 살고 있으며, 주님의 인자하심이 사라지면우리의 삶은 의미를 상실할 뿐만 아니라 참으로 힘이 들고 재미가 없을 것이다. 그러므로 주님의 인자하심은 살아 있는 것보다 훨씬 더 좋다. 이러한 사실을 깨달은 기자는 더 열심히, 정성을 다해 하나님을 찬양하고자 한다.

3. 하나님을 찬양함(63:4-5)

⁴ 이러므로 나의 평생에 주를 송축하며
주의 이름으로 말미암아 나의 손을 들리이다
⁵ 골수와 기름진 것을 먹음과 같이
나의 영혼이 만족할 것이라
나의 입이 기쁜 입술로 주를 찬송하되

성전에서 예배를 드리며 온 힘을 다해 하나님을 찬양하고 있는 기자는 그의 찬송은 평생 동안 그의 삶에서 끊임없이 계속될 것이라고 스스로 다짐한다(4절). '송축하다'(ברך)는 '축복하다/복을 빌어주다'는 뜻이다(HALOT, cf. NAS, ESV, NRS, TNK). 우리 정서에서 복은 윗 사람이아래 사람에게 빌어주는 것이기 때문에, 인간이 하나님께 복을 빌어줄 수 없다 하여 사람이 하나님을 축복할 때면 개역개정은 항상 '송축하다'로 표현한다. 다른 번역본들은 '찬양하다'로 번역하고 있다(새번역,아가페, 공동, 현대인, NIV, CSB). 그는 하나님을 송축할 때 손을 들고 주님의 이름을 부를 것이라고 한다. 그는 비밀리 하나님을 찬양하는 것이 아니라, 모든 사람이 볼 수 있도록 공개적으로 할 것이며, 주님의 이름을 부르며 하나님을 축복할 것을 다짐한다.

그가 이처럼 간절히 하나님을 송축하기를 원하는 것은 주님을 축복하는 일이 세상에서 가장 만족스러운 일이기 때문이다(5절). 그는 하나님을 송축할 때 느낄 수 있는 만족감을 사람이 골수와 기름진 음식을 먹은 것에 비교한다. 이것은 최고로 기름진 음식을 상징한다. 사람이 하나님을 송축하는 일은 더 이상 바랄 것이 없을 정도로 만족스러운 경험이라는 뜻이다. 또한 레위기 3장 16절이 모든 기름기는 하나님의 것이라고 하는 말씀을 근거로 이 노래는 예배자가 성전에서 하나님께 화목제를 드릴 때 사용되었을 것이라는 추측도 있다(Brueggemann & Bellinger).

우리는 어떻게 하나님을 송축할 수 있는가? 예배를 통해 하나님께 영광과 찬송을 드리는 일을 통해서다. 또한 기도를 통해 하나님과 교제하는 것을 통해 하나님을 축복할 수 있다. 일상에서 우리의 삶을 온전히 드려 주님이 통치하도록 하심으로써 하나님을 송축할 수 있다. 또한 우리가 하나님의 나라와 복음 전파에 헌신하고 희생하는 일을 통해 주님의 복된 일을 축복할 수 있다.

4. 하나님을 간절히 묵상함(63:6-8)

⁶ 내가 나의 침상에서 주를 기억하며
새벽에 주의 말씀을 작은 소리로 읊조릴 때에 하오리니
⁷ 주는 나의 도움이 되셨음이라
내가 주의 날개 그늘에서 즐겁게 부르리이다
⁸ 나의 영혼이 주를 가까이 따르니
주의 오른손이 나를 붙드시거니와

앞 섹션에서는 평생 주님을 송축하겠다고 다짐한 기자가 이 섹션에서는 하나님을 언제 축복할 것인가에 대하여 노래한다. 그는 밤에 침대에서 주님을 기억할 것이며, 이른 아침이 될 때까지 밤새 주님을 사모하고 찾을 것이다(6절). 이 말씀을 근거로 일부 주석가들은 기자가 성전에서 날을 새며 기도하고 있다고 해석한다. 그러나 이 말씀은 기자가 하나님을 얼마나 사모하는지 낮뿐만 아니라 밤에 잠자리에 들어서도 주님을 사모하는 것으로 해석할 수 있다(cf. McCann). '작은 소리로 읊조리다'(הגה)는 비둘기가 내는 '구구' 소리에서 유래한 것이다(HALOT). 낮은 소리로 묵상하듯 되내이고 반복한다는 뜻이다.

　기자가 이처럼 밤새 주님을 묵상하고 축복하기를 원하는 것은 주님이 그의 도움이 되셨기 때문이다(7a절). 하나님은 어떻게 그를 도우셨는가? 하나님은 자기 날개의 그늘 아래 그를 두심으로 도우셨다. 하나님의 날개 그늘 아래 거하는 것은 주님의 완벽한 보호를 상징한다. 기자는 하나님께 도움을 청할 때마다 한번도 실망한 적이 없었음을 회고한다. 하나님이 적극적으로 그를 도우시고 보호하셨기 때문이다.

　그러므로 기자가 유일하게 할 수 있고, 하고 싶은 일은 그의 구원자가 되신 주님을 가까이 따르는 일뿐이다(8a절). '가까이 따르다'(דבק)는 마치 풀로 붙인 것처럼 하나가 되었다는 의미다(cf. HALOT, cf. 신 4:4, 10:20, 11:22, 13:4, 30:20). 하나님과 그가 '딱풀'로 붙인 것처럼 하나가 될 수 있는 것은 주님의 오른손이 그를 붙드셨기 때문이다(8b절, cf. 사 41:10). 하나님이 기자의 주님과 함께하고 싶어하는 사모함을 받아들여 오히려 그를 붙잡아 주셨다는 의미다. 사실 사람이 하나님을 붙잡아 봐야 얼마나 지속적으로 확실하게 붙잡을 수 있겠는가! 하나님이 그를 붙잡으셔야 동행이 영원히 지속될 수 있다.

5. 하나님의 심판을 봄(63:9-10)

> ⁹ 나의 영혼을 찾아 멸하려 하는

그들은 땅 깊은 곳에 들어가며
¹⁰ 칼의 세력에 넘겨져
승냥이의 먹이가 되리이다

이때까지 원수들에 대하여 한마디도 하지 않았던 기자가 드디어 그를 괴롭히는 자들에 대하여 입을 연다. 그는 그들을 그의 영혼을 찾아 멸하려 하는 자들이라고 한다(9a절). 그들의 유일한 목적은 그를 찾아 이 땅에서 없애 버리는 것이다. 그러므로 기자는 상황이 반전되기를 기도한다. 그를 죽이려 하는 자들의 영혼이 모두 땅 깊은 곳으로 들어가기를 소망한다(9b절). "땅 깊은 곳으로 들어가다"(יָבֹאוּ בְּתַחְתִּיּוֹת הָאָרֶץ)는 "땅보다 더 낮은 곳으로 내려가다"는 뜻이다. 죽어서 스올로 내려가기를 바란다는 의미다(cf. 현대인, 아가페, NAS).

기자는 그의 생명을 노리는 자들의 영혼은 죽어 스올로 내려가고(9절), 그들의 육체는 칼에 맞아 죽어 승냥이의 먹이가 되기를 바란다(10절). 죽어서 들짐승의 먹이가 되는 것은 주검을 매우 존엄한 것으로 생각했던 고대 사람들에게 최고의 치욕이다. 그의 영혼과 육체가 하나님을 갈망하여 산 것(1절)과는 대조적으로 원수들의 영혼과 육체는 모두 죽음을 피하지 못할 뿐만 아니라, 매우 수치스러운 죽음을 맞기를 빌고 있다. 또한 그는 하나님이 풍요롭게 주시는 것을 먹고 배불리 사는 것에 반해, 그의 원수들은 승냥이 떼에게 먹이로 먹힐 것이다.

6. 왕을 찬양함(63:11)

¹¹ 왕은 하나님을 즐거워하리니
주께 맹세한 자마다 자랑할 것이나
거짓말하는 자의 입은 막히리로다

　노래에서 갑자기 왕을 언급하는 것이 다소 당혹스럽다. 기자가 이곳에서 왕을 밝히는 것은 두 가지 가능성이 있다. 첫째, 자신이 이 노래를 하고 있는 왕이라는 것을 알리기 위해서다(Goldingay). 둘째, 그동안 기자는 하나님을 참으로 사모하는 사람으로서 자신의 삶을 묘사했는데, 하나님을 사모하는 사람의 예로 왕을 들기 위해서다(McCann). 이 두 가지 가능성 중, 전자가 노래의 흐름에 더 어울리는 듯하다. 그동안 기자는 자신의 신분에 대하여 어떠한 언급도 하지 않았다. 이제 그는 자신이 왕임을 밝히고 있는 것이다.

　그는 이스라엘의 인간 왕으로서 신적 왕이신 하나님을 즐거워할 것이다. 주께 맹세한 자마다 자랑할 것이라고 하는데, '자랑하다'(הלל)는 찬양한다는 뜻이다(HALOT, cf. 새번역, 아가페, 현대인). 맹세한 사람들이 자기의 맹세를 자랑하는 것이 아니라, 하나님을 찬양할 것이라는 의미다. 하나님을 경외하는 사람들의 입은 열려 있을 뿐만 아니라 찬양으로 가득한데, 거짓말하는 자들의 입은 아예 막혀 있다. 하나님이 막으신 것이다. 본문의 '막다'(סכר)와 '찾다'(שׁחר)(1절)는 소리가 거의 비슷하다. 일종의 언어 유희가 형성되고 있다. 하나님을 간절히 '찾은'(히, 사카르) 기자는 살고(1절), 죽이려고 남의 생명을 찾은 원수들은 '막힌다'(히, 사카르)(McCann). 찬양할 수 있는 것도 하나님의 은혜다. 악인들은 하고 싶어도 하지 못하는 것이 찬양이다.

제64편
다윗의 시, 인도자를 따라 부르는 노래

I. 장르/양식: 개인 탄식시(cf. 3편)

기자가 하나님의 보호를 간절히 구한다 해서 이 시를 '보호시'(psalm of protection)라고 부르는 학자도 있다(Mowvinckel). 모빙클은 보호시는 탄식시보다 어려움을 호소하는 내용이 적으며, 곧 주님의 도움이 임할 것을 기대하기 때문에 노래의 분위기가 탄식시보다 더 밝다고 한다. 그러나 하나님께 도움을 청하는 기도로 시작했다가 주님이 그를 구원하시리라는 확신으로 끝나는 이 노래는 전형적인 개인 탄식시다(cf. Tate).

표제는 다윗의 노래라는 것 외에 별다른 정보를 제공하지 않는다. 그러므로 이 노래가 언제 어떤 상황에서 저작되고 불렸는지에 대하여는 전혀 알 수 없다(cf. Tate). 하나님이 사람의 마음을 꿰뚫어 보신다는 6절을 예레미야 17장 9-10절과 연결하여 이 노래가 예레미야 선지자 시대에 저작된 것이라 주장하는 주석가가 있다(Terrien). 한 미드라쉬(midrash)는 이 노래를 다윗이 아니라 다니엘이 부른 것이라 한다(Goldingay).

기자가 원수들에게 심한 언어적 압박과 음해를 당하고 있는 것은 확실하다. 그러므로 이 시도 63편처럼 오리지널 정황과 저자보다 우리의 삶에서 이 노래가 불리고 적용될 수 있는 범위가 더 중요하다. 하나님은 분명히 우리를 공격하는 악인들을 벌하실 것이다.

II. 구조

다음은 알덴(Alden)이 제시하는 구조다. 그가 제시하는 다른 구조들처럼 지나치게 세분화되어 있으며, 상당 부분 틀에 맞추려는 느낌이 든다(cf. B, B').

  A. 원수들에 대한 두려움에서 구원해 달라는 기도(64:1-2)
    B. 악인은 입맛을 다심(64:3)
      C. 악인은 순식간에 쏨(64:4)
        D. 악인들이 계획함(64:5)
        D'. 악인들이 계획함(64:6)
      C'. 하나님이 악인들을 순식간에 쏘심(64:7)
    B'. 악인의 혀가 그들의 죄를 입증함(64:8)
  A'. 의로운 사람은 하나님을 경외하고 찬양함(64:9-10)

다음은 밴게메렌(vanGemeren)이 지구랏 구조라며 제시한 것이다.
  A. 탄원(64:1)
    B. 원수들로부터 보호를 구하는 기도(64:2-6)
      C. 하나님의 보호와 보복(64:7-9)
        D. 즐거움과 격려(64:10)

위 구조를 보며 드는 생각은 '2절을 1절과 함께 취급하는 것이 자연스러운데, 굳이 떼어내어 3절 이후와 함께 둘 필요성이 있는가?' 하는 것이다. 특히 2절은 1절처럼 도움을 구하는 기도이며, 3-6절은 원수들의 행위를 고발하고 있는 점을 고려하면 더욱더 그렇다. 그러므로 이 주석에서는 기자가 이 노래를 도움을 청하는 기도로 시작하여(1-2절), 원수들에 대한 설명으로 노래를 이어가며(3-6절), 하나님에 대한 신뢰(7-9절)와 기쁨의 찬양(10절)으로 마무리하고 있음을 근거로 다음과 같은 구조를 바탕으로 본문을 주해해 나가고자 한다.

  A. 하나님의 도우심을 구하는 기도(64:1-2)
    B. 원수들의 악한 음모(64:3-6)
    B′. 원수들을 벌하시는 하나님(64:7-9)
  A′. 하나님의 도우심을 기뻐 찬양함(64:10)

III. 주해

원수들이 온갖 음해와 악한 말로 공격해 오고 있다. 그들의 공격이 얼마나 심각하고 위협적인지 기자는 생명에 위협을 느낀다. 그는 하나님께 도움을 청하고, 하나님은 원수들이 기자를 공격하는데 사용한 무기들을 사용하여 그들을 벌하신다. 이러한 상황을 지켜본 기자는 하나님을 찬양하지만, 악인들은 심은 대로 거두는 심판을 받는다. 이 노래는 정확한 번역이 어려운 여러 가지 난제들을 지니고 있지만(cf. Anderson, Tate), 전체적인 메시지는 정확하다.

1. 하나님의 도우심을 구하는 기도(64:1-2)

> [1] 하나님이여 내가 근심하는 소리를 들으시고
> 원수의 두려움에서 나의 생명을 보존하소서
> [2] 주는 악을 꾀하는 자들의 음모에서 나를 숨겨 주시고
> 악을 행하는 자들의 소동에서 나를 감추어 주소서

정확히 어떤 이유인지는 모르겠지만, 원수들로 인해 극도로 불안해

진 기자가 하나님께 자기의 근심하는 소리를 들으시라고 기도한다(1a
절). '근심하는 소리'(קוֹלִי בְשִׂיחִי)는 탄식하는 혹은 걱정하는 목소리라는
뜻이다. 그저 입으로 나오는 것이 신음 소리뿐이라는 것이다. 무엇이
그를 이처럼 불안하게 만드는가? 원수들의 두려움 때문이다(1b절). '두
려움'(פַּחַד)은 사람을 떨게 만드는 공포감이다(Tate, cf. HALOT). 그는 하
나님이 그의 생명을 보존하지 않으시면 죽을 것 같은 두려움을 느끼고
있다.

　적들이 기자에게 가하는 위협이 얼마나 큰지 그는 감히 저항해 볼 엄
두를 내지 못한다. 어떻게든 그들의 눈에 띄지 않는 것이 그가 할 수
있는 최선이라고 생각한다. 그러므로 그는 하나님께 자기를 숨겨 주
시고, 감추어 주시라고 간구한다(2절). 악인들이 그를 해하려고 음모
를 꾸미고, 소동을 부리고 있다. '음모'(סוֹד)는 비밀리에 [해하려는] 계
획을 세운다는 뜻이며, '소동'(רִגְשָׁה)은 사람들을 동요시킨다는 뜻이다
(HALOT). 기자는 악인들의 음모로 인해 생명을 위협받고 있으며, 그들
의 악한 여론 조성과 선동으로 인해 큰 피해를 입고 있다. 또한 원수들
의 숫자가 많아 홀로 상대할 만한 상황도 아니다. 그러므로 그는 전적
으로 주님께 자기 삶을 맡기며 숨겨 달라고 호소한다.

2. 원수들의 악한 음모(64:3-6)

³ 그들이 칼같이 자기 혀를 연마하며
화살같이 독한 말로 겨누고
⁴ 숨은 곳에서 온전한 자를 쏘며
갑자기 쏘고 두려워하지 아니하는도다
⁵ 그들은 악한 목적으로 서로 격려하며
남몰래 올무 놓기를 함께 의논하고 하는 말이
누가 우리를 보리요 하며

> ^{6} 그들은 죄악을 꾸미며 이르기를
> 우리가 묘책을 찾았다 하나니
> 각 사람의 속 뜻과 마음이 깊도다

기자가 두려워하는 원수들은 말로 사람들을 죽이는 자들이다. 그들이 하는 말이 얼마나 독하고 잔인한지 그는 그들의 혀를 날카로운 칼에 그들이 하는 독한 말을 화살에 비유한다(3절). 칼과 화살은 전쟁에서 사람을 죽이는 도구들이다. 그들의 말은 칼과 화살처럼 잔인한 파괴력을 지녔다는 뜻이다.

악인들의 독이 서린 말이 더 무섭고 두려운 것은 언제 그들이 공격해올지 모르기 때문이다. 그들은 매복해 있는 궁수들처럼 숨어 있다가 공격당할 것을 전혀 예측하지 못한 온전한 사람(죄 없는 사람)에게 갑자기 쏘고도 전혀 두려워하지 않는다. '두려워하지 않는 것'은 만일 그들이 조그마한 양심이라도 있다면 죄 없는 사람에게 이런 짓을 할 때는 조그마한 죄책감이라도 느낄 것이다. 그러나 그들은 얼마나 악한지 전혀 양심의 가책을 받지 않는다는 뜻이다. 양심에 화인 맞은 자들이다.

원수들은 악한 목적을 이루기 위하여 하나가 되어 있다(5a절). 그 목적을 이룰 때까지 그들은 서로 격려하며 죄 없는 사람들을 잡기 위하여 올무 놓는 일을 함께 의논한다(5b절). 그리고도 전혀 양심의 가책을 느끼지 않으며, 오히려 당당하게 '누가 우리를 보리요' 하고 교만을 떤다. 만일 그들을 제재할 자가 있으면 해보라는 것이다. 그들이 간과하고 있는 한 가지는 하나님이 그들을 보고 계신다는 사실이다.

악인들은 죄악을 꾸미고 묘책을 찾았다고 기뻐한다(6a-b절). 같은 원의 단어들이 세 차례 사용되고 있다. '꾸미다(יחפשׂ)… 묘책(מחפשׂ חפשׂ), [악한] 계획 중 계획, 완벽한 계획.' 그들은 마치 죄를 짓기 위해 태어난 자들처럼 살고 있다. 6절에서 여기까지는 정확하게 해석할 수 있는데, 그 다음인 6c절을 번역하는 일은 쉽지만 의미를 해석하는 것은 쉽지 않다. 개역개정이 "각 사람의 속뜻과 마음이 깊도다"는 히브리어 텍스트(MT)의 문장(קֶרֶב אִישׁ וְלֵב עָמֹק)을 문자적으로 번역한 것이다. 그런데 '이 말은 누가 한 말인가?' 문맥을 고려할 때 세 가지 가능성이 있다.

첫째, 악인들이 한 말로 해석하는 것이다. 악인들은 바로 앞 문장인 "우리가 묘책을 찾았다"라는 말을 했는데, 이 문장도 그들의 스피치의 연속으로 간주하는 것이다. 이렇게 해석할 경우, 이 말은 악인들이 자신들의 능력을 스스로 칭찬하는 것이 된다.

둘째, 기자가 한 말이다. 이렇게 취급할 경우 악인들의 음모에 대하여 기자가 참으로 기발하다며 그들의 말에 동의하든지, 혹은 그들이 생각해낸 음모가 별볼일 없다며 빈정대는 말이다(cf. Wilson).

셋째, 이 말은 당시 유행하던 일종의 격언을 인용한 것이다. 이렇게 해석할 경우 기자는 악인들이 참으로 악한 음모를 꾸민 것을 보고 이 말을 인용하여 사람의 악한 생각에는 한계가 없다며 혀를 차는 것으로 해석할 수 있다.

우리말 번역본들도 각기 다른 의미로 번역했다. 새번역은 "사람의 속마음은 참으로 알 수 없습니다"(cf. 아가페, cf. NAS, NAS)라고 했으며, 공동번역은 "사람의 마음속 깊은 곳을 보시는 이가 알아채시니"로 번역했는데, 히브리어 텍스트와 다소 동떨어진 번역이다. 현대인성경은 "못된 궁리만 하고 있습니다"(cf. NIV, TNK)라고 하는데, 위에서 두 번째 해석에 따라 기자의 말로 간주한 것이다. 비록 악인들은 자신들의 음모가 기발하다고 생각하지만, 저자가 보기에는 하나님의 심판을 받기에 합당한 악한 생각에 불과하다는 뜻이다. 이 해석이 문맥에 가장 잘 어울린다. 악인들의 온갖 권모술수가 하나님의 심판을 받기에 적합한 악한 짓에 불과하다는 의미다.

3. 원수들을 벌하시는 하나님(64:7-9)

⁷ 그러나 하나님이 그들을 쏘시리니
그들이 갑자기 화살에 상하리로다
⁸ 이러므로 그들이 엎드러지리니
그들의 혀가 그들을 해함이라
그들을 보는 자가 다 머리를 흔들리로다
⁹ 모든 사람이 두려워하여 하나님의 일을 선포하며
그의 행하심을 깊이 생각하리로다

하나님의 심판이 시작되면 상황이 완전히 반전된다. 악인들은 숨어 있다가 '갑자기'(פִּתְאֹם) 죄 없는 사람들에게 화살을 쏘았다(cf. 4절). 이제 그들은 하나님이 쏘신 화살을 맞고 '갑자기'(פִּתְאֹם) 쓰러진다(7절). 기자는 사냥 이미지를 계속 사용하여 그들이 전혀 예측하지 못한 무방비 상태에서 하나님의 화살 공격을 받고 아무런 대응도 하지 못하고 쓰러질 것이라고 한다. 그들이 남을 공격할 때 기습 작전을 사용한 것처럼 하나님도 그들을 공격하시면서 기습 작전을 쓰실 것이다. 자신이 꾀한 것이 올무가 되어 스스로 당하는 심판 원리를 '보복법'(lex talionis)이라고 한다(vanGemeren). 한 가지 차이점은 악인들은 은밀한 곳에 숨어 있다가 공격을 했는데, 하나님은 모든 사람이 보도록 공개적으로 그들을 공격하신다는 것이다(cf. 8절).

그런데 하나님이 그들을 심판하시는 방법이 확실하지 않다. 일부 번역본들은 8절을 그들이 한 악한 말을 하나님이 문제삼아 심판하셨다는 의도로 번역한다. "하나님은 그들이 혀를 놀려서 한 말 때문에 그들을 멸하실 것이다"(새번역, cf. 공동, NRS, RSV). 반면에 대부분 번역본들은 그들이 스스로 한 말이 올무가 되어 그들을 멸할 것이라고 한다. "그들은 자기 혀(말)로 인해 망할 것이다"(NAS, cf. 개역개정, 아가페, 현대인,

NIV, ESV, TNK, CSB). 7절은 그들이 죄 없는 사람들에게 사용한 수법대로 하나님이 그들을 응징하실 것을 강조하는 점을 감안할 때, 그들의 말이 스스로 올무가 되어 그들을 망하게 하는 것으로 해석하는 것이 문맥에 잘 어울린다. 이 시편은 '혀의 힘'이 얼마나 강한지에 관한 것이다(Brueggemann & Bellinger).

옆에서 이러한 상황을 지켜보는 사람들이 악인들의 처참한 꼴을 보고 모두 다 머리를 흔든다(8c절). 사람들은 왜 머리를 흔드는가? 세 가지 가능성이 있다. 첫째는 현대인성경이 해석한 것처럼 원수들이 주님의 심판을 받아 고꾸라진 꼴을 보는 사람마다 "고것 참 고소하다"며 고개를 흔드는 것이다. 둘째는 하나님 무서운 줄 모르고 날뛰다 심판을 받은 악인들을 비난하고 야단을 치면서 고개를 흔드는 것이다(NIV). 셋째는 보는 사람들이 하나님의 심판과 악인의 종말을 두려워하며 고개를 흔드는 것이다(NRS, TNK, NAS). 성경은 하나님이 악인들을 공개적으로 심판하실 때에는 그들을 벌하시는 목적도 있지만, 보는 사람들도 경각심을 갖게 하기 위해서라고 한다. 그러므로 이 세 가지 해석 중 마지막 해석, 곧 보는 사람들이 하나님의 심판과 악인의 비참한 종말을 보고 두려워서 고개를 흔드는 것이 적합한 해석이다. 9절도 이러한 해석을 지지한다.

하나님의 심판이 얼마나 혹독하며 악인들의 종말이 얼마나 비참한가를 깨달은 사람들이 이 일을 교훈으로 삼는다(9절). 그들은 두려워하여 하나님의 일을 선포한다(9a절). 그들의 두려움은 경건하고 지혜로운 두려움이다. 하나님이 어떤 분인가를 깨닫고 두려워하기 때문이다.

그런데 그들은 무엇을 두려워하고 어떤 일을 선포한단 말인가? 8절은 그들이 하나님의 심판과 악인들의 비참한 종말을 보고 두려워했다고 한다. 그러므로 9절에서 그들이 두려워하는 것은 바로 하나님의 심판과 심판받아 멸망한 악인들의 종말이며, 그들이 서로에게 알리는 하나님의 일은 하나님이 악인들을 내버려두지 않고 심판하시는 일이다.

사람들은 하나님이 악인들을 심판하시는 일을 깊이 생각하고 마음에 둘 것이다. 자신들이 살아가는 데 교훈으로 삼겠다는 뜻이다.

4. 하나님의 도우심을 기뻐 찬양함(64:10)

10 의인은 여호와로 말미암아 즐거워하며 그에게 피하리니
마음이 정직한 자는 다 자랑하리로다

악인들은 하나님의 심판을 받아 멸망하고, 세상 사람들은 이 광경을 보고 심판하신 하나님을 두려워하지만, 의인들은 악인들을 심판하신 하나님을 즐거워한다. 세 부류의 사람들이 각자 다른 반응을 보이고 있다. 하나님을 기뻐하는 의인들은 세상 사람들이 두려워 피하는 하나님께 오히려 더 가까이 간다. 주님이 그들의 피난처이시기 때문이다(cf. 2절).

의인들은 자랑할 것이다. '자랑하다'(הלל)는 '찬양하다'라는 뜻이다(cf. 새번역, 아가페, NAS, ESV, TNK). 악인들은 마음속에 악한 계획만 있다고 했는데(6절), 정직한 사람의 마음은 찬양으로 가득한 것이 인상적이다. 기자는 의인을 '마음이 정직한 자'(ישרי־לב)라고 한다. 마음이 뒤틀리지 않고 곧다(일직선)는 의미다. 어떻게 사람이 정직한 마음을 유지할 수 있는가? 하나님을 전적으로 의지하며 살 때만 가능하다. 하나님은 의인들의 탄식소리(1절)를 찬양소리로 바꾸실 것이다.

제65편
다윗의 시, 인도자를 따라 부르는 노래

I. 장르/양식: 회중 찬양시(cf. 8편)

일부 학자들은 이 시가 탄식시와 감사기도를 합한 것이라고 하지만 (Terrien), 이 노래는 기도를 들으시고 죄를 용서하시는 하나님을 찬양하기 위하여 저작되었다. 하나님은 사람의 기도를 들으시고 그들을 용서하시고 죄를 사하여 주신다(cf. 2-3절). 하나님의 축복은 영적인 면모에서 멈추는 것이 아니라 육체적·물질적 축복을 동반한다. 내용이 풍요로운 추수에 대한 감사를 배경으로 하고 있다고 해서(cf. 11-13절), 추수를 마무리하며 부른 감사시(psalm of thanksgiving)라고 하기도 하고(Broyles, cf. Goldingay), 풍요로운 수확을 위하여 하나님께 비를 달라며 부른 노래라고 하기도 한다(Tate, cf. 9-10절).

일부 학자들은 이 시편이 각각 1-8절과 9-13절로 구성된 두 개의 독립적인 노래였는데, 하나로 합해진 것이라고 주장한다(Briggs, Kraus). 이 두 섹션의 주제와 스타일이 서로 차이를 보인다는 것이다. 그러나 이 두 섹션을 두 개의 독립적인 시로 보기에는 통일성과 흐름이 너무 뚜렷하여 처음부터 한 편이었다고 하는 학자들도 있다(McCann, vanGemeren).

표제는 다윗을 언급하는데, 시의 내용을 살펴보면 다윗의 저작권을 입증할 만한 증거는 없다. 또한 다윗이 저작하지 않았다는 것을 증명할 만한 단서도 없다. 일부 칠십인역(LXX) 사본들은 "다윗의 시, 예레미야와 에스겔이 백성이 바빌론으로 끌려갈 것을 선언하며 부른 노래"라는 말을 더한다(Goldingay). 칠십인역은 이 노래를 유다가 포로생활에서 돌아올 것을 하나님이 약속하시는 시로 간주한 것이다(cf. 1절).

주석가들은 아시리아 왕 산헤립이 히스기야 시대인 주전 701년에 예루살렘을 정복하지 못하고 본국으로 돌아갔을 때(cf. 사 36-38장), 저작된 노래라고 하고(Delitzsch), 요시야 왕이 죽은 해(주전 609년)와 유다의 멸망(주전 586년) 사이에 저작된 것이라고 하기도 한다(Terrien). 정확한 저작 시대는 알 수 없지만, 이 노래가 사용된 정황은 추수를 마무리하며 부르던 노래라 하고(Weiser), 간절히 바라던 비가 내려 가뭄을 해소시킬 때면 부른 노래라고 하기도 한다(Anderson. cf. 왕상 8장). 봄과 가을 추수 중 가을 추수를 시의 정황으로 지목하는 학자가 있는가 하면(Ross), 봄 추수를 지목하는 주석가도 있다(Wilson). 봄 추수를 배경으로 읽으면 이 시는 무교절(Feast of Unleavened Bread) 때 사용되었을 수 있고, 가을 추수를 배경으로 읽으면 장막절(Feast of Tabernacle)에 사용되었을 수 있다. 신년 예배 때 사용된 것이라는 해석도 있다(Terrien). 내용을 살펴보면 이 노래는 언제든 주의 백성이 죄사함을 감사하고, 풍요로운 물질로 채워 주시는 하나님의 은혜를 기념할 때 부를 만한 찬양이다.

II. 구조

밴게메렌(vanGemeren)은 이 시편에 대하여 다음과 같은 구조를 제시한다.
  A. 하나님의 임재 찬양(65:1-3)
    B. 복된 하나님의 임재(65:4)
  A′. 하나님의 통치 찬양(65:5-8)
    B′. 복된 하나님의 통치(65:9-13)

그러나 4절을 A(1-3절)에서 따로 구분하는 논리는 설득력이 떨어진다. 아마도 A-B-A-B 균형을 맞추기 위해서 독립적으로 처리한 것으로 생각된다. 대부분 번역본들과 학자들이 주장하는 것처럼 이 노래는 1-4절, 5-8절, 9-13절 등 세 파트로 구분하는 것이 바람직하다(cf. 새번역, NIV). 그러므로 이 주석에서는 다음과 같은 구조를 바탕으로 본문을 주해해 나가고자 한다.

  A. 죄를 용서하심을 찬양(65:1-4)
  B. 세상에 평안을 주심을 찬양(65:5-8)
  C. 풍요로움을 주심을 찬양(65:9-13)

III. 주해

하나님은 사람의 죄를 용서하시는 분이시다(1-4절). 또한 용서하신 사람들이 이 땅에서 평안을 누리며 살 수 있도록 자신이 창조하신 세상에 평안이 임하도록 다스리시는 분이시다(5-8절). 더 나아가 용서하신 사람들이 부족한 삶을 살지 않도록 풍요를 주시는 분이시다(9-13절). 우리의 영혼과 육체를 만족시키시는 하나님은 찬양을 받기에 합당하신 분이시다.

1. 죄를 용서하심을 찬양(65:1-4)

¹ 하나님이여
찬송이 시온에서 주를 기다리오며
사람이 서원을 주께 이행하리이다
² 기도를 들으시는 주여
모든 육체가 주께 나아오리이다
³ 죄악이 나를 이겼사오니

우리의 허물을 주께서 사하시리이다
⁴ 주께서 택하시고 가까이 오게 하사
주의 뜰에 살게 하신 사람은 복이 있나이다
우리가 주의 집
곧 주의 성전의 아름다움으로 만족하리이다

마치 우리의 '예배 부름'처럼 매우 밝은 분위기에서 노래를 시작한다. 하나님에 대한 찬송이 시온에서 주님을 기다리며 사람이 서원을 주께 이행한다는 것(1절)은 성전에 모인 사람들이 모두 예배를 시작할 준비가 되어 있으니, 예배 중에 임하시어 그들의 경배와 찬양을 받아 주시라는 기도다. 사람이 아무리 찬양한다 해도 하나님이 받지 않으시면 별 의미가 없다. 그러므로 이 기도는 하나님이 꼭 그들의 찬양을 받으실 것을 간곡히 부탁하는 기도다. 또한 서원도 하나님이 받지 않으시면 별 의미가 없다. 그러므로 공동번역의 "당신께 바친 서원 이루어지게 [허락]하소서"가 1절의 뉘앙스를 더 잘 살리고 있다. 하나님은 참으로 성전에 모인 사람들의 찬양을 받기에 합당하신 분이시므로 그들은 '주께 찬양을 부르고 또 부를 것'(현대인)을 다짐한다.

성전에서 하나님을 찬양하고 경배하는 일이 얼마나 놀랍고 은혜로운 경험이라는 것을 잘 아는 기자는 언젠가는 온 세상 만민이 주님께 나와 경배하고 찬양할 날을 꿈꾼다(2b절). 성전이 세상 모든 피조물이 창조주이신 여호와를 찬양하는 장소가 되고 있다(Brueggemann & Bellinger). 그러므로 그는 '모든 육체'(כָּל־בָּשָׂר), 곧 육신을 가진 사람이라면 유태인과 이방인을 가리지 않고 모두 하나님께 나올 날이 올 것을 확신한다(cf.아가페, NIV, TNK, CSB). 하나님은 이스라엘의 하나님으로만 있으시기에는 너무나도 놀랍고, 은혜롭고, 능력이 뛰어난 분이시기 때문이다. 열방이 하나님을 찾으면 그들이 먼저 하는 일은 주님께 기도를 드리는 것이다. 주님은 사람들의 기도를 들으시는 분이기 때문이다(2a절).

LXX는 2a절을 "나의 기도를 들으소서"(εἰσάκουσον προσευχῆς μου)로 번역했지만(cf. 새번역, 아가페, 공동, NAS의 "우리의 기도를 들으시는…"), 마소라 사본(MT)은 "하나님은 모든 사람의 기도를 들으신다"는 원리를 선언하고 있다(cf. 개역개정, 현대인, NIV, ESV, NRS, CSB, RSV, TNK).

육체를 입은 세상 모든 사람이 하나님께 나아와 어떤 기도를 드릴까? 각자 지은 죄를 용서해 달라는 기도를 한다(3절). 인상적인 것은 사람이 죄를 짓는 것을 마치 두 사람이 싸우다가 승자가 패자를 '짓누르는 것'(גָּבְרוּ מֶנִּי)으로 묘사한다는 점이다. 이 사람들은 죄를 짓지 않으려고 투쟁하다가 패배하여 주님을 찾는 사람들이다.

"죄악이 나를 이겼사오니"(3a절)는 히브리어 텍스트(דִּבְרֵי עֲוֺנֹת גָּבְרוּ מֶנִּי)를 정확하게 번역하고 있다(cf. ESV, TNK). 그러나 이 시는 공동체의 기도다. 바로 다음 행에서 '우리의 허물'(פְּשָׁעֵינוּ)(3b절)이 나오는 것을 감안하여 대부분 번역본들은 "죄악이 우리를 이겼다"로 번역한다(아가페, 공동, NIV, NRS, RSV). 문맥에는 '우리'가 '나'보다 더 잘 어울린다.

싸움 이미지를 연장하여 해석하면 하나님이 사람의 죄를 용서하신다는 것은 그들이 죄를 상대로 싸우다가 패배한 것에 대하여 책임을 추궁하거나, 패배에 대하여 문제삼지 않으실 것을 의미한다. 기자는 온 세상 사람들이 오직 여호와 하나님만이 그들의 죄를 용서하신다는 사실을 깨닫고 시온에 있는 주님의 성전으로 몰려드는 환상을 꿈꾸고 있다.

기자는 언젠가는 하나님이 모든 사람의 죄를 용서하실 날을 꿈꾸고 있는데, 이 비전은 실현 가능한 꿈인가? 당연히 가능하다. 기자는 더 나아가 하나님이 용서하신 이들을 자기 집에 살게 하시는 꿈을 꾼다(4절). 그러므로 그는 죄사함을 받고 주님의 집에 거하는 사람들은 복이 있다고 한다(4a-b절). 주님이 거하시는 집은 참으로 놀랍고 아름다운 곳이기에 그곳에 거하는 모든 사람은 참으로 만족할 것이다(4b절). 어떠한 필요나 아픔도 없이 행복할 것이라는 뜻이다. 하나님이 주님을 예배하는 그들의 모든 필요를 채워 주시고 평안을 주시기 때문이다.

2. 세상에 평안을 주심을 찬양(65:5-8)

⁵ 우리 구원의 하나님이시여
땅의 모든 끝과 먼 바다에 있는 자가 의지할 주께서
의를 따라 엄위하신 일로 우리에게 응답하시리이다
⁶ 주는 주의 힘으로 산을 세우시며
권능으로 띠를 띠시며
⁷ 바다의 설렘과 물결의 흔들림과
만민의 소요까지 진정하시나이다
⁸ 땅 끝에 사는 자가 주의 징조를 두려워하나이다
주께서 아침 되는 것과 저녁 되는 것을 즐거워하게 하시며

기자는 하나님을 찬양하는데 마치 찬송가를 부르는 것처럼 하나님을 찬송한다. 그는 하나님을 이렇게 찬양한다. 첫째, 하나님은 우리의 구원이시다(5a절). 하나님 외에는 우리의 죄를 용서하시고 품에 안으실 분이 없다는 고백이다(cf. 3-4절).

둘째, 하나님은 세상 모든 사람들이 의지할 수 있는 믿을 만한 분이시다(5b절). 하나님의 구원의 범위는 땅끝까지 이른다는 뜻이며, 하나님은 참으로 신실하신 분(מבטח)이기 때문에 주님을 의지하는 사람은 절대 실망하지 않을 것이라는 의미다.

셋째, 주님은 의를 따라 엄위하신 일로 응답하시는 분이다(5c절). 우리의 기도에 대한 하나님의 응답은 두 가지 특성을 지니는데, 의에 따라 응답하시고 엄위하신 일로 응답하신다는 뜻이다. '의에 따라'(בצדק)는 하나님이 우리의 기도를 대하시는 자세가 항상 정의롭다는 것을 강조한다. 주님은 절대 악이나 죄로 우리의 기도를 응답하지 않으신다. '엄위하신 일'(נוראות)은 두려운 일들을 뜻한다. 하나님은 사람의 생각이나 기대를 초월하는 참으로 놀라운 방법으로 우리의 기도에 응답하시

어 우리로 하여금 하나님을 두려워하게 하기도 한다는 것이다.

이처럼 놀라운 방법으로 우리의 기도에 응답하시는 하나님은 어떤 분이신가? 하나님은 힘으로 산을 세우시고, 권능을 허리 띠로 착용하신 분이다(6절). 하나님은 온 세상을 창조하실 때 그 누구의 도움도 받지 않고 홀로 자기 능력과 지혜에 따라 창조하신 능력의 창조주이시다.

세상을 창조하신 하나님은 세상을 다스리는 분이시기도 하다(7절). 주님은 요동치는 바다와 파도를 평정하신다(7a절). 자연 만물과 모든 천재지변이 주님의 통제 아래 있다는 뜻이다. 또한 하나님은 세상 모든 민족을 다스리시는 분이시기도 하다(7b절). 민족들이 어떠한 소란을 피워도 모두 다 잠재우시는 분이다. 자연 만물뿐만 아니라, 그 안에 사는 모든 민족들도 주님의 통제 아래 있다.

그러므로 세상 끝에 사는 사람들까지 모두 하나님의 징조를 두려워할 것이다(8a절). '징조'(אות)는 이적들을 뜻하며 본문에서는 하나님이 하시는 놀라운 일들을 의미한다. 기자는 세상 모든 민족이 하나님께 나아오고(2절), 땅의 모든 끝과 먼 바다에 있는 사람들이 주님을 의지하게 될 것이라고 했는데(5절), 이제는 그들이 하나님을 두려워할 것이라고 한다. 당연하다. 우리는 하나님을 알아가면 갈수록 하나님을 더 두려워하게 된다. 하나님이 하신 일이 너무나도 놀랍고, 우리가 생각하는 것보다 훨씬 더 위대하다는 것을 깨닫게 되면 하나님을 더 경외하게 되는 것은 당연한 일이다.

하나님에 대한 경외는 찬양으로 이어진다(8b절). 개역개정의 "아침 되는 것과 저녁 되는 것을 즐거워하게 하신다"는 히브리어 텍스트를 문자적으로 번역한 것이다(cf. NAS). 이 문장의 의미는 "해 뜨는 곳에서 해 지는 곳까지 어디에 사는 사람이든 주께서 베푸신 일을 보고 기쁨에 넘쳐 즐거워합니다"(현대인성경)이다. 하나님의 위대하심을 깨닫고 주님의 은혜를 체험한 사람들이 온 세상에서(해 뜨는 곳에서 해 지는 곳까지) 온종일(해 뜰 때부터 해 질 때까지) 하나님을 찬양할 것이다. 어떤 면에서 이 비전은 오늘날에도 실현되고 있다. 세상에서는 하루 24시간 하나님 찬양이 끊이지 않고 있기 때문이다.

3. 풍요로움을 주심을 찬양(65:9-13)

> 9 땅을 돌보사 물을 대어 심히 윤택하게 하시며
> 하나님의 땅에 물이 가득하게 하시고
> 이같이 땅을 예비하신 후에
> 그들에게 곡식을 주시나이다
> 10 주께서 밭고랑에 물을 넉넉히 대사
> 그 이랑을 평평하게 하시며
> 또 단비로 부드럽게 하시고
> 그 싹에 복을 주시나이다
> 11 주의 은택으로 한 해를 관 씌우시니
> 주의 길에는 기름 방울이 떨어지며
> 12 들의 초장에도 떨어지니
> 작은 산들이 기쁨으로 띠를 띠었나이다
> 13 초장은 양떼로 옷 입었고
> 골짜기는 곡식으로 덮였으매
> 그들이 다 즐거이 외치고 또 노래하나이다

기자는 이 섹션에서 하나님이 인간의 영적 문제만 해결해 주시는 것이 아니라(cf. 1-4절), 육체적인 필요도 채워 주신다고 찬양한다. 어떻게 인간의 육체적인 필요를 채우시는가? 물을 주시고 풍성한 수확을 주셔서 마음껏 먹고 마시며 즐길 수 있도록 해 주신다고 한다. 기자는 하나님을 '우주적 농부'(cosmic farmer)로 묘사하고 있다(Mays).

하나님은 땅이 필요한 물을 대어 '심히 윤택하게' 하신다(9a절). 땅에 물을 넘치도록 주시어 절대 메마르지 않게 하신다는 뜻이다. 하나님이 이처럼 땅에 물이 가득하게 하시는 것은 땅이 많은 곡식을 생산하도록 하기 위해서다(9d절). 이스라엘은 자신들이 누리는 풍요가 자연적으로 된 일이 아니라 여호와의 축복임을 마음에 새기고 사는 사람들이었다 (Brueggemann & Bellinger).

하나님이 주시는 물은 밭고랑 등 농경지를 적시고, 주님이 내리신 비는 흙을 부드럽게 하여 씨앗을 파종하고 자랄 수 있도록 한다(10절). 하나님이 농사에도 세세히 개입하셔서 곡식이 잘 자라게 하신다는 것이다. 이처럼 하나님이 정성껏 농사가 잘 되게 하시니 한 해가 주님의 '은택'(טוֹבוֹת, 좋은 것들)으로 화관을 쓴다(11a절). 이미지는 화려하고 아름다운 꽃들로 장식된 왕관을 쓴 여왕이다(Terrien). 하나님이 1년 동안 참으로 풍성한 추수를 하도록 하셨다는 뜻이다. 그러므로 주님이 가시는 길마다 기름 방울이 떨어진다(11b절). 문자적으로 풀이하면 "주님의 [추수한 곡식을 실은] 수레가 기름을 떨어뜨린다"이다. 하나님이 참으로 대단한 풍요로움을 주신 이미지를 구상하고 있다.

하나님의 축복은 곡식으로 끝나지 않는다. 주님은 들에도 산에도 풍성함을 주신다. 그러므로 기름이 초장에서도 흐르고, 언덕들이 기쁨의 띠를 허리에 찼다(12절). 초장에서 치는 짐승들(양, 염소 소 등)도 잘 자라고 번성했다는 뜻이다(13절). 짐승들도 잘 자라고 곡식들도 잘 자랐으니 더 이상 바랄 것이 없을 정도의 풍요가 임한다. 그러므로 하나님의 풍요로운 축복을 경험한 사람들이 모두 즐거이 외치고 노래한다. 목청을 높여 창조주이자 통치자이시며, 시온에 있는 보좌에 앉으신 왕이신 하나님을 찬양하고 경배한다는 뜻이다(Kraus).

제66편
시, 인도자를 따라 부르는 노래

I. 장르/양식: 회중 찬양시(1-12절, cf. 8편),
개인 찬양시(13-20절, cf. 11편)

이 노래는 동사 형태가 복수로 시작했다가(1-12절) 단수로 마무리되는
(13-20절) 특징을 지녔다. 같은 노래에서 부르는 이가 복수에서 단수
로, 혹은 단수에서 복수로 변하는 경우는 거의 없다. 그러므로 이러한
현상에 대한 추측이 분분하다. 원래 두 개의 독립적인 시(회중 찬양시
와 개인 찬양시)가 시편 편집자들에 의해 하나로 묶인 것이라고 하는 견
해가 있는가 하면(Terrien), 공동체가 1-12절을 부른 다음 한 개인(기자)
이 13-20절을 부르게 하기 위해서라는 해석도 있다(cf. Perowne). 한 개
인이 13-20절을 저작하고, 당시 예배나 절기에서 사용되었던 1-12
절을 앞 부분에 도입한 것이라는 추측도 있다(Weiser). 그러나 1-12절
과 13-20절을 두 개의 독립적인 시로 보기에는 너무나도 많은 언어적
연결고리와 통일성이 있어 전체(1-20절)를 한 편의 통일성을 지닌 시
로 취급해야 한다는 주장이 대부분 학자들의 견해다(Goldingay, McCann,
Ross, Tate, vanGemeren).

　　표제는 이 노래가 누구와 연관된 것인지 언급하지 않는다. 50편 이

후로 다윗의 이름이 빠진 경우는 이번이 처음이다. 다음 시(67편)도 다윗과 연관 짓는 표제가 없다는 것에서 이 시편과 맥을 같이한다. 칠십인역(LXX)은 '끝(종말)으로, 부활시'(εἰς τὸ τέλος ᾠδὴ ψαλμοῦ ἀναστάσεως)라는 말을 더하는데 아마도 이 시편이 초대교회에서 부활절 때 사용되었던 것을 반영하고 있는 듯하다.

저작 연대에 대하여서도 다양한 추측이 있다. 이 시는 아시리아의 왕 산혜립이 예루살렘을 정복하지 못하고 돌아간 주전 701년에 유다의 왕 히스기야 왕이 부른 노래라고 하는가 하면(Kirkpatrick), 왕정시대에 저작된 것은 분명하지만 이 사건과 전혀 상관이 없다고 하는 이도 있다(Delitzsch). 포로기 이후 시대에 저작된 것이라고 주장하는 사람들도 있다(Anderson).

저작 연대만큼이나 이 노래가 사용되었던 정황에 대하여도 다양한 견해가 있다. 한 주석가는 1-7절이 출애굽과 이스라엘이 요단 강을 건넌 일을 배경으로 하고 있다며 이 노래가 길갈에서 출애굽과 가나안 입성을 기념하며 드리는 예배에서 불렸던 것이라고 한다(Kraus). 13-15절을 근거로 성도가 성전에서 제물을 드릴 때 부른 노래라고 하기도 한다(Kidner, Tate). 예배나 예식에서 사용하기 위하여 찬양(1-12절)과 감사(13-20절)를 하나로 묶어 놓은 것이라는 주장도 있다(Terrien).

II. 구조

이 노래는 사용하는 동사 형태로 인해 1-12절과 13-20절 두 섹션으로 나누는 것이 자연스럽다. 찬양에 초점을 맞추고 있는 첫번째 섹션(1-12절)은 세 가지 이유로 주님을 찬양한다. (1)주님은 온 땅의 경배를 받으시기에 합당하다(1-4절), (2)하나님은 물을 다스리시는 분이다(5-7절), (3)주님은 우리를 인도하시는 분이다(8-12절). 주님의 은혜를 경험한 사람들이 하나님께 어떻게 감사해야 하는가에 초점을 맞춘 두 번째

섹션(13-20절)은 두 가지 방법으로 주님께 감사하라고 한다. ⑴하나님
께 제물 드림으로 감사하라(13-15절), ⑵하나님의 선하심에 대하여 증
언함으로 감사하라(16-20절). 이러한 이해를 반영하여 본 주석에서는
다음과 같은 분석을 바탕으로 본문을 주해해 나갈 것이다.

  A. 주님의 놀라운 일을 찬양(66:1-4)

  A'. 과거에 하신 일을 찬양(66:5-7)

  A". 현재에 하시는 일을 찬양(66:8-12)

    B. 예배와 제물로 감사함(66:13-15)

    B'. 간증으로 감사함(66:16-20)

III. 주해

하나님의 은혜로 큰 위기를 넘긴 공동체가 함께 주님을 찬양한다(cf.
10-12절). 그들은 하나님이 과거에 하신 일과 현재에 하시는 일들을 생
각하며 주님을 찬양한다. 이어 기자는 온 공동체가 모여 주님의 은혜
를 기념하는 것도 좋지만, 주님의 은혜에 대하여 각 개인이 어떻게 반
응해야 하는가에 대하여 생각해 본다. 공동체에 속한 각 개인은 제물
과 간증으로 하나님의 은혜에 감사하는 것이 당연하다고 한다.

1. 주님의 놀라운 일을 찬양(66:1-4)

¹ 온 땅이여

하나님께 즐거운 소리를 낼지어다

² 그의 이름의 영광을 찬양하고

영화롭게 찬송할지어다

³ 하나님께 아뢰기를

주의 일이 어찌 그리 엄위하신지요

주의 큰 권능으로 말미암아
주의 원수가 주께 복종할 것이며
⁴ 온 땅이 주께 경배하고 주를 노래하며
주의 이름을 노래하리이다 할지어다 (셀라)

　온 공동체가 하나님을 경배하고 찬양하기 위하여 모였다. 주의 백성
들이 모여 하나님을 경배하지만, 주님은 온 열방의 찬양도 받으실 만
한 참으로 위대하신 분이다. 그러므로 기자는 '온 땅'(כָּל־הָאָרֶץ)에게 하나
님을 찬양하라고 한다(1절). 우리는 찬양을 감미롭고 아름다운 선율로
만 생각할 수 있는데, '즐거운 소리를 내다'(רוע)의 기본적인 의미는 전
쟁터에서 군인들이 적들을 공격할 때, 혹은 승리하고 나서 지르는 함
성을 묘사하는 동사다(cf. HALOT). 참으로 거칠고 절제되지 않은 외침
도 하나님을 향한 찬양이 될 수 있다. 하나님을 찬양할 때에는 마치 군
인들이 적진을 향해 돌격하며 지르는 소리처럼 온 마음을 다하여 목청
껏 하라는 의미를 지니고 있다. 하나님은 우리의 목소리뿐만 아니라
몸과 마음을 다하여 드리는 찬양을 기뻐하신다.
　우리는 하나님을 어떻게 찬송해야 하는가? 기자는 주님의 이름의 영
광을 찬양하고 주님을 영화롭게 찬송하라 한다(2절). 주님의 '이름의 영
광'(כְבוֹד־שְׁמוֹ)과 '영화로운 찬송'(כָבוֹד תְּהִלָּה)에서 동일한 단어 '영광'(כָּבוֹד)
이 두 차례 사용되고 있다. 하나님의 위대하심에 걸맞게 몸과 마음을
다하여 진심으로 찬송하라는 뜻이다.
　우리는 온몸과 마음을 다해 주님을 경배할 때 무엇을 찬송할 것인
가? 기자는 주님이 하신 위대한 일을 찬양하라고 권면한다(3절). 개역
개정은 주님이 하신 일이 참으로 '엄위하다'(ירא)고 하는데, 주님이 하신
일이 얼마나 대단하고 놀라운지 보는 사람들에게서 감탄을 자아내는
것이 아니라 두려움(경외)을 갖게 한다는 뜻이다(cf. RSV, LXX). 하나님
의 '큰 능력/힘'(רב עֹז)을 보고 놀란 원수들이 주께 복종할 것이다(3c-d

절). '복종하다'(כחש)는 본인들이 자원해서 하는 행위가 아니라, 마지 못
해 어쩔 수 없이 항복하는 행위를 묘사한다(cf. 신 33:29, 삼하 22:45). 그
래서 HALOT는 이 단어의 기본적인 의미를 '순종을 가장하다'(feign
obedience)로 기록했다. 하나님의 능력이 얼마나 대단한지 마음으로는
주님을 인정하거나 주님께 순종하고 싶어 하지 않는 자들도 겉으로는
복종해야 한다는 뜻이다.

결국 하나님을 스스로 경배하고자 하는 주의 백성과 주님께 굴복하
여 강제로 주님을 찬양하게 된 원수들을 아우르는 '온 땅'(כָּל־הָאָרֶץ)이 주
님을 노래한다(4절). 저자는 4절에서 예배와 연관된 단어들을 세 차례
사용하고 있다. '경배하다(חוה), 노래하다(זמר), 노래하다(זמר).' 경배하는
것은 주님 앞에 엎드린다는 뜻이다. 마치 신하가 왕 앞에서 엎드린 것
처럼 주님의 위대하심에 경의를 표하는 모습이다. 노래하는 것은 악기
를 동반할 수도 있고, 목소리만으로 찬양할 수도 있다(cf. HALOT). 기
자는 하나님을 노래하고 그의 이름을 노래하라며 재차 주님을 찬양할
것을 권고한다. '온 땅'에게 주님을 찬양하라는 명령으로 시작한 이 섹
션은 '온 땅'이 주님을 찬양하는 모습으로 마무리되고 있다.

2. 과거에 하신 일을 찬양(66:5-7)

⁵ 와서 하나님께서 행하신 것을 보라
사람의 아들들에게 행하심이 엄위하시도다
⁶ 하나님이 바다를 변하여 육지가 되게 하셨으므로
무리가 걸어서 강을 건너고
우리가 거기서 주로 말미암아 기뻐하였도다
⁷ 그가 그의 능력으로 영원히 다스리시며
그의 눈으로 나라들을 살피시나니
거역하는 자들은 교만하지 말지어다 (셀라)

기자는 세상 누구든 하나님이 하신 일이 얼마나 위대하고 놀라운가를 보고 깨달으면 하나님을 경배하게 될 것을 확신한다. 그러므로 그는 사람들에게 "와서 하나님께서 행하신 것을 보라"고 초청한다(5a절). 하나님이 어떤 일을 행하셨는가? 그는 하나님이 사람의 아들들에게 행하신 일이 얼마나 엄위한가를 보라고 한다(5b절). '엄위하다'(ארי)가 '두려움을 자아내다'라는 뜻으로 3절에 이어 이곳에서 다시 하나님이 하신 일을 묘사하며 사용되고 있다. 하나님은 참으로 사람들에게 두려움을 자아내는 놀라운 일들을 하시는 분이다.

그렇다면 하나님이 하신 수많은 일들 중 구체적으로 어떤 일이 하나의 '엄위한 일'이 될 수 있단 말인가? 일부 주석가들은 저자가 구체적으로 정의하지 않는다고 한다(cf. Brueggemann & Bellinger). 그는 주저함 없이 출애굽과 요단 강 도하 사건을 예로 든다(6절). 옛적에 하나님은 바다가 변하여 육지가 되게 하셔서 자기 백성이 어떠한 어려움 없이 건너게 하셨다(6a절, cf. 출 14장). 반면에 뒤따르던 바로의 군대는 같은 바다에 수장되게 하셨다. 그러므로 기자가 말하고자 하는 것은 하나님이 실제로 바다를 육지로 변화시키신 것이 아니라, 자기 백성이 그 깊은 바다를 육지를 걷듯이 건너게 하셨다는 것을 뜻한다. 또한 홍수로 범람하는 요단 강도 주의 백성이 걸어서 건너게 하셨다(6b절, cf. 수 3장). 고대 근동 사람들은 바다와 강을 신들로 숭배했다. 하나님은 그들이 신들로 숭배했던 바다와 강을 마음대로 조정하시는 참으로 놀라운 능력을 가지신 분이다. 그러므로 온 세상이 이런 하나님을 찬양하는 것은 당연한 일이다.

이처럼 놀라운 하나님의 일을 직접 경험한 사람들은 어떻게 반응했는가? 그들은 주님의 일을 기념하며 기뻐했다고 한다(6c절). 이와 같이 하나님의 놀라운 일에 대하여 들은 사람들도 주님 안에서 기뻐해야 한다. 독자들에게서 이러한 반응을 유도하기 위하여 기자는 출애굽 때 있었던 일을 예로 들어 회고하고 있다. 비록 기자가 출애굽 사건을 하

나의 예로 언급하지만, 우리는 주님이 행하신 모든 은총을 기념하며
기뻐해야 한다(Calvin). 하나님의 역사는 세대를 초월하여 기념하고 기
뻐할 일이기 때문이다.

자기 백성을 위하여 바다와 강을 육지처럼 변화시키신 능력의 하나
님이 세상을 영원히 다스리신다(7a절). '영원히'(עוֹלָם)는 하나님의 통치
는 절대 끝나지 않을 것이며, 공백도 없을 것이라는 뜻이다. 세상을 다
스리시는 통치자로서 하나님은 온 세상(나라들)을 살피신다(2b절). '살피
신다'(צפה)는 것은 자신이 다스리시는 세상에서 어떤 일이 일어나고 있
는가를 감시하신다는 뜻이다(cf. HALOT). 그러므로 기자는 거역하는 자
들에게 교만하지 말라고 경고한다(7c절). '교만하다'(רום)는 반역하다는
의미를 지녔다. 전능하신 하나님이 감시하시는 세상에서 하나님께 반
역하는 것은 무모한 짓이므로 아예 꿈도 꾸지 말라는 경고다.

3. 현재에 하시는 일을 찬양(66:8-12)

⁸ 만민들아
우리 하나님을 송축하며
그의 찬양 소리를 들리게 할지어다
⁹ 그는 우리 영혼을 살려 두시고
우리의 실족함을 허락하지 아니하시는 주시로다
¹⁰ 하나님이여
주께서 우리를 시험하시되
우리를 단련하시기를 은을 단련함같이 하셨으며
¹¹ 우리를 끌어 그물에 걸리게 하시며
어려운 짐을 우리 허리에 매어 두셨으며
¹² 사람들이 우리 머리를 타고 가게 하셨나이다
우리가 불과 물을 통과하였더니

주께서 우리를 끌어 내사 풍부한 곳에 들이셨나이다

세상 모든 사람에게 반역은 아예 꿈도 꾸지 말라고 경고했던 기자는 그들에게 하나님을 송축하고 찬양하라고 권면한다(8절). '송축하다'(ברך)는 하나님을 축복하라는 뜻이며, 인간이 하나님을 축복할 수 있는 유일한 방법은 찬양이다. 그러므로 그는 사람들에게 하나님을 찬양하는 소리가 끊이지 않도록 하라고 권면한다. 하나님께 반역할 열정과 시간이 있으면 차라리 그 에너지를 주님을 찬양하는 일에 사용하는 것이 지혜롭다. 하나님께 반역해서 성공할 자는 아무도 없기 때문이다.

또한 하나님은 모든 사람들의 찬양을 받기에 합당하신 분이다(9절). 우리가 살 수 있도록 생명을 주실 뿐 아니라, 실족하지 않도록 항상 지켜 주시는 분이기 때문이다. 이 구절에서 '실족'은 죽음을 의미한다(cf. 공동). 하나님은 우리에게 생명을 주셨고, 그 생명이 끝나지 않도록 보존하시는 분이기 때문에 살아 있는 사람들은 모두 주님을 찬양해야 한다.

하나님이 우리에게 생명을 주시고 그 생명을 보존하신다고 해서 항상 좋은 일만 있는 것은 아니다. 원수들이 우리를 괴롭게 할 때도 있지만, 하나님이 우리를 직접 시험하실 때도 있기 때문이다(10절). '시험하다'(בחן)는 '시험에 들다'는 뜻이 아니라, '테스트하다'는 뜻이다(렘 12:3, 슥 13:9, 욥 23:10, 시 11:4-5, cf. HALOT). 그러므로 하나님이 우리를 테스트하실 때마다 합격하면 우리는 신앙에서 다음 단계로 넘어가는 것을 기대할 수 있다. 기자는 이러한 상황을 설명하면서 우리가 삶에서 어려움을 겪을 때 낙심하지 말고 견디어 내자고 권면한다(10-12절). 그는 하나님이 우리를 시험하시는 것을 다섯 가지에 비유한다.

첫째, 하나님은 우리를 단련하시기를 은을 단련하는 것처럼 하신다(10c절). 이 비유는 은을 제련하는 일을 배경으로 한다. 사람이 뜨거운 용광로에 은을 넣어 제련하는 이유는 딱 한 가지다. 은의 순도를 높이

기 위해서다. 그러므로 이 비유는 하나님의 연단(시험)이 끝나면 우리
는 가장 순수한 은처럼 될 것을 강조한다.

둘째, 하나님은 우리를 끌어다 그물에 걸리게 하신다(11a절). 히브리
어 텍스트의 의미가 확실하지 않아 "감옥에 넣으신다"로 해석한 번역
도 있다(NIV, cf. Delitzsch, Tate). 이렇게 해석할 경우 다음 행(11b절)의 "어
려운 짐을 우리 허리에 매어 두셨다"는 말은 "우리의 허리를 포로처럼
묶으셨다"(NAS)로 해석될 수도 있다. 그렇다면 11절 전체는 전쟁에 패
하여 감옥에 갇히고 인질로 끌려가는 모습을 묘사한다. 그렇기 때문에
일부 주석가들은 이 노래가 포로기 이후 시대에 저작된 것이라고 하는
것이다(cf. Wilson). 그러나 가장 단순한 의미는 그물에 걸린 새처럼 하나
님이 우리를 일부러 곤경에 처하게 하신다는 뜻이다. 아마도 어떻게 반
응하고, 어떻게 그 위기를 빠져나오는지를 시험하기 위해서일 것이다.

셋째, 하나님은 우리에게 어려운 짐을 지게도 하신다(11b절). 문자적
으로 번역하면 "고통을 우리 허리에 두신다"는 뜻이다. 삶의 짐을 어떻
게 해결하고 견디어 내는지를 시험하기 위해서다. 예수님의 말씀이 생
각난다. "수고하고 무거운 짐진 자들아 다 내게로 오라 내가 너희를 쉬
게 하리라"(마 11:28).

넷째, 하나님은 사람들을 시켜서 우리 머리를 타고 가게 하셨다(12a
절). 이미지는 전쟁에서 승리한 자들이 패한 자들의 목을 밟는 상황이
다(NAS, cf. 새번역, 아가페, 공동). 하나님이 때로는 우리에게 처절한 패배
도 주신다는 뜻이다. 승리한 자들은 마치 자기 힘으로 승리한 것처럼
착각하고, 패배한 우리는 목(머리)을 짓밟히는 등 온갖 수치와 수모를
당하게 하신다. 이것도 우리가 통과해야 할 시험이다.

다섯째, 하나님은 우리에게 불과 물을 통과하게 하신다(12b절). 다섯
가지 비유 중 사람의 생명을 가장 위협하는 비유다. 때로는 죽을 고비
를 넘기게 하신다는 뜻이기 때문이다. 때로 하나님은 우리가 생명을
위협하는 시험을 지나게 하신다.

다행히 감사한 것은 하나님이 우리를 테스트하는 이유가 분명히 있다는 사실이다. 주님은 우리가 시험을 다 통과하면, 드디어 우리를 풍부한 곳으로 들이신다(12c절). 하나님은 우리를 죽이기 위하여, 혹은 고난의 늪에서 헤어나지 못하게 하기 위하여 시험하시는 분이 아니다. 주님은 우리에게 선하고 아름다운 것을 주시기 위하여 시험하신다. 곧 주님이 주실 은혜를 받기에 합당한가를 시험하시는 것이다. 그러므로 고난이 와도 우리에게는 소망이 있다.

잠언 3장 11-12절은 "내 아들아 여호와의 징계를 경히 여기지 말라 그 꾸지람을 싫어하지 말라 대저 여호와께서 그 사랑하시는 자를 징계하시기를 마치 아비가 그 기뻐하는 아들을 징계함같이 하시느니라"라고 하는데, 기자도 이러한 이유에서 하나님이 우리를 징계하신다고 한다. 그렇다면 설령 우리가 삶에서 고난을 당하고 하나님이 우리를 버리신 듯한 느낌이 든다 해도 절망해서는 안 된다. 하나님이 사랑하시는 자녀들은 필연적으로 통과해야 하는 테스트를 받고 있기 때문이다.

4. 예배와 제물로 감사함(66:13-15)

[13] 내가 번제물을 가지고 주의 집에 들어가서
나의 서원을 주께 갚으리니
[14] 이는 내 입술이 낸 것이요
내 환난 때에 내 입이 말한 것이니이다
[15] 내가 숫양의 향기와 함께 살진 것으로 주께 번제를 드리며
수소와 염소를 드리리이다 (셀라)

기자는 이때까지 과거에 우리 조상들에게 은혜를 베푸시고, 이 순간에는 우리를 축복하시고, 우리의 삶을 선한 것으로 채우시기 위하여 때로는 연단을 주시며, 우리의 삶을 인도하시는 하나님에 대하여 온

공동체가 묵상하도록 했다. 하나님의 은혜와 연단과 인도하심에 대하여 우리는 어떻게 반응해야 하는가? 놀라우신 하나님께 제물을 드리며 예배하는 것으로 반응하라고 한다.

기자는 찬양과 예배는 함께하는 것도 좋지만, 개인적으로 하는 것도 좋다는 점을 강조하기 위하여 일인칭단수를 사용하여 노래를 진행한다. 그는 번제물을 가지고 하나님의 집(성전)을 찾아가 각자가 하나님께 서원한 것을 갚으라고 한다(13절). 서원은 곤경에 처한 사람이 하나님의 도움을 구하며 "하나님이 이렇게 도우시면, 훗날 제가 이렇게 하겠습니다"식의 약속이다(14절). 그러므로 서원을 갚는다는 것은 예배자가 하나님께 바랐던 은혜를 이미 받았다는 것을 전제한다. 본문에서 서원은 예배자가 하나님께 드리고자 하는 모든 예물을 상징한다(Kirkpatrick).

서원한 것은 아끼지 말고 드려야 한다(15절). 숫양과 살진 짐승과 수소와 염소 등은 고가(高價)의 제물이었다. 성경은 가난한 사람들이 드릴 수 있는 번제물로 비둘기를 제시한다(레 1:14-17). 이러한 상황에서 기자가 모든 값진 제물을 열거하는 것이 자신의 기쁨을 표하는 일종의 과장법일 수도 있지만(cf. Wilson), 어떤 대가를 치르더라도 서원한 것은 바치라는 권면일 수 있다. 그러므로 기자는 하나님께 서원한 것은 어떠한 경제적 손실을 의미하더라도 바치라고 한다. 사실 하나님이 베풀어 주신 은혜에 비교하면 어떠한 제물도 아깝지 않을 것이다.

5. 간증으로 감사함(66:16-20)

¹⁶ 하나님을 두려워하는 너희들아
다 와서 들으라
하나님이 나의 영혼을 위하여 행하신 일을 내가 선포하리로다
¹⁷ 내가 나의 입으로 그에게 부르짖으며

나의 혀로 높이 찬송하였도다
¹⁸ 내가 나의 마음에 죄악을 품었더라면
주께서 듣지 아니하시리라
¹⁹ 그러나 하나님이 실로 들으셨음이여
내 기도 소리에 귀를 기울이셨도다
²⁰ 하나님을 찬송하리로다
그가 내 기도를 물리치지 아니하시고
그의 인자하심을 내게서 거두지도 아니하였도다

하나님의 놀라운 은혜와 연단을 경험한 사람이 보일 수 있는 두 번째 반응은 사람들에게 하나님이 그에게 어떤 은혜를 베푸셨는가에 대하여 증언하는 일이다(16절). 그러나 이 간증은 모든 사람들을 위한 것은 아니다. 오직 '들을 귀'가 있는, 하나님을 경외하는 주의 백성들을 위한 것이다(16a절). 간증을 복잡하고 어려운 일로 생각할 필요는 전혀 없다. 간증은 하나님이 우리의 삶에서 어떤 일을 하셨는가를 사람들에게 알리는 행위다(16c절). 간증이 부각시켜야 하는 것은 하나님이 하신 일이지, 주님의 은혜를 경험한 사람의 삶이 아니다.

기자의 간증은 이러하다. 곤경에 처한 그가 하나님께 도와 달라며 간절히 부르짖고 열심히 주님을 찬송했다(17절). 만일 그가 해결되지 않은 죄를 품고 이런 기도와 찬양을 드렸더라면 주님은 그의 기도와 찬송을 듣지 않으셨을 것이다(18절). 이 말씀은 하나님이 모든 사람의 기도와 찬송을 들어 주시는 것은 아니며, 의인들(죄 없는 사람)의 기도를 들으신다는 부연 설명이다.

그는 하나님이 인정하시는 의인이었기 때문에 주님이 그의 기도와 찬송을 들으셨다(19절). 하나님은 저자의 기도를 들으시고 어떻게 응답하셨는가? 그가 밝히지 않으니 알 수는 없다. 12절 마지막 부분에 하나님이 풍요로움으로 채우셨다고 하는 점을 감안하면, 그가 겪은 어려움은 궁핍함이었다. 하나님은 그의 기도를 들으시고 풍요로움으로 그의 삶을 채우신 것이라고 해석할 수 있다. 그러나 기자가 정확히 밝히지 않기 때문에, 그가 어떠한 구체적인(물질적인) 응답을 주신 것을 감사하는 것이 아니라, 단지 하나님이 그의 기도를 들으신 사실을 감사하는 것으로 해석할 수도 있다.

기자는 그의 기도를 들으신 하나님을 '축복(찬송)하는 일'(בָּרַךְ)로 노래를 마무리한다(20절). 기자는 주님이 그의 기도를 들으시고 주의 '인자하심'(חֶסֶד)을 그의 삶에 그대로 두셨다고 간증한다. 그는 자신이 하나님과의 관계에서 비롯된 축복을 자신의 삶에서 누리고 있는 사실을 증언하고자 한다. 이것이 하나님의 은혜를 경험한 사람이 보여야 할 반응이다. 주의 선하심을 주의 백성들에게 간증하는 것이다. 우리는 삶에서 경험하는 '새로운 출애굽들'(new exoduses)을 끊임없이 선포해야 한다(McCann). 성도들이 각자 경험한 은혜에 대하여 서로에게 증언할 때, 그 공동체는 하나님의 영광으로 가득하게 된다.

제67편

시 곧 노래, 인도자를 따라 현악에 맞춘 것

I. 장르/양식: 회중 찬양시(cf. 8편)

65-66편처럼 범세계적인 성향을 지니고 있다. 이스라엘뿐만 아니라 온 세상에 하나님의 은총과 축복이 임하기를 기대하고 있기 때문이다. 이처럼 이스라엘이 열방에 긍정적인 자세를 취하게 된 것은 포로기 이후 시대에 있었던 변화라 해서 진보적인 학자들은 이 노래가 포로기 이후 시대에 저작되었다고 단정한다. 그러나 이스라엘이 이방 나라들에게 우호적인 제사장의 나라가 되어야 한다는 것은 포로기 이후 시대에 깨달은 새로운 사명이 아니라, 출애굽 때부터 존재했던 사명이며(출 19:6) 아브라함이 받은 축복으로 거슬러 올라간다(cf. 창 12:1-3). 그러므로 이러한 논리는 별 설득력이 없다.

이 노래가 훨씬 전에 존재했던 우가릿 시와 비슷한 성향을 지녔고(cf. Dahood), 여러 가지 언어적 측면에서 오래된 히브리어와 비슷하다 하여 포로기 이전 시대에 제작된 것이라는 주장이 있다(Jefferson). 시의 내용이 당시 이스라엘의 현실에 대한 것이 먼 미래에 있을 일을 노래하고 있다고 해서 종말론적 비전으로 해석해야 한다는 주장도 있다(Beuken, cf. Goldingay).

이 노래는 공동체가 함께 모여 하나님께 부른 노래라는 것에는 이견이 없다. 다만 이 노래가 기도문인지, 혹은 찬양시인지에 대하여는 의견이 분분하다. 대부분 주석가들은 기도문으로 간주하지만, 히브리어 텍스트를 어떻게(기도로, 혹은 찬양으로) 번역하느냐에 따라 이 이슈가 상당 부분 결정된다. 대부분 번역본들은 기도로 번역했다. 그러나 찬양과 기도의 차이점은 그다지 크지 않다. 찬양하는 사람은 기도하는 마음으로, 기도하는 사람은 찬양을 통해 기도할 수도 있기 때문이다.

6절이 풍성한 곡식 수확을 묘사하고 있다고 해서 이 노래가 추수철에 부른 감사시라는 견해가 지배적이다. 만일 이 노래가 수확철에 사용되었다면, 봄철 추수철에 불렀을 수도 있고(Goldingay), 가을철 추수철에 불렀을 수도 있다(vanGemeren, Weiser). 그러나 공동체가 이 노래를 부른 때는 이미 풍성한 수확이 이루어진 것이 아니라, 언젠가는 풍성한 수확을 얻게 되기를 간구하고 있다고 해서 미래 수확을 위한 기도라고 하기도 한다(Anderson, Goldingay, Kraus).

예전에는 4절이 하나님이 왕이 되시어 온 세상을 다스리시는 모습을 묘사하고 있다 하여 이 시를 하나님의 즉위시(enthronement psalm)로 간주하는 사람들도 있었다. 그러나 지금은 대부분 감사시 혹은 기도문으로 본다(cf. McCann, vanGemeren). 전통적으로 유태인들은 회당에서 마지막 안식일 예배를 마무리할 때면 이 노래를 불렀다고 한다(Tate). 이 시의 특징은 민수기 6장 22-27절에 기록되어 있는 제사장의 축도와 비슷하게 시작하고(1절), 같은 내용이 3절과 5절에서 후렴구로 반복된다는 점이다.

II. 구조

이 시는 불과 7절로 구성되어 있지만, 고도의 짜임새 있는 구조를 보이고 있다는 것이 대부분 주석가들의 결론이다(cf. Alden, deClaissé-Walford et al., Goldingay, McCann, Terrien, vanGemeren). 가장 자세한 분석은 다음과 같다(Alden).

   A. "하나님이 우리를 축복하시기를"(1절)

     B. 세상이 알게 하기 위하여(2절)

       C. "모든 사람이 주님을 찬양하게 하소서"(3절)

         D. "열방아 기뻐하라"(4a절)

           E. 백성들이 심판을 받음(4b절)

         D′. 열방이 다스림을 받음(4c절)

       C′. "모든 사람이 주님을 찬양하게 하소서"(5절)

     B′. 세상이 생산했다(6절)

   A′. "하나님이 우리를 축복하실 것이다"(7절)

위 구조를 보면 4절을 세 파트로 나누었는데, 굳이 그렇게 할 필요가 있나 하는 의문이 든다. 게다가 1-2절과 6-7절을 묶어서 취급했더라면 하는 아쉬움이 남는다. 2절(B)과 6절(B')을 독립적으로 취급하다 보니 둘이 서로 대칭을 이룬다는 설득력이 현저히 낮아진다. 이 주석에서는 다음과 같은 구조를 바탕으로 본문을 주해해 나가고자 한다(cf. deClaissé-Walford et al., Goldingay, McCann, Terrien, vanGemeren).

   A. 온 세상을 축복하소서!(67:1-2)

     B. 민족들이 찬송하게 하소서!(67:3)

       C. 하나님이 온 세상을 다스리심(67:4)

     B′. 민족들이 찬송하게 하소서!(67:5)

   A′. 온 세상을 축복하셨다!(67:6-7)

III. 주해

하나님의 은총이 주의 백성뿐만 아니라 온 세상 모든 민족에게 임하기를 바라는 이 시는 참으로 이방인들에게 우호적인 노래이며, 언젠가는 이런 날이 꼭 올 것이라는 종말론적인 비전을 제시한다. 기자는 하나님이 열방을 축복하시는 것을 통해 주님이 그들을 지배하고 다스리신다는 사실을 세상 사람들이 인정하기를 바라는 마음으로 축복을 간구한다. 이러한 축복은 주님이 자기 얼굴 빛을 온 세상에 비추실 때 실현될 것이다(1절).

1. 온 세상을 축복하소서!(67:1-2)

¹ 하나님은 우리에게 은혜를 베푸사
복을 주시고 그의 얼굴 빛을 우리에게 비추사 (셀라)
² 주의 도를 땅 위에,
주의 구원을 모든 나라에게 알리소서

1절은 여러 가지 측면에서 제사장의 축도로 알려진 민수기 6장 22-27절을 연상케 한다. 하나님은 모세에게 제사장인 아론과 그의 아들들이 주님의 전에 찾아와 예배를 드리고 떠나는 주의 백성들에게 다음과 같은 복을 빌어주도록 하라며 직접 말씀을 주셨다.

여호와는 네게 복을 주시고
너를 지키시기를 원하며
여호와는 그의 얼굴을 네게 비추사
은혜 베푸시기를 원하며
여호와는 그 얼굴을 네게로 향하여 드사
평강 주시기를 원하노라 할지니라
(민 6:24-26)

기자는 이 축도를 상기시키면서 자기 노래를 시작하고자 하며, 이 노래를 통해 이 축도가 의미하는 바의 일부를 삶에 적용하고자 한다. 이 축도의 핵심은 주님이 얼굴을 우리에게 비추어 주시는 것이다. 하나님의 임재와 축복이 서로 뗄 수 없는 밀접한 관계를 형성하고 있다. 또한 주님이 얼굴을 우리에게 비추시는 것은 우리의 형편을 헤아리신다는 뜻이다. 하나님은 우리의 어려움과 궁핍함을 고려하여 적절한 복을 주실 것이다. 민수기에서는 이 축도가 주의 백성 이스라엘에게만 복을 빌어 주었는데, 이 노래는 열방에게도 복을 빌어주고 있다.

하나님의 축복의 범위는 주의 백성으로만 제한될 수 없다. 하나님은 분명 이스라엘을 사랑하시지만, 또한 모든 민족을 사랑하시기 때문이다. 그러므로 기자는 하나님의 축복이 온 세상에 임하기를 간절히 소망한다. 어떤 축복이 임하기를 바라는가? 그가 세상에 임하기를 바라는 축복은 분명 물질적인 풍요로움도 포함하지만(cf. 6절), 그보다 먼저 세상이 하나님을 아는 축복을 누리게 되기를 원한다(2절). 그러므로 그는 하나님께 주님의 길을 온 땅 위에, 주님의 구원을 모든 나라에게 알리시라고 기도한다.

기자는 사람이 누리는 물질적인 풍요로움보다 하나님을 아는 것이 더 큰 축복이라고 확신하기 때문에 이렇게 기도하고 있다. 그는 하나님의 구원과 은혜가 얼마나 아름답고 위대한지에 대하여 확실히 아는 사람이기 때문에 이렇게 기도한다. 오직 하나님으로 인해 만족하겠다는 그의 신앙은 하박국 선지자의 간증을 생각나게 한다.

비록 무화과나무가 무성하지 못하며 포도나무에 열매가 없으며
감람나무에 소출이 없으며 밭에 먹을 것이 없으며
우리에 양이 없으며 외양간에 소가 없을지라도
나는 여호와로 말미암아 즐거워하며

나의 구원의 하나님으로 말미암아 기뻐하리로다

(합 3:17-18)

2. 민족들이 찬송하게 하소서!(67:3)

³ 하나님이여
민족들이 주를 찬송하게 하시며
모든 민족들이 주를 찬송하게 하소서

온 세상이 하나님의 길을 알고 주님의 구원을 깨달으면(cf. 2절), 어떤 일이 벌어질까? 모두 여호와의 위대하심과 은혜로우심을 깨닫고 주님을 찬양할 것이다. 그러므로 이 노래를 부르는 공동체가 간절히 바라며 기도하는 것은 자신들이 지금 하고 있는 것처럼 온 세상이 주님을 찬송하는 날이 속히 오는 것이다. 그들은 이방인들('믿지 않는 자들')이 그들과 함께 예배드릴 수 있는 날을 꿈꾸고 있다. 자신들만 예배하고 경배하기에는 하나님이 너무나도 크고 존귀하신 분이라는 것을 깨달았기 때문이다. 주님은 온 세상 사람들의 경배와 찬양을 받기에 합당하신 분이다.

3. 하나님이 온 세상을 다스리심(67:4)

⁴ 온 백성은 기쁘고 즐겁게 노래할지니
주는 민족들을 공평히 심판하시며
땅 위의 나라들을 다스리실 것임이니이다 (셀라)

기자는 세상 민족들이 주님을 찬송할 날을 꿈꾸었다(cf. 3절). 그렇다면 열방은 하나님의 어떤 면모를 찬송해야 하는가? 그는 세상 모든 백성에게 왕이신 하나님이 세상을 다스리시는 것을 찬송하라고 한다.

세상 사람들이 인정하든, 인정하지 않든 이스라엘의 하나님이 세상을 창조하신 창조주이시며, 그 세상을 다스리시는 왕이시라는 진리는 바뀌지 않는다. 그러므로 주님을 알고 찬양하는 사람은 복이 있다. 그들은 기쁘고 즐겁게 노래할 것이다.

주님은 모든 민족들을 공평하게 심판하신다. 성경에서 주님의 통치는 항상 공의와 정의가 수식어로 붙는다. 하나님의 통치를 찬양하라고 하는 이 말씀은 두 후렴구(3, 5절)로 감싸여 있으며 이 노래의 핵심 메시지다. 이스라엘의 하나님이 온 세상을 공평하게 다스리신다!

4. 민족들이 찬송하게 하소서!(67:5)

⁵ 하나님이여
민족들이 주를 찬송하게 하시며
모든 민족으로 주를 찬송하게 하소서

3절에서 처음 모습을 보였던 기도문이 후렴구가 되어 반복되고 있다. 이 시를 노래하는 주의 백성 공동체는 다시 한번 세상 모든 사람들이 그들과 함께 하나님의 위대하심과 은혜로우심을 찬양할 날이 속히 올 것을 꿈꾸고 있다. 자신들만 예배하고 경배하기에는 하나님이 너무나도 크고 존귀하신 분이라는 것을 알고 있기 때문이다.

5. 온 세상을 축복하셨다!(67:6-7)

⁶ 땅이 그의 소산을 내어 주었으니
하나님 곧 우리 하나님이 우리에게 복을 주시리로다
⁷ 하나님이 우리에게 복을 주시리니

땅의 모든 끝이 하나님을 경외하리로다

노래를 시작하면서 기자는 하나님의 축복이 온 세상에 임하기를 간절히 바라는 기도를 드렸다(1절). 그가 바란 축복은 하나님이 세상을 다스리시는 통치자이심을 온 세상이 알고 주님을 경배하는 것이었다(cf. 2-5절). 그는 여기에 한 가지 복을 더한다. 바로 풍요로움의 복이다. 그는 하나님이 '땅의 소산'(יְבוּל)의 복을 내리시되 주의 백성에게 내리시고(6절), 온 열방에게 내리시기를 빈다(7절).

하나님이 내려 주신 풍요로움을 경험한 열방(땅의 모든 끝)은 하나님을 더욱더 경외할 것이다. 사람들이 그들에게 복을 주시는 하나님이 어떤 분이시고, 주님이 어떤 복을 주실 수 있는 분인가를 깨달으면 자연스럽게 하나님을 더 경배하고 예배하게 될 것이라는 뜻이다. 이처럼 우리가 누리는 축복은 하나님을 더 경외하고 사모하게 하는 효과를 발휘한다.

또한 이 말씀은 이스라엘과 열방이 언젠가는 하나가 될 것을 전제한다. 이스라엘과 그들이 같은 하나님을 경배할 것이기 때문이다. 예배는 이처럼 주의 백성과 열방을 하나로 묶는 효과를 발휘한다. 하나님의 종 메시아가 그들을 하나 되게 할 것이다(cf. McCann).

제68편
다윗의 시, 인도자를 따라 부르는 노래

I. 장르/양식: 회중 찬양시(cf. 8편)

학자들 사이에서 이 시는 모든 시편 중 해석하기가 가장 어려운 노래로 알려져 있다. 한 주석가는 이 시의 어려움을 '전설적'(legendary)이라고 한다(Tate, cf. Kidner). 이 시편에는 구약에서 자주 사용되지 않아 의미를 파악하기가 쉽지 않은 단어들도 여럿 있고, 단 한번 등장하는(hapax legomena) 히브리어 단어가 무려 15개나 된다(McCann). 또한 이 시를 구성하고 있는 다양한 형태의 스피치도 어려움을 더한다. 기도(1-3, 28-31절), 찬송(4-6, 19-20, 32-35절), 감사(7-10, 15-18절), 신탁(11-14, 21-23절).

내용과 구상하고 있는 이미지가 너무나도 다양하여 이 노래가 솔로몬 시대에 유래한 여러 시편들의 첫 소절들만 모아 구성한 것이라고 하는 학자도 있고(Albright), 가나안 신화의 여러 모티브(한 예로 하나님이 구름 타고 오시는 모습)를 편집한 것이라는 학자도 있다(Cross). 민수기 10:35와 1절의 내용이 비슷하고, 법궤의 행진을 염두에 두고 있다고 하여 가을 추수철이면 법궤가 광야를 행진한 일을 기념하는 행사에서 사용된 행진시(psalm of procession)라고 하는 사람들도 있다(Anderson, Gray, cf. Goldingay). 7-8절이 이스라엘의 승리를 기념하는 드보라의 노래 중 일부(삿 5:4-5)와 비슷하다 하여 승리시(triumphal psalm)라고 하는 주석가도 있다(Dahood, cf. deClaissé-Walford et al., Goldingay).

이 시편은 하나님이 성전으로 들어오시는 모습을 묘사하고 있는데, 주님의 모습은 마치 전쟁을 통해 세상을 평정하고 오시는 모습이다. 이 과정에서 하나님은 광야를 지나며, 가나안 왕들을 평정하시고 왕위에 앉으신다. 그러므로 일부 학자들은 하나님의 왕 되심을 기념했던 축제에서 사용된 즉위시(enthronement psalm)로 분류하기도 한다(Mowvinckel). 또한 하나님의 보좌가 거룩한 산인 시온 산에 있으므로 그곳으로 오르신다 하여 시온시(psalm of Zion)라고 하는 이들도 있다(cf. 시 46, 48편). 이스라엘이 하나님과 맺은 언약을 갱신할 때마다 사용하기 위하여 12섹션으로 구성한 언약 갱신시(psalm of covenant renewal)라는 해석도 있다(Day).

장르에 대하여 다양한 견해가 있는 것처럼 저작된 시기에 대하여도 학자들의 생각은 참으로 다양하다. 학자들은 여호수아의 시대에서 마카비 시대에 이르기까지 다양한 제안을 했다(Goldingay). 가장 많은 지지를 많이 받는 추측은 여호사밧 왕의 시대쯤 되는 중간 왕정 시대다. 이 시편이 하나님께 예물을 가지고 오는 강대국으로 아시리아나 바빌론을 언급하지 않고 이집트와 에티오피아를 언급하고 있기 때문이다(31절). 또한 이 시편이 성전을 언급하는 것은(29절) 이른 왕정 시대인 다윗 시대를 배제한다고 생각한다. 이 시편을 예수님의 승천과 연관시킨 일(엡 4:8-11)을 근거로 초대교회는 이 시편 전체가 예언적이라고 생각했으며, 예수님의 오심과 승천과 왕국과 연관시켜 해석했다(Ross).

II. 구조

다음은 알덴(Alden)이 이 시편의 구조를 분석한 결과다.

A. 하나님이 원수들을 흩으심(1-2절)

  B. 의인들이 하나님을 찬양함(3절)

    C. "구름 타신 하나님을 찬양하라"(4절)

      D. 하나님이 갇힌 자들을 성소로 데려 오심(5-6절)

        E. 하나님의 백성(7-10절)

          F. 여인들이 승리를 전함(11절)

            G. 왕들이 도주함(12절)

              H. '비둘기의 날개들'(13절)

                I. 하나님이 바산으로 흩으심(14-15절)

                  J. 하나님의 산 같은 군대(16-17절)

                    K. 하나님이 포로들을 구원하심(18절)

                    L. 축도(19절)

                    K'. 하나님이 죽음에서 구하심(20절)

                  J'. 하나님이 원수들을 멸하심(21절)

                I'. 하나님이 바산에서 모음(22절)

              H'. '개의 혀'(23절)

            G'. '나의 왕'(24절)

          F'. 소녀들이 노래함(25절)

        E'. 네 지파들(26-28절)

      D'. 왕들이 성소에 계신 하나님께 예물을 가져옴(29-30절)

    C'. "병거 타신 하나님을 찬송하라"(31-33절)

  B'. "권능을 주께 드리라"(34절)

A'. 하나님이 자기 백성을 강건케 하심(35절)

위의 분석을 보면서 드는 생각은 참으로 많은 노력을 한 것에 비해 설득력은 별로 없다는 생각이 든다. 학자들은 대체적으로 이 시편의 구조와 흐름을 파악하기는 불가능하거나 참으로 어렵다고 생각한다. 그러나 몇 가지 힌트로서 이 시편의 구조를 파악할 때 염두에 두어야 할 단서는 같은 내용이 4절과 32-33절에서 반복되며 일종의 괄호(bracket) 역할을 하여 중간에 있는 5-31절을 감싸고 있다는 것이다. 또한 이 시가 언급하는 장소를 중심으로 흐름을 파악하면 1-10절은 시내 산(8절)을, 11-23절은 바산(15, 22절)을, 24-35절은 예루살렘(29절)을 중심으로 진행되고 있다.

학자들은 대체적으로 이 시를 세 파트로 구분한다. (1)서론(1-3절), (2)하나님이 출애굽 때처럼 시내 산에서 예루살렘으로 행진하심(4-18절), (3)온 세상이 시온에 계시는 하나님을 경배함(19-35절). 이러한 이해를 근거로 다음과 같이 이 시를 섹션화하여 본문을 주해해 나가고자 한다(cf. McCann, Tate).

A. 하나님이 일어나시기를 기도함(68:1-3)
B. 구름을 타신 하나님을 찬양함(68:4-6)
C. 하나님이 비 주심을 감사함(68:7-10)
D. 하나님이 승리하심(68:11-14)
E. 하나님이 시온 산에 거하심을 감사함(68:15-18)
F. 구원하시는 하나님을 찬양함(68:19-23)
G. 승리하신 하나님이 행진하심(68:24-27)
H. 능력을 보이시기를 기도함(68:28-31)
I. 태고의 하늘을 타신 하나님을 찬양함(68:32-35)

III. 주해

이 시편은 모자이크처럼 매우 다양한 주제와 파악하기가 어려운 흐름을 지녔다(cf. Albright). 그러므로 통일성이나 전체를 아우르는 주제를 논하기가 쉽지 않다(cf. Grogan, Tate). 그럼에도 불구하고 어느 정도 이 노래가 선포하고자 하는 중심 메시지 역할을 하는 주제는 있다. 이스라엘의 구원자이신 하나님이 시온으로 오셨고, 그곳에서 이스라엘뿐만 아니라 온 열방의 경배를 받으신다는 것이 이 시편을 하나로 묶는다(cf. Kirkpatrick, Kraus). 인상적인 것은 기자가 하나님을 칭하면서 여덟 개의 성호를 다양하게 사용한다는 점이다. 여호와(יְהוָה), 야(יָהּ), 엘로힘 (אֱלֹהִים), 엘(אֵל), 아도나이(אֲדֹנָי), 샤다이(שַׁדַּי), 시내 산의 그분(זֶה סִינַי), 이스라엘의 하나님(אֱלֹהֵי יִשְׂרָאֵל).

1. 하나님이 일어나시기를 기도함(68:1-3)

> ¹ 하나님이 일어나시니 원수들은 흩어지며
> 주를 미워하는 자들은 주 앞에서 도망하리이다
> ² 연기가 불려 가듯이 그들을 몰아 내소서
> 불 앞에서 밀이 녹음같이 악인이 하나님 앞에서 망하게 하소서
> ³ 의인은 기뻐하여
> 하나님 앞에서 뛰놀며 기뻐하고 즐거워할지어다

이 섹션은 기자의 기도나 희망사항이 아니라, 하나님은 어떤 분이신가에 대한 선언문이라는 해석도 있다(Goldingay). 하지만 이 노래를 시작하는 기도문으로 간주하는 것이 바람직하다. 하나님이 일어나시는 것(1a절)은 출애굽 때 모세가 광야에서 이스라엘이 행진할 때가 되면 하나님의 법궤가 그들의 길을 앞서가며 인도하시라고 한 기도를 연상케 한다(민 10:35). 광야를 행진하는 이스라엘에게 법궤는 신적 전사 (Divine Warrior)이신 하나님의 함께하심과 보호의 상징이었다. 그러므로 모세가 하나님께 일어나시라고 한 것은 하나님께서 이스라엘을 인도하시고 보호해 달라는 기도였다. 수백 년이 지난 이 순간 주의 백성들이 옛적 광야에서 그들의 조상을 인도하신 하나님을 기념하며 다시 한 번 하나님께 자신들을 인도하시고 보호해 달라고 기도한다. 또한 법궤

가 주의 백성을 앞서가는 것은 이스라엘이 다른 나라들과 전쟁할 때면 있었던 일이다. 그러므로 열방과의 전쟁을 논하는 이 노래가 하나님이 일어나시는 것으로 시작하는 것은 적절하다.

기자는 하나님이 행동하기 시작하시면 두 가지 대조적인 현상이 일어날 것을 기대한다. 첫째, 악인들이 망할 것이다(1-2절). 그들은 하나님을 보자마자 기겁하며 도망할 것이다. 하나님이 그들과 싸우시려고 일어나는 순간 그들은 하나님과 싸울 생각을 한번도 가져보지 못하고 혼비백산할 것이다. 기자는 그들을 '주님의 원수들'(אוֹיְבָיו)이라고 하며 '주를 미워하는 자들'로 정의한다(1절). 성경은 하나님을 경외하지 않고 하나님의 말씀대로 살기를 거부하는 사람들을 주를 미워하는 자들이라 한다. 그들은 '주님 앞에서'(מִפָּנָיו) 도망할 것이다. 반면에 3절은 의인은 '하나님 앞에 있을 것'(לִפְנֵי אֱלֹהִים)이라고 한다(3절). 그렇다면 하나님 앞에 서 있지 못하는 원수들은 주의 백성의 원수들일 뿐만 아니라, 하나님의 원수들이기도 하다.

저자는 악인들이 하나님 앞에서 도망하는 것을 연기가 공기 중에 사라지는 것에 비교한다(2a절). 그들이 주변에 있는 사람들에게는 참으로 많은 피해를 입히고 엄청난 파괴력을 과시하지만, 하나님 앞에 있을 수 없어 도망가는 모습이 마치 한순간에 흔적(실체)도 없이 사라지는 연기와 같다는 뜻이다. 또한 기자는 악인들이 '불 앞'(פְּנֵי־אֵשׁ)에서 밀랍(양초)이 녹아 내리는 것처럼 '하나님 앞'(פְּנֵי אֱלֹהִים)에서 망하게 해 달라고 기도한다(2절). 그는 하나님을 심판하시는 불에, 악인들을 그 불을 견디지 못하고 녹아내리는 밀랍에 비교하고 있다. 이 비유 또한 하나님의 심판이 시작되면 세상을 쥐어흔들던 악인들은 모두 실체도 없이 사라질 것을 경고한다.

하나님의 심판이 시작되면 악인들은 하나님 앞에서 도망하지만, 의인들은 하나님 앞에서 기뻐하고 즐거워할 것이다(3절). 의인들은 하나님의 심판을 두려워할 필요가 없다는 뜻이다. 그러므로 의인들은 끊임없이 주님이 속히 오시기를 기도해야 한다. 하나님의 심판이 그들에게는 위로와 기쁨이 될 것이기 때문이다. 기자는 1-3절에서 '앞'(פָּנֶה)이라는 말을 네 차례 사용하여 하나님 앞에 있고 없고가 의인과 악인을 구별할 것이라고 한다. 우리는 항상 하나님 앞에 있을 수 있도록 노력해야 한다.

2. 구름을 타신 하나님을 찬양함(68:4-6)

⁴ 하나님께 노래하며 그의 이름을 찬양하라
하늘을 타고 광야에 행하시던 이를 위하여 대로를 수축하라
그의 이름은 여호와이시니 그의 앞에서 뛰놀지어다
⁵ 그의 거룩한 처소에 계신 하나님은
고아의 아버지시며 과부의 재판장이시라
⁶ 하나님이 고독한 자들은 가족과 함께 살게 하시며
갇힌 자들은 이끌어 내사 형통하게 하시느니라
오직 거역하는 자들의 거처는 메마른 땅이로다

기자는 "악인들은 그들을 심판하시는 하나님 앞에서 순식간에 도망하지만, 의인들은 주님 앞에 남아서 주의 이름을 찬양하라"고 권면한다(4a절). 하나님의 인도하심과 보호하심을 입은 백성의 당연한 반응이다. 여기까지는 확실한데, 4b절 번역이 난해하다. 개역개정의 "하늘을 타고 광야에 행하시던 이를 위하여 대로를 수축하라"는 여러 가능성 중 하나일 뿐이다.

새번역은 "광야에서 구름 수레를 타고 오시는 분에게 소리 높여 노래하라"로, 아가페성경은 "구름을 타고 다니시는 그분을 높이십시오"(cf. NIV, NAS, NRS, TNK)로, 현대인성경은 "구름 타고 거동하시는 분 오시는 길 닦아 드러라"(cf. 공동)로 번역하고 있다. ESV는 "광야를

지나시는 분께 노래하라"(lift up a song to him who rides through the deserts), LXX는 "서쪽을 타신 분을 위하여 길을 내라"(ὁδοποιήσατε τῷ ἐπιβεβηκότι ἐπὶ δυσμῶν)고 번역했다. 광야에 길을 내는 일에 대한 언급은 마소라 사본에는 없는 말이며, 칠십인역(LXX)을 반영한 것이다. 또한 광야에 행하시는 것은 출애굽 시대에 법궤가 주의 백성을 앞서간 일을 배경으로 하고 있는 1절을 근거로 한 해석이지 마소라 사본에는 없는 말이다. 그러므로 "구름을 타고 다니시는 그분을 높이십시오"(아가페)가 마소라 사본에 가장 근접한 번역이다.

일부 주석가들은 하나님이 구름을 타고 다니시는 것이 가나안 지역 신화에서 바알이 구름을 타고 다니는 일에서 비롯된 것이라 한다. 그러나 그렇게 볼 필요가 없는 것은 성경도 하나님을 종종 구름을 타신 이로 묘사한다. 또한 세상을 창조하시고 다스리시는 분은 구름을 타고 다니시는 일이 그다지 신기하게 여겨지지도 않는다. 또한 기자는 바알이 아니라 이스라엘의 하나님이 구름을 타셨다는 점을 강조하기 위하여 이 '엘로힘 시편집'에서 좀처럼 사용하지 않는 '여호와'의 약자인 '야'(יָהּ)(4절)를 사용하고 있다(Wilson). 일부 주석가들은 이 구절에서 가나안 신화의 허구성에 대한 비판/논쟁(polemics)을 본다(McCann).

기자는 하나님을 높이라고 하는데(4b절), 우리는 어떻게 하나님을 높일 수 있는가? 그는 주님을 찬양하고(4a절) 주님 앞에서 기뻐 뛰어노는 일(4c절)로 하나님을 높이라고 한다. 사람이 하나님을 높일 수 있는 유일한 방법은 하나님을 기뻐하고 경배하는 일이라는 뜻이다.

그렇다면 우리는 하나님의 어떤 면모를 기뻐하고 경배해야 하는가? 기자는 몇 가지로 정리한다. 첫째, 하나님이 거룩한 처소에 계심을 기뻐해야 한다(5a절). '주님의 거룩한 처소'(מְעוֹן קָדְשׁוֹ)는 성전을 의미한다 (cf. 24, 29, 35절). 하나님은 언제, 어디서든 우리와 함께 계신다. 그러므로 우리는 언제 어디서든 주님께 기도하며 예배할 수 있다. 또한 하나님은 자신의 세상 거처를 정하시고 우리에게 알려 주셨다. 공동체가 그곳에서 함께 모여 기도하고 예배를 드릴 수 있도록 배려하신 것이다. 그러므로 하나님이 가까운 곳에 계시기에 언제든 주님을 찾아갈 수 있는 것은 성도들만이 누릴 수 있는 특권이다.

둘째, 하나님은 성전에 거하시면서 고아의 아버지가 되시고 과부의 재판장이 되심을 찬양해야 한다(5b절). 고아와 과부는 세상에서 가장 착취당하고 짓밟히기 쉬운 계층의 상징이다. 선지자들은 사회의 부패가 이들의 인권이 유린될 때 시작된다고 한다. 하나님이 그들의 아버지이시며 재판장이라는 것은 그들에게 행해지는 착취와 부당한 억압을 결코 용납하지 않으실 것을 암시한다(cf. 시 10:14, 18; 94:6, 113:7-9, 146:9). 그러므로 공의와 정의가 이 땅을 하수처럼 덮기를 원하시는 하나님은 우리의 찬양을 받기에 합당하신 분이다.

셋째, 하나님은 고독한 사람들이 사랑하는 가족과 함께 살게 하시는 분이심을 찬양해야 한다(6a절). '고독한 자들'(יחידים)은 정신적인 외로움/고독을 강조한다(cf. HALOT). 가족은 멤버들이 서로 영적, 정신적 교통을 하는 사이임을 암시한다. 하나님은 사람을 창조하실 때부터 그가 홀로 있는 것을 좋아하지 않으셨다(cf. 창 2:18). 사람은 각자 홀로 사는 것보다 가족을 이루어 서로 의지하며 사는 것이 하나님의 뜻이다. 오늘날 많은 사람들이 홀로 사는데, 만일 그들이 영적으로나 정신적인 외로움을 해소할 수 있다면, 육체적으로 홀로 사는 것은 별 문제가 되지 않는다.

넷째, 하나님은 갇힌 자들에게 자유를 주시는 분이심을 찬양해야 한다(6b절). '갇힌 자들'(אסירים)은 감옥에 수감되어 자유를 빼앗긴 사람들을 의미한다(HALOT). 하나님은 우리가 정당한 이유 없이 억압받는 삶을 사는 것을 기뻐하지 않으신다. 주님이 우리를 창조하실 때 자유롭게 살라고 생명을 주셨기 때문이다. 또한 이 말씀을 물리적인 감옥으로부터의 해방으로 제한할 필요는 없다. 언제, 어디서든 억압과 억류가 있는 곳이라면 자유가 선포되어야 한다. 우리를 모든 억압과 짓누름에서 해방시킬 수 있는 자유는 곧 예수님이시다. "너희가 진리를 알지니 진리가 너희를 자유케 하리라"(요 8:32). 주님은 억압받는 사람들을 해방시키시고, 그들이 형통하도록 하실 것이다.

기자는 우리가 하나님을 기뻐해야 할 이유를 위와 같이 네 가지로 정리했다. 그러나 세상 모든 사람이 하나님을 기뻐할 수 있는 것은 아니다. 오직 하나님이 주님 앞에 두신 자들만 하나님을 기뻐할 수 있다. 이처럼 놀랍고 은혜로우신 하나님을 기뻐하기를 거부하는 사람들(거역하는 자들)은 주의 백성이 거하는 '하나님 앞에 있는 옥토'를 떠나 '메마른 땅'에서 살게 될 것이다. 생기와 풍요로움이 없고 심지어 마실 물도 귀한 곳에서 어렵게 살게 될 것이라는 뜻이다. 그들은 이러한 환경에서 살게 된 것에 대하여 누구를 원망할 수도 없다. 자신들이 스스로 결정한 일이기 때문이다.

3. 하나님이 비 주심을 감사함(68:7-10)

7 하나님이여

주의 백성 앞에서 앞서 나가사

광야에서 행진하셨을 때에 (셀라)

8 땅이 진동하며

하늘이 하나님 앞에서 떨어지며

저 시내 산도 하나님

곧 이스라엘의 하나님 앞에서 진동하였나이다

9 하나님이여

주께서 흡족한 비를 보내사

주의 기업이 곤핍할 때에

주께서 그것을 견고하게 하셨고

10 주의 회중을 그 가운데에 살게 하셨나이다

하나님이여
주께서 가난한 자를 위하여
주의 은택을 준비하셨나이다

기자는 다시 옛적에 하나님이 광야에서 이스라엘을 앞서 가시며 그들의 길을 인도하신 일을 회상한다(7-8절, cf. 삿 5:4-5). 그때 땅은 진동하고 하늘은 하나님 앞에서 떨어졌다(8a-b절). "하늘이 떨어지다"(נָטְפוּ שָׁמַיִם)는 하늘에서 비가 쏟아져 내렸다는 뜻이다(cf. 새번역, 아가페). 이 비가 9절에서는 생명을 주는 비로 묘사되지만, 8절에서는 사람을 위협하는 비로 표현되고 있다(deClaissé-Walford et al.). 땅은 하나님께 길을 내주었고, 하늘은 비를 내려 주의 백성이 하나님의 법궤가 길을 인도한 광야 생활 중에 어떠한 어려움도 겪지 않게 해주었다는 뜻이다. 당연하다. 세상 모든 것을 창조하신 분이 백성들 앞에서 행진하시는데 무엇이 감히 그의 길을 막겠는가!

시내 산도 하나님 앞에서 떨기는 마찬가지였다(8c-d절). 기자는 하나님이 이스라엘과 언약을 맺기 위하여 시내 산 정상에 임하셨을 때 시내 산 전체가 천둥과 번개로 흔들렸던 일을 회상하고 있다(cf. 출 19:18-19). 시내 산을 진동시키신 하나님이 임하셨으니 감히 어떤 사람들이 주님 앞에 설 수 있겠는가! 그러므로 그들이 혼비백산하여 도망하는 것은 당연한 일이다(cf. 1절).

기자는 두려워하는 자연을 자유자재로 다스리시는 하나님이 이스라엘에 비를 주신 것을 감사한다(9절). 하늘이 비를 내린 것(cf. 8절)은 자연적인 현상이 아니라 하나님의 뜻에 따라 일어난 일이라는 것이다. 하나님은 비가 오지 않아 온 땅이 메마르고, 사람들의 생명을 위협하는 광야에 비를 주시되 흡족하게 주셨다. 주의 백성이 마실 물뿐만 아니라 가뭄을 해소하기에 충분한 비를 주셨다는 뜻이다. 비로 인해 주님의 기업인 이스라엘은 사람의 생명을 위협하는 40년 광야생활 동안 위축되지 않고 오히려 생기로 가득하고 견고하게 되었다. 가나안을 정복하는 데 전혀 어려움이 없을 정도로 왕성하게 되었다는 것이다.

광야생활 중 이스라엘의 형편은 가난한 자들의 것에 불과했다(10절). 먹고 마시는 것이 넉넉하지 않은 곳에서 살아가는 것은 참으로 어렵고 힘든 사람의 삶과 별반 다를 바가 없었다. 그래도 하나님이 끊임없이 주님의 은택(טוֹבָה)으로 그들을 먹이시고 입히시니 큰 어려움은 없었다. 성경은 이스라엘 백성이 광야에서 생활한 40년 동안 옷이 없어 헐벗은 적이 없다고 한다(신 29:5). 하나님이 이집트에서 노예로 살다가 겨우 탈출하여 별로 가진 것도, 내세울 것도 없는 '가난한 사람들'이 살기에는 과분할 정도로 온갖 좋은 것들로 그들의 광야생활을 채우셨다는 뜻이다.

4. 하나님이 승리하심(68:11-14)

¹¹ 주께서 말씀을 주시니
소식을 공포하는 여자들은 큰 무리라
¹² 여러 군대의 왕들이 도망하고 도망하니
집에 있던 여자들도 탈취물을 나누도다
¹³ 너희가 양 우리에 누울 때에는
그 날개를 은으로 입히고
그 깃을 황금으로 입힌 비둘기 같도다
¹⁴ 전능하신 이가 왕들을 그중에서 흩으실 때에는
살몬에 눈이 날림 같도다

앞 섹션에서 하나님의 보살피심으로 주의 백성 이스라엘이 어떻게 별 어려움 없이 광야생활을 했는가를 회고한 기자가 이번에는 이스라엘이 어떻게 해서 가나안 땅을 차지하게 되었는가를 회고하기 시작한다. 가나안 정복 중 이 섹션은 이스라엘이 요단 강을 건너기 전 바산 왕 옥과 아모리 왕 시혼을 상대로 싸운 일을 회고한다(cf. 신 2:26-3:11). 기자가 사용하는 이미지는 상당 부분 드보라의 노래를 연상케 한다(Kidner, cf. 삿 5장). 하나님이 아브라함에게 약속하신 땅은 요단 강 서편에 있었기 때문에 모세는 이들과 싸울 생각이 없었다. 그저 별 탈없이 지나가게 허락해 달라며 사신을 보냈는데, 그들이 모세와 이스라엘을 믿지 못하여 먼저 군대를 이끌고 전쟁을 걸어왔다. 전쟁을 피할 수 없게 되자 이스라엘은 그들과 싸워 그들의 땅을 빼앗았다.

11절을 정확하게 번역하는 것이 어렵지만(cf. 공동, 아가페, NAS, NIV, TNK), 대체적인 의미는 하나님이 말씀하시니 여자들로 구성된 큰 무리가 승리의 소식을 선포했다는 뜻이다(cf. 새번역, 현대인, NRS, TNK, CSB). 하나님이 그들과 싸우라고 말씀하시자마자 정복 전쟁은 이스라엘의 승리로 끝났다는 것을 강조하는 표현이다.

하나님이 함께하면서 도우신 이스라엘 군이 얼마나 두려운지 전쟁을 걸어온 군대를 거느린 왕들이 '도망하고 도망했다'(12절). 큰 공포감에 사로잡힌 왕들이 싸워 볼 생각은 하지도 못하고 단지 살기 위해서는 도망해야 한다는 일념으로 도주했다는 것이다. 왕들이 아무것도 챙기지 못하고 도망했기 때문에 또한 그들이 다스리던 땅을 정복한 이스라엘은 적들이 남긴 전리품을 수집하는 일에 집중했다. 수집한 전리품의 양이 얼마나 많은지 이스라엘 모든 가정에 몫이 돌아갔으므로 각 집안 여인들이 탈취물을 서로 나누었다(12절).

13절도 번역하기가 매우 어렵다(cf. 새번역, 아가페, 공동, 현대인, NIV, NAS, ESV, TNK). 승리를 기념하기 위하여 비둘기를 날려 보내는 것이 이 말씀의 배경이 된다는 주장도 있지만(Tate), 별로 설득력이 없어 보인다. 가능한 해석은 크게 두 가지다. 첫째, 비록 머무는 곳이 초라해도 하나님이 그들을 은과 금으로 장식한 귀한 비둘기를 보호하듯 그들을 보호하셨다는 뜻이다. 둘째, 비록 그들이 누추한 곳에 살지만, 각자 은과 금으로 장식한 비둘기 같은 귀한 물건들을 탈취물로 나누어 가졌다는 뜻이다. 12절은 왕들이 남기고 도주한 엄청난 양의 전리품을 언급하는 점을 감안하면, 후자(금과 은으로 장식한 비둘기가 각자 나누어 가진 후한 전리품을 상징함)가 더 설득력이 있는 해석이다(cf. 새번역, TNK, LXX). 또한 이때는 이스라엘이 아직 요단 강을 건너 가나안에 정착하지 않은 상황이기 때문에 그들은 이때 '양 우리'처럼 누추한 곳에 눕는 삶을 살고 있었다.

이스라엘이 부를 챙길 수 있었던 것은 전능하신 이가 가나안 왕들을 흩으실 때 살몬에 날리는 눈처럼 하셨기 때문이다(14절). '전능하신 이'(שַׁדַּי)라는 성호는 시편에서 이곳과 91편 1절에서만 등장하는 흔하지 않은 하나님의 이름이다. 이스라엘에 전쟁을 걸어온 왕들의 시체가 살몬 산에 흩어진 눈처럼 여기저기 나뒹굴었다는 의미다. 하나님의 절대적인 승리를 묘사하는 시적인 표현이다. 살몬 산의 정확한 위치는 알려지지 않았다. 사사기 9장 48절에 의하면 살몬 산은 세겜 근처에 있는 산들 중 하나였다. 그러나 학자들은 바산의 동쪽에 위치한 화산재로 뒤덮인 예벨드루제(Jebel Druze) 산이 살몬 산이라고 한다(cf. Albright). 이 섹션이 회고하고 있는 전쟁이 바산을 중심으로 진행되었기 때문이다. 당시 같은 지리적 이름이 곳곳에서 사용되었던 점을 감안하면, 살몬 산은 세겜 근처에도 있었지만, 본문이 지목하고 있는 살몬 산은 바산 근처에 있었던 것이 확실하다.

5. 하나님이 시온 산에 거하심을 감사함(68:15-18)

15 바산의 산은 하나님의 산임이여
바산의 산은 높은 산이로다
16 너희 높은 산들아
어찌하여 하나님이 계시려 하는 산을 시기하여 보느냐

진실로 여호와께서 이 산에 영원히 계시리로다
17 하나님의 병거는 천천이요 만만이라
주께서 그중에 계심이 시내 산 성소에 계심 같도다
18 주께서 높은 곳으로 오르시며
사로잡은 자들을 취하시고
선물들을 사람들에게서 받으시며
반역자들로부터도 받으시니
여호와 하나님이 그들과 함께 계시기 때문이로다

이스라엘이 먼저 싸움을 걸어온 바산 왕 옥과 아모리 왕 시혼이 다스리던 땅을 정복하니 당연히 그들의 영토가 하나님의 소유가 되었다. 그러므로 바산 주변의 산들도 하나님의 것이 되었다(15절). 바산은 요단 강 동편에 위치한 높은 산이다. 지중해에서 몰려온 구름이 이 산을 넘지 못하는 경우가 허다하게 발생했다. 이로 인해 바산 지역 산들에는 목초가 잘 자랐고, 짐승 떼를 방목하기에 적합한 참으로 좋은 산이었다(cf. 렘 22:20). 이곳에서 생산된 고기는 육질이 좋기로 유명했다. 이러한 정황을 배경으로 아모스 선지자는 이스라엘 기득권자들의 아내들을 '바산의 암소들'(먹기에 딱 좋은 고깃덩어리)이라며 맹렬하게 비난했다(암 4:1).

이 섹션도 번역과 해석에 어려움을 주는 것들로 가득하다. 하나님은 16절에서 높은 산들에게 시기한다며 야단을 치신다(16절). '시기하다'(רצד)는 이곳에서 딱 한번 사용되는 단어이며, 부러워하는 의미에서 시기하는 것이 아니라 미워해서 시기하는 감정을 묘사하는 단어다(cf. ESV, TNK, LXX). 때로는 시기가 긍정적인 에너지가 될 수도 있는데, 이 단어는 매우 부정적인 뉘앙스를 지니고 있는 단어다.

시기하는 산들이 바산 지역의 산들인가, 혹은 바산의 산들이 하나님의 산이 된 것(15절)을 바산 주변에 있는 높은 산들이 시기한다는 뜻인가가 확실하지 않다. 우리말 번역본들은 16절을 번역하면서 '시온 산'을 삽입하여 강제로 정복당한 바산의 산들이 하나님이 영원히 거하시려고 택하신 시온 산을 시기하는 것으로 해석했지만(새번역, 아가페), 히브리어 텍스트에는 '시온 산'이 없다. 그러므로 바산 지역 산들이 하나님의 영원한 거처가 된 것을 높은 산들이 미워하는 것으로 해석할 수 있다. 앞으로도 기자는 바산을 언급하고(22절), 예루살렘은 29절에 가서야 언급이 되기 때문에 이 말씀이 요단 강 동편 상황을 회고하고 있는 것으로 볼 수 있기 때문이다.

그러나 구약에 의하면 여호와께서 영원히 계시려고 택하신 곳은 예루살렘에 있는 시온 산뿐이다. 그러므로 노래의 흐름이 아직 요단 강을 건너지 않은 상황에서 다소 앞서가는 듯한 느낌을 주기는 하지만, 하나님이 영원히 계시는 시온 산을 하나님께 정복당한 바산의 산들이 시기하는 것으로 해석하는 것이 좋다. 또한 '엘로힘 시편집'에서 하나님과 이스라엘의 특별한 관계를 강조하는 성호 '여호와'(יהוה)(16절)를 사용하는 것도 시온 산이 하나님의 영원한 거처라는 사실을 암시하는 듯하다. '엘로힘'은 온 세상을 다스리시는 하나님이지만, '여호와'는 이스라엘과 특별한 관계를 맺으시고 시온에 거하시는 하나님이시기 때문이다. 정복을 당하여 하나님의 영토로 편입된 바산의 산들이 시온을 미워하는 것은 충분히 이해가 간다.

미움과 시기는 전쟁으로 치달을 수 있다. 그러므로 기자는 혹시라도 반역을 꾀할 수 있는 바산의 산들에게 경고한다. 그들을 평정하신 하나님의 병거는 천천이고 만만이라고 한다(17a절). 어떠한 무력으로도 하나님의 군사력을 이길 수 없으니 신중하게 생각하라는 경고다. 게다가 시온 산은 하나님의 임시 처소가 아니다. 주님이 이곳에 영원히 거하시려고(16절), 시내 산에서 이곳으로 옮겨 오셨다(17b절). 개역개정이 "시내 산 성소에 계심 같도다"로 번역한 것도 논란의 소지가 다분하다. 히브리어 텍스트가 확실하지 않아서 (1)시내 산에서 그의 성소로 오셨다"(새번역, 아가페, 현대인, 공동, NIV, NAS, NRS), (2)"시내 산이 이제는 성소 안에 있다"(ESV), (3) "거룩하심으로 시내 산에 임하셨던 것처럼 [그들과 함께 있다]"(TNK), (4)하나님이 거룩한 처소 시온 산에 임하셨다"(LXX) 등의 해석이 가능하다. 하나님이 시온 산을 택하신 이후로는 줄곧 그곳에만 계신 점을 감안할 때, 첫 번째 해석인 "시내 산에서 그의 성소로 오셨다"가 가장 설득력이 있는 해석이다.

하나님이 높은 곳으로 오르실 때 수많은 전쟁 포로들이 함께 끌려 왔다(18절). 본문이 말하는 '높은 곳'(מָרוֹם)은 당연히 시온 산이다. 사실 시온 산은 그다지 높지 않으며 가나안 지역에는 시온 산보다 훨씬 높은 산들이 허다하다. 그러나 성경은 시온 산은 으뜸 산이며 세상의 중심이라고 한다. 그 산이 물리적으로 높아서가 아니라, 하나님이 그곳에 계시기 때문이다. 본문에서도 시온 산은 창조주 하나님이 오르실 만한 높은 곳이다.

하나님이 시온 산에 임하실 때 인질들이 줄을 지어 끌려 온다. 전쟁에서 승리한 장군이 승리 행진(victory procession)을 하는 모습이다. 주님의 승리를 축하하고 환영하는 사람들이 주님께 많은 선물을 드린다. 하나님은 기꺼이 그들의 축하 선물을 받으시며, "반역자들로부터도 받으신다"(18d절). 이 구절의 해석도 매우 어렵다. 그러므로 여러 가지 가능한 해석이 제시되었지만, 기본적인 의미는 하나님께 반역을 꿈꾸는 자들(혹은 하나님이 시온 산에 거하시는 것이 못마땅한 자들)도 어쩔 수 없이 승자인 하나님께 선물을 드린다는 뜻이다. 하나님이 그들(모든 사람)과 함께하시기 때문이다(18e절). 주님을 기뻐하고 승리를 축하하는 사람들에게는 평화를 주시고 보호하시기 위하여 함께하시고, 반역을 꿈꾸는 자들과는 그들이 반역하지 못하도록 다스리기 위하여 함께하신다는 뜻이다.

6. 구원하시는 하나님을 찬양함(68:19-23)

¹⁹ 날마다 우리 짐을 지시는
곧 우리의 구원이신 하나님을 찬송할지로다 (셀라)
²⁰ 하나님은 우리에게 구원의 하나님이시라
사망에서 벗어남은 주 여호와로 말미암거니와
²¹ 그의 원수들의 머리 곧 죄를 짓고 다니는 자의 정수리는
하나님이 쳐서 깨뜨리시리로다
²² 주께서 말씀하시기를
내가 그들을 바산에서 돌아오게 하며
바다 깊은 곳에서 도로 나오게 하고
²³ 네가 그들을 심히 치고
그들의 피에 네 발을 잠그게 하며
네 집의 개의 혀로 네 원수들에게서
제 분깃을 얻게 하리라 하시도다

기자는 우리의 구원이신 하나님을 '날마다' 찬송할 것을 권면한다
(19a-b절). 하나님은 어떠한 방법으로 우리를 구원하시는가? 주님은 날
마다 우리 짐을 지시는 일로 우리를 구원하신다(19a절). "우리 짐을 지
신다"(יַעֲמָס-לָנוּ)도 두 가지 해석이 가능하다. 첫째, 개역개정이 번역한
것처럼 하나님이 우리가 져야 할 짐을 대신 지신다는 뜻이다(새번역, 아
가페, 공동, NIV, CSB). 둘째, 하나님이 짐을 지고 있는 우리를 지신다는
뜻이다(NAS, NRS, ESV). 의미상 별 차이는 없지만, 이미지적으로는 상
당한 차이를 지니고 있다. 예수님께서 우리의 무거운 짐을 대신 져주
시겠다고 한 것으로 보아(마 11:28-30) 전자가 더 설득력이 있는 해석으
로 보인다. 하나님은 우리가 감당하기 힘든 삶의 무게를 대신 지시는
분이다.

사람이 져야 할 다양한 삶의 무게에서 가장 지기 힘든 짐은 무엇일까? 기자는 죽음이라고 한다(20절). 그러므로 주님은 우리를 '죽음'(מָוֶת)에서 벗어나게 하시어 더 이상 죽음의 짐으로 인해 고통을 당하지 않게 하셨다. 가나안 사람들은 죽음을 신격화하여 '모트'(Mot)라는 이름으로 불렀다. 그들은 죽음의 신 모트가 사람을 데려가면 아무도 말릴 수 없다고 생각했다. 유일하게 모트를 이길 수 있는 자는 바알이라고 했다. 기자는 하나님이 자기 백성을 죽음의 손아귀에서 벗어나게 하신다고 한다. 바알이 아니라 하나님이 죽음(모트)을 이기신 것이다. 그러므로 이 말씀에는 가나안 신화에 대한 논쟁적인 의미가 더해져 있다 (McCann, vanGemeren).

이 일을 행하신 분은 '여호와'로서 이러한 구원은 하나님이 언약을 통해 관계를 맺으신 사람들에게만 유효하다는 것을 암시한다. 하나님은 모든 사람을 죽음의 테두리에서 벗어나게 하신 것이 아니라, 오직 자기 자녀들만 벗어나게 하셨다.

여호와는 자기 백성을 구원하시고 더 나아가 그들의 짐까지 대신 져 주시지만, 주님을 대적하는 원수들은 가차없이 처단하신다(21절). 주님은 그들의 머리(정수리)를 깨서 죽이실 것이다. 하나님께 죽임을 당하는 원수들은 어떤 사람들인가? 기자는 죄를 짓고 다니는 사람들이라고 한다. '죄를 짓고 다니는 사람'(מִתְהַלֵּךְ בַּאֲשָׁמָיו)은 문자적으로 자기가 저지르는 '온갖 죄 안에서 걸어 다니는[파묻혀 사는] 사람'을 뜻한다. 하나님의 심판을 받아 죽임을 당할 사람들은 한두 번 실수로 죄를 지은 것이 아니라, 상습적으로 삶 자체가 죄짓는 일인 사람을 뜻한다. 이런 사람에게는 구원이 없다.

하나님은 죄인들을 심판하여 죽이실 뿐만 아니라, 주의 백성들에게 그들을 짓밟을, 혹은 보복할 기회도 주신다(22-23절). 설령 그들이 이미 심판을 받아(죽어) 하나님이 계시지 않는 이방 땅 바산에 묻혀 있거나, 깊은 바다에 수장되어 있다 할지라도 그들이 다시 나오게 하시고,

그곳에서 돌아오게 하시어 자기 백성들 앞에 세우실 것이다(22절). '바다 깊은 곳'은 죽음을 상징하기 때문에 심지어 스올에서도 필요하면 불러 오실 것이라는 뜻으로 풀이할 수 있다. 이 말씀은 문자적으로 해석하기보다는 하나님이 꼭 주의 백성들에게 보복할 기회를 주시겠다는 시적인 표현으로 해석해야 한다.

주의 백성을 괴롭히던 원수들이 그들에게 혹독한 보복을 당한다. 드디어 괴롭힘을 당하던 자들과 괴롭히던 자들의 위치가 바뀌었다. 주의 백성이 원수들의 피에 발을 담그고 그들의 개가 원수들의 피를 핥는다(23절, cf. 왕상 21:17-19, 22:34-38, 왕하 9:30-37, 사 63:3, 겔 28:23, 시 58:10). 다소 혐오스러운 이미지이지만, 우리가 원수들에게 확실히 보복할 날이 올 것을 이렇게 표현하고 있다.

7. 승리하신 하나님이 행진하심(68:24-27)

²⁴ 하나님이여

그들이 주께서 행차하심을 보았으니

곧 나의 하나님, 나의 왕이 성소로 행차하시는 것이라

²⁵ 소고 치는 처녀들 중에서 노래 부르는 자들은 앞서고

악기를 연주하는 자들은 뒤따르나이다

²⁶ 이스라엘의 근원에서 나온 너희여

대회 중에 하나님 곧 주를 송축할지어다

²⁷ 거기에는 그들을 주관하는 작은 베냐민과

유다의 고관과 그들의 무리와

스불론의 고관과 납달리의 고관이 있도다

기자는 18절에서 승리하시고 포로로 잡은 자들을 이끌고 시온 산으로 올라가시는 하나님의 행렬을 묘사했는데, 이 섹션에서는 주님의 행렬을 본 사람들의 반응을 묘사한다. 하나님이 시온 산에 있는 주님의 거룩한 처소로 올라가시는 것은 곧 이스라엘의 왕이신 하나님의 행렬이었다(24절). 시온에 거하실 만한 하나님의 위엄과 자태를 보았다는 뜻이다.

이러한 모습을 본 이스라엘이 기뻐한다. 처녀들이 악기를 동원하여 노래를 부르며 하나님의 행렬을 앞서고 뒤따른다(25절). 이러한 기쁨과 축하는 한 번만 있어서는 안 된다. 그러므로 기자는 주의 백성이 대회로 모일 때마다 주님을 축복하고 기뻐하라고 한다(26절). 하나님의 승리와 구원은 주의 백성이 모일 때마다 영원히 기념하고 기뻐할 만한 일이다.

하나님의 승리와 구원을 기념하는 예배에 베냐민 지파와 유다 지파와 스블론 지파와 납달리 지파가 있다(27절). 기자는 이스라엘의 12지파를 모두 나열하지 않고 가나안 남쪽 지역을 대표하는 베냐민 지파와 유다 지파, 북쪽 지역을 대표하는 스블론 지파와 납달리 지파 등 네 지파만을 언급한다. 남쪽에서 북쪽에 이르는 온 나라의 모든 지파가 하나님을 찬양하는 대회에 참석했다는 뜻이다(cf. vanGemeren, McCann, Wilson).

8. 능력을 보이시기를 기도함(68:28-31)

[28] 네 하나님이 너의 힘을 명령하셨도다
하나님이여
우리를 위하여 행하신 것을 견고하게 하소서
[29] 예루살렘에 있는 주의 전을 위하여
왕들이 주께 예물을 드리리이다
[30] 갈밭의 들짐승과
수소의 무리와 만민의 송아지를 꾸짖으시고

은 조각을 발 아래에 밟으소서
그가 전쟁을 즐기는 백성을 흩으셨도다
³¹ 고관들은 애굽에서 나오고
구스 인은 하나님을 향하여 그 손을 신속히 들리로다

마소라 사본의 28절이 혼란스럽다. 문자적으로 번역하면 개역개정의 "네 하나님이 너희 힘을 명령하셨도다"가 된다. 그런데 하나님이 우리의 힘을 명령하셨다는 것은 무엇을 의미하는가? 그러므로 대부분 번역본들은 28a절도 LXX가 한 것처럼 28b에서 시작하는 기도문에 포함하여 "하나님, 주의 능력을 나타내소서"로 번역한다(새번역, 아가페, 현대인, NIV, NAS, ESV, NRS). 이렇게 해석하면 8절은 기자가 하나님께 옛적에 하셨던 것처럼 한번 더 능력을 온 세상에 보여 주실 것을 구하는 기도다(cf. 새번역, 아가페, NIV, NAS, ESV).

하나님이 옛적에 전쟁에서 승리하여 능력을 보이신 것처럼 다시 한번 온 세상에 힘을 과시하시면 주님께 패한 왕들이 예물을 들고 예루살렘에 있는 하나님의 성전을 찾아올 것이다(29절). 기자는 30절에서 마지못해 예물을 가지고 오는(cf. 18절) 왕들이 어떤 사람들인가를 묘사하며 하나님이 그들과 전쟁을 하셔야 하는 이유를 네 가지로 제시한다.

첫째, 그들은 갈대밭의 들짐승과 같기 때문이다(30a절). 갈대밭에 숨어 있으면서 호시탐탐 공격할 희생물을 찾는 짐승의 모습이다. 그들은 이렇다 할 이유가 없는데도 폭력을 행사할 희생제물들을 찾는 자들이다. 갈대밭은 이스라엘이 출애굽 때 홍해에서 지나온 갈대밭을 연상케 한다 하여 아가페성경은 "갈대 숲에 있는 짐승과 같은 이집트를 꾸짖어 주소서"로 번역했다(cf. 현대인). 그러나 마소라 사본을 정확하게 반영한 것은 아니다.

둘째, 그들은 수소의 무리와 만민의 송아지 같기 때문이다(30b절). 이 말씀도 정확히 번역하기가 참으로 어려워(cf. deClaissé-Walford et al.) 번역본들이 제 각각이다. (1)"황소 떼 속에 있는 송아지 떼를 꾸짖어 달라"(새번역), (2)"암소 가운에 있는 수소들을 혼내 달라"(아가페), (3)"송아지를 거느리고 있는 저 들소 떼를 꾸짖어 달라"(현대인), (4)"뭇백성의 황소 떼와 송아지들을 책망해 달라"(공동). 이처럼 여러 가지 해석 중세 번째 해석("송아지를 거느리고 있는 저 들소 떼를 꾸짖어 달라"는 의미로 해석하는 것)이 설득력이 있다(cf. NIV, NRS, cf. TNK). 그들은 송아지들을 억압하고 때로는 송아지들 사이에 싸움을 부추기는 못된 수소들 같다는 뜻이다. 소에 대한 이 비유는 바산을 연상케 하기도 한다.

셋째, 은 조각을 발 아래 밟기 위해서다(30c절). 이 구절도 번역하기가 매우 어렵다: (1)"조공을 탐하는 무리를 짓밟으소서"(새번역, NAS, NRS, ESV), (2)"[조공으로] 그들은 수많은 은을 가지고 올 것입니다"(아가페), (3)"가지고 있는 은을 모두 주께 바칠 때까지"(현대인), (4)"금과 은을 들고 와서 머리를 숙이게 하소서"(공동, NIV, TNK). 하나님은 그들이 하나님의 통치에 복종한다는 의미에서 예물을 가지고 오지 않는 것을 벌하실 수 있다. 그러나 그것이 열방을 벌하는 근본적인 이유는 될 수 없다. 그러므로 첫 번째 해석(그들이 조공을 탐하기 때문에 벌을 받아야 한다는)이 가장 설득력이 있는 해석이다. 나라가 전쟁을 하는 목적이 폭력으로 상대방을 제압해서 그들에게 조공을 받기 위해서라면, 당연히 창조주이시자 통치자이신 하나님의 벌을 받아야 한다. 또한 다음 구절은 열방이 하나님께 예물을 바치는 일을 언급하고 있기 때문에 여기서 하나님께 바치는 예물을 논할 필요는 없다.

넷째, 그들은 전쟁을 즐기는 백성이기 때문이다(30d절). 하나님은 모든 사람이 서로 화평하기를 원하신다. 여호와는 샬롬의 하나님이시기 때문이다. 그러나 세상에는 서로 화평하기를 거부하고 오히려 분란과 전쟁을 즐기는 사람들이 있다. 이런 사람들은 하나님의 응징을 받아야 한다. 하나님은 세상이 화목하고 평안하기를 기대하며 창조하셨기 때문이다. 이 창조의 원칙을 깨는 사람은 창조주에게 벌을 받아야 한다.

그러므로 기자는 하나님께 이런 사람들에게 능력을 과시하여 벌하시라고 한다.

하나님이 세상의 평화를 깨는 자들을 상대로 능력을 발휘하시면, 그들은 하나님의 주권을 인정하고 폭력적인 에너지를 복종과 예배의 에너지로 바꿀 것이다(31절). 설령 폭력을 원한다 해도 하나님이 통제하시며 허락하지 않으시기 때문이다. 결국 당시 세상의 강대국을 대표하는 이집트와 에티오피아가 고관들을 통해 하나님이 계신 시온으로 예물을 보내 경배한다. 개역개정이 '고관들'로 번역한 히브리어 단어(חַשְׁמַנִּים)는 이곳에서 단 한번 사용되는 단어로서 정확한 의미를 파악하는 일이 쉽지 않지만, '동'(bronze)을 뜻한다(HALOT, cf. NAS, NRS). 그러나 이집트가 동을 가져온다는 것이 무엇을 의미하는지 전혀 알 수 없다. 그러므로 대부분 번역본들은 LXX가 제안한 '고관들'(πρέσβεις)을 받아들여 '사절단'(envoy, tribute-bearer)으로 번역한다(새번역, 아가페, 현대인, 공동, NIV, ESV, TNK, CSB).

이집트와 에티오피아에서 예물을 든 사절단이 예루살렘으로 주님을 찾아올 것이다. 손을 든다는 것은 경배하는 것을 상징한다. 그러므로 이집트와 에티오피아는 열방을 대표하여 하나님께 항복하고 주님을 경배할 것이라는 뜻이다. 아시리아와 바빌론이 아니라 이집트와 에티오피아가 세상을 대표하는 나라들로 지목되는 것을 보면 이 노래는 늦어도 아시리아가 강대국으로 자리 잡았던 주전 8세기 이전에 저작된 것임을 짐작할 수 있다.

9. 태고의 하늘을 타신 하나님을 찬양함(68:32-35)

<blockquote>
[32] 땅의 왕국들아
하나님께 노래하고 주께 찬송할지어다 (셀라)
[33] 옛적 하늘들의 하늘을 타신 자에게 찬송하라
</blockquote>

주께서 그 소리를 내시니 웅장한 소리로다
³⁴ 너희는 하나님께 능력을 돌릴지어다
그의 위엄이 이스라엘 위에 있고
그의 능력이 구름 속에 있도다
³⁵ 하나님이여
위엄을 성소에서 나타내시나이다
이스라엘의 하나님은 그의 백성에게 힘과 능력을 주시나니
하나님을 찬송할지어다

이집트와 에티오피아에서 온 사절단을 통해 경배를 받으신 하나님은 온 세상 왕국들의 찬양을 받기에 합당하신 분이다(32절). 이스라엘의 하나님은 하늘을 다스리시고 주관하시는 분이다(33a절). 하늘에서 들려오는 천둥 소리 등은 하나님이 내시는 소리다(33b절). 하나님은 왕국들이 범접할 수 없는 참으로 위대하신 분이라는 뜻이다.

열방은 능력에 있어서 하나님 같은 분이 없으시다는 사실을 인정해야 한다(34a절). 그들에게 공포심을 자아내는 하나님의 능력은 이스라엘 위에도 있고 구름 속에도 있다. 하나님의 능력이 온 세상에 가득하다는 뜻이다. 또한 하나님은 자신의 위대한 능력을 성소에 나타내셨다(35a-b절). 자기 백성에게 능력을 나누어 주시기 위해서다(35c절). 이렇기 때문에 우리가 함께 모여 예배를 드리고 주님을 경배하면 살아갈 힘과 능력을 얻는 것이다. 이런 일을 하신 하나님은 찬송 받기에 합당하신 분이다(35d절).

제69편

다윗의 시, 인도자를 따라 소산님에 맞춘 노래

I. 장르/양식: 개인 탄식시(cf. 3편)

이 노래는 기자를 괴롭게 하는 사람들에 대한 저주를 동반한 개인 탄식시다. 이 시편은 시편 22편 다음으로 신약에서 예수님의 고난과 연관하여 많이 인용되는 노래다. 그러나 메시아의 삶과 고난에 관한 노래는 아니다.

이 노래가 언제 어떤 상황에서 불렸는지 알 수가 없다. 기자가 정황을 가늠할 만한 정보를 제공하지 않기 때문이다. 어떤 이들은 1-3절과 26절을 근거로 지병을 앓는 사람이 부른 노래라 하기도 하고, 어떤 이들은 4절을 바탕으로 억울하게 모함을 당한 사람이 부른 노래라고 하기도 한다. 성전에 대하여 치열한 논쟁이 있을 때(cf. 6절) 주님의 편에 섰다가 억울하게 당한 사람의 노래라고 하는 주석가도 있다(Weiser).

표제는 이 노래를 '소산님에 맞춘 노래'라고 하는데, '소산님'(שׁוֹשַׁנִּים)은 백합화들을 뜻하며, 시편 45편 표제에서 한번 등장한 적이 있다. 편집자들은 이 노래를 당시 잘 알려져 있던 '소산님' 곡에 맞춰 부를 것을 권면하고 있다. 또한 표제는 다윗을 언급하고 있지만, 대부분 학자들은 이 노래를 다윗의 삶과 연관시켜 해석하지 않는다.

35절이 파괴된 유다의 모습을 전제하고 있다 하여 이 노래가 바빌론 포로기 때 시온과 유다의 회복을 갈망하며 부른 노래라고 하는 사람들도 있다(Perowne). 학자들 중에는 1–30절은 왕정 시대에서 유래한 것이고, 31–35절은 바빌론 포로 생활을 지나면서 더해진 것이라고 하는 사람이 있다((Broyles). 그리고 포로기 때 더해진 부분은 33–36절이라고 하는 사람도 있고(Allen), 이때 34–36절만 더해진 것이라고 주장하는 사람들도 있다(McCann, Wilson).

이 노래가 전제하고 있는 유다의 파괴가 주전 586년에 있었던 바빌론의 침략으로 인한 일이 아니라고 주장하는 주석가도 있다. 로스(Ross)는 이 노래가 전제하는 유다 파괴는 히스기야 왕 시대에 아시리아의 산헤립 왕이 유다를 침략해 왔을 때 일이라고 한다(cf. 사 36–37장). 이때가 주전 701년이다.

이처럼 다양한 시대와 정황이 제시되는 것은 이 노래의 메시지가 적용될 수 있는 상황적 범위가 그만큼 넓다는 것을 의미한다. 또한 기자가 자신이 당하는 고통을 어느 정도 대속적인 고통, 혹은 하나님 때문에 받는 고통으로 묘사한다 하여, 이 노래를 욥기와 이사야 53장, 예레미야서 등과 함께 읽고 묵상할 것을 제안하는 주석가들도 있다(McCann, Wilson). 언제든 주의 백성이 신앙으로 인해 핍박을 받을 때 부를 만한 노래라는 뜻이다.

II. 구조

이 노래가 두 개의 주요 섹션으로 구성되었다고 하는 한 학자는 1–13b절과 13c–29절이 다음과 같이 평행을 이루고 있다고 한다(Allen). 우리말 성경과 영어 번역본들이 다소 차이를 지니고 있어서 완벽하게는 표기할 수 없다.

1–13b절		13c–29절	
1절	나를 구원하소서	13d절	주님의 확실한 구원
	물들		
2절	내가 가라앉습니다	14절	빠지지 말게 해주십시오
	깊은 수렁		수렁에서 건져 주십시오
	깊은 물		깊은 물에서 건져 주십시오
	큰물	15절	큰물이 나를 휩쓸지 못하게…
	내게 넘칩니다		깊음이 나를 삼키지 못하게…
4절	나를 미워하는 자들	14절	나를 미워하는 자들
	나의 원수들	18절	나의 원수들
5절	주님이 아닙니다	19절	주님은 아십니다
6절	수치를 당하지 않다		비방
	욕을 당하지 않다		능욕
7절	비방을 받다		수치
	수치를 당하다		
9절	주를 비방	20절	비방
	비방이 내게 미쳤습니다		
10절	욕		
11절	옷을 삼다(when I put on)	21절	그들이 주다(they put on)
13a절	그러나 내가	29절	오직 나는

밴게메렌(vanGemeren)은 1–28절과 30–36절을 마치 두 개의 독립적인 노래로 취급하여 다음과 같은 구조를 제안한다.

I. 탄식(69:1–28)

  A. 개인적인 필요에 따른 기도(69:1–4)

    B. 하나님께서 기도를 들으심(69:5)

      C. 하나님을 위한 수치(69:6–12)

      C′. 하나님을 위한 구원(69:13–18)

    B′. 하나님께서 기도를 들으심(69:19–21)

  A′. 악인 심판을 위한 기도(69:22–28)

II. 찬송(69:29–36)

  A. 개인과 공동체의 찬양(69:29–32)

    B. 하나님의 보호 확인(69:33)

  A′. 우주적 찬양(69:34)

B′. 하나님의 종말적 구원 확인(69:35-36)

위 구조는 이 시편이 원래는 두 개의 독립적인 노래로 존재하다가 별 편집 작업 없이 임의적으로 하나로 묶인 듯한 느낌을 준다. 이 시는 기도(1-4, 13-18, 22-29절)와 기자가 처한 상황 설명(5-12, 19-21절)과 찬양(30-36절)으로 구성되어 있다. 이러한 구성 요소들을 반영하여 이 주석에서는 다음과 같은 구조를 바탕으로 본문을 주해해 나가고자 한다.

  A. 기도: 구원을 바람(69:1-4)
    B. 사람들에게 당하는 수치와 모욕(69:5-12)
  A′. 기도: 구원을 바람(69:13-18)
    B′. 사람들에게 당하는 수치와 모욕(69:19-21)
  A″. 기도: 심판을 바람(69:22-29)
      C. 제물보다 더 귀한 찬양(69:30-33)
      C′. 주의 백성을 회복하실 하나님 찬양(69:34-36)

III. 주해

이 시의 특징은 기자를 괴롭히는 원수들이 누구인지, 그가 어떠한 상황에서 이 노래를 부르게 되었는지에 대하여 전혀 언급하지 않는다는 것이다. 한 가지 확실한 것은 기자는 자신이 지은 죄에 비해 훨씬 더 가혹한 비난과 대가를 치르고 있다고 생각한다. 그는 하나님의 집(성전)에 관한 일로 인해 다른 사람들에게 심한 비난을 받고 있으며, 심지어는 그의 친지들과 주변 사람들도 그를 동정하지 않는 상황에 처해 있다. 더 나아가 그가 당하고 있는 고난의 상당 부분은 하나님과 연관이 있다. 그러므로 이 노래는 신앙으로 인해 고난을 당하거나, 하나님이 허락하신 고난으로 인해 고통을 당하는 사람이 부를 만한 노래다(cf. McCann, Wilson).

1. 기도: 구원을 바람(69:1-4)

¹ 하나님이여
나를 구원하소서
물들이 내 영혼에까지 흘러 들어왔나이다
² 나는 설 곳이 없는 깊은 수렁에 빠지며
깊은 물에 들어가니 큰물이 내게 넘치나이다
³ 내가 부르짖음으로 피곤하여 나의 목이 마르며
나의 하나님을 바라서 나의 눈이 쇠하였나이다
⁴ 까닭 없이 나를 미워하는 자가
나의 머리털보다 많고 부당하게 나의 원수가 되어
나를 끊으려 하는 자가 강하였으니
내가 빼앗지 아니한 것도 물어주게 되었나이다

기자는 자신이 처한 위기를 마치 풍랑에 파손된 배 위에서 바다에 빠져 죽기 일보 직전에 처한 사람의 절박함으로 묘사한다. 심지어 그는 물들이 그의 영혼에까지 흘러 들어왔다고 한다(1절). "물이 영혼에 흘러들어왔다"는 히브리어 텍스트를 문자적으로 번역한 것이지만, 의미 전달이 분명하지 않아 대부분 번역본들이 "물이 내 목까지 찼습니다"로 표기한다(새번역, 아가페, 공동, 현대인, NIV, NAS, ESV, NRS). 그는 하나님이 속히 도우시지 않으면 죽을 수밖에 없는 상황을 이렇게 묘사하고 있다. 그러므로 원래 생명의 근원이며 좋은 것으로 알려진 물이 이 노래에서는 기자의 생명을 위협하는 죽음으로 묘사되고 있다(cf. Anderson).

위기를 맞은 기자는 자신의 형편을 깊은 물에 휩쓸려 허우적거릴 뿐 스스로 생명을 건지기 위하여 할 수 있는 일은 아무것도 없는 절망적인 상황으로 묘사한다. 그가 빠진 곳은 발을 디딜 만한 곳이 없는 깊은

365

수렁이며, 파도가 호시탐탐 그를 덮치려고 한다(2절, cf. 출 15:5, 욘 2:3). 그는 매우 위태로운 상황에 처해 있다는 뜻이다.

이러한 상황에서 그가 손을 놓고 될 대로 되라며 맞이한 것은 아니다. 그는 아직도 하나님께 도와 달라며 간절히 애원하고 있다. 그가 얼마나 열심히 부르짖었는지 피곤하고 목이 마르다(3a절). 하나님이 분명 도와주실 것을 확신하고 주님 쪽을 간절히 바라보다가 눈도 피곤해졌다(3b절). 주님 앞에서 시력이 약해질 정도로 많은 눈물을 흘렸다는 뜻이다. "눈이 빠지도록 당신을 기다리다가 목 쉬도록 부르짖다가 지쳐버렸습니다"(공동).

기자는 자신이 참으로 억울한 일을 당하고 있다며 하나님께 하소연한다(4절). 까닭 없이 그를 미워하는 자들의 수가 그의 머리털보다 많다고 한다. 그들이 까닭 없이 그를 해하려 한다는 것은 악의적인 목적을 가지고 의도적으로 그를 공격하고 있다는 의미다(vanGemeren). 이런 사람들의 수가 그의 머리털보다 많다는 것은 그를 해하려고 하는 자들이 참으로 많음을 표현하는 과장법이다. 또한 부당하게 그의 원수가 되어 그를 죽이려는 자들이 그보다 더 강한 것도 문제다. "부당하게 원수가 된다"는 것은 타당한 이유도 없이 맹목적으로 그를 미워하는 심술궂은 사람이 되었다는 뜻이다.

기자를 미워하는 자들이 숫자도 많지만 강하기도 하다. 그러므로 그들의 억지스러운 모함과 협박으로 인해 그는 빼앗지 아니한 것도 물어주어야하는 상황에 처해 있다(4d절). 욥의 친구들이 욥을 비난한 일이 생각난다. 하나님이 용납하실 수 없는 의롭지 않은 일이 기자에게 강요되고 있다. 일부 번역본들은 기자의 억울함을 강조하기 위해 마지막 문장을 질문형으로 표기한다. "내가 훔치지도 않은 것을 물어주어야 합니까?"(NAS, ESV, NRS, TNK).

2. 사람들에게 당하는 수치와 모욕(69:5-12)

⁵ 하나님이여

주는 나의 우매함을 아시오니

나의 죄가 주 앞에서 숨김이 없나이다

⁶ 주 만군의 여호와여

주를 바라는 자들이 나를 인하여

수치를 당하게 하지 마옵소서

이스라엘의 하나님이여

주를 찾는 자가 나로 말미암아

욕을 당하게 하지 마옵소서

⁷ 내가 주를 위하여 비방을 받았사오니

수치가 나의 얼굴에 덮였나이다

⁸ 내가 나의 형제에게는 객이 되고

나의 어머니의 자녀에게는 낯선 사람이 되었나이다

⁹ 주의 집을 위하는 열성이 나를 삼키고

주를 비방하는 비방이 내게 미쳤나이다

¹⁰ 내가 곡하고 금식하였더니

그것이 도리어 나의 욕이 되었으며

¹¹ 내가 굵은 베로 내 옷을 삼았더니

내가 그들의 말 거리가 되었나이다

¹² 성문에 앉은 자가 나를 비난하며

독주에 취한 무리가 나를 두고 노래하나이다

기자는 자기가 어떠한 죄도 짓지 않았다고 하지는 않는다. 정확히 그가 어떤 죄를 지었는지 알 수 없지만, 그도 분명 주님께 죄를 지었음을 고백한다(5절). 그러나 지금 그가 당하고 있는 일들이 그동안 그가 지은 죄에 대한 합당한 벌이라고는 생각하지 않는다. 만일 그가 당면한 현실이 그가 지은 죄에 대한 하나님의 응징이라면, 받아들이기에 너무나도 가혹하고 지나치다는 것이 그의 논리다.

저자는 자기 일로 인해 주님을 사랑하는 성도들이 피해를 보는 것을 우려한다. 그러므로 그는 두 차례나 자기로 인하여 주님을 사랑하는 사람들이 수치와 욕을 당하지 않도록 해 달라고 기도한다(6절). 그는 주변 사람들 모두가 아니라, 오직 하나님과의 언약을 통해 하나의 공동체로 맺어진 신앙인들이 그로 인해 고통을 당하는 일이 없게 해달라는 것을 강조하기 위하여 하나님을 '주, 만군의 여호와'(אֲדֹנָי יְהוִה צְבָאוֹת)라는 언약과 연관된 이름으로 부른다(6절). 세상을 창조하시고 다스리시는 주님과 전쟁에 능하신 하나님과, 주의 백성과 언약을 맺으신 하나님을 한꺼번에 농축해 놓은 성호다(vanGemeren). 혹시라도 자기 일로 인해 실족하는 성도들이 없게 해달라는 기도다.

그가 성전 일로 인하여 주님을 바라고 주님을 찾는 성도들을 언급하는 것은 그 당시에도 일명 '교회 안에 교회' 혹은 '교인과 성도'의 구분이 있었다는 점을 암시한다. 성전에서 예배 드리는 사람 모두가 하나님을 사랑하지는 않았다. 어떤 이들은 다른 목적으로 신앙생활을 하거나, 신앙을 발판삼아 무언가를 이루고자 하고 있었다. 그러므로 그는 '교회 안에 있는 참 교인들'이 다치지 않게 해 달라고 기도한다.

기자가 이렇게 기도하는 것은 주의 백성들의 평안과 명예에 대한 염려와 우려를 반영하고 있다. 그는 죽을 만큼 힘든 시기를 지나고 있다. 그러나 그는 자신만을 위해서 기도하지 않는다. 그는 그와 함께 하나님을 예배하는 사람들을 위하여 기도한다. 우리가 이 땅에서 하나님을 사랑하며 예배하는 이유 중 하나는 이 땅에서 평안과 안식을 누리기 위해서다. 그러므로 만일 그의 일로 인해 성도들이 평안을 누리지 못한다면 참으로 안타까운 일이다. 그러므로 그는 자신이 경험하고 있는 갈등이 성도들에게 영향을 미치지 않게 해 달라고 기도하고 있다. 참으로 아름다운 성숙한 신앙인의 모습이다.

저자가 성도들이 시험에 들지 않도록 기도하는 것을 보면 그가 당면한 문제가 그의 개인적인 신앙뿐만 아니라 그가 소속된 믿음 공동체와 연관이 있는 이슈가 분명하다. 그러나 그가 갈등을 빚고 있는 사람들은 신앙생활을 전혀 하지 않는 세상 사람들이거나 설령 신앙생활을 한다 할지라도 '무늬만 성도인 사람들'이 거의 확실하다(cf. 9, 12절). 그러나 그가 정확하게 밝히지 않으니 알 수는 없다. 단지 그 문제가 성전과도 연관되어 있음을 추측할 뿐이다(cf. 9절).

기자는 아무리 생각해 보아도 자신이 당하고 있는 어려움이 어떠한 죄에서 비롯되었거나 자신이 잘못해서 그렇게 된 것이 아니라는 것을 확신한다. 그는 양심에 거리낄 만한 일을 한 적이 없다. 유일하게 떠올릴 수 있는 것은 '주님의 집'(בֵּיתֶךָ), 곧 성전을 위해서 열심히 봉사한 일이다(9a절). 그러므로 그는 지금 '믿음이 없어서' 고통받고 있는 것이 아니라, '믿음이 좋아서' 고난을 당하고 있다.

사람들은 그의 순수한 열정을 좋게 받아들이지 않고 오히려 그를 비방한다(9b절). 그가 성전에서 시도했다가 일부 사람들의 반발을 사고 있는 일은 무엇일까? 한 주석가는 예배를 개혁하려고 했다고 하지만(Anderson), 본문이 밝히지 않으니 정확히 알 수는 없다. 또한 '주의 집을 위하는 열성'은 다름 아닌 10-11절이 언급하고 있는 금식과 근신이라고 하는 학자도 있지만(Wilson), 서로 독립적으로 보는 것이 바람직하다. 금식과 근신은 '자기 신앙을 위한 열성'이지, '하나님의 집을 위한 열성'은 아니기 때문이다.

그를 비방하는 사람들이 어떤 자들인가? 하나님을 비방하는 자들이다. "주를 비방하는 비방이 내게 미쳤나이다"(9b절)를 더 정확하게 번역하면 "주를 비방하는 자들의 비방이 나를 덮었습니다"가 된다(cf. NIV, NAS, ESV, TNK). 그들은 애초부터 하나님을 비방하는 세상 사람들이든지, "교회에 출석하지만 신앙은 찾아볼 수 없는 자들"인 것이다. 그러므로 기자는 자신이 받는 비방과 수치는 '주님을 위한 것'(כִּי־עָלֶיךָ)이라고 한다(7a절). 학자들은 이러한 고난을 '대속적 고난'(vicarious suffering)이라고 부르기도 하는데(cf. McCann, Wilson), 신앙생활을 하다 보면 종종 겪게 되는 '주님의 고난에 동참하는 일' 정도로 생각하면 좋을 것 같다.

기자는 대적하는 자들과 참으로 어려운 시간을 보내고 있다. 그들은 큰 패거리를 형성하여 까닭없이(타당한 이유없이) 그를 비방하고 있다(cf. 4절). 오죽이나 그들이 잔인하게 괴롭혔으면 기자가 죽을 것 같다고 하겠는가(cf. 2–3절). 게다가 그들은 그가 하지 않은 일에 대하여도 책임을 묻고 있으니(cf. 4절), 너무나도 원통하고 분하다.

가족과 친지들이라도 그를 위로해 주면 큰 위로와 힘이 되겠는데, 그들도 그에게 냉담하고 그를 대하기를 전혀 모르는 사람을 대하듯 한다(8절). 이러한 상황을 기자는 자기가 형제들에게는 객이 되었고, 가족들에게는 낯선 사람이 된 것으로 묘사한다. 가족과 친지들은 그를 매우 쌀쌀맞게 대하거나 그가 주님을 위하여 어떤 고통을 감수하고 있는지에 대하여는 전혀 관심이 없다는 뜻이다.

예수님이 "선지자가 자기 고향과 자기 집 외에서는 존경을 받지 않음이 없느니라"(마 13:57, cf. 막 6:4) 하셨던 말씀과 그를 집으로 데려가려고(더 이상 사역을 하지 못하도록) 어머니와 동생들이 왔을 때 "누가 내 어머니이며 내 동생이냐?"라며 질문하신 일이 생각난다(마 12:46–50, cf. 막 3:31–35). 우리 말에도 '이웃 사촌'이라는 말이 있다. 먼 곳에 있는 가족들보다는 가까이 있는 이웃이 나를 더 이해하고 지지하기 때문에 더 가까이 지내게 된다는 뜻을 전제하는 말이다. 이러한 차원에서 우리의 '이웃 사촌'은 분명 우리가 속한 신앙 공동체 멤버들이다.

당혹스럽고 속이 상한 기자가 울며 금식했다(10a절). 그러나 그를 미워하는 사람들은 그가 쇼를 한다고 생각했는지 오히려 그를 욕했다(10b절). 이번에는 그가 굵은 베옷을 입고 근신하며 슬퍼했다(11a절). 그러나 그들은 이번에도 그의 선한 의도를 받아들이지 않고 그를 빈정댔다(11b절). 그들은 마음이 얼마나 강퍅한 사람들인지 도대체 기자의 진정성을 인정하지 않은 것이다. 뭐 눈에는 뭐 밖에 보이지 않는다고, 이런 사람들에게는 어떠한 진솔함도 위선과 가증함으로 보인다. 그들은 평생을 거짓과 위선으로 살아왔기 때문이다.

　기자를 이처럼 괴롭히고 비난하는 자들은 누구인가? 성문에 앉은 자들이며, 독주에 취한 무리다. '성문에 앉은 자들'(יֹשְׁבֵי שָׁעַר)은 사회의 유지들과 노인들 등 지도층을 뜻한다(cf. 창 23:10, 룻 4:10, 렘 38:7). 이런 사람들이 성문에 앉아 시간을 보냈기 때문이다. '독주에 취한 자들'(שֹׁכְרֵי שֵׁכָר)은 술주정뱅이들을 뜻한다. 사회적으로 가장 낮게 취급되는 자들이다. 그들이 기자를 빈정대며 부르는 노랫소리가 성전에서 울려 퍼지는 아름다운 찬양소리와 강력한 대조를 이룬다(Briggs). 한곳에서는 하나님을 경배하고 사람을 살리는 노랫소리가, 다른 곳에서는 사람을 죽이고 빈정대는 노랫소리가 들리고 있다. 기자는 자기가 가장 높은 자들부터 가장 낮은 자들에 이르기까지 모든 사람의 비웃음거리가 되었다며 탄식한다. 그는 참는 것은 고사하고 견디기조차 힘든 수모를 당하고 있다.

3. 기도: 구원을 바람(69:13-18)

¹³ 여호와여
나를 반기시는 때에 내가 주께 기도하오니
하나님이여
많은 인자와 구원의 진리로 내게 응답하소서
¹⁴ 나를 수렁에서 건지사 빠지지 말게 하시고
나를 미워하는 자에게서와 깊은 물에서 건지소서
¹⁵ 큰물이 나를 휩쓸거나

깊음이 나를 삼키지 못하게 하시며

웅덩이가 내 위에 덮쳐

그것의 입을 닫지 못하게 하소서

¹⁶ 여호와여

주의 인자하심이 선하시오니

내게 응답하시며

주의 많은 긍휼에 따라 내게로 돌이키소서

¹⁷ 주의 얼굴을 주의 종에게서 숨기지 마소서

내가 환난 중에 있사오니 속히 내게 응답하소서

¹⁸ 내 영혼에게 가까이하사 구원하시며

내 원수로 말미암아 나를 속량하소서

기자는 하나님을 사랑하고 주님의 집을 잘 섬긴다는 이유로 온 세상의 비웃음거리가 되었다. 심지어는 가족들까지 그를 꺼린다. 게다가 그를 해하려고 하는 사람들이 그를 에워싸고 있는 위험한 상황이다. 그는 사람의 성품은 절대 의지하거나 신뢰할 만한 것이 못된다는 사실을 깨달았다(McCann). 그러므로 그는 믿고 신뢰할 수 있는 주님께 도움을 청한다. 그는 하나님이 그를 반기시는 때에 기도한다(13a절). '반기시는 때'(רָצוֹן עֵת)는 하나님이 그의 기도를 응답하실 만한 적절한 때를 뜻한다(cf. 현대인 NIV, NAS, TNK). 그가 기도하는 이때가 바로 그때, 곧 하나님이 그의 기도를 응답하실 만한 때다.

기자는 하나님이 그의 기도에 응답해 주시기 좋은 때에 기도하고 있지만, 자신이 당면하고 있는 문제와 위기의 심각성과 규모를 감안할 때 주님이 쉽게 들어 주실 만한 것은 아니라는 사실을 잘 알고 있다. 그러므로 그는 하나님께 '많은 인자와 구원의 진리'로 응답해 주시기를 바란다(13b절). '주의 많은 인자'(חַסְדֶּךָ-רָב)는 언약적 관계에 근거한 크고 큰 은혜와 자비를 뜻한다. 기자는 하나님이 그와 관계를 맺으신 분이시기 때문에 주님을 믿고 의지한다. 이러한 점을 강조하기 위하여 그는 언약과 연관이 있는 하나님의 성호 '여호와'로 주님을 부르고 있다(13절).

'주님의 구원의 진리로'(בֶּאֱמֶת יִשְׁעֶךָ)는 '주님의 구원하시는 신실하심으로'(in your saving faithfulness)도 번역이 가능하지만(cf. ESV), '주님의 확실한 구원으로'(with your sure salvation)가 본문과 더 잘 어울린다(cf. NIV, NAS, TNK, CSB). 기자는 생명을 위협하는 어려운 상황에 처해 있다. 그러므로 그가 기도하는 것은 하나님의 확실한 구원이 당장 그를 이 위기에서 벗어나게 하는 것이다.

기자는 다시 사람이 스스로는 도저히 헤어날 수 없는 큰물 이미지를 사용하여 그를 미워하는 자들의 음모를 묘사한다(14절, cf. 2절). 그들은 그를 자꾸 깊은 곳으로 가라앉히려는 수렁과 같고, 그가 도저히 헤쳐나올 수 없는 깊은 물과 같다(14절). 그러므로 그는 주님이 그들의 손에서 그를 구원해 주시기를 간절히 기도한다. 또한 하나님이 그를 미워하는 자들의 비방과 음모에서 구해 주시는 것은 곧 깊은 물에 빠져 있는 그를 깊음이 삼키지 못하도록 하고 스스로 빠져나올 수 없는 웅덩이에서 건져 주시는 것과 같다고 한다(15절).

저자는 하나님이 그에게 응답하실 것을 확신하는 것은 여호와는 인자하심이 선하기 때문이라고 한다(16절). '주의 인자하심이 선하다'(חַסְדֶּךָ כִּי־טוֹב)는 하나님이 언약적 관계를 바탕으로 베푸시는 사랑과 자비가 매우 좋다는 뜻이다. 16절처럼 언약적 관계에서 비롯된 사랑(חֶסֶד)을 강조할 때면 '엘로힘 시편집'에서도 지속적으로 '여호와'를 언급한다(cf. 13절).

그는 하나님이 많은 긍휼에 따라 그에게 돌이키시기를 기도한다(16c절). 13절에서는 '주의 많은 인자'(רָב־חַסְדֶּךָ)를 따라 구원을 베풀어 달라고 기도한 그가 이번에는 '주의 많은 긍휼'(רֹב רַחֲמֶיךָ)에 호소한다. '긍휼'(רַחֲמִים)은 어머니의 자궁(רֶחֶם)에서 파생한 단어로 인간이 느낄 수 있는 가장 기본적이면서 강력한 감정인 모성애를 연상케 한다(cf. HALOT). 기자가 앞에서는(cf. 13절) 하나님과 맺은 언약 관계에 호소했다면, 이번에는 하나님의 보호 본능(부성애)에 호소하고 있다. 그는 하나님이 긍휼하심으로 그에게 돌이키시기를 기도한다. '내게 돌이키소서'(פְּנֵה אֵלַי)는 '몸을 돌려 나를 바라봐 주십시오'라는 의미를 지녔다. 사용되고 있는 이미지는 자식에게 등을 보이는 부모에게 아이가 자기를 바라봐 달라고 애원하는 모습이다.

기자는 하나님이 등을 돌려 그를 바라봐 주시면, 그는 주님의 얼굴을 뵙기를 간절히 소망한다(17a절). 16절에서는 부모와 자식 관계로 자신과 하나님의 관계를 묘사했는데, 이번에는 주인과 종의 관계로 자신을 낮추어 말한다. 마치 종이 주인의 얼굴 보기를 사모하는 것처럼 그도 자기의 주인이신 하나님의 얼굴을 뵙기를 원한다는 것이다. 또한 주인이 종들에게 종종 자기 얼굴을 보이는 것처럼, 하나님도 그에게 얼굴을 보여 주시기를 희망하는 표현이다.

기자가 왜 이처럼 하나님의 얼굴 뵙기를 간절히 바라는가? 그는 하나님이 그를 바라봐 주시기만 한다면, 혹은 그가 하나님의 얼굴을 뵐 수만 있다면, 주님은 그가 당면한 모든 문제와 겪고 있는 온갖 환난을 해결해 주실 것을 확신하기 때문이다(17b절). 주의 백성에게 하나님이 얼굴을 숨기시는 것은 그들을 버리셨다는 의미를 지녔다. 그러므로 하나님의 얼굴이 그를 향한다는 것은 그를 자녀로 생각하시며 그의 형편을 헤아리심을 상징한다. 하나님이 그의 형편을 헤아리신다는 것은 특별한 이유가 없는 한 그의 모든 문제가 해결될 것이라는 뜻이다(cf. 민 6:22-27). 그가 바라는 가장 큰 구원은 그를 괴롭히는 원수들의 음모와 비방에서 해방되는 일이다(18절). 그들이 더 이상 그를 괴롭히지 못하도록 해달라는 기도다.

4. 사람들에게 당하는 수치와 모욕(69:19-21)

¹⁹ 주께서 나의 비방과 수치와 능욕을 아시나이다

나의 대적자들이 다 주님 앞에 있나이다
²⁰ 비방이 나의 마음을 상하게 하여 근심이 충만하니
불쌍히 여길 자를 바라나 없고
긍휼히 여길 자를 바라나 찾지 못하였나이다
²¹ 그들이 쓸개를 나의 음식물로 주며
목마를 때에는 초를 마시게 하였사오니

하나님께 자기 형편을 헤아려 달라고(cf. 17절) 기도한 기자가 자신이
경험하고 있는 어려움을 주님께 아뢴다. 그를 대적하는 자들이 '다 주
님 앞에 있다'(19b절)는 것은 하나님이 그들의 행위에 대하여 낱낱이 알
고 계신다는 뜻이다. 그는 감당하기 힘든 비방과 수치와 능욕을 당하
고 있다(19절). '비방'(חֶרְפָּה)과 '수치'(בֹּשֶׁת)와 '능욕'(כְּלִמָּה)은 모두 그가 원
수들로 인해 겪고 있는 부정적인 감정을 묘사하는 단어들이다. 그는
원수들로 인해 마음이 상할 대로 상한 상황이다. 만일 하나님이 그가
엄살을 피우거나 조금이라도 과장한다고 생각하신다면, 원수들이 모
두 주님 앞에 서있으니 확인해 보시라고 한다(19b절).

그가 이렇게 말하는 것은 하나님이 먼저 그의 상한 마음에 공감
(empathy)해 주시기를 바라기 때문이다. 그가 하나님의 공감을 간절히
바라는 데는 분명히 그럴 만한 이유가 있다. 그가 마음이 너무 상하고
온갖 걱정으로 가득 차 누군가의 위로를 받기 원했지만, 아무도 찾을
수가 없었다(20절). 그는 참으로 자신이 광야에 홀로 서있는 외로움을
느낀 것이다. 그의 친지들도 그를 외면하고 있으니(cf. 7-8절) 그가 이런
느낌을 갖게 된 것은 당연한 일이다. 그러므로 그는 주님의 공감이 더
욱더 절실하다.

게다가 그는 하나님과 주님의 성전 일로 인해 이런 어려움을 겪고 있
다(cf. 6절). 기자는 아마도 하나님은 그와 공감해 주시고 그를 도우실
어느 정도의 책임이 있다고 생각했을 것이다. 그는 '주를 위한 핍박'을

당하고 있기 때문이다. 그러므로 주님이 먼저 공감해 주시고 나서 그를 도와주시면 금상첨화가 될 것이다.

아파하고 힘들어하는 성도와 공감해 주는 것이 얼마나 귀한 일인가를 생각해 보자. 억울한 일을 당하고 고통스러워하는 사람들이 가장 바라는 것은 도움이 아니다. 그들이 가장 바라는 것은 사람들이 그들의 이야기를 들어주고 함께 아파해 주는 것이다. 도움은 그 다음이다. 도울 수 있는 사람은 돕겠지만, 도울 수 없는 사람은 돕지 않아도 된다. 공감이 없는 도움은 적선에 불과하다. 사람들은 도움보다는 공감을 더 간절하게 원한다. 우리는 신음하는 성도들의 이야기에 귀를 기울이는 일만으로도 그들을 치유하고 회복하시는 하나님의 도구(agent)가 될 수 있다.

기자는 사람들에게 위로받기를 원했지만 그와 함께 아파해 줄 사람을 한 명도 찾지 못했다(cf. 20절). 사람들은 오히려 그에게 쓸개와 식초를 주며 먹고 마시라고 하였다(21절). 일부 번역본들은 '쓸개'(רֹאשׁ)를 '독'(poison)으로 번역하는데(새번역, 현대인, 공동, NAS, NRS), 이 단어가 독이나, 독이 있는 식물을 의미하기도 하기 때문에 쓸개보다는 더 좋은 번역이다(cf. HALOT). 예수님의 말씀에 빗대자면 그들은 "생선을 달라는 그에게 뱀을 주었다"는 뜻이다(마 7:10). 십자가에 매달리신 예수님이 물을 구하셨을 때 사람들이 그에게 식초를 준 것도 이와 비슷한 일이다(요 19:28-30). 나쁜 놈들! 우리는 물을 구하시는 주님께 무엇을 줄 것인가?

5. 기도: 심판을 바람(69:22-29)

> [22] 그들의 밥상이 올무가 되게 하시며
> 그들의 평안이 덫이 되게 하소서
> [23] 그들의 눈이 어두워 보지 못하게 하시며

그들의 허리가 항상 떨리게 하소서
²⁴ 주의 분노를 그들의 위에 부으시며
주의 맹렬하신 노가 그들에게 미치게 하소서
²⁵ 그들의 거처가 황폐하게 하시며
그들의 장막에 사는 자가 없게 하소서
²⁶ 무릇 그들이 주께서 치신 자를 핍박하며
주께서 상하게 하신 자의 슬픔을 말하였사오니
²⁷ 그들의 죄악에 죄악을 더하사
주의 공의에 들어오지 못하게 하소서
²⁸ 그들을 생명책에서 지우사
의인들과 함께 기록되지 말게 하소서
²⁹ 오직 나는 가난하고 슬프오니
하나님이여 주의 구원으로 나를 높이소서

기자를 괴롭히는 자들의 만행에 분노하는 그는 하나님께 그들 위에 저주를 내려 달라고 기도한다. 그는 자기가 당한 만큼 그들에게 되갚아 달라고 한다(McCann). 그래야만 이 땅에서 공의와 정의가 실현되는 것이라고 생각한다. 훼방하는 자들에 대한 그의 감정이 극에 달한 것이다. 그는 하나님께 네 가지 저주를 그들에게 내려 달라고 구한다.

첫째, 그들에게서 평안한 삶을 빼앗으십시오(22절). 그를 괴롭히는 자들이 그에게 나쁜 짓을 한 것은 분명 자신들은 잘 먹고(cf. 22a절), 잘 살려고(22b절) 한 짓이다. 그러므로 기자는 하나님께 그들의 밥상이 걸림돌이 되게 하시고, 삶의 평안이 덫이 되게 해 달라고 기도한다. '평안'(מִלְוֹשׁ)은 '화목제/친교제'를 뜻할 수도 있어서(cf. HALOT), 일부 번역본들은 1행이 말하는 '밥상'이 2행에서는 다름 아닌 화목제인 것으로 해석한다(공동, NIV, NAS, NRS, TNK, cf. 시 23:5). 그러나 평안을 일상에서 사람이 누리는 안락함으로 해석하는 것이 바람직하다(cf. 개역개정,

새번역, 현대인, ESV). 그들이 죄악을 통해 얻으려고 했던 것들이 오히려 그들에게 해가 되게 해달라고 하는 부탁이기 때문이다. "잔칫상이 오히려 올가미가 되게 하소서. 아무런 걱정 없이 살아가는 그때가 오히려 저희에게 함정이 되게 하소서"(현대인).

기자는 이 악한 자들로 인해 삶의 평안을 잃고 괴로워하고 있다. 그러므로 그는 자기가 당하고 있는 고통만큼 그들도 당하게 해달라고 하나님께 기도한다. 남의 눈에서 피눈물이 나게 하고 얻은 호의호식과 평안은 분명 부메랑이 되어 오히려 망하게 할 것이다. 또한 악인들이 "하나님이 우리를 이처럼 축복하셨다"며 즐기는 밥상은 하나님이 직접 엎으실 것이다.

둘째, 그들에게서 건강을 빼앗으십시오(23절). 맹인이 되어 앞을 보지 못하게 하고(23a절), 몸이 힘을 쓸 때 가장 중요한 허리가 온전하지 못하게 해 달라는(23b절) 기도다. 사람이 세상을 얻는다 할지라도 건강이 좋지 않으면 삶을 누리는 일이 쉽지 않으며 오히려 고통스러울 수밖에 없다. 그래서 사람들은 나이가 들수록 건강에 각별히 신경을 쓴다. 기자는 그들이 보지 못하고, 심지어는 거동도 제대로 못하게 해달라고 한다. 그가 건강에 어려움을 겪었던 일(cf. 3절)을 그들에게 되갚아 달라는 기도다. 그들이 악한 짓들을 하면서 추구했던 삶의 누림을 허락하지 말라는 의미다.

셋째, 하나님의 진노가 항상 그들 위에 머물게 하십시오(24절). 기자는 주님이 분노를 그들 위에 심판의 불로 부으시기를 원하는데, '분노'(זעם)는 저주를 뜻한다(HALOT). 하나님이 내리실 수 있는 최고의 벌을 그들에게 내리라는 것이다. '주의 맹렬하신 노'(חרון אפך)를 문자적으로 풀이하면 '불 같은 주님의 콧바람'이다. 기자는 하나님이 그들을 냉정하게 심판하시는 것이 아니라, 감정을 이입해서 심판해 주시기를 바라고 있다. 그는 자신이 겪고 있는 고난의 일부가 자신의 죄로 인한 것임을 인정했다(5절). 그러므로 그는 이 죄인들도 그들이 저지른 죄의 대가로 하나님의 진노가 그들 위에 머무는 경험을 하기를 바라고 있다.

넷째, 그들의 삶의 터전을 황폐하게 하십시오(25절). 그들이 사는 집(장막)에 사람이 없어 텅텅 비게 해 달라는 기도다. 자손이 끊기고, 그나마 함께하던 가족들이 떠나면서 빚어지는 상황이다. 기자는 가족과 친지들에게 따돌림을 경험했다(cf. 7-8절). 그는 하나님이 원수들에게 같은 상황으로 벌을 내리시기를 원한다. 그들은 자신들의 집을 가족 등 온갖 좋은 것들로 가득 채우기 위하여 죄를 지었지만, 결국 저지른 죄로 인해 오히려 텅 빈 집을 경험하게 될 것이다. 기자는 자신이 느꼈던 처절한 외로움(cf. 20-21절 주해)을 원수들이 평생 느끼며 죽어 가기를 바란다.

기자가 이처럼 무서운 저주를 원수들에게 퍼붓는 이유는 무엇인가? 그는 26절을 '무릇'(כי)이라는 말로 시작하는데, '왜냐하면'이라는 뜻이다. 26절이 그가 그들을 저주하는 이유라는 것이다. 기자는 두 가지 이유로 그들을 저주하고 있다. 그들이 저주를 받아야 하는 첫번째 이유는 그들이 주님께서 치신 자를 핍박했기 때문이다(26a절). '핍박하다'(רדף)는 해를 가하기 위하여 쫓아간다는 뜻이다(HALOT). 하나님께 벌을 받은 것도 참으로 고통스러운데, 같은 죄인들로서 사람들은 그를 동정하기는커녕 오히려 더 핍박했다. 그들은 자신들이 이렇게 하는 것이 하나님의 뜻이라고 생각한 것일까?

그들이 왜 이런 짓을 한 것인지 이유는 알 수 없지만, 우리는 절대 이렇게 행동해서는 안 된다. 하나님은 우리가 즐거워하는 자들과 함께 즐거워하고 우는 자들과 함께 울기를 원하신다(롬 12:15). 더욱이 하나님의 징계를 받은 사람을 보면 함께 슬퍼해야 한다. 우리도 징계를 받은 사람과 별반 다를 바가 없는 죄인이기 때문이다. 언제 우리에게도 벌이 임할 줄 모르기 때문에 그들과 함께 겸손히 공감해야 한다.

그들이 하나님의 저주를 받아야 하는 두 번째 이유는 그들이 주께서 상하게 하신 자의 슬픔을 말했기 때문이다. "슬픔을 말하다"(כאוב יספרו)

סְפָר)는 문자적으로 "고통을 세어보다"라는 뜻이며, 가뜩이나 하나님께 벌을 받아 힘들어하는 사람에게 고통을 더한다는 뜻이다(NAS, cf. NRS). 상처에 소금을 뿌리는 격이다. 그들은 이미 고통으로 신음하고 있는 사람을 어떻게 더 힘들게 하는가? 비방과 빈정대는 말을 통해서다(cf. NIV, ESV, TNK). 그들은 뒷담화의 장인들이다.

고통당하는 사람들, 특히 주님께 온 징계로 인해 고통당하는 사람들이 가장 힘들어하는 것은 바로 주변 사람들이 만들어내는 말이다. 주님이 주신 징계는 차라리 견디기가 쉽다. 징계가 끝나면 주님이 회복시켜 주실 것이라는 소망도 있다. 그러나 사람들의 입에 오르내리는 일은 참으로 견디기가 힘들다. 또한 대부분 사람들이 좋은 말은 하지 않는다. 비방과 비아냥이 대부분이다. 게다가 근거 없는 말을 더하기 일쑤다. 이런 말은 꼬리에 꼬리를 물고 피해자를 좌절의 늪으로 끌어내린다. 그들이 별 생각 없이 던진 말은 비수가 되어 이미 고통으로 신음하는 사람의 등에 꽂힌다. 그러므로 제발 함부로, 제대로 알지도 못하면서 "…카더라 통신"만 믿고 말하는 것은 삼가 하자. 이런 일은 죄일 뿐만 아니라 그 사람을 죽음으로 몰아갈 수도 있다.

기자가 악인들의 잔인성을 묘사하면서 그들은 주께서 이미 치신 자, 곧 주께서 상하게 하신 자를 괴롭힌다고 하는데(26절), 앞에서는 분명 자신은 주님 때문에 핍박을 당하고 욕을 먹는다고 했다(6절). 그렇다면 자신은 의의 핍박, 혹은 신앙 때문에 고통을 당하고 있다고 확신하는 사람이 어떻게 하나님이 그를 치셨다고 하는 것일까?

이러한 상황을 가장 쉽게 설명하는 방법은 대속 개념을 적용하는 것이다. 죄가 없으신 예수님께서 하나님의 고통에 동참하기 위하여 주님이 내리신 형벌을 받으신 것처럼 기자는 자기가 속한 공동체를 위하여 주님이 내리신 벌을 받은 것이다. 그러나 이 시편이 신약에서 많이 인용되는 노래이기는 하지만 메시아적인 시가 아니기 때문에 이렇게 해석하는 것은 쉽지 않다.

기자가 형벌로 겪고 있는 고통을 정당화할 만한 큰 죄는 아니지만, 그는 자신이 지은 죄를 고백한 적이 있다(5절). 그러므로 그는 26절에서 죄로 인하여 주님이 그를 치신 것을 회고하고 있는 것으로 해석하는 것이 바람직하다. 그렇다면 어떻게 해서 그가 당하는 고통이 하나님 때문이라(cf. 6절) 할 수 있는가? 그의 삶을 엄습한 고통은 그가 지은 죄 때문에 내려진 벌이라고 하기에는 너무나도 크고 가혹하다. 그러므로 그는 자신이 당하는 고통의 일부는 자신의 죄에서 비롯된 것이라는 사실을 분명 인정하지만, 고통의 나머지 부분은 분명 하나님을 위한, 혹은 경건한 신앙생활로 인해 빚어진 의로운 고난이라는 사실을 말하고 있다.

그를 괴롭히는 자들이 왜 저주를 받아야 하는가에 대하여 두 가지 이유를 말한(cf. 26절) 기자가 하나님이 그들을 심판해 주실 것을 다시 한 번 부탁한다(27절). 그는 하나님이 그들의 죄악에 죄악을 더해서 심판해 주시라고 한다(27a절). "죄악에 죄악을 더하다"(תְּנָה־עָוֹן עַל־עֲוֹנָם)는 그들이 지은 죄에다 짓지 않은 죄도 더해 더 큰 죗값을 요구하라는 것이 아니다. '죄악'으로 번역된 단어(עָוֹן)는 '형벌'을 뜻하기도 한다. 그러므로 이 말씀은 그들이 치러야 할 "벌에 벌을 더하라"는 뜻이다(cf. NAS, ESV, RSV). 그들이 저지른 죄를 낱낱이 살피셔서 엄벌에 처해달라는 부탁이다(cf. 새번역, 아가페, 공동). 이어 그는 그들이 주의 공의에 들어오지 못하게 해 달라고 한다(27절). "주의 공의에 들어오다"(יָבֹאוּ בְּצִדְקָתֶךָ)는 주님이 은혜를 베푸셔서 죗값을 묻지 않거나 묻더라도 덜 물으시는 것을 뜻한다. 하나님이 우리에게 죗값을 물으실 때 예수님을 통해 물으시는 일도 이 원리에 포함되어 있다. 기자는 이러한 원리가 적용되지 않은, 곧 하나님이 그들이 저지른 죄에 대하여 죗값을 낱낱이 물으시는 공정한 심판을 하시기를 기도하고 있다(cf. 새번역, 공동, NAS, NRS, ESV, TNK).

그를 괴롭히는 자들에 대하여 한없이 서운하고 화가 난 기자는 그들을 아예 하나님의 생명의 책에서 지워버려 달라고 기도한다(28절). '생명의 책'(סֵפֶר חַיִּים)이 정확히 어떤 책인지 알 수는 없다. 단지 2행(27b절)이 암시하는 것처럼 이 책에는 의인들의 이름이 기록되어 있다는 사실을 알 뿐이다(vanGemeren, Wilson, cf. 출 32:32-33, 사 4:3, 단 12:1, 말 3:16, 시 87:6, 계 3:5, 13:8, 17:8). 그를 괴롭히는 자들의 이름을 하나님이 보관하시는 의인 목록에서 삭제하시라는 기도다.

아무리 힘들게 한다 하더라도 주의 백성이 그들을 괴롭히는 사람들에 대하여 이렇게 기도해도 되는가? 예수님은 우리를 해하는 자들을 "일곱 번뿐 아니라 일곱 번을 일흔 번까지라도" 용서하라고 하셨는데 말이다(마 18:21-22). 이미 다른 시편 주해에서 언급한 것처럼 진정한 용서는 우리의 감정이 어느 정도 정리가 될 때 비로소 시작된다. 감정을 추스르기 위해서는 솔직한 심정을 숨기지 않고 누구에겐가 털어놓는 것이 좋다. 기자는 지금 하나님께 원수들에 대한 자신의 솔직한 심정을 털어놓고 있다. 그러므로 그가 자신을 괴롭히는 자들에게 저주를 비는 것은 그들을 용서하게 될 긴 여정의 시작이라고 할 수 있다. 사람에게 감정을 털어놓는 것은 매우 위험한 일이지만, 골방에 들어가 하나님께 털어놓는 것은 좋은 일이며, 자주 해야 하는 일이다. 주님은 우리의 심정을 잘 알고 헤아리는 분이다.

기자는 하나님께 원수들에 대하여 솔직하게 마음을 쏟아 놓았다. 심지어는 그들에게 저주를 내리시라고 하나님께 빌기까지 했다. 속이 시원하다. 앓던 이가 빠진 것 같다. 그런데 왠지 마음 한 구석이 허전하고 불편하다. 하나님께 원수들의 만행을 알리고 꼭 그들을 심판해 주실 것을 기도하면 마음이 편안해질 줄 알았다. 그러나 별것도 아닌 사람들에게 이처럼 스트레스를 받고 괴로워하는 자신이 왠지 못나 보이고 처량해 보인다. 그러므로 그는 자신은 가난하고 슬프니(별 볼일 없는 낮은 자이니) 주께서 그를 구원하시어 높여 달라고 기도한다(29절). 존귀한 사람이 되게 해달라는 간구다.

6. 제물보다 더 귀한 찬양(69:30-33)

> ³⁰ 내가 노래로 하나님의 이름을 찬송하며
> 감사함으로 하나님을 위대하시다 하리니
> ³¹ 이것이 소 곧 뿔과 굽이 있는 황소를 드림보다
> 여호와를 더욱 기쁘시게 함이 될 것이라
> ³² 곤고한 자가 이를 보고 기뻐하나니
> 하나님을 찾는 너희들아
> 너희 마음을 소생하게 할지어다
> ³³ 여호와는 궁핍한 자의 소리를 들으시며
> 자기로 말미암아 갇힌 자를 멸시하지 아니하시나니

그를 악인들의 손에서 구원해 주시고, 그들에게 벌을 내리시라고 하나님께 기도한 기자가 30-36절을 통해 주님을 찬송하겠다는 의지를 다지며 노래를 마무리하고자 한다. 그는 노래로 하나님의 이름을 찬송하며, 감사함으로 하나님의 위대하심을 찬양하겠다고 한다(30절). 찬양은 하나님의 이름을 높이고 위대하심을 선포하는 힘이 있다는 뜻이다.

그가 감사함으로 하나님의 위대하심을 경배하고 노래로 주님의 이름을 찬송하고자 하는 이유는 찬송과 감사는 세상의 그 어떤 짐승보다 더 좋은 제물이기 때문이다(31절). 하나님은 수소나 황소를 제물로 받으시는 것보다도 우리의 찬송과 감사를 더 기뻐하신다.

하나님이 값비싼 짐승보다 찬송을 제물로 받기를 더 기뻐하신다는 사실에서 큰 위로와 소망을 얻는 사람들이 있다. 바로 곤고한 자들이다. '곤고한 자들'(עֲנָוִים)(32절)은 가난한 사람들을 뜻한다(현대인, NIV, cf. NAS, NRS, TNK). 이어지는 33절도 이러한 해석을 지지한다. '궁핍한 자들'(אֶבְיוֹנִים)은 곧 가난한 사람들이기 때문이다(새번역, 아가페, 현대인, 공동). 그들은 하나님이 찬양과 감사를 가장 귀하게 여기시는 제물이라는

사실을 깨닫고 기뻐한다. 그들은 하나님께 가장 좋고 값진 짐승을 제물로 드리고 싶은 사람들이다. 그러나 그들의 경제적 상황이 허락하지 않는다. 드리고 싶어도 드리지 못해 안타까워하는 그들에게 복음이 선포되었다. "하나님은 값진 짐승 제물보다 사람의 찬송과 감사를 더 귀하게 여기신다!"

그러므로 그들이 감격과 감사로 주님을 찬양하면, 주께서 그들의 찬양 예물을 받으시고 그들의 마음을 소생시키실 것이다(32c절). "그들의 심장에 생명이 고동칠 것"이라는 뜻이다(새번역). 이 말씀은 세상 그 누구도 경제적인 어려움 때문에 하나님께 나오지 못하는 일은 없도록 하라는 권면을 내포하고 있다. 누구든 돈을 들이지 않고도 가장 아름다운 예물을 주님께 드릴 수 있기 때문이다. 또한 주님께 감사와 찬송의 예물을 드리는 사람의 마음이 소생하게 된다는 것은 찬송과 감사는 사람이 하나님께 드릴 수 있는 가장 아름답고 귀한 예물일 뿐만 아니라, 드리는 자를 소생시키는 능력을 내포하고 있음을 암시한다. 삶에 찌들고 지쳐 마음이 쇠약해졌는가? 찬송하고 감사하라. 주님께서 생기로 지친 마음을 소생시켜 주실 것이다.

하나님은 궁핍한 사람(가난한 사람)의 소리를 들으시는 분이시며(33a절), 갇힌 자들을 업신여기거나 모른 체하지 않으실 것이다(33b절). 이 말씀이 이 시편의 핵심 메시지다(Tate). 그런데 이 사람들은 어떻게 하다가 갇히게 되었는가? 개역개정의 번역이 오해의 소지가 있다. '자기로 말미암아 갇힌 자들'이라고 하니 마치 하나님 때문에(의의 핍박을 받아) 감옥에 갇힌 사람들을 뜻하는 것으로 생각할 수 있다. 그러나 '자기로 말미암아 갇힌 자들'(אֲסִירָיו)은 그의 [백성들 중] 갇힌 자들을 뜻한다(cf. 아가페, 현대인, 공동, NIV, NRS, ESV). 하나님은 자기 백성들 중 누가 감옥에 갇힐 때 그를 오래 방치하지 않으시고 반드시 구원하신다는 의미다.

하나님은 인간을 창조하실 때 그 누구에게나, 혹은 어떤 것에도 구속받지 않고 하나님 안에서 마음껏 자유를 누리도록 만드셨다. 그러므로 어떠한 억압이나 속박도 용납되어서는 안 된다. 하나님의 모양과 형상대로 창조된 인간의 존엄성을 훼손하기 때문이다. 또한 어떠한 중독으로 자신을 노예화시켜서도 안 된다.

7. 주의 백성을 회복하게 하실 하나님 찬양(69:34-36)

> ³⁴ 천지가 그를 찬송할 것이요
> 바다와 그중의 모든 생물도 그리할지로다
> ³⁵ 하나님이 시온을 구원하시고
> 유다 성읍들을 건설하시리니
> 무리가 거기에 살며 소유를 삼으리로다
> ³⁶ 그의 종들의 후손이 또한 이를 상속하고
> 그의 이름을 사랑하는 자가 그중에 살리로다

주의 백성 이스라엘만 하나님을 찬양하는 것은 아니다. 언젠가는 온 천지가 주님을 찬송할 것이며, 바다와 바다 안에 있는 생물들도 모두 주님을 찬양할 것이다(34절). 하늘과 땅과 바다는 온 세상을 상징한다. 기자는 온 세상이 하나가 되어 창조주를 경배하고 예배할 날을 비전으로 보고 있다.

그날이 되면 하나님은 자기 백성들이 마음껏 예배하도록 시온을 구원하시고, 그들이 평안히 살 수 있도록 유다 성읍들을 건설하실 것이다(35절). 일부 학자들은 이 말씀이 시온과 유다가 바빌론의 침략으로 폐허가 된 주전 586년 일을 배경으로 하고 있다고 한다(cf. Wilson). 그러므로 그들은 이 노래가 포로기 이후 시대에 시온과 유다의 회복을 꿈꾸는 사람이 편집한 것이라고 한다(cf. Grogan). 그러나 이 말씀은 주의 백성의 예배와 삶의 터전이 온전히 회복될 것을 뜻하는 비유일 수

있다. 그러므로 언제, 어디서든 예배 터전이 무너지고, 주의 백성의 삶이 고단할 때 적용될 수 있는 말씀이다. 하나님이 회복해 주시는 평안한 삶은(cf. 35절) 주를 사랑하는 사람들의 자손 대대로 이어질 것이다 (36절).

제70편

다윗의 시로 기념식에서 인도자를 따라 부르는 노래

I. 장르/양식: 개인 탄식시(cf. 3편)

이 시편은 40편 13-17절과 거의 똑같다. 가장 큰 차이점은 40편은 하나님의 성호 '여호와'(יהוה)를 사용하는 반면, '엘로힘 시편집'에 속한 이 노래는 '여호와'를 단 두 차례(1, 5절), 나머지는 '하나님'(אלהים)을 성호로 사용하는 것이다. 내용에 있어서 이 노래는 성소를 보호해 달라는 탄식이다(Kraus).

40편도 1권(1-42편)이 끝나갈 무렵에 등장했는데, 이 노래도 2권(43-72편)의 끝자락에 등장하는 공통점을 지녔다. 일부 학자들은 70-71편이 하나의 시편을 형성한다고 생각한다(Wilson, cf. McCann). 이러한 주장은 71편이 표제를 지니지 않았다는 것과, 둘 다 개인 탄식시라는 공통적인 양식으로 작성되었다는 사실이 뒷받침한다. 또한 같은 노래가 40편에서는 앞서가는 노래를 이어가는 것에 반해, 70-71편에서는 노래를 시작한다. 그외 자세한 사항은 40편 '장르/양식' 섹션을 참조하라.

II. 구조

골딩게이(Goldingay)는 다음과 같은 구조를 제시한다(cf. Alden, deClaissé-Walford et al.).

A. 명령문(imperative): 구원을 서두르소서(1절)
　B. 간접명령문(jussive): 원수들은 수치를 당하기를!(2-3절)
　B′. 간접명령문(jussive): 의인은 복을 받기를!(4절)
A′. 명령문(imperative): 구원을 서두르소서(5절)

이 시편이 고작 다섯 절로 구성되어 있고, 이미 40편에서 접한 점을 감안하여 이 주석에서는 구조를 분석하지 않고, 노래 전체를 한꺼번에 주해해 나가고자 한다.

III. 주해

이 노래는 원수들에게 온갖 수모를 당하고 있는 사람이 하나님께 그들을 심판해 달라는 기도다. 하나님의 공의와 정의로 의인을 핍박하는 그들을 징계하시면 주님을 경외하는 사람들이 주님의 위대하심을 찬양하게 될 것이다. 기자는 자기의 궁핍함을 돌아보시고 도움을 베풀어 달라는 기도로 마무리한다.

<blockquote>
¹ 하나님이여
나를 건지소서
여호와여
속히 나를 도우소서
² 나의 영혼을 찾는 자들이
수치와 무안을 당하게 하시며
</blockquote>

나의 상함을 기뻐하는 자들이
뒤로 물러가 수모를 당하게 하소서
³ 아하, 아하 하는 자들이
자기 수치로 말미암아 뒤로 물러가게 하소서
⁴ 주를 찾는 모든 자들이
주로 말미암아 기뻐하고 즐거워하게 하시며
주의 구원을 사랑하는 자들이
항상 말하기를 하나님은 위대하시다 하게 하소서
⁵ 나는 가난하고 궁핍하오니
하나님이여 속히 내게 임하소서
주는 나의 도움이시요 나를 건지시는 이시오니
여호와여 지체하지 마소서

원수들이 기자를 조롱할 뿐만 아니라 생명을 위협하고 있다(2절). 그러므로 그는 간절히 하나님께 도움을 청한다. 속히 그를 찾아오셔서 은총을 베푸시고 구원해 달라고 기도한다(1절). 그는 생명을 위협하는 자들이 모두 하나님의 심판을 받아 수치와 낭패를 당하기를 간절히 소망한다(2절). 그를 비웃는 자들이 모두 수치를 당하게 해달라고 한다(3절). 원수를 사랑해야 하는 주의 백성이 이렇게 기도해도 되는가? 원수를 용서하고 사랑하는 일은 시간이 필요하다. 감정이 추스러지지 않은 상황에서 용서와 사랑은 쉽지 않다. 그러므로 기자가 이렇게 자기 감정을 드러내는 것은 용서를 위한 첫걸음이라 할 수 있다.

기도하는 사람이 하나님께 자기 마음속 깊은 곳에 있는 감정을 내보이는 것은 건강하고 바람직한 일이다. 하나님은 우리의 모든 것을 아시는 분이기 때문에 숨길 필요도 없다. 주님은 이처럼 진솔하게 기도하는 사람들의 상한 심령을 치료해 주신다. 그러므로 기자는 주님을 찾는 그를 하나님이 환대해 주실 것을 확신한다. 주님께서 그에게 구원과 넘치는 기쁨을 주실 것이기 때문에 그는 하나님의 위대하심을 찬양하게 될 것이다(4절). 또한 하나님은 그에게 이러한 상처를 준 사람들을 가만히 두지 않으실 것이다. 하나님의 자녀를 상하게 했으니 아버지이신 하나님이 어찌 잠잠하실 수 있겠는가!

여호와께 속상한 마음을 털어놓은 저자는 하나님께 한번 더 긍휼을 바라는 기도를 드린다(5절). 자신은 가난하고 궁핍하니 주님이 속히 오셔서 그를 구원해 달라는 기도다. '가난한 자'(עָנִי)와 '궁핍한 자'(אֶבְיוֹן)는 구약에서 가장 비천한 사람들의 상징이다. 그는 하나님의 은혜를 간절히 바라며 자세를 지극히 낮추고 있다. 하나님의 은혜를 바라는 사람들이 취해야 할 자세다. 우리가 낮아질수록 하나님이 우리를 더 불쌍히 여기실 것이며, 주님의 구원은 더 크고 위대해 보인다.

기자는 하나님을 '나의 도움'(עֶזְרָתִי), '나를 건지시는 이'(מְפַלְטִי)이라며 찬양한다(5절). 그가 도움을 청할 분은 오직 여호와 외에는 아무도 없으며, 설령 있다 할지라도 하나님께만 도움을 청할 것이라는 각오의 표현이다. 여호와의 도움 외에 다른 것은 아예 바라보지도 않을 것이니 속히 오셔서 구원을 베풀어 달라는 간곡한 기도다. 이처럼 오직 여호와만 갈망한다면, 여호와께서도 이러한 사람의 기도를 무시하실 수는 없을 것이다.

기자는 매우 어려운 상황에 처해 있다. 그러나 그는 하나님이 속히 오셔서 그의 어려운 처지를 해결해 주실 것을 믿는다. 어디서 이러한 확신이 왔을까? 그동안 그가 유지해왔던 하나님과의 관계에서 비롯되었을 것이다. 그는 하나님이 어떤 분이시라는 것을 잘 안다. 그의 지식에 의하면 하나님은 결코 그를 버려 두지 않으실 분이다.

제71편

I. 장르/양식: 개인 탄식시(cf. 3편)

70편에서 언급한 것처럼 일부 학자들은 70-71편이 하나의 시편을 형성한다고 생각한다(Wilson, cf. McCann, Tate). 이러한 주장을 뒷받침하는 증거로 71편이 표제를 지니지 않았다는 것과, 70편과 71편 모두 개인 탄식시라는 공통적인 양식으로 작성되었다는 사실이 지적되기도 한다. 시편 2권(42-72편)에서 표제를 지니지 않은 시편은 이 노래를 제외하면 43편이 유일하다.

마소라 사본(MT)에는 표제가 없는데, 칠십인역(LXX)에는 "다윗의 시, 여호나답의 아들들과 처음으로 사로잡힌 자들이 부른 노래"(τῷ Δαυιδ υἱῶν Ιωναδαβ καὶ τῶν πρώτων αἰχμαλωτισθέντων)라는 표제가 존재한다. 예후는 아합의 아들 요람이 북 왕국을 다스릴 때 쿠데타를 일으켜 아합 집안을 완전히 제거하고 종교개혁을 단행한 적이 있다. 이때 그를 도운 사람들 중에 레갑의 아들 여호나답이라는 사람이 있었다(왕하 10:15).

이후 여호나답의 후손들이 모습을 드러내는 곳은 예레미야 35장이다. 하나님이 유다의 위선과 죄가 얼마나 심각한가를 보여 주시기 위하여 예레미야 선지자에게 그들을 초청하여 술을 대접하라고 하셨다. 예레미야가 여호나답의 자손들을 초청하여 술을 권하자, 그들은 "우리 조상 여호나답이 명령하신 대로 우리는 술을 마시지 않습니다. 또한 여호나답은 우리에게 영원히 유목민으로 살아가라고 말씀하셨는데, 우리가 지금 예루살렘에 머물게 된 것은 바빌론 군을 피하기 위해서 입니다. 그들의 성 포위가 풀리는 대로 우리는 다시 떠돌이 삶을 살 것 입니다"라고 한다(cf. 렘 35장). 칠십인역에 위와 같은 표제를 남긴 사람 들은 그들이 성을 빠져나가지 못하고 바빌론 군에게 잡혀 인질로 끌려 갔다는 것을 전제한다. 그러나 다른 시편과 마찬가지로 표제가 이 시 의 역사적 정황을 정확하게 반영하고 있다고 하기에는 내용과 이 역사 적 사건이 잘 어울리지 않는 면모가 있다.

한 주석가는 이 시편이 여러 시편 말씀을 인용하여 저작된 일종의 모 자이크라고 한다(Kirkpatrick). 특별히 시편 22편과 31편을 상당 부분 재 인용하고 있는 것이라고 하기도 한다(cf. 6절과 22:9-10, 12절과 22:11, 19, 18b절과 22:30-31; 1-3절과 31:1-3, 9b절과 31:10, 13절과 31:17). 이 외에도 12b절과 38:12, 40:13, 13절과 35:4, 26, 19절과 36:6, 24절과 35:28 등이 서로 연관성이 있는 것으로 판단된다(cf. Crenshaw). 그러나 학자들 은 이 노래가 다른 시편을 직접 사용한 것은 시의 도입 부분인 1-3절 이 31편 1-3절을 인용한 것뿐이며 나머지는 다른 시편들에서 인상적 인 구절들을 기억하고 있는 저자가 비슷하게, 그러나 자기 말로 바꾸 어 저작했다고 한다(Anderson).

저자는 나이가 지긋한 사람으로 생각된다(Grogan). 그가 어렸을 때부 터 하나님의 인도하심을 받아왔다고 하며(cf. 6, 17절), 그 외 여러 정황 이 예레미야서의 내용과 비슷한 점들이 있다 하여 이 노래는 예레미야 선지자가 저작한 것이라는 추측도 있다(Perowne). 저자가 각 시편이 지 닌 고유 양식/유형을 무시한 채 이 시편을 모자이크식으로 저작한 것 은 그가 포로기 이후 사람임을 암시한다는 주장도 있다(Anderson). 이 노래의 원본은 왕정 시대에 왕이 낭독하도록 제작된 것인데, 훗날 포로기 시대에 새로운 정황을 반영하도록 조정되었다는 주장도 있다(Tate).

II. 구조

학자들은 간단하게는 네 파트로, 자세하게는 열 파트가 넘는 구조를 제시한다(cf. deClaissé-Walford et al., Goldingay, Terrien). 다음은 알덴(Alden)이 제시한 구조다.

A. 구원을 위한 기도(1-4절)
  B. '어렸을 때부터 나의 하나님'(5-7절)
    C. "나의 입이 채워질 것이다"(8절)
      D. '내 영혼'을 괴롭히는 원수들에 대한 기도(9-11절)
        E. "오 하나님 내 곁에 계시옵소서"(12a절)
        E´. "오 하나님, 나를 도우소서"(12b절
      D´. '내 영혼'을 괴롭히는 원수들에 대한 기도(13-14절)
    C´. "나의 입이 말할 것이다"(15-16절)
  B´. "어렸을 때부터 나는 하나님의 것"(17-18절)
A´. 구원을 찬양함(19-24절)

위의 구조는 많은 장점을 지녔지만, 텍스트를 지나치게 세분화한다는 느낌을 준다. 특히 12절을 굳이 두 섹션으로 구분할 필요가 있는가에 대하여 의문이 생긴다.

이 시편은 기도와 확신이 교차하면서 진행되는 특징을 지녔다. 기도(1-4, 9-13, 18절), 확신(5-8, 14-17, 19-21절). 이처럼 기도-확신 사이클을 세 차례 반복하다가 찬양(22-24절)으로 마무리된다. 그러므로 이 주석에서는 다음과 같은 구조 분석을 바탕으로 본문을 주해해 나가고자 한다. 이 구조에 따르면 이때까지 기자를 지켜 주시고 앞으로 그가 죽을 때까지 보호하실 성실하신 하나님께 찬양과 감사를 드리는 것(C. 22-24절)이 이 노래의 핵심이다. 기자에게는 원수들의 핍박과 억압이 하나님께 진심으로 감사드리며 찬양할 수 있는 기회를 제공한 것이다.

   A. 기도: 하나님의 보호를 구함(71:1-4)

     B. 확신: 어렸을 때부터 지켜 주심(71:5-8)

   A′. 기도: 노년에도 보호해 주실 것을 구함(71:9-13)

     B′. 확신: 경험한 은혜에 대하여 증언함(71:14-17)

   A″. 기도: 노년에도 보호해 주실 것을 구함(71:18)

     B″. 확신: 잘되게 하기 위한 연단(71:19-21)

       C. 성실하신 하나님께 찬양과 감사(71:22-24)

III. 주해

이 시편은 변화와 움직임이 심하여 독자들의 집중을 요구한다 (Brueggemann & Bellinger). 원수들의 공격을 받은 한 의로운 노인이 하나님께 보호를 구하며 드리는 기도문이다. 그는 과거 어렸을 때부터 그를 인도하신 하나님이 앞으로 그의 일생이 끝날 때까지 함께하시고 보호해 주실 것을 기도하며 또한 그리하시리라 확신한다. 때로는 하나님이 그를 연단하기도 하시겠지만, 그때마다 소망을 잃지 않을 것을 다짐한다. 이 시편은 하나님이 자기 자녀들을 평생 보호하신다는 확고한 확신을 선언하는 것이다(cf. Kraus). 하나님의 선하심을 묵상하다가 감동된 기자는 찬송으로 시를 마무리한다.

1. 기도: 하나님의 보호를 구함(71:1-4)

¹ 여호와여

내가 주께 피하오니

내가 영원히 수치를 당하게 하지 마소서

² 주의 공의로 나를 건지시며

나를 풀어 주시며

주의 귀를 내게 기울이사

나를 구원하소서

³ 주는 내가 항상 피하여 숨을 바위가 되소서

주께서 나를 구원하라 명령하셨으니

이는 주께서 나의 반석이시요

나의 요새이심이니이다

⁴ 나의 하나님이여

나를 악인의 손 곧 불의한 자와

흉악한 자의 장중에서 피하게 하소서

참으로 억울한 일을 당한 기자가 자기를 숨겨 달라며 주님께 피한다 (1절). 배경이 되는 이미지는 위협을 느끼는 사람이 성전으로 도피하는 일이다(McCann, cf. 왕상 1:49-53). 일부 학자들은 20절을 근거로 그가 병에 시달리고 있다고 하기도 하고, 9절과 18절을 근거로 노년기로 인해 힘들어하는 상황이라고 하지만, 그가 정확히 어떤 일을 당하고 있는지 알 수는 없다. 그러나 "수치를 당하지 않게 해 달라"(אַל־אֵבוֹשָׁה)고 하는 것으로 보아(1c절) 악의적인 루머와 가십(gossip)에 시달리고 있는 듯하다. 원수들이 퍼트리는 루머와 가십이 기자에게는 얼마나 충격적이고 고통스러운지 마치 시간이 멈춘 듯하다. 그러므로 그는 하나님이 신속하게 개입하셔서 자기가 '영원히'(עוֹלָם) 고통을 당하는 일은 없도록 해 달라고 기도한다(1c절).

저자는 스스로는 도저히 빠져나올 수 없는 함정에 갇힌 듯한 느낌을 받는다. 그는 절박한 상황에서 하나님의 '의로우심'(צִדְקָתְךָ)을 붙잡고 기도한다. 자신은 참으로 억울하고 원통한 일을 당하고 있으니 공의와 정의의 하나님이 상황을 판단하시고, 자기의 억울함을 헤아려 달라는 뜻이다. 그는 하나님께 네 가지를 부탁한다(2절). (1)나를 건지소서, (2)나를 풀어 주소서, (3)내게 귀를 기울이소서, (4)나를 구원하소서.

'건지다'(נצל)는 '찢어내다, 빼앗다'라는 강력한 의미를 지닌 단어다(cf. HALOT). 그는 당면한 문제가 그를 완전히 붙잡고 있어 하나님이 그를 그 문제에서 떼어내 주시지 않으면 다른 방법이 없다며 절망한다.

'풀어주다'(פלט)는 '피하게/도피하게 하다'라는 의미를 지녔다. 그는 당면한 위기를 탈출하고 싶지만 출구가 보이지 않는다. 그러므로 하나님께 그 출구를 만들어 달라고 기도하고 있다.

'귀를 기울이다'(הטה־אלי אזנך)는 문자적으로 "주님의 귀를 내게 펼치소서"이다. 참으로 억울한 일을 당한 그는 하나님이 그의 말을 들으시면 주님도 그가 얼마나 기가 막힌 일을 당하고 있는지에 대하여 동의하실 것이라는 기대감을 표현하고 있다. 그는 주님의 공감(共感)을 기대한다.

'구원하다'(ישע)는 오직 하나님만이 그의 문제를 해결하실 수 있다는 고백이다. 문제가 하도 복잡하고 어려워서 사람은 그에게 도움이 되지 않는다. 유일하게 도움이 되실 수 있는 분은 하나님이시다.

기자는 하나님께 위기에서 그를 빼내신 다음에는 숨겨 달라고 기도한다(3절). 그는 하나님이 바위가 되어 그를 숨겨 주시되 그가 언제든 피할 수 있는 피난처가 되어 주시기를 기도한다(3a절). 이번뿐만 아니라, 언제든 힘이 들고 어려울 때에는 바위가 되어 그를 지키시는 주님께 피하겠다는 의지를 표현하고 있다.

기자는 주님께서 그를 구원하라고 명령하셨다고 하는데(3b절), 누구에게 명령하셨다는 것인가? 3절 전체가 하나님을 보호하시는 바위, 요새 등으로 묘사하는 문맥을 고려할 때, 하나님이 바위나 요새에게 그를 보호하라고 명령하시는 것으로 해석할 수 있지만, 바위와 요새가 다름아닌 하나님이시라는 점을 고려하면 별 설득력이 있는 해석이 아니다. 그러므로 번역본들은 기자가 하나님께 그의 구원을 명령하시기를 바라는 뜻으로("decree my deliverance," TNK, cf. NIV, CSB), 혹은 주님이 그를 구원하시는 요새이심을 고백하거나 바라는 의미로("my stronghold to give me safty," NAS, cf. 새번역, 현대인, NRS, RSV, LXX) 해석한다. 문맥과 정황을 고려할 때 후자("나를 구원하는 견고한 요새가 되어 주십시오," 새번역)가 더 설득력이 있다.

기자가 피난처이시고, 보호하시는 반석인 하나님께 피하기 위해서는 먼저 원수들의 손에서 탈출해야 한다. 그러므로 그는 다시 한번 하나님께 원수들의 손에서 구해주실 것을 기도한다(4절). 그는 그를 괴롭히는 자들을 '원수, 불의한 자, 흉악한 자'라고 하는데, '원수'(רָשָׁע)는 죄지은 사람을, '불의한 자'(עַוָּל)는 의롭지 못한 짓을 일삼는 자를, '흉악한 자'(חוֹמֵץ)는 남을 억압하는 자를 뜻한다(cf. HALOT). 모두 다 악한 사람들의 행실에 초점을 맞춘 단어들이다. 기자는 악인들이 온갖 악한 행실로 세상을 지배하는 것 같지만, 정작 세상을 지배하시는 분은 의로우신 하나님이라는 사실을 보여 달라고 기도하고 있다.

2. 확신: 어렸을 때부터 지켜 주심(71:5-8)

⁵ 주 여호와여
주는 나의 소망이시요
내가 어릴 때부터 신뢰한 이시라
⁶ 내가 모태에서부터 주를 의지하였으며
나의 어머니의 배에서부터 주께서 나를 택하셨사오니
나는 항상 주를 찬송하리이다
⁷ 나는 무리에게 이상한 징조같이 되었사오나
주는 나의 견고한 피난처시오니
⁸ 주를 찬송함과 주께 영광 돌림이

종일토록 내 입에 가득하리이다

기자는 하나님이 그의 기도를 들으셔서 그를 원수들의 손에서 구원하시고, 더 나아가 피난처가 되시어 그를 보호해 주실 것을 믿고 확신한다. 하나님은 이때까지 그를 평생 지켜 주셨기 때문이다. 주님은 이때까지 저자에게 삶의 소망이 되어 주셨고, 그가 어릴 때부터 믿고 의지한 하나님이시다(5절). 그는 하나님과 자기의 관계는 그가 세상에 태어나기도 전부터 시작되었다고 한다(6절). 그렇다면 하나님이 그를 택하시고 관계를 맺으신 것은 그가 하나님께 기쁨을 드리거나 제물을 드려서 된 일이 아니다. 하나님은 그가 주님을 위해서 아무것도 하기 전부터 그와 관계를 맺으시고 은혜로 보호하셨다. 그러므로 우리는 삶의 시작부터 끝까지 모든 것이 주님의 은혜라고 하는 것이다. 하나님이 그를 이때부터 택하셨으므로 그는 항상 주님을 찬송할 것이라고 다짐한다. 하나님의 택하심이 찬송으로 이어지면서 마치 하나님이 그를 택하신 이유가 주님을 찬송하도록 하기 위해서라는 느낌을 준다.

원수들로 인해 너무 힘이 들어 도와 달라는 기도로 시작한 저자가 이때까지 하나님이 어떻게 그와 함께하셨는가를 회고하며 모태에서부터 그를 택하신 은총을 묵상하면서 어느덧 하나님을 찬송하게 되었다는 사실이 매우 인상적이다. 아무리 어려운 상황에 처하더라도 우리가 하나님과 함께했던 지난날들을 묵상하면 주님을 찬송하게 되는 것은 자연스러운 일이다.

기자가 하나님과 자기의 오랜 관계를 묵상하고 나니 찬송이 나오고 새로 힘이 난다. 그러므로 그는 비록 자신이 무리(원수들)에게 이상한 징조같이 되었지만, 하나님이 그의 피난처가 되시니 걱정하지 않겠다고 한다(7절). '이상한 징조'(מוֹפֵת)는 재앙을 뜻한다(cf. 출 4:21, 11:10). 우리 말에 비교하자면 원수들은 그를 '벌레 보듯' 혐오하고 비난한다는 뜻이다. 그가 속한 공동체의 일부 멤버들은 분명 그가 하나님의 보호를 받고 있다고 생각하지만, 대부분 사람들은 그가 하나님께 벌을 받고 있다고 생각한 것이다(Tate). 이러한 상황에서 그는 하나님이 그를 인정하시고 보호하시는 것에서 평안을 찾고 오히려 그의 피난처 되신 하나님을 종일토록 찬송하고 주님께 영광을 돌릴 것을 다짐한다.

3. 기도: 노년에도 보호해 주실 것을 구함(71:9-13)

9 늙을 때에 나를 버리지 마시며
내 힘이 쇠약할 때에 나를 떠나지 마소서
10 내 원수들이 내게 대하여 말하며
내 영혼을 엿보는 자들이 서로 꾀하여
11 이르기를 하나님이 그를 버리셨은즉
따라 잡으라 건질 자가 없다 하오니
12 하나님이여 나를 멀리 하지 마소서
나의 하나님이여 속히 나를 도우소서
13 내 영혼을 대적하는 자들이
수치와 멸망을 당하게 하시며
나를 오해하려 하는 자들에게는
욕과 수욕이 덮이게 하소서

하나님이 모태에서부터 이때까지 줄곧 그와 함께하신 것을 깨닫고 감사한 기자가 주님께 앞으로 죽을 때까지 그와 함께하실 것을 기도한다(9절). 그는 하나님께 그가 늙어 쇠약해질 때에도 그를 버리지 마시고, 떠나지 마시라고 부탁한다. 이때까지 그를 지키시고 보호하신 것처럼 그의 앞날도 주님이 함께하실 것을 구하고 있다. 하나님은 당연히 그렇게 하실 것이다. 생각해 보라. 이때까지 주님께서 그의 삶에 '투자하신 것이' 얼마나 많은데, 앞으로 그를 버리시겠는가! 하나님은 손해보는 투자를 하시는 분이 아니다.

하나님의 보호하심으로 확신에 차 감사와 찬양을 드렸던 그가 당면하고 있는 문제를 생각하니 다시 답답해진다. 하나님을 바라볼 때는 참으로 평안하고 기뻤는데, 시야를 현실로 돌리니 원수들의 얼굴이 어른거린 것이다. 그들은 그를 죽이려는 음모를 꾸미며 서로를 격려하기 위하여 "하나님마저 그를 버렸으니 그를 잡아 죽이자"고 한다(10-11절). 하나님마저 그에게 등을 돌리신 상황에서 그를 도울 자는 세상에 하나도 없으니 속히 해치우자는 논리다.

악인들은 어떻게 해서 하나님이 그를 버리셨다고 생각하게 된 것일까? 아마도 하나님이 기자를 방치하고 있다는 생각에서일 것이다. 그들이 언제부터 악의적으로 그를 해하려고 했는지는 알 수 없지만, 만일 하나님이 그를 보호하고 인도하시는 것이 사실이라면 이미 오래 전에 개입하셨을 텐데, 하나님이 아직까지 이렇다 할 반응을 내놓지 않으셨다는 사실은 분명 그를 버리셨다는 점을 의미하는 것으로 간주한 것이다. 하나님의 침묵이 원수들에게 이런 '오해'를 샀다. 하나님이 우리 일에 개입하지 않으신다고 해서 주님이 우리를 버렸다는 생각은 악인들이나 하는 것이지 진실이 아니다. 하나님은 항상 우리 일에 개입하신다. 때로는 침묵으로 일관하시면서 개입하신다. 가장 행동하시기에 좋은 때를 기다리시기 때문이다.

원수들이 하나님마저도 그를 버리셨다고 생각하기 때문에 그들의 공격은 더 거세질 것이고 신속하게 진행될 것이다. 그러므로 그는 하나님께 자기를 멀리하지 마시고 속히 도우시라고 기도한다(12절). 곧 진행될 적들의 공격으로 극도로 불안한 기자는 자신도 원수들처럼 하나님의 침묵을 주님이 그를 멀리하시는 것으로 간주할 수밖에 없는 절박한 상황에 처해 있음을 고백한다.

기자는 하나님이 속히 개입하시어 그가 당하고 있는 수치를 그들에게 갚아 주시고 그들을 아예 멸망시키시기를 기도한다(13절). 그들이 그를 대하는 바대로, 또한 그들이 파놓은 함정에 오히려 그들이 빠지도록 해달라는 기도다. '나를 오해하려 하는 자들'은 '나를 음해하는 자들'로 번역되어야 한다(새번역, cf. 아가페, 공동). 그들은 악의적인 목적을 가지고 의도적으로 기자를 공격하고 있지, 어떠한 '오해'에서 비롯된 일이 아니다. 그들의 유일한 '오해'는 하나님이 그를 버리셨기 때문에 그를 잡아죽여도 된다는 착각이다(cf. 10-11절).

4. 확신: 경험한 은혜에 대하여 증언함(71:14-17)

¹⁴ 나는 항상 소망을 품고
주를 더욱 더욱 찬송하리이다
¹⁵ 내가 측량할 수 없는 주의 공의와
구원을 내 입으로 종일 전하리이다
¹⁶ 내가 주 여호와의 능하신 행적을 가지고 오겠사오며
주의 공의만 전하겠나이다
¹⁷ 하나님이여
나를 어려서부터 교훈하셨으므로
내가 지금까지 주의 기이한 일들을 전하였나이다

하나님께 원수들을 벌하시라고 기도한 기자는 하나님이 그의 기도에 응답하시기를 기다리며, 이때까지 해왔던 일을 앞으로도 더욱더 열심히 하겠다고 다짐한다. 그는 세 가지를 다짐한다. 첫째, 항상 소망을 품고 주님을 더 열심히 찬양할 것이다(14절). "나는 항상 소망을 품고"(אֲנִי תָּמִיד אֲיַחֵל)를 문자적으로 해석하면 "나는 끝까지/언제나 기다릴 것이다"라는 뜻을 지녔으며 '나는'(אֲנִי)은 강조형이다. 비록 그가 처한 상황이 참으로 곤욕스럽지만, 그는 끝까지 하나님을 찬송하며 주님에 대한 소망을 버리지 않고 견뎌내겠다는 각오를 다지고 있다. "나의 삶이 어떻게 되든, 세상 사람들이 뭐라하든 저는 오직 주님만을 바라보며 살겠습니다"는 다짐이 서려 있다.

둘째, 항상 주님의 공의와 구원을 전할 것이다(15-16절). 그는 하나님의 '공의'(צְדָקָה)와 '구원'(תְּשׁוּעָה)은 자신이 도저히 헤아릴 수 없는 놀라운 것들이므로 온전히 증언할 수는 없겠지만, 최선을 다해서 자기가 경험하고 아는 대로 전하여 하나님께 영광을 돌리겠다는 각오를 다지고 있다(cf. 아가페). 공동번역은 "나 비록 글을 몰라도 정의를 떨치시어 약자를 구하는 일들, 매일매일 내 입으로 이야기하리이다"로 번역했는데, 마소라 사본이나 칠십인역과는 상당히 동떨어진 번역이다.

개역개정의 "내가 주 여호와의 능하신 행적을 가지고 오겠사오며"(16a절)는 히브리어 텍스트를 문자적으로 번역해 놓은 것이지만, 의미 전달이 신통치 않다. "내가 능하신 행적을 가지고 오다"(אָבוֹא בִּגְבֻרוֹת)는 "나는 주님의 능력을 찬양하기[증언하기] 위하여 왔다"는 의미로 해석될 수 있고(NIV, NAS, NRS, ESV, TNK), "나는 주의 능력을 힘입어 왔다[살아갈 것이다]"도 될 수 있다(메시지, LXX). 15-16절이 기자가 주님으로 인해 살아갈 힘을 얻는 것에 초점을 맞추고 있지 않고, 주님의 놀라우신 구원과 공의를 선포하는 일에 초점을 맞추고 있다는 점을 감안하면, 전자인 "나는 주님의 능력을 찬양하기 위하여 왔다"는 의미가 문맥과 더 잘 어울린다. 새번역의 "주님 내가 성전으로 들어가 주님의 능력을 찬양하렵니다"는 기자가 하나님을 찬양할 장소(성전)를 고려해서 '성전'을 더한 것이며 마소라 사본에는 없는 말이다.

셋째, 이때까지 평생 경험한 하나님의 은혜와 교훈을 전할 것이다(17절). 기자는 자신이 어렸을 때부터 하나님께 많은 가르침을 받아왔으며, 주님이 그를 위해 베푸신 많은 이적도 경험했다고 한다. 이러한 고백을 하면서 아마도 그는 그가 지금 당면하고 있는 어려움도 하나님이 그를 더 성숙하게 하기 위한 과정이라고 생각하고 있는 듯하다. 그러므로 이때까지 그는 자신이 하나님께 경험한 것들을 모두 사람들에게

전했는데(간증했는데) 앞으로도 계속 그렇게 할 것이라고 다짐한다. 그
는 주님이 우리에게 가르침을 주시고 은혜를 베푸실 때는 홀로 누리기
보다는 다른 지체들과 서로 나누고 함께 기뻐하라고 주신다는 것을 잘
알고 있는 사람이다.

5. 기도: 노년에도 보호해 주실 것을 구함(71:18)

¹⁸ 하나님이여
내가 늙어 백발이 될 때에도
나를 버리지 마시며
내가 주의 힘을 후대에 전하고
주의 능력을 장래의 모든 사람에게 전하기까지
나를 버리지 마소서

모태에 있을 때부터 주님의 택하심을 입고 이때까지 꾸준히 주님의
보호와 인도하심 아래 살아왔다는 사실을 새롭게 깨달은 기자가(cf. 6,
17절) 감격하여 하나님께 나머지 인생도 주님께 맡기니 노년에도 함께
해달라고 기도한다(cf. 9절). 늙어 백발이 될 때에도 그가 어렸을 때 함
께하신 것처럼 함께해 주시기를 원한다. 모태에서부터 이때까지 한번
도 그를 버리지 않으신 것처럼 앞으로도 그를 버리지 않으시기를 기도
한다. 기자가 혹시 하나님이 그를 버리실 것을 염려해서 이런 기도를
하는가? 아니다. 하나님은 절대 그를 버리지 않으실 것이다. 이것은
오직 하나님과 영원히 함께하고픈 사람의 열망의 표현일 뿐이다. 그는
주님이 보호하시고 함께하시는 삶을 오래 살면서 주님의 능력을 모든
사람에게 전하기를 희망한다.

6. 확신: 잘되게 하기 위한 연단(71:19-21)

¹⁹ 하나님이여

주의 공의가 또한 지극히 높으시니이다

하나님이여 주께서 큰 일을 행하셨사오니

누가 주와 같으리이까

²⁰ 우리에게 여러 가지 심한 고난을 보이신 주께서

우리를 다시 살리시며

땅 깊은 곳에서 다시 이끌어 올리시리이다

²¹ 나를 더욱 창대하게 하시고

돌이키사 나를 위로하소서

이 섹션의 핵심 메시지는 "누가 주와 같으리이까?"(19d절)이다. 세상을 아무리 둘러보아도 하나님 같으신 분은 없다는 것이 기자의 간증이다. 주님은 공의가 지극히 높으신 분이시며, 자기 자녀들을 위하여 큰일을 행하시는 분이시다(19b-c절). '지극히 높은 곳'(עַד-מָרוֹם)은 하나님이 거하시는 곳으로 이해되는 하늘이다(cf. HALOT). '주님의 공의'(צְדָקָה)는 하늘만큼이나 높고, 또한 하나님이 거하시는 곳의 성향을 묘사하는 것으로 해석될 수 있다. 하나님은 공의로 가득한 곳에서 사시는 분이다.

마소라 사본들(MT)은 20절이 사용하는 동사들의 접미사들을 표기하는 일에서 일인칭단수(הֶרְאִיתַנִי, תְּחַיֵּינִי)와 일인칭복수(הֶרְאִיתֵנוּ, תְּחַיֵּינוּ) 등 두 가지로 나뉜다. 개역개정처럼 일인칭복수(we)로 간주하면 이 말씀은 포로시절 등 엄청난 민족적 고난에 대한 것으로 간주할 수 있다. 그러나 이때까지 일인칭단수(I)를 사용해왔던 시에서 갑자기 복수가 나오는 것은 의아한 일이며, 문맥에 맞지 않는다.

그러므로 모든 번역본들은 일인칭단수 접미사를 취하여 "내게 여러 가지 심한 고난을…"으로 번역했다(새번역, 아가페, 현대인, NIV, NAS, NRS, TNK). 이렇게 번역하면 문맥과 잘 어울릴 뿐만 아니라, 기자가 말하고자 하는 연단은 민족적인 것이 아니라, 그가 경험한 개인적인 것들이다. 그가 지난 날을 되돌아보니 지금 같은 일(원수들에게 고난당하는 일)이 그때도 여러 번 있었다. 그 일들을 당할 때는 참으로 힘이 들고 어려웠기 때문에 기자는 '땅 깊은 곳'(תְּהֹמוֹת הָאָרֶץ)에 묻히는 일에 비유한다. 일부 학자들은 '깊은 곳'(תְּהֹמוֹת)이 땅 속 깊은 곳에 있는 물(abyss)를 뜻하는 것이라 주장하지만(Anderson), 죽음을 상징하는 스올로 해석해도 본문의 의미는 바뀌지 않는다.

그때는 죽을 것 같은 경험이었다. 하지만 이제 와 생각하니 그것은 하나님이 그를 살리시고, 그의 삶을 더 좋은 것들로 채우시기 위하여 지나가게 하신 연단이었다. 주님 안에 있는 사람에게는 그가 경험하는 모든 일이 그를 성장시키고 성숙하게 한다는 뜻이다. 때로는 받아들이기 어렵겠지만, 이것은 진리다.

이러한 사실을 새로이 깨달은 기자가 이번 고통도 주님이 그를 한 단계 더 성숙하게 하는 계기로 사용하시기를 기도한다(21절). 그는 더 의욕적이고 왕성한 삶을 살기를 소망한다. 주님이 그를 창대하게 해 주시기를 바라는 것이다. 이렇게 희망하고 기도한다 해서 마음이 아프지 않은 것은 아니다. 그러므로 기자는 하나님께 "돌이키사 나를 위로하소서"라고 한다. 기자는 하나님이 그에게 등을 돌리고 있다고 생각한다. 그러므로 그는 주님께 몸을 '돌이키시어'(סבב) 그를 바라봐 주시기를 원한다. 주님이 그를 바라봐 주시기만 하면(그의 형편을 헤아리시기만 하면) 분명 위로하시고 도와주실 것을 믿는다. 그는 이런 혹독한 고통을 당할 만한 짓을 한 적이 없기 때문이다.

7. 성실하신 하나님께 찬양과 감사(71:22-24)

^{22} 나의 하나님이여
내가 또 비파로 주를 찬양하며
주의 성실을 찬양하리이다
이스라엘의 거룩하신 주여
내가 수금으로 주를 찬양하리이다
^{23} 내가 주를 찬양할 때에
나의 입술이 기뻐 외치며
주께서 속량하신 내 영혼이 즐거워하리이다
^{24} 나의 혀도 종일토록 주의 공의를
작은 소리로 읊조리오리니
나를 모해하려 하던 자들이
수치와 무안을 당함이니이다

원수들의 음모에 대한 탄식으로 시작한 노래가 어느덧 세상 모든 일을 주관하시는 하나님을 찬양하는 일로 마무리되고 있다. 기자의 관점을 이렇게 바꿔 놓은 것은 하나님이 모태에서부터 이때까지 그와 함께하시면서 보호하시고 베풀어 주신 많은 은혜를 묵상한 일이었다. 과거를 회상하다 보니 현재와 미래에 대한 관점이 바뀐 것이다. 이러한 이유에서 성경은 자꾸 과거에 하나님이 베풀어 주신 은혜를 묵상하고 기념하라고 한다.

기자는 특별히 '주님의 성실하심'(אֱמֶת)을 찬양하고자 한다(22c절). 주님의 성실하심이 모태에서부터 이때까지 그를 지켜 주었고, 앞으로도 그를 보호하시고 인도하실 것이기 때문이다. 하나님의 성품 중에서 성실하심은 가장 중요한 속성 중 하나다. 우리가 주님을 믿고 의지할 수 있는 근거가 되기 때문이다.

그는 악기들을 동원하여 주님을 찬양하고, 목소리로도 하나님을 찬양할 것이다(22-23절). 자신이 동원할 수 있는 모든 것을 동원하여 주님의 자비와 긍휼을 찬양할 것이다. 주님이 그의 영혼(생명)을 속량하셨음을 찬양할 것이다. '속량하다(פדה)(23c절)는 가격을 치르고 물건을 사는 일을 의미한다(cf. 출 13:13, 34:20, 민 18:5). 이 단어가 주님과 함께 사용될 때에는 대체적으로 이집트에서 이스라엘을 구원하신 일과 연관하여 사용된다(Wilson). 기자는 출애굽 사건이 단지 공동체를 구원한 사건이 아니라, 각 개인을 구원한 일임을 기념하고 있다. 또한 하나님이 대가를 치르고 그를 구원하셨기에 자신은 하나님의 소유이며 귀한 존재라는 것을 암시한다. 하나님의 구원을 입었으니, 그는 즐거워하며 기뻐할 것이다.

기자는 종일토록 주의 공의를 작은 소리로 읊조릴 것이라고 하는데(24절), "작은 소리로 읊조리다"(הגה)는 비둘기가 '구구' 하면서 내는 소리를 묘사한다(cf. HALOT). 그러나 본문에서는 별 의미를 더하지 않기 때문에 모든 번역본들이 '작은 소리로'를 삭제하고 '말하다'로 번역한다(새번역, 아가페, 공동, NIV, NAS, NRS, ESV, TNK).

기자가 하루 종일 주변 사람들에게 증언할 하나님의 공의는 어떤 것인가? 그를 해하려고 음모를 꾸민 자들이 모두 수치와 무안을 당할 일을 증언할 것이다. 일부 번역본들은 그들이 이미 수치와 무안을 당한 것(과거)으로 해석한다(현대인, NIV, NAS, ESV, TNK). 그러나 이것은 미래에 그렇게 될 것을 확신하면서 이미 일어난 일처럼 묘사하는 완료형이다(prophetic perfect). 그러므로 번역은 미래형으로 남겨 놓는 것이 좋다(cf. 새번역, 아가페, 공동, CSB).

기자는 아직까지 원수들의 꺾임을 경험하지는 못했다. 그러나 그는 그들이 하나님의 심판을 받을 것을 확고하게 확신한다. 그러므로 그는 마치 그들이 이미 꺾인 것처럼 주님을 찬양하겠다고 선언하고 있다.

제72편
솔로몬의 시

I. 장르/양식: 왕족시(cf. 2편)

이 노래가 왕족시라는 사실에는 학자들 사이에 별 문제 제기가 없다 (cf. Brueggemann & Bellinger). 또한 이 시가 솔로몬과 연관되어 있다는 것도 거의 확실하다. 일부 학자들은 이 노래가 다윗이 솔로몬에게 빌어준 노래라고 하지만(cf. Wilson), 이렇다 할 증거는 없다. 왕이 많은 예물을 받을 것이라는 15절은 스바의 여왕이 솔로몬에게 준 엄청난 선물(왕상 10:10)과 연관이 있는 듯하며, 왕이 백성들을 잘 다스리기 위하여 지혜와 판단력을 구하는 1-3절은 솔로몬이 기브온 산당에서 드린 기도를 연상케 한다(왕상 3:6-9).

그러나 솔로몬 시대가 아니라 히스기야 시대에 누군가가 솔로몬 시대를 회상하면서 저작한 노래라는 주장도 있다(Kirkpatrick). 또한 이른 왕정시대는 맞지만, 솔로몬과 상관없이 저작된 것이라는 주장도 있다 (Anderson, Kraus). 학자들은 이 시편의 저자와 시기에 대하여 매우 다양한 견해를 내 놓은 것이다. 이들이 제시하는 증거들을 보면 이 시가 솔로몬 시대에 저작되지 않았다고 단정할 만한 논리는 별로 없는 듯하다. 그러므로 대부분의 보수적인 입장을 취하는 학자들처럼 이 시는 솔로몬 시대에 저작된 것으로 보는 쪽이 바람직해 보인다.

솔로몬 시대에 유래한 이 시편은 이후 다윗 왕조의 왕이 취임할 때마다 취임식에서 불렀던 노래로 생각된다. 세월이 지나면서 더 이상 왕이 존재하지 않았던 포로기 이후 시대에는 아마도 장차 오실 메시아 왕을 기대하며 불렀을 것이다(cf. McCann). 노래가 매우 미래 지향적인 의미를 지녔기 때문이다. 그러므로 이 노래의 표제 대부분이 다윗 왕을 언급하는 시편 제2권(42-72편)을 마무리하는 마지막 노래로 등장하는 것은 당연한 일이라 할 수 있다.

II. 구조

밴게메렌(vanGemeren)은 이 시에 대하여 다음과 같은 구조를 제시한다 (cf. deClaissé-Walford et al.).

  A. 다윗 왕조를 위한 기도(72:1)
    B. 공평과 정의를 위한 소망(72:2-4)
      C. 장수와 우주적인 통치를 위한 기도(72:5-11)
    B′. 공평과 정의를 위한 소망(72:12-14)
      C′. 장수와 우주적인 통치를 위한 기도(72:15-17)
  A′. 하나님의 왕권을 위한 기도(72:18-20)

위의 구조에서 아쉬운 것은 시편 2권(42-72편) 전체에 대한 마무리로 보이는 섹션(18-20절)을 시의 구조에 포함했다는 것이다. 물론 내용이 그가 말하는 것처럼 하나님의 왕권을 위한 기도라면 가능한 일이지만, 18-20절은 하나님을 위한 기도가 아니라 찬양이다. 또한 대부분 학자들은 18-20절은 시편 2권을 마무리하는 역할을 하고 있으며, 이 시편과는 직접적인 연관이 없는 것으로 간주한다.

이 시의 구조를 분석하고 메시지를 파악하는 일에 있어서 가장 논쟁이 되는 것은 1-11절에서 왕이 해야 할 일을 정의하고 있는 직설문 (indicative)인지, 백성들이 왕을 위해 드리는 기도문인지가 확실하지 않다는 점이다. 대부분 번역본들은 기도로 취급하지만, 개역개정과 현대인성경과 공동번역, 그리고 맨 처음 출판된 NIV는 선언문으로 번역했다(최근 버전은 기도문으로 취급하고 있음). 이 주석에서는 대부분의 번역본들처럼 1-11절은 기도문으로 간주할 것이다.

또한 18-19절은 이 시와 직접적인 연관이 없어 보인다. 아마도 편집자들이 제2권을 마무리하면서 제2권 전체의 메시지를 되돌아보며 하나님을 찬양하는 섹션을 더한 것으로 보인다. 그러므로 이 섹션을 이 시편 구조에서는 열외로 취급할 것이다. 영어 번역본들과 우리말 번역본들 중 일부는 이 시편의 마지막 문장인 "이새의 아들 다윗의 기도가 끝나니라"를 독립적으로 취급하여 20절로 표기한다(cf. 아가페, 현대인, 공동). 반면에 개역개정과 새번역 등은 19절에 포함시킨다. 이 주석에서는 다음과 같은 분석을 바탕으로 본문을 주해해 나가고자 한다.

  A. 지속되는 통치(72:1)
    B. 공평하고 정의로운 통치(72:2-4)
      C. 온 세상에 생명을 주는 통치(72:5-7)
      C'. 온 세상을 아우르는 통치(72:8-11)
    B'. 약자들을 보호하는 통치(72:12-14)
  A'. 만수무강한 통치(72:15-17)
  제2권을 마무리하는 송영(72:18-19)

III. 주해

이 시편은 솔로몬 혹은 다윗 왕조의 왕들이 어떻게 주의 백성을 다스려야 하는가에 대하여 하나님과 백성의 바람을 반영한 노래다. 주의 백성을 다스리는 특권을 누리는 왕들은 그들의 특권이 당연한 권리가 아니라, 하나님이 자기 백성을 다스리도록 그들에게 위임한 것이라는 사실을 기억하여 주님의 뜻에 따라 주의 백성을 다스려야 한다. 또한 이 노래는 장차 다윗 왕조의 왕으로 임하실 메시아 왕이 어떻게 자기 백성과 온 세상을 통치할 것인가에 대하여 설명한다. 이러한 차원에서 이 시편은 매우 미래 지향적이다. 이 시편이 노래하는 메시아의 통치는 예수님의 초림에 어느 정도, 그러나 재림 때 온전하게, 최종적으로 성취된다.

1. 지속되는 통치(72:1)

> ¹ 하나님이여
> 주의 판단력을 왕에게 주시고
> 주의 공의를 왕의 아들에게 주소서

기자는 하나님이 판단력과 공의를 다윗 왕조에게 허락하시기를 기도하며 노래를 시작한다. 지속되는 왕조를 강조하기 위하여 그는 "왕에게 주시고… 왕의 아들에게 주소서"라고 한다. 이 말씀은 이스라엘의 왕이 취임하는 예배에서 율법을 기록한 책이 그에게 전수되는 상황을 배경으로 하고 있다는 해석이 있다(Anderson). 충분히 가능하지만, 입증할 만한 증거는 없다.

'판단력'(מִשְׁפָּט)은 '정의'와 같은 단어로서 모든 사람에게 공평하게 적용되는 기준을 강조한다(cf. 현대인, NIV, NRS, ESV). '공의'(צְדָקָה)는 옳고 그름에 대한 이슈다. 공의와 정의는 다윗 왕조가 지향해야 할 통치의 가장 기본적인 성향을 요약하며, 또한 하나님이 세상을 통치하시는 기준들이다. 이 시편은 모든 구절이 하나님의 공의와 정의를 노래하는 1절을 바탕으로 읽히도록 디자인되었다고 하는 견해도 있다(Murphy).

하나님의 권위를 위임받아 주의 백성을 다스리는 다윗 왕조의 왕들이 지향해야 할 공의와 정의는 어떤 것인가? 그들이 추구해야 할 공의와 정의는 이 세상이 세워 주는 기준이 아니다. 오직 하나님이 주시는 기준이어야 한다. 그러므로 기자는 하나님께 '주의 판단력'(מִשְׁפָּטֶיךָ)과 '주의 공의'(צִדְקָתֶךָ)를 왕과 왕의 아들에게 주실 것을 바란다. 하나님이 인간 왕을 통해 자기 백성을 공의와 정의로 다스리시기를 바라는 기도다.

2. 공평하고 정의로운 통치(72:2-4)

² 그가 주의 백성을 공의로 재판하며
주의 가난한 자를 정의로 재판하리니
³ 공의로 말미암아 산들이 백성에게 평강을 주며
작은 산들도 그리하리로다
⁴ 그가 가난한 백성의 억울함을 풀어 주며
궁핍한 자의 자손을 구원하며
압박하는 자를 꺾으리로다

기자는 하나님이 세상을 다스리시는 기준이 되는 공의와 정의를 다시 언급하고 있다(2절). 백성을 공의로 재판하는 것은 누구나 동의할 수 있는 기준과 원칙에 따라 다스리는 것을 의미한다. 가난한 자를 정의로 재판하는 것은 그들이 겪고 있는 경제적, 사회적 어려움 때문에 불공평한 판결을 받는 일은 없을 것이라는 뜻이다. 왕은 사회적 약자들의 인권과 권리를 보장하는 통치를 해야 한다.

3절은 번역하고 해석하기가 쉽지 않다(cf. Delitzsch). 개역개정은 "산들이 공의로 말미암아 백성들에게 평강을 준다"는데, 도대체 산들이 어떻게 공의롭게 행동할 수 있으며, 백성들에게 주는 평강은 무엇이라는 말인가? 그러므로 번역본들도 제각각이다. 새번역은 왕이 의를 이루면 산들이 백성에게 평화를 안겨주며, 언덕들이 정의를 가져다 줄 것입니다"로 번역했다(cf. TNK). 이 번역도 산들이 어떻게 백성에게 평화를 안겨주고 언덕들이 정의를 가져다 주는가에 대하여는 언급하지 않는다. 아가페성경이나 현대인성경도 별 도움이 되지 않는다.

대부분 영어번역본들은 '평강'(שָׁלוֹם)을 풍요로움/번영으로 해석하여 "산들과 언덕들이 백성들에게 풍요로움을 줄 것이다"로 번역한다(cf. NIV, ESV, NAS, NRS). 왕이 공의와 정의로 백성을 다스리면(2절), 왕과 백성들이 사는 자연이 풍요로움으로 화답할 것이라는 뜻이다. 하나님이 자연을 통해 풍요로움으로 경건한 왕과 백성을 축복하실 것이기 때문이다.

하나님의 공의와 정의로 백성을 다스리는 왕은 가난한 백성이 힘이 없고 돈이 없다는 이유로 억울한 일을 당하지 않도록 할 것이다(4a절). 또한 궁핍한 자의 자손을 구원할 것이다(4b절). '궁핍한 자'(אֶבְיוֹן)는 경제적인 어려움과 다른 사람들로부터 억압을 겪는 사람을 뜻한다(cf. HALOT, NIDOTTE). 왕은 가난과 억압에 찌든 부모들 때문에 자식들이 피해를 보는 일은 없도록 통치할 것이다. 궁핍함이 대물림되지 않도록 다스릴 것이라는 뜻이다.

억압당하는 사람이 없도록 하려면 압박하는 자들이 사라져야 한다. 그러므로 왕은 압박하는 자들을 꺾을 것이다(4절). '압박하는 자를 꺾다'(וִידַכֵּא עוֹשֵׁק)는 '압박하는 자를 압박하다'로 번역될 수 있다. 왕은 남을 압박하는 사람들을 압박하여 그들이 더 이상 남을 압박하지 못하도록 할 것이다.

3. 온 세상에 생명을 주는 통치(72:5-7)

> [5] 그들이 해가 있을 동안에도 주를 두려워하며
> 달이 있을 동안에도 대대로 그리하리로다
> [6] 그는 벤 풀 위에 내리는 비같이,

땅을 적시는 소낙비같이 내리리니
⁷ 그의 날에 의인이 흥왕하여
평강의 풍성함이 달이 다할 때까지 이르리로다

5절도 번역과 해석이 논란이 되고 있다(cf. Paul). 이때까지 기자는 왕에 대하여 3인칭단수로 언급해 왔는데, 이 구절에서 갑자기 3인칭복수('그들')가 등장하기 때문이다. 마소라 사본은 개역개정이 번역한 대로 3인칭복수로 표기하고 있지만(cf. NAS, ESV, TNK), 상당수의 번역본들이 칠십인역(LXX)에 따라 3인칭단수로 번역한다(아가페, NIV, NRS, RSV, CSB). 이 둘의 차이를 보면 복수는 "백성들이 주님을 두려워하게 해 달라"는 뜻이고, 단수는 "왕이 주님을 두려워하게 해달라"는 의미다. 복수는 문맥의 흐름에 맞지 않으며, 6절이 다시 3인칭단수를 사용하고 있다는 점을 감안할 때, 5절은 왕을 위한 기도로 해석하는 것이 바람직하다. 해가 있을 때에도, 또한 달이 있을 때에도 자손대대로 주님을 경외하게 해달라는 기도는 다윗 왕조가 영원히 주님을 경외하는 마음으로 백성들을 다스리도록 해달라는 축복이다.

왕이 하나님을 경외하는 마음으로 백성을 다스리면 그의 통치는 땅에 생명을 선사하는 단비 같을 것이다(6절). '벤 풀 위에 내리는 비'는 짐승이 먹을 풀을 생산한 다음에 곧바로 다시 풀을 키우는 일을 시작한다. 끊임없는 풍요의 상징인 것이다. 또한 땅을 적시는 소낙비는 더위에 지친 사람들과 짐승들에게 생기를 북돋아 준다. 왕이 여호와를 경외하는 마음으로 다스리면 생명력과 생기로 가득한 세상을 만들어 갈 것이다. 이런 통치자의 지배를 받는 백성은 복이 있다.

영원히 하나님을 경외하는 마음으로 백성을 통치하는 왕이 다스리는 나라에서는 의인들이 영원히 번성할 것이며, 세상 끝날까지 풍성한 평강이 함께할 것이다(7절). 3절에서 '평강'(שלום)이 풍요로움/번영으로 해석되었던 점을 감안하여 일부 번역본들은 7절에서도 평강을 풍요로움/

번영으로 해석한다. "그의 날이 풍요로움으로 가득하기를 바라며, 달이 사라질 때까지 풍성함이 그와 함께하기를 바랍니다"(That abundance may flourish in his days, great bounty, till the moon be no more)(NAS, cf. NIV, CSB).

죄와 악에 찌든 세상에서는 의인이 핍박을 받고 악인이 번성하기 십상이다. 기자는 하나님이 경건한 왕을 통해 다스리시는 세상에서는 의인이 번성하고 악인들이 쇠퇴할 것이라고 한다. 주님의 공의와 정의가 왕의 통치를 통해 실현되기 때문이다. 우리 모두가 꿈꾸는 세상이다. 이러한 세상에서는 하나님이 평강으로 함께하시기 때문에 사람들은 드디어 참 평안이 무엇인가를 깨닫게 되고 누리게 된다.

4. 온 세상을 아우르는 통치(72:8-11)

> ⁸ 그가 바다에서부터 바다까지와
> 강에서부터 땅 끝까지 다스리리니
> ⁹ 광야에 사는 자는 그 앞에 굽히며
> 그의 원수들은 티끌을 핥을 것이며
> ¹⁰ 다시스와 섬의 왕들이 조공을 바치며
> 스바와 시바 왕들이 예물을 드리리로다
> ¹¹ 모든 왕이 그의 앞에 부복하며
> 모든 민족이 다 그를 섬기리로다

하나님의 공의와 정의로 세상을 다스리는 왕은 바다에서 바다까지와 강에서부터 땅 끝까지 다스릴 것이다(8절). 이 말씀은 하나님이 아브라함에게 약속하시고 여호수아에게 알려주신 약속의 땅의 범위에서 남쪽의 한계선을 수정한 것이다(cf. 창 15:18-21, 수 1:4). 그러므로 '바다에서 바다'(מִיָּם עַד יָם)는 동쪽 요단 강 끝에서 시작되는 사해 혹은 사

해 밑에 있는 홍해와 서쪽 끝이라 할 수 있는 지중해를 뜻하는 표현이다(cf. vanGemeren). 이 두 바다 사이의 땅을 왕에게 통치하도록 주셨다. '강에서부터 땅끝까지'(מִנָּהָר עַד־אַפְסֵי־אָרֶץ)는(cf. 시 2:8) 유프라테스 강에서 세상 끝까지(특히 이스라엘의 남쪽 방향으로)를 뜻한다(cf. 새번역, 아가페, 현대인, NRS, ESV, CSB). 왕이 다스릴 땅의 범위는 북쪽으로는 유프라테스 강, 남쪽으로는 끝이 없는 무한한 땅으로 생각하면 된다. 왕이 다스리는 땅의 범위에 대한 한계가 아니라, 무한계를 강조하는 표현이다(Kirkpatrick).

이 안에 사는 사람들은 모두 왕에게 복종할 것이다. 기자는 광야에 사는 사람들이 왕에게 절을 하고, 그의 원수들은 땅에 납작 엎드리게 해달라고 기도한다(9절). '절하고 엎드리는 것'은 대체적으로 인간이 하나님께 보이는 행위다(시 2:11). 그러므로 이 말씀은 왕은 하나님의 통치를 대행하는 사람이라는 것을 암시한다.

또한 기자는 세상의 왕들이 하나님이 세우신 왕에게 정복을 당하거나 명성을 듣고 조공을 바칠 날이 올 것을 꿈꾼다. 다시스는 오늘날 스페인에 위치한 곳으로, 요나가 하나님의 명령에 따라 니느웨로 가지 않고 다시스로 가다가 물고기에게 먹힌 적이 있다(cf. 욘 1:1-3, 창 10:4, 렘 20:9). 또한 솔로몬이 다시스 배를 띄운 적이 있다(왕상 10:22). 정확하지는 않지만, '스바'(שְׁבָא)는 아라비아 남쪽에 있는 나라를(cf. 사 60:6, 렘 6:20, 겔 27:22-25), 시바(סְבָא)는 북 아프리카에 있는 나라를(cf. 창 10:7, 대상 1:9, 사 43:3, 욜 3:8) 뜻한다(cf. HALOT, NIDOTTE).[8] 스바의 여왕이 많은 선물을 가지고 솔로몬을 찾아온 일을 연상케 한다(cf. 왕상 11장). 기자는 가장 먼 세상 끝에서부터 왕들이 조공을 들고 이스라엘 왕을 찾아오게 해달라고 기도하고 있다. 그는 한번 더 모든 민족이 왕에게 복종하며 순종하기를 기원하며 이 섹션을 마무리한다(11절).

---

8 새번역은 10절과 15절에서 '스바'를 아라비아로, 10절의 '시바'를 에티오피아로 해석하여 번역에 반영했다.

5. 약자들을 보호하는 통치(72:12-14)

> ¹² 그는 궁핍한 자가 부르짖을 때에 건지며
> 도움이 없는 가난한 자도 건지며
> ¹³ 그는 가난한 자와 궁핍한 자를 불쌍히 여기며
> 궁핍한 자의 생명을 구원하며
> ¹⁴ 그들의 생명을 압박과 강포에서 구원하리니
> 그들의 피가 그의 눈앞에서 존귀히 여김을 받으리로다

온 세상을 평정하여 세상 왕들에게 조공을 받는 왕이 되기를 기원한 기자는 다시 한번 왕의 공의롭고 정의로운 통치가 어떤 것인가를 설명한다. 그는 이미 이 부분에 대하여 2-4절을 통해 비슷한 말을 한 적이 있다. 기자는 이 섹션에서 새로운 말을 하는 것이 아니라, 이미 앞에서 한 말을 재차 확인하고 있는 것이다.

왕은 가난하고 궁핍한 자들의 부르짖음에 눈을 감지 않을 것이다(12절). 그는 도움을 청하며 울부짖는 사람들을 건질 것(도울 것)이다. 왕은 원래 하나님이 계획하신 대로 그들의 삶을 회복시킬 것이다(Goldingay). 그는 또한 그들을 불쌍히 여길 것이다(13a절). 별 감정없이 도움을 주는 것이 아니라, 그들의 어려움에 공감하며 함께 아파할 것이라는 뜻이다. 그들을 측은하게 여긴 왕은 생명을 위협하는 압박과 폭력에서 그들을 구원하여 살게 할 것이다(13b-14a절). 그는 이 모든 약자들의 피를 귀하게 여길 것이기 때문이다(14b절). 왕은 자기가 통치하는 나라에서 경제적-사회적 약자들이 억울하게 착취당하고 억압당하는 일을 결코 용납하지 않을 것이다.

6. 만수무강한 통치(72:15-17)

> ^{15} 그들이 생존하여 스바의 금을 그에게 드리며
> 사람들이 그를 위하여 항상 기도하고 종일 찬송하리로다
> ^{16} 산 꼭대기의 땅에도 곡식이 풍성하고
> 그것의 열매가 레바논같이 흔들리며
> 성에 있는 자가 땅의 풀같이 왕성하리로다
> ^{17} 그의 이름이 영구함이여
> 그의 이름이 해와 같이 장구하리로다
> 사람들이 그로 말미암아 복을 받으리니
> 모든 민족이 다 그를 복되다 하리로다

15절도 번역과 해석적인 문제를 안고 있다. 개역개정은 마소라 사본을 문자적으로 해석하여 "그들이 그에게 드릴 것이다"(ויתן־לו)로 번역했는데, 3인칭단수로 진행되다가 갑자기 복수로 변하는 것이 매끄럽지 않으며, 이 노래의 초점은 한 왕에게 맞춰져 있지, 그의 지배를 받는 자들에게 맞춰져 있지 않다. 그러므로 거의 모든 번역본들이 칠십인역(LXX)의 번역에 따라 15절을 왕에게 초점을 둔 3인칭단수로 해석한다. "그리하여 만세나 살게 하시고 세바의 황금을 예물로 받게 하소서. 그를 위한 기도소리 그치지 않고, 그에게 복을 비는 소리 언제나 들리게 하소서"(공동, cf. 새번역, 아가페, 현대인, NIV, NAS, ESV, NRS, TNK). 10절에서처럼 '스바'는 아라비아로 해석될 수 있다(cf. 새번역). 기자는 하나님의 공의와 정의로 통치하는 왕이 만수무강과 부귀영화를 누리며, 그를 위한 기도가 끊이지 않도록 빌어주고 있다. 백성들의 중보기도가 끊이지 않는 이 왕은 참으로 복된 사람이다.

기자는 왕이 다스리는 나라도 풍요롭게 되기를 기도한다(16절). 온갖 곡식이 풍성해져 먹을 것이 충분한 백성들은 모두 풀처럼 왕성하게 될

것을 염원한다. 열매가 레바논같이 '흔들리다'(רעשׁ)는 열매가 매우 풍성하게 열린 모습을 묘사한다(Anderson, cf. HALOT). 풀(잡초)은 식물들 중에 병충해의 피해를 별로 받지 않으며 가장 잘 자란다. 그러므로 기자가 왕의 백성들이 풀처럼 왕성해지기를 빌어주는 것은 성장을 저해하는 어떠한 어려움도 당하지 않게 해달라고 하는 기도다. 이 말씀은 영육간에 강건함을 빌어주고 있다. 백성이 평안하고 행복하면, 통치하는 왕은 가장 이상적인 다스림을 했다고 할 수 있다.

통치자와 백성이 함께 행복한 나라의 왕의 이름은 영원히 기억될 것이다(17a-b절). 기자는 그의 이름이 해처럼 영원히 기억될 것을 빌어준다. 태초부터 종말까지 영원히 존재하는 태양이 사라질 때까지 왕의 이름도 하나님과 사람들에 의해 기념되며 존경과 칭찬이 자자할 것을 바라는 기도다. 우리말에 "호랑이는 죽어서 가죽을 남기고, 사람은 죽어서 이름을 남긴다"고 하는데, 기자는 왕이 영원히 고마움과 존경심을 유발하는 이름을 남기기를 기도하고 있다.

마지막으로 기자는 하나님이 아브라함에게 내려 주신 축복의 성취가 되기를 왕에게 빌어준다(17c-d절, cf. 창 12:1-3). 하나님은 오래 전에 세상 모든 사람에게 복을 끼치는 축복의 통로가 되라고 아브라함에게 말씀하셨다. 기자는 세상 모든 사람들이 왕으로 인해 복을 받게 되기를 바라며, 왕을 통해 복을 받은 모든 민족이 다 그를 복되다고 할 때를 꿈꾸고 있다. 다윗 왕조의 그 어느 왕도 이 말씀이 뜻하는 바를 이루지는 못했다. 오직 다윗 왕조의 마지막 왕으로 오신 예수님이 이 일을 이루셨다. 주님은 세상 모든 민족에게 복을 끼치셨으며, 그의 복을 경험한 모든 사람이 주님을 복되다고 인정했다. 이 말씀의 최종적이고 유일한 성취는 예수님이신 것이다(cf. Terrien).

7. 제2권 마무리 송영(72:18-19)

¹⁸ 홀로 기이한 일들을 행하시는 여호와 하나님
곧 이스라엘의 하나님을 찬송하며
¹⁹ 그 영화로운 이름을 영원히 찬송할지어다
온 땅에 그의 영광이 충만할지어다
아멘 아멘
이새의 아들 다윗의 기도가 끝나니라

1-17절을 통해 다윗 왕조와 그 왕조의 왕들을 위해 기도하며 복을 빌어준 기자가 72편 시편과는 직접적인 연관성이 없는 독립적인 섹션으로 마무리한다(cf. Goldingay, Wilson). 이 섹션은 72편의 마무리라기보다는 시편 제2권(42-72편)의 끝을 알리는 역할을 하고 있다. 그래서 솔로몬과 연관한 것으로 생각된 72편과 상관없이 "이새의 아들 다윗의 기도가 끝나니라"(19절)로 전체 섹션을 맺고 있다.

기자는 여호와 하나님은 홀로 기이한 일을 행하시는 분이라고 찬양한다(18a절). 이 말씀이 하나님은 인간의 의지나 계획과 상관없이 사역하신다는 의미로 풀이될 수 있지만, 근본적인 비교 대상은 열방의 신들인 우상들이다(cf. Kirkpatrick). 여호와 하나님은 세상 그 어느 신들과 비교될 수 없는 전능하신 분이라는 뜻이다. 우상들은 할 수 있는 일이 아무것도 없다. 반면에 하나님은 온갖 '기이한 일들'(נִפְלָאוֹת, 이적들)을 하시는 분이다. 세상의 신들과 차별화된 여호와를 찬양하는 말씀이다.

기자가 찬양하는 이 기이한 일을 하시는 하나님은 여호와이시며 하나님이시다(18절). 여호와로서 주의 백성과 특별한 관계를 맺으신 분이며, 하나님으로서 온 세상을 창조하시고 다스리시는 분이다. 바로 이분이 이스라엘의 하나님, 곧 특별히 사랑하시려고 선별하신 주의 백성의 하나님이시다.

그러므로 하나님이 특별히 사랑하시려고 선별하신 사람들이, 곧 주의 백성들이 주님의 영화로운 이름을 영원히 찬송하는 것은 당연한 일이다(19절). 기자는 하나님이 행하시는 기적들과 주님의 이름을 자연스럽게 연결시키고 있다(Wilson). 또한 백성들이 주님을 찬송할 때, 온 세상은 하나님의 영광으로 충만할 것이다. 하나님의 나라가 이 땅에 임하게 하고, 하나님의 통치가 이 땅에 임하게 하는 방법, 곧 하나님의 영광이 온 땅에 충만하게 하는 비법은 우리가 영화로우신 하나님을 끊임없이 찬송하는 것이다. 이러한 사실을 확인하면서 저자는 '아멘, 아멘'을 반복한다. 꼭 그렇게 될 것이라는 뜻이다. 이렇게 하여 시편2권이 마무리되고 있다. 기자는 시편 2권이 이새의 아들 다윗의 기도라고 하는데, 제2권에 속한 거의 모든 시편들이 표제에 다윗의 이름을 언급한 것과 무관하지 않은 표현이다.

시편 II

42-89편

제3권(73-89편)

시편 제3권(73-89편)은 고작 17편으로 구성되어 있는 짧은 책이지만, 제1-2권에 비교할 때 상당히 독특한 면모를 지녔다. 제1-2권에서는 다윗과 연관된 시가 참으로 많았다. 반면에 제3권에서는 다윗과 연관된 시는 86편 단 한편에 불과하다. 또한 제2권에 속해 있는 노래들 중 상당수가 고라 자손들과 연관되어 있었다. 이와는 대조적으로 제3권에서는 84, 85, 87, 88편 등 겨우 네 편이 고라 자손들과 연관된 노래들이다.

고라 자손들이 제2권에서 차지한 자리를 제3권에서는 아삽과 그의 자손들이 차지하고 있다고 할 수 있다. 제2권에서는 유일하게 제50편만 아삽과 연관되어 있었는데, 제3권을 구성하고 있는 총 17개의 시편들 중 11개(73-83편)가 아삽 혹은 그의 자손들과 연관된 시들이기 때문이다. 역대기에 의하면 아삽 자손들과 고라 자손들은 성전과 긴밀한 관계를 유지했던 사람들이다. 특히 아삽 자손들은 성전에서 찬양하는 음악가들이었다(대하 5:12). 그러나 아삽과 그의 자손들이 성전 사역과 깊은 연관성을 유지했다 하여, 이 시들을 모두 아삽과 그의 후손들의 작품으로 간주할 필요는 없다. 이 시들을 아삽과 그의 후손들과 직접 연관시키지 않고 '성전에 대한 노래'로 읽을 것을 제안하는 학자들도 있다(Tucker & Grant, Wilson). 아삽과 그의 후손들을 이 시편들의 실제 저자들이 아니라 찬양 전통을 상징하는 인물들로 간주하자는 것이다. 시편의 표제들이 매우 유동적으로 사용되고 있는 상황을 감안하면 어느 정도 설득력이 있는 주장이다.

제3권을 마무리하는 89편은 우리에게 신원이 전혀 알려지지 않은 에단이라는 사람과 연관된 노래다. 제1권은 다윗의 시(41편), 제2권은 솔

로몬의 시(72편)로 마무리하고 있는 점을 감안할 때, 에단은 다윗의 후
손이거나 성전의 찬양 사역과 깊은 연관이 있는 사람이었을 것이다.
시편 전체에 등장하는 회중 탄식시들 중 상당수가 제3권에서 발견되는
특이함도 있다. 다음은 시편 제3권을 표제와 내용에 따라 분석해 놓은
것이다. 전체적인 분위기는 아삽과 자손들의 노래로 시작하여 고라와
자손들의 시들로 마무리된다.

I. 73-83편, 아삽의 시

　73편: 악인의 번성 문제

　74편: 하나님께서 자기 백성을 버리심

　75편: 심판의 시간

　76편: 하나님께서 세상을 심판하심

　77편: 하나님께서 세상을 버리심

　78편: 하나님께서 자기 백성을 버리심, 다윗을 취하심

　79편: 하나님의 양떼의 고뇌

　80편: 회복을 위한 기도

　81편: 이스라엘이 거부당한 이유

　82편: 불의한 재판관에 대한 심판

　83편: 열방의 연합: 지극히 높으신 자와 정의를 위한 기도

II. 84-85편, 고라 자손의 기도

　84편: 하나님의 임재 갈망

　85편: 회복과 소망에 대한 기도

III. 86편, 다윗의 시—열방이 포함되기를 바라는 기도

IV. 87-88편, 고라 자손들의 시

　87편: 열방의 어머니, 도성 시온

　88편: 영혼의 긴 밤

V. 89편, 에단의 시–창조주–왕이신 여호와께서 다윗의 후손과 언약
　　을 맺으심

제73편
아삽의 시

I. 장르/양식: 지혜시(cf. 1편)

일부 학자들은 이 시편이 탄식시라고 하기도 하고(Gunkel, Tucker &
Grant, Westermann), 감사시(psalm of thanksgiving)라고도 하며(Mowinckel,
Weiser), 확신시(psalm of confidence)로 분류하기도 한다(Westermann). 그러
나 대부분 학자들은 지혜시로 분류한다(Gunkel, Luyten, Ross). 설령 지혜
시라는 분류를 사용하지 않는다 해도 이 시는 분명 지침(instruction)을
주기 위하여 저작된 것임을 인정하는 학자들도 있다(cf. Anderson). 또한
이 시는 시편들 중 기자가 하나님의 가르침에 가장 확고한 심경의 변
화를 보이는 시다(Tate).

내용에 있어서 이 시편은 악인과 의인의 운명을 대조적으로 묘사
하는 제1-2편을 연상시키면서 새로운 가르침을 제시한다(cf. Grogan,
McCann). 이러한 상황을 고려할 때 시편 1편도 이 시편처럼 지혜시였
다는 것은 편집자들의 의도를 반영한 당연한 결과로 볼 수 있다. 73편
은 시편 전체의 흐름에서 물리적으로 중앙 부분에 위치하며, 지혜시인
1편이 묘사했던 신앙을 새로운 단계로 도약하게 하는 듯하다. 하나님
이 공의와 정의로 통치하는 세상에서 악인들이 성행하는 것에 대한 신

앙인의 올바른 반응/대응을 노래하고 있기 때문이다.

이 시가 사용된 정황에 대하여도 추측이 난무한다. 일부 학자들은 가을 추수철에 온 공동체가 성전에서 예배를 드리며 왕이 낭독한 시라고 한다(cf. Allen). 그러므로 이 시를 왕족시라고 하는 사람들도 있다. 이 노래를 보면 일인칭단수로 진행되기 때문에 회중이 함께 부른 노래는 아닌 것 같은데 이 학자들은 어떻게 해서 이 시를 공동체가 예배에서 사용했다고 하는 것일까? 그들은 이 시편의 내용이 공동체의 상황을 반영하고 있기 때문에, 일인칭단수(I)를 모두 일인칭복수(We)로 읽어야 한다고 주장한다. 이러한 제안에 대하여 지나친 추측에 불과하다며 동의하지 않는 학자들도 있다(Tate).

이 노래는 악인들이 성행하는 현실에 대하여 혼란에 빠진 기자가 하나님을 신뢰하며 기다리는 시편 37편과 비슷하다(cf. McCann). 그러나 이 시편은 37편이 내린 결론을 한 단계 더 발전시킨다. 37편은 간절한 마음으로 주님을 기다리라고 했는데, 이 시편은 하나님을 간절히 기다리면 언젠가는 영광스러운 미래가 의인들을 맞이해 줄 것이며, 악인들은 심판을 피할 수 없을 것이라고 하기 때문이다. 하나님이 끝에 가서 고난당하는 의인을 인정하시는 일은 욥기와도 맥을 같이한다.

이 시의 저작연대에 대하여도 논란이 분분하다. 상당수의 학자들이 포로기 혹은 포로기 이후 시대를 지목한다(Caquot). 그들이 이러한 주장을 펼치는 것은 이 노래의 주제가 신정론(theodicy, 의로우신 하나님이 다스리시는 세상에서 어찌하여 악인이 성공하고 의인이 고통을 당하는가를 다루는 신학적 주제)이며, 신정론은 포로기와 그 이후에 발전한 신학적 주제라고 생각하기 때문이다(cf. 말 3:13ff.). 그러나 포로기 이전 선지자들도 분명 신정론을 논한다. 대표적인 예가 예레미야와 하박국이다(cf. 렘 12:1ff. 합 1:2ff.). 그러므로 포로기 이후에 신정론이 발전했기 때문에 이 노래가 포로기 이후 시대에 저작된 것이라는 주장은 별 설득력이 없다.

II. 구조

다음은 밴게메렌(vanGemeren)이 분석한 시의 구조다(cf. Tate).

A. 경험과 믿음(73:1-3)

  B. 악인의 성행(73:4-12)

    C. 개인적인 반응(73:13-17)

      D. 하나님의 정의 확인(73:18-20)

    C′. 시편 기자의 반응에 대한 평가(73:21-22)

  B′. 경건한 자의 열망(73:23-26)

A′. 경험과 소망(73:27-28)

아쉬운 것은 17절이 이 시의 한 중앙에 위치하며 1-16절의 내용은 반전시키는(turning point) 역할을 하고 있는데(cf. Tate), 위 구조에서는 18-20절이 이러한 역할을 하고 있다. 17절을 기점으로 그 이전에는 의인들이 '미끄러운 곳'에 서 있었는데, 이후로는 악인들이 '미끄러운 곳'에 서 있기 때문이다. 노래를 시작하는 1절과 마무리하는 28절도 17절과 암묵적으로 연결되어 있다는 것이 학자들의 견해다(McCann). 일부 주석가들은 이 노래가 부르게만(Bruggemann)이 주장하는 '오리엔테이션(orientation)—혼란(disorientation)—재오리엔테이션(reorientation)' 모델에 따라 1절(orientation)—2-17절(disorientation)—18-28절(reorientation)로 구분하여 읽을 것을 제안한다(Tucker & Grant).

그러나 이 시편은 '참으로'(אַךְ)로 시작하는 자연스러운 문단 셋으로 나뉠 수 있다(1-12, 13-17, 18-28절. cf. McCann, Tate). 이러한 점을 감안하여, 이 주석에서는 다음과 같은 구조를 바탕으로 본문을 주해해 나가고자 한다.

A. 실족할 뻔한 경험(73:1-3)

  B. 악인들의 성행(73:4-12)

　　C. 새로운 깨달음(73:13-17)
　B'. 악인들의 최후(73:18-20)
A'. 반석에 서 있다는 확신(73:21-28)

III. 주해

이 시편은 의로우신 하나님이 통치하는 세상에서 악인들이 성행하는 것을 보고 일시적으로 시험에 들었다가 언약 백성은 악을 거부하고 경건을 추구하는 삶을 살아야 한다는 사실을 새로이 깨달은 사람이 더이상 이 이슈를 문제삼지 않고 오히려 하나님을 간절히 바라겠다고 다짐하는 고백이다. 기자는 이 경험을 통해 악인들은 분명히 심판을 받을 것이며, 하나님을 경외하는 사람들이 끝에 가서는 하나님의 인정과 축복을 받게 될 것을 확신한다. 노래가 매우 미래 지향적이며 종말론적인 관점을 지니고 있는 것이다.

1. 실족할 뻔한 경험(73:1-3)

¹ 하나님이 참으로 이스라엘 중
마음이 정결한 자에게 선을 행하시나
² 나는 거의 넘어질 뻔하였고
나의 걸음이 미끄러질 뻔하였으니
³ 이는 내가 악인의 형통함을 보고
오만한 자를 질투하였음이로다

하나님은 언제나 마음이 정결한 사람들에게 선을 베푸신다(1절). 토라 신앙(Torah faith)의 가장 확신한 표현이다(Brueggemann & Bellinger). 마음이 '정결하다'(בַּר)는 것은 온갖 죄로 때묻지 않은 순결함(pure)을 유지하거나 마음이 비어 있다(empty)는 뜻이다(HALOT). 사람이 살다 보면 세상의 때가 묻지 않을 수는 없다. 그러므로 이 말씀은 사람이 죄를 지었다 할지라도, 율법(Torah)의 가르침에 순종하여 회개와 속죄제 등 예물을 통해 신속하게 죄를 해결하며 사는 사람들을 뜻한다. 우리가 죄를 짓지 않고 살기는 어렵겠지만, 죄를 지을 때마다 주님을 통해 지은 죄문제를 해결하고 살아간다면, 우리도 정결한 마음을 가질 수 있다. 성경은 오직 말씀에 순종하는 사람만이 하나님의 용서와 축복을 누릴 수 있다고 한다

기자는 한 가지 일로 인해 한동안 시험에 든 적이 있다(2절). 그는 자신의 경험을 '넘어질 뻔한, 미끄러질 뻔한 일'로 회고한다. 걷는 것은 고사하고 온전히 서 있는 것 자체가 힘들 정도로 실족할 뻔한 경험, 곧 참으로 큰 시험에 들었다는 뜻이다. 그가 무엇 때문에 시험에 들었다는 말인가? 하나님은 마음이 정결한 사람들에게 선(축복)을 베푸신다는 사실을(1절) 의심한 것이다(cf. 아가페).

그는 어떻게 하다가 이 같은 신앙적 실족을 할 뻔했는가? 그는 악인들이 형통하는 것을 보고 하나님이 마음이 정결한 사람들에게 선을 베푸시지 않고 악인들을 환대하신다며 한동안 악인들을 부러워했다(3절). 일종의 신정론(theodicy)에 대하여 고민하다가 시험에 든 것이다.

'형통함'(שָׁלוֹם)은 사람이 누릴 수 있는 최고의 평안과 안녕이다(cf. NIDOTTE, Tucker & Grant). 성경은 이 평안은 하나님만이 주실 수 있으며 오직 의인들만이 누릴 수 있는 것이라고 한다(cf. 시 1편). 그렇다면 형통함은 마음이 정결한 사람들의 몫이어야 하는데, 악인들이 누리고 있으니 참으로 '열 받는 일'이 아닐 수 없다는 것이 기자의 논리다. 우리도 악한 세상에 살면서 이 같은 상대적 박탈감을 종종 경험하면서 산다.

'오만한 자들'(הוֹלְלִים)은 자주 쓰이는 단어는 아니며, 죄를 짓는 일에 미쳐 있는('환장한') 사람들을 뜻한다(cf. HALOT). 기자는 어느 정도의 죄를 지으며 살아가는 사람들이 잘되는 것도 문제라고 생각한다. 그런데

참으로 많은 죄를 짓는 사람들이 그 어떠한 벌도 받지 않고 잘 사는 것을 보면서 그들이 부럽기까지 했다. 의인들을 축복하셔야 할 하나님이 악인들을 전혀 벌하지 않으실 뿐만 아니라, 의인들에게 주셔야 할 형통함을 그들에게 주시니 순간적으로 '나도 저렇게 살까?' 하는 유혹에 빠진 것이다. 힘들고 어렵지만 나름 열심히 경건과 거룩을 추구하며 살아가는 사람들이 승승장구하는 악인들을 보면 상대적인 박탈감을 느낄 수 있다.

2. 악인들의 성행(73:4-12)

⁴ 그들은 죽을 때에도 고통이 없고
그 힘이 강건하며
⁵ 사람들이 당하는 고난이 그들에게는 없고
사람들이 당하는 재앙도 그들에게는 없나니
⁶ 그러므로 교만이 그들의 목걸이요
강포가 그들의 옷이며
⁷ 살찜으로 그들의 눈이 솟아나며
그들의 소득은 마음의 소원보다 많으며
⁸ 그들은 능욕하며 악하게 말하며
높은 데서 거만하게 말하며
⁹ 그들의 입은 하늘에 두고
그들의 혀는 땅에 두루 다니도다
¹⁰ 그러므로 그의 백성이 이리로 돌아와서
잔에 가득한 물을 다 마시며
¹¹ 말하기를 하나님이 어찌 알랴
지존자에게 지식이 있으랴 하는도다
¹² 볼지어다 이들은 악인들이라도 항상 평안하고
재물은 더욱 불어나도다

저자는 악인들이 성행하는 것을 보고 좌절하여 실족할 뻔했다고 하는데, 그는 무엇을 보고 악인들을 부러워하게 되었는가? 그는 자신이 목격한 악인들의 형통을 일곱 가지로 정리한다. 숫자 7은 만수이며 그가 악인들의 형통을 일곱 가지로 말하는 내용은 그들의 삶은 참으로 '온갖 축복'으로 가득하더라는 회고다.

첫째, 그들은 죽을 때에도 고통이 없이 죽는다(4절). '죽을 때에도'(לְמוֹתָם)를 더 정확하게 번역하면 '죽을 때까지'다. 그들은 평생 어떠한 고통도 당하지 않고 평안하게 산다. '힘이 강건하다'(וּבָרִיא אוּלָם)의 문자적 의미는 '그들의 배는 기름지다'이다(cf. 새번역). 먹을 것이 풍부하지 않았던 고대 사회에서 몸이 비대한 것은 부(富)의 상징이었다. 그들은 참으로 부유하게 산다는 뜻이다(Anderson, Tucker & Grant). 기자는 악인들이 평생 굶주림을 경험하지 않는 것이 참으로 부러웠다. 반면에 주의 자녀들 중 상당수는 이 땅에서 배고픔을 경험하며 살아간다. 오죽하면 예수님께서 주기도문을 주시면서 하나님이 우리에게 '일용할 양식'을 허락하시도록 기도하라고 하셨겠는가!

둘째, 악인들은 일반인들이 모두 겪는 고난과 재앙도 당하지 않는다(5절). 이러한 상황은 의로우신 하나님이 세상을 공의와 정의로 통치하시면서 악인들에게는 벌을 내리시고 의인들에게는 상을 내리신다는 세계관을 가지고 사는 사람들을 매우 당혹스럽게 한다. 만일 악인들도 모든 사람이 겪는 삶의 애환(질병, 사고 등)을 겪으면, 그나마 그들이 형통하는 것은 그들에 대한 하나님의 무관심에서 비롯되었다고 생각할 수도 있다. 그런데 그들이 모든 사람들이 겪는 고통과 재앙마저도 겪지 않을 때에는 마치 공의와 정의로 세상을 다스리시는 여호와께서 오히려 그들의 죄와 악행을 축복하시는 듯한 느낌을 떨치기가 어렵다. 이는 온갖 고통과 핍박을 감수하면서도 정의로우신 하나님을 믿으며 의롭게 살려고 하는 사람들의 사기를 가장 심각하게 떨어뜨리는 현상이다.

셋째, 악인들은 교만하고 후환을 두려워하지 않고 폭력을 일삼는다

(6절). 악인들이 제멋대로 산다는 뜻이다. 성경은 하나님이 가장 싫어하는 죄가 교만이라고 하는 사실을 감안할 때(cf. 삼하 22:26-28, 잠 6:16-19, 16:18), "그들이 교만을 목걸이를 착용하듯 한다"(עֲנָקַתְמוֹ גַאֲוָה)는 것은 참으로 심각한 상황을 묘사한다. 선을 축복하시고 악을 벌하는 창조주가 통치하시는 세상에서는 별 소동을 벌이지 않으면서 교만을 떠는 사람도 문제인데, 자신의 교만을 노골적으로 드러내며 자랑하는 사람은 더 큰 문제가 된다. 하나님의 공의로우심과 이 악인의 교만이 정면으로 충돌하기 때문이다.

이러한 상황은 두 번째 정황(5절)의 당연한 결과다. 하나님은 공의와 정의로 세상을 다스리신다. 그러므로 우리는 하나님이 악인들은 벌하시고, 의인들에게는 복을 내려 주실 것을 기대한다. 그런데 죄인들이 더 승승장구하고 형통한다! 결국 악인들은 심판하시는 하나님을 더 이상 두려워하지 않을 뿐만 아니라, 오히려 여호와께서 그들을 축복하셨다고 생각한다. 이러한 자아도취에 빠진 악인들은 교만을 떨며 더 폭력적으로 변한다. 폭력을 통해 이룬 부와 형통함이 하나님의 축복이라고 생각하기 때문이다. 그러므로 악인들은 신을 믿지 않는 자들이 아니다. 그들은 악을 축복하는 신(들)을 믿는다(cf. Tucker & Grant).

기자는 '강포'(חָמָס)가 그들의 옷이 되었다고 한다. 고대 사회에서는 사람의 신분이 입은 옷을 통해서 표현되었는데, 사람들은 그들의 폭력성을 보고 대번에 그들이 어떤 자들인가를 알아차렸다는 뜻이다(cf. Briggs). 마치 그들이 목걸이로 착용하고 있는 것을 보고 그들을 알아본 것처럼 말이다. 그들은 자신들이 무슨 짓을 하든 간에 하나님이 자기 편이라고 생각한다.

아모스 선지자들도 이런 악인들을 향해 메시지를 전한 적이 있다. 우리 시대처럼 선지자들의 시대에도 힘없고 억울한 사람들을 착취하여 큰 부를 이루며 승승장구하는 사람들이 있었다. 그들은 하나님이 그들을 축복하셨기 때문에 큰 부를 쌓고 떵떵거리며 살 수 있다고 주장했다. 그렇다면 왜 하나님이 그들을 축복하셨는가? 하나님이 그들을 사랑하시기 때문이라고 했다. 하나님은 왜 그들을 사랑하시는가? 그들은 말하기를 자신들이 의롭기 때문이라고 했다. 그들의 논리에 의하면 어느덧 '부(副)=의로움'이 된 것이다. 아모스는 이 이퀄부호(=)에 선(/)을 그어 '부≠의로움'이라고 단언했다. 사람이 잘 살며 승승장구하는 것과 그의 의로움은 별개 문제라는 것이다.

넷째, 악인들은 온갖 악한 음모와 계획으로 가득하다(7절). "살찜으로 그들의 눈이 솟아난다"와 "그들이 얻는 것이 소원한 바보다 많다"는 7절의 두 행이 잘 어울리지 않는다. 히브리어 텍스트(חֵלֶב עֵינֵמוֹ)를 문자적으로 번역하면 "그의 눈이 기름기로 튀어나왔다"이므로 '살찐 눈' 해석이 가능하지만(cf. Tucker & Grant), 이렇게 해석하면 마음과 눈의 조화를 이해하기가 쉽지 않다. 그러므로 일부 번역본들은 이 구절을 "그들의 냉담한 마음에서 죄가 나오며, 그들의 악한 상상력에는 한계가 없다"고 번역한다(NIV, cf. 아가페, 공동). 문맥에 더 적합한 해석이다. 악인들은 하루 종일 죄 지을 일을 꾸미며 즐긴다는 뜻이다. 유행가의 가사에 비유하자면, "앉으나 서나 죄 생각"밖에 할 수 없는 자들이다.

다섯째, 악인들은 사람들을 능욕하며 학대로 그들을 협박한다(8절). '능욕하다'(מוּק)는 성경에서 이곳에 단 한번 사용되는 단어(hapax legomenon)이므로 정확한 의미를 가늠하기가 쉽지는 않지만, 사람들을 빈정대며 조롱한다는 뜻을 지녔다(cf. NAS, NIV, ESV). 또한 "높은 데서 거만하게 말하다"(עֹשֶׁק מִמָּרוֹם יְדַבֵּרוּ)는 문자적으로 "높은 곳에서/고상하게 학대를 말하다"이다(cf. NIV, NAS, ESV, NRS). 이 말씀은 기자가 비난하고 있는 악인들은 사회 지도층임을 암시하며, 그들은 자신들의 지위와 권력을 악용하여 약자들을 억압하고 학대하며 협박을 서슴지 않고 있다는 뜻이다.

여섯째, 악인들은 하나님을 비방하고 사람들에게 악한 말을 내뱉는다(9절). "입을 하늘에 두다"(שַׁתּוּ בַשָּׁמַיִם פִּיהֶם)는 그들의 교만이 극치에 이르러 하늘에 계신 하나님을 비방한다는 뜻이다(cf. 새번역, 아가페, 현대인, 공동). "혀가 땅에 두루 다닌다"(לְשׁוֹנָם תְּהֲלַךְ בָּאָרֶץ)는 온갖 악한 말과 교만한 말을 내뱉는다는 뜻이다(cf. 아가페, 공동, ESV, RSV, CSB). 하늘과 땅은 한 쌍이 되어 악인들은 하나님과 사람들을 두려워하지 않을 뿐만 아니라 온갖 망언을 일삼는 것이 마치 그들은 자신들이 신들이나 된 것처럼 교만을 떨고 있다(Anderson, Crenshaw).

일곱째, 악인들은 사람들을 실족하게 한다(10-11절). 10절의 의미를 정확하게 번역하기가 쉽지 않다. 본문의 문맥과 이미지를 고려할 때 "하나님의 백성마저도 그들에게 홀려서 물을 들이키듯, 그들이 하는 말을 그대로 받아들였다"(새번역, cf. 현대인, NAS, CSB)가 가장 적절한 해석이다. 하나님이 공의와 정의로 다스리시는 세상에서 악인들이 성행하니, 처음에는 이러한 상황에 대하여 당혹스러워했던 사람이라도 나중에는 하나님이 의로 세상을 다스리신다는 믿음을 포기하고 악인들이 지껄이는 말에 매력을 느껴 동요된다는 뜻이다(Anderson, Kraus). 하나님의 공의로운 통치를 바탕으로 현실에서 경험하는 당혹스러운 일들을 충분히 설명할 수 없게 되자 점차적으로 의로우신 하나님에 대하여 체념하는 사람의 모습이다.

백성들은 체념하면서 이렇게 말한다. "하나님이 어찌 알랴, 지존자에게 지식이 있으랴"(11절). 그들은 하나님이 이 세상에서 어떤 일이 일어나고 있는지에 대하여 전혀 모르거나, 관심이 없으시기 때문에 이런 일(악인들이 세상을 장악하고 쥐어 흔드는 일)이 일어나고 있다고 생각한다. 극에 달한 하나님에 대한 실망감의 표현이다. 악인들이 승승장구하면 이런 부작용을 낳는다. 의롭게 살려고 노력하는 주의 백성들이 좌절하고 상심한다. 악인들의 모습을 보면 자신들이 굳이 경건하고 거룩하게 살려고 발버둥칠 필요가 없다는 생각이 들기 때문이다.

기자는 이 일곱 가지 사례들을 되돌아보면서 결론을 짓는다. 악인들은 항상 편안하고 그들의 재산은 날이 갈수록 불어난다(12절). 그들은

엑스포지멘터리 시편 II

하나님의 그 어떠한 징계도 받지 않으며 세상에서 승승장구한다. 주님을 경외하는 사람이 가장 힘들어하는 것은 악인들이 승승장구하는 세상은 분명 공의와 정의로 세상을 다스리시는 여호와께서 창조하시고 다스리시는 주님의 영역이라는 사실이다. 주님의 세상에서 악인들이 성행하는 것은 신앙을 가진 사람들이라면 참으로 힘들어할 수밖에 없다. 기자는 이 섹션을 매우 절망적으로 마무리하며 자신이 왜 한동안 하나님은 마음이 깨끗한 사람들에게 선을 베푸신다는 사실에 대해 실족하게 되었는가를 회고하고 있다.

3. 새로운 깨달음(73:13-17)

¹³ 내가 내 마음을 깨끗하게 하며
내 손을 씻어 무죄하다 한 것이 실로 헛되도다
¹⁴ 나는 종일 재난을 당하며
아침마다 징벌을 받았도다
¹⁵ 내가 만일 스스로 이르기를
내가 그들처럼 말하리라 하였더라면
나는 주의 아들들의 세대에 대하여
악행을 행하였으리이다
¹⁶ 내가 어쩌면 이를 알까 하여 생각한즉
그것이 내게 심한 고통이 되었더니
¹⁷ 하나님의 성소에 들어갈 때에야
그들의 종말을 내가 깨달았나이다

나름 최선을 다해 경건하고 거룩하게 살려고 노력해 온 기자가 악인들의 형통함을 보고, 하나님이 그들을 벌하시는 것이 아니라, 오히려 배려하신다고 생각하니 문득 좌절감과 박탈감이 들었다. 경건한 마음

434

가짐과 행실을 추구하는 노력이 헛되다는 생각이 들었기 때문이다(13절, cf. 5절). 그는 이때까지 하나님을 향한 그의 마음이 경건하지 않은 것들로 오염되지 않도록 청렴 결백하게 살아왔다. 또한 '손을 씻어 무죄하다'는 것은 행동으로 죄를 짓지 않고 성실하게 살아왔다는 뜻이다(cf. 새번역, 아가페). 그는 어떠한 죄도 짓지 않으려고 몸과 마음을 경건하게 지켜왔다. 그러나 이 모든 노력에 대하여 자괴감이 들었다. 온갖 악한 짓들을 해대는 사람들이 승승장구하는 것을 보면서 경건하게 살려는 그의 노력이 참으로 헛되다는 생각이 들었기 때문이다. 그러므로 이 말씀은 마음이 정결한 자에게 하나님이 선을 행하신다는 1절의 세계관과 정면으로 충돌하고 있다(Tucker & Grant). 기자는 별 효력이 없어 보이는 토라 믿음(Torah faith)을 버리고 악인들처럼 살고자 하는 유혹을 경험했다(Brueggemann & Bellinger).

왜 그는 경건하게 살려고 노력하는 자신의 삶이 헛되다고 생각하는가? 하나님을 두려워하지 않는 악인들은 성행하는데, 경건하고 거룩하게 살려고 노력하는 그의 삶은 온갖 재난과 징벌로 가득하기 때문이다(14절). 하나님은 분명 자녀로 택하신 자마다 사람이 아들을 징계하듯이 그들을 징계하신다(신 8:5, cf. 삼하 7:14, 잠 3:11-12). 그러나 징계도 어느 정도여야지 항상(기자는 '종일'과 '아침마다'로 표현함) 징계하시면, 세상에 견뎌낼 사람이 어디 있겠는가! 물론 하나님이 그를 하루 24시간 1년 내내 재난과 징벌을 주시는 것은 아닐 것이다. 그러나 떵떵거리고 사는 악인들을 보면서 기자가 이 같은 상대적인 박탈감에 시달리다 보니 자신이 처한 처지에 대하여 과장하여 말하고 있다.

생각해 보면 하나님은 기자처럼 경건하게 살려고 노력하는 사람들이 계속 성실하게 살도록 격려하고 축복하실 이유가 있다. 기자는 만일 자신이 비뚤어져 악인들처럼 산다면 그는 분명 그들이 하는 것처럼 '주의 아들들'(בָּנֶיךָ, 주의 백성을 뜻함)을 상대로 온갖 악행을 저질렀을 것이라고 한다(15절). 그러므로 하나님은 자기 백성이 피해 보는 일을 예방하기 위해서라도 의롭게 살려고 노력하는 사람들이 낙심하고 비뚤어지지 않도록 그들을 축복하셔야 한다는 논리다.

기자는 하나님이 의인들에게 복을 주시고 악인들에게 벌을 내리셔야 하는데, 그렇지 않다는 현실에 대하여 참으로 많은 묵상을 했다. 그러나 하나님이 왜 이렇게 행하시는지에 대하여 알 수 없으니 답답하고 고통스러웠다(16절). 당연하다. 사람은 하나님의 생각과 계획을 헤아릴 수 없으니, 아무리 많은 상황을 고려하며 묵상해 보았자 속시원한 답이 나올 리 없다.

기자는 일종의 '하나님 놀이'를 했다. '하나님 놀이'는 우리가 도저히 이해할 수 없는 상황에 당면할 때, 그 이유를 찾기 위하여 '하나님처럼' 생각해 보려는 시도다. 문제는 온갖 한계를 지닌 우리는 절대 하나님처럼 생각할 수 없다는 사실이다. 그러므로 이러한 놀이가 흡족할 만한 결과를 내놓을 리 없다. 이럴 때는 하나님이 허락하신 모든 일들이 언젠가는 합력하여 선을 이룰 것이라며(롬 8:28) 주님을 믿고 잠잠히 기다리는 것이 현명한 처사다. 이해가 되지 않는 일에 대하여 너무 깊이 생각하지 말라. 깊이 생각하더라도 머리만 아프고 답은 얻지 못한다. 차라리 선하신 하나님을 믿고 기다리라. 욥기가 주는 교훈이다.

악인들이 성행하고 의인들이 고통을 당하는 일에 대하여 답을 찾지 못하여 괴로워하던 기자에게 하나님이 깨달음을 주셨다. 악인들이 언젠가는 하나님의 심판을 받아 참으로 비참한 종말/미래를 맞게 될 것이라는 사실을 깨닫게 된 것이다(cf. 18-20절). 그렇다면 하나님은 기자의 편협한 시야를 조정하는 일로 깨달음을 주셨다고 할 수 있다. 이때까지 그는 현실에서 일어나는 현상들에 급급한 나머지 미래에 있을 일들은 고려할 만한 여유가 없었다. 당면한 현실만 보고 좌절하는 그가 미래도 볼 수 있도록 하나님이 그의 시야를 넓혀 주신 것이다. 야구게임을 예로 들자면, 하나님이 5회말 스코어를 보고 절망하는 기자에게 9회말 스코어도 보게 하셨다.

저자가 이같은 깨달음을 얻은 것은 그가 하나님이 계시는 성소에 들어갈 때 있었던 일이다(17절). 본문이 성소에서 그가 어떤 일을 경험했는가에 대하여 구체적으로 언급하지 않는 것을 근거로 일부 학자들 사이에는 그가 실제로 성소를 방문했는지, 아니면 비유로 말하고 있는지에 대하여 다소 논란이 있다(cf. Hossfeld-Zenger). 의미를 구상하는 일에 있어서 별 차이는 없지만, 그가 실제로 성소를 방문한 것으로 생각된다(cf. Brueggemann & Bellinger). 중요한 것은 시험에 들어 혼란스러운 기자가 먼저 하나님께 나아가 주님을 만나게 되었다는 사실이다. 아삽이 홀로 깨달음을 얻은 것이 아니라, 하나님을 만났을 때 얻은 것이다(Kraus).

기자가 성소를 방문하여 하나님을 만나 얻은 깨달음은 그가 당면하고 있는 상황을 바꾸지는 않았다. 대신 그의 관점을 바꿔 놓았다(Tucker & Grant). 또한 성소는 주의 백성이 함께 예배를 드리는 곳이다. 그러므로 기자가 실족하지 않고 이때까지 버텨온 것은 하나님에 대한 충성심도 분명 작용했지만, 그가 함께 예배드리는 공동체에 대한 충성심도 분명 한몫 했다(Broyles).

'하나님의 성소'로 번역된 히브리어 문구(מקדשי-אל)가 복수형을 취하고 있는 것이 특이하다. '하나님의 성소들.' 성소의 거룩함을 강화시키기 위하여 복수를 사용할 수도 있고(Briggs), 성전과 주변 지역을 함께 언급하기 위하여 이렇게 표현하는 것일 수도 있다(Tate, cf. 렘 51:51, 겔 21:23). '성소들'이라고 해서 성소로 불릴 만한 장소가 여럿이 된다고 해석할 필요는 없는 것이다. 이스라엘에게는 예루살렘 성전 하나만이 물리적 성소였다.

경건하고 의롭게 살려고 하는 사람들에게 현실은 항상 아프고 고통스럽다. 우리가 당면한 고통스러운 현실을 이겨내는 가장 좋은 방법은 미래를 생각하고 꿈꾸는 것이다. 그래서 러시아의 시인 푸시킨(Pushkin)도 '삶'이라는 시에서 '현재는 언제나 슬픈 것, 그러나 마음은 미래에 사는 것'이라고 하지 않았겠는가! 현실이 아무리 어렵고 혼란스럽다 할지라도 우리가 하나님을 만나면 의심이 소망으로 변할 것이다(Broyles). 주의 백성들은 현실에 좌절하지 말고 미래를 꿈꾸며 살아야 한다.

4. 악인들의 최후(73:18-20)

> ¹⁸ 주께서 참으로 그들을 미끄러운 곳에 두시며
> 파멸에 던지시니
> ¹⁹ 그들이 어찌하여 그리 갑자기 황폐되었는가
> 놀랄 정도로 그들은 전멸하였나이다
> ²⁰ 주여 사람이 깬 후에는 꿈을 무시함같이
> 주께서 깨신 후에는 그들의 형상을 멸시하시리이다

기자가 깨달은 악인들의 종말은 이러하다. 비록 그들이 지금은 승 승장구하여 온 세상을 호령하는 것같이 보이지만, 사실은 그들은 매 우 미끄러운 곳에 서 있다(18절). '미끄러운'(חֲלָקוֹת)은 기름보다 더 미끄러 운 상황을 의미한다(잠 5:3). 그들이 겨우 서있기는 하지만, 만일 한 걸 음이라도 떼려고 하면 반드시 넘어질 것이다. 하나님이 그들을 이처럼 위태로운 곳에 두셨기 때문이다. 기자가 원하는 순간에 하나님의 심판 이 그들을 엄습하지는 않았지만, 앞으로 언제든지 그들에게 임할 수 있는 상황을 묘사하고 있다. 그리고 하나님은 분명 그들을 심판하시어 파멸에 이르게 하실 것이다.

이미지의 대조가 매우 인상적이다. 기자는 현실에서 확고한 반석에 서있는 듯한 악인들을 보고 있다. 그들은 하는 일마다 잘되고, 보통 사 람들이 겪는 삶의 애환과 어려움도 경험하지 않는다. 그러므로 그들 의 삶은 누구도 침해할 수 없는 단단한 반석 위에 세워진 것같이 보인 다. 그러나 하나님이 주신 깨우침으로 실체를 보니 그렇지 않다. 반석 위에 서 있는 듯한 그들이 사실은 한 걸음도 뗄 수 없는 위태로운 곳에서 있다. 단지 그들이 그 사실을 모를 뿐이다. 우리가 당면한 실체보다 더 크신 하나님이 기자의 잘못된 관점을 바로 잡아 주셨다(Eaton).

하나님이 악인들을 심판하시면 그들은 순식간에 황폐하게 될 것이며, 공포 가운데 전멸할 것이다(19절). 개역개정의 '놀랄 정도로'(בַּלָּהוֹת-מ)보다는 '공포에 떨면서'(새번역, cf. 아가페, 현대인, 공동, NIV, NAS, RSV)가 더 정확한 번역이다. 교만의 극치를 보이며 거드름을 피우던 자들이 무시무시한 공포를 경험하며 죽어갈 것을 의미한다. 하나님의 심판이 임하면 영원할 것 같은 악인들의 성공이 한순간에 무너져 내려 흔적도 없이 사라질 것이다.

언제 이처럼 무시무시한 심판이 악인들에게 임할 것인가? 이때까지 기자는 자신이 생각하는 때(현재)가 하나님의 때(악인을 심판하시는 시기)라고 생각했기 때문에 하나님의 통치에 대하여 낙심하고 좌절했다. 이제 그는 하나님이 악인들을 심판하실 때를 정해 두셨다는 것, 곧 자신이 생각하는 때와 하나님의 때가 다르다는 사실을 깨달았다. 기자는 하나님이 악인을 심판하실 때를 매우 시적인 이미지로 표현한다(20절). "아침이 되어서 일어나면 악몽이 다 사라져 없어지듯이, 주님, 주님께서 깨어나실 때에, 그들은 한낱 꿈처럼, 자취도 없이 사라집니다"(새번역, cf. 현대인, NIV, ESV, NAS). 하나님이 정하신 때가 언제인지는 모르지만, 그때가 되면 사람이 잠에서 깨는 순간 꾸던 꿈이 순식간에 사라지듯, 하나님의 심판이 신속하게 이루어져 악인들이 순식간에 사라질 것이다. 그들의 모든 형통함이 끝에 가서는 정의로우신 하나님이 다스리시는 세상에서 일어나는 참된 현실의 위조품이었다는 사실이 밝혀질 것이다(Kirkpatrick).

5. 반석에 서 있는 확신(73:21-28)

21 내 마음이 산란하며

내 양심이 찔렸나이다
²² 내가 이같이 우매 무지함으로
주 앞에 짐승이오나
²³ 내가 항상 주와 함께하니
주께서 내 오른손을 붙드셨나이다
²⁴ 주의 교훈으로 나를 인도하시고
후에는 영광으로 나를 영접하시리니
²⁵ 하늘에서는 주 외에 누가 내게 있으리요
땅에서는 주밖에 내가 사모할 이 없나이다
²⁶ 내 육체와 마음은 쇠약하나
하나님은 내 마음의 반석이시요
영원한 분깃이시라
²⁷ 무릇 주를 멀리하는 자는 망하리니
음녀같이 주를 떠난 자를 주께서 다 멸하셨나이다
²⁸ 하나님께 가까이함이 내게 복이라
내가 주 여호와를 나의 피난처로 삼아
주의 모든 행적을 전파하리이다

악인에 대한 하나님의 심판을 아직 시작하지도 않은 현실에서 이미 이뤄진 것처럼 생각하여 홀로 낙심하고 좌절했던 기자가 마음이 산란하고 양심의 가책을 느꼈다고 고백한다(21절). 그가 가장 힘들어하는 순간에도 그와 함께하시며 도우시는 하나님이 세상이 어떻게 돌아가는지에 대하여 관심이 없으시다며 주님을 원망했기 때문이다(Mays). '산란하다'(חמץ)는 쓴웃음을 짓게 하다는 뜻이다. 기자는 하나님을 오해한 일에 대하여 부끄러운 웃음을 짓고 있다. '양심'(개역개정) 혹은 '심장'(새번역), '가슴'(아가페) 등 다양하게 번역된 히브리어 단어(כליה)의 문자적 의미는 사람의 장기인 '콩팥'(kidney)이다. 히브리 사람들은 콩팥이 사람의 가장 비밀스러운 장기라고 생각했으며, 이곳은 사람의 도덕성을 상징하며 사람의 모든 결정이 이곳에서 이루어진다고 생각했다(cf. NIDOTTE). 그는 마음속 가장 깊은 곳에서 고뇌하고 있다(Tate). 하나님을 오해한 것에 대하여 참으로 죄송하다.

기자는 또한 자신이 하나님에 대하여 참으로 어리석게 생각하고 행동했다며 자기는 참으로 우매하고 무지한 자이며 짐승과 별반 다를 바 없다고 고백한다(22절). 스스로 세상에서 가장 어리석은 자라고 생각하는 사람이 가장 지혜로우신 하나님 앞에서 자신을 낮추는 모습이다. 요즘 말로 하면 자신은 생각이 짧은 '단순 세포'에 불과하다며 어리석음을 인정하고 있다.

놀라운 것은 하나님의 은혜다. 하나님은 우매하고 무지한 짐승 같은 그를 마다하지 않으시고 항상 그와 함께하시기 때문이다(23절). 기자는 비록 자신이 어리석고 미련하지만, 항상 하나님과 함께하려고 노력했고, 하나님은 이러한 기자의 마음을 헤아리시어 그의 오른손을 붙잡아 주셨다고 한다. 하나님이 그의 오른손을 붙잡으시는 것은 주님과 사람의 관계가 하나님에 의하여 유지된다는 것을 뜻하며(Broyles), 주님의 영원한 보호하심과 인도하심의 상징이다. 우리가 하나님의 손을 붙잡으면 때론 우리 스스로 주님의 손을 놓을 수도 있는데, 하나님이 우리 손을 붙드시면 주님은 절대 우리 손을 놓지 않으시기 때문이다.

또한 고대 근동 신화들은 신들이 왕들의 손만 잡아 준다고 가르쳤다(Hossfeld-Zenger). 그런데 이스라엘의 하나님 여호와께서는 왕이 아니라 평범한 사람에 불과한 기자의 손을 잡아 주셨다! 그의 손을 붙잡으신 하나님은 그를 어떻게 보호하고 인도하시는가? 하나님은 '주의 교훈으로'(בַּעֲצָתְךָ) 그를 인도하신다(24a절). 사람이 올바른 길로 갈 수 있도록 꾸준히 가르침과 조언을 주신다는 뜻이다(cf. HALOT). 그길 끝에 이르면 '후에는' 하나님이 그를 영광으로 영접하실 것이다(24b절). '후에는/마침내'(אַחַר)는 17절에서 기자가 악한 자들의 '종말'(אַחֲרִית)을 뜻하며 사용한 단어와 같은 의미다(NIDOTTE, Tate). 기자는 현재 자신이 참으로 불합리하고 불의한 세상에 살고 있지만, 그때(종말)가 되면 악인들은 비참한 최후를, 자신은 영광스러운 끝을 맞이할 것을 확신한다. 주님이 그가 삶을 영광스럽게 마무리할 수 있도록 오른손을 잡아주고 계시기 때문이다. 성경에서 이러한 원리의 실제적인 예로 에녹(창 5:24)과 엘리야(왕하 2:11)를 들 수 있다.

저자는 이번 일을 통해 자기가 어디를 향해 가고 있는지에 대하여 새롭게 깨달았다. 그는 악인들이 성행하는 현실을 보며 좌절했고 하나님께 실망했다. 그때는 미래를 볼 수 있는 여유도 없었다. 그러나 하나님이 그의 시야를 넓혀 주시어 미래를 보게 하시니 현실에서 그가 보고 있는 것이 실체의 다가 아니라는 사실을 깨달았다. 현실에서 승승장구하는 악인들이 분명 주님의 심판을 받아 망할 날이 오고 있으며, 그에게도 하나님이 영광으로 영접해 주실 날이 오고 있음을 보았다.

이러한 사실을 깨달은 기자가 감격하며 고백한다. 그에게는 하늘과 땅에, 곧 온 세상에 오직 주님만 계실 뿐이고, 그는 오직 그 주님을 사모한다고 한다(25절). 유일하게 그를 만족하게 하시는 분은 주님뿐이라는 신앙의 표현이다.

기자는 자신의 연약함과 하나님의 강인하심을 대조한다(26절). 그는 연약한 육체와 마음을 지녔으며, 그나마 날이 갈수록 쇠약해진다(26a절). 반면에 하나님은 '그의 마음의 반석'(צוּר־לְבָבִי)이시다(26b절). 영원히 변하지도, 흔들리지도 않는 것이 반석이다(cf. 시 18:1-2). 하나님은 절대 흔들리지 않는 '마음의 반석'이신데, 기자의 마음은 별것도 아닌 일로 인해 심히 흔들렸던 것이 강력한 대조를 이룬다(cf. 1-3절). 또한 그의 마음의 반석이신 하나님은 매일 쇠약해지고 무너져 내리는 그의 육신과 마음과는 강력한 대조를 이루시는 참으로 의지할 만한 분이시다.

기자는 '하나님은 나의 영원한 분깃'이라고 고백한다. '분깃'(חֵלֶק)은 개별적인 가족들에게 할당된 토지를 뜻하거나, 전쟁에서 승리한 군인들이 나누어 가지는 노획물/약탈물을 의미한다(cf. 민 18:10, 신 10:9, 수 14:4-5). 기자의 말이 전자(가족들에게 할당된 토지)를 의미하며 이 단어를 사용하고 있다면, 레위인들이 땅을 받는 대신 하나님을 기업으로 받았던 일을 상기시킨다(Tate). 만일 후자라면, 기자는 마치 전쟁에 임하는 군인처럼 삶에 임하고 있으며, 그가 삶이라는 치열한 전쟁터에서 승리하고 얻기를 소망하는 몫은 하나님이다. 그가 현실에 대하여 많은 질문을 마음에 품고도 최선을 다해서 성실하게 사는 것을 보면 후자가 본문에 더 어울리는 듯하다. 어느 쪽을 택하든 중요한 것은 기자는 더 이상 이 세상에서 사람이 누리는 온갖 부귀영화를 그의 '분깃'이라고 생각하지 않는다는 사실이다(Brown, cf. Hossfeld-Zenger). 그의 분깃은 하나님 곁에 머물며 주님을 더 깊이 알고 주님의 인도하심에 따라 묵묵히 살아가는 것이다.

기자는 언젠가는 하나님과 함께 영원히 거하는 것을 꿈꾸지만, 악인들에게는 결코 그런 기회가 주어지지 않을 것이다. 하나님이 그들을 망하게 하시고 멸하실 것이기 때문이다(27절). 일부 주석가들은 이 말씀이 영생을 의미하는 것이라고 한다(Dahood, Perowne, Tate, cf. Hossfeld-Zenger). 한때 악인들이 이 세상에서 형통하는 것을 보고 좌절했던 저자가 다시는 이 땅에서만 '분깃'을 받는 그들을 부러워하지 않을 것을 다짐하고 있다(Kirkpatrick). 그에게는 하나님이 그의 '영원한 분깃'이 되시기 때문이다.

주님을 멀리하는 자는 '망한다'(אבד)고 하는데 길을 잃고 방황한다는 뜻이다. 당연하다. 하나님이 바로 우리가 가야 할 길이신데, 사람이 주님을 멀리 하면서 길을 찾아 똑바로 갈 수는 없지 않은가! 또한 주님은 '음녀같이 주를 떠난 자'(27절, 개역개정)를 멸하실 것이라고 하는데, '음녀'는 이 히브리어 단어(זונה)의 적절한 번역은 아니다. 이 단어는 남성 단수 분사이기 때문이다. 또한 이 단어는 영적 음란(우상 숭배)을 묘사하는 단어로 자주 사용된다. 그러므로 대부분 번역본들처럼 '주께 신실하지 못한 자들'(아가페, 현대인, 공동, NIV, ESV, NAS, NRS)로 번역하는 것이 바람직하다. 이 단어는 우상 숭배자들을 자신의 배우자들에게 만족하지 못하고 딴 여자들을 찾는 음란한 자들과 비교하고 있다.

기자는 의로우신 하나님이 악인들을 제제하지 않으시는 것에 대하여 탄식하며 노래를 시작했다. 시의 중간 부분에서는 만일 하나님이 사람들을 공평과 정의로 대하지 않으신다면 우리가 굳이 경건과 거룩을 추구하며 살 필요가 있는가에 대하여 의문을 제기했다. 그런 그가 하나님의 성소에서 깨우침을 받더니 사람이 하나님을 알고 가까이 하는 것은 참으로 복이라며 노래를 마무리한다(28a절). '복'으로 번역된 단어(טוב)의 사용이 인상적이다. 노래를 시작할 때 저자는 하나님이 악인들에게 선하시다(טוב)며 탄식했다(1절). 그는 이제 여호와께서 악인들이 아니라 그에게 선하시다(לי־טוב)며 노래를 마무리한다.

이 노래에서 하나님을 가까이 한다는 것은 주님을 믿고 주님의 말씀과 기준대로 사는 것을 뜻한다. 그러므로 기자는 앞으로는 악인들이 세상에서 이루는 일시적인 형통함과 의인의 고난으로 인해 좌절하지 않고 꾸준히 하나님을 신뢰하고 사모하며 살겠다는 의지를 표현하고 있다. 그는 시편 1편의 메시지에 전적으로 동의한다. 하나님을 가까이하는 것은 '그에게 선한 일'(לי־טוב)이기 때문이다. 인간의 삶에서 가장 선한 것은 하나님을 가까이 하는 것이다(McCann, cf. 신 4:7, 30:14, 시 75:1, 145:18).

삶이 힘들고 어려울 때 그는 더 이상 낙심하지 않고 피난처이신 하나님께 피할 것을 다짐한다(28b절). 하나님이 피난처라는 개념은 시편에서 매우 중요한 테마이며 하나님과의 끈끈한 관계와 주님이 보안(security)이 되심을 강조한다(Tucker & Grant). 또한 기자는 주님이 하신 모든 일을 온 세상에 전파할 것이다(28c절). 하나님의 선하심과 주님이 그에게 베푸신 모든 은혜를 낱낱이 증거하겠다는 다짐이다.

제74편
아삽의 마스길

I. 장르/양식: 회중 탄식시(cf. 12편)

표제가 아삽과 연관시키는 시편 11개 중 두 번째 것이다. '마스길'(שְׂכִּיל)은 교훈을 주기 위하여 저작된 노래를 뜻한다. 이 노래가 회중 탄식시라는 것에 대하여는 별다른 이견이 없다(deClaissé-Walford et al., Goldingay, McCann, Ross, Tate, Tucker & Grant, vanGemeren). 그러나 언제 저작되고 어떤 정황에서 처음 사용되었는가에 대하여는 논란이 분분하다.

한 학자는 이 시가 신년예배 때 성전이 죄로 오염된 것을 탄식하며 부른 노래라고 한다(Willesen). 한때 사무엘이 머물렀던 실로의 성막이 파괴되었을 때(cf. 삼상 3-4장), 혹은 이집트 왕 시삭(Shishak)이 솔로몬 성전에서 모든 금을 빼앗아 갔을 때(cf. 왕상 14장)를 배경으로 하고 있다는 주장도 있다. 심지어 이 시편 기자는 선지자가 없다고 하는 말을(9절, cf. 마카비1서 4:46, 9:27, 14:41) 문자적으로 해석하여 마카비 시대(주전 165년 경)에 저작된 노래라고 하기도 한다(cf. Perowne). 이러한 주장에 대하여 한 주석가는 주전 165년에도 정경에 속할 시편이 아직도 저작되고 있었다는 것은 상상하기가 힘든 일이라며 동의하지 않는다(Tate). 게다가 바빌론이 예루살렘을 함락시킨 일을 배경으로 하고 있는 예레미야애가도 전혀 제 역할을 하지 못하여 무용지물에 불과한 선지자들에 대하여 언급한다(애 2:9).

이 시는 대부분 학자들이 동의하는 것처럼 주전 586년에 바빌론이 예루살렘과 성전을 파괴한 일을 회상하고 있으며, 이때쯤 저작된 것으로 간주하는 것이 바람직하다(Brueggemann & Bellinger). 또한 이 시대에 예루살렘에서 사역했던 예레미야 선지자가 남긴 책과 이 시편은 어느 정도 연관성을 지니고 있다. 6-7절은 예레미야 10장 25절, 4절은 예레미야애가 2장 7절과 어느 정도 유사성을 지녔다.

II. 구조

다음은 밴게메렌(vanGemeren)이 제시한 구조다.

A. 기념하는 기도(74:1-3)
  B. 성전 파괴(74:4-8)
    C. 버림받은 느낌(74:9-11)
    C′. 지난날 하나님의 개입(74:12-17)
A′. 기념하는 기도(74:18-21)
  B′. 하나님의 원수 파괴(74:22-23)

이 노래는 전체가 현실과 과거와 미래에 대한 기도이기 때문에 위 구조에서처럼 1-3절과 18-21절만 따로 구분하여 기도라고 하기에는 다소 어려움이 있다. 바이스(Weiss)는 "이 시편은 기자가 1-3절에서 그가 당면하고 있는 문제 세 가지를 지적하고, 나머지 부분에서는 이 문제들을 자세하게 언급하며 하나님께 해결을 호소하는 기도로 구성되었다"고 한다. 그러므로 1절과 4-11절은 예루살렘 성전이 파괴된 현실을 아파하고 있다. 2절과 12-17절은 하나님이 옛적에 이스라엘을 건국하시면서 온갖 열악한 조건들과 열방 백성들을 상대로 승리하셨던 일을 회상한다. 마지막으로 3절과 18-23절은 하나님께 옛적 언약을 기억하시고 주의 백성을 다시 세우실 것을 염원하는 기도다.

이러한 점을 고려하여 이 주석에서는 다음과 같은 구조를 바탕으로 본문을 주해해 나가고자 한다. 이 구조에 의하면 기자는 현실적인 어려움을 겪으면서 하나님께 '왜?'와 '언제까지?'라는 질문을 한다(1, 9-11절). 그가 처한 상황이 참으로 좋지 않다는 뜻이다. 이때 기자는 옛적에 하나님이 베푸신 은혜를 기념한다. 그러고 나니 현실이 암울하다고 해서 미래까지 좀먹지는 못할 것이라는 생각이 든다. 하나님은 옛적부터 이때까지, 또한 미래에도 자기 백성을 사랑하시고 보호하실 것이라는 확신이 생겼기 때문이다.

  A. 기도: 주여 우리를 기억하소서!(74:1-3)
    B. 현실: 파괴되었습니다!(74:4-11)
    B'. 과거: 능력의 왕이시여!(74:12-17)
  A'. 미래: 우리를 잊지 마소서!(74:18-23)

III. 주해

예루살렘과 성전이 바빌론 군에게 함락되고 파괴된 상황이다. 여호와께서 거하시는 곳이기 때문에 예루살렘은 절대 무너지지 않을 것이라며 많은 주민들이 시온의 '불가침설'을 믿었던 상황에서 참으로 당혹스러운 일이었다. 한마디로 말해 이스라엘의 온 세상이 성전과 함께 무너져내렸다.

여호와가 무능해서 자기 백성을 지키지 못하신 것일까? 혹은 주님께서 이스라엘과 관계를 단절하시고 그들을 버리신 것일까? 기자의 머릿속에는 많은 생각이 스친다. 그가 자신처럼 처한 상황에 대하여 절망하는 성도들을 모아 함께 하나님 앞에서 솔직하게 아픔을 토로하는 것은 공동체가 큰 위기에 처하면 함께 모여 예배하며 위기에 대처해야

한다는 교훈과 이렇게 하면 어느 정도의 치유가 공동체에 임한다는 사
실을 암시한다. 이 시는 바빌론이 성전을 파괴한 일과 여호와 하나님
의 열방에 대한 주권을 균형적으로 이해하려고 노력한다(Sharrock).

1. 기도: 주여 기억하소서!(74:1–3)

> ¹ 하나님이여
> 주께서 어찌하여 우리를 영원히 버리시나이까
> 어찌하여 주께서 기르시는 양을 향하여
> 진노의 연기를 뿜으시나이까
> ² 옛적부터 얻으시고 속량하사
> 주의 기업의 지파로 삼으신 주의 회중을 기억하시며
> 주께서 계시던 시온 산도 생각하소서
> ³ 영구히 파멸된 곳을 향하여
> 주의 발을 옮겨 놓으소서
> 원수가 성소에서 모든 악을 행하였나이다

기자는 이 슬픈 노래를 하나님이 자기 백성을 버리셨다는 탄식으로
시작한다(1절). '영원히'(נצח)는 '완전히, 확실하게'(utterly)로 해석하는 것
이 바람직하다(Eaton). 노래하는 공동체가 조금도 남김 없는 완전한 파
괴를 경험한 상황이기 때문이다. 그들은 이 일로 인해 겪고 있는 혼란
과 절망을 이렇게 표현하고 있다.

기자와 함께 모여 이 노래를 부르는 공동체는 주님께서 그들을 완전
히 버리셨다는 생각을 떨칠 수가 없다. 그들은 최근에 매우 참담한 일
을 경험했는데, 아무리 생각해 보아도 하나님이 그 일을 겪었던 자신
들을 돕지 않으셨다는 확신 속에서 이렇게 탄식한다. 우리가 힘들고
아플 때는 하나님께 그 아픔을 토로하는 것이 겪고 있는 고통에 대한

가장 바람직한 대응이라 할 수 있다. 아무 말도 하지 않고 마치 아무 일도 아닌 것처럼 무시한다 해서 고통이 사라지지 않기 때문이다. 또한 일단 하나님과의 대화가 시작이 되면 고통이 해결되지는 않을지라도 문제에 대한 실마리를 찾을 수 있을 것이다.

원수들이 주의 백성들을 공격하는 일을 지켜보는 것만으로는 부족하셨는지, 하나님은 아예 그들에게 진노의 연기를 뿜으셨다(1d절). 기자가 사용하는 이미지는 '주님의 코'(אַף)에서 불이 나와 그들을 태우는 상황이다(cf. 신 29:20, 시 18:8, 80:4). 또한 태우는 불은 연기를 발생시킨다. 그러므로 이 이미지는 하나님의 숨겨지심(hiddenness)을 탄식하기도 한다(Hossfeld-Zenger). 비록 바빌론 군이 예루살렘을 함락시켰지만, 그들 뒤에는 여호와 하나님이 계신다는 것이 기자의 깨달음이다. 주의 백성이 보호자이자 방어자로 생각했던 하나님이 그들을 공격하는 분이 되신 것이다.

설령 그들이 하나님의 심판을 받을 만한 죄를 지었다 할지라도 하나님이 그들을 이렇게 대하시면 안 된다는 것이 기자의 생각이다. 왜냐하면 그들은 하나님이 기르시는 양들이기 때문이다(1c절, cf. 렘 23:1, 겔 34:31, 시 79:13, 95:7, 100:3). 그는 하나님이 이스라엘과 맺으신 언약 관계를 목자와 양떼에 비유하고 있다(vanGemeren). 하나님의 양떼인 이스라엘이 공격당한 곳은 다른 곳도 아니고 '주님의 목장'(מַרְעִיתֶךָ)이다. 그러므로 하나님의 목장에서 목자이신 주님께 공격을 받은 양떼는 참으로 당혹스러울 뿐만 아니라 큰 수치심까지 느낀다. 그들을 돌봐야 할 목자에게 공격을 받은 양들의 신세가 되었기 때문이다.

기자는 목자이신 하나님이 자기 양들을 공격하시는 것을 납득하기 어렵다며 주님께 좋았던 과거를 기억해달라고 호소한다(2절). 주님이 '기억하시는 것'(זכר)은 이 노래의 핵심이며, 18절과 22절에서도 사용된다(cf. 출 2:24, 6:5, 32:13, 시 25:6-7). 하나님의 기억하심은 자기 자녀의 기도에 응답하심을 상징한다(cf. 삼상 1:11-20). 그는 하나님께 두 가지를 회상해 보실 것을 간구한다. 첫째는 하나님이 진노의 연기로 다스리신 백성이 어떤 백성인가를 생각해 달라는 부탁이다. 그들은 하나님이 값을 치르고 자기 백성으로 삼으신 사람들이다. "먼 옛날, 주님께서 친히 값주고 사신 주님의 백성을 기억해 주십시오. 주님께서 친히 속량하셔서 주님의 것으로 삼으신 이 지파를 기억해 주십시오"(새번역). 이스라엘과 하나님의 관계는 아주 먼 옛날에 시작되었으며, 큰 값을 치르고 그들을 속량하셨다. 주님과 백성의 관계가 아주 먼 옛날 시작되었다는 것은 이 관계를 지속하는 일에 있어서 하나님도 상당한 책임이 있음을 암시한다(Broyles, cf. Brueggemann & Bellinger). 출애굽 사건 등 하나님이 이스라엘의 구원을 위하여 하신 일들을 회상하는 말씀이다 (cf. 출 15:13-18, 20:1).

기자는 오늘 이 순간에 주의 백성을 버리시기 위하여 과거에 그들을 구원하신 것이냐고 하나님께 반문한다. 그렇게 생각하기에는 하나님은 너무나도 큰 대가를 치르면서 그들을 구원하시어 자기 기업으로 삼으셨다. '기업'(נַחֲלָה)은 상속과 연관된 단어로 영원한 소유권의 상징이다(cf. 렘 10:16, 51:19). 그러므로 아무리 주의 백성이 하나님을 분노케했다 할지라도, 다시 한번 과거에 그들을 속량하신 일을 생각하시어 심판을 거두어 달라는 부탁이다. 사람이 하나님의 은혜를 바라며 기도할 만한 어떠한 명분도 없을 때는 과거에 주님께서 베풀어 주신 은혜가 가장 중요한 근거가 된다.

기자가 하나님께 기억해 달라고 호소하는 두 번째 이슈는 시온 산이다(2c절). 하나님은 자기 백성 중에 거하실 장소로 시온 산을 정하셨다 (cf. 삼하 7:12-13, 왕상 6:12-13). 그리고 그곳에 자기 이름을 영원히 두실 것을 약속하셨다(cf. 왕상 9:3). 그런데 하나님이 계시던 시온 산도 폐허가 되었다. 저자는 설령 이스라엘이 망하더라도 시온 산은 건재해야 한다는 논리에서 이런 말을 하고 있다. 시온 산이 폐허가 된 것은 하나님의 주권에 대한 이슈이기 때문이다(McCann). 만일 하나님의 주권이 온전하다면 시온 산이 이런 꼴을 하고 있지는 않을 것이다.

앞에서 기자는 분명히 하나님이 그들에게 분노하셨기 때문에 적들이 쳐들어와 그들을 멸망에 이르게 했다고 회고했다(1절). 그러므로 그가 시온 산도 파괴된 일을 이슈화시키는 것은 그가 주의 백성이 망한 것과 시온 산이 파괴된 일은 각기 다른 문제라고 생각하고 있음을 암시한다. 하나님이 바빌론을 보내 이스라엘을 망하게 하셨을지라도, 시온 산은 온전했어야 한다는 것이다. 바빌론 군을 보내신 하나님의 처소이기 때문이다. 그런데 시온 산마저 폐허가 되어 있다. 세상에 어떤 신이 도구로 사용하는 군대에게 자기 처소도 파괴하도록 하겠는가?

기자는 깊은 묵상 끝에 하나님의 주권이 아직도 온전한데 시온 산이 폐허가 되었다면, 그것은 곧 하나님의 무능함을 증명하는 것이 아니라, 주께서 이스라엘을 버리셨다는 증거라고 생각한다. 하나님이 시온 산만이라도 온전하게 두셨어도 주님께 버림받은 백성들에게는 소망이 있다. 시온으로 가서 하나님께 용서와 자비를 구하면 문제가 해결될 수도 있기 때문이다. 그러나 백성들은 시온 산이 폐허가 된 상황에서 주님을 뵙기 위하여 어디로 가야 하는지 알 바를 모른다.

주님께 옛 일들을 생각해 달라고 호소한 기자가 3절에서는 그들의 치욕스러운 현실을 참고해 달라고 간구한다. 그는 폐허가 된 주의 성전으로 주님의 발걸음을 재촉한다. 바빌론 사람들은 주전 586년 가을에 예루살렘 성전을 불태워 폐허더미로 만들었다. 한때 참으로 화려했던 솔로몬의 성전을 생각하면 하나님이 도우시지 않으면 다시는 그처럼 아름답고 놀라운 성전을 세울 수 없다는 생각이 엄습한다. 그러므로 그는 성전을 '영구히 파멸된 곳'이라고 한다. 하나님이 분노하실 때에는 단 일분도 영원으로 느껴진다(vanGemeren). 또한 성전이 영원히 파멸된 곳으로 복구 불능이 된 것은 원수들이 그곳에서 '모든 악을 행하였기' 때문이다(3c절). 성전에서 온갖 못된 짓을 했다기보다 모조리 짓밟아 회복이 불가능하게 파괴했다는 뜻이다(새번역, 아가페, 현대인, 공동,

NIV, NAS, ESV).

2. 현실: 파괴되었습니다!(74:4-11)

⁴ 주의 대적이 주의 회중 가운데에서 떠들며
자기들의 표적을 표적으로 삼았으니
⁵ 그들은 마치 도끼를 들어
삼림을 베는 사람 같으니이다
⁶ 이제 그들이 도끼와 철퇴로
성소의 모든 조각품을 쳐서 부수고
⁷ 주의 성소를 불사르며
주의 이름이 계신 곳을 더럽혀 땅에 엎었나이다
⁸ 그들이 마음속으로 이르기를
우리가 그들을 진멸하자 하고
이 땅에 있는 하나님의 모든 회당을 불살랐나이다
⁹ 우리의 표적은 보이지 아니하며
선지자도 더 이상 없으며
이런 일이 얼마나 오랠는지
우리 중에 아는 자도 없나이다
¹⁰ 하나님이여
대적이 언제까지 비방하겠으며
원수가 주의 이름을 영원히 능욕하리이까
¹¹ 주께서 어찌하여 주의 손
곧 주의 오른손을 거두시나이까
주의 품에서 손을 빼내시어 그들을 멸하소서

기자는 하나님의 성전을 짓밟은 자들을 '주의 대적들'(צֹרְרֶיךָ)이라고 한다(4a절). 그들이 하나님이 계시는 시온을 짓밟았으니, 하나님의 원수들이라는 뜻이다. 원수들은 주의 회중 가운데서 떠들어댄다(4a절). 사용되는 이미지는 사자가 으르렁거리는 모습이다(Ross, vanGemeren, cf. 렘 51:38). '주의 회중'(מוֹעֲדֶךָ)은 개역개정이 번역한 것처럼 사람들의 모임(assembly)을 의미할 수도 있지만, 그들의 모임 장소(meeting place)를 뜻하는 것으로 해석해야 한다(cf. 새번역, 아가페, 현대인, 공동, NIV, NAS). 원수들이 성전을 정복한 상황에서 예배가 그곳에서 진행될 수 없기 때문이다.

원수들은 성전에서 "자기들의 표적을 표적으로 삼는다"(4b절). 이 히브리어 표현(שָׂמוּ אוֹתֹתָם אֹתוֹת)은 그들이 자신들의 승리를 상징하며 그들의 군대를 상징하는 깃발(standards)을 성전에 꽂은 것을 의미한다(Anderson, cf. 새번역, 공동, NIV, NRS). 한때는 하나님이 거하시던 곳이 원수들의 소유가 된 것이다.

침략자들은 참으로 무자비하기도 했다. 그들은 마치 도끼로 나무를 찍어내는 벌목꾼처럼 닥치는 대로 사람들을 죽이고, 파괴했다(5절, cf. 새번역). 그들은 이러한 파괴력으로 성전을 파괴하며 장식품들을 박살냈고(6절), 급기야 폐허가 된 성전을 불사르기까지 했다(7a절). 원수들의 만행이 초래한 가장 심각한 신학적 결과는 거룩하신 하나님의 이름이 있는 곳(성전)을 더럽힌 것이다(7b절, cf. 왕상 9:3). 또한 시온의 불가침설을 강조하는 시온시들에 의하면 세상의 중심인 시온이 평안해야 온 세상이 평화롭게 유지될 수 있다. 그러므로 원수들이 시온에 있는 성전을 파괴하는 것은 온 세상의 평안을 위협하는 일이다(cf. Hossfeld-Zenger). 그들은 자신들을 위해서라도 절대로 해서는 안 될 짓을 한 것이다.

기자가 사람이 결코 해서는 안 될 짓을 원수들이 하나님께 했다고 하는 것은 그들의 무자비한 만행을 고발하기 위해서이기도 하지만, 하나님을 자극하여 그들을 벌하시게 하기 위한 의도가 담겨 있기도 하다.

만일 그들이 주의 백성만 공격했다면 그럴 수도 있다고 생각할 수도 있겠다. 하지만 하나님까지 공격했으니 공격받으신 하나님이 침묵하시면 절대 안 된다는 분위기를 조성하고 있는 것이다. 그는 하나님이 반드시 원수들을 응징하실 것을 은근히 기대하고 있다.

기자는 원수들이 주의 백성을 정복하여 다스리며 착취하기 위하여 침략해온 것이 아니라, 아예 그들을 멸종시키기 위하여 왔다고 한다(8절). 그들은 "씨도 남기지 말고 전부 없애 버리자"(새번역)는 계획을 가지고 왔으며, 이 목적을 이루기 위하여 이스라엘의 모든 회당(예배 처소)을 불살랐다. 원수들은 이스라엘의 민족적 정체성이 그들의 신앙과 연결되어 있다는 사실을 잘 알고 있다. 이스라엘은 솔로몬 성전이 완공된 다음부터는 오로지 예루살렘 성전에서만 하나님께 예배를 드리도록 지시를 받았다. 그러므로 본문이 '하나님의 모든 모임 장소들'(אֵל־מוֹעֲדֵי־כֵל)을 언급하는 것은 마치 예배 장소가 성전 외에도 여러 곳에 있었던 것을 의미하기 때문에 구약의 가르침과 위배된다고 생각할 수도 있다(cf. Tate). 그러나 이 말을 '예배 처소가 될 수 있는 모든 장소'로 해석하여 이스라엘이 여호와께 드리는 예배를 뿌리째 뽑아버리겠다는 침략자들의 각오로 해석하면 별 문제는 없다.

기자와 공동체를 더 힘들게 하는 것은 하나님의 침묵이다(9절). 원수들이 악의적으로 성전을 파괴하고 예배를 금한 것은 참으로 감당하기 힘든 일이다. 그나마 이러한 상황이 얼마나 지속될지를 알려주는 선지자가 있거나, 하나님이 이 모든 일을 지켜보고 계신다는 사실을 확인해 줄 만한 '표적/기적'(אוֹת)이라도 있으면 조금이라도 위로가 되고 소망이 될 것이다(cf. Kraus). 출애굽 사건을 연상시키는 말씀이다(Tucker & Grant, cf. 출 10:1-2).

그런데 하나님의 뜻을 알려줄 선지자도 없고, 징조로 삼을 만한 기적도 없다. 그러므로 그들 중에는 앞으로 얼마나 더 이 고통이 지속될 것인가에 대하여 아는 사람이 하나도 없다. 그들은 하나님의 침묵으로 인해 어떠한 것도 알지 못해서 더 두려워하며 불안해한다. 그러므로 예루살렘이 함락되고 시온이 파괴된 것도 감당하기 힘든 일이지만, 그들을 더 괴롭게 하는 것은 바로 하나님의 침묵이다.

　기자는 자신들이 당한 슬픔에 대한 생각을 잠시 멈추고 원수들로 인해 하나님이 당하신 수치를 생각해 본다(10절). 그들이 한 짓은 주의 백성만 파멸에 이르게 하는 것이 아니라, 하나님의 이름을 능욕하는 일이다. 그들이 여호와께서 자기 이름을 두신 곳을 파괴했기 때문이다. 그러므로 기자는 이러한 상황을 더 이상 지켜볼 수 없다며 하나님께 속히 그들을 벌하시라고 기도한다(11절). 그는 하나님이 원수들을 벌하지 않으시는 모습을 오른손을 품에 숨겨놓고 있는 사람으로 묘사한다(Tate). 신속하게 그 손을 품에서 빼내어 원수들을 내려치시라는 것이다.

　기자는 온갖 국가적인 재앙을 겪으면서 한번도 하나님의 능력에 대하여 의심한 적이 없다. 그는 하나님은 무한한 능력을 지니신 분인데, 다만 언제 주의 백성의 삶에 개입하실지에 대하여 아는 바가 없다며 주님의 적극적인 개입을 호소하고 있다(cf. McCann). 능력의 하나님이 원수들을 내리치실 때 주의 백성들도 비로소 원수들의 속박과 핍박에서 자유하게 될 것이기 때문이다. 그러므로 주의 백성들은 하나님이 원수들을 내리치실 것을 더욱더 간절히 바란다. 하나님이 내리치실 때까지 원수들의 억압과 망언은 계속될 것이다.

3. 과거: 능력의 왕이시여!(74:12-17)

> [12] 하나님은 예로부터 나의 왕이시라
> 사람에게 구원을 베푸셨나이다
> [13] 주께서 주의 능력으로 바다를 나누시고
> 물 가운데 용들의 머리를 깨뜨리셨으며
> [14] 리워야단의 머리를 부수시고

그것을 사막에 사는 자에게 음식물로 주셨으며
¹⁵ 주께서 바위를 쪼개어 큰 물을 내시며
주께서 늘 흐르는 강들을 마르게 하셨나이다
¹⁶ 낮도 주의 것이요 밤도 주의 것이라
주께서 빛과 해를 마련하셨으며
¹⁷ 주께서 땅의 경계를 정하시며
주께서 여름과 겨울을 만드셨나이다

 하나님께 그들의 아픈 현실에 속히 개입하실 것을 간구한 기자가 이 섹션에서는 과거를 회상한다. 그의 회상의 핵심은 하나님이시다. 이 점을 강조하기 위하여 그는 주님을 칭하는 2인칭 남성단수대명사(אַתָּה)를 이 섹션에서 일곱 차례나 강조형으로 사용하고 있다. 오직 하나님 만이 세상의 창조주이시고, 자신이 창조하신 세상을 다스리시는 통치자이심을 강조하기 위해서다.

 그들이 경험하고 있는 현실과 세상이 뭐라고 하든 간에 하나님은 아 주 오래 전부터 그들의 왕이셨고 지금도 왕이시다(12a절). '나의 왕'(לְכִּי)은 히브리어 사본을 잘 반영하고 있지만, 이때까지 복수로 이어지던 노래가 갑자기 단수로 바뀌는 것이 매끈한 흐름은 아니다. 그러므로 일부 번역본들은 칠십인역(LXX)이 복수로 표기한 것(βασιλεὺς ἡμῶν)을 바탕으로 '우리의 왕'으로 번역했다(현대인). 의미에 별 차이는 없지만, 이 노래가 공동체의 노래라는 점을 감안하여 '우리의 왕'으로 해석하는 것이 바람직하다.

 기자가 하나님의 오래된 왕권을 묵상하니 자연스럽게 주님에 대한 찬양으로 이어진다(Mays). 왕이신 하나님은 이때까지 사람에게 구원을 베푸셨다(12b절). "사람에게 구원을 베푸시다"(פֹּעֵל יְשׁוּעוֹת בְּקֶרֶב הָאָרֶץ)의 더 정확한 번역은 "세상의 한 중심에서 구원을 이루셨다"이다. 말씀의 초점이 사람을 구원하는 일이 아니라, 세상 곳곳에서 끊이지 않고 진행되는 하나님의 구원 사역에 맞춰져 있다. 하나님은 자기 백성 이스라엘뿐만 아니라 다른 민족들과 짐승들도 구원하시는 창조주이시라는 뜻이다. 이 말씀은 이스라엘을 구원하시고 시내 산에서 그들의 왕이 되신 출애굽 사건이 아니라, 창조주로서 천지를 창조하신 사역을 배경으로 하고 있다(Brueggemann & Bellinger).

이처럼 태초 때부터 이때까지 세상 곳곳에서 온갖 구원사역을 행해 오신 하나님은 참으로 대단한 능력을 가지신 분이시다(13-15절). 하나님은 자기 능력으로 바다를 나누신 분이다(13a절). 이미지는 하나님이 출애굽 때 홍해를 가르신 일을 연상케 하여(cf. 출 14장) 이 역사적 사건과 주님의 천지 창조를 하나로 묶고 있다. 이스라엘을 구원하신 출애굽의 하나님은 물 가운데 있는 용들의 머리를 깨셨다(13b절). '물 가운데 용들'(תַּנִּינִים עַל־הַמָּיִם)은 고대 사람들이 바다에 산다고 믿었던 신화적인 짐승들이다(cf. 창 1:21, 욥 7:12, 시 148:7, 사 27:1). 이 짐승들은 창조주에게 저항하며 세상의 근간이 되는 창조의 질서를 위협하는 것으로 보인다(cf. ABD). 그러므로 하나님이 이 괴물들을 제압하셨다는 것은 주님이 창조하신 세상은 주님의 보호와 관리 아래 평안과 안정을 누리고 있다는 뜻이다.

기자가 주님이 이 괴물들의 머리를 깨뜨리셨다고 하는 것은 고대 근동 신화의 진실성을 인정하고자 하는 것이 아니다. 그는 일반인들이 익숙해져 있는 '문화적 코드'를 사용하여 세상 사람들이 신들로 숭배하는 것들도 이스라엘의 하나님 여호와가 창조하신 피조물에 불과하다는 사실을 알리고자 하는 것뿐이다(Smick). 비록 이 괴물들이 사람보다는 훨씬 더 능력이 있어 사람들이 두려워하지만, 그들은 결코 하나님의 적수가 되지는 못한다.

하나님은 이 바다 괴물들 중 하나인 리워야단(לִוְיָתָן)의 머리를 부수시고 몸뚱이는 사막에 사는 자들에게 먹을 것으로 주셨다(14절, cf. 욥 3:8, 41:1, 사 27:1). 고대 근동의 신화는 바알이 머리가 일곱 개나 되는 리워야단을 정복하고 그 몸뚱이로 세상을 창조했다고 하는데(ANET, cf. Day, Keel), 기자는 여호와께서 리워야단을 정복하셨다고 한다. 고대 신화에 나오는 리워야단은 머리가 일곱 개인데, 기자는 오직 하나님만이 주권 자이시라며 주님을 칭하는 인칭대명사(אתּה)를 이 섹션에서 일곱 차례 사용하는 것이 인상적이다. 또한 기자는 하나님의 구원의 상징인 출애 굽 사건과 창조사역을 연관시킴으로써 하나님의 창조사역은 처음부터 구원을 이루기 위한 일이었음을 암시한다(von Rad, McCann, vanGemeren). 하나님은 절대적인 능력으로 세상을 다스리시는 분이시며 바알은 절 대 하나님과 비교될 수 없다.

하나님의 능력은 얼마나 대단한지 필요하면 언제든 물이 없는 곳에 서 샘물이 솟아나게 하시는 분이다(15a절). '바위를 쪼개어 큰 물을 내 시는 것'(בָּקַעְתָּ מַעְיָן)을 문자적으로 번역하면 "[땅을] 갈라 [땅에서] 물이 새어 나게 하신다"는 뜻이다. 그러므로 출애굽 때 모세가 바위를 갈라 물을 얻은 일과는 별 연관성이 없는 표현이다.

땅을 갈라 물이 나게 하시는 하나님은 필요하면 물이 항상 흐르는 강 들을 순식간에 마르게도 하는 분이다(15b절). 이 강들은 장마철에 잠시 흐르다가 마르는 와디(wadi)가 아니다. 항상 물이 흐르는 강들이다. 하 나님은 필요에 따라 물이 없는 곳에 물을 주시는 능력을 지니셨으며, 멈추지 않고 흐르는 물을 없애는 능력도 지니셨다. 저자는 하나님의 무한한 창조능력을 강조하여 자신과 공동체에게 그들이 경험하고 있 는 재앙을 해결하실 수 있는 분은 오직 하나님이시라는 사실을 호소하 고자 한다(cf. Terrien).

하나님의 능력에 대하여 묵상한 기자가 16-17절에서는 하나님의 주 권에 대하여 묵상한다. 하나님은 낮과 밤의 한계를 정해 주신 분이다 (16a절). 그러므로 낮과 밤은 모두 주님의 것이다. 세상에 빛과 해를 마 련하신(창조하신) 분도 하나님이시다(16b절). 낮과 밤이 매일 하나님의 통치 아래 질서 있게 진행된다는 뜻이다.

하나님은 땅의 모든 경계를 정하신 분이다(17a절). 어느 나라와 족속이 어느 지역에서 살 것인가, 또한 그들이 사는 땅의 범위와 경계선은 어디까지인가는 모두 하나님이 정하셨다. 또한 여름과 겨울도 하나님이 만드시고 계절의 순환도 하나님이 정하셨다(17b절). 하나님의 능력은 세상이 질서에 따라 유지되는 일에서도 역력하게 드러난다는 뜻이다.

4. 미래: 잊지 마소서!(74:18-23)

> [18] 여호와여
> 이것을 기억하소서
> 원수가 주를 비방하며
> 우매한 백성이 주의 이름을 능욕하였나이다
> [19] 주의 멧비둘기의 생명을 들짐승에게 주지 마시며
> 주의 가난한 자의 목숨을 영원히 잊지 마소서
> [20] 그 언약을 눈여겨 보소서
> 무릇 땅의 어두운 곳에
> 포악한 자의 처소가 가득하나이다
> [21] 학대받은 자가 부끄러워 돌아가게 하지 마시고
> 가난한 자와 궁핍한 자가 주의 이름을 찬송하게 하소서
> [22] 하나님이여
> 일어나 주의 원통함을 푸시고
> 우매한 자가 종일 주를 비방하는 것을 기억하소서
> [23] 주의 대적들의 소리를 잊지 마소서
> 일어나 주께 항거하는 자의 떠드는 소리가
> 항상 주께 상달되나이다

기자는 바로 앞 섹션에서 과거에 하나님이 어떻게 능력과 주권을 온

세상에 나타내셨는가를 회고했다. 이제 그는 그 위대하신 하나님이 주의 백성이 당면하고 있는 절망적인 현실을 바꿔 주시기를 기원한다. 그는 하나님의 개입을 간절히 염원하면서 이 섹션에서 하나님께 일곱 개의 명령문을 사용하여 도움을 호소하고 있다(Tucker & Grant). 이 섹션의 핵심은 하나님의 기억하심이다. 주께서 원수들의 비방을 기억하시어 그들을 벌하시고(18, 22, 23절), 주의 백성을 잊지 않고(19절), 언약을 회상해 보시고(20절), 그들을 구원하시라는 간구다.

그는 원수들이 어떻게 하나님을 비방했는지 하나님이 기억하시라는 호소로 이 섹션을 시작한다(18절). 이미 10절에서 언급한 내용을 반복하고 있다. 원수들은 하나님의 이름을 능욕한 우매한 백성이다. '우매한 백성'(נָבָל עַם)은 참으로 어리석은 자들을 뜻하기도 하고, 하나님을 모르는 자들을 의미하기도 한다(cf. HALOT). 그들은 하나님이 어떤 분이신지에 대하여 전혀 아는 바가 없기 때문에 하나님의 이름을 능욕했을 것이다(Weiss). 그러므로 후자가 본문에 더 잘 어울린다(cf. NRS, RSV).

19-20절은 번역과 해석이 상당히 어려운 말씀이다(cf. Tate). 그러나 전반적인 의미는 별 어려움 없이 구상할 수 있다. 저자는 하나님께 주의 백성을 원수들에게 넘겨주시지 말 것을 간구한다(19a절). 사용되는 이미지는 주의 백성은 멧비둘기이며, 원수들은 멧비둘기를 잡아먹으려는 들짐승이다. '멧비둘기'(תּוֹר)는 가난한 사람들이 제물로 드리는 짐승이었다. 그러므로 기자가 백성을 '주의 멧비둘기'(תוֹרֶךָ)라고 하는 것은 이스라엘이 처한 처량한 상황을 묘사하는 듯하다(McCann). 주께서 이스라엘을 열방에 넘겨 주시는 것은 마치 한입감도 되지 않는 멧비둘기를 잔인하고 포악한 들짐승에게 넘겨주는 것과 별반 다르지 않다는 것이다. 일부 학자들은 본문에 등장하는 비둘기를 노아 홍수 때 좋은 소식을 가져온 비둘기와 연관시켜 기자가 하나님께 좋은 소식을 듣기를 기대하는 것으로 이해하지만(Brueggemann & Bellinger), 다소 지나친 해석이다.

460

저자는 주의 백성은 가난하고 연약하기 때문에 하나님이 도우시지 않으면 소망이 없다며 주님께서 그들을 영원히 잊지 않으실 것을 호소한다(19b절). 고대 근동에서 왕들은 가난한 사람들과 사회적 약자들을 보살필 의무가 있었다. 기자는 이 정서를 배경으로 하나님께 연약하고 가난한 자기 백성을 보호하시는 왕이 되시라고 기도하고 있다.

기자는 하나님이 이스라엘과 맺으신 언약을 눈여겨보시기를 기도한다(20a절). 그가 거하는 땅은 온갖 폭력과 악으로 가득하다. 온 세상에 드러난 성전에만 폭력이 있는 것이 아니다(cf. 4절). 어둡고 은밀한 곳에도 폭력이 만연하다(20b-c절). 온 땅이 악과 폭력으로 물들어 있는 절망적인 상황이다.

이러한 상황에서도 하나님을 간절히 바라는 사람들이 있다. 바로 이 악인들에게 학대받은 자들이며, 가난한 자들과 궁핍한 자들이다(21절). 기자는 하나님이 그들의 기도를 들으시어 학대받은 자들이 부끄러이 돌아가는 일이 없게 해달라고 호소한다. 하나님이 그들의 기도를 듣지 않으시면, 그들은 자신들이 주님께 드린 기도가 응답되지 않은 것에 대하여 부끄럽게 생각하고 조용히 그 자리에서 물러날 것이라는 뜻이다. 더 나아가 그는 가난한 자들과 궁핍한 자들이 주님의 이름을 찬송하게 해달라고 한다. 하나님이 그들의 기도를 응답해 주셔서 원수들의 억압에서 벗어난 일로 인해 주님을 찬양할 수 있도록 해달라는 기도다.

원수들에게 당한 주의 백성만 원통한 것은 아니다. 하나님도 원수들의 온갖 비방에 시달리고 계시기 때문이다(cf. 10, 18절). 그러므로 기자는 하나님께 일어나시어 자신을 방어하시라고 한다(22절). "하나님이여 일어나소서"는 전쟁하러 떠날 때 이스라엘의 군인들이 외치던 소리다 (Tucker & Grant). 꼭 원수들에게 반격하셔서 그들이 주님을 비방하는 것은 어리석은 자들이 떠들어대는 헛소리에 불과하다는 것을 온 천하에 드러내시라는 뜻이다. 주의 백성이 주님을 변호해 줄 수 있다면 참으로 좋을 텐데, 그들에게는 여력이 없다. 그러므로 하나님이 스스로 자신을 변호하셔야 하는 상황이다. 이 말씀은 법정 다툼을 배경으로 하고 있기도 한 것이다(cf. 새번역, NIV, NRS, NAS).

기자는 이 노래를 마무리하면서 한번 더 주님께 주를 대적하는 자들을 잊지 말라고 호소한다(23절). 그들이 주님을 비방하며 내뱉는 소리가 항상 주님께 상달될 것이다. 하나님이 그들의 소리를 더 이상 무시하지 마시고 귀를 기울여 달라는 호소다. 하나님이 원수들의 비방을 들으시고 심판하시는 날이 바로 주의 백성에게 구원이 임하는 날이기도 하기 때문이다. 인상적인 것은 주의 백성들이 경험하고 있는 혹독한 현실이 그들의 하나님에 대한 이해나 믿음을 수정하는 것이 아니라, 오히려 그들이 하나님께 더 간절한 기도를 드릴 수 있는 믿음을 갖도록 하고 있다는 사실이다(Mays).

제75편
아삽의 시, 인도자를 따라 알다스헷에 맞춘 노래

I. 장르/양식: 회중 찬양시(cf. 29편)

표제는 이 시가 아삽의 작품이며 알다스헷에 맞추어 부른 노래라고 한다. '알다스헷'(אל־תשחת)은 '파괴하지 말라'는 의미를 지녔다(cf. HALOT). 당시 이 제목으로 알려졌던 노래의 음에 따라 부르라는 지시다. 아삽 모음집 중 세 번째 노래다.

이 시를 한 장르로 규명하는 것은 쉽지 않다(Brueggemann & Bellinger). 불과 10절로 구성된 짧은 시이지만, 전형적인 양식을 따르지 않고(Tate), 여러 장르에 속한 내용으로 구성되었기 때문이다(Ross, vanGemeren). 찬양(1, 9-10절), 신탁(2-5절), 임박한 심판 선언(6-8절). 그렇다고 해서 흐름이나 통일성이 결여된 것은 아니다. 이 노래는 통일성을 지녔다는 것이 대부분 주석가들의 결론이다(McCann).

이 시편이 취하고 있는 형태는 예배 부름(invocation psalm)과 감사시(thanksgiving psalm) 중간 정도 된다고 하는 학자(Mowinckel)가 있는가 하면, 한나의 노래(삼상 2:1-10)와 마리아의 노래(눅 1:46-55)와 맥을 같이 하는 노래라고 하기도 한다(vanGemeren). 선지적 심판 스피치(prophetic judgment speech)라고 하는 사람들도 있고(Terrien, cf. McCann), 하나님이 교만한 자들을 심판하시고 겸손한 자들을 높이시는 반전의 기쁨을 노래하는 시라고 하는 견해도 있다(Kidner).

원래 이 시는 가을 축제 때 불린 노래(Terrien, Weiser), 혹은 가을은 아니더라도 축제 때 불린 노래라는 견해(Brueggemann & Bellinger, vanGemeren)가 지배적이다. 내용적으로는 역사를 배경으로 종말을 노래한 시라고 할 수 있다(Dahood).

이 시편은 언제쯤 저작된 것일까? 왕정시대를 지목하는 사람들은 주전 701년에 있었던 산헤립의 예루살렘 침략이 실패한 직후(cf. 왕하 19:35)라고 한다(cf. Ross). 왕정 시대에 저작된 것이지만, 포로기 이후에 본격적으로 사용된 노래라는 주장도 있다(Anderson). 포로기 이후에 저작된 것(Kissane, Tucker & Grant), 심지어는 주전 2세기 마카비 시대에 저작된 것이라는 주장도 있지만(Duhm), 정확한 저작 연대는 도저히 알 수 없다.

II. 구조

이 시의 구조를 자세하게 분석하는 사람들은 다음과 같은 제안을 내놓았다(Alden).

  A. 하나님께 감사(1-2절)
    B. 세상이 녹아 내림(3절)
      C. 악인들이 뿔을 높이지 못함(4-5절)
      C'. 하나님이 높이실 것(6-7절)
    B'. 세상의 악인들이 마셔야 함(8절)
  A'. 하나님께 찬양(9-10절)

앞에서 언급한 것처럼 이 시는 여러 장르를 부분적으로 사용하여 구성되었다. 찬양(1, 9-10절), 신탁(2-5절), 임박한 심판 선언(6-8절). 이처럼 다양한 장르가 한 노래에 등장할 때는 시의 구조를 분석할 때 장르의 경계선을 존중해 주는 것이 바람직하다. 이러한 정황을 감안하여 이 주석에서는 다음과 같은 구조를 바탕으로 본문을 주해해 나가고자 한다(cf. vanGemeren).

  A. 감사(75:1)
    B. 하나님의 신탁(75:2-5)
    B´. 선지자의 경고(75:6-8)
  A´. 찬양(75:9-10)

III. 주해

침묵하시는 하나님에 대하여 탄식으로 시작했던 바로 앞 노래(74편)와는 대조적으로 이 노래는 하나님이 세상을 심판하신다는 확신으로 시작한다. 이스라엘 공동체가 정확히 어떤 일을 경험했는지 알 수는 없지만, 그 일로 인하여 이러한 확신을 갖게 된 것이다. 이 노래는 하나님의 심판은 반드시 이 땅에 임할 것이므로 하나님의 침묵으로 인해 주님의 이름이 지속적으로 조롱당하는 일은 없을 것이라고 한다(Jensen). 또한 성도들이 이 땅에서 경험하는 고난과 겸손은 그들이 삶으로 써 내려가는 이야기의 끝이 아니며, 언젠가는 폭력성이 없는 힘과 교만이 없는 영광이 그들의 것이 될 것을 선언한다(Kidner).

1. 감사(75:1)

¹ 하나님이여
우리가 주께 감사하고 감사함은
주의 이름이 가까움이라
사람들이 주의 기이한 일들을 전파하나이다

기자는 자신이 속한 공동체가 하나님께 '감사하고 감사할'(הוֹדִינוּ … הוֹדִינוּ) 이유가 있다며 노래를 시작한다(1b절). 참으로 감사할, 혹은 두고 두고 감사할 이유가 있다는 의미다(cf. deClaissé-Walford et al.). 그들이 주 님께 두고두고 감사할 것은 주님의 이름을 매우 가까운 곳에서 경험했 기 때문이다(1c절). 주님의 '이름이 매우 가까이'(קָרוֹב שְׁמֶךָ) 있었다는 것 은 하나님이 그들을 위하여 무언가 놀라운/기적적인 일을 행하신 것을 옆에서 직접 지켜 보았다는 뜻이다. 신약은 성육신을 통해 하나님이 우리에게 가까이 오셨다고 한다(Kidner).

그들이 경험한 하나님의 놀라운 은혜는 무엇이었을까? 기자가 말하 지 않으니 정확히 알 수는 없다. 한 가지 확실한 것은 하나님은 자기 백성을 위하여 참으로 대단한 일을 하시는 분이라는 사실이다(Eaton). 기자가 이 일은 참으로 '주의 기이한 일들'(נִפְלְאוֹתֶיךָ)이라고 하는 것과 주 께서 교만한 자들을 심판하신다는 것이 노래의 핵심 메시지인 것으로 보아 큰 교만을 떨며 공동체를 위협하던 사람이 하나님의 심판을 받아 한순간에 나락으로 떨어진 일이 노래의 역사적 배경이 되었다. 주전 701년에 아시리아 왕 산헤립이 쳐들어와 순식간에 온 유다를 정복하 고 예루살렘을 포위한 상태에서 온갖 교만을 떨었다가 하나님의 심판 을 받아 순식간에 몰락했던 일이 있었다(cf. 사 36-37장). 이 노래는 이 런 유형의 사건을 경험한 사람들이 부른 노래다(cf. Goldingay, 합 2:1-5).

'전파하다'(סִפֵּר)(1d절)의 더 정확한 의미는 '회자하다'이다(HALOT, cf. 공동, ESV, RSV). 주님의 놀라운 은혜를 경험한 사람들이 두고두고 그 은혜를 기념하며 서로 이야기를 나눌 것이라는 뜻이다. 우리가 경험하 는 하나님의 은혜는 이 공동체처럼 두고두고 감사하며 서로 나누어야 한다. 하나님의 은혜를 함께 나누면 우리의 믿음이 자라고 하나님의 격려와 위로가 항상 우리 주변에 머문다.

2. 하나님의 신탁(75:2-5)

² 주의 말씀이
내가 정한 기약이 이르면
내가 바르게 심판하리니
³ 땅의 기둥은 내가 세웠거니와
땅과 그 모든 주민이 소멸되리라 하시도다 (셀라)
⁴ 내가 오만한 자들에게 오만하게 행하지 말라 하며
악인들에게 뿔을 들지 말라 하였노니
⁵ 너희 뿔을 높이 들지 말며
교만한 목으로 말하지 말지어다

1절에서 하나님의 놀라운 은혜에 감사한 기자는 하나님이 하신 말씀을 회고한다. 주님은 교만한 자들에게 교만하지 말라고 경고하셨다. 주님의 말씀은 그들이 하나님의 경고에 귀를 기울이지 않아 혹독한 심판을 받은 일을 전제하고 있다.

하나님은 심판의 때가 정해져 있다고 말씀하신다(2절). '정한 기약'(מוֹעֵד)은 정한 시간 혹은 정한 장소를 뜻할 수 있다(HALOT). 본문에서는 하나님이 정해 두신 때를 의미한다. 하나님은 악인들을 심판하실 때 시시각각, 혹은 아무 때나 하시는 것이 아니라, 정해 두신 때가 되어야 심판을 하신다. 성경은 하나님이 민족을 심판하시는 때는 '죄가 가득 찰 때'라고 한다. 우리는 하나님이 우리를 괴롭히는 악인들에게 즉각적인 심판을 내리실 것을 바라기도 하지만, 하나님은 우리가 원하고 기도한다 해서 움직이시는 것이 아니라, 자신이 정하신 때가 되어야 비로소 그들을 심판하신다. 무엇보다도 죄인들에게 회개할 기회를 주시기 위해서다.

자신이 정하신 때에 심판하시는 하나님은 세상을 다스리시는/유지하시는 분이다(3a절). 기자는 하나님이 세상을 유지하신다는 것을 '땅의 기둥을 세우신 분'으로 표현한다. '세우다'(תמך)의 더 정확한 의미는 '붙들다/유지하다'이다(HALOT, cf. 새번역, 아가페, NIV, NAS, NRS, TNK). 그러므로 이 말씀은 하나님의 '창조사역'(세우심)이 아니라 '통치사역/유지사역'(넘어지지 않도록 붙드심)에 관한 것이다. 세상은 주님이 흔들리지 않도록 굳게 붙드시는 곳이며, 만일 하나님이 손을 놓으시면 땅과 그 위에 사는 모든 주민이 순식간에 소멸될 것이다(3b절). 하나님이 이 순간에도 '세상의 기둥'을 붙들고 계시기 때문에 우리가 평안히 살 수 있다. 또한 세상의 기둥은 세상의 질서를 유지하는 도덕적인 기준도 포함한다(Tucker & Grant).

세상을 다스리시는 하나님은 악인들에게 오만하게 행하지 말고 뿔을 들지 말라고 분명히 경고하셨다(4-5절). 개역개정은 번역에 반영하고 있지 않지만, 히브리어 텍스트는 '높은 곳으로'(למרום) 뿔을 들지 말라고 한다. 그러므로 이 말씀은 하나님이 계시는 곳을 침해하지 말라는 뜻이다(Goldingay). 일부 번역본들은 '하늘을 향해/높은 곳을 향해' 고개를 들지 말라고 번역하여 이러한 의미를 반영했다(아가페, NIV, ESV, NAS, CSB). 교만한 자들은 자신들이 하나님과 동급이라고 생각하는 자들이므로 적절한 해석이다.

4-5절은 '오만-뿔-뿔-교만'으로 진행되어 abb′a′구조를 지녔다. 이러한 구조는 기자가 마음에 둔 오만과 교만은 '뿔을 드는 것'을 뜻한다. 뿔을 드는 이미지는 강인한 짐승이 자기의 힘과 능력을 자랑하기 위하여 뿔이 달린 머리를 높이 쳐드는 것에서 비롯되었다(Anderson, Goldingay). 이 표현은 성경에서 종종 왕들을 묘사하며 사용된다(단 7:7, 8, 24). 그러므로 하나님이 이 노래에서 경고하는 사람들은 이스라엘의 지도층이라는 해석도 가능하다(cf. Tucker & Grant). 사람이 뿔을 드는 것은 자신의 힘과 능력을 자랑한다는 뜻이다.

또한 그들은 교만한 목으로 말하는 자들이다(5b절). '교만한 목'(עָתָק

ראוצ)의 더 정확한 의미는 '억제되지 않은 목'(unrestrained neck)이다
(HALOT). 교만한 사람들은 경건과 거룩의 멍에로 절제되지 않은 무례
한 말을 일삼는 사람들이라는 뜻이다(cf. Kidner). 그러므로 오만한(교만
한) 자들은 하나님의 가르침과 권면에 따라 절제되고 따뜻한 말을 하지
않고, 자기 마음에 내키는 대로 내뱉는 무례한 자들이다. 역으로 말하
자면 의인은 자기 마음에 내키는 대로 행하지 않고 하나님이 주신 절
제와 온유의 지침에 따라 선한 말을 하는 사람들이다.

3. 선지자의 경고(75:6-8)

> ⁶ 무릇 높이는 일이
> 동쪽에서나 서쪽에서 말미암지 아니하며
> 남쪽에서도 말미암지 아니하고
> ⁷ 오직 재판장이신 하나님이
> 이를 낮추시고 저를 높이시느니라
> ⁸ 여호와의 손에 잔이 있어
> 술 거품이 일어나는도다
> 속에 섞은 것이 가득한 그 잔을
> 하나님 쏟아내시나니
> 실로 그 찌꺼기까지도
> 땅의 모든 악인이 기울여 마시리로다

이 시편을 분석하는 일에서 누가 어느 부분을 말하고 있는가를 분별
하는 것은 결코 쉬운 일이 아니다(cf. deClaissé-Walford et al.). 이 섹션은
2절에서 시작된 하나님의 말씀이 계속되는 것일 수도 있다. 그러나 하
나님의 신탁은 끝이 나고 기자가 선지자적인 권면을 하고 있는 것으로
간주해도 별 어려움은 없다.

6절을 정확하게 번역하는 일이 쉽지 않다. 그래서 번역본들은 세 가지 해석을 내 놓았다. (1)동쪽이나, 서쪽이나, 남쪽(광야)에서 오는 사람들 중 누구도 자기 자신을 스스로 높일 사람은 없다(NIV, cf. 아가페), (2)높임은 동쪽이나, 서쪽이나, 남쪽(광야)에서 오지 않는다(새번역, ESV, NRS, RSV, TNK), (3)심판은 동쪽이나, 서쪽이나, 남쪽(광야)에서 오지 않는다(공동, NAS). 7절이 오직 하나님이 누구를 낮추고 누구를 높일 것인가를 결정하신다고 하는 것으로 보아, 이 세 가지 모두 별 문제는 없다. 하지만 세 번째, 곧 누가 높임을 받고 누가 낮춤을 받을 것인가에 대한 "심판(평가)은 동쪽이나, 서쪽이나, 남쪽에서 오지 않는다"고 이해하는 것이 문맥에 잘 어울린다(cf. Kraus). 악인들은 스스로 자신들을 높이지만, 의인들은 높일 사람과 낮출 사람을 결정하시는 하나님을 바라보는 사람들이다(Delitzsch).

그런데 왜 북쪽은 빠져 있는 것일까? 일부 학자들은 개역개정이 '북방에 있는 산'(צפון)으로 번역하는 산 때문이라고 한다(cf. 사 14:13, 시 48:2). 이 산은 근동 신화들에서 신들이 사는 곳으로 알려져 있다. 기자는 하나님이 바로 이 산에서 오시기 때문에 북쪽을 언급할 필요를 느끼지 못했다는 것이다(cf. Tucker & Grant). 이러한 해석도 가능하지만, 더 확실한 가능성이 있다. 시편 48편 2절은 시온 산이 바로 그 북방에 있는 산(צפון)이라고 한다. 그러므로 기자는 북방에 있는 산에 계신 하나님이 아니라, 북방에 있는 시온 산에 계시는 하나님이 오실 것이기 때문에 북쪽 방향을 언급하지 않는다.

기자는 오직 하나님만이 사람을 높이고 낮추는 일을 결정하실 수 있다고 한다. 사람이 스스로 자신을 높이는 일은 교만이며(cf. 4-5절), 하나님이 세상에서 가장 싫어하시는 것이 교만한 인간이기 때문이다. 사람이 교만하면 하나님을 의지하지 않고 자기 능력에 의지하여 살아가기 때문에 하나님은 교만한 사람들을 싫어하신다. 번역본들이 '남쪽'(south, 개정개역, 새번역)과 '광야(사막)쪽'(wilderness, desert, NIV, TNK)을

혼합하여 사용하는 것은 이렇게 번역된 히브리어 단어(מִדְבָּר)의 의미인
'광야, 사막'인데, 성경에서 종종 이스라엘 남쪽에 위치한 브엘세바와
이집트 사이에 위치한 광야를 의미하며 사용되기 때문이다(cf. 신 2:7).

8절도 정확한 번역이 쉽지 않다(cf. 공동, 현대인, NAS, TNK, CSB). 그
러나 전반적인 의미는 확실하다. 심판하시는 하나님이 진노의 잔을 악
인들에게 내려 마시게 하실 것이며, 악인들은 한 방울도 남김없이(찌꺼
기도 남김없이) 그 심판의 잔을 비워야 할 것이라는 뜻이다. 하나님이 죄
인들에게 심판의 잔을 마시게 하는 비유는 선지서에서 상대적으로 흔
히 사용된다(사 51:17, 렘 25:15, 49:12, 겔 23:32-34, 합 2:15-16). 하나님의
심판은 분명히 임할 것이며 그 누구도 주님의 심판의 잔을 피하지 못
할 것이다. 언젠가 모든 사람은 자기의 행실에 따라 주님께 판결을 받
을 것이다.

4. 찬양(75:9-10)

> 9 나는 야곱의 하나님을
> 영원히 선포하며 찬양하며
> 10 또 악인들의 뿔을 다 베고
> 의인의 뿔은 높이 들리로다

하나님이 언젠가는 악인들을 심판하실 것을 확신하는 기자가 찬양으
로 노래를 마무리한다. 그는 야곱의 하나님, 곧 이스라엘과 특별한 관
계를 맺으신 하나님을 영원히 '선포할 것'(נגד)이다(9b절). 자신이 알고
경험한 하나님을 끊임없이 알리고 가르칠 것이라는 뜻이다(cf. HALOT).
또한 그는 영원히 주님을 찬양할 것이다(9b절). 하나님은 우리의 찬양
을 받기에 합당하신 선하시고 놀라우신 통치자이시기 때문이다(cf. 3절).

기자는 악인들의 뿔은 모두 베어지고, 의인의 뿔은 높이 들림을 받

을 것이라며 노래하는데(10절), 이 일을 행하는 이는 누구인가? 하나님
이 악인들의 뿔을 베시는가, 혹은 기자가 그들의 뿔을 베는가가 정확
하지 않다(cf. Broyles, Hossfeld-Zenger). 번역본들은 기자가 베는 것으로
(LXX, NRS), 혹은 뿔들이 스스로 꺾이는 것으로(ESV) 번역하기도 하지
만, 대부분 번역본들은 하나님이 베시는 것으로 표기한다. 마소라 사
본은 일인칭단수(אֲגַדֵּעַ), '내가 벨 것이다'로 표기한다. 9절과 10절의 흐
름을 감안하면, '나'(I)는 분명 기자다. 그러나 7절은 오직 하나님만이
높이고 낮추신다고 했다. 그러므로 이 말씀은 분명 하나님이 하시는
말씀이다. 번역본들은 이 문제를 기자가 하나님의 말씀을 인용하는 것
이라며 따옴표(" ")를 사용하여 해결하거나(NIV, NAS, TNK), 기자를 칭
하는 1인칭(I)을 하나님을 뜻하는 3인칭(he)으로 바꿔 해결한다(RSV, cf.
Kraus).

10절에서 악인들(רְשָׁעִים)은 복수로, 의인(צַדִּיק)은 단수로 표기하고 있
다. 이러한 차이를 근거로 일부 학자들은 '의인'을 메시아로 해석한다
(Longman). 그러므로 그는 포로기 이후 공동체에게 이 시는 메시아에
대한 노래로 해석되었다고 한다. 포로기 이후 시대 공동체와 연관 짓
지 않더라도 10절은 충분히 메시아에 대한 말씀으로 해석될 수 있다.

제76편

아삽의 시, 인도자를 따라 현악에 맞춘 노래

I. 장르/양식: 회중 찬양시(cf. 29편)

이 시는 분명 회중 찬양시이며, 내용은 하나님의 위대하신 승리를 기념하는 '승리의 노래'(song of victory)다(deClaissé-Walford et al., Terrien). 또한 학자들이 '시온시'(Gunkel)로 구분한 시편들 중 하나다(cf. 46, 48, 84, 87, 122편). 그러므로 이 노래는 시온을 기념하는 예배나 예식에서 반복적으로 사용되었을 것이다(Anderson, Weiser). 그러나 이 노래는 시온 성 자체보다는 시온에 사는 사람들에 관한 노래라는 사실을 염두에 두고 해석해야 한다(Mays). 매년 가을이면 장막절(Feast of Tabernacle) 예배에서 사용되었을 것이라는 추측도 있다(Ross).

이 시편의 저작 시기에 대하여는 다윗 시대, 여로보암2세 시대, 히스기야 시대, 마카비 등 매우 다양한 추측이 난무하며, 대다수 학자들의 동의를 얻은 주장은 없다. 역사적인 정황으로 1-3절은 다윗이 예루살렘을 수도로 정한 일(cf. 삼하 5-7장)을, 4-6절은 다윗이 예루살렘 근처에서 블레셋과 싸운 일(삼하 5:17ff.)을 회고하고 있다는 주장이 있다(Weiser). 그렇다고 해서 다윗 시대에 저작된 것은 아니고, 한참 세월이 지난 훗날 이 일들을 기념하며 저작되었다고 한다.

히스기야 시대에 있었던 아시리아 왕 산헤립의 침략과 실패(cf. 왕하 19장, 사 37장)를 이 노래의 역사적 배경으로 삼는 사람들도 많다(cf. Hossfeld-Zenger). 이러한 추측에 일조한 것은 칠십인역(LXX)이 표제에 '아시리아 사람을 위한 노래'(ᾠδὴ πρὸς τὸν Ἀσσύριον)라는 문구를 포함한 일이다. 반면에 옛 시리아어 번역본은 '암몬 사람을 위한 노래'를 포함하고 있다(Terrien, cf. 삼하 12:26). 시의 역사적인 정황을 규명하는 일에 있어서 표제는 별로 도움이 되지 않는 것이다.

대부분 학자들은 이 시편의 역사적 배경에 대하여 구체성을 논하기 어렵다고 결론 짓는다(vanGemeren). 더 나아가 기자가 의도적으로 역사적 구체성을 피하고 있다고 하는 학자도 있고(McCann), 처음부터 이 노래는 어떠한 역사적 사건과 상관없이 여호와 하나님의 전반적인 구원 사역을 노래하기 위하여 저작되었다고 하는 사람들도 많다(Anderson, cf. Goldingay).

이 시편의 반 정도는 하나님의 구원사역이 과거에 어떻게 이루어졌는가를 회상하고 있으며, 반은 미래를 노래하고 있다. 1-6절은 시온의 과거를 회상하고, 7-12절은 시온의 미래를 노래한다(Weiser). 시온의 미래를 노래하는 것이 최종 목적인 종말론적 시각을 반영하고 있는 시라는 뜻이다. 중세기 랍비 킴키(Kimchi)는 이 노래가 곡과 마곡과의 전쟁을 노래하는 것으로 해석하기도 했다(Goldingay).

시온의 미래를 노래하는 이 시는 시편 74편과 연관이 있는 듯하다. 74편은 시온과 성전 파괴를 슬퍼하는 노래다. 이제 76편은 언젠가는 성전이 다시 회복될 것을 확신한다. 하나님이 파괴된 시온을 그대로 내버려 두지 않으실 것이라는 소망을 불러일으키는 노래인 것이다.

II. 구조

이 시는 각각 3절로 구성된 4섹션으로 구분하는 것이 일상화되어 있다(Goldingay, McCann, Terrien, Tucker & Grant, vanGemeren). 일부 학자들은 4-9절의 내용이 비슷하다고 하여 이 섹션을 하나로 묶어 세 파트로 구성된 것으로 취급하기도 한다(deClaissé-Walford et al., cf. Ross). 이 주석에서는 다음과 같이 네 파트로 구성된 구조를 바탕으로 본문을 주해해 나갈 것이다.

  A. 시온에 거하시는 이스라엘의 하나님(76:1-3)
    B. 용맹스러우신 전사(76:4-6)
    B'. 두려우신 심판자(76:7-9)
  A'. 세상 민족들을 떨게 하시는 하나님(76:10-12)

III. 주해

여호와는 참으로 평화로운 시온에 계시지만, 온 세상이 두려워하는 하나님이시다. 주님은 위대하신 용사이시고 범세계적 재판관이시기 때문이다. 하나님은 억울한 사람들을 구원하시는 구세주이시기도 하다. 주의 백성은 놀라운 능력을 지니신 하나님의 보호를 받기 때문에 그 어떠한 어려움 앞에서도 두려워할 필요가 없다.

1. 시온에 거하시는 이스라엘의 하나님(76:1-3)

> ¹ 하나님은 유다에 알려지셨으며
> 그의 이름이 이스라엘에 알려지셨도다
> ² 그의 장막은 살렘에 있음이여
> 그의 처소는 시온에 있도다
> ³ 거기에서 그가 화살과 방패와
> 칼과 전쟁을 없이하셨도다 (셀라)

기자는 유다와 이스라엘에서 하나님을 모르는 사람은 없다며 노래를
시작한다(1절). 하나님은 멀리 계신 분도 숨겨지신 분도 아니며, 매우
가까운 곳에 계시는 분이다. 주의 백성이라면 모두 그를 안다. '알려지
다'(נוֹדָע)(1절)는 "[하나님이] 자기 자신을 드러내셨다"로 번역될 수 있다
(Tucker & Grant). 그러므로 이 말씀은 정확히 어떤 일이 있었는지는 모
르지만, 최근에 하나님이 그들을 큰 위기에서 구원하신 일로 인해 유
다와 이스라엘 사람들에게 자기 자신을 드러내셨으므로 백성들이 하
나님을 찬양하고 감사하는 일이 더 잦아졌다는 뜻이다. 백성들 중 하
나님의 '인기'가 하늘 높이 치솟았다(cf. Goldingay). 또한 백성들이 주님
을 안다는 것은 그들이 주님과 매우 긴밀한 관계를 맺었다는 뜻이다
(deClaissé-Walford et al.).

그들이 찬양하고 감사하는 하나님의 장막은 살렘에 있고, 처소는 시
온에 있다(2절). '장막'(סֹךְ)과 '처소'(מְעֹנָה)는 모두 하나님이 자기 이름을
두신 성소를 뜻한다. 만일 이 노래가 다윗 시대에 저작된 것이라면, 아
직 성전이 건축되지 않았기 때문에 임시 처소인 성막을 뜻한다. 만일
솔로몬이 성전을 건축한 이후 저작된 것이라면 당연히 성전을 뜻한다.
이 노래가 포로기 이후에 저작된 것이라고 주장하는 사람들은 '비록 주
의 백성은 바빌론으로 끌려왔지만, 하나님은 아직도 시온에 계신다'는
이 말씀이 대단한 신앙 고백이라고 한다(Tucker & Grant). 자신들은 먼
타국으로 끌려왔지만, 하나님은 그들과 함께 끌려 오시지 않고 아직도
시온에 거하신다고 하기 때문이다.

'살렘'(שָׁלֵם)은 예루살렘(יְרוּשָׁלַ͏ִם)의 다른 이름이다(창 14:18, cf. 히 7:1-2).
이 구절에서 살렘과 시온이 평행을 이루고 있는데, 살렘은 예루살렘임
을 암시하고 있다. 일부 학자들은 이 말씀이 세겜에 있었던 가나안 사
람들의 성소에 머무시던 주님이 시온으로 거처를 옮겨 오신 것을 회고
하고 있다고 하지만(Goulder, Terrien), 그다지 설득력이 있는 해석은 아
니다.

시온에 거하시는 주님은 전쟁을 없애시는 분이다(Tucker & Grant). 주
님은 시온에서 온갖 전쟁과 무기들을 없애셨다(3절). 성경은 종종 하나
님을 시온에서 부르짖는 사자로 묘사하며 주님을 신적인 용사라고 한
다(렘 25:30, 욜 3:16, 암 1:2). 이 용사는 또한 평화의 왕이시며 자기 처소
에서 전쟁이 일어나는 것을 용납하시지 않는다. 그러므로 설령 온 세
상이 가장 확고한 무기들을 앞세우고 침략해 와도 순식간에 그들을 물
리치시고 시온의 평안을 유지하실 것이다. 아시리아 왕 산헤립이 대군
을 이끌고 와 예루살렘을 공략했지만, 실패하고 돌아간 일(왕하 18-19
장)을 생각나게 하는 말씀이다. 시온은 어떠한 침략에도 끄떡없다는 것
을 강조하기 위하여 기자는 포괄성의 숫자인 4를 사용하여 시온에는
어떠한 무기나 전쟁도 없을 것이라고 한다. 화살, 방패, 칼, 전쟁. 시온
에는 영원한 평화가 있다. 평화의 왕이 그곳에 계시기 때문이다.

2. 용맹스러우신 전사(76:4-6)

⁴ 주는 약탈한 산에서
영화로우시며 존귀하시도다
⁵ 마음이 강한 자도
가진 것을 빼앗기고 잠에 빠질 것이며
장사들도 모두 그들에게 도움을 줄 손을 만날 수 없도다
⁶ 야곱의 하나님이여
주께서 꾸짖으시매
병거와 말이 다 깊이 잠들었나이다

하나님은 "영화로우시며 존귀하시다"(4절)는 말씀은 하나님의 영광
이 아침에 떠오르는 햇빛보다 더 밝음을 뜻하며 주님의 왕권의 절대성
을 선언하는 표현이다(Terrien, vanGemeren). 여기까지는 쉬운데, 4절의

나머지 부분의 의미를 해석하는 것은 쉽지 않다. 특히 개역개정의 '약탈한 산'으로 번역한 히브리어 문구(מֵהַרְרֵי־טָרֶף)가 의미하는 바를 가늠하기가 매우 어렵다. 그러므로 번역본들도 다양한 해석을 내 놓았다. 개역개정은 "주는 약탈한 산에서 영화로우시며 존귀하시도다"로 하는가 하면, 새번역은 "주님의 영광, 그 찬란함, 사냥거리가 풍부한 저 산들보다 더 큽니다"(cf. 아가페, NIV, ESV)로 번역하고 있다. 그리고 공동번역은 "영원한 산에서 오시는 분, 빛나고 힘차신 분"으로, 현대인성경은 "주님이여 주께서는 영광스러우십니다. 주께서 저 원수들을 쳐부수시고 그 산에서 되돌아오시는 모습 너무나 장엄하십니다"로 번역했다. 주석가들 중에는 4절에서 하나님을 짐승들이 많아 먹잇감이 풍부한 산을 위풍당당하게 돌아다니는 사자에 비교하고 있다고 해석하는 사람들도 있다(Hossfeld–Zenger).

영어 번역본들은 '약탈한 산/사냥감이 많은 산'으로(ESV, TNK, CSB) 혹은 '영원한 산들'(everlasting mountains)이나(NRS, RSV, cf. LXX), '옛적 산들'(ancient mountains)(NAS)로 번역한다. 또한 하나님이 그 산들에 머무시는 것이 아니라, 내려오시는 것으로 번역한 것도 있다(CSB). 3절은 적들이 걸어온 전쟁과 무기들을 하나님이 모두 없애셨다고 하고, 5절은 주님을 상대로 전쟁을 걸어온 사람들이 모두 허무하게 죽어갔다고 한다. 이런 정황을 고려할 때, 현대인성경의 "주님이여 주께서는 영광스러우십니다. 주께서 저 원수들을 쳐부수시고 그 산에서 되돌아오시는 모습이 너무나 장엄하십니다"가 문맥에 가장 잘 어울린다.

3-4절은 하나님이 침략자들을 쉽게 물리치셨다고 하는데, 5절은 구체적으로 그들 중 그 누구도 힘 한번 써보지 못하고 모두 죽어갔다고 한다(cf. Dahood). 용감한 병사들도 가지고 있던 것을 모두 빼앗기고 잠에 빠졌다(새번역, "영원한 잠을 자고 있습니다"). 가장 용맹스러운 장사들도 죽음의 굴레에서 빠져나오지 못하고 죽어갔다(cf. 새번역, 아가페). 만군의 여호와께 전쟁을 걸면 모두 이렇게 된다.

기자는 이러한 상황을 다시 한번 요약해서 정리한다(6절). 하나님이 침략자들을 꾸짖으시니(호령하시니) 그들의 병거와 말이 모두 깊은 잠에 들었다. 이는 죽고 파괴되었다는 뜻이며 출애굽 사건을 연상시키는 이미지다(cf. 출 15:1). 하나님을 상대로 싸워 이길 수 있는 사람은 하나도 없을 뿐만 아니라, 싸우려는 마음을 먹는 것 자체가 매우 어리석고 무모하다. 심지어는 이집트 군도 하나님을 상대로 싸웠다가 패했다.

3. 두려우신 심판자(76:7-9)

⁷ 주께서는 경외 받을 이시니
주께서 한 번 노하실 때에
누가 주의 목전에 서리이까
⁸ 주께서 하늘에서 판결을 선포하시매
땅이 두려워 잠잠하였나니
⁹ 곧 하나님이 땅의 모든 온유한 자를 구원하시려고
심판하러 일어나신 때에로다 (셀라)

사람들이 예상하지 못했던 여호와의 예루살렘 구원이 세상에서 억압받는 사람들에게 소망의 끈이 되었다(Terrien). 하나님은 무기를 사용하지 않고 단순히 꾸짖음으로 적들을 죽이시는 분이다(cf. 6절). 이처럼 위대하신 하나님은 모든 사람의 경외를 받기에 합당하신 분이다(7a절). "주께서는 경외 받을 이시니"(אַתָּה נוֹרָא אַתָּה)를 문자적으로 번역하면 "당신, [오직] 당신만이 경외를 받아야 합니다"이다(cf. NIV). 2인칭 남성단수 인칭대명사가 두 차례 사용되면서 세상에서 우리가 두려워해야 할 분은 오직 하나님 한 분이심을 강조한다. 주님은 얼마나 두려우신 분이신지 노하시면 그 누구도 주님 앞에 서서 그 진노를 견디어 낼 사람은 없다(7b-c절). 때로는 하나님이 우리 눈에서 숨겨져 있는 듯하지만,

우리 모두는 하나님 앞에 서 있다(Mays). 세상 그 누구도 하나님이 자기를 보고 계시지 않는다고 하거나, 주님의 권위에 도전하지 말라는 강력한 경고다. 이 사실이 이 땅에서 악인들에게 억압받는 사람들의 유일한 소망이다.

두려움을 자아내시는 하나님이 하늘에서 판결을 선포하셨다(8절). 하나님은 하늘에서 말씀하셨는데, 땅에 있는 모든 사람이 두려워하며 숨을 죽이고 판결을 듣는다(8b절). 다행히 하나님이 선포하신 판결은 땅의 모든 온유한 자들을 구원하시기 위한 것이었다(3절). '땅의 모든 온유한 자들'(כָּל־עַנְוֵי־אֶרֶץ)은 세상을 살면서 온갖 억압과 착취에 시달려 아주 '낮은 자세를 취하며' 사는 사람들이다(cf. NIDOTTE). 하나님이 불의한 세태로 인해 위축된 삶을 사는 이들을 구원하시기 위하여 심판하신다는 뜻이다. 주님은 남을 억압하고 핍박하는 모든 폭력적인 힘을 세상에서 끝장내실 것이다(Hossfeld-Zenger). 그렇다면 악인들은 심판을 두려워해야 하지만, 그들에게 당한 사람들은 두려워할 필요가 없다. 드디어 공의와 정의가 세상에서 실현되는 순간이기 때문이다.

4. 세상 민족들을 떨게 하시는 하나님(76:10-12)

¹⁰ 진실로 사람의 노여움은 주를 찬송하게 될 것이요
그 남은 노여움은 주께서 금하시리이다
¹¹ 너희는 여호와 너희 하나님께 서원하고 갚으라
사방에 있는 모든 사람도 마땅히 경외할 이에게 예물을 드릴지로다
¹² 그가 고관들의 시를 꺾으시리니
그는 세상의 왕들에게 두려움이시로다

10절의 번역과 해석이 매우 어려워 다양한 해석과 수정이 제시되었다(cf. Hossfeld-Zenger, Kraus). 대부분 번역본들은 마소라 사본의 '사람의

노여움'(חֲמַת אָדָם)(10a절)을 그대로 수용하여 '사람의 분노가 주를 찬송할 것이라고 하지만'(NAS, NRS, ESV, TNK), 사람의 분노가 어떻게 주를 찬송한단 말인가? 일부 학자들은 이집트나 아시리아처럼 이스라엘을 공격한 나라들이 실패하고 난 후에 그들에게 패배를 안기신 여호와의 능력을 인정하는 것으로 해석한다(Goldingay). 그러나 이러한 해석은 구원을 논하고 있는 9-11절의 문맥과 잘 어울리지 않는다. 어려움을 극복하기 위하여 우리말 번역본들 중 아가페 성경과 영어 번역본들 중에는 NIV가 '사람의 노여움' 대신 '하나님의 노여움'으로 해석했다. 9절에서 하나님이 분노하시며 심판하신 일이 억울한 사람들의 구원으로 이어졌기 때문에 10절은 하나님의 노여움이 구원을 받은 이들이 주를 찬송하게 했다는 것이다. 문맥에 더 잘 어울리는 대안이다.

그렇다면 "그 남은 노여움은 주께서 금하신다"(שְׁאֵרִית חֵמֹת תַּחְגֹּר)(10b절)는 무엇을 뜻하는가? 개역개정이 '금하다'로 번역한 히브리어 동사(חגר)의 기본적인 의미는 '묶다/매다'이다. 그러므로 이 말씀에 대한 번역도 다양하다. (1)주님의 노여움에서 살아남은 자들은 저지를 당할 것이다(NIV), (2)주께서 살아남은 자들을 허리띠 차듯 차실 것이다(새번역, ESV, TNK, cf. NRS, RSV), (3)노여움에서 살아남은 자들은 주의 절기를 지킬 것이다(NAS, 아가페, '더 이상 악을 행하지 않을 것이다'), (4)주께서 그들의 남은 노여움을 옷 입듯이 입을 것이다(CSB), (5)의도적으로 이사야의 아들 이름 '스알야숩'(남은자는 돌아온다)과 대조를 이루는 말씀이다(Terrien, cf. 사 7:3).

10a절은 하나님의 심판(노여움)을 통해 구원을 받게 된 사람들이 주님을 찬송하게 될 것이라고 했다. 10b절은 하나님이 그를 찬송하는 사람들을 어떻게 하실 것인가에 대하여 답을 하고 있다. 주님은 그들을 허리띠 차듯 차시고 보호하실 것이다. 그러므로 위 옵션들 중 두 번째 "주께서 살아 남은 자들을 허리띠 차듯 차실 것이다"(새번역, ESV, TNK, cf. NRS, RSV)가 문맥에 가장 잘 어울리는 해석이다.

심판으로 구원을 얻었을 뿐만 아니라, 하나님의 '허리띠 보호'를 받는 사람들은 주님을 찬송하고 감사할 이유가 있다. 그러므로 기자는 그들에게 여호와 그들의 하나님께 서원하고 갚으라고 한다(11a절). 1절에서 유다와 이스라엘에는 하나님의 이름을 모르는 사람은 없다고 한 기자는 이 구절에서 그의 명성은 온 세상의 왕들이 알고 있다며 1절과 강력한 대조를 이루고 있다. 또한 하나님의 이름은 다름 아닌 '여호와'라며 절정적으로 주님의 이름을 노래하고 있다(Gerstenberger). 기자는 여호와 하나님께 구원을 입은 사람이 해야 할 당연한 일, 곧 감사의 예물을 드리라고 한다. 그는 또한 온 세상 사람들에게도 그들이 경외하는 여호와께 예물을 드리라고 권면한다(11b절). 이제 주님의 이름을 알았으니 지체하지 말고 주의 주권을 인정하고 고백하라는 뜻이다. 하나님은 구원하신 백성들뿐만 아니라, 온 세상의 찬양과 예배를 받기에 합당하신 분이다.

낮은 자들을 구원하시는 하나님은 온 세상이 가장 두려워해야 할 분이다. 주님은 고관들(군왕들)의 시(호흡)를 끊으시는 분이며, 세상의 왕들에게 두려움을 자아내시는 분이다(12절). 세상 그 누구도 하나님과 견줄 수 없다는 경고다. 아마도 이스라엘이 최근에 경험한 일이 이러한 사실을 온 세상에 입증했을 것이다.

제77편

아삽의 시, 인도자를 따라 여두둔의 법칙에 따라 부르는 노래

I. 장르/양식: 개인 탄식시(cf. 3편), 회중 탄식시(cf. 12편)

표제는 '여두둔'(ידיתון)을 언급하는데, 이 사람은 다윗 시대에 성막에서
음악을 지휘하던 사람들 중 하나다(cf. 대상 16:41-42). 여두둔이 성전 음
악에 대하여 어떠한 법칙을 개발했는지는 알 수 없지만, 표제에 따르
면 이 시는 그가 개발한 법칙에 따라 부르는 노래라고 한다.

이 노래는 기도와 탄식과 찬양 등 세 파트로 구성되어 있으며
(Terrien), 1-10절을 탄식시로, 11-20절을 찬송시로 구별하기도 한다
(Gunkel). 대부분 학자들은 이 시를 탄식시로 간주하는데, 단지 개인 탄
식시인지, 혹은 회중 탄식시인지에 대하여는 어느 정도 논란이 있다.
시가 1인칭 단수로 진행되는 것을 보면 취하는 양식이 분명 개인 탄식
시이지만, 내용이 점차적으로 온 이스라엘이 경험했던 역사적인 사건
으로 옮겨가고 있기 때문이다(cf. Kidner). 그러므로 시가 전개됨에 따라
내용이 개인보다는 온 공동체가 부르기에 더 적합하다는 점에서 회중
탄식시라고 하기도 하는 것이다. 이렇게 읽기 위해서는 '나'(I) 안에 공
동체의 모든 멤버가 있는 것으로 간주해야 한다(Goldingay). 아마도 원
래 개인 탄식시로 저작되었는데, 내용이 온 공동체가 함께 부를 만한

것이기 때문에 공동체의 슬픔을 표현하는 노래로도 사용된 것이라고 생각된다.

이 시편이 회고하고 있는 일은 출애굽 사건이다(cf. Weiser). 출애굽 사건이 포로기 때 특별히 의미가 있었다고 하여 이 노래가 포로기 시대에 저작된 노래로 취급되기도 한다(Goldingay, Kselman, McCann). 그러나 출애굽 사상은 포로기 이전 시대에도 매우 중요한 신학적 주제였으므로 포로기 이후 시대와 연관시킬 필요가 없다는 주장도 있다(Ross). 저작 시기를 일찍 보는 사람들은 이 시편이 왕정시대에 집필되었다고 한다(Jefferson).

II. 구조

한 주석가는 이 시를 다음과 같이 일곱 섹션으로 구분하여 교차대구법적 구조를 제시한다(Terrien). 그러나 이 구조에서 일부 대칭은 별 설득력을 지니지 않은 것으로 생각된다(cf. A-A', B-B').

  A. 나의 환난 날(1-3절)

    B. 나의 음악이 연주됨(4-6절)

      C. 하나님이 자기 백성을 버리셨는가?(7-9절)

        D. 주님이 하신 일을 기억하라(10-12절)

      C'. 주님이 구속하심(13-15절)

    B'. 물들이 주님을 뵈었음(16-17절)

  A'. 주님은 자기 백성을 인도하심(18-20절)

반면에 대부분 주석가들은 이 시를 4-5섹션으로 구분한다(deClaissé-Walford et al., Goldingay, Tucker & Grant, vanGemeren). 이 주석에서는 다음과 같이 다섯 섹션으로 구분한 구조를 바탕으로 본문을 주해해 나가고자 한다.

A. 하나님께 부르짖음(77:1-3)
  B. 고통을 회상함(77:4-6)
    C. 주님께 드리는 질문(77:7-9)
  B′. 옛적 일을 묵상함(77:10-15)
A′. 하나님께 찬양(77:16-20)

III. 주해

이 시편은 겪고 있는 어려움이 너무 힘이 들고 고통스러워 기도하기가 매우 어려운 사람의 신음소리다. 그는 하나님께 항의도 해보지만 마음이 편안하지가 않다. 다행히 그는 하나님이 과거에 하신 일을 깊이 묵상하는 일을 통해서 해결책을 찾고 감사와 찬양으로 마무리한다.

1. 하나님께 부르짖음(77:1-3)

¹ 내가 내 음성으로 하나님께 부르짖으리니
내 음성으로 하나님께 부르짖으면
내게 귀를 기울이시리로다
² 나의 환난 날에 내가 주를 찾았으며
밤에는 내 손을 들고 거두지 아니하였나니
내 영혼이 위로받기를 거절하였도다
³ 내가 하나님을 기억하고
불안하여 근심하니 내 심령이 상하도다 (셀라)

어떤 일로 인해서인지는 알 수 없지만, 기자는 매우 절박한 상황에 처해 있다. 문제를 해결하기 위해서 그는 꼭 하나님의 관심을 끌어야 한다. 그러므로 그는 절박한 마음으로 하나님께 부르짖는다(1절). '부르짖다'(עוק)는 크게 소리친다는 뜻이다. 성경에서는 곤경에 처한 온 이스라엘이 부르짖기도 하고(출 3:7, 9, 신 26:7), 개인이 부르짖기도 한다(신 22:27, 왕하 4:1, 6:26). 그가 소리치는 것은 주님이 꼭 '그의 목소리'(קולי)에 귀를 기울여 주실 것을 믿고 확신하기 때문이다. 문장의 구조상 '목소리'가 없어도 의미에는 변화가 없다. 그러므로 기자는 하나님이 꼭 '자기 목소리'에 귀를 기울여 주실 것을 호소하는 강조형으로 이 단어를 사용하고 있다(cf. Goldingay). 그는 기대하는 마음으로 하나님께 자기 형편을 아뢰고자 한다.

기자는 자신이 구체적으로 어떤 일을 경험했는지 알려주지 않으면서 그 일을 당했을 때 그가 간절히 하나님께 기도한 일을 회고한다(2절). 그는 자기가 당한 일보다 하나님과의 단절이 더 중요했다고 하는 것이다. 그가 환난을 당했을 때 주님을 찾았고, 밤새 내내 기도를 멈추지 않았다. 이 말씀의 핵심은 지속적으로 이어진 기도에 있다(deClaissé-Walford et al., Goldingay). 그는 하나님께 기도하는 시간에 시계가 멈춘 듯한 느낌을 받았을 것이다(Eaton). 그에게 가장 중요한 것은 하나님을 직접 체험하는 일이었기 때문에 하나님 외에 그 어떠한 것으로도 위로받기를 거절했다. 하나님이 그의 기도에 응답하시지 않아 고통이 지속되었다는 뜻이다(Tucker & Grant).

하나님을 그렇게 간절하게 찾았지만, 주님이 바로 응답하시지 않자 그는 참으로 불안해 하고 근심했으며, 이 일로 인해 그의 심령이 상했다(3절). '불안하다'(המה)는 처한 상황이 매우 어려워 소리를 치며 괴로워한다는 뜻이다(HALOT). '근심하다'(שיח)는 슬퍼하다는 의미를 지녔다. 그러므로 기자가 '불안하여 근심했다'는 것은 처한 상황이 너무나도 심각하여 크게 소리치며 슬퍼했다는 뜻이다. 이러한 상황이 지속되면 당연히 심령이 상할 수밖에 없다. '상하다'(עטף)는 지쳐 쓰러질 정도로 쇠약하게 되었다는 뜻이다(cf. HALOT). 아마도 기자는 자기의 눈에 눈물이 마를 겨를이 없었다는 것을 이렇게 표현하는 듯하다(cf.

Kirkpatrick). 홀로 눈물 지으며 밤을 지새운 날들이 계속되면서 그는 먹지도, 자지도, 말도 못하는 상황에 처했다(Broyles).

저자는 환난을 겪은 사람이 아무리 기도해도 하나님이 응답하지 않으실 때 느끼는 좌절과 허탈감을 표현하고 있다. 그러나 그는 하나님의 침묵에 대하여 좌절하지 않는다. 그는 끊임없이, 지속적으로 하나님께 부르짖고 있다. 이 섹션의 핵심 메시지는 기자가 지칠 줄 모르고 계속 하나님께 기도하는 것이다(deClaissé-Walford et al.).

2. 고통을 회상함(77:4-6)

> ⁴ 주께서 내가 눈을 붙이지 못하게 하시니
> 내가 괴로워 말할 수 없나이다
> ⁵ 내가 옛날 곧 지나간 세월을 생각하였사오며
> ⁶ 밤에 부른 노래를 내가 기억하여 내 심령으로,
> 내가 내 마음으로 간구하기를

기자의 간절한 기도에도 불구하고(cf. 2절), 하나님은 계속 침묵하셨고, 기자는 하나님의 침묵으로 인해 참으로 괴로워했다. 그는 주님의 침묵을 주께서 그가 잠들지 못하게 하시는 것으로 간주했다(4a절). 만일 주님께서 그의 기도에 응답하셨다면, 그는 편안한 마음으로 잠들었을 텐데, 침묵하심으로 그의 영혼이 불안하여(cf. 3절) 불면증을 앓게 되었기 때문이다. 불면증이 지속되니 그의 삶은 참으로 영적-육적으로 괴로운 시간이 지속되었고, 심지어는 실어증까지 앓게 되었다(4b절). 정상적으로 생각하기가 참으로 어려웠다는 것이다.

기자는 온몸과 마음이 지치고 아프지만, 하나님의 침묵에 대하여 아무것도 할 수 없었다. 그러므로 그는 자신이 할 수 있는 일로 마음을 돌렸다. 바로 지난날을 추억하는 일이었다(5절). 아마도 그는 지난 수

십년 동안 하나님과 함께해온 시간을 떠올렸을 것이다. 하나님이 복을 주시어 참으로 기쁘고 즐거운 일이 많았다. 그러나 예전에도 지금처럼 그가 큰 곤경에 처해 있는 상황에서 하나님이 침묵하셨던 일도 생각났을 것이다. 하나님과 함께 가는 신앙의 여정이 항상 좋은 일로만 가득한 것은 아니라는 사실이 새롭게 깨달아졌다. 승승장구할 때가 있으면, '사망의 음침한 골짜기'를 지날 때도 있다는 것을 깨달은 것이다.

좋았던 지난 날들을 생각하니 이대로 있어서는 안되겠다는 생각이 들었다. 그러므로 그는 지난 며칠(몇 달) 동안 밤을 지새며 눈물로 주님께 불렀던 노래들을 묵상하며 다시 부르기 시작했다(6a절). 아직도 해결되지 않은 문제들과 연관하여 자기 자신에 대한 성찰을 시작한 것이다(6b절).

3. 주님께 드리는 질문(77:7-9)

7 주께서 영원히 버리실까,
다시는 은혜를 베풀지 아니하실까,
8 그의 인자하심은 영원히 끝났는가,
그의 약속하심도 영구히 폐하였는가,
9 하나님이 그가 베푸실 은혜를 잊으셨는가,
노하심으로 그가 베푸실 긍휼을 그치셨는가 하였나이다 (셀라)

좋았던 예전과 지금을 비교해보니 왠지 예전에는 좋았던 하나님과의 관계가 서먹해진 것은 아닌가 하는 우려가 앞선다. 그러므로 기자는 총 여섯 개의 질문을 던진다. 모두 하나님의 침묵과 연관된 질문들이다. 또한 이 질문들은 자신에게 던지는 질문이지만, 동시에 하나님께 드리는 질문이기도 하다. 이 질문들은 하나님의 관심을 가장 확실하게 끄는 질문들이며, 이 시편의 테마를 가장 잘 표현하고 있다(Eaton).

첫째, 주님은 영원히 그를 버리실까?(7a절). 기자는 자신이 하나님께 버림받았다는 생각을 떨칠 수가 없다. 물론 하나님은 그를 버리신 적이 없다. 그러나 아무리 기도해도 침묵으로 일관하시는 하나님에 대하여 기자는 이렇게 생각할 수도 있다. 그가 염려하는 것은 혹시 하나님이 그를 잠시 버리신 것이 아니라, 아주 영원히 버리신 것은 아닌가 하는 점이다. 이 점을 강조하기 위하여 기자는 '영원히'를 복수형(עוֹלָמִים)으로 표현했다.

둘째, 하나님은 그에게 다시는 은혜를 베풀지 아니하실까?(7b절) '은혜를 베풀다'(רָצָה)는 누구를 기뻐하여 그에게 자비를 베푸는 것을 뜻한다(HALOT). 그러므로 이 말씀은 기자가 혹시 하나님이 그를 더 이상 기뻐하지 않으실까를 염려하는 질문이다. 우리는 매일 주님이 인정하시고 기뻐하시는 삶을 간절히 소망하며 산다. 또한 하나님이 우리를 기뻐하실 때 많은 은혜를 베푸신다고 생각한다. 그러므로 하나님이 더 이상 은혜를 베풀지 않으실 때 우리는 주님이 우리를 더 이상 기뻐하지 않으시기 때문이라고 생각할 수 있다.

셋째, 주님의 인자하심은 영원히 끝났는가?(8a절) '인자하심'(חֶסֶד)은 관계적인 용어로서 언약적 충성을 의미한다(cf. Sakenfeld). 기자는 처음 두 질문에 대하여 스스로 답해 보다가 이 질문에 도달했다. 그는 하나님이 그를 영원히 버리셨다고 생각한다(cf. 7a절). 그는 하나님이 더 이상 그를 기뻐하지 않으신다고 생각한다(cf. 7b절). 그렇다면 하나님이 왜 그를 버리시고 기뻐하지 않으시는가? 하나님과의 관계가 단절되었기 때문이다. 그러므로 그는 주님의 인자하심(관계)이 영원히 끝났다는 불안한 생각에 사로잡혀 있다.

넷째, 주님의 약속도 영원히 끝나 버린 것인가?(8b절). 하나님은 자기 백성들에게 많은 약속을 축복으로 주셨다. 기자도 예외는 아니다. 그러나 하나님과의 관계가 깨어진 마당에 더 이상 하나님이 약속하신 것들이 이루어지기를 바라는 것은 무리라는 생각이다. 그러므로 기자는 더 불안해진다.

다섯째, 하나님이 베푸실 은혜를 잊으셨는가?(9b절). '은혜'(חַנּוֹת)는 연약한 사람을 불쌍히 여겨 그를 도와주는 선행을 뜻한다. 기자는 하나님이 불쌍한 사람들에게 베푸시는 은혜도 받지 못하고 있음을 탄식하고 있다. 하나님이 그를 불쌍히 여기기 않으신다는 것이다.

여섯째, 주님이 노하셔서 베푸실 긍휼을 그치셨는가?(9c절). '긍휼'(רַחֲמִים)은 부모가 자식에게 베푸는 보살핌을 뜻한다(HALOT, cf. deClaissé-Walford et al.). 인간 관계에서 가장 기본적인 사랑이라 할 수 있다. 기자는 자신이 하나님께 이처럼 가장 기본적인 사랑도 받지 못한다며 좌절하고 있다.

기자의 이 같은 질문은 하나님의 침묵에 대한 잘못된 이해에서 비롯되었다. 하나님이 침묵하시는 것은 그를 버리셨다는 증거로 생각했기 때문에 꼬리에 꼬리를 무는 질문들을 던지며 좌절하고 있다(cf. Longman). 그러나 하나님의 침묵과 버리심은 별개 문제다. 하나님은 자기 품에 안고 있는 사람들에게도 때로는 침묵하신다.

하나님의 변치 않는 사랑의 핵심은 그 사랑이 절대 변하지 않는 것에 있다(Tucker & Grant). 우리의 그 어떠한 경험과 느낌도 이 사실을 부인할 수는 없다. 그러므로 우리는 하나님이 침묵하신다고 해서 좌절해서는 안 된다. 하나님이 침묵하실 때, 우리는 어떻게 해야 하는가? 다음 섹션에서 기자는 자기 경험을 통해 우리가 어떻게 해야 하는지에 대하여 가르쳐 준다.

4. 옛적 일을 묵상함(77:10-15)

> [10] 또 내가 말하기를
> 이는 나의 잘못이라
> 지존자의 오른손의 해

¹¹ 곧 여호와의 일들을 기억하며
주께서 옛적에 행하신 기이한 일을 기억하리이다
¹² 또 주의 모든 일을 작은 소리로 읊조리며
주의 행사를 낮은 소리로 되뇌이리이다
¹³ 하나님이여
주의 도는 극히 거룩하시오니
하나님과 같이 위대하신 신이 누구오니이까
¹⁴ 주는 기이한 일을 행하신 하나님이시라
민족들 중에 주의 능력을 알리시고
¹⁵ 주의 팔로 주의 백성
곧 야곱과 요셉의 자손을 속량하셨나이다 (셀라)

잠시나마 과거에 있었던 일을 회상하면서 용기를 얻었던(cf. 5절) 기자가 깊은 묵상을 하더니, 더 깊은 절망에 빠졌다(cf. 7-9절). 이번에도 그는 어떻게든 자신이 처한 어려움을 헤쳐 나가려고 노력한다. 그가 절망의 늪을 빠져나가는 방법으로 생각해 낸 것은 과거에 하나님이 자기 백성을 위하여 하신 일을 묵상하는 것이다. 그는 이번에는 본격적으로, 많은 시간을 투자하여 하나님이 하신 일을 곱씹어 본다.

기자는 이 섹션을 시작하면서 "이는 나의 잘못이라"(10b절)며 무언가 자신이 실수한 것을 회고하는 듯하지만, 번역이 정확하지 않아서 빚어진 오해다. '나의 잘못'(חַלּוֹתִי)의 더 정확한 의미는 '나의 고통' 혹은 '나의 슬픔'이다(cf. HALOT). 그렇다면 그는 자기의 실수를 회고하고 있는 것이 아니라, 어떠한 잘못된 상황에 대하여 슬퍼하거나 안타까워하고 있다. 한 주석가는 기자가 병을 앓고 있음을 이렇게 표현하고 있다고 한다(Anderson). 가능한 해석이지만 본문이 질병으로 해석할 정도로 구체적이지는 않다. 다른 주석가는 기자가 하나님이 '변하신 것'에 대하여 슬퍼하고 있다고 한다(McCann). 기자의 입장에서는 침묵하시는 하나님이 변하셨다는 생각이 들었을 것이다.

그는 무엇에 대하여 슬퍼하고 있는가? 10c절에 답이 있는데, 이 구절이 하나님의 오른손을 언급하지만, 정확히 무엇을 의미하는 가를 파악하는 일이 쉽지 않다. 그러므로 번역본들마다 조금씩 다르게 해석했다. (1)가장 높으신 분께서 그 오른손으로 일하시던 때, 나는 그때를 사모합니다(새번역, cf. NIV), (2)하나님의 약속과 사랑을 믿는 자의 믿음이 약해진 거야"(아가페), (3)지극히 높으신 분께서 이제는 더 이상 나를 위해 손을 쓰지 않으신 때문이다(현대인, cf. NAS), (4)지존하신 분께서 그 오른손을 거둔 때문이구나(공동, cf. NRS, RSV, TNK, CSB).

이들 중 기자가 슬퍼하는 이유가 될 수 있는 것은 세 번째와 네 번째 상황이다. 둘 다 조금은 다르지만 의미는 같다. 그는 하나님이 예전처럼 구원을 베풀지 않으시는 것에 대하여 슬퍼하고 있다. 주님이 구원의 상징인 오른손을 거두셨거나, 더 이상 그를 위하여 오른손을 쓰지 않으시기 때문이다. 그러므로 이 말씀은 하나님께 다시 역사하실 것을 호소하는 의미를 지니고 있다(Broyles).

하나님의 오른손이 과거에는 어떤 일을 하셨는가? 저자는 주님이 옛적에 참으로 많은 일들을 하셨다며 주님이 하신 기이한 일을 "기억하고… 기억하겠다"며 재차 다짐한다(11절). 또한 주님이 하신 모든 일을 "작은 소리로 읊조리며… 낮은 소리로 되뇌이겠다"(12절)며 11-12절에서 하나님이 하신 일을 회상하고 묵상하겠다고 네 차례나 다짐한다. 기자는 자신이 당면하고 있는 현실에 대한 불안감을 해소하는 가장 좋은 방법은 옛적에 하나님이 하신 일을 추억하고 묵상하는 것이라는 사실을 잘 알고 있다. 그러므로 그는 꼭 그렇게 하겠다며 네 차례나 다짐하고 있다.

'기이한 일'(פֶּלֶא)(11절)은 하나님만이 베푸시는 기적을 뜻한다. "작은 소리로 읊조리다"(הָגָה)(12절)는 비둘기가 '구구거리는 소리'에서 유래한 것이며, "낮은 소리로 되뇌이다"(שִׂיחַ)(12절)는 "감사와 찬송을 하며 묵상하다"는 뜻을 지녔다(HALOT). 그는 하나님이 하신 모든 일들을 조용하고 차분한 목소리로 감사와 찬송을 곁들여 묵상하겠다고 한다. 참으로 오랜 시간을 들여 조용히 깊은 묵상을 하겠다는 뜻이다.

기자는 그동안 자기가 겪었던 어려움에 대하여 이야기하다가(1–10절), 하나님이 하신 일을 생각하니(11–20절), 하나님에 대한 새로운 이해와 감동이 앞선다. 어떤 때에는 우리의 문제가 자신을 지나치게 의식해서 빚어지는 일이기도 하다. 이럴 때에는 우리의 시야를 주님께 돌릴 필요가 있다. 주님을 묵상하면 우리가 당면한 어려움의 상당 부분이 해결되기 때문이다.

기자가 생각하면 생각할수록 주님의 길(道)은 참으로 거룩하다(13b절). '거룩'(קֹדֶשׁ)의 가장 기본적인 의미는 '다르다/구별되다'는 뜻이다. 기자는 주님의 가르침과 기준은 세상의 기준과 전혀 다를 뿐만 아니라 다른 신들(종교들)의 가르침과도 전혀 다르다는 사실을 깨달았다. 그러므로 그는 하나님과 같이 위대하신 신은 세상에 아무도 없다고 선언한다(13b절). "하나님과 같이 위대하신 신이 누구오니이까"(מִי־אֵל גָּדוֹל כֵּאלֹהִים)는 수사학적인 질문으로 주님 같으신 이는 그 어디에도 없다는 점을 강조한다.

기자는 하나님의 어떤 면모를 보고 이처럼 담대하고 단호하게 하나님 같으신 분은 없다고 선언하는가? 11절에서처럼 하나님이 '기이한 일'(פֶּלֶא), 곧 하나님만이 하실 수 있는 기적을 행하셨기 때문이다(14a절). 하나님이 행하신 기이한 일은 다름 아닌 야곱과 요셉의 자손을 구원하신 일이다(15b절). 출애굽 사건을 염두에 둔 말씀이다(cf. 20절). 주님이 그들을 구원하셨을 때, 그들은 이집트에서 종살이하고 있었고, 그들이 처한 상황이 매우 어려워 오직 위대하신(능력의) 하나님만이 그들을 구원하실 수 있었다.

이스라엘의 구원은 세상에 다른 신들이 있다 할지라도 그들은 엄두도 낼 수 없는 매우 어려운 일이었다. 주님은 이처럼 어려운 일을 마다하지 않고 주의 팔로 해내셨다(15a절). 주님이 직접 '팔을 걷어붙이고'(직접 개입하시어) 이루신 위대한 업적이었다. 이 놀라운 업적을 통해 하나님은 온 세상 민족들 중에 자기 능력을 알리셨다(14b절). 하나님이 이스라엘을 특별히 사랑하시니 그들을 해할 생각은 품지도 말라는 경고였다. 오늘날도 하나님은 과거에 하신 일들을 통해 주의 백성을 괴롭히는 자들을 경고하신다. 하나님이 과거에 하신 일들은 설령 주님이 우리 눈에는 보이지 않으실 지라도, 오늘도 역사하고 계심을 증거하기 때문이다.

5. 하나님께 찬양(77:16-20)

¹⁶ 하나님이여
물들이 주를 보았나이다
물들이 주를 보고 두려워하며
깊음도 진동하였고
¹⁷ 구름이 물을 쏟고
궁창이 소리를 내며
주의 화살도 날아갔나이다
¹⁸ 회오리바람 중에 주의 우렛소리가 있으며
번개가 세계를 비추며
땅이 흔들리며 움직였나이다
¹⁹ 주의 길이 바다에 있었고
주의 곧은 길이 큰 물에 있었으나
주의 발자취를 알 수 없었나이다
²⁰ 주의 백성을 양 떼 같이
모세와 아론의 손으로 인도하셨나이다

15절에서 출애굽 사건을 암시한 기자가 이 섹션에서는 하나님이 홍해를 가르신 일을 회상하며 주님의 놀라운 능력을 찬양한다. 그때 물들(홍해)은 주님을 보고 두려워했다고 한다(16b-c절). '두려워하다'(חיל)는 산모가 아이를 낳을 때 몸을 비틀며 괴로워하는 일을 뜻한다 (HALOT). 깊음도 진동했다고 하는데(16d절), 깊음은 바닷물의 근원이 되는 원초적인 물 '테홈'(תהום)을 뜻하며, 가나안 지역 신화에서 신으로 묘사되는 경우가 많다. '진동하다'(רגז)는 바르르 떠는 것을 의미한다.

출애굽 때 하나님이 홍해에 자기 백성을 위하여 길을 내시려고 나타나니 홍해를 채운 바닷물이 주님을 보고 산모가 고통하는 것처럼 몸을 비틀며 괴로워하며 두려워 떨었다는 뜻이다. 그 큰물이 하나님 앞에서 꼼짝못했을 뿐만 아니라 하나님의 결정과 처분만 두려운 마음으로 기다리고 있었다. 홍해도 하나님의 뜻을 거역할 마음을 품지 못했다.

하나님이 홍해를 가르던 날, 온갖 천재지변이 함께했다(17-18절). 구름은 물을 쏟고, 궁창은 소리를 냈으며, 주님의 화살은 사방에서 날아다녔고, 회오리 바람도 있었고, 천둥소리도 있었다. 번개는 세상 곳곳을 비추었으며, 땅은 마치 지진이나 난 것처럼 진동했다. 일부 학자들은 이 말씀이 홍해 이야기와 상관 없는 것이라고 하지만(Terrien), 기자는 16절에서 시작된 이야기를 이어가고 있기 때문에 홍해 이야기로 보는 것이 바람직하다. 기자는 하나님이 홍해를 가르신 일을 이처럼 다양한 천재지변의 결과로 묘사하고 있다. 하나님은 천둥과 번개와 회오리바람 등 사람을 두렵게 하는 모든 것들을 다스리시고 조종하시는 분이시다. 주님은 그날 참으로 대단한 일을 자기 백성들에게 길을 내주기 위하여 하셨다.

드디어 바다(홍해)는 길을 내주었다. 그러므로 주님이 만드신 길이 바다에 생겼는데, 그 길은 곧은 길이었다(19절). 주의 백성이 홍해를 건너기에 가장 적합한 길이었다. 주님이 사역하신 증거는 이 길을 통해 확연히 드러났지만, 주님의 발자취는 그 어디에서도 보이지 않았다. 하나님이 이루신 가장 놀라운 업적 중에도 하나님은 보이지 않았다는 뜻이다. 주님이 하시는 일은 믿음으로 깨달아야 하기 때문이다(Broyles).

또한 하나님이 보이지 않으셨다는 것은 하나님의 신비로우심(우리와 다르심)을 강조하는 표현이다(McCann). 하나님이 이 놀라운 기적을 행하시고 모세와 아론이 인도자들(목자들)이 되어 양떼 같은 주의 백성을 인도하도록 하셨기 때문이다(20절). 하나님이 자기 종들을 통해 주의 백성의 길을 인도하신다는 뜻이다. 그러므로 지도자들이 없는 길을 만들 필요는 없다. 하나님이 앞서 가면서 만들어 주시는 길을 따라 주의 백성을 인도하면 된다.

이 시편은 하나님께 버림받았다고 생각하는 사람들에게 하나님이 과거에 베푸신 놀라운 은혜를 기념하라고 한다. 시야를 자기 문제에서 주님께 돌리라는 권면이다. 또한 현실에서 당면한 문제로 인해 절망하지 말고, 지난날 주님이 베풀어 주신 구원을 깊이 묵상하라고 한다. 과거에 베풀어 주신 은혜를 묵상하다 보면 가장 확연하게 드러나는 진실은 '하나님의 때'와 '우리가 생각하는 때'가 다르다는 것이다(Tate). 과거는 현재와 미래의 불안감을 해소시키는 능력을 지니고 있다. 그러나 과거를 묵상하며 현재와 미래의 불안감을 해소하는 것은 우리 각자의 몫이다.

제78편
아삽의 마스길

I. 장르/양식: 역사시(cf. 105, 106, 136편)

총 72절로 구성되어 있는 이 시편은 제119편 다음으로 긴 노래다. 그러므로 시의 길이가 예로부터 주석가들을 괴롭게 했다고 한다 (Goldingay). 출애굽 때부터 다윗 시대까지의 이스라엘 역사를 회고하고 있는 이 노래는 역사시(historical psalm)로 구분되며 시편 모음집에서는 이 시 외에도 105, 106, 136편 등이 역사시로 구분된다. 하나님의 자기 백성을 향한 끊임없는 은혜를 기념하고 있는 역사시는 일종의 서술적인 찬양시라고 할 수 있다(Ross).

역사시의 주요 기능은 교훈을 주는 것이다. 표제도 이러한 사실을 감안하여 이 노래를 교훈이나 깨달음을 주기 위하여 저작된 '마스길'(מַשְׂכִּיל)이라고 부른다. 또한 1-2절도 교훈을 주기 위하여 저작된 지혜문헌의 형태를 취한다. 한 주석가는 이 노래를 저작한 사람들은 옛 이스라엘의 지혜자들이었다고 한다(Whybray).

역사가 어떻게 교훈과 지혜가 될 수 있는가? 과거에 하나님이 이루신 놀라운 업적을 회상하며 현재를 살아갈 때 적용할 만한 교훈을 얻으라는 의미에서 역사는 지혜가 될 수 있다. 또한 이스라엘은 과거에 그들의 조상들이 저지른 죄를 회상하며 자신들은 그들의 조상들처럼 살지 않겠다고 다짐하도록 유도하는 것이 역사시다(Greenstein, cf. Terrien). 그러므로 역사시는 과거에 있었던 일에 대한 객관적인 회고가 아니다. 이스라엘 역사가 구속사적으로 어떤 의미를 담고 있는가를 생각하게 하기 위하여 '창조적인 재구성'(creative retelling) 과정을 통과한 노래다(McCann).

이 시편의 저작 연대로는 다윗 시대(Ross)로부터 포로기 이후 시대까지(Briggs, Weiser, Carroll, Gunkel) 다양한 때가 제시되었다. 이 노래에서 북 왕국 이스라엘에 속한 사람들이 심한 비난을 받는 것을 근거로 주전 930년경 여로보암이 10지파를 떼어 나가 북 왕국 이스라엘을 세웠을 때 저작된 것이라는 견해가 있는가 하면(Campbell), 이 사건 이후 북 왕국이 아직 존재할 때에 저작된 것이라는 주장도 있다(Day). 이스라엘이 멸망한 주전 722년쯤에 저작된 것이라고 하는 학자들도 있다(Carroll, Clifford). 다른 사람들은 주전 701년에 아시리아 왕 산헤립이 예루살렘을 공략했다가 실패했을 때라고 하기도 하며, 여러 시대와 단계를 거치며 저작되었다고 하기도 한다(Whybray).

시의 저자에 대한 학자들의 제안도 저작 시대에 대한 제안만큼 다양하다. 이 시의 저자는 선지자(Johnson), 혹은 제사장(Weiser), 혹은 레위사람 설교자(von Rad), 지혜자들(Whybray), 혹은 왕(Goulder), 더 구체적으로 다윗이라고 하는 이도 있다(Ross). 우리는 노래의 저자와 저작 시기에 대하여 아는 것보다 모르는 것이 더 많은 실정이다. 다행히 저자와 저작 시기는 시를 해석하는 것에 별 영향을 미치지는 않는다.

이 노래는 이스라엘의 예배에서 처음 사용되었을 것이다(Tucker & Grant). 아마도 예배 중 이스라엘의 역사를 회고한 다음에 회중이 함께 부른 노래이거나, 이스라엘의 역사만을 기념하며 드린 예배에서 불린 노래일 것이다(Anderson).

II. 구조

크립포드(Clifford)는 1-11절은 서론이며, 12-39절과 40-72절은 평행을 이루고 있다고 한다. 다음은 그가 제시한 구조다(cf., deClaissé-Walford et al., Mays, Terrien).

I. 서론(1-11절)
   A. 하나님의 은혜로운 사역(12-16절)
     B. 백성의 반역(17-20절)
       C. 하나님의 진노와 심판(21-32절)
         D. 하나님의 관계 회복(33-39절)
   A′. 하나님의 은혜로운 사역(40-55절)
     B′. 백성의 반역(56-58절)
       C′. 하나님의 진노와 심판(59-64절)
         D′. 하나님의 관계 회복(65-72절)

위 구조에 대하여 아쉬운 점은 이 시편의 핵심 메시지가 끊임없는 이스라엘의 실패와 지속되는 하나님의 은혜(32-43절)에 있는데(Korpel & de Moor, Weber), 이러한 상황을 효과적으로 표현하지 못한다는 점이다. 이러한 상황을 보완하여 골딘개이(Goldingay)는 이 노래를 1-8, 9-11, 12-31, 32-43, 44-64, 65-72절 등 여섯 파트로 구분한다. 또한 12-31, 32-43, 44-64절로 구성된 섹션에 대하여는 다음과 같이 더 세부적인 구조를 제시한다. 이 주석에서도 이 같은 정황을 고려하여 본문을 주해해 나가고자 한다.

서론: 하나님께 순종하라(78:1-8)
   A. 에브라임의 실패(78:9-11)
     B. 광야에서(78:12-31)
       1. 하나님이 하신 놀라운 일들(78:12-16)

III. 주해

이 시에서 회고하고 있는 이스라엘의 역사는 사건들이 일어난 시간적인 순서를 따르지 않고 저자가 전하고자 하는 메시지를 중심으로 논리적인 순서를 따르고 있다(Campbell). 이 노래의 핵심 메시지는 과거를 거울 삼아 조상들의 죄를 반복하지 말라는 것에 있다. 이스라엘의 꾸준한 죄에도 불구하고 하나님의 성실하심으로 하나님과 이스라엘의 관계를 유지한다.

1. 서론: 하나님께 순종하라(78:1-8)

¹ 내 백성이여,

내 율법을 들으며

내 입의 말에 귀를 기울일지어다

² 내가 입을 열어 비유로 말하며

예로부터 감추어졌던 것을 드러내려 하니
³ 이는 우리가 들어서 아는 바요
우리의 조상들이 우리에게 전한 바라
⁴ 우리가 이를 그들의 자손에게 숨기지 아니하고
여호와의 영예와 그의 능력과
그가 행하신 기이한 사적을 후대에 전하리로다
⁵ 여호와께서 증거를 야곱에게 세우시며
법도를 이스라엘에게 정하시고
우리 조상들에게 명령하사
그들의 자손에게 알리라 하셨으니
⁶ 이는 그들로 후대 곧 태어날 자손에게 이를 알게 하고
그들은 일어나 그들의 자손에게 일러서
⁷ 그들로 그들의 소망을 하나님께 두며
하나님께서 행하신 일을 잊지 아니하고
오직 그의 계명을 지켜서
⁸ 그들의 조상들 곧 완고하고 패역하여
그들의 마음이 정직하지 못하며
그 심령이 하나님께 충성하지 아니하는
세대와 같이 되지 아니하게 하려 하심이로다

기자는 청중이 지금부터 그가 선포하고자 하는 말에 귀를 기울여 달라는 권면으로 노래를 시작한다(1절). 그가 청중을 '내 백성'(עַמִּי)이라고 하는 것은 그가 왕일 가능성을 암시하고 있다. 그는 백성들이 '그의 율법'(תּוֹרָתִי)을 들어줄 것을 요구하는데, 1b절의 '율법'(תּוֹרָה)이 1c절에서 '내 입의 말'(אִמְרֵי-פִי)과 평행을 이루고 있는 것으로 보아 모세가 중계한 율법과는 상관없는 기자의 교훈이나 가르침을 의미한다(cf. 새번역, 아가페, 공동, 새번역).

그는 자신이 "비유로 말하겠다"고 하는데(2a절), '비유'(מָשָׁל)는 잠언, 지혜로운 말 등을 뜻한다(HALOT). 그는 사람들이 곧바로 알아듣기 어려운 말을 하겠다고 하는 것이 아니라, 잠언처럼 지혜로운 말로 그들을 깨우치도록 하겠다고 하는 것이다(cf. McCann, vanGemeren). 이러한 일은 지혜자들의 몫이었다. 그러므로 일부 학자들은 이 시편 기자가 지혜자였을 가능성을 제시한다(Tucker & Grant, Whybray). 그가 주고자 하는 깨우침은 예로부터 감추어졌던 것을 드러내는 일이다(2b절). 지나간 역사에서 교훈이 될 만한 일들을 예로 들어 말하겠다는 뜻이다. 그러므로 공동번역의 "내가 역사에서 교훈을 뽑아 내어 그 숨은 뜻을 밝혀 주리라"가 2절의 의미를 잘 반영하고 있다.

기자는 역사에서 교훈이 될 만한 사건들을 추려 깨우침을 주려고 한다. 그렇다면 그의 청중들이 이미 알고 있는 사건들을 예로 드는 편이 훨씬 더 높은 공감대를 형성하여 학습 효과를 발휘할 것이다. 그러므로 그는 자신이 예로 들 사건은 그들이 이미 들어서 아는 것들이며(3a절), 조상들이 그들에게 알려주었던 일들이라고 한다(3b절). 그동안 알지 못했던 역사가 아니라, 이미 알고 있었던 역사를 새로이 조명해보자는 뜻이다.

기자는 그의 세대에게 역사를 전수해 준 "그들[조상]의 자손에게 숨기지 않을 것"이라고 하는데(4a절), "우리도 우리 자녀들에게 이것을 말해줄 것"이라는 뜻이다(아가페, cf. 새번역, 현대인, 공동). 기자와 그의 세대 사람들은 조상들에게서 이 역사를 전수받았고, 그들도 앞으로 그들의 후손들에게 그대로 전수해 줄 것이라는 다짐이다(4a절).

세대를 거듭하며 전수되어야 할 역사(이야기)는 무엇인가? 여호와의 영예와 능력과 주님이 행하신 기이한 사적이다(4b-c절). '영예'(תְּהִלּוֹת)는 '찬양하다'(הלל)는 동사에서 파생한 단어이며, '찬양을 받을 일'을 의미한다(cf. 아가페). '그의 기이한 사적'(נִפְלְאֹתָיו)은 하나님이 이때까지 이스라엘을 위하여 행하신 온갖 이적들을 뜻한다(cf. HALOT). 그러므로 기

자가 자기 세대에게 교훈으로 삼고, 후 세대에게 전하고자 하는 역사
는 하나님이 자기 백성을 구원하신 일이다.

하나님이 주의 백성을 구원하시기 위하여 능력으로 행하시어 찬양
을 받으실 일과 온갖 기적은 주의 백성 야곱에게 증거가 되었다(5a절).
'증거'(עֵדוּת)는 어떤 일을 보장하거나 증명하는 증서를 뜻하기도 한다(cf.
HALOT). 하나님이 행하신 일들은 그들에게 하나님의 변함없는 사랑과
헌신을 보장하는 '증서'가 되었다는 뜻이다. 하나님이 옛적에 행하신
일들에 대한 생생한 기억이 그의 백성에게 매우 중요하다(Broyles).

하나님은 이스라엘이 어떻게 살 것인가에 대하여 법도도 정해 주셨
다(5b절). 본문에서 '법도'(תּוֹרָה)는 시내 산 율법을 뜻하며(cf. 7절), 율법
은 삶의 가이드라인이다. 하나님이 이스라엘에게만 법도를 주신 것은
주님이 그들과 특별한 관계를 맺으신 일의 증거이며, 율법은 준수하기
에 절대 어려운 것이 아니었다. 누구든 마음만 먹으면 준수할 수 있는
내용으로 구성되었다. 모세는 율법에 대하여 다음과 같이 말하였다.

"내가 오늘 네게 명령한 이 명령은 네게 어려운 것도 아니요 먼 것도
아니라 하늘에 있는 것이 아니니 네가 이르기를 누가 우리를 위하여
하늘에 올라가 그의 명령을 우리에게로 가지고 와서 우리에게 들려 행
하게 하랴 할 것이 아니요 이것이 바다 밖에 있는 것이 아니니 네가 이
르기를 누가 우리를 위하여 바다를 건너가서 그의 명령을 우리에게로
가지고 와서 우리에게 들려 행하게 하랴 할 것도 아니라 오직 그 말씀
이 네게 매우 가까워서 네 입에 있으며 네 마음에 있은즉 네가 이를 행
할 수 있느니라"(신명기 30:11-14).

주님이 이스라엘을 위하여 특별한 일들을 행하신 것과 율법을 주신
것은 그들만을 위한 것이 아니라 그들의 후손들을 위한 것이기도 하
다. 그러므로 하나님은 옛적에 이스라엘 조상들에게 증거를 세우시고
법도를 주셨을 때, 그들에게 자손 대대로 알리라고 하셨다(5c-d절). 시
내 산 율법은 후대에 태어난 이스라엘 사람들에게도 동일한 효력을 발

휘하기 때문이다.

하나님이 이스라엘에게 세우신 증거는 직접 경험한 당사자들뿐만 아니라, 그들의 자손들도 대대로 기념해야 한다(6절). 후손들도 그들의 소망을 하나님께 두게 하여 주님께서 그들의 조상과 그들을 위하여 하신 일을 잊지 않게 하기 위해서다(7a-b절). 하나님이 자기 백성을 위하여 하신 일(증거)을 잊지 않고 후손들이 기념하면, 주님이 그들의 조상들에게 주신 계명을 지키는 일도 훨씬 수월해질 것이다(7c절). '계명'(מִצְוָה)은 명령을 의미하며(cf. HALOT), 율법의 속성을 설명하고 있다. 율법은 하나님이 이스라엘에게 지키라고 주신 명령인 것이다.

하나님이 후손들에게 율법을 주시고 증거를 세우신 것은 그들이 조상들처럼 살지 않도록 하기 위해서다(8절). 기자는 이스라엘의 조상들을 네 가지로 묘사한다. (1)완고한 자들이었다, (2)패역한 자들이었다, (3)마음이 정직하지 못한 자들이었다, (4)하나님께 충성하지 않는 자들이었다. '완고하다'(סרר)는 고집이 세다는 뜻이다. '패역하다'(מרה)는 태도가 반항적이라는 의미다. '정직하다'(כון)는 '자리를 잡다' 혹은 '꾸준하다'는 뜻이다. '충성하다'(אמן)는 '성실하다' 혹은 '신실하다'는 의미를 지녔다.

그러므로 조상들에 대한 네 가지 묘사 중 완고함과 패역함은 하나님이 싫어하시기 때문에 우리가 멀리해야 할 것들이다. 정직함과 충성은 하나님이 자기 백성에게 기대하시는 것들이기 때문에 우리가 삶에서 추구해야 할 것들이다. 정직함과 충성은 마음가짐을 확고히 해야 이룰 수 있는 것들이다(Goldingay). 또한 둘 다 성실함에 근거를 두고 있으며 성실은 경건하고 거룩한 삶의 가장 기본적인 바탕이다.

2. 에브라임의 실패(78:9-11)

> 9 에브라임 자손은 무기를 갖추며 활을 가졌으나

전쟁의 날에 물러갔도다
¹⁰ 그들이 하나님의 언약을 지키지 아니하고
그의 율법 준행을 거절하며
¹¹ 여호와께서 행하신 것과
그들에게 보이신 그의 기이한 일을 잊었도다

기자는 이스라엘의 조상들이 고집을 부리고 반역하여 실패한 예로 에브라임 자손들을 든다. 에브라임은 전쟁에 임하면 매우 용맹스러운 지파로 알려져 있었다(Tate, cf. 삿 8:1-3, 12:1-6). 그들은 전쟁에서 충분히 싸울 만한 무기들로 무장했지만, 전쟁이 시작되자 곧바로 달아났다(9절). '물러가다'(הפך)는 가던 길에서 돌아섰다는 뜻이다(HALOT). 그들은 적들하고 싸워 보지도 않고 그들에게 등을 보인 것이다. 전쟁에 임한 군인으로서 보여서는 안 될 매우 비겁한 행동이다.

저자는 정확히 어떤 사건을 염두에 두고 에브라임 자손들을 비난하는 것일까? 그동안 매우 다양한 가능성이 제시되었다(cf. Gosling, Goldingay, Terrien, Tucker & Grant). 일부 학자들은 에브라임 지파가 그들에게 기업으로 주어진 땅을 정복하지 못한 일을 비난하는 것이라 하기도 하고(cf. 삿 1장), 에브라임 지파 땅에 속했던 실로의 법궤가 이스라엘이 블레셋과 싸우던 전쟁터로 나갔다가 돌아오지 못한 일을 염두에 둔 것이라고 하기도 한다(cf. 삼상 4-6장). 역대상 7:20-24에 기록된 에브라임 지파의 비겁함을 비난하는 말씀이라는 해석도 있다. 사울이 길보아 산에서 블레셋 사람들과 전쟁했다가 패한 일을 배경으로 하고 있다는 주장도 있다(cf. 삼상 31장). 주전 722년에 사마리아가 아시리아 군대에 의해 함락된 일을 묘사하고 있다는 해석도 있다(cf. 왕하 17장). 이처럼 다양한 추측들 중에 가장 가능성이 있는 것은 실로에 있던 법궤가 블레셋과의 전쟁으로 나갔다가 돌아오지 않아 결국 실로가 파괴된 일이다(삼상 4-6장). 기자가 이 사건에 대하여 56-66절을 통해 다시 언급하기 때문이다.

에브라임 자손들이 싸워 보지도 않고 전쟁에서 도망간 것은 하나님의 언약을 지키지 않는 것이었고 율법 준수를 거절하는 행위였다(10절). 에브라임이 율법을 준수하지 않았다는 10절이 이 섹션의 가장 핵심 메시지다(deClaissé-Walford et al.). 율법은 전쟁은 여호와께 속한 것이라고 한다. 그러므로 만일 그들이 하나님과 함께하면 하나님은 분명히 그들에게 승리를 주셨을 것이다. 그러나 적들을 보자 마자 겁에 질린 에브라임 사람들은 이 말씀을 믿지 못하고 도망가기에 바빴다. 그들의 도주는 율법이 요구하는 믿음을 보이지 못했고, 이러한 상황은 결국 율법을 준행하지 않은 것이나 다름없다.

에브라임은 왜 이처럼 율법을 어기면서까지 도망가기에 급급했는가? 그들이 전쟁에서 도망친 가장 큰 이유는 하나님이 행하신 일과 기인한 일(cf. 4절)을 잊었기 때문이다(11절). 하나님이 그들의 조상을 위하여 참으로 놀라운 기적을 베푸셨던 일을 생각하지 못하여 겁을 먹은 것이다. 만일 그들이 이때에도 하나님이 예전처럼 이적을 행하실 수 있다는 사실을 믿었더라면 주님을 믿고 원수들과 싸웠을 것이다. 그러나 순간적으로 이러한 믿음이 사라지니 아무것도 하지 못하고 도망하기에 급급했다.

3. 하나님이 하신 놀라운 일들(78:12-16)

¹² 옛적에 하나님이 애굽 땅 소안 들에서
기이한 일을 그들의 조상들의 목전에서 행하셨으되
¹³ 그가 바다를 갈라
물을 무더기 같이 서게 하시고
그들을 지나가게 하셨으며
¹⁴ 낮에는 구름으로,

밤에는 불빛으로 인도하셨으며
¹⁵ 광야에서 반석을 쪼개시고
매우 깊은 곳에서 나오는 물처럼
흡족하게 마시게 하셨으며
¹⁶ 또 바위에서 시내를 내사
물이 강같이 흐르게 하셨으나

기자는 에브라임이 전쟁을 해보지도 않고 도망간 것은 그들이 여호와께서 행하신 일과 보이신 기이한 일을 잊었기 때문이라고 했다(11절). 그들이 잊은 기이한 일과 하나님이 행하신 것은 무엇인가? 그는 이 섹션에서 출애굽 때 있었던 일을 회고하여 에브라임 사람들이 잊은 것은 다름 아닌 그들의 신학적인 정체성을 정의하는 가장 기본적인 사건이자 여호와께서 이스라엘을 위하여 베푸신 가장 위대한 기적(기이한 일)인 출애굽과 광야에서의 삶을 잊은 일을 간접적으로 비난한다. 그들은 하나님이 행하신 작은 일도 아니고 가장 큰 일을 잊어 망각증의 절정을 보여 주고 있다. 물론 에브라임 사람들이 출애굽 사건을 잊지는 않았을 것이다. 그들은 하나님을 직접 체험하지 못한 채 출애굽 때의 일이 자신들과 상관없는 딴 사람들의 이야기로 생각하고 있다.

기자는 먼저 하나님이 이집트에서 하신 일을 회상한다(12절). 주님은 이집트 땅 소안 들에서 기이한 일을 하셨고, 그들의 조상들이 이 모든 일을 지켜보았다. 소안은 본문에서 온 이집트를 상징하는 도시이며, 이스라엘이 거하던 나일 델타지역에 위치했다. 출애굽 이야기에서는 이 도시가 언급되지 않는다. 학자들은 소안이 이스라엘이 건설한 도시 라암셋(출 1:11)이라고 하기도 하고, 타니스(Tanis)라는 이름으로 알려진 도시라고 하기도 한다(vanGemeren, cf. 사 19:11, 13; 30:4, 겔 30:14). 그는 하나님이 이집트에서 행하신 열 재앙(cf. 출 7-12장)을 염두에 두고 이렇게 회고하고 있다.

기자는 의도적으로 하나님이 이집트에서 행하신 열 재앙을 '기이한 일'(פֶּלֶא)이라며 복수가 아니라 단수로 취급한다(Kraus). 출애굽 사건은 하나님이 기적으로 이스라엘을 구원하신 일이며 이스라엘 사람들이 자손 대대로 유일한 구원의 패러다임(the paradigmatic miracle of salvation)으로 기념하도록 하기 위해서 행하신 일이다(Tucker & Grant).

거의 1년에 거쳐 이집트에 열 재앙을 행하신 하나님은 드디어 자기 백성을 이끌고 이집트를 출발하셨다. 그러나 그들이 나오자 마자 홍해가 그들의 앞을 막았다(cf. 출 14-15장). 뒤에서는 이집트군이 추격해오는 절박한 상황에서 하나님은 홍해를 갈라 물을 무더기같이 서게 하셨다(13절, cf. 출 15:8). 이스라엘은 무사히 홍해를 건넜고, 그들을 추격하던 이집트 군은 모두 홍해에 수장되었다.

더 이상 이집트 군의 추격을 두려워할 필요가 없었던 이스라엘에게는 새로운 시련이 있었다. 바로 광야 생활이었다. 먹고 마실 것은 둘째 치고 낮에는 감당하기 힘든 햇볕이, 밤에는 혹독한 추위가 그들을 괴롭혔다. 이러한 상황에서 하나님은 낮이면 자기 백성을 구름으로 덮어 주셨고, 밤에는 불기둥으로 그들을 보호하셨다(14절, cf. 출 13:21, 민 10:34). 오늘날로 말하면 냉난방을 확실하게 해주신 것이다.

먹을 것이 부족할 뿐만 아니라 마실 물도 부족한 광야에서 하나님은 바위를 쪼개 그곳에서 물이 솟게 하시어 이스라엘에게 마음껏 마시도록 하셨다(15-16절, cf. 출 17:6, 민 20:8-11). '매우 깊은 곳'(תְּהֹמוֹת)은 지하에 흐르는 원시적인 강들로, 절대 마르지 않는 양의 물을 보유한 것들이다. 노아 홍수 때에도 이 강들이 물을 내놓았다(창 7:11).

모세가 쪼갠 반석에서 나온 물의 양이 얼마나 될까? 생각해 보면 상상을 초월할 정도의 양이다. 사람이 탈수증을 앓지 않으려면 매일 최소한 2리터를 마셔야 한다고 한다. 출애굽한 이스라엘 사람의 숫자를 대략 200만 명으로 추정했을 때, 그들은 매일 4,000톤의 물이 식수로 필요하다. 여기에 짐승들을 먹이고 세탁과 몸을 씻는 일 등을 고려하면 최소 20,000톤의 물이 매일 필요하다. 바위가 하루 24시간 쉬지 않고 물을 생산하는 것으로 가정하더라도, 매분(分)마다 14톤의 물을 내놓아야 한다! 하나님은 참으로 바위에서 시내를 내신 분이시다(16절). 하나님의 무(無)에서 유(有)를 창조하시는 사역의 절정이라 할 수 있다. 에브라임은 이런 하나님의 놀라운 은혜를 잊었다!

4. 이스라엘의 반역과 시험(78:17-20)

> ¹⁷ 그들은 계속해서 하나님께 범죄하여
> 메마른 땅에서 지존자를 배반하였도다
> ¹⁸ 그들이 그들의 탐욕대로 음식을 구하여
> 그들의 심중에 하나님을 시험하였으며
> ¹⁹ 그뿐 아니라 하나님을 대적하여 말하기를
> 하나님이 광야에서 식탁을 베푸실 수 있으랴
> ²⁰ 보라
> 그가 반석을 쳐서 물을 내시니 시내가 넘쳤으나
> 그가 능히 떡도 주시며
> 자기 백성을 위하여 고기도 예비하시랴 하였도다

기자는 본문에서 이스라엘이 얼마나 배은망덕했는가를 고발한다. 하나님은 모세를 통해 1년에 거쳐 열 재앙을 행하시어 이집트의 혹독한 노예생활에서 구원해 달라는 이스라엘의 울부짖음에 답하셨다. 또한 앞을 가로막는 홍해도 가르시어 길을 내셨다. 매일 구름기둥과 불기둥으로 그들을 보호하시고 인도하셨다. 심지어는 바위를 쪼개어 물까지 주셨다.

그런데 그들은 하나님께 계속 범죄했다(17a절). 인간의 죄가 얼마나 심각한가를 보여 주는 회고다. 하나님이 이 정도 하셨으면, 생각이 있

는 자들이라면 오직 하나님을 예배하고 순종하는 것은 당연하다. 그런데 이스라엘은 그렇게 하지 못했다. 그들은 오히려 지존자를 배반했다. '지존자'(עֶלְיוֹן)는 가장 높으신 하나님이라는 뜻으로, 성경에서는 우상들과 절대 비교할 수 없는 여호와의 차별성을 강조하면서 자주 사용한다. 그들은 세상에서 가장 위대하신 신을 상대로 반역했다. 그것도 '메마른 땅'에서 말이다. 출애굽 이후 이스라엘은 이 '메마른 땅'에 머물면서 매일 하나님이 내려 주시는 음식과 내주시는 물로 생명을 유지했다. 그러므로 그들이 메마른 땅에서 하나님께 반역한 것은 스스로 살기를 포기한 어리석은 일이라고 할 수 있다. 이처럼 인간의 죄는 이성과 논리를 초월한다.

하나님이 모든 것을 채워 주시는 데도 이스라엘은 자기 탐욕대로 음식을 구하여 하나님을 시험했다(18절, cf. 출 16:1-3, 17:1-7, 민 11:1-15, 20:2-13). 하나님을 시험하는 일은 광야 세대가 지닌 특성이었다(Tucker & Grant, cf. 민 14:20-25). 하나님은 이스라엘 사람들에게 만나를 내려 주시면서 매일 필요한 양만 거두어 들이라고 하셨고, 6일째 되는 날에는 이틀 분을 거두라고 하셨다. 7일째 되는 날에는 만나가 내리지 않을 것이라는 말씀도 하셨다. 이 일로 하나님은 이스라엘에게 두 가지 기적을 보이셨다. 먹고 남은 만나가 주중에는 썩지만, 안식일에는 썩지 않는 기적과 안식일에는 주중에는 매일 내리던 만나가 내리지 않은 기적을 보이셨다. 그러나 이스라엘은 이러한 기적을 보고도 하나님을 믿지 못해 필요한 양보다 많이 거두었고, 7일째 되는 날에도 만나를 거두러 나갔다가 거두지 못하고 돌아왔다. 고기 타령을 할 때 메추라기도 주셨다. 그러나 역시 그들은 하나님의 말씀을 믿지 못하고 자기 마음대로 하려고 하였다.

죄를 짓기에 담대해진 그들은 하나님이 그들에게 먹을 것을 충분히 주실 수 없다고 장담했다(19-20절). 오경은 이스라엘 사람들이 주로 모세와 아론에게 불만을 토로한 것으로 기록하고 있는데(cf. 출 16:2-3),

기자는 그들이 모세와 아론에게 한 말이 곧 하나님께 한 말이라고 한다. 그들은 하나님이 반석을 쳐서 내주신 물을 마시면서도 주님은 물을 주실 뿐 떡과 고기는 주지 못한다고 떠들어 댔다(20절, cf. 출 16:32). 주님이 내려주신 만나와 메추라기를 먹은 입에서 이런 말이 나왔다는 것이 참으로 기가 막힌다. 그러므로 이 말씀은 기적은 사람을 변화시키지 못한다는 성경의 가르침을 확실하게 보여 준다.

5. 하나님의 분노(78:21-31)

²¹ 그러므로 여호와께서 듣고 노하셨으며
야곱에게 불같이 노하셨고
또한 이스라엘에게 진노가 불타 올랐으니
²² 이는 하나님을 믿지 아니하며
그의 구원을 의지하지 아니한 때문이로다
²³ 그러나 그가 위의 궁창을 명령하시며
하늘 문을 여시고
²⁴ 그들에게 만나를 비같이 내려 먹이시며
하늘 양식을 그들에게 주셨나니
²⁵ 사람이 힘센 자의 떡을 먹었으며
그가 음식을 그들에게 충족히 주셨도다
²⁶ 그가 동풍을 하늘에서 일게 하시며
그의 권능으로 남풍을 인도하시고
²⁷ 먼지처럼 많은 고기를 비같이 내리시고
나는 새를 바다의 모래같이 내리셨도다
²⁸ 그가 그것들을 그들의 진중에 떨어지게 하사
그들의 거처에 두르셨으므로
²⁹ 그들이 먹고 심히 배불렀나니

> 하나님이 그들의 원대로 그들에게 주셨도다
> ³⁰ 그러나 그들이 그들의 욕심을 버리지 아니하여
> 그들의 먹을 것이 아직 그들의 입에 있을 때에
> ³¹ 하나님이 그들에게 노염을 나타내사
> 그들 중 강한 자를 죽이시며
> 이스라엘의 청년을 쳐 엎드러뜨리셨도다

이스라엘의 배은망덕한 반역에 하나님은 당연히 노하셨다. 주님이 얼마나 노하셨는지, 기자는 하나님이 노하셨다는 말을 21절에서 세 차례나 반복한다. "노하셨다… 불같이 노하셨다… 진노가 불타올랐다." 하나님이 이처럼 그들에게 매우 노하신 것은 두 가지 이유에서였다(22절). (1)그들의 반역은 주님을 믿지 않는 행위다. (2)주님의 구원을 의지하지 않는 일이었다.

'믿다'(אמן)는 의지하고 신뢰한다는 의미를 지녔다. 하나님이 그들을 위하여 행하신 수많은 기적을 경험하고도 그들은 여호와를 자신들의 신으로 신뢰하고 따를 마음이 없었다. '의지하다'(בטח)는 의심을 하지 않는다는 뜻이다(cf. HALOT). 그들은 하나님이 그들을 이집트에서 구원하시고 광야에서 인도하시는 일을 하나님이 선한 의도에서 하신 일로 생각하지 않았다는 것이다. 참으로 어리석은 생각이다. 도대체 하나님이 그들에게 무엇을 바라며 이런 일을 하셨겠는가! 주님은 그들을 구원하시면서 옛적에 그들의 조상 아브라함과 이삭과 야곱과 하신 약속을 기억하셨지, 그들에게 뭘 바라고 하신 일은 아니었다. 그러므로 하나님이 그들에게 분노하신 것은 참으로 당연한 일이다.

하나님이 배은망덕한 이스라엘에게 더 이상 어떠한 자비를 베풀지 않으시고 오직 심판만 내리셔도 세상 그 누가 하나님을 탓할 수 없는 상황이 되었다. 그런데도 하나님은 반역한 그들이 광야에서 굶어 죽지 않도록 먹을 것을 주시어 보살피셨다. 하나님은 하늘에서 만나가 내리

게 하셨다(23-25절, cf. 출 16:4). '만나'(מָן)는 이스라엘 사람들이 처음 보았을 때 도대체 알 수가 없어서 "이게 뭐냐?"(מָן הוּא)라고 외치게 했던 하늘의 음식이다(출 16:15). 기자는 만나를 '힘센 자의 떡'(לֶחֶם אַבִּירִים)(25절)이라고 한다. 가장 위대한 사람들이 먹기에 합당한 음식이라는 뜻이며 대부분 번역본들은 '천사들이나 먹을 음식'이라고 해석하여(새번역, 아가페, 현대인, 공동, NIV, NAS, NRS) 하나님이 이스라엘을 참으로 특별히 대해 주셨다는 점을 강조한다. 하나님은 이 세상 그 누구도 먹을 수 없는 천사들이 먹는 음식을 이스라엘에게 풍족히 주셨다(Terrien, cf. Tate).

하나님은 이스라엘에게 고기도 주셨다(26-29절). 바람을 조정하시어 먼지처럼 많은 메추라기가 비처럼 내리게 하셨다(출 16:13, 민 11:31-35). 메추라기는 오늘날에도 잘 알려진 조류이며 유럽에서 아프리카로 이동하는 철새다. 시내 광야는 봄에는 아프리카에서 유럽으로, 가을에는 유럽에서 아프리카로 이동하는 메추라기가 잠시 여행을 멈추고 쉬는 곳이다. 얼마 전까지만 해도 엄청난 무리를 지어 이동하는 메추라기들이 정기적으로 시내 광야를 찾았다. 이곳에 잠시 멈춘 메추라기들은 얼마나 기진맥진해 있는지 사람들이 아무런 어려움 없이 쉽게 손으로 잡을 수 있었다(cf. 민 11:31-32). 민수기 11:31은 메추라기가 두 규빗(90센티미터) 두께로 이스라엘 진 주변에 쌓인 적이 있었다고 한다.

그러므로 메추라기가 먼지처럼, 비같이 내렸다는 말씀은 과장이 아니다. 메추라기의 숫자가 바다의 모래 같았다는 말씀도 과장처럼 들리지 않는다. 이스라엘은 메추라기들을 배가 터지도록 먹었다. 하나님이 그들의 원대로 실컷 고기를 먹이신 것이다(29절).

메추라기를 실컷 먹은 이스라엘은 욕심을 버리지 않아 하나님의 노여움을 샀고, 결국 수많은 사람들이 광야에서 죽어갔다(30-31절). 민수기 11:31-35에 기록된 기브롯 핫다아와에서 있었던 일이다. 성경이 자세하게 기록하고 있지 않기 때문에 이때 정확히 어떤 일이 있었는지 알 수는 없지만, 모세는 탐욕에 사로잡힌 사람들이 하나님의 심판을 받아 죽자 그곳에 묻었다고 한다.

6. 이스라엘의 반복적 실패(78:32-37)

³² 이러함에도 그들은 여전히 범죄하여
그의 기이한 일들을 믿지 아니하였으므로
³³ 하나님이 그들의 날들을 헛되이 보내게 하시며
그들의 햇수를 두려움으로 보내게 하셨도다
³⁴ 하나님이 그들을 죽이실 때에
그들이 그에게 구하며
돌이켜 하나님을 간절히 찾았고
³⁵ 하나님이 그들의 반석이시며
지존하신 하나님이 그들의 구속자이심을 기억하였도다
³⁶ 그러나 그들이 입으로 그에게 아첨하며
자기 혀로 그에게 거짓을 말하였으니
³⁷ 이는 하나님께 향하는 그들의 마음이 정함이 없으며
그의 언약에 성실하지 아니하였음이로다

상황이 이 정도 되었으면 이스라엘은 당연히 하나님을 믿고 의지했어야 한다. 그러나 그들은 여전히 주님께 범죄했고, 주님이 하신 일들을 믿지 않았다(32절). 성경은 사람이 하나님을 믿지 않는 것이 그의 고집스러움과 죄를 초래한다고 한다(Broyles). 그들이 이집트를 탈출할 때 하나님이 행하신 온갖 기적을 보고도 그들의 마음이 변하지 않은 것이다.

이 말씀은 가데스바네아에서 있었던 일을 회상하고 있다. 지난 2년 동안(1년은 이집트에서 열 재앙을 경험하면서, 1년은 시내 산 아래에서 머물면서) 이스라엘은 온갖 기적을 체험했을 뿐만 아니라, 하나님이 이루신 기적을 통해 먹고 마시며 살고 있었다. 그런데도 그들은 하나님을 믿지 못했다.

결국 하나님은 그들의 날들이 헛되게 하셨고, 그들의 나머지 삶에서 평안과 기쁨을 제거하시고 두려움으로 채우셨다(33절). 이스라엘이 가데스바네아를 떠나 광야에서 정처없이 떠돌며 보낸 40년을 회상하는 말씀이다. 광야를 떠돌던 출애굽 1세대는 비로소 하나님을 간절히 찾고 구했지만, 때는 이미 늦었다(34절). 하나님이 그들의 40년 광야생활을 결정하신 후에야 비로소 그들이 회개하고 돌이켰기 때문이다. 그들이 하나님은 그들의 반석이시고 그들의 구속자이심을 기억한 일도 별 소용이 없었다. 이미 늦어도 너무 늦었기 때문이다.

하나님이 출애굽 1세대가 광야에서 죽게 하신 이유는 그들이 너무 늦게 회개했기 때문이기도 하지만, 그들의 회개가 진실하지 않았기 때문이기도 하다(36-37절, cf. Tucker & Grant). 그들은 입으로 하나님께 아첨하고 혀로 거짓을 말했다(36절). 또한 하나님을 향한 그들의 마음은 진실하지 않았고, 주님과의 언약을 성실하게 지키지도 않았다(37절). 신실함이라고는 전혀 찾아볼 수 없는 위선적이고 가식적인 삶을 살았던 것이다. 그러므로 우리는 만일 이스라엘이 광야에서 진실로 회개하고 하나님께 순종했더라면, 하나님은 과연 그들에게 어떤 반응을 보이셨을까 하는 질문을 해 본다.

7. 하나님의 끊이지 않는 자비(78:38-39)

[38] 오직 하나님은 긍휼하시므로

죄악을 덮어 주시어 멸망시키지 아니하시고

그의 진노를 여러 번 돌이키시며

그의 모든 분을 다 쏟아 내지 아니하셨으니

[39] 그들은 육체이며

가고 다시 돌아오지 못하는 바람임을 기억하셨음이라

이스라엘의 40년 광야 생활은 참으로 반역과 죄의 연속이었다. 만일 하나님이 법대로 하셨더라면 그들은 처음 몇 년 사이에 모두 광야에서 죽었을 것이다. 그러나 하나님이 그들에게 긍휼을 베푸셨기 때문에 그들은 살 수 있었다. 기자는 이러한 사실을 강조하기 위하여 이스라엘의 반역을 묘사하는 일을 잠시 멈추고 하나님의 긍휼하심을 노래한다. '오직'으로 번역된 접속사(ו)는 강력한 대조를 이루는 '그러나'(but)로 번역되어야 한다(Hossfeld-Zenger). 하나님은 이스라엘의 죄에 상관없이 계속 긍휼을 베푸셨기 때문에 이스라엘이 살아남을 수 있었다는 것이다.

기자는 하나님이 이스라엘에게 베푸신 은혜를 총체성을 상징하는 숫자인 네 가지로 표현한다(38절). (1)긍휼하셨다, (2)죄악을 덮으시어 멸망시키지 않으셨다, (3)진노를 여러 번 돌이키셨다, (4)모든 분을 다 쏟아 내지 않으셨다. 하나님이 참으로 많이 참으셨다는 사실을 강조한다.

'긍휼'(רחום)은 하나님이 이스라엘을 대하시기를 마치 어머니가 자기 아기를 대하듯이 하셨다는 뜻이다(cf. HALOT). 그들의 죄가 드러날 때마다 들쳐내지 않으시고, '덮어주셨다'(כפר). 그때그때 용서하셨다는 뜻이다. 하나님의 사랑은 이스라엘이 지은 죄를 수습하시겠다며 먼저 발 벗고 나서신 일에서 가장 확실하게 표현된다(Goldingay).

또한 하나님은 이스라엘에게 내리실 진노를 여러 차례 '돌이키셨다'(שוב). 계획하신 일을 되돌리셨다는 뜻이다. 심판을 하실 때에도 계획하신 모든 분을 다 쏟아 내지 않으시고 지극히 작은 일부만 내셨다. 하나님이 이스라엘에게 참으로 많은 긍휼과 관용을 베푸셨다는 뜻이다. 출애굽기 34:6-7은 하나님의 이러한 성품에 대하여 다음과 같이 기록하고 있다.

> 여호와께서 그의 앞으로 지나시며 선포하시되 여호와라 여호와라 자비롭고 은혜롭고 노하기를 더디하고 인자와 진실이 많은 하나님이라 인자를 천대까지 베풀며 악과 과실과 죄를 용서하리라 그러나 벌을 면제하지는 아니하고 아버지의 악행을 자손 삼사 대까지 보응하리라

하나님은 왜 속만 썩이는 이스라엘에게 이처럼 자비와 용서를 베푸셨는가? 그들은 잠시 있다 없어질 육체에 불과하며, 한번 불면 다시는 돌아오지 못하는 바람처럼 허무한 존재들이기 때문에 그들을 관대하게 대하셨다(39절). '육체'(בָּשָׂר)는 인간의 연약함을 상징하며, '바람'(רוּחַ)은 실체가 없는 허무함을 상징한다. 하나님이 그들을 불쌍히 여겨 관대하게 대하신 것이다.

8. 이스라엘의 반역과 시험(78:40-42)

> ⁴⁰ 그들이 광야에서 그에게 반항하며
> 사막에서 그를 슬프시게 함이 몇 번인가
> ⁴¹ 그들이 돌이켜 하나님을 거듭거듭 시험하며
> 이스라엘의 거룩하신 이를 노엽게 하였도다
> ⁴² 그들이 그의 권능의 손을 기억하지 아니하며
> 대적에게서 그들을 구원하신 날도 기억하지 아니하였도다

하나님이 그들을 측은히 여겨 은혜를 베푸시는 사실을 아는지 모르는지, 이스라엘은 광야에서 반역을 일삼았다(40a절). 하나님은 그들의 반역에 대하여 분노하셨지만(cf. 38절), 또한 참으로 슬퍼하셨다(40b절). 광야 40년 동안 하나님이 이스라엘 일로 인하여 얼마나 마음 아파하셨는가를 회상하고 있다. 마치 자식의 반역에 눈물짓는 부모처럼 하나님은 아파하셨다.

이스라엘은 하나님의 슬픔을 고려하지 않고 거듭거듭 죄를 짓고 주님을 시험했다(41a절). '시험하다'(נסה)는 누구를 테스트한다는 의미다(HALOT). 그들은 계속 죄를 지어 하나님의 인내심의 한계를 테스트했다는 뜻이다. 더 나아가 그들은 하나님을 노엽게 했다(41b절). '노엽게 하다'(תוה)는 성경에서 이곳에 한번 나오는 동사이며, '상처를 주다'는

의미를 지녔다(cf. HALOT). '이스라엘의 거룩하신 이'(קְדוֹשׁ יִשְׂרָאֵל)는 하나님의 거룩하심을 강조하는 성호이며 주로 이사야서에서 사용된다.

이스라엘이 이처럼 많은 죄를 지으며 하나님을 분노케 한 것은 그들이 하나님의 권능의 손을 기억하지 않았고, 적들에게서 그들을 구원하신 일도 기억하지 않았기 때문이다(42절). 능력의 하나님이 어떻게 그들을 구원하셨는가를 너무나도 쉽게 망각했다는 뜻이다. 이스라엘은 이집트에서 혹독한 노예살이를 하면서 주님께 부르짖었고, 그들의 울부짖음을 들으신 하나님은 온갖 기적을 행하시면서 그들을 구하셨다. 그러나 이 놀라운 은혜를 경험한 이스라엘은 곧바로 하나님의 능력과 은혜로우심을 잊고 반역했다.

그들의 가장 큰 문제는 자신들이 경험한 주님의 은혜를 기억하지 못하는 망각증에 걸렸다는 것이 기자의 주장이다. 이러한 일이 우리에게도 반복되지 않으리라는 보장은 없다. 이런 일을 사전에 차단하는 가장 좋은 방법은 하나님이 이미 우리의 삶에서 이루신 일들을 꾸준히 추억하고 감사하는 것이다.

9. 하나님의 위대한 일들(78:43-55)

⁴³ 그때에 하나님이 애굽에서 그의 표적들을,
소안 들에서 그의 징조들을 나타내사
⁴⁴ 그들의 강과 시내를 피로 변하여
그들로 마실 수 없게 하시며
⁴⁵ 쇠파리 떼를 그들에게 보내어 그들을 물게 하시고
개구리를 보내어 해하게 하셨으며
⁴⁶ 그들의 토산물을 황충에게 주셨고
그들이 수고한 것을 메뚜기에게 주셨으며
⁴⁷ 그들의 포도나무를 우박으로

그들의 뽕나무를 서리로 죽이셨으며
⁴⁸ 그들의 가축을 우박에,
그들의 양 떼를 번갯불에 넘기셨으며
⁴⁹ 그의 맹렬한 노여움과 진노와 분노와 고난
곧 재앙의 천사들을 그들에게 내려보내셨으며
⁵⁰ 그는 진노로 길을 닦으사
그들의 목숨이 죽음을 면하지 못하게 하시고
그들의 생명을 전염병에 붙이셨으며
⁵¹ 애굽에서 모든 장자
곧 함의 장막에 있는 그들의 기력의 처음 것을 치셨으나
⁵² 그가 자기 백성은 양같이 인도하여 내시고
광야에서 양떼같이 지도하셨도다
⁵³ 그들을 안전히 인도하시니
그들은 두려움이 없었으나
그들의 원수는 바다에 빠졌도다
⁵⁴ 그들을 그의 성소의 영역 곧
그의 오른손으로 만드신 산으로 인도하시고
⁵⁵ 또 나라를 그들의 앞에서 쫓아내시며
줄을 쳐서 그들의 소유를 분배하시고
이스라엘의 지파들이 그들의 장막에 살게 하셨도다

저자는 이집트의 상징으로 소안을 언급한 적이 있는데(12절), 이곳에서 다시 그곳을 언급하며 하나님이 이집트에 행하셨던 열 재앙을 회고한다. 그는 열 재앙을 '주님의 표적들'(מוֹפְתָיו)과 '징조들'(אֹתוֹתָיו)이라며 이 재앙들이 하나님이 행하신 매우 특별한 일들이라는 사실을 강조한다(43절). 그는 12절에서 이 일들을 하나님이 행하신 '기이한 일'(פֶּלֶא)이라고 했다. 기자는 이곳에서 열 재앙 모두를 회고하는 것이 아니라 선

별하여 일곱 개만 언급한다. 일부 학자들은 이 노래가 열 개의 재앙이 아니라 그중 일부만 언급하는 것에 대하여 다양한 추측을 내놓았다(cf. Hossfeld-Zenger). 가장 흔한 것은 출애굽기에 반영된 전승과 이 노래가 반영하고 있는 전승이 다르다는 주장이다. 그러나 이러한 논쟁은 소모적일 뿐 본문을 해석하는 일에는 별로 도움이 되지 않는다.

열 재앙은 단순히 하나님이 이집트 사람들에게만 내리신 재앙이 아니라, 그들이 숭배하던 신들을 심판하는 것들이기도 했다. 열 재앙은 이집트가 신들로 숭배했던 우상들에 대한 강력한 비판(polemic)을 의미했던 것이다. 다음 도표를 참조하라.

재앙	내용	연관된 이집트 신(들)	비고
1	나일 강이 피로 변함 (7:14-25)	•크눔(Khnum): 나일 강의 수호신 •하피(Hapi): 나일 강의 영 •오시리스(Osiris): 나일 강이 이 신의 핏줄을 형성함	나일 강은 이집트의 생명줄이다. 앞으로 다가올 재앙들의 심각성을 예고하고 있다. 자연을 지배하시는 하나님의 능력이 강조되고 있다.
2	개구리 (8:1-15)	•헤켓(Heqet): 부활, 생명을 주는 신, 산모의 신	이집트의 마법사들도 개구리는 생산해 내나 대책이 없다. 바로가 처음으로 모세에게 도움을 요청한다. 그가 여호와 하나님을 인정하기 시작한다. 이스라엘 사람들을 보내겠다고 한다.
3	이 (8:16-19)	이와 연관된 신은 없으나, 이가 된 티끌(흙)과 연관된 겝(Geb)이라는 신이 있음	이집트의 마법사들이 따라 하지 못하며 이 재앙을 '하나님의 손가락'이라 시인한다.
4	파리 떼 (8:20-32)	•케페라(Khepera): 풍뎅이 모습을 한 신으로 해의 하루 일정을 관리하는 것으로 간주됨	이후부터 이집트 백성과 이스라엘 백성이 구분된다. 고센 지역에는 파리 떼의 피해가 없다. 고센의 위치는 정확하게 밝혀지지 않았다. 다만 나일 델타의 동쪽 지역에 있었던 것으로 추정된다. 이집트 백성이 구분되는 것을 히브리 원어는 '구원'으로 표현한다. 바로가 이집트를 벗어나지 않는 조건으로 "떠나라" 한다.

5	악질 가축 병 (9:1-7)	• 하톨(Hathor): 암소의 모습을 한 신들의 어머니 • 아피스(Apis): 타(Ptah)라는 신이 부리는 황소 신이며, 자손 번식의 신 • 네비스(Mnevis): 황소의 모습을 한 헬리오폴리스의 수호신	
6	독종 (9:8-12)	• 임호텝(Imhotep): 치료신	모세가 풀무의 재를 날림으로 시작한다. 마법사들도 모세 앞에 서지 못한다. 모방은 고사하고 쫓겨나간다.
7	우박 (9:13-35)	• 너트(Nut): 하늘을 지키는 여신 • 이시스(Isis): 생명을 주는 여신 • 셸(Seth): 곡식 보호신	
8	메뚜기 떼 (10:1-20)	• 이시스(Isis): 생명을 주는 여신 • 셋(Seth): 곡식 보호신 • 세라피아(Serapia): 메뚜기 떼에서 보호하는 신	메뚜기는 매일 자신의 몸무게만큼 먹어 해치운다. 바로가 모세와 아론을 지겨워하기 시작한다. 이집트 사람들도 바로를 나무란다.
9	3일간의 흑암 (10:21-29)	• 레, 아텐, 아톰, 호루스 (Re, Aten, Atum, Horus): 태양과 연관된 신들 • 바로: 태양신의 아들로 간주됨	'느껴지는/만져지는 흑암'(21절)은 이 재앙이 공기에 떠 있는 먼지들에 의하여 형성되고 있음을 제시한다. 바로가 가축을 놓고 가는 조건으로 '떠남'을 허락한다. 바로가 아론과 모세에게 "다시는 나타나지 말라"고 한다.
10	장자의 죽음 (11:1-10)	• 바로: 장자는 신으로 생각됨. • 오시리스(Osiris): 생명/죽음을 주는 신. • 타울트(Taurt): 처음에는 출생을 관리하는 여신. 나중에는 집을 보호하는 수호신.	아홉 번째 재앙으로 바로의 '아버지' 태양신이 패배했다. 이번에는 바로의 '아들'인 장자가 심판을 받는다. 이 사건은 바로의 인격, 왕권, 신성에 치명타를 입히는 사건이다.

기자가 회고하고 있는 일곱 가지 재앙을 하나씩 살펴보자. 첫째, 하나님은 이집트의 강과 시내를 피로 변하게 하셔서 마실 수 없도록 하

셨다(44절). 이 말씀은 열 재앙 중 첫 번째 것을 회고한다(cf. 출 7:14-25). 나일 강은 진정으로 '이집트의 생명줄'이라고 해도 과언은 아니다. 이집트 사람들이 마시고 다양한 용도로 사용할 물도 나일 강이 공급해 주었지만, 더 나아가 나일 강에 사는 많은 물고기는 이집트 사람의 식생활에서 중요한 자리를 차지했다. 그러므로 썩어가는 물고기는 그들의 경제에 큰 타격을 입혔을 것은 당연한 일이다. 이 재앙은 7일 동안 계속되었다.

이집트의 바로가 이스라엘의 아들들을 강제로 나일 강 물에 띄워 보내게 한 것과 열 재앙을 시작하는 첫 번째 재앙이 나일 강을 치는 것은 우연이 아니다. 무자비하게 히브리 아이들의 생명을 앗아간 이집트 왕에 대한 하나님의 보복적인 심판이 시작되고 있다는 것을 시사한다. 시간이 다소 더딜 수는 있지만, 죄는 분명 하나님의 심판을 받는다.

둘째, 하나님은 쇠파리 떼를 보내 이집트 사람들을 괴롭게 하셨다(45a절). 이 재앙은 넷째 재앙을 회고하고 있다(cf. 출 8:20-32). 이집트의 마술사들이 속임수를 사용하여 처음 세 재앙에 대하여는 어느 정도 비슷하게 연출했지만, 이 네 번째 재앙부터는 그나마 따라할 수 없었다. 또한 이 재앙에서부터 이스라엘과 이집트 사람들이 차별화되어 이집트 사람들은 혹독한 고통을 당했지만, 이스라엘 사람들은 어떠한 해도 당하지 않았다.

열 재앙 중 처음 세 개는 사람들만 괴롭힐 뿐 땅을 파괴하지는 않았지만, 이 네 번째 재앙부터는 땅까지 파괴했다(cf. 출 8:24). 이 재앙이 정확히 어떤 곤충을 동원했는지는 확실하지 않다. 우리말 번역본들이 '(쇠)파리'로 번역하고 있는 히브리어 단어(עָרֹב)는 흔히 '섞여 있는 무리'(mixture)를 뜻하기 때문이다(cf. HALOT). 유태인들은 전통적으로 '들 짐승 떼'라고 많이 해석해 왔다.

반면에 LXX와 필로(Philo)는 가축의 피를 빨아 먹고 기생하는 파리 (dog fly) 떼로 해석했다. 이 파리들은 습도와 온도만 알맞으면 순식간에

기하급수적으로 번식하는 해충이며, 짐승들에게 탄저병 등 여러 가지 병들을 옮긴다. 일부 주석가들은 이 히브리어 단어를 어떤 구체적인 곤충으로 번역하는 것을 피하고 의도적으로 '해충'(vermin)으로 남겨둔다.

셋째, 하나님은 개구리를 보내어 이집트 사람들을 해하게 하셨다(45b절). 열 재앙 중 두 번째 재앙에 대한 말씀이다(cf. 출 8:1-15). 개구리 재앙은 동물 세계를 연루시키는 첫 번째 재앙이었다. 동물들이 사람을 대적하는 것은 창조 섭리에 역행하는 일이다. 모든 짐승이 사람들의 지배를 받는 것이 창조주의 의도였기 때문이다. 그러므로 평소에는 균형과 질서를 유지하는 동물들이 하나님에 의하여 균형과 질서를 어지럽히며 사람들을 위협하는 요인이 되는 것은 이 일이 하나님의 역(逆)창조 사역이라는 것을 암시한다.

넷째, 하나님은 황충을 보내 이집트 사람들의 토산물을 먹게 하셨다(46절). 열 재앙 중 여덟 번째 재앙에 대한 회고다(cf. 출 10:1-20). 황충과 메뚜기는 비슷한 말이지만, 굳이 구분해야 한다면 황충(חָסִיל)은 일반적인 메뚜기를, 메뚜기(אַרְבֶּה)는 계절에 따라 떼를 지어 이동하는 메뚜기를 뜻한다(HALOT). 일부 번역본들은 황충을 애벌레(caterpillar, grub)로 번역하기도 한다(NAS, NRS, TNK).

메뚜기 떼 재앙을 통해 열 재앙은 새로운 국면을 맞이한다. 이제까지 이집트에게 내려진 재앙들은 이스라엘과 바로를 포함한 이집트 사람들이 여호와가 하나님이라는 사실을 알게 하기 위하여 행해졌다. 이 재앙부터는 하나님이 이집트와 바로를 치는 것은 "내가 이집트 사람들을 어떻게 벌하였는지를, 그리고 내가 그들에게 어떤 이적을 보여 주었는지를, 네가 너의 자손에게도 알리게 하기 위해서"(10:2)라고 하신다. 이스라엘 종교의 가장 기본적인 바탕이며 출애굽 신앙의 주춧돌인 기념/회고 테마가 이 재앙을 통해 시작된 것이다.

메뚜기 떼는 최근까지 인류를 괴롭히는 가장 두려운 재앙 중 하나였다. 중동 지방에서 메뚜기 떼가 나타나면 보통 1평방킬로미터당 5,000

만 마리에 달했다. 이 메뚜기들은 하루 사이에 10만 톤의 채소와 풀을 먹어 치웠다. 최근의 예를 살펴보자. 1899년에 홍해에서 목격된 메뚜기 떼의 규모는 5,000평방킬로미터에 달했으며 1평방킬로미터당 메뚜기의 숫자는 4,700만 마리에 달하는 것으로 관측되었다.

다섯째, 하나님은 우박과 서리로 이집트 사람들의 농작물을 파괴하고 가축들을 죽이셨다(47-48절). 열 재앙 중 일곱 번째 재앙에 관한 말씀이다(cf. 출 9:13-35). 우박은 이집트 사람들이 들에 심어놓은 작물과 짐승들에게 치명적인 피해를 입혔다. 그러나 이 재앙의 핵심은 우박의 파괴력에 있는 것이 아니라 지속성에 있었다. 이집트 사람들은 그동안 수많은 우박을 경험했을 것이다. 일상적으로 우박은 오래 내리지 않는다. 잠시 내리다가 멈추는 것이 우박이다.

그러므로 우박이 내리면 농작물 피해는 감수해야겠지만 그다지 두려워할 것은 아니다. 그런데 이번 우박은 멈출 줄 몰랐다! 번개와 천둥을 동반하여 사람들을 공포에 떨게 하기도 했다. 바로가 사람을 보내 모세가 기도한 후에야 겨우 멈추었다(출 9:27-28). 상당히 오랫동안 우박이 이집트를 강타했던 것이다. 이 재앙은 이집트 역사상 최악의 우박으로 기록되었다(출 9:18).

이 재앙의 중요성은 이집트 사람들이 조금씩 모세와 이스라엘 사람들 쪽으로 동요하기 시작한 것에 있다. 이때까지 여섯 재앙들을 통하여 많은 피해를 본 이집트 사람들이 여호와를 섬기지는 않더라도 조금씩 모세와 이스라엘처럼 행동하여 재앙을 피해 보고자 한 것이다(출 9:20). 그들은 자신들의 왕 바로보다 이스라엘의 하나님 여호와를 더 신임하고 두려워하게 된 것이다.

여섯째, 하나님은 재앙의 천사들을 보내 이집트 사람들의 짐승들이 모두 죽게 하셨다(49-50절). 이 말씀은 이집트 사람들의 가축들을 전염병으로 죽인 다섯 번째 재앙에 관한 것이다(cf. 9:1-7). 기자가 하는 말을 보면 이 재앙이 마치 사람들을 죽인 것으로도 해석할 수 있지만, 열 재앙 중 사람을 죽인 재앙은 이집트의 장자를 죽인 열 번째 재앙뿐이다. 그는 다음 말씀에서 장자들을 죽이신 일을 회고한다. 그러므로 이 말씀은 이집트의 가축들을 죽인 재앙으로 제한하여 해석하는 것이 바람직하다.

처음 네 재앙에서 하나님은 창조된 것들을 사용하여 이집트를 심판하셨다. 이 재앙에서는 창조된 것들을 죽이시는 일로 심판을 감행하신다. 가축은 원래 창조주께서 인간에게 지배하라고 주신 것들이다(창 1:26). 하나님이 이 재앙을 통해 이집트 사람들로부터 가축을 빼앗으신다. 역(逆)창조 모티브가 계속되고 있는 것이다.

일곱째, 하나님은 이집트의 장자들을 치셨다(51절). 열 재앙 중 절정이자 마지막 재앙이었던 열 번째에 관한 말씀이다(cf. 출 12:29-36). 열 번째 재앙은 단순히 바로와 이집트 사람들의 항복을 받아내는 일로 멈추지 않는다. 이 재앙은 이스라엘이 한 신앙의 공동체로서 새로운 정체성을 갖게 하는 사건이기도 하다. 하나님은 이스라엘을 자기 맏아들로 선언하신 적이 있다(출 4:21-23). 이 같은 선언은 이집트 맏아들의 죽음을 암시하는 것이었으며, 그 암시가 이 재앙에서 현실로 드러났다.

또한 이집트에 내려진 열 번째 재앙을 근거로 하나님은 유월절(출 12:1-13, 21-28, 40-51)을 주셨다. 이스라엘의 장자 봉헌(출 13:1-2, 11-16)과 무교절(출 12:14-20; 13:3-10)에 관한 규례들도 주셨다. 이 율법들은 이스라엘의 신학적 정체성을 정의하는 데 핵심적인 역할을 했다. 여러 면모에서 열 번째 재앙은 독보적인 위치에 있었던 것이다.

기자는 열 재앙 중 일곱 가지를 언급하며(cf. 44-51절) 하나님이 이집트 사람들에게 내리신 혹독한 벌을 회고했다. 이집트를 벌하신 하나님이 그들 밑에서 노예살이를 하던 이스라엘 사람들을 어떻게 대하셨는가? 하나님은 이스라엘을 목자가 양을 대하듯이 대하셨다(52절). 목자가 양떼를 인도하듯 그들을 이집트에서 인도해 내셨으며 이어진 광야 생활에서도 그들을 목자가 양떼를 인도하듯 지도하셨다. 이때까지 기자는 이스라엘의 반역을 맹렬하게 비난했는데, 그들의 반역에 아랑곳 하지 않고 그들의 선하고 인자한 목자가 되신 하나님에 대한 이미지가 참으로 인상적이고 대조적이다(Eaton).

하나님의 차별화는 홍해에서 절정에 달했다(53절). 하나님의 인도하심 아래 이스라엘은 안전하게, 두려움 없이 홍해를 건넜지만, 그들의 원수 이집트 군대는 모두 바다에 빠뜨리셨다.

하나님은 광야를 지난 이스라엘을 자기 성소의 영역으로 인도하셨다 (54절). '그의 성소의 영역'(קֹדֶשׁ גְּבוּל)의 문자적 의미는 '그의 거룩하심의 영토'다(cf. 출 15:17). 그곳은 주님이 오른손으로 만드신 산이기도 하다. 모두 다 가나안 땅을 칭하는 표현이다. 그러므로 이 말씀은 하나님이 이스라엘을 가나안으로 인도하신 일을 회고하고 있다.

또한 이 과정에서 주님은 이스라엘에게 땅을 주시기 위하여 그들 앞에서 나라들을 쫓아내셨다(55a절). 가나안 정복 과정에서 여호수아와 이스라엘이 원주민들을 내친 일을 회고하는 말씀이다(cf. 수 1-13장). 하나님은 가나안 원주민들을 내치시고 얻은 땅에 줄을 쳐서 이스라엘 지파들에게 분배하시어 그들이 그 땅에서 살도록 하셨다(55b-c절). 여호수아가 장로들과 함께 정복한 땅을 각 지파와 집안별로 분배한 일을 회상하는 말씀이다(cf. 수 14-21장). 이집트 사람들에게는 온갖 재앙을 내려 고통을 당하게 하신 하나님이 이스라엘에게는 참으로 관대하게 대하시어 차별화하신 것이다.

10. 이스라엘의 반역과 반항(78:56-58)

> [56] 그러나 그들은 지존하신 하나님을 시험하고 반항하여
> 그의 명령을 지키지 아니하며
> [57] 그들의 조상들같이 배반하고
> 거짓을 행하여 속이는 활같이 빗나가서

58 자기 산당들로 그의 노여움을 일으키며
그들의 조각한 우상들로 그를 진노하게 하였으매

이스라엘을 풀무불 같은 이집트에서 구원하신 하나님은 광야생활 40
년 동안 그들을 품으셨고 젖과 꿀이 흐르는 가나안 땅을 주셨다. 그러
나 이스라엘은 하나님께 감사하며 경건하고 거룩하게 살기는커녕 오
히려 하나님의 명령을 지키지 않았다. 그들은 주님을 시험하고 반항
하는 삶을 살았다(56절). '시험하다'(נסה)는 기자가 18절에서 이스라엘이
광야에서 하나님을 테스트했다고 할 때 사용한 단어다. 광야에서 죽어
간 출애굽 1세대나 가나안에 정착한 그들의 후손들이나 별반 다를 바
가 없었다는 뜻이다. 선조들이 광야에서 하나님을 시험했던 것처럼,
그들은 약속의 땅에서도 하나님을 시험했다.

하나님이 출애굽 2세들에게 가나안 땅을 허락하실 때 그들은 광야에
서 죽어간 조상들보다 조금은 더 경건하게 살기를 기대하셨을 것이다.
그러나 그들은 벌을 받아 광야에서 죽어간 조상들과 별반 다를 바가
없었으며 똑같이 하나님을 배반했다(57a절). 하나님께 큰 실망을 안긴
것이다. 기자는 이러한 이스라엘을 속이는 활에 비교한다(57b절). '속
이는 활'(קשת רמיה)은 줄이 느슨하여 화살을 쏘아도 도저히 과녁을 맞힐
수 없는 활을 뜻한다(cf. 호 7:16). 그러므로 속이는 활보다는 '느슨한 활'
이 더 정확한 번역이다(새번역, 공동, NAS, cf. HALOT). 9절은 전쟁터에
서 에브라임 사람들이 싸워보지도 않고 도주했다고 하는데, 그들이 무
기로 지니고 있던 활도 문제를 가중시켰음을 알 수 있다. 하나님은 이
스라엘에게 과녁(목표)을 주시며 그것을 추구하는 삶을 살아가기를 기
대하셨지만, 이스라엘은 과녁을 맞힐 생각은 아예 하지 않고 '헛발질'
만 해댔던 것이다.

이스라엘은 어떻게 그들을 구원하시고 축복하신 하나님을 시험하
고, 반항하고, 불순종하고, 배반하여 마치 속이는 활처럼 과녁을 빗나

가는 삶을 살았는가? 그들은 우상숭배를 통해 이같이 배은망덕했다(58
절). 그들은 산당들을 찾아가 조각한 우상들을 숭배하여 하나님을 진노
하시게 했다. '조각한 우상들'(פְּסִילִים)은 돌을 다듬어 만든 우상들을 뜻
한다(HALOT). 이스라엘은 여호와 하나님을 대신하여 자신들이 다듬
은 '돌덩어리들'을 숭배한 것이다! 도저히 이해가 되지 않는 참으로 어
리석은 처사다. 우상숭배는 이성과 지성으로는 도저히 설명할 수 없는
해괴망측한 짓이다.

11. 하나님의 진노(78:59-64)

> [59] 하나님이 들으시고 분내어
> 이스라엘을 크게 미워하사
> [60] 사람 가운데 세우신 장막
> 곧 실로의 성막을 떠나시고
> [61] 그가 그의 능력을 포로에게 넘겨 주시며
> 그의 영광을 대적의 손에 붙이시고
> [62] 그가 그의 소유 때문에 분내사
> 그의 백성을 칼에 넘기셨으니
> [63] 그들의 청년은 불에 살라지고
> 그들의 처녀들은 혼인 노래를 들을 수 없었으며
> [64] 그들의 제사장들은 칼에 엎드러지고
> 그들의 과부들은 애곡도 하지 못하였도다

이 섹션은 법궤가 실로에 머물고 있었던 엘리 제사장 시대를 회고한
다(cf. 삼상 3-5장). 당시 가장 위대한 종교 지도자였던 엘리는 술 취한
여자와 기도하는 여자를 구분할 수 없을 정도로 영적으로 도태한 상황
이었다. 그의 아들들도 제사장이었지만, 예배 드리러 온 성도들을 상

대로 성막에서 죄짓는 일에만 몰두했다. 하나님은 그들에게 크게 분노하시고 선지자를 보내 그들의 멸망을 선언하셨다(cf. 59절).

얼마 후 이스라엘은 블레셋과 전쟁을 하게 되었다. 전쟁에서 패하자 그들은 실로에 있던 법궤를 전쟁터로 가지고 나갔고, 법궤로 인해 승리할 것이라고 장담했다. 법궤가 어느덧 이스라엘에게 일종의 '부적'으로 전락한 것이다. 그러나 법궤를 전쟁터로 모셔간 자들이 다름 아닌 엘리의 아들들이라는 사실은 이스라엘의 패전을 예고했다. 전쟁터로 나간 법궤는 다시는 실로로 돌아오지 않았기 때문에 이 일로 인해 하나님이 실로의 성막을 떠나신 것이라 할 수 있다(60절).

전쟁에서 승리한 블레셋 사람들은 법궤를 전리품으로 가져갔으므로 하나님의 능력을 포로에게, 영광을 대적의 손에 붙이신 일이나 다름없다(61절). 사실은 하나님이 이스라엘에 분노하시어 스스로 블레셋 사람들에게 가셨다(62a절).

전쟁은 이스라엘에게 참담한 결과를 안겨주었다. 백성들은 적들의 칼에 맞아 죽었다(62b절). 청년들이 얼마나 많이 죽었는지 처녀들이 결혼할 상대를 찾지 못하여 이스라엘에서는 혼인 노래가 들리지 않았다(63절). 제사장들도 칼에 맞아 죽었다(64a절). 엘리의 아들들인 홉니와 비느하스의 죽음을 회고하는 말씀이다. 전쟁터에 나간 사람들 중에는 기혼자들도 많았기 때문에 남편을 잃은 과부들은 망연자실하여 그들의 죽음을 애곡하지도 못했다. 임신 중이던 비느하스의 아내도 남편의 소식을 듣고 너무 충격을 받아 아들을 조산하고 "이스라엘에서 영광이 떠났다"는 말을 남기고 슬픈 죽음을 맞이했다(cf. 삼상 4:19-22). 이 섹션은 이처럼 불순종이 이스라엘에게 안겨준 참혹한 역사를 회고하고 있다.

12. 에브라임이 다윗을 거부함(78:65-72)

⁶⁵ 그때에 주께서 잠에서 깨어난 것처럼,

포도주를 마시고 고함치는 용사처럼 일어나사
⁶⁶ 그의 대적들을 쳐 물리쳐서
영원히 그들에게 욕되게 하셨도다
⁶⁷ 또 요셉의 장막을 버리시며
에브라임 지파를 택하지 아니하시고
⁶⁸ 오직 유다 지파와
그가 사랑하시는 시온 산을 택하시며
⁶⁹ 그의 성소를 산의 높음같이,
영원히 두신 땅같이 지으셨도다
⁷⁰ 또 그의 종 다윗을 택하시되
양의 우리에서 취하시며
⁷¹ 젖 양을 지키는 중에서 그들을 이끌어 내사
그의 백성인 야곱,
그의 소유인 이스라엘을 기르게 하셨더니
⁷² 이에 그가 그들을 자기 마음의 완전함으로 기르고
그의 손의 능숙함으로 그들을 지도하였도다

65-66절은 법궤가 다시 이스라엘로 돌아온 이야기를 회상하고 있다 (cf. 삼상 6장). 전쟁에서 승리한 블레셋 사람들이 법궤를 전리품으로 끌고 간 후에 7개월이 지났다. 이스라엘에게 분노하시어 그들을 떠났던 하나님의 법궤가 스스로 개선장군이 되어 금으로 된 전리품을 들고 자기 백성에게 돌아왔다. 하나님이 블레셋 사람들에게 혹독한 재앙을 내리자 그들이 결국 법궤를 돌려보내기로 한 것이다. 그들은 소달구지에 법궤를 실어 금으로 만든 쥐들과 함께 이스라엘 쪽으로 보냈다. 기자는 이때 하나님을 잠에서 깨어난 사람과 포도주를 마시고 고함치는 용사에 비유한다(65절). 하나님은 적들인 블레셋 사람들을 쳐서 승리하셨고 이 일은 그들에게 영원한 수치가 되었다(66절).

이스라엘로 돌아온 법궤는 실로로 돌아가지 않았다. 실로는 에브라임 지파에 속한 땅이다(cf. 수 21:19). 법궤가 전쟁터로 가기 위하여 실로를 떠날 때 이미 하나님은 실로를 버리셨기 때문이다. 기자는 이러한 사실을 하나님이 요셉의 장막을 버리시고 에브라임 지파를 택하지 않은 일로 회고한다(67절). 에브라임 지파가 온 이스라엘을 다스릴 수 있는 위치에 있었는데, 그들이 우상을 숭배하고, 교만하고, 자신들의 이득만 취하자 주님께서 그들을 버리셨다는 뜻이다(vanGemeren, cf. 삿 8, 12, 17장).

결국 법궤는 다윗에 의하여 예루살렘으로 옮겨졌고 다윗이 세운 천막에 거하다가 솔로몬이 성전을 건축한 다음에 성전에 영원히 안치되었다. 기자는 이 일을 회고하면서 하나님이 유다 지파와 주님이 사랑하시는 시온 산을 택하신 일이라 한다(68-69절). 하나님의 유다 지파와 시온 산 선택은 그 어떠한 논리로도 설명할 수 없는, 하나님이 일방적으로 결정하시고 행하신 일이다(Broyles). 유다 지파와 시온 산 선택은 에브라임 지파와 실로를 버리신 일과 강력한 대조를 이룬다.

법궤가 예루살렘 성소에 머물게 된 것은 다윗 언약과도 연관이 있는 일이었다. 다윗이 양을 치는 목동이었을 때 주님은 그를 택하셨고(70절, cf. 삼하 7:8), 주님의 백성인 야곱, 곧 주님의 소유인 이스라엘을 치는 목자로 삼으셨다(71절, cf. 삼상 16:18, 17:34-37). '소유'(נַחֲלָה)는 유산을 뜻하며(HALOT), 이스라엘은 하나님의 영원한 소유물임을 강조한다. 개역개정은 주님이 "그들을 이끌어 내셨다"(71절)고 하는데, 히브리어 텍스트는 복수가 아니라 단수로 되어 있다. "그를 이끌어 내셨다"(הֱבִיאוֹ). 다윗을 왕으로 세우신 일을 두고 하는 말씀이다.

하나님의 양떼인 이스라엘의 목자로 세우심을 입은 다윗은 주님의 기대에 부합하는 통치를 했다. 기자는 이러한 상황을 다윗이 "한결같은 마음으로 그들을 기르고, 슬기로운 손길로 그들을 인도하였다"(72절, 새번역)며 선한 목자 비유로 회고한다. 다윗은 하나님과 그의 백성에게 참으로 적합한 지도자였던 것이다.

제79편

아삽의 시

I. 장르/양식: 회중 탄식시(cf. 12편)

이 노래는 '아삽 시리즈'로 분류된 열한 개 중 일곱 번째 시편이다. 내용을 보면 주전 586년에 있었던 예루살렘과 성전 파괴 직후에 저작된 것이 확실하며, 학자들 사이에 이 사실에 대한 이견은 거의 없다. 그러므로 일부 학자들은 이 시를 시온의 노래(Song of Zion)라 부르기도 한다 (Brueggemann & Bellinger). 그러나 이 시가 성전이 파괴된 때쯤에 저작되었다 해서 그때 한 번만 불린 노래는 아니다. 이후 예루살렘에 남은 생존자들과 바빌론으로 끌려간 유태인 포로들도 폐허가 된 예루살렘과 성전을 생각하며 계속 불렀을 것이다. 또한 주전 160년대에 안티오쿠스 에피파네 4세로 인해 성전이 훼손되고 온갖 핍박이 있을 때도 불린 노래다(Goldingay, McCann). 탈무드는 성전 파괴를 슬퍼하는 날이었던 아빕월 9일이면 이 노래를 불렀다는 기록을 남겼다(Goldingay).

인상적인 것은 바로 앞 시편의 끝 부분과 이 노래의 시작 부분이 연계하여 하나의 메시지를 구상하는 듯한 느낌을 준다는 것이다. 시편 78:68-69는 예루살렘에 있는 성소에 대한 이야기를 했다. 또한 78:70-72는 다윗 왕조 이야기로 이어지며 성전과 다윗 왕조의 긴밀한 연관성을 노래했다. 이러한 상황에서 본 시의 도입 부분인 79:1-3 은 예루살렘과 성전의 파괴를 슬퍼한다. 마치 성전이 세워지자마자 곧 바로 파괴되는 듯한 분위기를 조성한다(Schaefer). 이러한 흐름은 시온 의 불가침설을 근거로 세워진 전통적인 시온—다윗 왕조의 연계성에 관한 신학이 바빌론 포로생활로 인해 큰 교정을 받고 있음을 암시하는 듯하다(cf. McCann).

II. 구조

이 시편을 다른 사람들보다 조금 더 상세하게 분석하는 이들은 대체 적으로 다섯 섹션으로 구분한다. 다음은 테이엔(Terrien)과 밴게메렌 (vanGemeren)이 제시한 구조다. 두 사람 모두 다섯 섹션으로 구분하지 만, 각 섹션의 범위가 서로 다르다. 구조 분석은 과학이라기보다는 예 술이라는 점을 다시 한번 암시한다. 테리엔은 다음과 같은 분석을 내 놓았다.

A. 더럽힘과 대학살(1-3절)
  B. 주여, 언제까지요?(4-6절)
    C. 주님의 이름을 위하여(7-9절)
  B′. 그들의 하나님은 어디 있느냐?(10-11절)
A′. 하나님의 보복과 백성의 감사(12-13절)

밴게메렌은 다음과 같이 이 시의 구조를 제시했다. 테리엔의 교차대구 법적 구조와는 현저한 차이를 보인다.

A. 탄식(1-4절)
  B. 질문(5절)
    C. 용서와 인정을 위한 기도(6-9절)
  B′. 질문(10a절)

C′. 회복과 인정을 위한 기도(10b-13절)

위 두 구조의 아쉬움은 기자가 찬양을 다짐하는 13절을 따로 분류하지 않고 원수들을 벌해 달라는 앞 섹션과 함께 취급한다는 점이다. 대부분 학자들은 이 노래를 다섯이 아닌 세 섹션으로 구분한다(deClaissé-Walford et al., Kraus, Gerstenberger, Hossfeld-Zenger, Mays, McCann). 이 주석에서는 다음과 같은 구조를 바탕으로 본문을 주해해 나가고자 한다.

A. 슬픈 상황 묘사(79:1-4)
B. 호소와 간구(79:5-12)
C. 찬양 다짐(79:13)

III. 주해

하나님의 성전 파괴가 가져온 가장 큰 충격은 하나님이 주의 백성을 거부했다는 사실이다. 그러므로 이 노래는 백성들이 주님의 거처인 성전과 그의 도성인 예루살렘 파괴로 인해 경험한 영적—물리적 고통과 참담함을 표현한다. 일부 주석가들은 10절에 기록된 이방인들의 질문이 이 노래의 절정이라고 하지만(Mays, McCann), 5절에 기록된 "주님, 언제까지입니까?"라는 질문이 절정이다. 주님의 자기 백성에 대한 진노가 거둬지면, 이방인들도 더 이상 그런 질문("그들의 하나님이 어디에 있느냐?")을 하지 못할 것이기 때문이다.

1. 슬픈 상황 묘사(79:1-4)

¹ 하나님이여
이방 나라들이 주의 기업의 땅에 들어와서
주와 성전을 더럽히고

534

예루살렘이 돌무더기가 되게 하였나이다
2 그들이 주의 종들의 시체를 공중의 새에게 밥으로,
주의 성도들의 육체를 땅의 짐승에게 주며
3 그들의 피를 예루살렘 사방에 물같이 흘렸으나
그들을 매장하는 자가 없었나이다
4 우리는 우리 이웃에게 비방거리가 되며
우리를 에워싼 자에게 조소와 조롱거리가 되었나이다

주님 앞에서 슬픈 노래를 부르는 공동체는 적들에게 짓밟힌 주님의 성전과 하나님의 도성 예루살렘이 원수들에게 폐허가 된 일로 인해 큰 충격을 받고 어찌할 바를 모른다(cf. 왕하 25:1-10). 바빌론은 주전 586년 여름에 예루살렘을 정복했다. 그들은 몇 달 후인 가을에 예루살렘 성전을 불태웠다. 기자가 성전이 불탔다는 말은 하지 않고, 그들이 성전을 더럽혔다고 하는 것으로 보아(1절), 이 노래가 처음 불린 때는 예루살렘이 함락된 주전 586년 여름과 성전이 불탄 가을 사이일 가능성이 많다.

기자는 바빌론의 침략으로 인해 주의 백성이 경험한 고통보다는 성전과 도성 함락이 시사하는 신학적인 문제에 초점을 맞추어 노래를 진행한다. 바빌론이 유다에게서 빼앗은 땅은 주의 백성의 소유가 아니라, 하나님의 기업이며, 침략자들이 더럽힌 성전은 주님의 것이며, 예루살렘도 주님의 기업 안에 있는 주님의 도성임을 강조한다(1절). 하나님이 꼭 개입하실 것을 호소하기 위해서이며(deClaissé-Walford et al.), 신속한 개입을 요구하기 위해서다(Goldingay).

바빌론이 침략해 왔지만, 기자가 '이방 나라들'(גוים)이 왔다고 하는 것은 마치 온 세상이 주의 백성을 대적하러 온 것 같은 분위기를 조성한다. 온 세상을 상대로 싸워야 하는 주의 백성의 가련함을 극대화시키기 위해서이다. '기업'(נחלה)은 주인과 소유물을 결코 떼어놓을 수 없는 관계를 강조하는 단어다(HALOT). 바빌론 사람들이 정복한 유다는 결코 하나님과 떼어놓을 수 없는 하나님이 소유하신 땅이라는 뜻이다. 그는 "하나님, 주님의 기업과 성전에 이런 일이 벌어진 사실을 알고 계십니까?"라는 차원에서 주님의 마음을 자극하면서 이 슬픈 노래를 시작하고 있다.

바빌론 군의 만행은 예루살렘을 돌무더기로 만들고 성전을 더럽힌 일로 끝나지 않았다. 수많은 사람들도 죽었다. 기자는 그들에게 죽임을 당한 사람들 중 신앙인들에게 초점을 맞추어 탄식한다(2절). 예루살렘 함락이 시사하는 신학적 문제에 초점을 맞추어 이야기를 진행해 나가고자 해서다. 선지자들과 제사장들을 포함한 주의 종들의 시체는 새들의 밥이 되었고, 성도들의 육체는 짐승들의 밥이 되었다(2절, cf. 겔 22:1-22). 기자가 그들을 '주의 종들'(עֲבָדֶיךָ)과 '주의 성도들'(חֲסִידֶיךָ)이라고 하는 것은 하나님과 그들의 관계에 초점을 맞추기 위해서다. 주님의 보호를 받아 마땅한 주님의 종들과 그의 성도들이 적들에게 죽임을 당하는 믿기 어려운 일이 일어났다는 뜻이다. 바빌론 사람들이 얼마나 많은 주의 백성을 죽였는지, 그들의 시체가 땅에 묻히지 못하고 땅에 나뒹굴고 있다.

죽임당한 사람들의 피가 예루살렘 사방에 물같이 흘렀다(3절). 예루살렘에 있는 성전은 절기가 되면 제물로 바쳐진 짐승들의 피로 인해 땅이 젖을 정도였다(Tucker & Grant). 안타깝게도 이번에는 제물이 아니라 예배자들의 피가 땅을 적시고 있다. 참으로 많은 주의 백성이 죽었다는 사실을 강조하는 과장법이다. 생존자들은 죽은 사람들을 매장할 엄두를 내지 못한다. 사람이 죽어 매장되는 것은 명예로운 일이며, 매장되지 못하는 것은 참으로 큰 수치라고 생각했던 문화에서 시체가 거리에 나뒹군다는 것은 참으로 충격적인 일이다(cf. Anderson). 생존자들이 주검을 매장하지 못하는 것은 죽은 사람의 숫자가 참으로 많고, 생존자들의 숫자가 턱없이 부족하고, 두려운 바빌론 사람들의 눈치가 보이는 상황이기 때문이다. 생존자들은 이 세 가지 문제로 인해 죽은 사람을 묻어주는 것을 큰 미덕으로 생각했던 당시 문화에서 망연자실하여 어찌할 바를 모르고 방황하고 있다. 또한 매장은 마무리(closure)를 상징하는데, 주의 백성은 마무리를 거부당한 상황이다(Eaton).

폐허가 된 유다의 모습은 주변 민족들에게 비방거리가 되었고, 조소와 조롱거리가 되었다(4절). 한때는 온 세상 민족들의 선망의 대상이었던 주의 백성이 어느덧 천덕꾸러기로 전락한 것이다. 유다가 왜 이렇게 되었는가? 주님이 그들과 함께하지 않으셔서 빚어진 일이다(cf. 신 28:26, 삼하 21:10, 렘 7:33). 주님이 그들과 함께하실 때 그들은 온 세상의 선망의 대상이 되었지만, 그들이 주님께 범죄하여 주님이 그들을 떠나시고 나니 이런 일이 벌어졌다. 하나님의 함께하심이 세상에서 가장 존귀한 사람들과 천덕꾸러기들의 차이가 된 것이다.

2. 호소와 간구(79:5-12)

⁵ 여호와여
어느 때까지니이까
영원히 노하시리이까
주의 질투가 불붙듯 하시리이까
⁶ 주를 알지 아니하는 민족들과
주의 이름을 부르지 아니하는 나라들에게
주의 노를 쏟으소서
⁷ 그들이 야곱을 삼키고
그의 거처를 황폐하게 함이니이다
⁸ 우리 조상들의 죄악을 기억하지 마시고
주의 긍휼로 우리를 속히 영접하소서
우리가 매우 가련하게 되었나이다

> [9] 우리 구원의 하나님이여
> 주의 이름의 영광스러운 행사를 위하여
> 우리를 도우시며
> 주의 이름을 증거하기 위하여
> 우리를 건지시며
> 우리 죄를 사하소서
> [10] 이방 나라들이 어찌하여
> 그들의 하나님이 어디 있느냐 말하나이까
> 주의 종들이 피 흘림에 대한 복수를
> 우리의 목전에서 이방 나라에게 보여 주소서
> [11] 갇힌 자의 탄식을 주의 앞에 이르게 하시며
> 죽이기로 정해진 자도 주의 크신 능력을 따라 보존하소서
> [12] 주여
> 우리 이웃이 주를 비방한 그 비방을
> 그들의 품에 칠 배나 갚으소서

하나님이 허락하지 않으시면 주의 성전과 도성 예루살렘은 결코 무너질 수 없다. 그러므로 기자는 성전과 예루살렘이 함락된 것은 분명 하나님이 하신 일이라고 확신한다(cf. 신 28:26, 삼하 21:10, 렘 7:33). 하나님이 왜 자기 도성과 성전이 무너지도록 내버려두셨는가? 그는 주님이 백성에게 화가 나셨기 때문이라고 결론짓는다. 하나님의 성전과 도성은 주님을 위한 곳들이라기보다는 주의 백성을 위한 곳들이기 때문이다. 그러므로 그는 하나님께 언제쯤 화내시는 일을 멈추실 것인가를 묻는다(5절).

이 노래의 핵심 메시지는 주님의 진노가 언제까지 지속될 것인가를 묻는 일이며(5절), 새번역이 이 사실에 강조점을 주어 적절하게 번역했다. "주님 언제까지입니까? 영원히 노여워하시렵니까? 언제까지

주님의 진노하심이 불길처럼 타오를 것입니까?" 이 질문들은 이 노래를 탄식(1-4절)에서 기도(6-9절)로 바꾸는 전환점 역할을 하기도 한다 (vanGemeren).

'질투'(קִנְאָה)(5d절)는 결혼 관계를 배경으로 하고 있는 단어다(Mays, McCann, Tucker & Grant, cf. 호 1-3장). 이스라엘과 결혼한 하나님은 아내인 이스라엘이 우상을 숭배할 때마다 매우 질투하신다(출 20:5, 34:14, 신 5:9, 32:16, 수 24:19). 그러므로 질투는 부부 관계에서 비롯된 사랑의 다른 말이다(McCann). 기자가 하나님께 언제까지 화를 내실 것인가를 묻는 것은 주님이 영원히 혹은 오랫동안 화를 내시는 것은 주님의 자비로우신 속성과 잘 어울리지 않는 다는 것을 전제한다(Tucker & Grant, cf. 출 34:6-7).

기자는 하나님의 진노가 주님의 성전과 도성에 임한 일이 도대체 믿기지 않는다. 만일 주님이 진노를 쏟으신다면 주의 백성이 아니라, 주님을 모르는 민족들과 주님의 이름을 부르지 않는 나라들에게 분을 쏟아야 한다고 생각하기 때문이다(6절). 혹은 하나님이 이스라엘에게 심판을 내리신다면, 이방인들에게는 더욱더 진노하셔야 한다는 것이 기자의 생각이다. 하나님이 기대하시는 만큼 이스라엘이 주님을 잘 섬긴 것은 아니지만, 그래도 성전을 찾아가 예배를 드리고 주님 말씀대로 살려고 노력했다. 그러므로 하나님이 그들은 관대히 대하시고, 주님을 모르거나 섬기기를 거부하는 민족들을 벌하시는 것이 당연한 일이다.

더욱이 이 민족들은 주의 백성인 이스라엘을 삼키고 그들의 거처를 황폐하게 했다(7절). 하나님이 자기 백성을 징계하는 도구로 사용하신 이방 민족들은 주님이 그들에게 허락하신 것보다 더 많은 파괴와 고통을 주의 백성에게 안겼다(Anderson). 그런데도 주의 백성은 멸망했고, 그들을 멸망시킨 이방인들은 어떠한 후환도 두려워하지 않는다. 그러므로 기자가 하나님께 이방인들에게 진노를 쏟으시라고 하는 것은 비이성적인 간구가 아니다(Hossfeld-Zenger).

그러나 하나님이 누구에게 진노를 쏟으실 것이면 차라리 주의 백성을 공격한 이방인들에게 쏟으라는 기자의 간구는 큰 상처를 받고 신음하는 사람의 헛된 바람에 불과하다. 하나님은 맹목적인 폭력을 행사하시는 분이 아니시며, 정의와 공의를 위하여만 폭력을 행사하시는 분이시기 때문이다(vanGemeren). 게다가 탄식하는 기자는 하나님이 왜 이스라엘에게 진노하셨는지 잘 안다. 그들이 조상 때부터 하나님께 죄를 지어왔기 때문이다(8절). 그러므로 예루살렘과 성전 파괴는 심판하시는 하나님이 참으로 오래 참으시다가 진노를 표현하신 일이었다.

만일 하나님이 시내 산에서 맺으신 언약의 기준에 따라 이스라엘을 벌하시면 그들은 참으로 큰 재앙을 피할 방법이 없다. 그들이 참으로 많은 죄를 조상 때부터 지어왔기 때문이다. 그러므로 기자는 하나님께 그들의 죄를 기억하지 마실 것과 그들을 긍휼로 대하실 것을 호소한다(8절). '긍휼'(רַחֲמִים)은 '긍휼'(רֶחֶם)의 복수형이며 하나님이 베푸시는 큰 자비를 뜻하며 사용된다(cf. HALOT). 기자는 하나님이 법적인 기준에 따라 이스라엘의 죄를 판단하지 않으시고 큰 은혜를 베푸실 때 비로소 하나님의 진노가 멈출 것이라는 사실을 잘 알고 있다. 그러므로 그는 용서하시는 하나님의 큰(많은) 은혜(רַחֲמִים)를 사모한다(cf. Briggs). 그들이 매우 가련하게 되었기 때문이다(8c절). '매우 가련하다'(דַלּוֹנוּ מְאֹד)는 존재감이 없는 매우 위축된 상황을 뜻한다(cf. HALOT, NIDOTTE). 주의 백성이 이방인들의 무자비한 습격으로 거의 없어지다시피 했으므로 하나님이 도우시지 않으면 생존 자체가 불확실하다는 의미다.

이스라엘이 처한 어려운 상황에서 그들을 구원하시고 도우실 유일한 분은 하나님이시다. 그러므로 기자는 하나님께 '우리 구원의 하나님'(אֱלֹהֵי יִשְׁעֵנוּ)이라며 도움을 호소한다(9a절). 그는 하나님이 백성을 구원하실 만한 이유 세 가지를 모두 하나님에게서 찾는다(9-10절).

첫째, 하나님은 자기 이름의 영광스러운 행사를 위하여 그들을 도우시기를 간구한다(9b절). '이름의 영광스러운 행사'는 "주님의 영광스러운 이름을 생각해서"(כבוד־שמך)라는 뜻을 지니고 있다(cf. 새번역). 하나님이 자기 명예를 위해서 백성에게 자비를 베풀어 달라는 논리이다(cf. Schaefer, 아가페, 현대인, 공동).

둘째, 하나님은 자기 이름을 증거하기 위하여 그들을 건지시고 죄를 사하여 주시기를 간구한다(9d-f절). 이 두 번째 간구도 '주님의 이름/명성을 생각해서'(למען שמך)라는 의미를 지녔다. 기자는 두 차례나 이번 일로 인해 땅에 떨어진 하나님의 명예를 회복하기 위해서라도 자신들을 구원하실 것을 호소하고 있는 것이다. 그는 하나님이 그들을 구원하시는 날, 그들의 죄도 사하실 것도 잘 알고 있다(9f절). '사하다'(כפר)의 기본적인 의미는 '덮다'는 뜻이며(HALOT), 하나님이 종교예식을 통해 인간의 죄 문제를 해결하시는 방법을 묘사한다(Terrien). 기자는 이스라엘의 완전한 실패와 무능력에 대하여 하나님이 해결책을 선물해 주시기를 간구하고 있다(Terrien).

셋째, 하나님은 이방 나라들이 주님과 백성을 조롱하지 못하도록 하기 위해서라도 그들을 구원하시기를 간구한다(10a-b절). 주의 백성은 역사상 가장 두렵고 하나님을 불신할 만한 상황에 처해 있다(Tate). 이방인들의 조롱은 가뜩이나 혼란스러운 백성의 불안감을 부추긴다. 이방인들의 조롱은 여호와가 신이 아니거나 설령 신이라 할지라도 사람들이 두려워할 필요가 전혀 없는 무능한 신임을 의미하기 때문이다(Tucker & Grant).

주의 백성이 살던 유다가 이방인들의 침략으로 황폐화되었고, 여호와의 거처라고 했던 성전마저 침략자들에게 짓밟혔다(cf. 1절). 세상 사람들은 이렇게 생각한다. 만일 하나님이 아직도 전능하신데 백성을 보호하지 않으셨다면, 이러한 상황은 하나님과 이스라엘의 관계가 깨졌다는 것을 의미한다. 만일 하나님이 자기 백성을 아직도 사랑하고 보호하기를 원하시는데도 유다가 망했다면, 이러한 사실은 여호와는 자기 백성을 보호할 수 없는 무능한 신임을 입증한다.

그러므로 저자는 이러한 세상의 논리를 반박하는 차원에서라도 하나님이 역사하시기를 간구한다. 그는 하나님이 이스라엘이 지켜보는 상황에서 그들에게 폭력을 행사한 이방인들을 엄벌해 주시기를 바란다(10c-d절). 하나님이 그렇게 하시면 주님을 믿지 않는 이방인들이 주님을 알고 믿을 것이라고 확신한다(McCann, cf. 시 94:1, 겔 25:14). 또한 정당한 이유가 없는 폭력의 피해자들이 가장 바라는 상황은 그들이 지켜보는 가운데 가해자들이 엄벌을 받는 일이다. 기자는 하나님의 심기를 더욱더 자극하기 위하여 '주의 종들이 흘린 피'에 대한 복수를 구하고 있다. 하나님은 자기 종들을 보호하실 의무가 있다는 점을 상기시키는 말씀이다.

바빌론 군에게 정복당한 유다의 상황이 참으로 절박하다. 기자는 이러한 상황을 주의 백성이 모두 '갇힌 자'와 '죽이기로 정해진 자'가 된 것으로 묘사한다(11절). 그러므로 한때 주님의 기업으로 불렸던 온 이스라엘 땅이 탄식과 신음소리로 가득하다. 이러한 사실에 대하여 참으로 마음 아파하는 그는 하나님이 바빌론 사람들에 의하여 갇힌 자들의 탄식을 들으시고, 사형 선고를 받은 자들을 보존하시기를 간구한다. 그들은 다름 아닌 하나님의 자녀들이기 때문이다.

저자는 원수들의 무자비한 공격에 대하여 마음 아파할 뿐만 아니라 분노한다. 그는 하나님께 꼭 개입하실 것을 간구하지만, 그동안 자신들은 주의 백성이라면서도 경건하게 살지 못하고 오히려 이방인들보다 더 많은 죄를 지으며 살아온 자기 백성을 돌아보니 주님의 도움을 구할 만한 명분이 없다. 그러므로 그는 이방인들이 유다를 침략해 오면서 하나님을 비방한 것에 대하여 보복하기 위해서라도 그들을 벌하시기를 간절히 바란다(12절). 하나님의 이름(명예)을 위해서라도 도와달라고 기도했던 9절의 논리와 같다. 기자는 침략자들이 하나님을 모독한 것에 대하여 하나님이 그들에게 일곱 배로 갚아 주시기를 원한다. 그가 실추된 하나님의 명예에 대하여 얼마나 적들에게 분노하고 있는지 엿볼 수 있는 말씀이다.

3. 찬양 다짐(79:13)

<blockquote>
¹³ 우리는 주의 백성이요
주의 목장의 양이니
우리는 영원히 주께 감사하며
주의 영예를 대대에 전하리이다
</blockquote>

하나님 앞에서 원수들에 대한 분노를 쏟아낸 기자가 자신을 추스르고 주님께 드리는 감사와 찬양으로 이 슬픈 노래를 마무리한다. 그는 노래를 하면서 하나님이 그들의 형편을 알고 계신다는 확신을 얻었다. 그러므로 더 이상 불안해하지 않고 주님이 두 가지를 기억해 주시기를 바랄 뿐이다. 첫째, 그들은 주의 백성이며, 둘째, 그들은 주의 목장의 양이라는 사실이다. 이스라엘은 분명 주님의 소유라는 사실을 상기시키며, 주인이 자기 소유를 돌보고 보호하는 것처럼 하나님도 이스라엘에게 꼭 그렇게 해주시라는 부탁이다.

비록 유다는 망하고 성전은 짓밟혔지만, 그들은 하나님이 아직도 그들의 주인이시라는 사실을 마음에 품고 주님께 영원히 감사하겠다고 다짐한다. 세상이 아무리 바뀌어도 하나님과 그들의 관계는 변하지 않을 것이라는 사실을 확신하기 때문이다. 그들은 무엇을 근거로 이렇게 확신하게 된 것일까? 이때까지 주님과 함께한 오랜 역사가 그들에게 이러한 확신을 주었다(deClaissé-Walford et al.). 과거에도 항상 위기는 있었지만, 하나님과 이스라엘의 관계는 이때까지 유지되어 왔다. 그러므로 그들은 가장 어두운 이 순간에도 미래를 확신하고 있다. 새로운 기회와 삶은 무(無)에서 창조되는 것이 아니고 혹독한 시련과 갈등에서 시작되기 때문이다(Brueggemann).

또한 그들은 주님의 영예를 대대에 전할 것을 다짐한다. "주님의 영예"(תְּהִלָּתְךָ)는 기자가 9절에서 두 차례나 언급했던 하나님의 이름(명예)을 찬양할 것을 의미한다(cf. Tate). 그들은 앞으로 하나님의 이름을 자손 대대로 가르치고 선포할 것이다. 앞으로 영원히 주님의 영예를 찬양할 것을 다짐하듯 기자는 '주님의 영예'(תְּהִלָּתְךָ)를 마지막 단어로 사용하여 이 시를 마무리한다.

절망적인 분위기에서 시작했던 노래가(cf. 1-5절) 매우 밝은 톤(tone)으로 마무리되는 것이 매우 인상적이다. 무엇이 이러한 변화를 가져왔는가? 하나님이 개입하시어 그들이 처한 상황이 변해서인가? 아니다. 아직도 그들은 바빌론 사람들의 손에 온갖 폭력과 생명의 위협을 받고 있다. 그들이 처한 상황에서 변한 것은 하나도 없다. 단지 그들이 변했기 때문에 이러한 마무리가 가능했다. 그들이 슬픈 노래를 통해 하나님께 자신들의 어려운 형편을 아뢰고 나니, 하나님이 그들을 위로하시고 미래를 기대할 수 있는 믿음을 주신 것이다. 이것이 기도의 힘이며 하나님 말씀 묵상의 능력이다.

제80편
아삽의 시, 인도자를 따라 소산님에둣에 맞춘 노래

I. 장르/양식: 회중 탄식시(cf. 12편)

'아삽 모음집'을 이어가고 있는 이 시편은 표제에 '소산님에둣'(עֵדוּת
שֹׁשַׁנִּים)에 맞춘 노래라는 말을 더한다. '소산님'은 나리꽃을 뜻하는 '수
산'(שׁוּשַׁן)의 복수형이다. 시편 60편은 표제에서 그 시를 '수산에둣'(עֵדוּת
שׁוּשַׁן, '언약의 나리꽃'[The Lily of the Covenant])이라는 곡에 맞추어 부르라고
지시한 적이 있다. 60편의 표제와 이 시편의 표제의 차이는 단수와 복
수의 차이이기 때문에 '수산에둣'과 '소산님에둣'이 같은 노래였는지,
혹은 다른 노래였는지는 확실하지가 않다. 히브리어 단어 '에둣'(עֵדוּת)
은 일상적으로 언약 혹은 증언으로 해석되지만(cf. HALOT), 이 노래
의 타이틀에서는 정확히 어떤 의미를 지녔는지 알 수는 없다(cf. Terrien,
Tucker & Grant).

칠십인역(LXX)은 표제에 '아시리아에 대한 [시]'(ὑπὲρ τοῦ Ἀσσυρίου)라
는 문구를 더하여 이 노래를 아시리아의 침략과 연관하여 해석하려는
의도를 보인다. 이 시편의 내용을 감안하면 북 왕국 이스라엘이 외부
의 침략으로 파괴된 일을 배경으로 하고 있는 것은 확실하다. 그러나
이 파괴에는 아시리아 사람들이 연루되었을 수도 있고, 그렇지 않을

수도 있다.

이 노래가 언급하고 있는 파괴가 아시리아의 침략과 연관이 없다고 생각하는 사람들은 이 시편이 사울 왕 시대에 저작된 것이라고 한다 (Heinemann). 무엇보다도 이스라엘의 초대 왕을 배출했던 베냐민 지파를 언급하기 때문이다(cf. 2절). 그러나 대부분 주석가들은 이러한 주장에 동의하지 않는다.

대부분 학자들은 주전 722년에 북 왕국 이스라엘이 아시리아의 손에 멸망한 일이 이 노래의 역사적 배경이라고 생각한다. 그러나 구체적인 정황에 대하여는 다소 이견이 있다. 이 시편이 아시리아에 파괴된 북 왕국 이스라엘 사람들과 아시리아의 침략에서 생존한 남 왕국 유다 사람들이 연합하기를 바라며 히스기야 왕이 다스리던 시대에 남 왕국에서 저작된 것이라고 하는 학자(Anderson)가 있는가 하면, 북 왕국이 아시리아가 공격을 당하자 남 왕국으로 피난 온 에브라임 사람들이 사마리아가 침략자들의 손에 함락되기 전에 부른 노래라고 하는 주석가(vanGemeren)도 있다. 북 왕국이 함락된 지 100년 정도의 시간이 지난 다음 유다의 왕 요시아가 자기 통치권을 북 왕국 영토에 세울 무렵이라고 하는 학자(Nasuti)도 있고, 포로기 이후에 사마리아가 에브라임 지파의 영토를 지배하게 되었을 때라는 주석가(Tate)도 있다. 심지어는 주전 2세기를 저작 연대로 지목하는 사람도 있다(Theodore). 그러나 만일 포로기 이후 시대에 저작된 노래라면, 기자는 왜 유다의 멸망은 언급하지 않는 것일까? 그러므로 포로기 이후 시대에 저작되었다는 주장은 별 설득력이 없다.

이 시가 두 단계를 거쳐 저작된 것이라는 주장도 있다. 첫 번째 단계에서 이 시는 북 왕국 이스라엘의 관점(perspective)에서 저작되었으며, 훗날 여기에 남 왕국 유다의 관점이 더해지며 편집되었다는 것이다 (Hossfeld-Zenger). 이러한 주장의 사실 여부는 확인할 길이 없다. 확실한 것은 이 시편은 분명 통일성을 지닌 노래라는 사실이다. 이 시편도 여느 애가들처럼 이스라엘이 하나님 앞에서 슬픔을 표하는 예배를 드릴 때 불렀던 노래다(Mays, Ross, vanGemeren).

이 시편은 주변 시편들과도 밀접한 연관성이 있는 노래다(Hieke). 에브라임이 버림받은 일(2절)은 78편을 연상케 하고, 남왕국의 멸망을 노래하는 79편과도 연관이 있다(cf. McCann). 또한 79편의 마지막 절(13절)은 하나님을 목자로, 이스라엘을 주님의 양떼로 묘사하는데, 이 시를 시작하는 1절도 하나님을 목자로, 이스라엘을 양떼로 묘사한다.

II. 구조

이 시편의 특징은 하나님의 구원을 바라며 드리는 기도문인 "하나님이여 우리를 돌이키시고 주의 얼굴빛을 비추사 우리가 구원을 얻게 하소서"라는 말씀이 후렴처럼 3절과 7절과 19절에서 반복되고 있다는 것이다. 그러므로 학자들 사이에는 이 시편을 1-3절과 4-7절, 8-19절 등 세 섹션으로 구분하는 일에는 별 이견이 없다. 그러나 8-19절을 두 섹션으로 나눌 때 어디서 구분할 것인가에 대하여는 상당한 차이를 보인다.

8-14절과 15-19절 등 14절에서 구분하는 사람들도 있고(Gerstenberger, Kraus), 13절을 기준으로 8-13절과 14-19절로 나누는 이들도 있다(deClaissé-Walford et al., Hossfeld-Zenger). 14절을 두 섹션으로 나누어 8-14a절과 14b-19절로 나누는가 하면(vanGemeren), 16절을 두 섹션으로 나누어 8-16a절과 16b-19절로 구분하는 학자도 있다(Tate). 이 주석에서 기자가 1-7절은 하나님을 목자에 비유하고, 8-19절은 농부에 비유하여 슬픔을 표현하고 있는 점을 고려하여 다음과 같은 구조를 바탕으로 본문을 주해해 나가고자 한다.

A. 목자시여, 양떼를 구원하소서(80:1-3)
　B. 목자시여, 진노를 거두소서(80:4-7)
　B'. 농부시여, 지난 날을 기억하소서(80:8-13)

A´. 농부시여, 포도원을 구원하소서(80:14-19)

III. 주해

이 시는 참으로 슬픈 기도문이다(Calvin). 기자는 성경이 하나님과 이스라엘의 관계를 묘사할 때 가장 흔히 사용하는 비유(metaphor) 두 가지를 들어 위기에 처한 백성의 형편을 주님께 아뢰며 도움을 청한다. 주의 백성은 목자이신 하나님이 기르시는 양떼이며, 농부이신 하나님이 보살피는 포도원이라는 것이다. 문제는 이스라엘의 목자와 농부이신 여호와께서 그들을 치는 이가 되셨다. 그러나 기자는 목자가 양떼를 오래 방치할 수 없고, 농부가 포도원을 영원히 포기할 수 없다는 사실에 호소하며 노래를 이어간다.

1. 목자이시여, 양떼를 구원하소서(80:1-3)

¹ 요셉을 양떼같이 인도하시는 이스라엘의 목자여
귀를 기울이소서
그룹 사이에 좌정하신 이여
빛을 비추소서
² 에브라임과 베냐민과 므낫세 앞에서
주의 능력을 나타내사
우리를 구원하러 오소서
³ 하나님이여
우리를 돌이키시고
주의 얼굴빛을 비추사
우리가 구원을 얻게 하소서

기자는 양떼를 인도하는 목자로 하나님을 묘사하며 노래를 시작한다(1a절). 하나님을 목자로 비유하는 것은 성경에서 흔히 있는 일이지만(cf. 삼하 24:17, 시 21:1, 겔 34:11-16, 눅 15:1-7, 요 10:1-21), 주님을 '이스라엘의 목자'(רֹעֵה יִשְׂרָאֵל)라는 성호로 부르는 것은 이곳이 유일하다. 목자는 고대 근동에서 왕에게 주어진 타이틀이기도 하다(Tanner, cf. 삼하 7:7, 겔 34:1-16, 시 78:70-72). 기자는 하나님을 이스라엘의 목자-왕(Shepherd-King)이라고 부르며 기도하고 있다.

이스라엘의 왕이자 목자이신 하나님은 또한 온 세상을 다스리시는 주권자로서 그룹(천사들) 사이에 좌정하신 분이다(1c절, cf. 삼상 4:4, 삼하 6:2, 시 99:1). 지성소에 있는 법궤의 덮개인 시은좌(속죄소)는 천사들이 날개를 맞대며 하나님의 보좌를 받들고 있는 모습을 지니고 있다. 하나님은 그 천사들이 받들고 있는 보좌에 앉으신 분이다. 성경이 하나님을 그룹 사이에 좌정하신 분으로 묘사할 때는 세 가지를 강조하기 위해서다(Tate). (1) 하나님의 이동성 (2) 전사이신 하나님 (3) 주의 백성이 하나님께 받는 보호와 안위. 그러므로 기자가 하나님의 백성인 이스라엘은 망했지만, 하나님의 왕권과 주권은 전혀 훼손되지 않았다며 그룹 사이에 좌정하신 하나님을 언급하는 것이 인상적이다.

저자는 이 땅에서는 이스라엘을 인도하시는 목자이시며, 하늘에서는 천사들의 섬김을 받는 위대하신 하나님께 간절하고 절박한 기도를 드린다. 그는 자신의 절박함과 간절함을 네 개의 명령문으로 표현한다. "[귀를] 기울이소서(הַאֲזִינָה)… [빛을] 비추소서(הוֹפִיעָה)… [능력을] 나타내소서(עוֹרְרָה)… [구원하러] 오소서(לְכָה)"(1-2절). 그는 그가 속한 공동체가 스스로 해결할 수 없는 참으로 어려운 일을 겪고 있으니 하나님이 그들의 기도에 귀를 기울이시고(1b절), 도와 주시며 주님이 그의 빛을 그들에게 비추어 달라고 기도한다(1d절, cf. 3절, 민 6:24-26).

기자의 구체적인 기도는 에브라임과 베냐민과 므낫세 앞에서 주의 능력이 나타나 그들을 구원하는 것이다(2절). 이 세 지파 중 요셉에게서 비롯된 지파는 에브라임과 므낫세뿐이다. 베냐민은 요셉의 아들이 아니라 동생이었기 때문이다. 에브라임과 므낫세는 북 왕국 이스라엘에 속한 지파들이며, 베냐민 지파는 남 왕국 유다에 속한 지파다. 이러한 상황을 고려할 때, 만일 기자가 북 왕국 이스라엘의 멸망에 대하여 이 애가를 읊고 있다면, 베냐민을 요셉의 두 아들과 함께 언급하는 것은 무엇 때문일까?

주전 722년에 아시리아가 북 왕국을 멸망시킬 때, 베냐민 지파가 속한 남 왕국에도 큰 위협이 되었기 때문이다. 이때 아시리아가 남 왕국까지 멸망시키지는 않았지만, 참으로 큰 위협이 되었던 것은 사실이다. 선지자 이사야는 이러한 상황을 하나님이 "흉용하고 창일한 큰 하수 곧 앗수르 왕과 그의 모든 위력으로 그들[북 왕국]을 뒤덮을 것이라… 유다에 들어와서 가득하여 목에까지 차리라"(사 8:7-8)는 말로 묘사한다. 아시리아는 북 왕국을 완전히 멸망시킬 것이지만, 유다의 경우 생명을 위협할 정도(물이 목에까지 참)는 되지만, 결코 죽게 하지는 못할 것이라 한다. 이 시편 기자도 이러한 메시지를 선포하기 위하여 베냐민을 추가한 것으로 생각된다.

기자는 3절에서 다시 한번 그들이 처한 상황을 주님이 해결해 주시기를 바라며 1절과 2절에서 사용한 이미지를 반복한다. "주의 얼굴 빛을 비추소서"(3c절), "구원을 얻게 하소서"(3d절). 주님이 얼굴 빛을 비추는 것은 하나님의 현현과 관련된 표현이다(Gerstenberger, cf. 신 33:2). 그는 주의 백성의 영적인 회복이 아니라 원수들의 손에 파괴된 이스라엘의 물리적인 회복을 바라고 있는데(Calvin), 하나님의 현현이 이러한 회복을 가능케 할 것이라고 한다.

그러나 하나님이 그들에게 임하시어 그들을 구원하시기 전에 먼저 해결되어야 할 일이 있다. 하나님이 돌이키셔야 한다(3b절). 이미지는 등을 돌린 하나님이 몸을 돌려 다시 자기들을 보아달라는 것이다. 기자는 자신의 강력한 바람을 표현하기 위하여 하나님께 가시던 길을 멈

취 다시 돌아오시라며 '돌아서다'(שׁוּב)라는 동사를 사용한다. 그는 하나님이 분노하여 이스라엘을 떠나신 사실을 의식하고 있다.

2. 목자시여, 진노를 거두소서(80:4-7)

> ⁴ 만군의 하나님 여호와여
> 주의 백성의 기도에 대하여
> 어느 때까지 노하시리이까
> ⁵ 주께서 그들에게 눈물의 양식을 먹이시며
> 많은 눈물을 마시게 하셨나이다
> ⁶ 우리를 우리 이웃에게 다툼거리가 되게 하시니
> 우리 원수들이 서로 비웃나이다
> ⁷ 만군의 하나님이여
> 우리를 회복하여 주시고
> 주의 얼굴의 광채를 비추사
> 우리가 구원을 얻게 하소서

하나님은 마음만 먹으시면 언제든 자기 백성을 구원하실 수 있는 능력을 지니신 분이다. 이러한 사실을 강조하기 위하여 기자는 하나님이 전사(戰士)이심을 강조하는 '만군의 하나님'(אֱלֹהִים צְבָאוֹת)이라는 성호를 두 차례 사용하여 도움을 호소한다(4, 7절). 주님이 이스라엘을 구원하시는 일은 주님의 능력 여부에 의하여 결정되는 것이 아니라, 하나님의 결단과 의지에 의하여 결정된다.

기자는 만군의 하나님께 '언제까지?'라는 질문을 한다(4절). 바로 앞 시편 기자도 하나님께 '언제까지?'에 대하여 질문한 적이 있다(79:5). 시편 79편 5절에서 하나님이 언제까지 주의 백성에게 진노하실 것인지를 물었다. 그런데 이 시편 기자는 하나님이 언제까지 백성의 기도에 대하여 노하실 것인가를 묻는다. 하나님과 주의 백성의 관계가 어느덧 백성에게 직접 화를 내시는 것으로 모자라 기도까지 들어주지 않으시는 상황으로 악화되었다. 하나님의 진노는 상당히 오랫동안 이스라엘에 임했으며, 이스라엘의 모든 노력을 수포로 돌렸다(Kraus).

하나님이 백성의 기도를 듣지 않으시는 것은 곧 온갖 고통과 어려움을 그들에게 강요하는 일과 마찬가지라는 것이 기자의 탄식이다(5-6절). 그는 주의 백성이 당하고 있는 고통의 종류를 두 가지로 요약한다. 첫째, 그들은 매일 하나님이 그들에게 먹이시고 마시게 하시는 눈물을 먹고 마시며 살고 있다(5절). 이스라엘의 왕이자 목자이신 하나님은 원래 자기 백성에게 좋은 것을 먹이실 책임이 있는데(cf. 겔 34:1-16), 눈물을 먹게 하신다는 탄식이다.

또한 이스라엘은 하나님이 주시는 '진설병'(bread of the Presence/face, cf. 출 25:30, 삼상 21:16)을 먹어야 하는데, 그들은 주님이 주신 '눈물병'(bread of tears)(cf. 시 42:3)을 먹고 있다(McCann). 하나님이 보내신 정복자들의 폭력과 억압으로 인해 그들의 눈물이 마를 날이 없다는 뜻이다. 우리말로 하자면, 매일 '눈물에 만 밥을 먹고 있다'는 뜻이다. 그들이 분명 죄를 지어 고통을 당하고 있기는 하지만, 당하고 있는 고통이 저지른 죄에 비해 너무 가혹하고 너무 오래 간다는 느낌을 떨칠 수 없다는 탄식이다.

둘째, 그들은 이웃 민족들의 비웃음거리가 되어 살고 있다(6절). 하나님이 내리시는 징벌은 그렇다 치더라도 그들을 더 힘들게 하는 것은 바로 이웃 나라들의 비아냥이다. 기자는 이스라엘이 "이웃에게 다툼거리가 되었다"(מָדוֹן לִשְׁכֵנֵינוּ)고 하는데, 주변 나라들이 패망한 이스라엘의 영토를 차지하려고 서로 다투고 있음을 뜻한다(cf. 현대인, NAS). 패망한 이스라엘은 이방인들의 약탈물로 전락했다. 한때 온 세상의 선망의 대상이었고, 이웃 나라들에게 조공을 받던 나라가 하나님의 벌을 받아 그들의 조롱거리가 되었다.

기자가 스스로 이 위기를 헤쳐 나갈 수 있는 방법을 생각해 보지만, 이스라엘과 그들이 처한 상황에는 답이 없다. 그러므로 어떻게든 스스로 해결해 보려는 생각은 아예 접고 오직 그들을 치신 하나님께서 회복해 주시기를 바란다(7절). 치신 이에게 회복을 구하는 것은 일종의 모순이다. 일상적으로 사람은 때리는 자를 피해 달아난다. 그런데 우리의 신앙에서는 때리시는 분에게 나아가는 것이 유일한 살 길이다.

후렴구인 7절은 3절의 내용을 거의 그대로 반복하고 있다. 유일한 차이는 3절의 '하나님'(אֱלֹהִים)을 '만군의 하나님'(אֱלֹהִים צְבָאוֹת)으로 대신한 것이다. 개역개정은 3절의 "우리를 돌이키시고"(הֲשִׁיבֵנוּ)와 "주의 얼굴빛을 비추사"(וְהָאֵר פָּנֶיךָ)를 7절에서는 각각 "우리를 회복하여 주시고"(הֲשִׁיבֵנוּ)와 "주의 얼굴의 광채를 비추사"(וְהָאֵר פָּנֶיךָ)로 번역하여 히브리어 문구에 조그만 차이가 있는 것처럼 표현했다. 완전히 똑같은 말을 반복하고 있다. 3절과 7절이 같은 내용을 반복하고 있는 후렴구라는 점을 감안하면 이러한 차이가 바람직한 것은 아니다.

3. 농부시여, 지난 날을 기억하소서(80:8-13)

⁸ 주께서 한 포도나무를 애굽에서 가져다가
민족들을 쫓아내시고 그것을 심으셨나이다
⁹ 주께서 그 앞서 가꾸셨으므로
그 뿌리가 깊이 박혀서 땅에 가득하며
¹⁰ 그 그늘이 산들을 가리고
그 가지는 하나님의 백향목 같으며
¹¹ 그 가지가 바다까지 뻗고
넝쿨이 강까지 미쳤거늘
¹² 주께서 어찌하여 그 담을 허시사
길을 지나가는 모든 이들이

그것을 따게 하셨나이까
¹³ 숲 속의 멧돼지들이 상해하며
들짐승들이 먹나이다

이때까지 하나님을 목자로(cf. 1절) 묘사했던 기자가 지금부터는 포도원을 가꾸시는 농부로 주님을 묘사한다(8절). 출애굽 여정을 상기시키기 위해서다. 출애굽 사건은 이집트 탈출과 광야생활, 가나안 정복과 정착 등 두 파트로 나뉠 수 있다. 그중 이집트 탈출과 광야생활은 하나님이 목자가 되어 자기 양떼인 이스라엘을 보호하고 인도하신 일로 묘사한다. 가나안을 정복하여 이방인들을 몰아내고 그곳에 이스라엘을 정착시키신 일은 농부가 포도원을 만들어 그곳에 포도나무를 심고 가꾸는 일에 비교한다. 그러므로 기자는 이 두 이미지를 사용하여 이집트에서 이스라엘을 이끌어 내시고, 광야에서 그들을 인도하시며, 가나안에 정착시켜 이때까지 그들을 보호해 오신 하나님을 기념하고 있다.

하나님은 이집트에서 한 포도나무를 가져다가 가나안에 살던 민족들을 쫓아내시고 그것을 그곳에 심으셨다(8절, cf. 사 5:1-7, 27:2-6, 렘 2:21, 12:10, 겔 15:1-8, 19:10-14). 하나님이 어떻게 남의 나라에서 종살이하던 이스라엘을 데려다가 가나안에서 살게 하셨는가를 회고하는 말씀이다. 성경은 가나안 사람들이 이스라엘로 인하여 억울하게 쫓겨난 것이 아니라, 세상을 다스리시는 하나님이 그들의 죄가 찼기 때문에 그들을 멸하시고 이스라엘에게 그들의 땅을 주셨다고 한다(cf. 창 15:16).

하나님이 이집트에서 가져오신 포도나무를 가나안 땅에 심으실 때, "앞서 가꾸셨다"(פָּנִיתָ לְפָנֶיהָ)(9절, cf. 습 3:15). 농부가 포도나무를 심기 전에 터를 골라 나무가 잘 자랄 수 있도록 땅을 잘 다듬으셨다는 뜻이다(cf. 새번역, 아가페, 현대인, NIV, NAS). 이 말씀은 여호수아 시대에서 다윗 시대까지를 요약하고 있다(Goldingay).

농부이신 하나님의 은혜로 인해 포도나무인 이스라엘은 가나안에 뿌리를 깊이 내렸고 번성하여 온 땅을 가득 채웠다. 포도나무의 줄기와 잎사귀들이 얼마나 잘 자랐는지 나무의 그늘이 산들을 가리고 잘 자란 가지는 하나님의 백향목 같았다(10절). 포도나무의 가지는 바다까지 뻗고 넝쿨이 강까지 미쳤다(11절). 이 말씀은 야곱이 옛적에 요셉을 두고 넝쿨이 뻗어 담을 넘은 포도나무에 비유한 일을 상기키신다(창 49:22). '바다'(םָי)는 지중해를, '강'(רָהָנ)은 유프라테스 강을 뜻하여 이스라엘이 한때 차지하고 살았던 영토의 범위를 암시하고 있다(신 11:24, cf. 새번역, 아가페, 현대인). 다윗 시대에 있었던 일이다(Goldingay, cf. 삼하 8:3, 왕상 4:21).

그러나 이스라엘의 영화는 오래 가지 않았다. 고대 근동에서는 포도원을 짐승들의 습격에서 보호하기 위하여 담 같은 보호막을 세우는 것이 일상적이었다(Kraus). 그런데 하나님은 포도원을 보호하고 있던 담을 스스로 허셨다(12a절). 이스라엘의 멸망은 하나님이 하신 일이라는 뜻이다. 결국 지나가는 모든 이들이 포도나무의 열매를 따먹고, 멧돼지들과 들짐승들이 포도원을 헤쳤다(12b-13절). 멧돼지들은 부정한 짐승으로(cf. 레 11:7, 신 14:8), 이방인들을 상징한다(vanGemeren).

하나님은 왜 이스라엘의 보호막을 제거하여 그들이 이방인들의 습격을 받아 망하게 하셨는가? 이사야 선지자는 하나님이 그들을 가나안에 심으실 때 공의와 정의 등 선한 열매를 기대하고 심으셨는데, 온갖 폭력과 착취 등 들포도만 생산했기 때문이라고 한다(사 5:1-7). 그러므로 본문에서 기자가 '어찌하여?'라고 묻는 것은(12절) 이러한 사실을 몰라서가 아니라, 잘 알고 있으면서도 충격적인 현실을 접한 사람이 망연자실하여 자신들에게 이런 일이 일어난 것을 도대체 믿을 수 없다며 하는 하소연이다(cf. Tucker & Grant).

4. 농부시여, 포도원을 구원하소서(80:14-19)

¹⁴ 만군의 하나님이여
구하옵나니 돌아오소서
하늘에서 굽어 보시고
이 포도나무를 돌보소서
¹⁵ 주의 오른손으로 심으신 줄기요
주를 위하여 힘있게 하신 가지니이다
¹⁶ 그것이 불타고 베임을 당하며
주의 면책으로 말미암아 멸망하오니
¹⁷ 주의 오른쪽에 있는 자
곧 주를 위하여 힘있게 하신
인자에게 주의 손을 얹으소서
¹⁸ 그리하시면 우리가 주에게서 물러가지 아니하오리니
우리를 소생하게 하소서
우리가 주의 이름을 부르리이다
¹⁹ 만군의 하나님 여호와여
우리를 돌이켜 주시고
주의 얼굴의 광채를 우리에게 비추소서
우리가 구원을 얻으리이다

이때까지 이스라엘이 당면하고 있는 어려움을 묘사하는 일에 집중한 기자가 이 섹션에서는 문제의 해결책에 초점을 맞추어 노래를 이어간다. 그는 그들이 당면한 문제를 해결해 주실 수 있는 유일하신 이는 무한한 능력을 지니신 '만군의 하나님'이라는 사실을 익히 알고 있다. 그러므로 그들에게서 떠나가신 주님이 속히 돌아오시어 다시 그들을 보살펴 달라며 하나님이 마음을 돌이키실 것을 간절히 바라는 마음으로 네 개의 명령문을 사용한다. "돌아오소서(שוב)… 굽어 보소서(הבט)… 보소서(ראה)… 돌보소서(פקד)"(14절). 특이한 것은 '돌보다'로 번역된 히브리어 동사(פקד)의 기본적인 의미는 '방문하다/찾다'는 뜻이며, 하나님이 심판하시기 위하여 사람들을 찾으시는 상황을 묘사하는데(cf. HALOT), 본문에서는 백성들을 회복하기 위하여 찾아오시는 하나님을 묘사한다(Goldingay). 기자는 절박함과 긴급함을 강조하기 위하여 네 개의 명령문으로 이 시편을 시작했다(cf. 1-2절).

저자는 하나님이 "하늘에서 굽어보시고"라고 하는데(14c절), 만일 이 시편이 북 왕국이 망한 주전 722년 사건을 역사적 배경으로 하고 있다면, 이때는 아직도 예루살렘에 성전이 있을 때다. 이런 상황에서 '성전에서'가 아니라 '하늘에서' 굽어보시라는 것은 그가 하나님의 임재에 대하여 일종의 '탈성전 신학'(하나님은 성전에 계시지 않음을 강조)을 지녔음을 의미한다. 사실은 성전을 세운 솔로몬이 이 '탈성전 신학'의 창시자라고 할 수 있다. 그는 세상에서 가장 진귀한 것들로 성전을 세우고 주님께 그 성전을 헌당하면서 자신이 지은 성전은 결코 위대하신 하나님의 임재를 감당할 수 없으니, 주님은 앞으로도 계속 하늘에 거하시면서 하늘에서 주의 백성의 기도를 들어 달라는 말을 수차례 반복한다(cf. 왕상 8장).

저자는 하나님이 하늘에서 굽어보시고 이미 원수들에게 훼손되고 짓밟힌 포도나무인 이스라엘을 돌보시기를 기도한다(14d절). 그가 12-13절에서 묘사한 포도나무의 상태를 보면(cf. 16절) 회복 불능이 확실하다. 그런데도 그는 소망의 끈을 놓지 않고 하나님께 도움을 호소하고 있다. 주님이 도우시면 아무리 상한 포도나무라 할지라도 다시 소생할 수 있다는 사실을 믿기 때문이다.

기자가 망한 포도나무를 하나님이 회복시키셔야 한다며 제시하는 이유는 단 한 가지, 곧 하나님과 이스라엘의 관계다. 그는 옛 일을 추억하며 이웃들에게 짓밟혀 사라지게 된 포도나무는 다름 아닌 주님이 오

른손으로 직접 심으신 것, 한때는 주님이 자신을 위하여 왕성하게 하
셨던 것이라 한다(15절). 출애굽과 가나안 정착 시대에 하나님이 기대
에 찬 마음으로 이스라엘을 사랑하셨던 일을 상기시키는 말씀이다.

그러나 하나님이 정성스럽게 심고 가꾸신 나무는 불타고 베임을 당
했다(16a절). 침략자들에 의하여 완전히 파괴되었다는 뜻이다. 개역개
정이 "주의 면책으로 말미암아 멸망하오니"로 번역한 히브리어 문구
(מִנַּעֲרַת פָּנֶיךָ יֹאבֵדוּ)의 의미를 파악하는 것이 쉽지 않아 번역본들도 두 가
지로 나뉘어져 있다. 개역개정처럼 하나님이 심으신 포도나무(이스라
엘)가 주님의 진노로 인해 멸망했다고 하는 해석이 있다(새번역, 아가페,
NIV, TNK, CSB). 나머지 번역본들은 하나님의 포도나무를 자른 자들(이
방인들)에게 저주를 비는 말씀으로 이해한다. "이 포도나무에 불지르고
베어 버린 자들이 당신의 노하신 얼굴 앞에서 멸망하게 하소서"(공동,
cf. 현대인, NAS, ESV, NRS, RSV). 기자가 14-15절에서 이스라엘을 하나
님이 애지중지 심으신 포도나무에 비유하며 하나님의 마음을 자극하
는 것으로 보아, 후자가 더 적절한 해석이다. 하나님이 심으신 포도나
무를 파괴한 침략자들을 가만히 두어서는 안 된다는 호소다.

기자가 17절에서 언급하는 '주의 오른쪽에 있는 자'와 '주를 위하여
힘있게 하신 인자'가 누구인지를 규명하는 일도 쉽지 않다. 많은 주석
가들은 기자가 다윗 왕조의 메시아를 가리키는 말로 해석한다(Broyles,
Eaton, Gelston, Hill, Ross, Terrien, vanGemeren). 기자가 메시아 시대에는 꼭
이스라엘을 회복시켜 달라는 기도를 드리고 있다는 것이다.

다른 사람들은 이 말씀에 메시아적인 뉘앙스가 전혀 없으며, 기자가
단지 하나님께 이스라엘을 강하게 해 주시라고 기도하는 것으로 이해
한다(McCann, deClaissé-Walford et al., Hossfeld-Zenger, Tate, Tucker & Grant).
다소 황당해 보일 수도 있지만, 이들이 제시하는 증거는 15절이다. 기
자는 15절에서 '주의 오른손으로 심으신 줄기'와 '주를 위하여 힘있게
하신 가지'를 언급하며 똑같은 표현을 사용하고 있다. 다른 점이라면

15절의 '줄기와 가지'가 17절에서는 '자(사람)와 인자'로 바뀐 것뿐이다. 그러므로 이렇게 해석하는 학자들은 17절이 15절의 내용을 이어가며 하나님이 이스라엘을 다시 회복시켜 주시기를 기도하는 것으로 이해한다.

기자가 18절에서 하나님이 그가 이때까지 드린 기도를 응답해 주시면(cf. 14-17절), "이렇게 하겠습니다"(주에게서 물러가지 않고… 주의 이름을 부르리이다)라는 다짐을 하는 것을 보면 그는 먼 훗날 메시아 시대에 가서 있을 회복이 아니라, 지금 당장 그의 시대에 하나님이 이스라엘을 회복해 주실 것을 기도하고 있음을 알 수 있다. 그러므로 후자(이스라엘을 회복시켜 달라는 기도)로 해석하는 것이 옳다. 17절의 '주의 오른쪽에 있는 자'와 '주를 위하여 힘있게 하신 인자'는 이스라엘을 두고 하는 말이다.

하나님이 이방인들에게 완전히 짓밟혀 생기가 없는 포도나무가 된 이스라엘을 다시 회복시켜 주신다면 그들은 하나님을 떠나지 않겠다고 다짐한다(18절). 이 구절의 의미를 가장 잘 살린 번역은 새번역이다. "그리하면 우리가 주를 떠나지 않겠습니다. 주의 이름을 부를 수 있도록 우리에게 새 힘을 주십시오"(cf. 아가페, 현대인, 공동). 기자는 이 말씀을 통해 하나님께 "이렇게 하시면, 우리가 이렇게 하겠습니다"라며 협상을 제안하는 것이 아니다. 이스라엘은 하나님과 협상할 힘이 없다. 기진맥진한 이스라엘은 더 이상 하나님을 붙잡을 힘도 없다. 주님의 이름을 부를 힘도 남아 있지 않다. 그러므로 힘이 빠진 그들이 주님을 붙잡고 있는 손을 펴는 것을 막으시려면 하나님이 그들에게 힘을 주셔야 한다. 주의 백성이 할 수 있는 것은 아무것도 없기 때문이다.

기자는 이미 두 차례 반복된 후렴구로 이 노래를 마무리한다(19절, cf. 3, 7절). 그러나 이 후렴구들에는 분명한 변화가 있다. 3절은 주님을 부르며 '하나님'(אֱלֹהִים)이라고 했고, 7절은 '만군의 하나님'(אֱלֹהִים צְבָאוֹת)이라고 했다. 19절은 하나님을 '만군의 하나님 여호와'(יְהוָה אֱלֹהִים צְבָאוֹת)라

고 부른다. 반복될 때마다 하나님의 이름이 한 단어씩 길어지고 있는
것이다. '만군의 하나님'은 능력을 강조하는 성호이며, '여호와'는 이스
라엘과 맺으신 언약을 강조하는 성호다. 기자는 노래의 마지막 절에서
하나님을 '만군의 하나님 여호와'라고 부르며 하나님이 이스라엘과의
관계를 생각하시어 능력으로 그들을 구원하실 것을 확신한다. 가장 절
망스러운 순간에 끝까지 포기하지 않고 하나님의 구원의 손길을 잡으
려 하는 믿음이 인상적이다(Weiser).

제81편
아삽의 시, 인도자를 따라 깃딧에 맞춘 노래

I. 장르/양식: 회중 찬양시(cf. 29편), 언약갱신 예식(cf. 50편)

이 시는 1-5a절로 구성된 회중 찬송(hymn)과 5b-16절로 구성된 선지자적 신탁(prophetic oracle/exhortation) 등 두 개의 독립적인 시가 결합하여 한 편의 시가 되었다는 것이 학자들의 전반적인 견해다(cf. deClaissé-Walford et al., McCann, Tate, Terrien, Tucker & Grant). 그래서 한 학자는 이 시편은 성도들과 함께 예배를 시작한 선지자가 예배가 끝나기 전에 하나님의 신탁을 받아 예배자들에게 선포한 것이라고 하기도 한다(Grogan). 그러나 이러한 이중적 구조(찬송—신탁)는 여러 시편에서 포착되며(Tate), 굳이 이러한 정황을 가정(假定)할 필요는 없다. 이 시편은 절기 시편(festival psalm)으로 알려진 50편, 95편과 유사한 점들을 지니고 있다 하여 모빙클(Mowinckel)이 처음 제안한 이후 많은 학자들은 이 시편을 절기 예배(festival)에서 사용된 설교(liturgical sermon)로 취급한다(cf. Hossfeld-Zenger). 이런 유형의 설교는 제사장 등 설교자가 선포하는 것이 일상적이지만(Hilber), 회중이 스스로를 권면하기 위하여 함께 읽어 내려 간 것으로 간주하는 사람들도 있다(Goldingay).

만일 이 시편이 절기 예배에서 정기적으로 사용된 설교라면, 어느 절기에 사용된 것일까? 학자들은 유태인 달력에 따라 일곱째 달 1일에 시작되는 나팔절(Festival of Trumpets, cf. 레 23:23-24, 민 29:1-6)을 지목하기도 하고(cf. 3절), 이 노래가 이스라엘의 죄를 회고하고 있는 것(8, 11-13절)을 근거로 속죄일(Day of Atonement) 때 사용된 것이라고 한다. 10계명의 시작과 비슷한 말씀이 9-10절에 있고, 풍요로운 추수와 연관된 말씀이 10절과 16절에 나온다 하여 장막절(Feast of Tabernacles)을 지목하는 이들도 있다(Ross, Terrien). 여기에 유월절(Passover)을 더하기도 한다(Goldingay). 학자들이 지목하는 모든 절기(cf. 레 23:26-36, 민 29:7-39)는 유태인 달력으로 일곱 번째 달(우리 달력으로 9월 하순-10월 중순)에 있다는 점을 감안하여 이 달에 진행된 모든 절기 때 불린 노래라고 하기도 한다(McCann).

각종 절기 예배에서 사용된 이 시편은 언제쯤 저작된 것일까? 대부분 학자들은 이 노래가 요셉을 언급하는 것(5절)을 근거로 주전 722년에 북 왕국 이스라엘이 멸망한 것과 연관된 노래라고 생각한다. 그러나 이스라엘이 멸망하기 전에 저작되었다고 하는 이도 있고(Anderson), 혹은 이후 포로기 때 저작된 것이라 하는 주석가도 있으며(Kraus, Tucker & Grant), 혹은 멸망 전인지 후인지는 규명할 수 없다는 학자도 있다(Booij). 학자들 사이에 세부적인 상황에 대하여는 어느 정도 이견이 있는 것이다.

이 시편이 출애굽 사건과 홍해를 건넌 일과 이스라엘의 광야 시절과 시내 산에서 경험한 일 등을 언급하며 이스라엘의 지속적인 불순종을 강조하는 것은 78편과 비슷하며 북 왕국의 파멸을 언급하는 80편과도 밀접한 연관성을 지녔다(Hossfeld-Zenger). 또한 이 노래는 신명기 32장, 특히 32:12-16과 상당한 연관성을 지닌 것으로 보인다(Goulder). 그러나 전반적인 내용이 과거에 있었던 불순종을 회상하며 현재 주의 백성이 당면하고 있는 고통(11-12절)에 대하여 신학적으로 설명하고 있고, 어려운 상황에서도 소망할 이유를(8-10, 13-16절) 제시하는 것으로 보아 언제, 어디서든 위로와 하나님을 향한 헌신(commitment)이 필요할 때 불릴 만한 노래다(McCann).

표제는 이 시편을 '깃딧에 맞춘 노래'라고 하는데(cf. 8, 84편), 학자들은 깃딧(תּיִגַּה)에 대하여 세 가지 가능한 추측을 내놓았다. 첫째, 가드 사람들이 만들기 시작한 일종의 악기라는 것이다. 중세기 랍비이자 성경 해석자였던 에스라(Ibn. Ezra)는 이 악기를 가드 사람 오벳에돔과 연관 지었다(cf. 삼하 6:11-15, 대상 13:13-14, 16:4-5). 둘째, '소산님에돗'(cf. 80편 표제)처럼 당시 알려졌던 특정한 노래 양식 혹은 음률을 뜻할 수 있다. 셋째, 히브리어로 '술 틀'을 뜻하는 단어(תַּג, 가트)와 연관된 말이다. 그래서 칠십인역(LXX)은 이 단어를 '술 틀에 관한 시'(ὑπὲρ τῶν ληνῶν)라는 말로 번역했다. '술 틀'은 포도 수확을 상징하며(cf. 10, 16절), 축제의 기쁨과도 연관이 있으므로 추수 절기 때 부른 노래라는 것을 암시한다 (Goldingay, Tucker & Grant). 이 세 가지 가능성 중 '깃딧'이 다시 언급이 되는 84편도 축제와 연관된 노래라는 점을 감안할 때 세 번째 옵션이 가장 가능성이 높아 보인다(Tate).

II. 구조

앞에서 언급한 것처럼 대부분 학자들은 이 노래 1-5절과 6-16절로 구성된 두 개의 독립적인 노래가 합해진 것으로 간주한다(deClaissé-Walford et al., Kraus, McCann, Tate, vanGemeren). 그러므로 이 노래를 찬양시(1-5절)와 신탁(6-16절)으로 구분하여 취급하는 것은 일상화되어 있다. 이 주석에서도 이러한 구분을 기준으로 삼아 다음과 같은 분석을 바탕으로 본문을 주해해 나가고자 한다.

I. 축제를 시작하는 찬양(81:1-5a)
II. 하나님의 신탁(81:5b-16)

A. 하나님의 옛적 보호 회고(81:5b-7)
  B. 순종하라는 권면(81:8-10)
    C. 하나님을 반역한 이스라엘 심판(81:11-12)
  B'. 순종하라는 권면(81:13-14)
A'. 하나님의 미래 보호 약속(81:15-16)

III. 주해

이때까지 시편 제3권의 중심 주제가 멸망과 포로생활이었기 때문에 분위기가 참으로 어두웠는데(Tucker & Grant), 이 시는 주의 백성이 주님께 감사의 찬양을 드리며 예배를 시작한다. 하나님은 예배자들에게 선포된 신탁을 통해 이스라엘 조상들의 지속된 반역에도 불구하고 그들에게 끊임없는 은혜를 베푸셨던 일을 회상한다. 또한 이 회상을 배경으로 주의 백성이 순종만 한다면, 참으로 큰 풍요로움으로 그들을 축복하실 것을 약속하신다.

1. 축제를 시작하는 찬양(81:1-5a)

¹ 우리의 능력이 되시는 하나님을 향하여 기쁘게 노래하며
야곱의 하나님을 향하여 즐거이 소리칠지어다
² 시를 읊으며 소고를 치고
아름다운 수금에 비파를 아우를지어다
³ 초하루와 보름과
우리의 명절에 나팔을 불지어다
⁴ 이는 이스라엘의 율례요
야곱의 하나님의 규례로다
⁵ 하나님이 애굽 땅을 치러 나아가시던 때에

요셉의 족속 중에 이를 증거로 세우셨도다

이 시는 온 공동체가 모여 하나님을 찬양하는 일로 시작한다. 기쁘게 노래하며 즐거이 소리치고(1절) 온갖 악기를 동원하여 하나님을 찬양한다(2-3절). 이스라엘은 종교 절기가 되면 이렇게 찬양했다(McCann, cf. Tucker & Grant). 그러므로 기자는 구체적으로 초하루와 보름과 명절에 나팔을 불며 찬양하라 한다(3절). 또한 그는 주의 백성이 하나님을 찬양할 이유로 몇 가지를 제시한다. 본문이 주의 백성들에게 찬양을 의무적으로 요구하는 것이 우리에게는 다소 생소할 수 있지만, 하나님이 하신 일을 묵상하면 그리 이상한 일이 아니다(Kidner). 게다가 사람은 항상 누군가를 예배하며 찬양하고 있다. 그러므로 이슈는 하나님을 찬양하는가, 혹은 다른 것을 예배하는가다(Goldingay).

첫째, 하나님은 우리의 능력이 되시는 분이심을 찬양해야 한다(1a절). '능력'(עז)은 힘을 뜻하기도 하지만(cf. 아가페, 현대인, NIV, NAS) 피난처 등 보호를 상징할 수도 있다(HALOT. cf. 새번역, LXX). 하나님은 연약한 우리에게 힘을 주시기도 하지만, 때로는 주님의 품이 우리가 험악한 세상의 파도에서 피신할 만한 피난처가 되신다. 그러므로 주의 백성은 힘도 주시고 보호도 하시는 하나님을 찬양해야 한다.

둘째, 여호와께서 야곱의 하나님이 되심을 기뻐해야 한다(1b절). 야곱의 하나님은 이스라엘과 하나님의 관계를 상징하는 성호다. 온 세상의 창조주이시자 통치자이신 하나님이 큰 민족이 아니며 연약하기 그지없는 이스라엘을 특별히 택하시어 그들과 관계를 맺으시고 사랑하셨다. 이 사실 하나만으로도 주님의 은혜로운 선택의 대상이 된 이스라엘은 하나님을 찬양해야 한다.

셋째, 하나님이 주의 백성의 찬송이 되심을 찬양해야 한다(2절). 사람이 살면서 무언가를 기뻐하고 즐거워하는 것은 행복한 일이다. 여호와께서는 이스라엘이 시를 읊으며 악기로 찬양할 이유가 되셨다. 그들이 살아갈 이유와 활력소가 되신 것이다. 이 사실 하나만으로도 주님은 찬송하기에 합당하신 분이다.

넷째, 하나님이 주의 백성에게 여러 가지 종교적 절기를 주심을 찬양해야 한다(3절, cf. 신 16:1-17). '초하루'(חֹדֶשׁ)는 매달 한 번씩 찾아오는 절기다. 보름(כֵּסֶא)은 초하루부터 2주 후에 찾아오는 절기다. 일부 학자들은 본문이 기념하라고 하는 절기가 가을 추수철에 2주 동안 진행된 가을 축제(Autumn Festival)라고 한다(Mays, Kraus). 장막절이라고 하는 주석가들도 있다(Broyles, Goldingay, Mowinckel, Tucker & Grant). 그러나 5절은 이 절기가 이스라엘이 이집트를 떠난 일(출애굽 사건)과 연관이 있음을 암시한다. 그러므로 이 말씀은 유월절(Passover)을 염두에 둔 것일 수도 있다(deClaissé-Walford et al., cf. 대하 30:21-23).

'명절'(חַג יוֹם)은 모든 종교적 축제를 아우르는 말이다. 이스라엘 사람들은 종교적 절기들을 매우 중요시하였으며, 종교적 성일을 율법이 지시한 기준에 따라 기념하는 일은 그들의 신앙의 기본이 되었다. 나팔(שׁוֹפָר)을 불어 예배의 시작을 알리는 일은 속죄일과 나팔절과 초하루도 포함한다(cf. 레 23:23-25, 민 29:1). 그러므로 3절은 어느 특정한 절기를 지목하는 것이 아니라, 이스라엘 종교의 모든 절기를 의미하는 것으로 간주하는 편이 바람직하다. 이 말씀은 하나님이 그들에게 종교와 신앙을 주심을 감사하라는 권면이다.

다섯째, 하나님이 율법을 주신 일을 기뻐해야 한다(4절). 종교적 절기를 어떻게 기념할 것인가는 하나님이 이스라엘에게 주신 율례와 규례의 일부다. '율례'(חֹק)는 율법처럼 정해진 규정을 의미하며 '규례'(מִשְׁפָּט)는 그 규정을 준수할 기준으로 세운 것을 의미한다(NIDOTTE, cf. ESV, TNK, CSB). 하나님이 율법을 주시어 이스라엘의 삶의 기준으로 삼으시고, 그것으로 그들의 삶을 판단하시는, 곧 옳고 그름의 잣대로 삼으신 일을 찬양해야 한다. 기자가 이 섹션에서 '이스라엘, 야곱, 요셉' 등 여러 이름을 언급하는 이유에 대하여 다양한 해석을 내놓았지만, 괄목할 만한 결과는 없다(cf. Goldingay, Kraus, Tate, Hossfeld-Zenger).

여섯째, 하나님이 출애굽을 이루신 일을 찬송해야 한다(5a절). 하나님은 오래 전에 이집트를 치러 가신 적이 있다. 자기 백성을 노예로 부린 이집트를 벌하시고 자기 백성 이스라엘을 약속의 땅으로 인도하시기 위해서였다. 그때 하나님은 이스라엘에 율례와 규례를 증거로 세우셨다. '증거'(עֵדוּת)는 증인이나 증언 등 하나님이 그들의 하나님 되심을 증명하는 문서를 뜻한다(HALOT). 이스라엘이 이집트를 떠나기 전부터 하나님이 그들에게 주신 율법은 주님이 이스라엘을 자기 백성 삼으신 사실을 증명하는 문서가 되는 것이다.

2. 하나님의 옛적 보호 회고(81:5b-7)

> 5b 거기서 내가 알지 못하던 말씀을 들었나니
> 6 이르시되 내가 그의 어깨에서 짐을 벗기고
> 그의 손에서 광주리를 놓게 하였도다
> 7 네가 고난 중에 부르짖으매 내가 너를 건졌고
> 우렛소리의 은밀한 곳에서 네게 응답하며
> 므리바 물가에서 너를 시험하였도다 (셀라)

앞 섹션에서는 하나님을 찬양했던 기자가 이 섹션에서는 하나님이 과거에 이루신 출애굽 업적을 기념하며 주님의 놀라운 구원의 은혜는 아직도 말씀에 순종하는 사람들에게 임할 수 있다는 신탁을 시작한다. 일부 주석가들은 5b절을 회고하고 있는 이가 하나님(deClaissé-Walford et al., Grogan, Tucker & Grant), 혹은 이 노래를 부르는 온 공동체라고 하는데(Goldingay), 내레이터인 저자로 보는 것이 바람직하다(Booij, McCann, Ross). 그는 자신이 알지 못하던 말씀을 들었다는 말로 섹션을 시작하는데(5b절), '말씀'으로 번역된 단어(שָׂפָה)는 '입술'을 뜻한다. 많은 번역본들이 이 단어를 '언어'(language)로 해석하여 저자가 마치 전에 듣지 못한 새로운 언어를 들은 것처럼 번역했다(ESV, NAS, TNK, CSB, LXX). 그러나 출애굽 사건에 연루된 사람들이 하나님의 말씀을 들을 때 새로운 언어를 들은 듯한 반응은 보이지 않는다. 그들은 자신들이 알지 못하는 새로운 언어로 말씀하시는 하나님의 음성을 들은 것이 아니다. 그들이 익숙했던 사람의 음성이 아니라, 전혀 다른 하나님의 음성을 들었다는 뜻이다. 그러므로 이 단어는 '음성/소리'(voice)라는 개념으로 해석되어야 한다(cf. 현대인, 공동, NIV, ESV, NRS).

이스라엘을 찾아오신 하나님은 그들이 전에 들어보지 못한 목소리로 그들에게 자유를 주셨다(6절). 그들의 어깨에서 짐을 벗기고 그들의 손에서 광주리를 놓게 하셨다. 광주리는 이스라엘 노예들이 벽돌을 나르고 벽돌을 만들 때 필요한 지푸라기를 운반한 일을 상징한다(Eaton, Keel). 하나님이 그들을 억압된 노예생활에서 해방시키셨다는 뜻이다. 저자는 온 이스라엘 사람들에 대하여 3인칭 단수로 언급하는데, 앞으로도 그는 2인칭 단수와 복수, 3인칭 단수와 복수 등을 번갈아 사용하며 이스라엘을 묘사할 것이다(cf. Gerstenberger, McCann). 그러므로 이 노래가 사용하는 인칭에 대하여 민감하게 해석하는 것은 바람직하지 않다.

일부 학자들이 주장하는 것처럼 만일 이 시편이 포로기 때 저작된 것이라면, 타국으로 끌려가 사는 이스라엘 사람들은 이 노래를 부르며 어떤 생각을 했을까? 아마도 하나님이 머지않아 그들에게 출애굽의 은총을 다시 베푸실 것을 기대하며 열렬히 이 노래를 불렀을 것이다. 그들은 자신들을 이집트에서 종살이하며 해방을 갈망하던 조상들과 같은 위치에 있는 사람들로 생각했다.

이스라엘이 이집트를 탈출하도록 구원을 베푸신 하나님은 이후에도 그들의 광야생활 중에 도우셨다. 그들이 고난 중에 부르짖으면 그들을 건지셨고, 우렛소리의 은밀한 곳에서 응답하셨다(7a-b절). '우렛소리의 은밀한 곳'(בְּסֵתֶר רַעַם)은 쉽게 이해될 수 있는 개념은 아니다. 천둥은

칠 때마다 온 천하에 드러나기 때문에 결코 숨길 수 없다. 우렛소리와 은밀함은 서로 상반된 개념이다. 그러므로 NAS의 해석이 가장 본문에 잘 어울리는 듯하다. "내가 비밀리 우렛소리로 너에게 응답했다"(I answered you in secret with thunder). 혹은 "은밀한 곳(하늘)에서 우렛소리로 너에게 응답했다"는 해석도 가능하다(Goldingay). 우렛소리는 하나님의 절대적인 주권과 능력을 상징한다(Tate).

하나님은 광야에서 이스라엘을 시험하기도 하셨다. 기자는 한 예로 므리바 사건을 회고한다(7c절. cf. 출 17:1-7, 민 20:1-13). 이집트를 떠나 홍해를 건넌 이스라엘이 시내 산으로 향하는 도중 목이 말랐다. 그들은 모세에게 "우리를 죽이려고 이집트에서 데려왔느냐?"며 대들었다. 하나님이 모세의 기도를 들으시고 바위를 쪼개 물을 주신 일이 이곳에서 있었다. 이 일로 인해 이곳의 이름이 '다툼'이란 의미를 지닌 므리바(מְרִיבָה)로 불리게 되었으며, 그곳에서 백성들이 "주님께서 우리 가운데 계시는가, 안 계시는가?"라며 주님을 시험하였다 하여 '시험함'이라는 의미를 지닌 '맛사'(מַסָּה)로도 불렸다(출 17:7).

출애굽기는 므리바에서 백성들이 하나님을 시험했다고 하는데, 기자는 하나님이 그들을 시험하셨다고 한다. 사람들은 자신들이 하나님의 함께하심을 시험한 것으로 생각하지만, 사실은 하나님이 지난 1년 동안 온갖 기적을 경험한 그들이 물이 없으면 어떤 반응을 보일까 시험해 보신 일이기 때문이다. 그들의 믿음을 가늠해 보는 테스트였던 것이다. 이스라엘은 이 시험에서 낙제점을 받았다. '므리바 물가'(מֵי מְרִיבָה)는 마치 이곳에 강이나 호수가 있다는 오해를 낳을 수 있는 번역이다. 그러므로 공동번역은 이러한 오해를 방지하기 위하여 이 문구를 '므리바 샘터'라고 번역하여 모세가 바위를 쪼개 만들어낸 물의 근원으로 의미를 제한한다.

3. 순종하라는 권면(81:8-10)

> ^{8} 내 백성이여 들으라
> 내가 네게 증언하리라
> 이스라엘이여 내게 듣기를 원하노라
> ^{9} 너희 중에 다른 신을 두지 말며
> 이방 신에게 절하지 말지어다
> ^{10} 나는 너를 애굽 땅에서 인도하여낸
> 여호와 네 하나님이니
> 네 입을 크게 열라 내가 채우리라 하였으나

이 섹션을 시작하는 "내 백성이여 들으라"는 이 시의 핵심 메시지다 (Goldingay, McCann). 하나님은 우여곡절 끝에 시내 산에 도착한 이스라엘과 언약을 체결하셨다. 이 언약은 그들에게 듣고 순종하라는 경고이기도 했다(8절, cf. 새번역, 아가페, 현대인). 기자는 하나님이 시내 산에서 이스라엘과 체결하신 언약의 상징으로 십계명 중 첫 번째 계명을 회고한다(9절). 첫 계명인 출애굽기 20장 3절과 부연 설명이라 할 수 있는 5절은 "너는 나 외에는 다른 신들을 네게 두지 말라… 그것들에게 절하지 말며 그것들을 섬기지 말라"고 기록하고 있다. 이 첫 번째 계명은 십계명뿐만 아니라 온 출애굽기의 가장 핵심적인 메시지다(Mays). 하나님은 처음부터 이스라엘의 절대적인 충성(신실함)을 요구하시며 "나 네하나님 여호와는 질투하는 하나님인즉 나를 미워하는 자의 죄를" 반드시 갚아줄 것이라고 경고하셨다(출 20:5). 하나님은 첫 계명을 이곳에서 언급하시면서 이스라엘이 이 계명을 어겼기 때문에 지금 고난을 당하고 있다고 하신다(Mays).

하나님이 이스라엘에게 이러한 요구를 하실 수 있었던 것은 주님이 손수 이스라엘을 이집트에서 인도해 내셨기 때문이다(10a-b절, cf. 출

20:2). 하나님은 이스라엘의 구세주로서 이러한 요구를 할 만한 자격을 지니신 분이시다. 문제는 이스라엘이 불순종함으로써 하나님의 이러한 권리를 인정하지 않은 것에 있다.

하나님은 시내 산에서 언약을 체결하시면서 그들에게 "네 입을 크게 열라 내가 채우리라"고 말씀하셨다(10c절). 일부 학자들은 이 말씀을 5절 마지막 부분으로 옮겨야 한다고 주장한다(cf. Hossfeld-Zenger, Kraus, Tate). 그러나 이 자리에서도 의미 있는 역할을 하기 때문에 굳이 옮길 필요는 없다.

이 말씀은 하나님이 그들의 입을 기쁜 찬양으로(Tate), 혹은 예언으로(Kraus) 채우신 일로 해석되기도 한다. 그러나 하나님이 아무것도 없는 광야에서 자기 백성을 잘 먹이신 일을 회상하는 듯하다(Goldingay). 그뿐만 아니라, 백성과 맺으신 언약의 의도를 정확하게 표현하기도 한다(cf. Tucker & Grant). 하나님은 그들의 삶을 온갖 축복으로 풍성하게 하시기 위하여 언약을 맺으셨다. 언약은 결코 그들이 지닌 것을 빼앗거나 강탈하기 위한 수단이 아니라, 그들의 삶을 채우기 위한 축복의 통로라는 뜻이다. 그렇다면 이스라엘은 어떻게 하나님의 축복을 자신들의 것으로 만들 수 있는가? 하나님이 내리시는 복을 많이 받기 위하여 입을 더 크게 벌리면 된다(Calvin). 더 성실하게 언약의 세부 조항이라 할 수 있는 율법이 제시하는 가치관과 삶의 방식대로 살아가려고 노력하면 된다는 뜻이다. 율법은 주의 백성들의 행복을 보장하는 행복 보장 헌장이기 때문이다(cf. 『엑스포지멘터리 신명기』).

4. 하나님을 반역한 이스라엘 심판(81:11-12)

> ¹¹ 내 백성이 내 소리를 듣지 아니하며
> 이스라엘이 나를 원하지 아니하였도다
> ¹² 그러므로 내가 그의 마음을 완악한 대로 버려 두어

그의 임의대로 행하게 하였도다

하나님은 선한 목적(그들을 축복하기 위하여)을 가지고 그들과 언약을 맺으시고 율법을 주셨는데, 이스라엘은 이러한 의도를 믿지 않았다. 결국 그들에게 언약은 짐이 되었고, 감당하기 힘든 율법이 되었다. 그러므로 그들은 하나님이 율법을 통해 하신 말씀을 듣지 않고 하나님을 원하지도 않았다(11절). 이스라엘을 구원하신 이가 구원받은 자들에게 거부당한 것이다.

이스라엘의 반역이 참으로 심했고 그들의 고집(완악함)이 얼마나 심했는지 하나님은 그들이 악한 마음에 따라 행하도록 내버려 두셨다(12절). '완악한 마음'(לֵבָם שְׁרִירוּת)은 예레미야가 주의 백성의 마음을 묘사하며 자주 사용한 표현이다(렘 3:17, 7:24, 9:14, 11:8, 13:10, 16:12, 18:12, 23:27 등등). 그들이 하나님의 말씀이 기준이 되는 삶이 아니라, 본능에 따라 살게 하셨다는 뜻이다. 그러므로 이 말씀에서 우리는 타락한 주의 백성에 대한 하나님의 탄식과 신음 소리를 들을 수 있어야 한다(cf. Tate). 일부 학자들이 주장하는 것처럼 이 노래가 포로기 때 저작된 것이라면, 하나님의 탄식 소리가 더욱더 크게 들리는 듯하다.

방치는 아무리 징계하고 경고해도 듣지 않는 사람들에 대한 하나님의 극약 처방이다. 성경은 하나님이 사랑하시는 이마다 징계하신다고 한다(신 8:5, 히 12:7-10). 죄짓는 성도의 삶에 하나님의 징계가 임하지 않는 것은 그가 잘하고 있기 때문이 아니라, 하나님이 더 이상 그를 마음에 두고 있지 않기 때문에 빚어지는 일일 수 있다. 세상에서 악인들이 성행하는 것에는 이 이유도 한몫 단단히 할 것이다. 그러므로 우리는 하나님의 징계가 전혀 없는 삶을 기뻐해서는 안 된다.

5. 순종하라는 권면(81:13-14)

> 13 내 백성아 내 말을 들으라
> 이스라엘아 내 도를 따르라
> 14 그리하면 내가 속히 그들의 원수를 누르고
> 내 손을 돌려 그들의 대적들을 치리니

하나님은 이때까지 반역을 일삼아온 백성에게 순종을 권면하신다(13 절). 13절을 더 정확하게 번역하면 "내 백성이 내 말을 듣기만 한다면, 이스라엘이 내 도를 따르기만 한다면!"이 된다(NAS, NRS, ESV, TNK, CSB, cf. 새번역, 현대인, 공동). 그러므로 이 권면에는 거부당한 연인의 아픔이 서려 있다(McCann). 제발 더 이상 반역하지 말라는 주님의 호소인 것이다. 또한 그들이 회개하고 순종하면 하나님은 당장 그들의 삶에 개입하실 준비가 되어 있으심을 암시한다(Schaefer).

하나님은 그들이 순종하면 그들을 괴롭히는 원수들을 물리쳐 주실 것을 약속한다(14절). 주의 백성이 누구에게 어떤 압박을 받고 있는지는 정확히 알 수 없다. 그러나 그들이 매우 심각한 위기에 처한 것은 확실하다. 하나님은 그들이 이 위기를 빠져나갈 수 있는 출구뿐만 아니라 이후의 평안함을 즐길 수 있는 길을 제시하신다. 말씀에 순종하는 것이 바로 그 길이라며 그들의 순종 의지를 장려하기 위하여 적들을 치시는 것을 '당근'으로 제시하신다.

6. 하나님의 미래 보호 약속(81:15-16)

> 15 여호와를 미워하는 자는
> 그에게 복종하는 체 할지라도
> 그들의 시대는 영원히 계속되리라

¹⁶ 또 내가 기름진 밀을 그들에게 먹이며
반석에서 나오는 꿀로
너를 만족하게 하리라 하셨도다

개역개정의 15절 번역이 명확하지가 않다. 이 말씀은 여호와를 미워하는 자들이 하나님 앞에서 움츠릴 것이며, 그들은 이 움츠린 자세로 계속 살 것이라는 의미를 지녔다(Eaton, cf. 새번역, 아가페, 현대인, NIV, NAS, ESV, NRS, TNK). 하나님이 자기 백성을 괴롭히는 원수들이 다시는 기를 펴지 못하도록 계속 제재를 가하실 것을 약속하시는 말씀이다. 이스라엘이 지금이라도 하나님 말씀에 순종만 한다면 얻을 것이 참으로 많다. 하나님의 제안은 포로기 시절에도 유효했다. 그들이 하나님께 순종하면 조국으로 돌아갈 길이 그때도 열려 있었던 것이다(Schaefer).

하나님은 이스라엘이 순종하기만 하면 원수들의 손에서 그들을 구원하실 뿐만 아니라, 좋은 것들로 그들을 먹이실 것을 약속하신다(16절). 주님은 기름진 밀과 반석에서 나오는 꿀로 그들을 먹이실 것이다. 하나님은 므리바에서 반석을 쪼개 물을 내셨다(cf. 7절). 주님은 반석을 쪼개 물뿐만 아니라 꿀도 주실 수 있는 분이시다. 그들이 순종하기만 하면 질이 가장 좋은 밀과 석청(石淸)으로 그들을 먹이실 것이며(cf. 신 32:13-14), 그들은 참으로 만족할 것이다.

반역의 대가는 죽음이지만, 순종의 열매는 이처럼 아름답고 매력적이다. 그러므로 이스라엘에게 주어진 선택은 단 한 가지다. 순종하고 이 같은 풍요로움을 누리며 사는 것이다(cf. 사 1:19-20). 그러나 순종의 길은 왜 그렇게 멀게 느껴지고, 불순종의 길은 우리에게 가까이 와 있는 것일까! 이 시편은 하나님이 순종하는 이에게 주실 축복을 언급하는 것으로 마무리하여 우리에게 현명한 선택을 할 것을 권면한다.

제82편
아삽의 시

I. 장르/양식: 회중 탄식시?(cf. 12편) 지혜시?(cf. 1편), 예배 예식(cf. 15편)

이 시편은 내용이 매우 독특하여 장르/양식을 구분하는 일이 쉽지 않다(cf. Brueggemann & Bellinger). 그러므로 이 시가 취하고 있는 양식에 대하여 아예 언급하지 않는 학자들도 많다. 한 주석가는 이 시는 신적인 존재들의 무관심에 대한 불만을 토로하는 기도시(prayer psalm)라고 하고 (Goldingay), 고대 그리스의 비극(tragedy)에 비교될 만한 1분짜리 극(play) 이라고 하기도 한다(Terrien). 이 시편은 노래와 신탁을 섞어 놓은 것이라는 주장도 있다(Mowinckel, cf. Grogan).

'신들'(אֱלֹהִים)을 언급한다 해서 이 시를 가나안 사람들의 종교적 배경으로 읽는 사람들이 많다(Dahood, O'Callaghan, cf. Cross, deClaissé-Walford et al., Grogan). 그들은 이 시편이 여호와 종교가 유일신주의를 교리로 도입하기 전 다신주의적 성향을 띠고 있을 때를 배경으로 하고 있다고 한다. 그러나 이 시는 다신주의적인 정서를 배경으로 하고 있는 것이 아니라, 다신주의의 허구를 지적하는 논쟁적(polemic) 성향을 지녔다 (Terrien, cf. Gordon). 열방들의 신들은 여호와 앞에서 하나같이 무능하고 주님의 심판을 받기에 합당한 존재들에 불과하다고 하기 때문이다.

 이 시편이 여호와 종교가 다신주의에서 유일신주의로 진화한 것이라고 주장하는 사람들은 저작 시기를 왕정시대 이전으로 본다(Dahood). 그렇다면 이 시는 가장 오래된 시편 중 하나가 된다. 그러나 학자들은 이 시가 포로기 혹은 이후 시대에 저작되었다고 하기도 하고(cf. Mowinckel, Tate), 오랜 세월을 거쳐 여러 차례 개정된 것이라고 하는 이들도 있다(cf. Goldingay).

 한 주석가는 이 시편이 신년 축제(New Year Festival)때 사용된 것이라 하지만(Mowinckel), 정확히 알 수는 없다. 이 노래가 세상에서 도덕과 윤리의 중요성을 강조한다 해서 기독교인들에게 가장 중요한 성경 말씀으로 간주하는 이가 있지만(Crossan), 다소 지나친 평가라는 생각이 든다. 이 시편은 81편에서 시작된 이야기에 대한 하나님의 입장을 이어가는 면모가 있다고 하는 사람들이 있지만(deClaissé-Walford et al.), 연계성은 그다지 많아 보이지 않는다.

II. 구조

이 노래의 전개와 구조를 논할 때 가장 중요한 질문은 각 섹션에서 누가 누구에게 말하는가에 대한 이슈다. 대체적으로 2-7절은 하나님이 말씀하시는 것이라고 학자들은 생각하지만, 사람이 말하는 것이라고 주장하는 이도 있다(Goldingay). 1절과 8절은 내레이터의 말로 간주하는 편이 좋을 것 같으며, 2-7절은 하나님이 하시는 말씀으로 여기는 것이 바람직해 보인다.

 학자들 중에는 불과 8절로 구성된 이 짧은 시를 5-7파트로 나누어 교차대구법적 구조로 제시하는 이들도 있다(Tate, Terrien, vanGemeren). 다음은 7파트로 구분하는 테이트(Tate)의 분석이다.

 A. 하나님이 신들의 회의에서 신들을 심판하심(1절)

　　B. 신들에 대한 명령(2절)

　　　C. 신들이 거역한 명령(3-4절)

　　　　D. 신들의 실패에 대한 결과(5절)

　　　C′. 신들의 옛적 상태에 대한 회고(6절)

　　B′. 신들에 대한 심판 선고(7절)

　A′. 하나님이 세상을 심판해 달라는 기도(8절)

그러나 2절은 명령이 아니라 재판을 시작하는 질문으로 생각되며, 5절은 신들의 실패에 대한 결과가 아니라, 그들이 실패한 이유를 말한다. 이 시편에서 가장 중요한 말씀이 5절인 것이다(Handy). 그러므로 이러한 점들을 고려하여 이 주석에서는 다음과 같은 분석으로 본문을 주해하고자 한다.

　A. 하늘에서 시작하는 재판(82:1)

　　B. 하나님이 신들을 기소하심(82:2-4)

　　　C. 신들이 실패한 이유(82:5)

　　B′. 하나님이 신들에게 사형 선고를 내리심(82:6-7)

　A′. 온 땅에 평화가 임하기를(82:8)

III. 주해

가나안 사람들은 여러 신들이 세상을 다스린다고 생각했다. 반면에 이스라엘은 오직 하나님 한 분만이 신이며 온 세상을 다스리시는 분이라고 했다. 이 시편은 여호와 하나님이 가나안의 모든 신들을 재판하시는 정황을 배경으로 전개된다. 기자가 가나안 신들이 실제로 존재한다고 하는 것은 아니다. 그는 세상에는 여호와 같으신 신은 없다는 사실을 강조하기 위하여 존재하지 않는 신들을 '가상 인물들'로 등장시키며 메시지를 전개해 나간다. 가나안 신들은 일종의 '반면교사'로 이 시에 등장하고 있는 것이다.

1. 하늘에서 시작하는 재판(82:1)

> ¹ 하나님은 신들의 모임 가운데에 서시며
> 하나님은 그들 가운데에서 재판하시느니라

이 시편 해석에서 가장 큰 이슈는 기자가 계속 언급하는 '신들'(אֱלֹהִים) 을 어떻게 해석할 것인가 하는 점이다. 학자들은 세 가지 가능성을 제시한다. 첫째, 이 '신들'은 심판주이신 하나님께 재판을 받는 인간 재판관들이다(Calvin). 기독교 역사에서 가장 전통적인 해석이다(Ross, cf. Terrien). 이렇게 해석하는 사람들이 제시하는 증거는 출애굽기 21:6, 22:8-9 등이 사람이 재판관에게 판결을 받는 일을 '하나님 앞에' 서는 것으로 묘사한다는 점이다. 또한 예수님도 "하나님의 말씀을 받은 사람들을 신이라 하셨거든 하물며 아버지께서 거룩하게 하사 세상에 보내신 자가 나는 하나님의 아들이라 하는 것으로 너희가 어찌 신성모독이라 하느냐"(요 10:35-36)고 말씀하시면서 사람들을 신들로 해석하는 것을 가능하게 하셨다.

둘째, '신들'은 이스라엘을 억압하는 세상의 통치자들과 그들 뒤에 서 있는 영적 권세들이다(Briggs, Goulder, Ross, Tate). "우리의 씨름은 혈과 육을 상대하는 것이 아니요 통치자들과 권세들과 이 어둠의 세상 주관자들과 하늘에 있는 악의 영들을 상대함이라"(엡 6:12)가 증거로 제시된다.

셋째, '신들'은 이방인들이 숭배하는 신들이다(Goldingay, Hossfeld-Zenger, McCann, Smick, Terrien, Tucker & Grant, vanGemeren). 어렵기는 하지만, 이 해석이 본문에 가장 자연스러운 의미다. 하나님이 세상을 가득 채운 온갖 악과 어두움에 대하여 가나안의 신들을 심판하고 있으신 것이다. 가나안의 신들이 세상에서 이런 일들이 일어나고 있는 것을 조장거나 방관하고 있기 때문이다. 이와 비슷한 해석으로 '신들'은 사탄을 포함한 (타락한) 천사들이라는 해석이 있다(Anderson).

여호와께서 신들의 모임을 소집하여 그들을 재판하신다고 하여 일부 주석가들은 가나안 신화에서 엘의 역할을 하나님이 대신하고 있다고 하는데(deClaissé-Walford et al.), 그렇지 않다(cf. Mullen). 기자는 이스라엘 사람들이 평상시에 하나님을 믿지 않는 가나안 사람들에게 익숙해져 있는 이미지를 사용하여 여호와 하나님의 특별하심을 강조하고자 한다. 하나님은 가나안 모든 신들 중에 뛰어나신 분이며, 그들을 모두 재판하시는 재판장이시다. 권세와 능력에 있어서 하나님 같으신 분은 세상 그 어디에도 없을 뿐만 아니라, 하늘에도 없다는 사실을 강조하고자 한다. 절대 가나안 신들에게 현혹되지 말고 그들을 심판하시는 여호와만 섬기라는 뜻이다.

하나님이 천상 어전회의를 소집하셨다. 가나안 신화에서는 신들의 우두머리인 엘(El)이 종종 신들의 모임을 소집했다고 한다(Dahood). 이와 비슷하게 하나님이 천사들(하나님의 아들들)의 모임을 소집하는 모습은 구약에도 몇 차례 언급되어 있다(cf. 왕상 22:19-23, 욥 1:6-12, 시 58:1-2).

2. 하나님이 신들을 기소하심(82:2-4)

² 너희가 불공평한 판단을 하며
악인의 낯 보기를 언제까지 하려느냐(셀라)
³ 가난한 자와 고아를 위하여 판단하며
곤란한 자와 빈궁한 자에게 공의를 베풀지며
⁴ 가난한 자와 궁핍한 자를 구원하여
악인들의 손에서 건질지니라 하시는도다

하나님은 가나안의 신들이 불공평한 판결을 하고, 악인들을 선처한다고 비난하시며 그들의 불의함과 악함을 문제 삼으신다(2절, cf. Mays). '언제까지'(עַד־מָתַי) 불의와 악을 행할 것이냐며 신들을 추궁하신다. 시편 79편과 81편에서는 사람들이 하나님께 "언제까지?"라고 질문했는데, 이 시편에서는 하나님이 이 질문을 하신다. 더 이상 이런 불의를 지켜보지 않으시겠다는 통치자의 의지의 표현이다. 이미 언급한 것처럼 가나안 신들은 실체가 없는 가상 인물들이며, 기자는 여호와 하나님은 어떤 분이신가를 묘사하기 위하여 이들을 동원시키고 있다. 그러므로 이 말씀은 하나님은 재판에서 항상 공평한 판결을 내리시는 분이시며, 악인들에게 호의를 베푸시는 분이 아니라는 점을 강조한다(cf. 출 23:2-3, 6, 8; 레 19:15-35, 신 1:17, 16:18-19).

하나님은 가나안 신들이 이 땅에서 했어야 할 일을 네 개의 명령문으로 정리하시면서 그들이 공의와 정의를 실현해야 하는데, 직무유기로 일관했다고 비난하신다(3-4절). "판단하라… [공의를] 베풀라… 구원하라… 건지라." 신들이 참 신이라는 유일한 증거는 이 땅에서 공의와 정의를 실현하는 일이다(Mays). 그러므로 그들이 공의와 정의를 실현하지 않았다는 것은 그들이 참 신이 아니라는 증거가 된다. 또한 하나님의 공의와 정의 실현 기준은 '사회적 약자들을 어떻게 대하는가?'이다(Eaton, McCann, cf. 시 9:7-9, 10:17-18, 68:5-6). 창조주의 권한을 위임받은 왕들도 공의와 정의로 자기 백성을 다스려야 한다(시 72:1-2, 97:2, 99:4).

'판단하라'(שִׁפְטוּ)는 공정하게 재판하라는 뜻이다(cf. HALOT). 가난한 자들과 고아들이 그들의 사회적-경제적 지위로 인해 법정에서 차별을 받고 있다는 뜻이다. '공의를 베풀라'(הַצְדִּיקוּ)는 명령의 핵심은 공의를 꾸준히 지속하는 것에 있다(cf. NIDOTTE). '구원하라'(פַּלְּטוּ)는 곤경에 처한 사람들을 그들이 처한 위기에서 빼내라는 뜻이다(cf. HALOT). 그들은 본인들이 처한 곤경에서 스스로 빠져나올 능력이 없으니 탈출하도록 도와주어야 한다. '건지라'(הַצִּילוּ)는 '찢어내다'(tear from)는 의미를 지넜다(HALOT). 이 단어도 스스로 위기를 헤쳐 나올 수 없는 사람을 도우라는 의미를 지녔다. 주의 백성들은 항상 공정한 판결이 내려지도록 노력할 뿐만 아니라 자신들이 처한 어려움에서 스스로 빠져 나오지 못하는 사회적 약자들이 그 위기를 탈출할 수 있도록 도와주어야 한다(cf. 사 1:16-17, 슥 7:7-10, 말 3:9, 약 1:27).

기자는 이 말씀을 통해 하나님은 가난한 자들과 고아들의 상소를 공평하게 판결하시며, 곤경에 처한 사람과 가난한 사람들을 도우시는 관대한 재판관이시라고 한다(3절). 또한 하나님은 악인들이 연약한 사람들을 짓밟고 착취하지 못하도록 배려하시는 분이다(4절).

3. 신들이 실패한 이유(82:5)

> 5 그들은 알지도 못하고 깨닫지도 못하여
> 흑암 중에 왕래하니
> 땅의 모든 터가 흔들리도다

이 구절은 기자의 말일 수도 있지만(cf. Terrien), 하나님의 말씀으로 보는 것이 바람직하다(McCann). 하나님은 신들이 아는 것이 없고 깨달음도 없다고 하신다. 일부 주석가들은 이 말씀이 신들의 지배를 받는 세상 사람들이 방황하는 모습을 묘사하고 있다고 하지만(Kidner), 신들의 상태로 보는 것이 바람직하다. 신들이 하나님의 공의와 정의에 대한 기준을 모른다는 것이 아니라 의도적으로 거부해서 빚어지는 일이다(vanGemeren). 주님의 빛 안에 거하며 공의와 정의를 실천하면 좋았을 텐데, 무지하고 통찰력도 없는 신들이 흑암 중에서 활동한다. '흑암'(חשכה)은 부도덕함과 불의에 대한 비유다(HALOT). 성경은 물리적인 어두움을 묘사할 때는 다른 히브리어 단어(חשׁך)를 사용한다(cf. 창 1:2). 이 부도덕하고 불의한 신들이 활동하니 땅의 모든 터가 흔들린다. 시편에서 '땅의 터'(מוֹסְדֵי אָרֶץ)는 이 세상에서 이루어지는 하나님의 질서와 통치를 상징한다(시 11:3, 75:3, 96:10). 이 신들의 활동은 하나님이 세상에 세우신 질서와 정의에 혼란을 초래한다는 뜻이다. 결국 신들이 가져온 '흑암'은 그들과 사람들이 함께 실족하게 한다(Hossfeld-Zenger).

반면에 하나님은 완벽한 지식을 지니셨고 지혜도 비교할 자가 없다. 주님은 빛에 거하시며 세상에 빛(생명)을 주신다. 주님의 빛으로 가득한 세상, 곧 하나님의 통치가 질서 유지와 정의 실현으로 표현되는 세상은 평안하며 안전하다. 창조주이신 하나님이 일반 은총을 베푸시어 주님을 믿는 사람들뿐만 아니라 믿지 않는 사람들이 사는 세상에도 질서와 정의를 세우셨다. 그러므로 세상에서 불의가 행해질 때, 세상은 오래지 않아 스스로 그 악을 거부할 것이다(Terrien).

4. 하나님이 신들에게 사형선고를 내리심(82:6-7)

> 6 내가 말하기를 너희는 신들이며
> 다 지존자의 아들들이라 하였으나
> 7 그러나 너희는 사람처럼 죽으며
> 고관의 하나같이 넘어지리로다

하나님은 공의와 정의를 실현하지 못하고, 지식과 깨달음도 없어 세상에 안정을 주기는커녕 불안과 혼란만 준 신들에게 그들도 세상 '사람'(אָדָם)과 '고관들'(הַשָּׂרִים)과 별반 다를 바 없이 죽을 것이라며 사형을 선고하신다(7절). 세상 모든 사람이 죽는 것처럼 신들도 죽을 것이라는 의미다(Dahood). 혹은 최초 인간이었던 아담이 하나님처럼 되려고 하다가 죽은 것처럼, 그들도 죽을 것이라는 해석도 가능하다(Goldingay, Mullen). 가나안 신화는 신들이 모두 '지존자(עֶלְיוֹן)의 아들들'이라고 했다(vanGemeren). 비록 그들이 좋은 신분을 지녔지만, 창조주가 세우신 질서와 정의를 거부하여 제 역할을 하지 못한 것에 대한 징벌이다. 또한 가나안의 신들은 영원히 사는 존재들이 아니라 인간처럼 죽는 존재라는 것이다.

반면에 하나님은 영원히 존재하는 분이시다. 또한 그 누구도 하나님의 생명을 위협할 수 없다. 하나님은 인간과 별로 다르지 않은 가나안의 신들과 질적으로 다른 분이시다. 주님은 지존자시다.

5. 온 땅에 평화가 임하기를(82:8)

⁸ 하나님이여
일어나사 세상을 심판하소서
모든 나라가 주의 소유이기 때문이니이다

하나님은 가나안 신들과 질적으로 다르다는 사실을 고백한 기자가 주님께 자기가 사는 세상을 심판해 주실 것을 기도한다. 그는 하나님이 천상 어전회의에서 서신 채로 신들을 심판하신다고 했는데(1절), 이번에는 일어나시어 세상을 심판하시라 한다. 신들이 불의로 오염시킨 세상을 하나님이 다시 정화시켜 달라는 기도다(Tate).

저자는 하나님이 공평하고 정의로운 판결을 내리실 것을 기대한다(cf. 2-4절). 세상에 공의와 정의가 없는 것에 대하여 벌하시는 것이 아니라, 공의와 정의는 이런 것이라며 보여 주시고 가르쳐 주는 심판을 기대한다(Miller). 우리는 세상에서 불의를 보면 항상 이 기도를 드려야 한다(Calvin).

하나님은 세상을 심판하실 자격이 있다. 세상 모든 나라가 주님의 소유이기 때문이다. 가나안 신들은 자신들이 세상을 소유했다고 하지만, 사실이 아니다. 그들은 하나님 앞에서 자기 목숨 하나도 유지할 능력이 없는 무능한 존재들이다. 세상에 하나님 같으신 분은 없다는 것

이 이 시편이 선포하고자 하는 메시지다(Gordon). 그러므로 이 진리를
선포하는 이 시편은 범세계적인 면모를 지녔고(vanGemeren), 종말론적
이기도 하다(McCann).

제83편
아삽의 시 곧 노래

I. 장르/양식: 회중 탄식시(cf. 12편)

대부분 학자들은 기도와 탄식과 저주로 구성되어 있는 이 시편을 회
중 탄식시로 구분한다. 그러나 회중 탄식시면서도 회중에 대한 내용
이 별로 없고, 탄식보다는 하나님이 역사하시기를 바라는 간구가 중점
적으로 전개되는 것은 전형적인 회중 탄식시 양식과 비교해 볼 때 특
이하다 할 수 있다(Goldingay). 이 노래가 회중 탄식시가 아니라, 구원과
완전한 승리를 구하며 하나님의 개입을 바라는 찬양적 초청시(hymnal
invitation)로 구분하는 이도 있다(Terrien). 또한 이 시를 단순히 도움을 청
하는 공동체 기도(community prayer for help)로 간주하기도 한다(deClaissé-
Walford et al.).

기자는 6-8절에서 아시리아를 포함한 10개 나라를 언급한다. 이
러한 사실을 근거로 이 시는 아시리아가 고대 근동 정치에 많은 영향
력을 행사했던 주전 9-7세기에 저작된 것이라고 하는 주석가가 있다
(Ross, cf. 대하 20:1-30). 기자가 언급하는 10개 나라에 바빌론은 포함되
지 않았다 하여 저작 연대를 주전 730-620년쯤으로 압축하는 학자도
있다(Clifford).

6-8절은 나라들의 연합을 전제하는데, 아시리아는 강대국이라 이 곳에 언급된 가나안 약소국가들과 동맹할 필요가 없다며 언제든 이스 라엘을 괴롭히는 나라의 상징으로 보아야 한다는 이들도 있다(Broyles, Goldingay, McCann, Tate, vanGemeren). 아시리아를 상징적으로 해석하면 저작 연대는 왕정 시대였던 주전 9세기에서 마카비 시대였던 주전 2 세기 중 어느 때든 가능하다는 것이 학자들의 주장이다(cf. Goldingay). 이 시편이 제2편처럼 어떠한 역사적 구체성을 지니지 않았기 때문이다 (Kraus).

그럼에도 불구하고 아시리아가 언급되는 것을 두고 이 노래가 주 전 722년에 아시리아의 손에 망한 북 왕국에서 제작된 것이라는 주장 이 있다(Goldingay). 학자들은 저작 연대로 포로기 시대(Hossfeld-Zenger, McCann, Schaefer), 혹은 그 이후 시대(Tate)를 지목하기도 하지만, 이러한 주장에는 이 노래가 10개 나라를 언급하면서 바빌론은 포함하고 있지 않는 것이 부담으로 작용한다. 만일 이 노래가 이때쯤 저작되었다면, 아시리아보다는 바빌론이 언급되는 것이 당연하기 때문이다.

정확히 이 시가 언제 저작되었는지는 알 수 없다. 하지만 일단 시편 모음집에 삽입된 이후에는 언제든 온 나라가 외부의 침략으로 인해 고 통을 당할 때면 불렸을 것이다(Broyles, McCann). 이 시편은 이스라엘이 다른 나라와 전쟁할 때면 읽었던 '전쟁 신탁'(War Oracle)이라는 주장도 있다(Christensen). 기자는 적들이 이스라엘을 공격하는 것은 곧 하나님 을 공격하는 것과 마찬가지라는 논리를 펼치고 있다(Goldingay, cf. 2, 5 절). 이 노래는 73편에서 시작된 '아삽 모음집'의 마지막 노래다.

II. 구조

대부분 학자들은 이 시편을 공동체가 자신들이 처한 형편을 주님께 설명하는 1-8절과 이 상황에 대하여 주님의 개입과 구원을 간구하는

9-18절 등 두 주요 섹션으로 구분한다(deClaissé-Walford et al., Hossfeld-Zenger, Tucker & Grant). 이 두 범주 내에서는 다양한 세부적인 분석이 제시된다. 다음은 밴게메렌(vanGemeren)이 제시한 구조를 바탕으로 미미하게 수정한 것이다. 이 주석에서는 다음 구조를 바탕으로 본문을 주해해 나가고자 한다.

  A. 하나님의 사역을 위한 기도(83:1)
    B. 원수들의 음모(83:2-4)
      C. 침략자들의 대단한 규모(83:5-8)
      C′. 이스라엘 역사에 빛나는 하나님의 역사(83:9-12)
    B′. 원수들의 수모(83:13-16)
  A′. 하나님의 사역을 위한 기도(83:17-18)

III. 주해

주의 백성이 외부의 침략으로 국가적인 위기를 맞았다. 주님 앞에 모인 공동체는 하나님이 그들의 원수를 물리치고 그들을 구원하시기를 기도한다. 그들은 이 위기가 자신들의 죄로 인해 주님이 그들을 치시는 것이 아니라고 확신한다. 그러므로 그들은 적들이 그들을 공격하는 것은 곧 하나님을 공격하는 것과 다름없다고 확신한다.

1. 하나님의 사역을 위한 기도(83:1)

¹ 하나님이여
침묵하지 마소서
하나님이여 잠잠하지 마시고
조용하지 마소서

기자는 이 구절에서 하나님을 두 차례 부른다(אֵל, אֱלֹהִים). 이러한 상황은 노래를 마무리하는 18절에서 원수들은 하나님이 여호와(יְהוָה)이시며 지존자(עֶלְיוֹן)이심을 알게 해 달라며 주님의 이름을 두 차례 언급하는 것과 평행을 이룬다. 노래의 시작과 끝에서 사용되고 있는 성호가 일종의 괄호를 형성하며 안에 있는 내용을 감싸고 있는 것이다(cf. vanGemeren).

저자는 주의 백성이 처한 다급한 상황에서 하나님이 자신들의 일에 꼭 개입하셔야 한다며 세 개의 부정사를 동반한 간구로 노래를 시작한다. "침묵하지 마소서… 잠잠하지 마소서… 조용하지 마소서." '침묵'(דֳמִי)은 마치 아무 일도 없는 것처럼 느긋하게 쉬고 있는 모습이다(cf. HALOT). '잠잠하다'(חרש)는 하나님이 그들의 기도를 들으시고 마치 주님과 상관없는 일처럼 생각하시는 것을 의미한다. '조용하다'(שׁקט)는 마음의 평안을 누린다는 뜻이다. 기자가 하나님께 "침묵하지 말고, 잠잠하지 말고, 조용하지 말라"며 바라는 것은 딱 한 가지, 곧 하나님이 말씀하시는 것이다. 하나님이 말씀만 하시면 원수들이 패하여 물러갈 것이기 때문이다(Kirkpatrick).

저자는 그들이 겪고 있는 일에 대하여 하나님이 꼭 개입하시어 조치를 취해 주셔야 한다는 절박한 심경으로 이 시를 시작하고 있다. 그는 이스라엘은 주의 백성이므로, 백성의 위기는 곧 그들의 왕이자 주인이신 하나님의 위기라고 생각한다. 이스라엘이 망하면 하나님은 기업을 잃게 될 것이기 때문이다.

2. 원수들의 음모(83:2-4)

² 무릇 주의 원수들이 떠들며
주를 미워하는 자들이 머리를 들었나이다
³ 그들이 주의 백성을 치려 하여

간계를 꾀하며

주께서 숨기신 자를 치려고

서로 의논하여

⁴ 말하기를 가서 그들을 멸하여

다시 나라가 되지 못하게 하여

이스라엘의 이름으로

다시는 기억되지 못하게 하자 하나이다

주님께 긴급한 도움을 요청하는 일로 노래를 시작한 기자가 이 섹션에서는 주의 백성이 처한 위기를 설명한다. 그들은 침략을 받았다. 침략자들이 누구인지는 아직 밝히지 않지만, 저자는 그들을 '주의 원수들'(אֹיְבֶיךָ)이며 '주를 미워하는 자들'(מְשַׂנְאֶיךָ)이라며 하나님을 자극한다(2절). 특별한 상황에 처한 기자는 별 어려움 없이 이런 말을 할 수 있지만, 우리는 신중해야 한다. 우리의 원수들이 하나님의 원수가 아닐 수도 있기 때문이다(Mays).

그들은 떠들며 머리를 들었다. '떠들다'(הָמָה)는 여차하면 공격한다는 자신감으로 소리친다는 뜻이다(cf. HALOT). 원수들의 떠들어댐은 하나님의 침묵(1절)과 극명한 대조를 이룬다. '머리를 들다'(נָשָׂא רֹאשׁ)는 적을 공격하기 위하여 바라보며 승리에 대한 자신감을 보이는 모습이다(Tate, cf. 삿 8:28). 원수들은 주의 백성을 치려고 만반의 준비를 다한 상황이다. 이러한 정황으로 인해 기자는 1절에서 그처럼 절박하게 하나님을 찾았던 것이다(Broyles).

원수들은 또한 서로 의논하여 이스라엘을 공격하는 가장 좋은 방법을 알고 있다(3절). 저자는 이스라엘은 '주의 백성'이며 '주께서 숨기신 자들'이라며 다시 한번 하나님을 자극하고자 한다. 이스라엘이 '주의 백성'(עַמְּךָ)이라는 것은 하나님이 그들을 다스리시는 왕이심을 강조하는 표현이다. 기자는 왕이 공격당한 자기 백성을 방어하듯, 하나님이 이스라엘을 위하여 싸워 주시기를 기대하고 있다. '주께서 숨기신 자들'(צְפוּנֶיךָ)은 하나님이 소중히 여겨 보호하시기 위하여 따로 두었다는 뜻이다(HALOT). 적들이 하나님으로부터 가장 중요한 소유물인 이스라엘을 빼앗으려 하고 있으니 절대 그 소유물을 빼앗기지 말라는 호소다 (cf. Schaefer).

기자는 원수들이 이스라엘을 약탈하기 위해서 침략해온 것이 아니라, 그들을 세상에서 멸절하려고 왔다고 한다(4절). 원수들의 스피치를 직접 인용하는 것은 저자가 그들의 교만을 드러내기 위해서다(Clifford). 만일 그들이 이스라엘을 정복하여 자치권은 남겨두고 조공만 받겠다는 계획으로 침략해 왔다면 조금은 희망적이라 할 수 있는데, 침략자들의 유일한 목적은 이스라엘을 세상에서 없애는 것이다. 그들은 이스라엘이 다시는 나라가 되지 못하게 하고, 이스라엘이 세상에서 영원히 기억되지 못하게 하기 위해서 침략해 왔다. 하나님은 이스라엘이 너무나도 소중해서 잘 보호하시려고 그들을 숨기셨다(cf. 3절). 원수들은 이스라엘이 다시는 세상에서 보이지 않도록 영원히 '숨기러 왔다'(Goldingay). 그러므로 기자는 매우 절박한 마음으로 하나님께 도움을 청하고 있다(cf. 1절).

3. 침략자들의 대단한 규모(83:5-8)

⁵ 그들이 한 마음으로 의논하고
주를 대적하여 서로 동맹하니
⁶ 곧 에돔의 장막과 이스마엘 인과 모압과 하갈 인이며
⁷ 그발과 암몬과 아말렉이며 블레셋과 두로 사람이요
⁸ 앗수르도 그들과 연합하여
롯 자손의 도움이 되었나이다 (셀라)

원수들은 한마음으로 이스라엘을 치려고 의논했다(5a절, cf. 3절). 그들이 하나님의 백성을 치는 것은 곧 주를 대적하기 위하여 동맹을 맺은 일과 마찬가지다(5b절). '동맹을 맺다'(בְּרִית יִכְרֹתוּ)는 '언약을 체결하다'와 동일한 표현이다. 성경에서 언약은 '누구와 맺는 것'(with)이지 '누구를 상대로/대적하는 것'(against)이 아니다. 이러한 표현은 이곳이 유일하다(Tate). 기자는 이 독특한 표현을 사용하여 원수들은 참으로 믿기 어려울 정도로 충격적인 일을 하고 있다는 것을 강조하고자 한다(deClaissé-Walford et al.).

그는 앞에서 그들은 하나님의 원수이며, 주님을 미워하는 자들이라고 했는데(2절), 이제는 주님을 대적하기 위하여 서로 언약을 맺은 자들이라고 한다. 원수들이 서로 언약을 맺어 하나가 된 것처럼, 하나님과 이스라엘도 시내 산에서 언약을 맺어 하나가 되었다(cf. Tucker & Grant). 기자는 원수들의 침략을 두 동맹(원수들의 동맹, 하나님과 이스라엘의 동맹)의 갈등으로 묘사하고 있다.

기자는 이스라엘의 원수들로 열 개의 민족과 나라를 언급하고 있다. 에돔, 이스마엘, 모압, 하갈, 그발, 암몬, 아말렉, 블레셋, 두로, 앗수르. 롯 자손은 모압과 암몬을 두고 하는 말이니 열한 번째 민족은 아니다. 아시리아를 제외한 아홉 나라는 이스라엘을 감싸고 있는 주변국들이며, 이스라엘을 중심에 두고 남서쪽에서 남동쪽 방향으로 원을 그리고 있다(Hossfeld-Zenger). 이스라엘이 원수들에게 포위된 상황을 효과적으로 묘사하고 있다(Eaton). 또한 이 열 민족과 나라는 세 부류로 구분될 수 있다(vanGemeren). (1)정치적으로 이스라엘을 괴롭힌 자들: 에돔, 이스마엘, 모압, 하갈, 암몬, 아말렉, 블레셋 (2)종교적으로 유혹한 자들: 그발과 두로 (3)무력으로 억압한 자: 아시리아.

에돔은 이스라엘의 오랜 원수였으며(cf. 시 137:7), 야곱의 형 에서의 후손들이었다(cf. 창 36장). 에돔은 장막에서 거하는 유목민들이 아니었다. 그러므로 '에돔의 장막'은 온 나라를 의미하며(Goldingay), 그들이 유목민들처럼 장막에 거하는 자들이라는 뜻은 아니다.

이스마엘 인은 아브라함과 하갈 사이에 태어난 이스마엘의 후손들이었다(창 16:15-16, 25:12-18). 이스마엘 사람들의 일부는 유목민(Bedouins)이었으며 이동식 장막에서 살았다. 나머지는 반유목민(semi-nomads)이었다. 주전 7-8세기 근동 문헌에서 자주 언급되는 족속이다(ABD).

모압과 암몬 사람들은 아브라함의 조카 롯과 딸들의 근친상간에서 비롯된 족속들이다(창 19:36-38). 모압 사람들은 광야생활을 마치고 가나안으로 들어오는 이스라엘 사람들을 탐탁지 않게 생각했으며, 모압 왕 발락은 발람을 고용해 이스라엘을 저주하려 했다(cf. 민 22-24장). 사사 에훗은 모압 왕 에글론의 손에서 이스라엘을 구원했다(삿 3:12-20).

암몬 사람들은 요단 강 동편에 정착한 이스라엘 지파들을 많이 괴롭혔다(cf. 삿 11:6-33). 사울은 암몬 왕 나아스의 손에서 야베스 사람들을 구원한 적이 있다(삼상 11:1-11).

하갈 인은 요단 강 동편에서 살았던 유목민들이다(cf. 대상 5:10). 아시리아의 기록은 이 사람들에 대한 언급을 포함하고 있으나, 성경에서는 별 언급이 없다.

그발 사람들이 누구였는지는 확실하지가 않다(cf. 겔 27:9). 두로 근처 지중해에 위치한 페니키아 도시 비블로스(Byblos)의 다른 이름이라는 주장이 있지만(Dahood), 사해 남쪽에 살던 사람들이라는 주장이 유력하다(deClaissé-Walford et al., Goldingay, Terrien, vanGemeren, cf. ABD). 이렇게 간주할 경우 그발은 모압의 이웃이라 할 수 있다(cf. Goldingay).

아말렉 사람들은 야곱의 형 에서로부터 유래한 유목민들이다(창 36:12, 16). 그들은 이집트를 탈출하여 시내 산으로 가던 이스라엘을 뒤에서 공격한 적이 있다(출 17:8-13). 그들은 유다의 남쪽에서 살았으며, 사울이 그들을 제거했다(삼상 15:3, cf. 삼상 27:8-9, 30:1-20).

블레셋 사람들은 사사 시대부터 다윗이 통치하던 시대까지 이스라엘을 가장 많이 괴롭힌 자들이다. 삼손 이야기가 이 민족과 이스라엘의 갈등을 배경으로 하고 있다(cf. 삿 14-16장). 다윗이 블레셋을 제압한 이후로 그들은 이스라엘에게 그다지 위협적인 나라는 되지 못했다(cf. 삼하 8장).

아시리아 사람들은 주전 8세기와 7세기 때 근동 지역을 평정한 세력이었다. 일부 학자들은 본문이 아시리아를 언급하는 것에 대하여 문제를 제기하며 '사마리아'로 읽을 것을 제안하기도 한다(Briggs). 그러나 아시리아라 해도 문제가 될 것은 없다(Anderson). 대부분 학자들은 아시리아가 이스라엘을 억압하는 권세의 상징으로 이곳에 등장하고 있다고 생각하기 때문이다. 저자는 이스라엘이 온갖 악의 세력에 둘러 싸여 있으며 그들에게 다양한 압력을 받고 있다고 한다.

4. 이스라엘 역사에 빛나는 하나님의 역사(83:9-12)

<blockquote>
[9] 주는 미디안 인에게 행하신 것같이,

기손 시내에서 시스라와 야빈에게 행하신 것같이

그들에게도 행하소서

[10] 그들은 엔돌에서 패망하여

땅에 거름이 되었나이다

[11] 그들의 귀인들이 오렙과 스엡 같게 하시며

그들의 모든 고관들은 세바와 살문나와 같게 하소서

[12] 그들이 말하기를

우리가 하나님의 목장을 우리의 소유로 취하자 하였나이다
</blockquote>

기자는 사사기에 기록된 두 전쟁 이야기를 회상한다. 두 이야기 모두 적들의 이름은 언급하지만, 연관된 사사들의 이름은 언급하지 않는다. 인간 사사들이 아니라, 하나님이 승리하신 전쟁이라는 점을 강조하기 위해서다(vanGemeren). 그는 주님의 위대한 승리를 회상하며 과거

의 영광이 다시 한번 재현되기를 기도한다. 기자가 언급하고 있는 미디안인 이야기(9a, 11절)는 사사기 6-8장에 기록된 기드온의 승리에 관한 것이다. 그때 기드온이 미디안 사람들을 상대로 대승을 거둔 것은 그의 리더십 때문이 아니라, 하나님이 베푸신 기적이다. 시스라와 야빈 이야기(9b-10절)는 사사기 4-5장에 기록되어 있는 드보라와 바락 시대 때 있었던 전쟁을 회상한다.

저자가 사사기에 기록된 여러 전쟁들 중에서도 이 두 사건을 언급하는 것은 두 가지 이유 때문이다. 첫째, 그와 이스라엘이 당면하고 있는 위기가 기드온과 드보라 시대처럼 참으로 절박한 상황이라는 것을 강조한다. 둘째, 그때에 하나님이 개입하셔서 기적적인 승리를 주셨던 것처럼, 이번에도 하나님이 영광스러운 승리를 재현하시기를 바라고 있다. 어두울수록 빛이 더 밝게 빛나는 것처럼, 상황이 어려울수록 하나님의 승리는 더 찬란할 것이다.

기자는 하나님이 꼭 개입하셔야 하는 이유를 한번 더 말한다. 그들이 하나님의 목장을 자기들의 소유로 삼고자 하기 때문이다(12절). '목장'(עָוֹה)은 양들이 풀을 뜯는 곳이다. 이스라엘 땅은 하나님이 소유권을 가지신 목장이다. 하나님은 그곳에서 자기 양떼인 주의 백성을 먹이고 키우는 목자이시다. 그러므로 침략자들이 이스라엘을 넘보는 것은 곧 하나님이 소유하신 땅을 탐하는 것과 같다. 하나님이 절대 용납할 수 없는 짓을 하고자 하는 것이다.

5. 원수들의 수모(83:13-16)

¹³ 나의 하나님이여
그들이 굴러가는 검불 같게 하시며
바람에 날리는 지푸라기 같게 하소서
¹⁴ 삼림을 사르는 불과

산에 붙는 불길같이
¹⁵ 주의 광풍으로 그들을 쫓으시며
주의 폭풍으로 그들을 두렵게 하소서
¹⁶ 여호와여
그들의 얼굴에 수치가 가득하게 하사
그들이 주의 이름을 찾게 하소서

기자는 하나님께 이스라엘을 침략해온 원수들을 굴러가는 검불처럼 굴리시고, 바람에 날리는 지푸라기처럼 멀리 날려 버리시라고 기도한다(13절). 시편 전체를 시작한 1편 말씀이 생각나게 한다. 시편 1편 4절은 악인은 한낱 바람에 흩날리는 쭉정이 같다고 했다. 그러므로 저자는 이 말씀을 연상케 하여 침략자들은 하나님의 벌을 받아 마땅한 악인들이라고 비난하고 있다.

그러므로 기자는 하나님이 악한 침략자들에게 불과 광풍이 되어 그들을 태우고 쫓으시라고 기도한다(14-15절). 하나님이 산에 있는 나무들을 모두 태우는 강한 불, 온 산을 태우는 걷잡을 수 없는 불길이 되셔서 침략자들을 모두 태우시기를 바라는 기도다(14절). 또한 광풍(회오리바람)이 모든 것을 날려 버리는 것처럼 그들을 날리시고, 쉴 새 없이 몰아치는 폭풍이 사람을 공포에 몰아넣는 것처럼, 그들을 두려워 떨게 해달라고 기도한다(15절).

그렇게 하시면 당당하게 고개를 들고 주의 백성을 침략해 왔던 원수들, 곧 자신들은 어떠한 어려움도 없이 하나님의 목장을 차지할 것이라고 생각했던 침략자들이 큰 수치를 당해 고개를 들지 못할 것이다(16a절). 또한 공포와 두려움을 통해 하나님의 능력을 확실히 체험한 그들이 주님의 이름을 찾게 될 것이다(16b절). 수치가 경배로 이어지고 있다(Anderson). 또한 이스라엘의 이름을 세상에서 지우기 위하여 침략해온 자들이(4절), 하나님의 이름을 찾는 것이 참으로 인상적이다

(Hossfeld-Zenger). 세상에 하나님 같으신 분이 없다는 사실을 깨닫게 될 것이기 때문이다.

6. 하나님의 사역을 위한 기도(83:17-18)

¹⁷ 그들로 수치를 당하여
영원히 놀라게 하시며
낭패와 멸망을 당하게 하사
¹⁸ 여호와라 이름하신 주만
온 세계의 지존자로 알게 하소서

기자는 16절에서 드렸던 기도를 확대 설명하는 기도로 노래를 마무리하고 있다. 원수들이 큰 수치를 당하여 평생 잊지 못하도록 하시고(17a-b절), 실패와 멸망을 당하게 하여 오직 여호와만이 온 세계의 지존자이심을 알게 해달라는 기도다(17c-18절). '지존자'(עֶלְיוֹן)는 신들 중에서도 가장 으뜸이라는 뜻이다(cf. HALOT). 원수들이 세상에는 하나님 같으신 이는 없다는 사실을 인정하고 고백할 수 있도록 회개하게 해달라는 기도다(Weiser).

제84편

고라 자손의 시, 인도자를 따라 깃덧에 맞춘 노래

I. 장르/양식: 회중 찬양시(cf. 29편), 시온의 노래(cf. 46편)

이 시는 찬양과 기도와 탄식과 시온에 대한 찬양 등 다양한 장르로 구성되어 있지만(vanGemeren), 모빙클(Mowinckel)이 '시온의 노래'(Songs of Zion)로 구분한 여섯 개의 시편(cf. 46, 48, 76, 87, 122편) 중 하나다. 더 나아가 이 시편은 시온의 노래들 중 가장 아름다운 표현들을 담고 있는 노래라는 것이 학자들의 생각이다(McCann, cf. Goldingay).

하나님의 성전이 있는 시온의 아름다움을 찬양하는 '시온의 노래들'은 이스라엘의 주요 종교 절기 때 예루살렘 성전으로 올라가던 순례자들이 부르며 묵상한 노래들이다. 이 노래도 순례자들이 예루살렘을 향해 가면서, 혹은 예루살렘에 도착하여 부른 노래다(Booij, deClaissé-Walford et al., Grogan, McCann, Ross). 이 노래는 특정한 절기와 상관없이 언제든 순례자들이 예루살렘을 향해 갈 때 부른 노래로 생각되지만, 이 노래가 불린 정황을 장막절(Feast of Tabernacles, cf. 신 16:13-16)로 제한하는 이들도 있다(Tucker & Grant).

이 시가 북왕국에서 유래되었다고 주장하는 학자들은 원래 이 노래가 단에 있던 신전에서 사용된 것이라고 주장한다(Peters, Terrien). 그들은 단에 있는 신전과 연관된 노래가 예루살렘 성전을 염두에 두고 개정된 것이라고 한다. 그러나 이러한 주장을 뒷받침할 만한 증거는 전혀 없다.

이 시편의 저작 시기에 대해 매우 다양한 추측들이 있다. 일찍 저작되었다고 하는 이들은 주전 10-9세기라 하고(Goulder), 늦게 보는 사람들은 포로기 혹은 이후라고 주장한다(Anderson, Hossfeld-Zenger). 사람들이 성전에 대하여 관심을 갖게 된 것은 성전이 폐허로 남아 있던 포로기 시대라고 생각하기 때문이다(Anderson, cf. Delitzsch).

그러나 노래가 '주께서 기름 부으신 자'(מְשִׁיחֶךָ, 9절)에 대하여 언급하는 것은 저작 시기가 포로기 이전임을 암시한다(vanGemeren). 주께서 기름 부으신 자는 왕이기 때문이다. 아마도 이 노래는 포로기 이전에 저작되고 불리기 시작했으며, 이후 포로기 시대를 지나며 하나님과 동행하는 삶의 특권을 노래하는 영적인 노래로 불린 것이라고 생각된다(Tucker & Grant). 이 시편도 83편처럼 분명히 종말론적인 비전을 포함하고 있기 때문이다(McCann).

표제는 아삽 모음집(73-83편)이 끝나고 고라 모음집(84-88편, 86편은 예외)이 시작되고 있음을 알린다. '엘로힘 시편 모음집'(Elohistic Psalter, 42-83편)은 고라 자손의 시(42-49편)로 시작했는데, 엘로힘 시편 모음집은 바로 앞 노래(83편)로 끝이 났다. 이러한 상황에서 고라 자손의 모음집(84-88편, 86편은 예외)이 한번 더 새 섹션의 시작을 알리고 있다.

고라 자손은 솔로몬 시대에 성전 예배에서 중요한 역할을 했던 레위 사람들이다. 고라 자손들은 예루살렘 성전에서 예배 인도자로 활동했으며(대상 6:16-47), 성전이 지어지기 전에는 회막에서 문지기 역할을 했다(대상 9:17-22). 그들은 여호사밧 시대에도 성전 찬양대로 활동했다(대하 20:19).

II. 구조

학자들이 제시한 구조 분석들 중 아직까지 괄목할 만한 것은 없다. 간단하게는 세 섹션으로(Alden), 자세하게는 다섯 섹션으로 나눈다 (vanGemeren). 일단 '셀라'(סֶלָה)가 두 차례 사용되며 노래를 1-4절, 4-8 절, 9-12절 등 세 섹션으로 구분하는 듯하다. 또한 8-9절은 찬양으로 구성되어 있는 시편 전체의 흐름을 잠시 멈추게 하는 기도다. 이러한 점들을 고려하여 이 주석에서는 다음과 같은 구조를 바탕으로 본문을 주해해 나가고자 한다.

  A. 하나님의 집에 사는 복(84:1-4)
  B. 하나님의 집으로 가는 복(84:5-7)
  C. 복 있는 사람의 기도(84:8-9)
  D. 하나님을 신뢰하는 복(84:10-12)

III. 주해

이 시편은 제3권의 분위기를 탄식에서 행복한 예배로 전환시키고 있다. 이때까지 고라 자손의 노래는 하나님께 성전과 예루살렘 파괴에 대한 슬픔을 노래했으며, 하나님은 82-83편을 통해 이 문제에 대한 주님의 입장을 밝혔다고 할 수 있다(Tucker & Grant). 그러므로 제3권은 더 이상 슬픔에 머물지 않고 예배와 주님과 동행하는 삶이 얼마나 복된 것인가를 노래하기 시작한다. 그러므로 이 시편은 매우 소망적이고 미래 지향적이라 할 수 있다.

1. 하나님의 집에 사는 복(84:1-4)

¹ 만군의 여호와여

주의 장막이 어찌 그리 사랑스러운지요
² 내 영혼이 여호와의 궁정을 사모하여 쇠약함이여
내 마음과 육체가 살아 계시는 하나님께 부르짖나이다
³ 나의 왕, 나의 하나님, 만군의 여호와여
주의 제단에서 참새도 제 집을 얻고
제비도 새끼 둘 보금자리를 얻었나이다
⁴ 주의 집에 사는 자들은 복이 있나니
그들이 항상 주를 찬송하리이다 (셀라)

기자는 하나님이 거하시는 곳이 참으로 사랑스럽다는 말로 노래를 시작한다(1절). '사랑스럽다'(ידידות)의 의미를 더 정확히 번역하면 '사랑을 받다'(beloved)이다(Grogan, cf. HALOT). 그러므로 이 말은 성전이 아름답다는 뜻이 아니라, 사람들이 성전을 참으로 사랑하고 있음을 의미한다(Goldingay, Kidner). 기자가 주님의 성전을 얼마나 사랑하며 사모하고 있는가를 표현하고 있다. 그는 성전을 생각할 때마다 가슴이 뛰고 감당하기 힘든 흥분이 앞선다.

그는 사람들에게 가장 사랑받는 건물이자 공간인 성전을 보고 뜰에 설 것을 생각하니 그의 영혼이 간절한 사모함으로 인해 지치고 쇠약해짐을 느낀다(2a절). '사모하다'(כסף)는 절박하다는 뜻이며 '쇠약하다'(כלה)는 죽을 지경에 이르렀다는 뜻이다. 이 두 단어는 함께 어우러져 저자가 성전을 얼마나 갈망했는지 그의 마음이 그로기 상태에 있다는 뜻이다(Benedetto, Kraus). 그는 하나님에 대하여 일종의 '상사병'(lovesickness)을 앓고 있다. 그가 성전에 점점 가까워질수록 이러한 감정이 더 강해졌을 것이다.

또한 성전에 가까워질수록 그의 마음과 육체가 살아 계시는 하나님께 부르짖는 간절함으로 채워짐을 느낀다(2b절). '살아 계시는 하나님'(אל־חי)은 하나님이 죽은 적이 있었다는 뜻이 아니다. 하나님은 생명력(חַ)으로 가득하시어 온 세상에 있는 모든 생명과 생기의 근원이 되는 분이심을 강조하는 표현이다.

기자는 하나님의 생명력이 얼마나 강하고, 어떻게 세상에 살아 있는 것들을 보호하시며 축복하시는지, 심지어 주님의 제단에 참새가 둥지를 틀게 하시고, 제비가 보금자리를 만들게 허락하셨다고 한다(3b-c절). 히브리어와 우리말 어순이 달라 우리 성경에는 하나님의 성호들이 3절을 시작하지만, 히브리어에는 하나님의 성호들이 문장의 마지막 부분을 형성하고 있다. 저자는 하나님의 풍성한 생명력(2절)의 사례로 참새와 제비가 살도록 배려하시는 일을 들고 있는 것이다.

제단에는 항상 제물을 태우는 불이 있어 참새나 제비가 둥지를 틀 수는 없다(cf. Briggs). 그러므로 이 말씀은 하나의 비유이며, 가장 연약한 새들도 하나님의 자상하고 따뜻한 보호 아래 있다는 것을 강조한다. 미물(微物)도 인자한 날개 아래 보호하시는 하나님이 어찌 자기 백성들, 특히 예배자들을 보호하지 않으시겠는가 하는 논리를 펼치고 있다. 일부 학자들은 새가 순례자를 뜻하는 비유로 해석되어야 한다고 하지만(Goldingay), 그다지 설득력이 있어 보이지는 않는다.

그러므로 감격한 순례자는 그토록 사모하는 하나님을 '만군의 여호와, 나의 왕, 나의 하나님'이라고 부른다(3a절). '만군의 여호와'(צְבָאוֹת יְהוָה)는 싸움에 능하신 하나님을 의미하는데, 기자는 하나님이 그를 평생 안전하게 지켜 주심을 묵상하면서 이렇게 주님을 부르고 있다. 이번 순례길에서도 별 탈 없이 무사히 도착할 수 있도록 보호해 주신 하나님께 감사하고 있다. '나의 왕'(מַלְכִּי)이란 표현은 자신이 하나님의 백성 중 한 사람임을 인정하며, 자신의 삶에서 왕이신 주님의 통치가 지속되기를 바라면서 드리는 고백이다. '나의 하나님'(אֱלֹהָי)은 그와 주님의 관계를 강조한다. 하나님은 온 우주의 창조주시지만, 그와 특별한 관계를 맺으신 주인이시다.

기자는 하나님의 집에 사는 사람들은 참으로 복이 있다며 이 섹션을 마무리한다(4a절). 자신은 매년 겨우 몇 차례 성전을 방문하지만, 성전에 살거나 자주 찾아올 수 있는 사람들은 얼마나 행복할까 하며 그들을 부러워하는 말이다. 그는 무엇 때문에 그들을 부러워하는가? 그는 그들이 언제든 하나님께 마음껏 찬양할 수 있다는 사실을 부러워한다(4b절). 어떤 개인적인 이슈 때문이 아니라, 오직 하나님을 찬양할 기회가 많을 것이라는 생각에 성전에서 사는 사람들을 부러워하는 순례자의 마음이 아름답다. 시편 1편은 '복 있는 사람'(אַשְׁרֵי)은 악인과 악을 멀리하고 오직 하나님의 말씀을 주야로 묵상하는 사람이라고 했다. 이시편은 성전에서 마음껏 하나님을 찬양할 수 있는 사람도 '복 있는 사람'(אַשְׁרֵי)이라며 복 있는 사람의 삶은 하나님을 찬양하는 일과 분리될 수 없다고 한다. 우리가 교회를 가는 이유와 무엇이 축복인가에 대하여 생각하게 하는 말씀이다.

율법은 예루살렘에서 멀리 떨어져 사는 사람들에게 매년 최소한 세 차례는 성전을 찾을 것을 요구한다(신 16:16). 첫 번째는 봄에 보리의 첫 수확을 거둘 때쯤 무교절을 기념하기 위해서다. 무교절은 유월절 바로 다음 날부터 1주일 동안 기념하는 절기다. 유월절에서 7주 후면 밀 수확이 끝나는데, 이때 그들은 칠칠절을 기념하기 위하여 성전을 찾아야 한다. 가을 추수가 끝나갈 무렵 세 번째 절기인 초막절(장막절)을 기념하기 위하여 성전을 찾아야 한다. 이 절기는 이스라엘의 광야 시절에 그들을 인도하시고 보호하신 하나님을 기념하며, 한 해 추수를 마무리하며 드리는 추수감사 예배를 겸했다.

2. 하나님의 집으로 가는 복(84:5-7)

⁵ 주께 힘을 얻고
그 마음에 시온의 대로가 있는 자는
복이 있나이다

⁶ 그들이 눈물 골짜기로 지나갈 때에
그곳에 많은 샘이 있을 것이며
이른 비가 복을 채워 주나이다
⁷ 그들은 힘을 얻고 더 얻어 나아가
시온에서 하나님 앞에 각기 나타나리이다

하나님의 집에 사는 것이 가장 큰 축복이라고 생각하는 기자는 예루살렘에서 멀리 떨어진 곳에 살기 때문에 많이 아쉽다. 그러나 그는 순례길을 갈 수 있는 것도 큰 축복이라고 생각한다. 순례길은 아무나 갈수 있는 것이 아니기 때문이다. 예루살렘으로 순례를 갈 수 있는 사람은 주님 안에서 힘을 얻는 사람들이다(5a절). 그들은 주님이 주신 힘으로 그들 마음에 시온을 향한 대로를 새긴다(5b절). 시온을 향해 순례길을 떠나겠다고 마음을 먹었다는 뜻이다.

개역개정이 '시온의 대로'(5절)로 번역한 히브리어 단어(מְסִלּוֹת)는 길(track)을 뜻하는 단어(מְסִלָּה)의 복수형이다(HALOT, cf. 삼상 6:12). 대로가 복수형으로 사용되는 이유는 순례자들이 성전을 향해 가려면 여러 장소와 여러 갈래의 길을 가야 하기 때문이라는 해석이 있다(Delitzsch). 그러나 이러한 단수와 복수의 차이에 지나친 의미를 부여하는 듯하다. 순례자들이 이스라엘 여러 곳에서 순례길을 떠나는 모습을 이렇게 표현하는 것으로 생각된다.

마소라 사본에는 '시온'이라는 단어가 없다. 그러므로 대부분 번역본들은 '순례/순례길'로 번역한다(공동, NIV, NAS, TNK, CSB, LXX). 이 노래에서 이 단어가 하나님의 성전이 있는 시온으로 가는 길(순례길)을 의미하기 때문에(cf. 7절) 개역개정은 '시온'을 더하여 '시온의 대로'로 번역한 것이다(cf. 새번역, 아가페, NAS, NRS).

아무나 시온을 향한 순례길을 갈 수는 없다. 꼭 시온을 향해 떠나겠다고 의지를 다진 사람들만이 갈 수 있다. 그러므로 기자는 그들은 '복

603

있는 사람'(אַשְׁרֵי)이라고 한다. 4절에서는 성전에 머물며 마음껏 주님을 찬양하는 사람들이 복이 있다고 했는데, 이번에는 시온을 향해 순례길을 떠나는 사람이 복이 있다고 한다.

그들은 '눈물 골짜기'를 지나갈 것이라고 하는데(6a절, 새번역, 아가페), 학자들의 해석이 분분하다. '눈물 골짜기'는 '바카 골짜기'(עֵמֶק הַבָּכָא)에 사용된 '바카'(בָּכָא)를 칠십인역(LXX)이 '눈물'(τοῦ κλαυθμῶνος)로 번역한 것을 근거로 일반명사로 간주한 것이다. 이렇게 해석하면 '눈물 골짜기'는 사람들이 경험하는 온갖 역경을 상징하며, 6절 말씀은 순례자가 힘들고 어려운 일들로 인해 눈물을 흘리며 시온을 향해 나아갈 때, 주님이 곧 그를 위로하시고 그의 삶을 축복의 상징인 물로 풍요롭게 채워 주실 것이라는 의미를 지닌다(cf. Terrien, Tucker & Grant).

그러나 '바카'(בָּכָא)가 눈물을 의미하는지도 확실하지 않다. 소리는 '눈물을 흘리다'는 의미를 지닌 동사(בכה)와 비슷하지만, 스펠링은 다르다. '바카'(בָּכָא)는 일종의 나무를 뜻한다(HALOT). 새번역의 각주는 이 단어를 '발삼(balsam) 나무'라고 번역한다(cf. Goldingay). 우리말 번역본들 중에 공동과 현대인은 '메마른 [바카]'으로 번역하여 이 골짜기에 물이 없음을 강조한다. 우리 번역본들과는 달리 영어 번역본들은 한결같이 '바카'를 고유명사로 간주하여 '바카 골짜기'(Valley of Baka)로 번역한다 (NIV, NAS, ESV, NRS, TNK, CSB). 이 골짜기의 위치는 알 수 없지만, 순례자가 시온을 향해 순례길을 가면서 지나는 계곡이라는 것이다.

단어의 불확실한 의미와 이 말씀의 정황을 고려할 때 '바카'는 일반 명사보다는 고유명사로 간주하는 것이 바람직하다. 아마도 이 골짜기는 비가 많이 내리지 않아 건조한 상태가 계속되는 곳이라고 생각된다 (cf. 공동, 현대인, McCann). 순례자들이 이곳을 지날 때 하나님은 그들과 함께하시며 보호하신다는 의지의 표현으로 이 골짜기가 샘이 되게 하시며, 가을에 내리는 이른 비가 곳곳에 있는 우물(웅덩이)을 채우게 하실 것이다(6절, cf. 새번역, 아가페). 이른 비는 9월 말에서 10월에 오는 비를 뜻한다(cf. ABD). 그래야 메마른 곳을 지나는 순례자들이 별 어려움 없이 물을 구할 수 있기 때문이다. 하나님은 성전을 찾는 이들을 위해 이 같은 자비를 베푸신다. 그때는 하나님이 보호하고 도와 주셔야 순례자들이 순례길을 갈 수 있었던 것처럼, 지금은 주께서 도와 주셔야 크리스천들이 주의 길을 갈 수 있다(Mays).

하나님이 격려의 상징으로 주신 물을 마시고 힘을 얻은 순례자들은 더 힘차게 목표인 시온을 향해서 나아간다(7절). 그들은 시온에 가까워 질수록 더욱더 힘을 얻는다(7a절). 하나님이 골짜기에서 그들과 함께하셨던 것처럼 시온을 향한 마지막 여정에도 함께하며 힘을 더하시기 때문이다. 드디어 시온에 도착한 그들은 하나님께 자신들을 보인다(7b 절). 칠십인역(LXX)을 근거로 일부 번역본들은 "하나님이 그들에게 나타나신다/보이신다"로 번역하는데(NRS, RSV), 같은 의미지만, 주님이 그들을 반겨 주신다는 의미가 내포되어 있는 번역이다. 하나님이 순례자들을 축복하고 보호하셨기 때문에 이 모든 일이 가능했다. 주님은 예루살렘 성전에서 하나님을 찬양하는 이들만 축복하신 것이 아니라(cf. 4절), 성전을 찾으려고 순례길을 떠나는 사람들도 보호하시고 축복하신다.

3. 복 있는 사람의 기도(84:8-9)

8 만군의 하나님 여호와여
내 기도를 들으소서
야곱의 하나님이여
귀를 기울이소서 (셀라)
9 우리 방패이신 하나님이여
주께서 기름 부으신 자의 얼굴을 살펴보옵소서

이 시에서 유일하게 기도로 이루어져 있는 섹션이다. 이때까지 기자는 하나님을 '만군의 여호와'(יהוה צְבָאוֹת)로 두 차례 불렀다(1, 3절). 이번에는 주님을 '만군의 하나님'(אֱלֹהִים צְבָאוֹת)이라고 부른다(8절). 만군의 하나님은 '여호와'(יהוה)시며 '야곱의 하나님'(אֱלֹהֵי יַעֲקֹב)이시다. 이스라엘과 하나님의 관계를 강조하는 성호들이며, 특히 '야곱의 하나님'은 애정을 담은 표현이다(Briggs). 그는 8절에서 하나님의 성호를 세 차례 부르고, 하나님을 향한 두 개의 명령문을 통해 주의 경청을 호소한다. "들으소서(שִׁמְעָה)… 귀를 기울이소서"(הַאֲזִינָה). 그의 간절한 호소는 9절에서도 하나님의 이름을 한번 더 부르며, 명령문으로 '살펴보옵소서'(רְאֵה)라고 하며 주님께 아뢰는 일을 통해 이어진다.

기자가 기도하는 내용은 주께서 기름 부으신 자의 얼굴을 살펴 달라는 단 한 가지다(9절). 개역개정과 대부분 우리말 번역본들은 칠십인역(LXX)의 번역(ὑπερασπιστὰ ἡμῶν ἰδέ ὁ θεός, "우리의 방어자시여 보소서, 오 하나님)이 '방패'라고 하는 것을 근거로 그가 '방패이신 하나님께' 기도하는 것으로 번역해 놓았지만(새번역, 현대인, 공동), '방패'를 왕으로 해석하는 것이 더 낫다(아가페, 새번역 각주, NIV, NAS, TNK, CSB, cf. 시 47:9). "하나님, 우리의 방패[왕]를 살펴주소서." 백성들의 방패인 왕은 참 방패이신 하나님처럼(cf. 11절), 자기 백성을 보호해야 한다(Tucker & Grant). '주께서 기름 부으신 자'(מְשִׁיחֶךָ)도 왕을 뜻한다(삼상 2:10, 시 2:2, 89:38).

하나님을 참으로 사모하는 마음으로 성전을 찾은 순례자들이 여러 가지 기도를 드릴 수 있었을 텐데, 왕을 위한 단 한 가지 기도를 드리고 있다는 것이 다소 놀랍다. 이 말씀은 순례자들이 예루살렘 혹은 성전 뜰을 밟는 예식을 행하며 드리는 기도를 시작하는 첫 문장일 수도 있다(Briggs). 성전에 들어서면 순례자는 다른 기도 제목은 제쳐 놓고 제일 먼저 이스라엘 공동체의 우두머리인 왕을 위해 기도할 의무가 있다는 것을 암시하는 듯하다. 또한 이스라엘의 왕권은 하나님의 왕권의 연장이다. 그러므로 이스라엘 백성이 왕을 위하여 기도하는 것은 하나님의 왕권을 위한 기도라고 할 수 있다.

4. 하나님을 신뢰하는 복(84:10-12)

¹⁰ 주의 궁정에서의 한 날이
다른 곳에서의 천 날보다 나은즉
악인의 장막에 사는 것보다
내 하나님의 성전 문지기로 있는 것이 좋사오니
¹¹ 여호와 하나님은 해요 방패이시라
여호와께서 은혜와 영화를 주시며
정직하게 행하는 자에게
좋은 것을 아끼지 아니하실 것임이니이다
¹² 만군의 여호와여
주께 의지하는 자는 복이 있나이다

성전 뜰에 서있는 순례자들은 드디어 긴 여정을 끝내고 하나님을 뵙게 된 것에 감격한다. 그들은 자신들이 경험하는 감격을 매우 아름답게 표현한다(10a-b절). 주님의 성전 뜰에서 하루를 보내는 것이 다른 곳에서 천 날을 보내는 것보다 낫다고 말이다. 숫자의 대조(1과 1,000)가 순례자들의 성전에 머물고 싶은 강렬한 열망을 잘 표현하고 있다.

또한 악인들의 집에서 편안히 사는 것보다 주님의 성전 문지기로 사는 것이 좋다(10c-d절). '문지기'는 완화된 번역이다. 이 히브리어 단어(הסתופף)는 성경에서 단 한번 사용되는데, '거지처럼 문지방에 누워 있는 사람'을 뜻한다(HALOT). 한 주석가는 이 이미지가 순례자가 성전 문 앞에서 제사장의 입장을 허락하는 것이 떨어질 때까지 서성이며 기다리는 모습을 묘사한다고 하고(Kraus, cf. McCann), 다른 주석가는 순례자가 거지가 되어 성전 문 앞에 서있는 것을 뜻한다고 한다(Weiser). 그러나 이 말씀은 순례자의 진솔한 바람이고 고백이다. 악인의 집에서 편안히 사는 사람보다 성전 문지방에서 거지처럼 사는 것이 더 낫다는 뜻이다. 참으로 적나라하면서도 재미있는 표현이다.

기자는 무엇 때문에 하나님의 집에서 거지로 사는 것이 악인의 집에서 편안하게 사는 것보다 낫다고 하는가? 여호와 하나님은 태양이시며 방패이시기 때문이다(11a절). 하나님을 '태양'(שֶׁמֶשׁ)이라고 하는 것은 생명의 근원이라는 의미를 지녔다. 빛은 모든 것을 자라게 하기 때문이다. 또한 성경에서 빛은 구원의 상징이기도 하다. 하나님을 '방패'(מָגֵן)라고 하는 것은 주님은 자기 백성을 철저하게 보호해 주시는 보호막 역할을 하시기 때문이다. 기자는 9절에서 인간 왕을 '방패'(מָגֵן)라고 한 적이 있다. 하나님의 위임을 받아 주의 백성을 다스리는 인간 왕은 큰 방패이신 하나님의 작은 방패라는 사실을 상기시키며 둘의 관계를 암시하는 듯하다. 태양이신 하나님이 생명을 주시고 방패이신 하나님이 보호해 주시면 무엇이 더 필요하고 무엇이 두렵겠는가!

또한 하나님은 정직하게 행하는 사람에게 은혜와 영화를 주시며, 좋은 것을 아끼지 않으시는 분이다(11b-d절). '은혜'(חֵן)는 선처나 자비를 베푸는 것을 뜻한다. 하나님은 우리가 받아 마땅한 벌에서 감해 주시고, 마땅하게 받을 상보다 더 후하게 주신다는 의미를 지녔다. '영화'(כָּבוֹד)는 명예를 의미한다(HALOT). 하나님은 우리가 수치를 당하지 않고 존귀함을 받도록 하신다. '좋은 것'(טוֹב)은 순례자가 성전을 찾은 때가 가을임을 감안할 때 추수를 포함한 모든 축복을 의미한다. 하나님은 우리의 삶을 선한 것들로 채우시기를 기뻐하시는 분이다.

그러므로 기자는 주님을 의지하는 자는 복이 있다며 이 시를 마무리한다(12절). 이 시편은 '복 있는 사람'(אַשְׁרֵי)을 매우 전략적으로 사용하고 있다. 4절은 성전에 사는 사람들은 복이 있다고 했다. 5절은 성전을 향해 순례길을 떠나는 사람들은 복이 있다고 했다. 이제 12절은 주님을 신뢰하는 사람이 복이 있다고 한다. 복이 있는 사람이 서 있는 장소가 계속 변하고 있다. 성전(4절)→[성전을 향한] 순례길→[성전에서 멀리 떨어진] 불특정 장소. 그러므로 순례자들의 노래인 이 시는 성전에 사는 사람들뿐만 아니라 어디서 살든 주님을 신뢰하는 사람은 모두 복이 있다고 선언하고 있다(cf. deClaissé-Walford et al., Goldingay, Terrien). 장소보다는 마음이 더 중요하다는 것이다. 이 노래는 '만군의 여호와'(צְבָאוֹת יְהוָה)께 외침으로 시작되었고(1절), 만군의 여호와께 외침으로 마무리되고 있다(12절). 한 원(circle)을 그리며 시작한 곳으로 돌아와 마침표를 찍고 있는 것이다.

제85편
고라 자손의 시, 인도자를 따라 부르는 노래

I. 장르/양식: 회중 탄식시(cf. 12편)

한 주석가는 8절에서 기자가 일인칭 단수를 사용하고 있고, 10-12절이 신탁이라는 것을 근거로 이 노래를 '선지자적 예배시'(prophetic liturgy)라고 한다(Terrien). 그러나 거의 모든 주석가들은 이 노래가 온 나라를 강타한 재앙이 임한 이후 백성들이 함께 부른 공동체 탄식시라는 것에 동의한다.

이 탄식시가 저작된 시기에 대하여는 시편 안에 별 힌트가 없기 때문에 다양한 추측이 있다. 일부 학자들은 이 노래가 왕정시대(Weiser), 더 구체적으로 주전 722년에 있었던 북 왕국의 멸망 이전에 저작된 것이라고 한다(Goulder). 그들은 이 시가 회고하고 있는 이스라엘의 큰 죄는 출애굽기 32-34장에 기록된 금송아지 사건이라고 생각한다.

그러나 대부분 주석가들은 이 노래를 이스라엘의 포로시대와 연관 짓는다. '돌아오게 하다'(שַׁבְתָּ שְׁבִית)(1절)는 바빌론에서 이스라엘이 돌아오는 것과 연관되어 사용되는 표현이기 때문이다(렘 30:3, 18; 31:23, 33:7, 11; 겔 39:25). 그러므로 이 시가 바빌론 포로시대가 끝나갈 무렵에 저작된 것이라는 학자들(Hossfeld-Zenger)이 있는가 하면, 귀향민들이 예루살렘으로 돌아온 지 얼마 지나지 않은 시점인 500년대 말에 저작된 것이라는 학자도 있다(Goldingay).

대부분 학자들은 이 시의 내용이 바빌론에서 돌아온 지 얼마 되지 않은 시점보다는 상당한 시간이 흐른 시점과 더 잘 어울린다고 생각한다. 시의 내용이 학개서에 기록되어 있는 귀향민들의 상황과 상당히 잘 어울린다고 생각하기 때문이다. 귀향민들은 자신들이 예루살렘에 도착하기만 하면 하나님이 곧바로 유토피아를 허락하실 것으로 기대했다. 그러나 예루살렘에 도착한 그들은 참으로 혹독한 현실에 당면했다. 시간이 흐르면서 그들은 점차 기대와 소망은 버리고 실의에 빠졌는데, 이 시의 내용이 이러한 시대와 잘 어울린다.

그렇다면 이 시는 일부 주석가들(McCann, Terrien, vanGemeren)이 주장하는 귀향민들이 예루살렘으로 돌아온 지 얼마 되지 않은 시점보다는 어느 정도의 시간이 흐른 시점과 더 잘 어울린다. 태이트(Tate)는 에스라-느헤미야 시대(주전 450-440년)를 저작 연대로 보며, 브로일스(Broyles)도 비슷한 시대를 제안한다. 시의 저작 연대를 매우 늦게 보는 칼빈(Calvin)은 주전 200년대 초 안티오쿠스 에피파네 시대에 저작되었을 것이라고 한다. 아마도 에스라-느헤미야 시대가 가장 무난한 것으로 생각된다.

이 시는 어떤 정황에서 불린 노래였을까? 한 학자는 가을 추수철에 드리는 신년 기도로 사용되었다고 한다(Weiser). 온 나라에 흉년이 들었을 때 부른 노래라는 주장도 있다(Goldingay). 기자가 구체성을 피하는 것으로 보아 언제든 주의 백성이 치유와 회복이 필요할 때 불렀던 노래로 생각하는 것도 무난하다(deClaissé-Walford et al., Gerstenberger).

II. 구조

이 시편은 1-7절과 8-13절 등 두 파트로 구분된다. 이후 세세한 구분에 대하여는 학자들에 따라 다르다. 이 주석에서는 다음과 같이 네 파트로 구분하여 본문을 주해해 나가고자 한다(cf. Goldingay, Tucker & Grant, vanGemeren).

  A. 과거에 베풀어 주신 은혜(85:1-3)
  A'. 현재의 위기에서 구원을 간구함(85:4-7)
    B. 평화와 구원에 대한 기대(85:8-9)
    B'. 평화와 정의로운 세상에 대한 신탁(85:10-13)

III. 주해

주의 백성이 큰 위기를 맞았다. 그들은 함께 모여 하나님이 과거에 죄지은 조상들에게 베풀어 주신 구원을 묵상한다. 이어 그들은 주님이 현재의 위기에서도 구원해 주실 것을 호소한다. 그들은 조상들의 죄를 반복하지 않겠다는 의지를 가지고 주님께 간구한다(Kraus). 하나님은 그들을 구원하셔서 정의와 평화가 다스리는 세상에서 살게 해 주실 것을 약속하신다.

1. 과거에 베풀어 주신 은혜(85:1-3)

¹ 여호와여
주께서 주의 땅에 은혜를 베푸사
야곱의 포로 된 자들이 돌아오게 하셨으며
² 주의 백성의 죄악을 사하시고
그들의 모든 죄를 덮으셨나이다 (셀라)
³ 주의 모든 분노를 거두시며
주의 진노를 돌이키셨나이다

큰 위기를 맞은 공동체는 먼저 주님이 과거에 베푸신 은혜를 묵상하며 기도를 시작한다. 처한 상황이 아무리 다급하더라도 모든 일에는 순서와 질서가 있다. 이처럼 하나님께 도움을 청하는 기도를 드릴 때에는 마음을 가다듬고 과거에 하나님이 베풀어 주셨던 은혜를 회상하는 것이 바람직하며, 우리가 가장 먼저 해야 할 일이다. 주님이 많은 은혜를 베푸셨던 과거를 회상하는 일이 현재의 불안감을 해소하기 때문이다. 그러므로 기자는 하나님이 과거에 하셨던 일을 찬양함으로써 주님이 다시 사역하시기를 기대한다(Westermann).

기자는 세 가지를 회상하며 주님께 감사한다. 첫째, 하나님은 야곱의 포로된 자들이 돌아오게 하신 일을 감사한다(1절). 개역개정과 우리말 번역본들 대부분이 칠십인역(LXX)의 "당신[주님]은 야곱의 포로된 자들이 돌아오게 하셨습니다"(ἀπέστρεψας τὴν αἰχμαλωσίαν Ιακωβ)에 따라 1c절을 "야곱의 포로된 자들이 돌아오게 하셨다"고 번역했는데(새번역, 현대인, 공동), 바람직한 번역은 아니다. 이 히브리어 문장(בָת שְׁבִית יַעֲקֹב)의 문자적 의미는 "당신[주님]은 야곱의 행운(fortune)이 회복되게 하셨습니다"이다(cf. 아가페, NIV, ESV, NRS, TNK). 히브리어 텍스트에는 '포로들'이 없다. "당신은 행운이 회복되게 하셨다"(שַׁבְתָּ שְׁבִית)는 바빌론에서 이스라엘이 돌아오는 것과 연관지어 사용되는 표현이기는 하다(Broyles, Terrien, Tucker & Grant, cf. 렘 30:3, 18; 31:23, 33:7, 11; 겔 39:25).

그러나 이 표현이 어려운 상황에 처한 사람들에게 자비를 베푼다는 평범한 의미를 지녔기 때문에 바빌론 포로생활과 연관시킬 필요는 없다. 그러므로 일부 학자들은 이 표현이 아론과 이스라엘이 광야에서 금송아지를 만들어 숭배했을 때의 일(cf. 출 32-34장)을 회고하고 있다고도 하는 것이다(Goulder, Weiser). 기자가 구체적으로 어떤 사건을 염두에 두고 하는 말인지 알 수 없으므로 이 말씀을 "야곱이 곤경에 처할 때마다 그들이 처한 상황이 회복되게 하셨다"라는 의미로 해석하는 것도 괜찮다(cf. McCann).

둘째, 하나님이 백성의 죄를 사하시고 그들의 모든 죄를 덮으신 일을 감사한다(2절). '사하다'(נשא)는 들어 올리다는 의미를 지녔다. 하나님이 백성이 지고 있는 죄를 들어 올려 더 이상 죄의 무게가 그들을 짓누르지 못하게 하셨다는 뜻이다. '덮다'(כסה)는 더 이상 보이지 않게 한다는 뜻을 지니고 있다(HALOT). 홍수가 땅을 덮는 것처럼, 하나님의 위대한 은혜가 백성들의 죄를 덮는다(Tucker & Grant, cf. 출 15:5, 10, 시 104:6). 하나님이 사람의 죄를 용서하시면 다시는 그 죄가 하나님과 그 사람 사이에 문제가 되지 않도록 하신다.

셋째, 하나님이 주의 백성에게서 모든 분노를 거두시고 진노를 돌이키신 일을 감사한다(3절). 기자가 말을 하지 않기 때문에 하나님이 왜 주의 백성에게 화가 나셨는지 정확한 이유는 알 수 없다. 성경은 주님의 분노가 백성들의 죄(우상숭배)에 대한 하나님의 질투로 빚어지는 일을 자주 언급한다(cf. 출 32:12, 34:7, 14; 민 25:4 등등). 그러므로 일부 학자들은 하나님의 진노에 대하여 언급하는 이 말씀이 이스라엘이 출애굽 때 광야에서 금송아지를 만든 일(출 32-34장)에 관한 것이라 한다(Goulder, Weiser). 그러나 대부분 학자들은 주전 586년에 바빌론의 손에 유다가 멸망하고 백성들이 바빌론으로 끌려간 일을 두고 하는 말이라고 한다. 그러므로 하나님이 분노를 거두셨다는 것은 바빌론 포로생활이 끝났다는 뜻이다(Goldingay, Hossfeld-Zenger, McCann, Tucker & Grant, vanGemeren).

2. 현재의 위기에서 구원을 간구함(85:4-7)

⁴ 우리 구원의 하나님이여
우리를 돌이키시고
우리에게 향하신 주의 분노를 거두소서
⁵ 주께서 우리에게 영원히 노하시며

대대에 진노하시겠나이까
⁶ 주께서 우리를 다시 살리사
주의 백성이 주를 기뻐하도록 하지 아니하시겠나이까
⁷ 여호와여
주의 인자하심을 우리에게 보이시며
주의 구원을 우리에게 주소서

하나님께 노래를 부르고 있는 공동체는 앞 섹션에서 하나님이 지난 날 조상들의 죄를 용서하시고 진노를 거두신 일을 감사했다. 이 섹션에서는 자신들을 위해 하나님께 기도한다. 그들은 하나님이 화를 내시고 그들을 떠나셨다고 생각한다(4절). 그러므로 그들은 하나님이 속히 분노를 거두시고 그들에게 다시 돌아오시기를 호소한다. "우리에게 다시 돌아와 주십시오"(4절, 새번역).

하나님이 자신들에게 화가 나셨다는 이 공동체는 어떤 상황에 처해 있는 것일까? 앞 섹션(1-3절)에서 언급한 것처럼 하나님이 그들의 조상들의 죄를 용서하시고 노여움을 푸셨다는 것은 바빌론 포로생활이 끝났다는 의미였다. 그러나 이 섹션에 들어와 그들은 하나님이 자신들에게 진노하신다고 생각한다(4-5절). 조상들에 대한 하나님의 진노는 끝났지만, 자신들에 대한 진노는 아직도 풀리지 않고 있다는 것이다. 그러므로 이 공동체는 과거에 하나님이 그들의 조상을 용서하시고 진노를 푸신 것처럼 자신들도 구원하시고 진노 대신 인자하심으로 대해 주시기를 바라고 있다(6-7절).

이 노래를 처음 부른 공동체는 바빌론 포로생활이 끝난 후에 예루살렘으로 돌아온 귀향민들이 확실하다. 그러나 정확히 어느 때인지에 대하여는 학자들 사이에 다소 이견이 있다. 성경은 귀향민들이 무리를 지어 예루살렘으로 돌아온 일이 세 차례 있었다고 한다. 첫째 그룹은 스룹바벨과 세스바살을 중심으로 주전 538년에 돌아왔다(cf. 스 1-6장).

둘째 귀향민 무리는 에스라를 중심으로 주전 458년에 돌아왔다(cf. 스 7-10장). 셋째 무리는 느헤미야를 중심으로 주전 444년에 돌아왔다(cf. 느 1-13장). 스룹바벨을 중심으로 돌아온 첫째 귀향민 그룹은 자신들이 조국으로 돌아오기만 하면 하나님이 그들을 위하여 유토피아(utopia)를 허락하실 것을 기대했다. 그러나 그들을 기다리고 있던 현실은 암담하고 절망적이었다. 이러한 상황에서 2-3차 귀향민들이 종교적인 이유 등으로 사명감을 가지고 그들을 돕기 위하여 돌아왔다. 이러한 상황은 어느 때 즈음을 배경으로 하고 있는가?

학자들은 이 시의 내용이 바빌론에서 돌아온 지 얼마 지나지 않은 시점보다는 상당한 시간이 흐른 시점과 더 잘 어울린다고 생각한다(cf. Tate, Tucker & Grant). 시의 내용이 주전 500년대 말에서 400년대 초에 사역했던 선지자 학개의 메시지와 상당히 잘 어울린다고 생각하기 때문이다. 선지자 학개는 성전에 하나님의 '영광'이 머물고 있지 않다고 하는데(학 2:7, 9), 이 노래는 머지않아 하나님의 영광이 그들의 땅에 머물 것을 확신하고 있다(9절). 선지자는 추수할 것이 별로 없다고 탄식하는데(학 1:10), 이 시편은 하나님이 풍년을 주실 것을 기대한다(12절). 학개는 '평화'가 없다고 하는데(학 2:9), 8절과 10절은 '평화'가 곧 임할 것을 기대하게 한다.

귀향민들은 자신들이 예루살렘에 도착하기만 하면 하나님이 곧바로 유토피아를 허락하실 것으로 기대했다. 그러나 예루살렘에 도착한 그들은 참으로 혹독한 현실에 당면했다. 시간이 흐르면서 그들은 점차 기대와 소망을 버리고 실의에 빠졌다. 급기야 하나님의 진노가 아직 풀리지 않았거나, 새로운 심판이 그들 위에 임했다고 생각하며 좌절했다. 이 시는 이러한 시대와 잘 어울린다.

더 구체적으로 말하자면, 이 시는 일부 주석가들(McCann, vanGemeren)이 주장하는 것처럼 귀향민들이 예루살렘으로 돌아온 지 얼마 되지 않은 시점보다는 어느 정도의 시간이 흐른 시점과 더 잘 어울린다. 테이트(Tate)는 에스라-느헤미야 시대(주전 450-440년)를 저작 연대로 보며, 브로일스(Broyles)도 비슷한 시대를 제안한다. 정황을 고려할 때 이 노래는 혹독한 현실에 좌절하고 있던 에스라-느헤미야 시대에 저작된 것으로 간주하는 것이 가장 무난하다.

자신들이 참으로 어려운 시절을 살고 있는 것은 하나님이 그들에게 분노하시기 때문이라고 생각한다. 그래서 공동체는 주님을 '우리 구원의 하나님'(אֱלֹהֵי יִשְׁעֵנוּ)이라고 부르며 호소한다(4a절). 하나님이 그들의 유일한 구원자이고 소망이시니 주님이 그들을 거두지 않으시면 자신들은 죽을 수밖에 없다는 간절함이 서려 있는 성호다. 하나님이 그들을 떠나시거나 등을 보이시고 있다고 생각하는 그들은 하나님이 다시 그들에게 돌아오시기를 바란다(4b절). 돌아오셔서 그들에게 향한 분노를 거두시기를 기도한다(4c절). 그들은 하나님의 분노를 자신들의 삶에서 온갖 고통과 아픔으로 경험하고 있다. 그러므로 그들의 삶이 나아지는 날, 하나님의 분노도 풀리는 것으로 생각할 것이다.

하나님의 진노는 그들이 감당하기 어려울 정도로 오랫동안 지속되었다(5절). 그러므로 그들은 주님이 그들에게 '영원히'(עוֹלָם) 노하시는 것으로, '대대로'(לְדֹר וָדֹר) 진노하시고 있다고 한다(5절). 귀향민들은 그들의 선조 시대 때 이스라엘 공동체에 내려진 하나님의 진노가 자신들 시대에도 거둬지지 않고 아직도 지속되고 있다고 생각한다. 하나님의 분노가 다소 지나치다는 생각이 드는 것이다. 자신들은 하나님의 뜻을 이루려고 온갖 위험을 감수하고 예루살렘으로 돌아왔다. 그런데 하나님은 이러한 사실을 아시는지 모르시는지 벌써 몇 대째 어려움이 계속되고 있는 상황에 대한 서운함이 있다.

기자는 귀향민들의 고통과 아픔이 너무 오래 지속되다 보니 자신들은 죽은 목숨이나 다름없다고 한다. 그러므로 그는 하나님께 생기가 모두 쇠해 버린 생명체에 생기를 불어넣어 소생시키듯이 자신들에게 생기를 불어넣으시어 다시 왕성하게 해주시기를 호소한다(6a절). '살리다'(חָיָה)는 생명을 유지한다는 뜻이다(cf. HALOT). 부활과는 직접적인 연관이 없는 단어다. 저자는 하나님이 그들을 살려 주시면 하나님께도 덕이 될 것이라고 한다. 그들이 주님을 더욱더 기뻐할 것이기 때문이다(6b절). 하나님을 기뻐하는 것은 주님의 구원을 경험한 사람의 당연한 반응이다.

그러므로 기자는 자기 백성에게 풍성함과 행복을 주시기를 기뻐하는 하나님께 인자하심을 보여 달라며 기도를 마무리한다(7b절). '인자하심'(חֶסֶד)은 하나님과 백성의 관계에 근거한 은혜를 뜻한다. 저자는 하나님이 이스라엘과 맺으신 관계를 생각하시어 자비를 베풀어 주시기를 바라고 있다. 그는 이 관계적인 면을 강조하기 위하여 시가 시작된 후 한동안 사용하지 않았던 관계를 강조하는 성호 '여호와'를 부르며 호소하고 있다(7a절). 다음 행에서 그가 바라는 '인자하심'(חֶסֶד)은 '구원'(יֶשַׁע)임을 밝힌다(7c절). 구원은 그들이 처한 어려운 일들을 하나님이 해결해 주시어 그들이 다시 행복할 수 있도록 하는 것이다(cf. HALOT).

3. 평화와 구원에 대한 기대(85:8-9)

> 8 내가 하나님 여호와께서 하실 말씀을 들으리니
> 무릇 그의 백성,
> 그의 성도들에게 화평을 말씀하실 것이라
> 그들은 다시 어리석은 데로 돌아가지 말지로다
> 9 진실로 그의 구원이 그를 경외하는 자에게 가까우니
> 영광이 우리 땅에 머무르리이다

이때까지 일인칭복수로 시를 진행해온 기자가 8절에서 갑자기 일인 칭단수 '내가'로 이어간다. 하나님의 지속되는 진노로 인해 온 공동체가 힘들어하는 상황에서 하나님이 그들의 탄식과 기도를 들으시고 무

슨 말씀을 하시는지 듣고 그들에게 알려 주겠다는 취지에서 인칭을 복수에서 단수로 바꾸고 있다. 기자는 아마도 선지자 혹은 제사장이었을 것이다(Kraus). 그는 하나님이 분명히 그들에게 위로가 되고 힘이 되는 화평의 말씀을 주실 것을 확신한다(8b-c절). 하나님이 화평(שָׁלוֹם)을 말씀하시면, 세상에는 화평이 임한다(Tucker & Grant). 그러므로 저자는 자기가 하나님의 말씀을 듣고 그들에게 전해줄 때까지, 어리석은 데로 돌아가지 말라고 한다(8d절).

"어리석은 데로 돌아가지 말라"(וְאַל־יָשׁוּבוּ לְכִסְלָה)고 해석하는 일은 쉽지 않다. 문맥과 잘 어울리지 않기 때문이다. 그러므로 일부 번역본들은 칠십인역(LXX)의 "그에게(주님께) 마음을 돌리는 자들에게"(τοὺς ἐπιστρέφοντας πρὸς αὐτὸν καρδίαν)에 따라 해석하여 앞 문장과 연결한다. "그의 성도들과 그에게 마음을 돌리는 자들에게 화평을 말씀하실 것이다"(NRS, RSV, cf. Kselman). 이렇게 번역하면 텍스트의 흐름은 훨씬 더 매끄럽지만, 굳이 이렇게 해석하지 않아도 된다(cf. Tate).

'어리석은 데'(כִּסְלָה)의 원의미는 '멍청한 짓'(stupidity, Tucker & Grant)이지만, 또한 '확신'(confidence)이라는 의미도 지니고 있다(HALOT). 그러므로 기자가 하나님의 말씀을 듣고 전해줄 때까지 그들은 '그러면 그렇지' 하며 하나님에 대하여 섣불리 결론을 내리고 스스로 실망하지 말라는 권면이다. 하나님이 어떤 계획을 가지고 있으시며, 왜 이런 고난을 그들에게 허락하시고 있는지 알 수 없기 때문이다.

기자는 그들이 겪고 있는 고난과 어려움에는 분명 하나님의 계획과 의도가 서려 있다고 생각한다. 또한 하나님이 그들을 곤경에서 구원하실 때가 가까워졌다는 사실을 직감한다(9a절). 그들이 경험하고 있는 고통에 반영되어 있는 하나님의 계획과 의도가 성취되어 그들의 고통이 끝날 날이 멀지 않았다는 것이다. 또한 이 구원이 그들에게 임하는 날, 주님의 영광이 그들의 땅에 머물 것이다(9b절). 고난이 끝나가고 있으니 그가 하나님의 말씀을 듣고 전해줄 때까지 잠시 기다리라는 뜻이다.

4. 정의로운 세상에 대한 신탁(85:10-13)

> ¹⁰ 인애와 진리가 같이 만나고
> 의와 화평이 서로 입맞추었으며
> ¹¹ 진리는 땅에서 솟아나고
> 의는 하늘에서 굽어보도다
> ¹² 여호와께서 좋은 것을 주시리니
> 우리 땅이 그 산물을 내리로다
> ¹³ 의가 주의 앞에 앞서 가며
> 주의 길을 닦으리로다

기자가 바랐던 하나님의 신탁이 그에게 임했다. 하나님은 인애와 진리와 의와 화평이 그들과 함께할 것이라 하신다(10절). 특히 진리는 땅에서 솟아나고 의는 하늘에서 굽어볼 것이라고 하신다(11절). 진리와 의가 온 세상을 가득 채울 것을 약속하시는 것이다. '인애'(חֶסֶד)는 하나님이 이스라엘과 맺으신 관계를 근거로 베풀어 주시는 자비다(cf. Sakenfeld). '진리'(אֱמֶת)를 더 정확하게 번역하면 '꾸준함/성실함'이다(HALOT). 하나님이 내려 주시는 은혜가 백성에게 도움이 되려면 꾸준해야 한다. 그러므로 인애와 진리(꾸준함)는 하나님의 성품을 묘사하며 자주 쌍을 이룬다(출 34:6, 시 25:10, 40:10-11, 57:10, 61:7). '의'(צֶדֶק)는 옳고 그름에 대한 판단 기준이다(cf. HALOT). '화평'(שָׁלוֹם)은 의의 결과다. 그러므로 이 둘도 함께 언급되고 있다.

11절은 이 네 가지—인애, 진리, 의, 화평—중 진리(אֱמֶת)와 의(צֶדֶק)가 온 땅을 충만하게 할 것이라 한다. 또한 이 네 가지는 하나님이 사역하실 때 자주 사용하시는 도구들(agents)이나(Tate). 진리(꾸준함)는 인애와 연관이 있고, 의의 결과는 화평이다. 그러므로 기자는 이 두 가지를 언급하여 온 세상에 그가 10절에서 말한 네 가지가 모두 온 땅에 충만할

것을 선언하고 있다. 주의 백성이 하나님의 인자하심으로 인해 온갖 곤경을 헤쳐 나와 많은 복을 누리며 평안하게 살 날이 멀지 않았다는 뜻이다.

12-13절이 10절에서 시작된 신탁의 연속인지, 아니면 기자가 잠시 자기 말을 하는 것인지 확실하지가 않다. 그가 여호와께서 '우리 땅'(אַרְצֵנוּ)을 풍요롭게 하실 것이라고 하기 때문이다. 아마도 그가 10-11절에 기록된 하나님의 신탁이 주의 백성에게는 어떤 실질적인 의미가 있는가를 설명하고 있는 듯하다. 그는 머지않아 하나님의 축복인 인애와 진리와 의와 화평이 그들에게 임하면, 땅의 소산도 늘어나 그들의 삶이 윤택해질 것이라는 설명을 덧붙이고 있는 것이다.

여호와께서 좋은 것을 주시면 땅의 소산이 늘어난다고 하는 것으로 보아 '좋은 것'(הַטּוֹב)은 비를, '땅이 산물(יְבוּל)을 내는 것'은 풍성한 수확을 뜻한다. 그러므로 이 말씀은 이 시편이 공동체가 지난 수년 동안 지속된 기근으로 인해 고통의 나날들을 보내며 드리는 기도라는 해석도 가능하게 한다(cf. Goldingay). 귀향민 공동체가 혹독한 기근을 경험하고 있는 상황에서 이 기도를 드리고 있다(cf. 학 1:10).

기자는 '의'(צֶדֶק)가 주님을 앞서가며 가시는 길을 예비할 것이라며 노래를 마무리한다(13절). 이미 언급한 것처럼 의는 옳고 그름에 대한 판단의 기준이다. 하나님은 분명 주의 백성이 억울한 일을 당하도록 내버려 두지 않으실 것이며, 분명 올바른 판결을 내리실 것이다. 그들의 억울한 고통이 더 이상 지속되지 않도록 하실 것이라는 뜻이다. 저자는 하나님이 모든 잘못된 것을 바로 잡을 것이라는 사실을 강조하기 위하여 이 섹션에서 '의'를 반복적으로 언급한다(McCann, cf. 10, 11, 13절). 하나님이 의로 그들의 삶에 개입하시는 날, 백성들은 드디어 화평(שָׁלוֹם)을 누릴 것이다. 화평은 의의 결과이기 때문이다(10절). 저자는 종말론적인 소망으로 이 노래를 마무리하고 있다(Mays).

제86편
다윗의 기도

I. 장르/양식: 개인 탄식시(cf. 3편)

이 시편은 제3권에 속한 두 개의 개인 탄식시 중 하나다(cf. 88편). 또한
이 노래는 개인 탄식시면서도 공동체를 위한 기도이기도 하다(McCann,
cf. Goldingay). 무엇보다도 내용의 일부가 이스라엘이 이집트를 떠난 지
얼마 되지 않아 시내 산 밑에서 금송아지를 만들어 하나님을 분노케
했던 일(출 32-34장)과 연관되어 있기 때문이다(cf. 5, 8, 15절). 기자는 이
때 사건을 회상하며 기도하고 있다. 그러므로 표제의 '기도'(תְּפִלָּה)라는
말이 시의 내용을 잘 반영하고 있다.

  이 시의 특징은 출애굽 이야기뿐만 아니라, 다른 시편들에서 사용된
표현을 상당 부분 활용하고 있다는 점이다. 1절은 시편 40편 17절, 69
편 29절, 109편 22절에서 사용되는 표현을 도입했고, 4절은 시편 25편
1절, 143편 8절과 연관이 있다. 5절, 8절, 15절은 출애굽기 34장 6절
을 재인용하고 있고, 11절은 시편 27편 11절, 143편 8절과 14절은 시
편 54편 3절과 연관이 있는 표현이다. 이러한 '재활용 사례들' 때문에
예전에는 이 시를 '이차적인 시편'(secondary psalm)으로 간주하기도 했다
(Kirkpatrick, cf. McCann, Ross).

생각해 보면 이 시편처럼 다른 시편에서 사용된 표현을 활용하여 새로운 노래를 구성하는 것은 새삼스런 일이 아니다. 이러한 사례는 이미 71편과 79편에서도 관찰된 적이 있다(deClaissé-Walford et al.). 또한 다른 시편들에서 사용된 표현들을 활용한다 해서 별로 중요하지 않다거나 '이차적인 시편'으로 취급하는 것은 바람직하지 않다. 모든 성경 말씀은 전통에서 시작된 생명력을 지니고 있으며, 전통 안에도 생명이 있기 때문이다(Kraus). 특히 사람이 곤경에 처할 때면 완전히 새로운 표현으로 구성된 기도보다는 이미 사용되고, 효과가 입증된 표현들을 사용하여 기도하는 것은 당연한 일이다(Brueggemann).

생각해 보면 주기도문도 이스라엘 신앙과 신학의 전통적 표현들이 어우러져 이루어진 완전히 새롭고 창의적인 결과물이라 할 수 있다(Mays). 요한계시록도 마찬가지다(Goldingay). 그러므로 기자는 과거 자료를 사용하여 새로운 메시지를 구상하고 있다고 할 수 있다(deClaissé-Walford et al.). 그는 다윗과 연관된 시에 등장하는 문구들과 시내 산 신학을 연결시켜 새로운 작품을 만들어내고 있는 것이다(Hossfeld-Zenger).

표제가 제시하는 정보가 조금은 놀랍다. 제3권을 시작한 아삽 모음집(73-83편)이 끝나고, 고라 모음집(84-88편)이 진행 중인데, 갑자기 다윗의 시(3권에서 유일함)가 등장하기 때문이다. 게다가 제2권을 마무리하면서 편집자는 분명 다윗의 기도가 마무리되었다고 했는데(72:19), 다윗의 시가 다시 나오고 있다. 그러므로 주석가는 표제의 '다윗의 기도'(תְּפִלָּה לְדָוִד)라는 말을 이 노래가 다윗과 연관된 기도 양식에 따라 저작된 것을 의미하는 것으로 해석하기를 제안한다(Tate). 합리적인 제안이라 생각한다.

개인 탄식시인 이 시편은 제1-2권의 상당 부분을 차지했던 개인 시들과 비슷한 성향을 지녔다. 그러므로 이 노래는 당시 어느 예배자나 사용할 수 있었을 것이다. 그러나 내용을 살펴보면 주의 백성이 시온에서 드리는 예배에 열방이 참석하는 것은 왕정시와 시온시에 잘 어울린다. 그러므로 아마도 왕이나 총독 등 주요 관직에 있는 사람, 혹은 온 공동체가 자신들을 하나님의 종이라며 불렀을 만한 노래다 (Goldingay, cf. 8-10절).

이 시편의 저작 시기에 대하여 학자들은 거의 언급하지 않는다. 이렇다 할 단서가 없기 때문이다. 한 학자는 노래의 내용이 마카비 시대에 활성화되었던 신비주의자들인 하시딤(חסידים)의 기도와 잘 어울린다 하여(cf. 2절) 이 시편을 그때쯤(주전 2세기)에 저작된 것이라 한다 (Sabourin). 대부분 학자들은 이 노래가 다른 시편에 비해 상대적으로 늦게 저작된 것은 사실이지만, 주전 2세기에 저작된 것은 아니라고 생각한다(cf. Goldingay).

II. 구조

이 시편의 내용을 분석하면 하나님께 기도를 들어 달라는 호소(1-7절)와 주님께 드리는 찬양과 감사(8-13절)와 하나님께 구원해 달라는 호소(14-17절) 등 세 주요 파트로 구성되어 있다. 2인칭 대명사 '당신'(אתה)이 여섯 차례 사용되는데(2, 5, 10[2x], 15, 17절), 이 대명사의 위치는 시 안에서 교차대구법적 구조를 지녔다(Brueggemann). 또한 '나의 주'(אדני)가 총 일곱 차례 사용되면서 이 시편 전체가 종이 온전히 주인에게 드리는 기도임을 암시한다(Schaefer). 2인칭 단수접미사(ך)도 총 23차례나 사용되면서 시에 통일성과 응집성(cohesiveness)을 더한다.

여러 학자들이 이 시편은 중요한 개념과 문구 사용에서 교차대구법적 구조를 지니고 있음을 의식한다(Auffret, Giavini, Tate, Terrien). 다음은 기아비니(Giavini)가 제시한 것을 오프레(Auffret)가 보완한 것이다. 두 사람 모두 11절이 이 시편의 중심이사 핵심 구절이라고 한다.

A. 1-4절('당신의 종', 2, 4절)
  B. 5-6절('한없는 사랑을 베푸시는 분', 5절)

   C. 7절('고난을 당할 때')
     D. 8-10절('당신의 이름을 영화롭게 하소서', 9절)
       E. 11절(중심 구절, '나의 마음을 모아')
     D'. 12-13절('당신의 이름을 영화롭게 하소서', 12절)
   C'. 14절 ('난폭한 무리')
  B'. 15절 ('한없는 사랑을 베푸시는 분')
A'. 16-17절 ('당신의 종', 16절)

그러나 단어나 문구를 중심으로 분석한 구조와 석의를 위한 구조가 같을 필요는 없다(cf. deClaissé-Walford et al., McCann, Tucker & Grant, vanGemeren). 다음은 밴게메렌(vanGemeren)이 제시한 구조다.

  A. 자비를 위한 기도와 확신 고백(86:1-5)
    B. 자비를 위한 기도(86:6-7)
      C. 확신의 찬양(86:8-10)
    B'. 구원을 기대함(86:11-13)
  A'. 구원을 위한 기도(86:14-17)

아쉬운 것은 거의 모든 학자들이 이 노래의 중심이자 핵심이라는 11절이 위 구조에서 중심에 있지 않다는 점이다. 이러한 정황을 보완하여 이 주석에서는 다음과 같은 구조를 바탕으로 본문을 주해해 나가고자 한다.

  A. 하나님이 기도를 들어 주시기를 간구함(86:1-7)
    B. 하나님을 경배함(86:8-10)
      C. 하나님의 가르침을 사모함(86:11)
    B'. 하나님을 찬양함(86:12-13)
  A'. 하나님이 은혜를 베풀어 주시기를 간구함(86:14-17)

III. 주해

곤경에 처한 기자는 하나님께 자기 기도에 귀를 기울여 주실 것을 간구한다. 하나님은 자기 백성에게 구원의 은혜를 베푸시는 분이시고, 자기는 주의 백성 중 한 사람이기 때문이다. 그는 더 구체적으로 하나님이 그의 기도에 응답해 주시는 것으로 자신의 결백을 원수들 앞에서 드러내 달라고 기도한다.

1. 하나님이 기도를 들어 주시기를 간구함(86:1-7)

¹ 여호와여
나는 가난하고 궁핍하오니
주의 귀를 기울여 내게 응답하소서
² 나는 경건하오니
내 영혼을 보존하소서
내 주 하나님이여
주를 의지하는 종을 구원하소서
³ 주여 내게 은혜를 베푸소서
내가 종일 주께 부르짖나이다
⁴ 주여
내 영혼이 주를 우러러보오니
주여
내 영혼을 기쁘게 하소서
⁵ 주는 선하사 사죄하기를 즐거워하시며
주께 부르짖는 자에게 인자함이 후하심이니이다
⁶ 여호와여
나의 기도에 귀를 기울이시고

내가 간구하는 소리를 들으소서
⁷ 나의 환난 날에 내가 주께 부르짖으리니
주께서 내게 응답하시리이다

기자는 여호와께 그의 기도에 응답해 주실 것을 간절히 바라며 이 노래를 시작한다. "응답하소서… 보존하소서… 구원하소서… 베푸소서… 부르짖나이다… 우러러보나이다… 기쁘게 하소서"(1-4절). 그는 자신이 가난하고 궁핍한 사람이라며 약한 자들의 기도를 들으시는 하나님께 호소하고 있다(1절). '가난'(עָנִי)과 '궁핍'(אֶבְיוֹן)은 경제적으로 어려운 상황을 의미할 수도 있지만, 본문에서처럼 하나님의 도움이 절실하다며 자신을 겸손히 낮추는 말이다(cf. 시 35:10, 37:14, 40:17, 70:5, 109:16, 22). 더욱이 이 노래가 다윗이 저작한 것이라면, 그는 영혼은 가난한 왕일 수 있지만, 경제적으로는 어떠한 어려움도 없는 부유한 왕이었다. 그러므로 공동번역의 "불쌍하고 가련한 이 몸입니다"라고 표현한 것이 그 의미를 더 정확하게 살리는 번역이다(cf. 아가페, 현대인). 희망은 하나님께 우리 자신을 온전히 낮출 때 시작된다(vanGemeren).

하나님 앞에서 자신을 낮출 대로 낮춘 기자가 자신은 경건한 주의 종이니 꼭 구원해 달라고 기도한다(2절). 자신을 경건한 사람이라 한다해서 기자를 교만하다고 생각하면 안 된다. 그는 최선을 다해서 하나님을 따르고 있음을 이렇게 고백하고 있다(Tucker & Grant). '경건'(חָסִיד)은 '자비/인애'(חֶסֶד)와 같은 어원에서 비롯된 말이며, 성경은 하나님의 기본적인 속성을 자비로우심으로 묘사한다. 그러므로 기자가 자신을 경건하다고 하는 것은 자신은 하나님께 속한 자라는 것을 의미한다(McCann). 또한 그는 '자비'(חֶסֶד)를 이웃들에게 실천하는 사람이다(HALOT). 주전 2세기 중반 이스라엘에는 자신들을 '하시딤'(חֲסִידִים, '경건한 자들')이라고 부르는 신비주의적 종파가 있었다.

저자가 자신을 '주님의 종'(עַבְדְּךָ)이라고 하는 것은 하나님이 그를 소유하고 있는 주인이심을 인정하기 위해서다. 그는 이렇게 말함으로써 자신은 주인이신 하나님만을 의지하고 있다는 사실을 고백한다. 또한 주인이 종을 보호하듯 하나님이 그를 구원하실 것을 호소하고 있다. 그는 오직 그의 주인이신 하나님이 그를 구원해 주실 것을 기다린다. 그는 주인과 종의 관계에 근거한 기도를 드리고 있는 것이다.

기자는 주님의 은혜를 바라며 하루 종일 주께 부르짖는다(3절). "내게 은혜를 베푸소서"(חָנֵּנִי)는 "주님의 빛나는 거룩하심으로 나를 채우소서" 라는 의미로 해석되기도 한다(Terrien). 주님이 그에게 은혜를 베푸시기를 바라며 드리는 기도의 갈급함과 간절함을 잘 표현하고 있다. 세상의 그 누구도 의지하지 않고 오직 주님만 우러러보고 있으니 그의 영혼을 기쁘게 해달라는 기도도 더한다(4절). 사람이 고난을 당하면 가장 먼저 잃는 것이 웃음이다. 그러므로 그는 하나님이 속히 자비를 베푸시어 그가 다시 웃을 수 있게 해달라고 간구하고 있다.

기자는 이어 주님의 성품에 의지하는 기도를 드린다(5절). 주님은 선하시어 죄인을 사죄하기를 기뻐하시는 분이다(5a절). 출애굽기 34장 6절을 연상케 하는 말씀이다(Hossfeld-Zenger). '선하다'(טוֹב)는 하나님의 가장 기본적인 성품이며, 하시는 모든 일이 좋다는 의미를 지녔다. '사죄하다'(סַלָּח)는 구약에서 딱 한번 사용되는 단어(hapax legomenon)라 의미를 파악하기가 쉽지 않지만, 언제든 용서하실 준비가 되어 있다는 뜻이다(Dahood, cf. HALOT). 하나님의 속성(nature)에 용서하심이 포함되어 있기 때문이다(Hossfeld-Zenger). 하나님의 선하심의 실용적인 면모는 우리의 죄를 용서하심을 통해 표현된다. 그러므로 선하신 주님은 주께 부르짖는 사람에게 '많은 인자하심'(רַב-חֶסֶד)으로 대하신다. 어떠한 죄라도 용서하기를 기뻐하시므로 기꺼이 용서하신다는 의미다.

하나님은 참으로 선하신 분이시며, 인간의 죄를 용서하시는 일을 기뻐하시는 분이시라는 사실은 여러 세대를 지나면서 참으로 효과적인 기도로 자리잡았다(Broyles, cf. 출 34:6, 민 14:18, 느 9:17, 욘 4:2, 욜 2:13).

기자는 그가 속한 공동체가 오랜 세월 동안 드렸던 기도를 통해 하나님을 더 깊이 알아가고 있다(Tucker & Grant). 그러므로 그도 하나님의 선하심과 죄 사하심에 대한 지식과 믿음을 가지고 더 간절하게 하나님이 그의 기도에 귀를 기울여 주실 것을 간구한다(6-7절). "귀를 기울이소서… 들으소서… 부르짖습니다… 응답하소서." 그는 참으로 어려운 날, 곧 환난 날을 겪고 있다(7a절). '환난'(צָרָה)은 참으로 억압적이고 꾸준히 지속적으로 당하는 사람이 스스로는 해결할 수 없는 유형의 고통을 뜻한다(Rasmussen). 기자는 자신이 어찌할 수 없는 환난과 역경 속에서 드리는 기도를 주님이 반드시 응답하실 것을 확신한다(7b절).

2. 하나님을 경배함(86:8-10)

⁸ 주여
신들 중에 주와 같은 자 없사오며
주의 행하심과 같은 일도 없나이다
⁹ 주여
주께서 지으신 모든 민족이 와서
주의 앞에 경배하며
주의 이름에 영광을 돌리리이다
¹⁰ 무릇 주는 위대하사
기이한 일들을 행하시오니
주만이 하나님이시니이다

선하신 하나님은 자기 백성의 죄를 용서하시는 일을 기뻐하시는 분이시기 때문에 분명히 그의 기도에 응답하실 것이라고 확신한 기자는 (cf. 7절) 하나님을 세상의 신들 중 가장 위대하신 분이라고 찬양한다 (8절, cf. 시 58:1-2, 71:18, 89:6). 세상에는 하나님에 비교할 만한 존재는 없다는 것이 그의 고백이다. 이 말씀은 모세가 홍해를 건너고 난 후 부른 일명 '바다의 노래'(출 15:1-18, cf. 11절)를 연상케 한다.

기자는 하나님이 행하시는 일들은 세상 그 어느 신들도 모방할 수 없는 참으로 위대하고 놀라운 일들이라며 주님을 경배한다(cf. 시 72:18, 77:14). 그는 출애굽 때 하나님이 행하신 일들을 생각하며 이렇게 고백하고 있다(cf. 출 15:11). 오래 전에 조상들에게 출애굽의 은혜를 베푸신 하나님께 한 후손이 같은 은혜를 자기에게도 베풀어 달라고 기도한다. 혹독한 곤경에 처한 사람이 자기 하나님의 능력을 이렇게 찬양하는 것이 참으로 경이롭다(cf. Tucker & Grant).

하나님이 행하신 놀라운 일들 중 하나는 세상 모든 민족을 창조하신 일이다(9절). 열방이 언젠가는 하나님은 세상 그 어떠한 신도 모방할 수 없는 참으로 위대하신 분이라는 사실과 주님이 그들을 창조하셨다는 사실을 깨달을 것이다. 그러므로 비록 열방이 깨닫는 데 시간이 걸리겠지만, 그들이 창조주를 의식할 날이 오고 있다(Calvin). 그때가 되면 열방이 몰려와 주님 앞에서 경배하며 주의 이름을 찬양할 것이다(사 2:3, 45:23, 습 2:11, 슥 8:21-22). 기자는 온 세상이 예배로 하나 될 날을 꿈꾸고 있다.

온 열방이 하나님께 경배와 찬양을 드리는 것은 오직 주님만이 위대하신 분이시며, 기이한 일들을 행하시는 분이기 때문이다(10절). '기이한 일들'(נִפְלָאוֹת)은 좋은 징조 혹은 기적을 뜻한다(HALOT, cf. 출 3:20, 15:11, 34:10). 한 주석가는 이 단어를 '불가능한 일들'로 번역하여 하나님은 불가능한 일들을 하시는 분으로 본문을 해석한다(Brueggemann). 선하신 하나님은 온갖 특별한 일들을 행하시는 분이다. 그러므로 세상 그 누구와 비교할 수 없는 주님은 홀로 하나님이시다.

3. 하나님의 가르침을 사모함(86:11)

¹¹ 여호와여

주의 도를 내게 가르치소서

내가 주의 진리에 행하오리니

일심으로 주의 이름을 경외하게 하소서

세상에 주님 같으신 이 없으며, 오직 주님만이 하나님이라고 고백한 기자는 주님께 배우기를 원한다. '가르치다'(ירה)는 '율법'(תּוֹרָה)의 어원이 되는 단어다. 그러므로 그가 사모하는 하나님의 가르침은 율법이다(McCann). 그는 주님께 주의 길인 율법을 가르쳐 주시기를 기도한다. 주께서 그에게 가르쳐 주시면 그는 진리의 길로 행할 것이며, 온전한 마음으로 주의 이름을 경외하게 될 것이다. '진리'(אֱמֶת)는 하나님께 속한 것이니 하나님이 알려 주시지 않으면 인간은 주님을 아는 진리를 습득할 수 없다. 그러므로 기자는 하나님이 그를 도우셔서 주의 진리를 알게 해달라고 기도한다(Goldingay).

기자는 일심으로 주님을 경외하기를 원한다. '일심'(יַחֵד לְבָבִי)은 '나누어지지 않은 마음/한마음'을 뜻한다(cf. 신 6:5, 렘 32:39). 하나님이 열방의 신들과 전혀 다른 한 분이신 것처럼 그도 한마음으로 주님을 바라보기를 원한다(Goldingay). 주님을 '경외하는 일'(ירא)도 우리 스스로 원해서 결정하는 일이 아니라, 하나님이 가르침을 통해 은혜를 주실 때 비로소 우리 것이 된다. 진리를 사모하고 하나님을 경외하는 신앙은 하나님의 선물이다.

인상적인 것은 매우 어려운 상황에 처한 저자가 그처럼 하나님의 도우심을 간구하더니, 이 노래의 한 중심에서 그가 더 간절히 사모하는 것은 하나님의 가르침이라고 고백한다는 점이다. 하나님이 어떤 분인지에 대하여 깊이 묵상하고 나니 그는 하나님을 더 알고 싶은 마음이

간절했다. 주님은 우리가 알면 알수록 더 깊이 알고 싶어하는 마음이
생기게 하는 분이다.

4. 하나님을 찬양함(86:12-13)

¹² 주 나의 하나님이여
내가 전심으로 주를 찬송하고
영원토록 주의 이름에 영광을 돌리오리니
¹³ 이는 내게 향하신 주의 인자하심이 크사
내 영혼을 깊은 스올에서 건지셨음이니이다

기자는 다시 한번 하나님을 온전히(전심으로) 찬양할 것을 다짐한다.
일명 '쉐마'(신 6:4-5)로 알려진 말씀을 연상케 한다(Tucker & Grant). 그는
영원토록 주님의 이름에 영광을 돌릴 것이다(12절). 그는 주님을 지속
적으로, 영원히 찬양하며 경배할 것을 다짐한다. 저자는 하나님께 그
의 삶과 행동에만 영향을 끼치는 것이 아니라, 그의 마음에도 영향을
끼쳐 달라고 기도하고 있다(Broyles).

그가 이처럼 하나님을 영원히 찬양하고자 하는 것은 주님이 큰 인자
하심으로 그의 영혼을 깊은 스올에서 건지셨기 때문이다(13절). "주의
인자하심이 크다"(גָּדוֹל חַסְדְּךָ)는 것은 저자가 당면한 위기가 무척 커서
하나님의 특별한 은혜가 필요했다는 뜻이다. 그는 자신의 문제의 심각
성을 '깊은 스올'(שְׁאוֹל תַּחְתִּיָּה)에 비유한다. 죽음을 상징하는 스올 중에
서도 가장 밑바닥에 비유될 정도로(Alter) 심각한 문제였기 때문에 하나
님의 큰 인자하심이 필요했던 것이다. 하나님의 능력과 선하심은 끝이
없기에 우리를 가장 깊은 수렁에서 건지신다.

5. 하나님이 은혜를 베풀어 주시기를 간구함(86:14-17)

¹⁴ 하나님이여
교만한 자들이 일어나 나를 치고
포악한 자의 무리가 내 영혼을 찾았사오며
자기 앞에 주를 두지 아니하였나이다
¹⁵ 그러나 주여
주는 긍휼히 여기시며
은혜를 베푸시며
노하기를 더디 하시며
인자와 진실이 풍성하신 하나님이시오니
¹⁶ 내게로 돌이키사
내게 은혜를 베푸소서
주의 종에게 힘을 주시고
주의 여종의 아들을 구원하소서
¹⁷ 은총의 표적을 내게 보이소서
그러면 나를 미워하는 그들이 보고 부끄러워하오리니
여호와여
주는 나를 돕고 위로하시는 이시니이다

하나님의 자비로우심과 능력을 찬양한 기자가 자기 문제에 대하여 하나님께 간구한다. 이 시편을 시작한 섹션(1-7절)과 비슷한 상황에서 노래가 진행되고 있다. 그를 해치려는 원수들은 얼마나 무지막지하고 포악한지 주님이 도와주시지 않으면 그들의 손아귀에서 벗어날 가능성이 없기 때문이다. 그는 원수들을 '교만한 자들', '포악한 자의 무리', '주님을 자기 앞에 두지 않은 자들' 등 세 가지로 묘사한다(14절).

'교만한 자들'(זֵדִים)은 무례하고 오만한 자들을 뜻한다. 성경은 하나님을 경외하지 않고 마치 자신들이 신이나 되는 것처럼 사는 자들을 교만한 자들이라고 한다. '포악한 자의 무리'(עֲדַת עָרִיצִים)는 매우 독선적이고 폭력적인 자들을 뜻한다(HALOT). 이런 사람들이 무리를 지어 저자를 공격하고 있으니, 오직 주님만이 그를 구원하실 수 있는 것이다. '주님을 자기 앞에 두지 않은 자들'(לֹא שָׂמוּךָ לְנֶגְדָּם)은 하나님에 대한 지식이 없을 뿐만 아니라, 삶에서 하나님을 전혀 두려워하지 않는 자들이다. 일부 주석가들은 이 사람들은 신앙생활은 하지만 도덕적인 삶은 추구하지 않는 '실용적 무신론자들' 정도로 해석한다(Hossfeld-Zenger). 가능한 해석이다. 그들은 어떤 결정을 하든지 그들의 행실에 대하여 하나님이 심판하신다는 것을 의식하지 않는다. 일명 '막가파'라 할 수 있는 자들이다.

기자는 절망적이고 암담한 현실에서 눈을 돌려 하나님을 바라본다(15절). 현실을 보면 숨이 턱턱 막힐 정도로 상황이 좋지 않다. 그러나 하나님을 바라보는 순간 모든 시름과 두려움이 사라진다. 하나님의 선하심이 그의 절망적인 현실을 얼마든지 해결할 수 있기 때문이다.

기자는 하나님의 성품과 속성을 다섯 가지로 찬양하는데(15절), 모두 다 출애굽기 34장 6절에 수록된 내용이다. 첫째, 하나님은 자기 백성을 긍휼히 여기시는 분이다(15b절). '긍휼'(רַחוּם)은 어머니의 자궁과 연관된 단어로, 매우 자상하고 부드러운 보살핌을 의미한다. 하나님은 자기 백성을 마치 어머니가 아이를 돌보듯이 따뜻하고 아늑하게 배려하신다.

둘째, 하나님은 은혜를 베푸시는 분이다(15c절). '은혜'(חַנּוּן)는 자상한 배려를 의미한다(cf. HALOT). 아무런 전제 조건 없이 심지어는 받을 자격이 전혀 없는 사람들에게까지 베푸시는 일방적인 배려를 뜻한다(cf. 출 33:12, 16-17). 학자들은 하나님의 시기가 은혜를 베푸시는 근거가 되기도 한다고 주장한다.

셋째, 하나님은 노하기를 더디 하시는 분이다(15d절). '노하기를 더디

하다'(אֶרֶךְ אַפַּיִם)를 문자적으로 해석하면 '긴 코를 가지다'라는 뜻이다. 히브리어 사람들은 사람이 화가 나면 코에서 열이 나는 것으로 이해했다. 그러므로 코가 길면 그만큼 열을 식힐 수 있는 공간이 많아서 화를 더디 낸다고 생각했던 것이다(Brueggemann). 하나님은 자기 백성의 어리석음과 죄를 끝까지 참으시는 분이다.

넷째, 하나님은 인자가 풍성하신 분이다(15e절). '인자'(חֶסֶד)는 근본적으로 언약/계약을 충실하게 이행한다는 뜻을 지니고 있다(Sakenfeld). 그러므로 하나님이 인자가 많은 분이라는 것은 기자와 맺으신 언약(관계)을 성실하게 지키며 이행하실 것을 의미한다.

다섯째, 하나님은 진실이 풍성하신 분이다(15e절). 기자는 인자와 진실을 하나로 묶어 말하지만, 둘로 구분하여 따로 취급하는 것이 바람직하다. 잠시 후 그는 이 다섯 가지 성품을 바탕으로 하나님께 다섯 가지로 호소할 것이기 때문이다(cf. 16-17a절). 하나님은 '진실함'(אֱמֶת)이 풍성하신 분이다. 이 히브리어 단어는 성경에서 인자(חֶסֶד)와 쌍이 되어 자주 등장하며 크게 두 가지 의미를 지니고 있다. 진실과 신실. 우리말 번역본들은 거의 모두 '진실'로 번역하지만 영어 번역본의 경우 둘로 나뉘어져 있다. '진실'(truth)(NAS, CSB), '신실/성실'(faithfulness)(NIV, NRS, RSV, TNK, ESV). 본문의 정황에서는 하나님의 성실하심을 뜻하는 것으로 이해하는 것이 바람직하다. 하나님은 꾸준하고 신실한 분이시기 때문에 인간이 항상 신뢰하며 의지할 수 있는 분이라는 사실을 강조하고 있다.

15절에서 하나님의 성품을 다섯 가지로 노래한 기자가 이번에는 하나님께 다섯 가지로 호소한다. 첫째, 하나님이 그에게 돌이키시기를 기도한다(16a절). 그는 자비롭고 따뜻한 성품을 지니신 하나님이 그에게 등을 돌리고 있어서 자기가 고통을 당하고 있다고 생각한다. 그러므로 그는 하나님께 "내게 돌이키소서"(פְּנֵה אֵלַי)라며 "제발 저에게 돌아오십시오"라는 간절한 열망을 담은 기도를 드리고 있다. 저자는 하나님이 등을 돌려 그를 바라보시기만 하면 모든 문제가 해결될 것을 확신한다.

둘째, 하나님이 그에게 은혜를 베풀어 주실 것을 호소한다(16b절). '은혜를 베풀다'(חנן)는 15절에서 사용된 '은혜'(חנון)의 어원이며, 자상한 배려를 뜻한다. 그는 주님의 배려를 받을 자격이 전혀 없는 그에게 하나님이 아무런 전제 조건 없이 일방적으로 자비를 베푸시기를 호소하고 있다(cf. 출 33:12, 16-17).

셋째, 하나님이 주의 종인 그에게 힘을 주시기를 구한다(16c절). 그는 2절에서 이미 자신을 '주님의 종'(עבדך)이라고 고백한 적이 있다. 주인이 자기 종을 보호하듯 하나님이 그를 보호해 주시기를 바라는 것은 그는 하나님과 '종-주인' 관계에 있기 때문이다. 그러므로 그는 주인이신 하나님께 '주님의 능력'(עז)을 그에게 주실 것을 기도한다. 기자는 스스로 어떠한 능력도 없다는 것을 인정하고 있으며, 사람들이 흔히 말하는 능력도 달갑지 않다. 그는 오직 하나님이 자기 능력을 나누어 주실 때 만족할 것이다.

넷째, 하나님이 자기 여종의 아들에게 구원을 베푸시기를 간구한다(16d절). 기자는 자신을 하나님의 여종의 아들이라고 낮추며 겸손히 주님을 바라보고 있다. '여종'(אמה)은 말 그대로 '여자 노예'라는 뜻이다. 한 주석가는 '여종'(אמה)을 '진실'(אמת)로 수정하여 '진실의 아들'(믿음이 충만한 사람)로 읽기를 제안하지만(Dahood), 굳이 그렇게 할 필요는 없다.

만일 기자가 이스라엘을 두고 하나님의 여종이라고 한다면, 그는 자신이 주의 백성이라는 점을 호소하고 있다. 혹은 자기 어머니도 하나님을 경외하는 사람이었다며 주께서 대대로 내려온 그의 집안의 신앙을 고려해 달라는 말씀일 수 있다(cf. Tucker & Grant). 그러나 이 표현은 하나님 앞에서 자신을 최대한 낮추는 말이다. 그는 하나님의 '종'(עבד)으로도 모자라(16c절) 자신을 주님의 참으로 '[보잘것없는] 여종의 아들'(בן־אמתך)이라며 하나님께 도움을 청하고 있다.

다섯째, 하나님께 은총의 표적을 보여 달라고 호소한다(17a절). '은총의 표적'(אות לטובה)은 하나님의 선하심을 온 세상에 드러내는 징표(기적)를 뜻한다. 기자는 세상에서 유일하신 하나님이 그를 사랑하고 자비로 대하신다는 사실을 주님이 베푸시는 기적을 통해 확인하고 싶다(cf. Eaton). 그가 바라는 기적은 다름 아닌 원수들의 손에서 구원받는 일이다. 마치 원수들에게 보란 듯이 말이다.

하나님이 등을 돌린 기자에게 돌이키셔서 그를 구원하시면, 그를 미워하던 모든 사람들이 부끄러워할 것이다(17b절). 그들은 하나님을 안중에도 두지 않은 자들이다(14절). 그러므로 하나님이 그들의 음모와 핍박에서 기자를 구하면 그들은 당혹스러워하고 두려워할 것이다. 또한 능력의 하나님을 마음에 두지 않았던 자신들이 한없이 부끄럽게 느껴질 것이다.

이와는 대조적으로 기자는 하나님이 그를 돕고 위로하시는 분이라고 한다(17c-d절). 원수들과 기자의 차이는 무엇인가? 하나님을 알고, 모르고의 차이다. 하나님이 어떤 분이신가를 아는 그는 이미 하나님과 관계를 맺었기 때문에, 하나님이 그를 보호하시고 축복하실 것을 확신한다. 반면에 그를 괴롭히는 악인들은 하나님을 알지 못한다. 그러므로 마치 세상에는 심판하시는 하나님이 없는 것처럼 행동하다가 곤혹스럽게 된 것이다. 하나님을 아는 자는 참으로 복이 있다. 또한 하나님을 아는 자는 더 하나님 알기를 원한다(cf. 11절).

제87편

고라 자손의 시 곧 노래

I. 장르/양식: 시온의 노래(cf. 46편)

이 노래는 시온의 노래(Psalm of Zion)에 속한 여섯 시편 중 다섯 번째
다(cf. 46, 48, 76, 84, 122편). 열방이 하나님을 찬양할 날이 오고 있다
는 시편 86편 8-10절을 발전시킨 시편이다(Tucker & Grant, cf. Goldingay,
McCann).

이 노래는 8절로 구성된 매우 간략한 시이기 때문에 학자들은 역사적
정황과 저작 시기를 추측하는 데 어려움을 겪고 있다. 게다가 이렇다 할
구조의 부재(Kirpatrick)와 시편 전체를 아우르는 통일성 있는 주제 결여
(Booij)와 매끈한 흐름을 파악할 수 없는 여러 조각의 텍스트가 임의적
으로 나열된 듯한 느낌을 주는 것(Weiser)도 시를 해석하는 일에 대한 난
제로 꼽힌다. 그러므로 한 주석가는 이 시편을 두고 '가장 문제가 많은
시편들 중 하나'라고 평가한다(Anderson, cf. deClaissé-Walford et al., Terrien).

심지어는 의미 있는 메시지를 구성하려면 텍스트의 순서를 재구성해
야 한다는 제안들이 있다. 크라우스(Kraus)는 이 시편을 구성하고 있는
절들을 다음과 같은 순서로 재구성하여 읽기를 제안한다. 2절→1b절
→5b절→7절→3절→6a절→4b/6b절→4a절→5a절→1절. 영어 번역본들

중 *NEW English Bible*도 아예 1-2절→4-5절→6절→7절→3절로 재구성하여 출판했다. 그러나 대부분 학자들은 마소라 사본이 어렵기는 하지만 메시지 파악이 충분하므로 이러한 제안들보다 원래 텍스트 순서 유지를 선호한다(Emerton, cf. Goldingay, McCann, Tucker & Grant).

학자들은 이 시편이 어떤 정황에서 사용된 것인가에 대하여도 거의 알 수 없다고 생각한다. 본문이 이방인들의 성전 출입을 전제한다 하여 몇몇 학자들은 예루살렘 성전에서 성전 문지기들이 이방인 개종자들을 성전으로 들여보낼 때 부르도록 했던 노래라고 하지만, 이 시편은 절대 그런 노래가 아니라고 단정하는 사람들도 있다(cf. Gerstenberger). 시편이 사용된 정황에 대하여 논하는 사람들은 대부분 세 순례 절기(유월절-무교절, 칠칠절, 장막절)와 연관이 있을 것으로 추정한다(vanGemeren, Weiser).

시편의 제작 연대에 대하여도 도저히 알 수 없다고 주장하는 사람들이 있다(Terrien). 일부 학자들은 열왕기하 5장에 기록된 시리아 장군 나아만 이야기를 근거로 이 시편이 왕정 시대에 저작되었다고 한다(Weiser). 더 구체적으로 이 노래가 왕정 시대인 주전 922-750년 사이에 여로보암이 단에 세운 신전을 위하여 제작된 노래라고 하는 사람이 있다(Goulder). 그는 주전 722년에 북 왕국이 망하자 예루살렘 성전을 위한 노래로 편집된 것이라고 한다. 그러나 굴더(Goulder)의 주장을 뒷받침할 만한 증거는 없다. 히스기야 왕 시대(Ross), 바빌론 포로기 혹은 그 이후(Kraus) 등이 저작 연대로 제시되지만, 다수의 학자들의 공감을 얻은 견해는 없다.

II. 구조

이미 언급한 것처럼 이 시편은 매우 짧지만, 구조를 파악하는 일은 쉽지 않다. 대부분 학자들은 이 시편을 1-3절과 4-7절 등으로 구분한

다. 그러나 한 학자는 3-7절에서 다음과 같이 아주 간단한 문구들이
교차대구법적 구조를 지녔다고 한다(Smith). 이렇게 간주할 경우 이 시
편을 1-2절과 3-7절로 구분하는 것이 바람직하다.

"in you(3절)
　"there"(4절)
　　"in her"(5절)
　"there"(6절)
"in you"(7절)

　그러나 너무 간단한 문구들이라 노래의 구조 파악에 별 도움이 되지
는 않는다. 게다가 그가 제시하는 구조는 영어 번역본들을 반영한 것
이다. 주석가들 중에는 7절을 4-6절에서 떼어내 따로 취급하는 사람
들도 많다(deClaissé-Walford et al., Ross, vanGemeren). 문단 마크라고 할 수
있는 '셀라'(סֶלָה)의 위치(3절, 6절)도 이러한 주장을 뒷받침하는 듯하다.
그러므로 이 주석에서는 다음과 같은 구조를 바탕으로 본문을 주해해
나가고자 한다.
　A. 영광스러운 시온(87:1-3)
　B. 만민이 거듭나는 곳 시온(87:4-6)
　C. 기쁨으로 가득한 시온(87:7)

III. 주해

하나님의 도성인 시온은 이스라엘의 삶의 한 중심에 서 있다. 하나님
의 임재를 상징하는 시온은 또한 세상 모든 민족들이 새롭게 태어나는
곳이기도 하다. 시온은 그들을 구원하는 곳이기 때문이다. 그러므로
하나님은 언젠가는 시온을 모든 구원받은 자들의 삶의 중심에 두실 것
이라고 한다(Tate).

1. 영광스러운 시온(87:1-3)

¹ 그의 터전이 성산에 있음이여
² 여호와께서 야곱의 모든 거처보다
시온의 문들을 사랑하시는도다
³ 하나님의 성이여
너를 가리켜 영광스럽다 말하는도다 (셀라)

기자는 아무런 선행사(antecedent)도 없이 갑자기 '그의 터전'을 언급하며 노래를 시작한다(1절, cf. 스 3:11, 사 44:28). 문법적으로는 상당히 애매한 상황이다(cf. Tate, vanGemeren). 그러나 그가 의도하는 바는 명료하다. 시온의 터전이 '거룩한 산 위에'(בְּהַרְרֵי־קֹדֶשׁ) 있다는 뜻이다. 그는 거룩한 산 위에 있는 것은 시온뿐이라고 생각하기 때문에 단순히 '그의 터전'(יְסוּדָתוֹ)이라며 시온을 언급하지 않는다. 2절에 가서야 시온의 이름이 등장한다. 시온은 이스라엘의 하나님 여호와께서 거하시는 곳이다.

여호와는 야곱의 모든 거처보다 시온의 문들을 사랑하신다(2절). '거처들'(מִשְׁכְּנוֹת)은 일상적으로 성지(聖地)들을 의미한다(vanGemeren). 그러므로 기자는 하나님이 야곱의 여러 성지들 중에서 예루살렘을 택하신 일을 회고하고 있다(Anderson). '시온의 문들'(שַׁעֲרֵי)은 매우 독특한 표현이며, 시온 성, 곧 예루살렘의 문을 뜻한다(cf. 시 9:14, 24:7, 122:2). 일상적으로 예루살렘 성의 문들은 이방인들의 입성을 제재하는 곳이다(cf. 애 2:9). 그런데 이 노래에서는 하나님이 시온의 문들을 활짝 여시고 이방인들을 환영하신다(Tucker & Grant). '사랑하다'(אהב)는 적극성을 지니고 열정적으로 좋아한다는 것이며(Terrien), 하나님이 자기 마음을 시온에 두셨음을 의미한다(deClaissé-Walford et al.). 또한 하나님이 이 문들을 사랑하신다는 것은 이 공간을 특별히 구별하셨다는 의미다. 야곱의 모든 거처들보다 하나님은 시온에 더 많은 관심을 가지고 사랑하신다.

사람들은 하나님의 특별한 관심과 사랑을 받는 시온을 영광스럽다고 말한다(3절). 본문에서 '말하다'(דבר)는 '찬양하다'는 의미를 지녔다(Anderson, cf. 삿 5:12). 시온이 세상의 부러움을 받고 있다는 뜻이다. 시온은 평범한 도성이 아니라 하나님이 머무시는 주님의 도성이기 때문이다. 시온이 다른 산들보다 아름다워서 이런 말을 듣는 것은 아니다(Tucker & Grant). 그곳에 하나님이 계시기 때문에 시온은 온 세상이 가장 흠모하는 곳이 되었다.

2. 만민이 거듭나는 곳 시온(87:4-6)

⁴ 나는 라합과 바벨론이 나를 아는 자 중에 있다 말하리라
보라 블레셋과 두로와 구스여
이것들도 거기서 났다 하리로다
⁵ 시온에 대하여 말하기를
이 사람, 저 사람이 거기서 났다고 말하리니
지존자가 친히 시온을 세우리라 하는도다
⁶ 여호와께서 민족들을 등록하실 때에는 그 수를 세시며
이 사람이 거기서 났다 하시리로다 (셀라)

일부 학자들은 4-7절을 선지자의 신탁으로 간주하며 대상은 온 세상에 흩어져 있는 디아스포라 유태인들이라 한다(Anderson, Kraus). 이렇게 해석할 경우 본문이 언급하고 있는 이방 나라들은 그곳에 사는 유태인들을 의미할 뿐, 그 나라 백성을 의미하는 것은 아니다. 그러나 본문이 언급하고 있는 열방은 디아스포라 유태인들이 아니라 열방이다(Booij, Ross, vanGemeren). 또한 이 말씀은 시온에서 예배를 드리던 중 예배를 인도하던 성전 선지자(temple prophet)가 백성들에게 선포하는 하나님의 말씀이다.

기자는 세상 만민이 모두 시온에서 났다고 한다. 이 점을 강조하기 위하여 그는 성경에서 이집트를 상징하는 라합(사 30:7, 시 89:10, NIV마진은 이집트의 시적인 이름이라고 함)과 바빌론이 시온에 몰려와 있는 백성들 중에 있다고 한다(4a절). 이집트는 남쪽의 끝과 바빌론은 동쪽의 끝을 상징한다. 온 세상이 시온에 와 있다는 의미다(Tate, cf. Brueggemann & Bellinger). 또한 블레셋과 두로와 구스도 시온에 와 있다(4b절). 기자가 이곳에서 언급하고 있는 나라들은 모두 이스라엘의 역사와 깊은 연관성을 지녔다. 바빌론은 이스라엘을 억압한 나라이며, 블레셋은 지속적으로 이스라엘 괴롭힌 나라다. 이집트와 구스와 두로는 지속적으로 이스라엘을 유혹했다(vanGemeren, cf. Cole, Goldingay). 세상 만민들을 부르셨다는 의미다. 이집트는 출애굽 전에 이스라엘을 노예로 부렸던 강대국이고, 바빌론은 유다가 망한 뒤 그들을 억압했던 나라다. 그러므로 만일 기자가 이스라엘을 괴롭히던 강대국들의 상징으로 이 나라들을 언급하고 있다면(cf. Tucker & Grant), 왕정 시대에 이 시편이 저작되었다고 하는 사람들은 설득력 있는 설명을 내놓아야 한다. 물론 이집트는 세상의 '남쪽 끝'을, 바빌론은 '동쪽 끝'을 상징할 수도 있다. 하지만 기자가 오늘날의 수단 혹은 에티오피아인 구스도 언급하기 때문에 '남쪽 끝'을 상징한다는 해석은 설득력을 잃는다. 블레셋과 두로는 이스라엘에서 가장 가까이 있는 나라들이다. 그러므로 가장 가까이 있는 블레셋과 두로에서부터 가장 멀리 있는 구스까지 모두 하나님의 부르심을 받고 시온에 와 있다는 상징성을 지녔다(cf. Alter).

하나님은 왜 세상 민족들을 시온으로 부르셨는가? 그들을 등록시키시려고 부르셨다(6절). 성경은 종종 주의 백성을 기록한 목록에 대하여 언급하는데(cf. 출 32:32-33, 민 1-3장, 시 69:28, 139:16, 겔 13:9, 단 7:10, 계 20:12), 하나님이 자기 백성을 기록한 목록에 이 백성들을 추가하실 것이라는 뜻이다(cf. Goldingay, Tucker & Grant). 그러므로 이 섹션에서 세 차례 사용되고 있는 동사 '태어나다'(ילד)는 하나님의 백성으로 '거듭나다'

는 의미로, 곧 영적인 태어남으로 해석되어야 한다(cf. Dahood). 기자는 언젠가 하나님이 세상 모든 사람들 중에 주의 백성이 되기에 합당한 사람들을 구원하시는 원대한 꿈을 꾸고 있다. 하나님은 이미 오래 전에 아브라함에게 그를 통해 온 세상 민족들이 복을 받을 것이라고 말씀하셨다(창 12:1-3, cf. Gerstenberger).

3. 기쁨으로 가득한 시온(87:7)

> ⁷ 노래하는 자와 뛰어 노는 자들이 말하기를
> 나의 모든 근원이 네게 있다 하리로다

이스라엘과 새로이 하나님의 백성이 된 사람들이 함께 노래하며 뛰논다(cf. 사 2:2-4, 19:23-25, 습 3:9-13, 슥 9:20-23). 구원을 경험한 사람들이 주님께 감사의 찬송을 드리며 기뻐하는 모습이다. 이 모든 일이 가능했던 것은 시온이 있었기 때문이다. 그러므로 그들은 온 세상에서 가장 특별한 장소가 된 시온이 자신들의 근원이라며 기뻐한다. '근원'(מַעְיָן)은 샘물을 뜻한다(HALOT, cf. NIV, NAS, ESV, NRS). 시온에 모인 사람들은 그들을 살리는 생명의 근원이 시온에 있다고 한다. 시온은 하나님의 처소라는 점을 고려할 때, 그들은 장소가 아니라 그곳에 계신 하나님이 그들의 '샘물' 되심을 기뻐하고 있다.

이 시가 이스라엘의 종교적 절기 때 예배에 참석한 사람들이 행진할 때 불렀던 노래(processional liturgy)라고 하는 학자들은 예배에 참석한 사람들이 열광하는 모습이 이 말씀의 배경이 되고 있다고 한다(Weiser, cf. 삼하 6장, 시 24:3-10). 중요한 것은 주님 앞에서 열광하는 무리에는 많은 이방인들이 섞여 있다는 사실이다. 기자는 매년 기념하는 종교적 절기들의 열광적인 예배에 이방인들이 동참하는 비전을 보고 있다. 그러므로 이 시편은 '세례식 시편'(baptism psalm)으로 불리기도 한다(Bos).

제88편

고라 자손의 찬송시 곧 에스라인 헤만의 마스길,
인도자를 따라 마할랏르안놋에 맞춘 노래

I. 장르/양식: 개인 탄식시(cf. 3편)

제3권은 개인 탄식시(73편)와 공동체 탄식시(74편)로 시작했다. 이제 편집자들은 같은 방식으로 이 책을 마무리한다. 개인 탄식시(88편), 공동체 탄식시(89편). 제3권은 전반적으로 주의 백성의 아픔을 개인적-공동체적 탄식을 통해 기도와 찬송으로 승화시킬 책임을 암시한다.

이 시편이 개인 탄식시로 분류되기는 하지만, 정형화된 탄식시는 아니다. 탄식시는 원수의 괴롭힘에 대하여 하나님께 알리며 도움을 청하고는 찬양과 확신으로 마무리된다. 반면에 이 시편에서 기자를 괴롭게 하는 이는 하나님이시다. 또한 찬양과 확신도 없으며 처음부터 끝까지 절망적인 분위기가 이어진다. 그래서 학자들은 절망과 좌절만으로 구성된 이 시를 시편 중 가장 어두운 시라고 한다(Kidner, Tucker & Grant). 분위기가 얼마나 어둡고 절망적인지 한 주석가는 기자가 처한 상황에서 기도하는 것 자체가 놀라운 일이라 한다(Anderson). 아마도 기자는 하나님이 그에게 고난을 주시기도 하지만, 또한 치유도 하시는 분이라고 믿기에 가장 절망적인 상황에서도 기도했을 것이다(cf. Broyles).

  교회는 시편 22편과 이 노래를 성금요일이면 예수님의 수난을 생각하며 묵상했다(Goldingay, vanGemeren). 이 노래가 십자가의 절망을 묘사하고 있는 것으로 간주한 것이다. 그러나 이 노래는 메시아의 노래가 아니라, 한 성도의 노래임이 분명하다(Calvin). 그렇다면 누가 이 노래를 저작했을까? 시편 안에 이렇다 할 단서가 없으므로 추측하기가 매우 어렵다. 단지 이 사람은 어려서부터 계속 고통을 겪어왔고, 지금은 죽음의 문턱에 와 있다는 점을 감안할 때(cf. 15절), 아마도 죽음이 임박한 환자가 부른 노래로 생각된다(Terrien, vanGemeren).

  이 시편은 언제 저작된 것일까? 전통적으로 유대교와 기독교는 이 시의 기자가 포로기 혹은 이후 시대 이스라엘의 어려운 형편을 상징하는 것으로 간주했다(McCann). 형식은 개인의 기도와 탄식 양식을 취하지만, 공동체가 사용하도록 저작된 것이라고 생각한 것이다(cf. Goldingay). 그렇다면 이 시는 포로기 시대나 그 이후에 저작된 것으로 생각할 수 있다.

  그러나 모든 사람이 동의하는 것은 아니다. 한 주석가는 이 시편이 포로기 이후 시대와 잘 어울린다고 하면서도 북 왕국 이스라엘이 멸망한 주전 722년 이전에 저작된 것이라고 한다(Tate). 선지자 예레미야의 제자들이 망해가는 유다를 바라보며 주전 7세기 말(600년대가 끝나갈 무렵)에서 6세기 초에 불렀을 만한 노래라고 하는 학자도 있다(Terrien).

  표제가 제공하는 정보도 별 도움이 되지 않는다. 이 시편은 '에스라인 헤만'(הֵימָן הָאֶזְרָחִי)이 저작한 것이라고 하는데, 성경에는 헤만이라는 이름으로 불리는 사람이 여럿 있다. 헤만은 솔로몬 시대를 살았던 유명한 지혜자였다(왕상 5:11). 한 헤만은 세라의 아들 중 한 사람이었다(대상 2:6). 그핫의 자손들 중 찬송하는 자 헤만이 있었다(대상 6:33). 레위 사람들 중 헤만이라는 노래하는 사람이 있었다(대상 15:17, 19). 그리고 이 외에도 헤만으로 불리는 사람들이 있었다. 설령 표제의 헤만이 이 사람들 중 누구인지를 규명한다 해도 저작 연대를 정하는 일에는 별로 도움이 되지 않는다. 고라 자손의 노래는 모두 이른 왕정시대에서 유래한 것이라고 주장하는 학자는 이 노래도 그때 저작된 것이라고 한다(Goulder).

한 가지 특이한 것은 표제가 이 시편을 '시'(מִזְמוֹר), '마스길'(מַשְׂכִּיל), '노래'(שִׁיר) 등 세 가지로 부른다는 점이다. 일상적으로 이 세 가지 중 한두 개가 여러 시편의 표제에서 사용된다. 셋이 한꺼번에 등장하는 것은 예외적인 일이다. 개역개정과 새번역은 '시'(מִזְמוֹר)를 '찬송시'라고 하는데, 시편의 내용을 감안할 때 그냥 '시'로 번역하는 것이 좋을 것 같다(cf. 현대인). '마스길'(מַשְׂכִּיל)은 묵상을 뜻한다. 이 시는 고난에 대한 묵상이라는 의미로 이렇게 불리는 듯하다. '마할랏르안놋'(מָחֲלַת לְעַנּוֹת)은 당시 사용되었던 곡조이며, '역경의 고통'(새번역), '우울한 심정'(현대인) 등으로 번역될 수 있다. 건강 등의 이유로 참으로 고통스러울 때 불릴 만한 노래임을 암시한다.

II. 구조

대부분 주석가들은 이렇다 할 구조 분석을 내놓지 않았다. 예외적으로 밴게메렌(vanGemeren)은 이 시의 구조에 대하여 다음과 같은 분석을 제시한다. 매우 복잡하여 저자가 이러한 구조를 염두에 두고 이 시를 저작했을까 하는 의구심이 들게 하는 분석이다. 그만큼 이 시의 구조를 파악하기가 어렵다는 뜻이다.

  A. 도움을 위한 기도(88:1-2)
    B. 죽음에 근접한 경험(88:3-5)
      C. 하나님께서 하신 일(88:6-9a)
  A´. 도움을 위한 기도(88:9b-12)
      C´. 하나님께서 하신 일(88:13-14)
    B´. 죽음에 근접한 경험(88:15-18)

가장 무난한 것은 이 노래를 1-2, 3-8, 9-12, 13-18 등 네 섹션으로 구분하는 것이다(cf. McCann, Tate). 이 주석에서도 다음과 같이 네 섹션으로 구분하여 본문을 주해해 나가고자 한다.

A. 귀를 기울여 달라는 호소(88:1-2)
B. 고통스러운 상황 설명(88:3-8)
C. 하나님께 드리는 질문들(88:9-12)
D. 하나님에 대한 원망(88:13-18)

III. 주해

기자는 참으로 오랜 세월 동안 혹독한 고통을 당했고, 지금은 죽음을 앞두고 있다. 그동안 그의 고통을 옆에서 지켜보던 가족과 친구들마저 그에게 등을 돌렸다. 이런 상황에서 그는 하나님이 그를 괴롭게 하시는 분으로 생각한다. 그는 이 노래를 통해 하나님께 서운함을 표한다. 그나마 다행이다. 저자가 하나님께 서운함을 표하는 것은 그가 아직도 신앙의 끈은 놓지 않았다는 증거이기 때문이다. 하나님과 기자의 대화는 믿음을 바탕으로만 이해될 수 있다. 그러나 노래는 절망으로 끝난다. 우리의 삶은 항상 행복하게 끝나는 것이 아니기 때문이다.

1. 귀를 기울여 달라는 호소(88:1-2)

> ¹ 여호와 내 구원의 하나님이여
> 내가 주야로 주 앞에서 부르짖었사오니
> ² 나의 기도가 주 앞에 이르게 하시며
> 나의 부르짖음에 주의 귀를 기울여 주소서

기자는 여호와를 부르며 노래를 시작한다(1a절). 그는 이스라엘의 하

나님과 특별한 관계를 유지하고 있는 사람이다. 그러므로 주님을 언약
의 이름인 '여호와'(יהוה)로 부른다. 여호와는 그의 '구원의 하나님'(יְשׁוּעָתִי
אֱלֹהֵי)이시기도 하다. 저자는 오직 하나님만이 그의 구원자이시므로 자
신은 오로지 여호와만을 간절히 바라보고 있다는 것을 이렇게 표현한
다. 하나님이 그를 구원하시지 않으면 이 세상에는 그를 구원할 자가
아무도 없다.

이 노래는 전체가 매우 어둡고 절망적이지만, 상당히 밝고 긍정적
인 외침으로 시작되고 있는 점이 매우 인상적이다(cf. McCann, Tucker &
Grant). 아마도 기자는 자신이 경험하고 있는 일들이 그동안 그가 믿었
던 하나님, 곧 그의 자녀가 부르짖으면 꼭 응답하시는 하나님의 성향
과 매우 대조적이라는 점을 이렇게 표현하는 듯하다(cf. 출 3:7, 신 26:&,
수 24:7, 시 9:12, 77:1). 그는 지식과 경험의 갈등과 혼란을 겪고 있다.
하나님이 침묵하시거나, 그의 기도를 묵살하고 있으시기 때문이다
(deClaissé-Walford et al.).

기자는 간절하고 절박한 마음으로 주님께 부르짖었다(1b절). 그는 주
야를 가리지 않고 온종일 주님께 부르짖었다. 온 마음을 다해 쉬지 않
고 주님께 부르짖었다는 뜻이다. 그러나 그가 아무리 기도해도 고통은
온종일 지속된다. 그러므로 그는 한 가지가 불안하다. 하나님이 그의
기도를 들으셨는지, 듣지 못하셨는지가 확실하지 않다. 만일 하나님이
들으셨다면 어떠한 조치를 취해 주셨을 것 같은데, 그는 아무것도 경
험하지 못하고 있기 때문이다.

그러므로 그는 자기 기도가 주님 앞에 이르기를 바라며, 하나님이
그의 부르짖음에 귀를 기울여 주시기를 구한다(2절). '부르짖음'(רִנָּה)은
통곡소리를 뜻한다(cf. HALOT). 그러므로 하나님이 그의 기도소리가 작
아서 듣지 못하시는 상황은 아니다. 더 나아가 항상 자기 백성의 소리
에 귀를 기울이시는 하나님이 그의 신음과 탄식 섞인 기도를 듣지 못
하셨을 리는 없다. 그러므로 기자는 자신이 느끼는 불안감을 "기도에

귀를 기울여 달라"는 호소를 통해 표현하고 있다.

2. 고통스러운 상황 설명(88:3-8)

³ 무릇 나의 영혼에는 재난이 가득하며
나의 생명은 스올에 가까웠사오니
⁴ 나는 무덤에 내려가는 자같이 인정되고
힘없는 용사와 같으며
⁵ 죽은 자 중에 던져진바 되었으며
죽임을 당하여 무덤에 누운 자 같으니이다
주께서 그들을 다시 기억하지 아니하시니
그들은 주의 손에서 끊어진 자니이다
⁶ 주께서 나를 깊은 웅덩이와
어둡고 음침한 곳에 두셨사오며
⁷ 주의 노가 나를 심히 누르시고'
주의 모든 파도가 나를 괴롭게 하셨나이다 (셀라)
⁸ 주께서 내가 아는 자를 내게서 멀리 떠나게 하시고
나를 그들에게 가증한 것이 되게 하셨사오니
나는 갇혀서 나갈 수 없게 되었나이다

기자는 자신의 삶이 온갖 재난들로 가득하여 생명에 위협을 느낀다고 탄식한다(3절). '재난들'(רעות)은 온갖 악한 일들을 뜻한다. '가득하다'(שבע)는 사람이 음식을 실컷 먹고 배부를 때 사용하는 단어다 (HALOT). 그는 온갖 재난들로 "배가 부르다"고 하는 것이다. 그는 이때까지 참으로 많은 산전수전(山戰水戰)을 겪어왔다는 것을 이렇게 표현하고 있다. 특히 건강상 이유로 그는 참으로 많은 고난을 겪은 듯하다(cf. 15절). 이 순간 그의 생명은 스올에 매우 가까이 있다. '가깝다'(נגע)는 손으로 만질 정도로 근접해 있다는 뜻이다(cf. HALOT).

기자는 주변 사람들이 죽은 사람 대하듯이 그를 대하고 있을 뿐만 아니라(Anderson), 자신도 매일 죽음을 의식하며 살고 있다는 사실을 다섯 가지 비유를 통해 묘사한다(4-5절). 첫째, 그는 무덤에 내려가는 자같이 인정된 삶을 살고 있다(4a절). '인정하다'(חשׁב)는 '간주하다'(assume)는 의미를 지녔다. 사람들은 그가 곧 죽을 사람으로 대한다는 뜻이다. '무덤'(בור)은 우기 때 물을 모았다가 건기 때 사용하는 구덩이(cistern)를 뜻한다. 얼마가 깊은지 빠지면 밖에서 도와주지 않으면 나올 수 없는 곳이다. 본문에서는 죽음을 상징하는 스올을 의미한다. 그러므로 영어 번역본들 중 일부는 이 단어를 '구덩이'(Pit)로 번역하면서 '스올'이라는 고유명사를 의미하기 위하여 대문자를 사용하고 있다(NRS, RSV, TNK, CSB, cf. 공동의 "땅 속에 묻힌 것과 다름없습니다").

둘째, 그는 힘없는 용사와 같다(4b절). '용사'로 번역된 단어(גבר)는 젊고 강인한 남자를 뜻하기도 하지만, 갓 태어난 남자아이를 의미하기도 한다(HALOT). 이 말씀에서는 후자가 더 어울릴 수 있다. 기자는 자신은 금방 태어난 아이처럼 힘이 없어서 누가 도와주지 않으면 아무것도 할 수 없는 사람이라고 한다. 그는 자신의 연약함을 이렇게 표현하고 있다(cf. NIV의 "one without strength").

셋째, 그는 죽은 자 중에 던져진바 되었다(5a절). '던져진바'(חפשׁי)는 '놓아주다'(set free)는 뜻이다(HALOT). 기자는 분명 살아 있는데, 사람들은 그를 이미 죽은 사람처럼 취급한다는 것이다. 그는 4a절에서 사람들이 그를 곧 죽을 사람으로 취급한다고 탄식했는데, 이제는 그들이 아예 그를 죽은 사람 대하듯이 대한다고 슬퍼한다.

넷째, 그는 죽임을 당하여 무덤에 누운 자같이 되었다(5b절). 사람들은 그가 살해당하여 무덤에 묻힌 자처럼 취급한다는 뜻이다(cf. 새번역, 현대인, 공동, NIV NAS). 폭력에 희생되어 일찍 죽은 사람의 모습이다.

다섯째, 그는 하나님께 잊힌 사람이다(5c-d절). 기자는 자신이 하나님께 잊힌 존재라는 것을 우회적으로 말한다. 그의 가장 큰 고통이 바로 하나님께 버려졌다는 느낌이다(vanGemeren). 하나님은 죽은 사람들의 삶에 더 이상 관여하지 않으시기에 죽으면 주님의 손에서 끊어진 바와 다름없다. 또한 하나님은 죽은 사람들을 더 이상 기억하지 않으신다. 이러한 상황에서 기자는 죽은 사람과 별반 다를 바 없이 취급되고 있으니, 자신은 하나님께도 잊혀졌다는 것이 그의 탄식이다. 그는 하나님이 관리하시는 살아있는 사람들의 반열에도 자신이 속해 있지 않다고 생각한다. 사람들이 그를 죽은 사람처럼 취급하는 것도 힘이 들지만, 하나님께 잊혔다는 사실이 그를 가장 슬프게 한다.

자신의 어려운 처지를 설명한 기자는 이 모든 일이 하나님 때문이라며 탄식한다(6-8절). 그는 사람들이 그를 '무덤'(בור)에 내려가는 자로 취급한다고 탄식했다(4a절). 이제 그는 하나님이 바로 그를 그 '웅덩이/무덤'(בור)에 가둔 분이라고 한다(6절). 하나님이 그를 가두신 웅덩이는 참으로 '깊고'(תחתיות), '어둡고'(במחשכים), '음침한'(במצלות) 곳이다. 그러므로 하나님이 그를 건져 주시지 않으면 그가 스스로 빠져나올 길은 없다. 그러므로 그는 하나님이 그를 가두신 그 깊은 웅덩이(죽음)에서 주님이 그를 꺼내 주실 것을 간절히 사모하고 있다.

기자가 하나님의 구원의 손길을 기대하고 있지만, 상황이 낙관적이지는 않다. 그의 구원자가 되시는 하나님이 구원의 손길을 내미시기보다는 오히려 온갖 고난의 파도를 보내시며, 무거운 무게로 사람을 짓누르듯 진노로 그를 짓누르시기 때문이다(7절). 그는 그의 모든 고난이 하나님이 그에게 내리신 재앙이고 진노라며 탄식한다.

하나님이 그에게 내리신 고난 중 가장 고통스러운 것은 친구들이 그를 외면하고 떠난 일이다(8절, cf. 18절). 하나님이 그를 친구들에게 가증한 것으로 만들었다. 그는 자신이 그들에게 '가증한 것들'(תועבות)이 되었다며 혐오감의 극치를 강조하기 위하여 복수를 사용하고 있다. 아마도 그들은 그가 하나님의 징계를 받고 있다고 생각하기 때문에 그를 가증하다고 생각했을 것이다(cf. Anderson). 그러므로 온갖 고난으로 인해 흉측한 몰골을 하고 있는 그는 친구들에게 가증함의 상징이다.

그는 어떻게든 처한 상황을 벗어나고 싶다. 자기는 하나님과 친구들에게 이런 대우를 받을 만한 일을 하지 않았기 때문이다. 친구들과도 다시 가까이 지내고 싶고, 육체적-정신적 고통에서도 벗어나고 싶다. 그러나 아무리 발버둥쳐도 그가 이러한 상황에서 벗어날 길은 없다. 그러므로 그는 자신이 한 공간에 갇혀 있는 듯한 느낌을 갖는다(8c절). 모든 것이 절망적이다. 그는 갇혀 있는 공간에서 탈출하고 싶은 마음이 간절하다.

3. 하나님께 드리는 질문들(88:9-12)

> 9 곤란으로 말미암아 내 눈이 쇠하였나이다
> 여호와여 내가 매일 주를 부르며
> 주를 향하여 나의 두 손을 들었나이다
> 10 주께서 죽은 자에게 기이한 일을 보이시겠나이까
> 유령들이 일어나 주를 찬송하리이까 (셀라)
> 11 주의 인자하심을 무덤에서,
> 주의 성실하심을 멸망 중에서 선포할 수 있으리이까
> 12 흑암 중에서 주의 기적과
> 잊음의 땅에서 주의 공의를 알 수 있으리이까

기자는 혹독한 고통으로 인하여 그의 눈이 약해졌다고 한다(9a절). 눈은 가장 예민하고 연약한 장기다. 그러므로 심한 고통을 겪으면 시력이 제일 먼저 약해진다. 또한 나이가 들면 가장 먼저 약해지는 것이 시력이다. 그러므로 그의 눈이 쇠약해졌다는 것은 그가 참으로 혹독한 고통을 경험하고 있다는 것을 암시한다.

그는 여호와께 눈을 쇠약하게 한 고통을 해결해 달라고 매일 기도했다(9b-c절). 그는 하나님을 향해 두 손을 들고 기도했다. 구약 성도들이 자주 취한 기도 자세다. 하늘을 향해 두 손을 들고 기도하는 것은 그들이 모든 것을 주님께 맡기고 오직 주님만을 바라보는 것을 상징한다. 이처럼 간절히 기도했지만, 하나님은 그의 기도에 응답하지 않으셨다.

그러므로 기자는 침묵하시는 하나님께 수사학적인 질문 네 개를 한다(10-12절). 11-12절을 각각 두 질문으로 나누면 총 여섯 개의 질문이라 할 수 있다(cf. Tate). 그러나 내용이 같은 취지의 질문들이며, 대부분 번역본들도 각 절을 하나의 질문으로 묶고 있다(cf. NIV, NAS, NRS, TNK). 이 질문들에 대한 답은 모두 부정적이다(Tucker & Grant).

수사학적인 질문은 답을 기대하며 던지는 질문이라기보다 어떠한 진리를 강조하기 위한 표현 방식이며, 성경에서 자주 사용된다. 기자가 던지는 질문들은 하나님이 행동하시지 않고는 견딜 수 없는 조롱에 가깝다(Longman, Terrien). 첫째, "주께서 죽은 자에게 기이한 일을 보이시겠나이까?"(10a절) 이 질문의 의도는 "내가 죽은 다음에야 응답하시겠습니까?"이다. 그는 곧 죽을 것같이 절박한데, 이러한 사실을 하나님이 아는지 모르는지 침묵으로 일관하신다. 그러므로 그는 하나님께 만일 지금 응답하지 않으시면, 자기는 곧 죽을 것이기 때문에 그가 죽은 후에 응답하시는 것은 별 의미가 없다는 뜻으로 이렇게 말하고 있다.

둘째, "유령들이 일어나 주를 찬송하리이까?"(10b절). 고대 사람들은 사람이 죽으면 모두 스올로 내려간다고 믿었다. 스올로 내려간 사람은 아무런 능력도 없다. 심지어는 하나님을 찬양할 힘도 없다. 그러므로 만일 하나님이 그를 찬양하는 자도 죽게 내버려 두신다면 주님은 도대체 누구를 살게 하시는가에 대한 질문이다(Broyles). 기자는 자기도 죽으면 하나님을 찬양하고 싶어도 찬양할 수 없으니, 하나님이 속히 그의 기도를 들으시고 그를 죽지 않게 해달라는 의도에서 이렇게 말하고 있다.

셋째, "주의 인자하심을 무덤에서, 주의 성실하심을 멸망 중에서 선포할 수 있으리이까?"(11절) 이미 언급한 것처럼 죽은 사람은 어떠한 능력도 없다. 그러므로 만일 하나님이 기자가 죽도록 내버려 두신다면, 그는 무덤이나 멸망 중에서 주의 인자하심과 성실하심을 선포할 수 없다. '멸망'(אֲבַדּוֹן)은 죽은 자들이 모여 있는 곳(underworld)을 뜻하며(욥 26:6, 28:22, 31:12, 잠 15:11, 27:20), 우리말로 '저승'이라는 의미를 지녔다(cf. 현대인, 공동). 기자는 자기가 죽고 나면 하나님의 인자하심과 성실하심을 사람들에게 알릴 수 없으니, 죽지 않게 해달라는 취지에서 이렇게 말하고 있다.

넷째, "흑암 중에서 주의 기적과 잊음의 땅에서 주의 공의를 알 수 있으리이까?"(12절) 이 질문에서 '흑암'(חֹשֶׁךְ)과 '잊음의 땅'(אֶרֶץ נְשִׁיָּה)도 사람이 죽으면 가는 곳을 상징한다(cf. 욥 10:21, 시 143:3, 애 3:6). 기자는 죽고 나면 자기는 하나님이 기적을 베푸셔도 보지 못할 것이며, 공의를 행하셔도 알 수 없을 것이라며 다시 한번 하나님이 그를 죽지 않게 해달라고 기도하고 있다. 그가 살아 있어야 하나님의 기적을 볼 수 있고, 공의를 알 수 있기 때문이다.

4. 하나님에 대한 원망(88:13-18)

[13] 여호와여
오직 내가 주께 부르짖었사오니
아침에 나의 기도가 주의 앞에 이르리이다
[14] 여호와여
어찌하여 나의 영혼을 버리시며
어찌하여 주의 얼굴을 내게서 숨기시나이까
[15] 내가 어릴 적부터 고난을 당하여 죽게 되었사오며
주께서 두렵게 하실 때에 당황하였나이다

> [16] 주의 진노가 내게 넘치고
> 주의 두려움이 나를 끊었나이다
> [17] 이런 일이 물같이 종일 나를 에우며
> 함께 나를 둘러쌌나이다
> [18] 주는 내게서 사랑하는 자와 친구를 멀리 떠나게 하시며
> 내가 아는 자를 흑암에 두셨나이다

앞 섹션에서 하나님께 네 개의 수사학적인 질문을 통해 자기를 살게 해달라고 호소했던 기자가 이 섹션에서는 하나님에 대한 원망과 탄식으로 노래를 마무리한다. 그는 절대로 기도를 게을리한 적이 없다는 말로 이 섹션을 시작한다. 그는 주님께 부르짖었으며, 아침에 그의 기도가 주님 앞에 이를 것이라고 한다(13절). 그는 밤새 오직 주님만 바라보며 열심히 기도했으므로 곧 하나님께 그 기도가 상달될 것이라고 한다. 아침은 하나님이 자기 백성을 구원하시는 때다(Goldingay, cf. 시 90:14, 143:8). 그러나 기자에게는 하나님의 구원의 때가 이르지 않는다.

기자는 참으로 열심히 하나님께 기도했는데, 하나님이 아직도 침묵하시는 것이 서운하다. 그러므로 그는 여호와께서 그의 영혼을 버리셨고, 그에게서 주님이 얼굴을 숨기셨다며 탄식한다(14절). 도대체 하나님이 만나 주시지도 않고, 그의 형편을 헤아려 주시지도 않으니 자신을 하나님께 버림받은 자로 생각할 수밖에 없다는 신음소리다. "만일 하나님이 이처럼 열심히 기도하는 사람을 살리지 않으시면 과연 어떤 사람을 살리실 것이란 말인가?"라는 질문을 하게 한다(cf. Broyles).

기자를 더 슬프게 하는 것은 그는 평생 고통 속에서 살아왔고, 지금은 죽음을 앞두고 있다는 사실이다(15절). 그가 어떤 고통을 당하며 살아왔는지 확실히 알 수는 없지만, 대부분 주석가들은 그가 어린 시절부터 심한 질병을 앓아왔던 것으로 추정한다(cf. 아가페, 현대인, NRS). 게다가 그는 죽음을 눈앞에 두고 있다. 매일 죽음에 대한 두려움이 그를

엄습하고 있다. 저자는 이러한 상황을 '주께서 그를 두렵게 하시는 것'으로 표현한다. 그는 참으로 하나님께 서운할 만한 사람이다.

기자는 자신이 평생 고통에서 자유롭지 못한 삶을 살아온 것은 하나님이 그에게 진노하셨기 때문이라고 생각한다(16절). 그는 무엇 때문에 하나님이 진노하셨는지 알지 못한다. 만일 알았더라면 분명 해결책을 찾아 보았을 것이다. 사실 그의 고통이 하나님이 그에게 진노하셨기 때문이라는 증거는 없다. 그러나 저자의 입장에서는 평생 지속된 고통은 하나님의 진노의 표현이라고밖에 생각할 수 없다. 그러므로 그는 하나님이 그를 두렵게 하신다는 말을 두 차례나 한다(15, 16절, cf. 출 15:16, 23:27). 기자는 삶이 우리가 생각하는 것처럼 녹록지 않다는 것을 강조하고자 한다(Tate).

고통과 두려움이 물이 물에 빠진 사람을 에워싸듯 하루 종일 그를 에워싸고 있다(17절). 그는 고통과 두려움에 완전히 포위된 상황일 뿐만 아니라, 아무리 벗어나려고 해도 벗어날 수 없는 절망감을 이렇게 표현하고 있다. 우리는 영적인 고통과 육체적인 고통을 분리하여 육체적인 고통은 별것 아닌 것처럼 생각할 때가 있다. 아니다. 오히려 육체적인 고통이 사람을 더 힘들게 한다. 좋은 생각을 하면 영적인 고통은 잠시나마 잊을 수 있다. 그러나 하루 24시간 그칠 줄 모르는 육체적인 고통은 우리를 참으로 어렵게 한다. 기자는 이런 경험을 하고 있다.

그는 견디기 힘든 육체적인 고통만 당하고 있는 것이 아니라 아주 심각한 영적인/심리적인 고통도 당하고 있다. 그는 가장 큰 심리적인 고통은 친구들과 사랑하는 이들에게서 느끼는 괴리감(alienation)이라고 한다(18절). 그는 참으로 외롭다. 아마도 친구들과 사랑하는 이들이 그와 거리감을 두는 이유는 크게 두 가지일 것이다. 첫째, 평생 지속된 기자의 고통이 그들을 부담스럽게 했다. 처음에는 따뜻하게 위로하고 대하던 사람들도, 그가 나아질 조짐을 전혀 보이지 않자, 스스로 지쳐서 떨어져 나간 것이다. 둘째, 그들은 기자가 하나님의 진노로 인해 이러한 벌을 받고 있다고 생각했을 것이다. 그러므로 그의 문제는 그가 하나님과 풀어야 할 문제라 생각해서 그를 멀리했을 것이다. 기자는 그가 사랑하는 사람들과의 사이에 느끼는 이 괴리감이 하나님이 하신 일이라며 원망한다.

이 시의 특징은 분위기가 처음부터 끝까지 어떠한 소망도 제시하지 않고 전적으로 절망적이며, 절망으로 끝난다는 점이다. 기자는 아직도 절망적인 어두움 속에 있으며, 이 어두움은 평생 그의 친구였다(cf. deClaissé-Walford et al., Tucker & Grant). 이러한 상황에서는 어떠한 말도 위로가 되지 않는다. 목회자들은 이런 일을 경험하고 있는 성도들을 위로한답시고 너무 쉽게 입을 열어서는 안 된다(Brueggemann).

한 가지 소망은 있다. 기자는 혹독한 시련의 때를 보내며 하나님께 많은 상처를 입었고, 심지어는 서운함을 느끼고 있다. 그럼에도 불구하고 그가 신앙을 포기하지 않고 하나님께 자기 형편을 아뢰는 것은 참으로 긍정적인 평가를 받아야 한다. 그가 '그를 치신 주님'께 기도하는 것은 주님의 선하심을 믿기 때문이다. 그러므로 이 시는 성경적 신앙의 진가를 보여 주고 있다(Brueggemann, cf. Kidner).

다니엘의 세 친구들은 느부갓네살이 우상에게 절하라고 한 명령을 거부하여 풀무불에 던져질 위기에서 한 말이 생각난다. "왕이여 우리가 섬기는 하나님이 계시다면 우리를 맹렬히 타는 풀무불 가운데에서 능히 건져내시겠고 왕의 손에서도 건져내시리이다. *그렇게 하지 아니하실지라도* 왕이여 우리가 왕의 신들을 섬기지도 아니하고 왕이 세우신 금 신상에게 절하지도 아니할 줄을 아옵소서"(단 3:17-18). 기자는 이 세 친구의 신앙고백과 동일한 고백으로 고통을 견디어 내고 있는 위대한 신앙인이다.

제89편

에스라인 에단의 마스길

I. 장르/양식: 개인 찬양시(1-37절, cf. 11편), 개인 탄식시(38-51절, cf. 3편), 왕족시(cf. 2편).

이 시편은 시편 모음집에서 18편과 함께 세 번째로 긴 시로 간주된다
(cf. 가장 긴 것은 119편, 그 다음으로 긴 것은 78편). 학자들은 이 시가 9-10,
12, 27, 60, 81, 95편들처럼 세월이 지나면서 이미 존재하던 여러 노
래의 부분들이 모여 하나가 된 것이라 한다(cf. Goldingay, Pardee, Tate).
그렇기 때문에 1-2절과 5-18절은 찬양시의 모습을 지녔고, 3-4절과
19-37절은 신탁이다. 38-51절은 탄식시이며, 52절은 제3권을 끝내는
축도로 구성되었다고 한다. 그중 가장 오래된 부분은 찬양시라고 한다
(Goulder).

이 외에도 이 노래는 언약 예식시(cf. 50편), 왕족시(cf. Goldingay), 찬양
시이자 탄식시라는 등 다양한 제안이 있다(Clifford, cf. Ross). 그렇다 보
니 이 시편이 지니고 있는 양식에 대하여 다양한 의견이 있고, 통일성
에 대한 논란도 끊이지 않는다(cf. McCann, Hossfeld-Zenger). 그러나 이
시의 고유성과 통일성을 확고히 주장하는 학자들도 있다(Ward). 한 가
지 생각해볼 것은 이 시의 위치다. 이 노래는 제3권을 마무리하고 있

다. 시편 모음집에 대한 전체적인 서론이라 할 수 있는 1편을 제외하면, 1권을 시작한 2편과 2권을 마무리한 72편은 모두 왕족시다. 이 왕족시들은 각 권의 책받침대 역할을 하며 1-3권에 통일성을 부여한다(Wilson). 또한 이 시편들은 주의 백성을 다스리는 왕권에 대하여 질문한다. 90편부터 시작되는 4-5권은 1-3권이 제시한 왕권에 관한 질문에 대하여 "하나님이 자기 백성을 다스리신다"는 답을 하는 듯하다(Wilson).

학자들의 장르에 대한 이해가 다양한 것처럼 그들의 저작 연대와 사용된 정황에 대한 추측도 매우 다양하다. 이른 시대를 제안하는 사람들은 주전 722년에 있었던 북 왕국 이스라엘의 멸망 전을 말하기도 하고, 남 왕국 유다가 망했던 586년 직후에 저작된 것이라고 하기도 한다(Floyd, cf. Grogan). 많은 사람들이 포로기 혹은 그 이후 시대를 지목한다(cf. Hossfeld-Zenger, McCann, Tate). 그들이 제시하는 가장 중요한 증거는 이 시편이 포로기 생활을 중심 주제로 삼았던 제3권을 마무리하고 있다는 점이다(Tucker & Grant). 또한 성전 파괴를 언급하는 74편과 예루살렘 함락을 회고하는 76편에 이어 이 시편이 다윗 왕조의 몰락을 슬퍼하는 것도 이러한 결론을 뒷받침하는 증거가 된다(Anderson).

일부 주석가들은 이 시가 다윗 왕조의 몰락은 곧 하나님 통치의 몰락을 뜻하는 것으로 이해하지만(cf. McCann), 그렇지 않다. 하나님의 통치는 분명 다윗 왕조의 영원한 통치에 대한 약속으로 절정에 도달하고 있다. 그러나 다윗 왕조가 몰락했다고 하여 하나님의 통치도 몰락하는 것은 아니다. 그러므로 이 시는 다윗 왕조의 위상이 무너졌음을 회고하고 있지만, 가까운 미래에 하나님이 다윗 왕조를 다시 회복시키시기를 염원하는 목적을 지니고 있다(Anderson). 하나님의 통치는 다윗 왕조의 몰락과 상관없이 계속되는 것이다.

이 시는 어떤 정황에서 불렸던 노래일까? 일부 학자들은 매년 왕의 패배와 수치를 슬퍼하며 기념하는 기념식에서 불린 노래라고 한다

(Mitchell, Terrien). 그러나 이런 예배가 있었다는 자체에 대하여 의문을 제기하는 사람들도 많다(cf. Ward). 일단은 이 시가 이스라엘 왕과 연관된 것은 확실하다. 그렇다면 어느 왕조, 혹은 어느 시대와 연관된 것일까? 학자들의 견해가 매우 다양하다. 학자들은 르호보암, 아시리아의 북 왕국 침략, 요시야의 죽음, 여호야긴이 인질이 되어 바빌론으로 끌려간 때, 포로기 이후 시대 등을 제안한다(cf. Goldingay, Hossfeld-Zenger, McCann, Tate, Terrien, Tucker & Grant, vanGemeren). 구체적인 시기와 정황을 제시하는 사람들은 이 시를 왕이 죽었을 때 백성들이 슬퍼하며 부른 노래라고 생각하기 때문이다(cf. Ross, McCann). 반면에 이 시가 오래 지속된 듯하고, 당장 문제가 해결될 것 같지 않은 느낌을 준다고 하는 사람들은 포로기나 이후 시대를 지목한다(cf. Tate).

표제는 이 시가 '에스라인 에단'(הָאֶזְרָחִי אֵיתָן)의 마스길이라고 하는데, '마스길'(מַשְׂכִּיל)은 교훈을 주는 묵상이라는 의미를 지녔다. 시편들 중 '에스라인'과 연관된 시는 이 노래와 88편 등 두 편이다. 88편은 '에스라인 헤만'을 언급하는데, 이 노래는 '에단'을 언급한다. 이 사람에 대하여는 별로 알려진 바가 없다. 바로 앞에 등장하는 88편은 가장 어두운 개인 탄식시로, 이 시편은 가장 어둡고 절망적인 공동체 탄식시로 간주되기도 한다(Tucker & Grant). 형식은 개인이 부르는 노래 양식을 취하지만, 내용은 분명 공동체가 함께 부를 만한 노래라는 뜻이다.

II. 구조

이미 언급한 것처럼 이 시는 시편 모음집에서 세 번째로 긴 노래이며, 여러 가지 장르를 반영하고 있다. 다음은 밴게메렌(vanGemeren)이 제시한 구조 분석이다.

I. 여호와의 왕권 노래(89:1-18)

  A. 여호와의 왕 되심을 개인적으로 찬양(89:1-2)

위 구조와 연관하여 아쉬운 점은 이 시가 최소한 세 개의 독립적인 시들이 모여 구성된 것이라는 주장을 우회적으로 인정한다는 것이다 (Kraus는 동일하게 나누어 세 개의 독립적인 시로 취급함). 비록 이 시가 여러 양식으로 구성된 부분들이 수집되어 구성되었다 할지라도 전적으로 새로운 통일성을 지닌 노래가 되었다는 것이 많은 학자들의 생각이다 (cf. deClaissé-Walford et al.). 아울러 다윗 언약과 깊이 연관되어 있는 중요한 단어 두 개가 일곱 차례나 쌍으로 사용되면서 시에 통일성을 더한다. '인자함'(חסד)(1, 2, 14, 24, 28, 33, 49절)과 성실함(אמונה)(1, 2, 14, 24,

33, 49절, cf. 5, 8절).

또한 밴게메렌(vanGemeren)이 제시한 위 구조는 1-18절을 하나로 묶었는데, 대부분 학자들은 이 섹션을 1-4절과 5-18절 등 두 파트로 구분한다(Goldingay, McCann, Ross, Tate, Tucker & Grant). 이러한 점들을 고려하여 이 주석에서는 이 시편을 1-4절과 5-18절과 19-37절과 38-51절 등 네 파트로 구분하고, 제3권을 마무리하는 축도(52절)는 따로 취급하여 다음과 같은 구조를 바탕으로 주해해 나가고자 한다.

  A. 하나님의 신실하심이 영원함을 찬양(89:1-4)

  A′. 창조주-통치자 하나님 찬양(89:5-18)

    1. 비교할 수 없는 하나님 찬양(89:5-8)

    2. 창조주 하나님 찬양(89:9-14)

    3. 은총을 베푸시는 하나님 찬양(89:15-18)

    B. 다윗과 언약을 맺으신 하나님(89:19-37)

      1. 하나님이 다윗을 선택하심(89:19-20)

      2. 하나님이 다윗과 함께하심(89:21-25)

      3. 하나님이 다윗의 수호자가 되심(89:26-29)

      4. 하나님이 다윗의 견인자가 되심(89:30-37)

    B′. 위기에 빠진 다윗 언약(89:38-51)

      1. 하나님이 다윗 후손들을 버리심(89:38-45)

      2. 하나님이여, 다윗과의 약속을 기억하소서(89:46-51)

    C. 제3권을 마무리하는 축도(89:52)

III. 주해

어떠한 이유인지는 알 수 없지만, 다윗 왕조의 왕이 폐위되었다. 당혹스러워하는 공동체는 다윗 언약을 허락하신 창조주 하나님을 찬양하며, 주님이 영원히 지속시킬 것을 약속하신 이 언약을 유념하시어 속히 다윗 계열의 왕을 세우실 것을 간구한다. 다윗 언약은 사람이 아니라 하나님이 무조건적으로 주셨고 무조건적으로 유지하시는 것이기 때문이다.

1. 하나님의 신실하심이 영원함을 찬양(89:1-4)

¹ 내가 여호와의 인자하심을 영원히 노래하며
주의 성실하심을 내 입으로 대대에 알게 하리이다
² 내가 말하기를 인자하심을 영원히 세우시며
주의 성실하심을 하늘에서 견고히 하시리라 하였나이다
³ 주께서 이르시되
나는 내가 택한 자와 언약을 맺으며
내 종 다윗에게 맹세하기를
⁴ 내가 네 자손을 영원히 견고히 하며
네 왕위를 대대에 세우리라 하셨나이다 (셀라)

기자는 여호와의 인자하심을 영원히, 성실하심을 대대에 알게 하겠다며 노래를 시작한다(1절). '인자하심'(חֶסֶד־ים)은 하나님의 무궁무진한 자비로우심을 강조하기 위하여 복수형이 사용되고 있다. 하나님의 인자하심은 인간과 맺으신 언약에 신실하게 임하시는 일에서 비롯된다 (Sakenfeld). '성실하심'(אֱמוּנָה)은 하나님의 꾸준하심, 혹은 우리가 믿고 의지할 수 있는 하나님의 성품을 뜻한다(cf. HALOT). 이 두 가지는 하나님의 여러 성품 중 가장 중요한 속성이다. 옛적에 출애굽한 이스라엘은 하나님의 이 두 가지 속성을 의지하며 광야에서 살았다(출 34:6). 하나님은 이 두 속성을 바탕으로 사람들과 관계를 맺으신다. 이 두 속성은 그 관계가 영원히 지속될 것을 보장한다(cf. deClaissé-Walford et al.). 그러므로 인간의 반응으로 인해 어떠한 영향도 받지 않는 하나님의 인자하심과 성실하심은 참으로 우리의 찬양을 받기에 합당한 주님의 속성들이다(vanGemeren).

저자는 하나님이 자신의 '인자하심'(חֶסֶד)을 영원히 세우시고, '성실하심'(אֱמוּנָה)을 견고히 하실 것을 대대로 증언할 것이다(2절). 그는 하나님의 '여러/많은 인자하심'(חֲסָדִים) 중 한 가지를 논하고자 하여 2절에서는 단수(חֶסֶד)를 사용한다. 이 단어는 맺은 언약에 성실하게 임하는 것(covenant loyalty)을 의미한다(Sakenfel). 하나님은 자신이 맺으신 언약에 매우 성실하게 임하시는(영원히 세우심) 분이다. 하나님이 누구와 언약을 맺으시면 무슨 일이 있어도 도중에 변심하거나 그만두시지 않고 끝까지 유지해 주시기 때문에 주님의 '성실하심'(אֱמוּנָה)은 우리가 믿고 의지할 만하다는 것이 성경의 가르침이다.

기자가 마음에 둔 언약, 곧 하나님이 사람과 맺으시고 성실하게 지키시는 언약은 무엇인가? 바로 다윗 언약이다(3-4절, cf. 삼하 7장). 하나님은 다윗을 택하시어 언약을 맺으셨다(3절). '택한 자'(בָּחִיר)는 흔히 사용되는 단어는 아니다. 구약에서 개인의 이름에 적용이 되는 경우는 모세(시 106:23)와 다윗(4절)이 전부다. 하나님이 다윗을 택하셨기 때문에 그는 이 세상 그 누구보다도 하나님과 가까웠다(Anderson).

주님은 택하신 다윗을 자기 종(עֶבֶד)이라고 하신다. 우리는 '종'에 대하여 상당히 부정적으로 생각할 수 있지만, 성경은 그렇게 말하지 않는다. 창조주 하나님의 종은 아무나 되는 것이 아니며, 매우 특별한 사람만이 누릴 수 있는 특별한 신분이다. 하나님은 아무나 자기 종으로 부르시지 않기 때문이다. 그러므로 하나님이 다윗을 자기 종이라고 부르시는 것은 그에 대한 애정의 표현이라 할 수 있다.

하나님은 다윗을 '나의 택한 자'(בְּחִירִי)와 '나의 종'(עַבְדִּי)이라고 하신다 (3절). 하나님의 택하심을 입은 자는 특권을 누린다. 다른 사람이 누리지 못하는 하나님과의 특별한 관계다. 그러나 하나님과의 특별한 관계는 주님의 종으로서 섬길 때 가능하다. 반면에 주의 종이 된다는 것이 죽도록 섬기는 것만 의미하지는 않는다. 하나님이 그를 보호하고 도우시는 특권을 누리도록 한다. 그러므로 이 두 개념은 서로를 해석한다고 할 수 있다(Goldingay).

하나님은 다윗과 언약을 맺으셨다. '언약을 맺다'(בְּרִית כָּרַת)(3절)는 문자적으로 '언약을 자르다'라고 번역된다. 고대 근동에서 쌍방이 중요한 계약을 체결할 때면, 그 계약 내용을 절대 번복할 수 없고, 번복하지 않을 것이라는 의미에서 짐승(들)을 쪼개 놓고 그 사이를 쌍방이 지나가는 예식에서 비롯된 표현이다. 중요한 것은 본문은 다윗과 하나님이 함께 '언약을 쪼갠 것'이 아니라, 하나님이 홀로 '언약을 쪼개신 것'이다(Goldingay). 이 언약은 다윗의 어떠한 행위와 연관되어 체결된 것이 아니라, 하나님이 홀로 베푸신 자비로운 약속임을 강조한다 (Goldingay). 하나님은 참으로 비장한 각오와 다짐으로 다윗과 맺으신 언약에 임하시며 그에게 맹세하셨다. '맹세하다'(שבע)는 참으로 성실하게 언약에 임할 것을 약속하신 것을 뜻한다.

하나님이 다윗과 맺으시고, 성실하게 지키시겠다고 약속하신 일명 '다윗 언약'의 내용은 매우 간단하다(4절). 주님께서 다윗의 후손들을 영원토록 견고하게 하시며, 다윗 왕조를 대대에 세우실 것을 약속하신 일이다. 그러므로 다윗 언약은 그와 그의 후손들에 관한 일이며, 또한 온 이스라엘 백성과 연관된 일이기도 하다. 그들은 다윗 언약에 따라 영원히 다윗의 후손들에 의하여 다스림을 받을 것이기 때문이다. 또한 인류의 구원자를 염두에 둔 다윗 언약은 온 세상 사람들을 위한 것이기도 하다(cf. Tucker & Grant).

하나님은 기자가 2절에서 사용한 '세우다'(בנה)와 '견고히 하다'(כון) 등 두 동사를 그대로 사용하시어 하나님의 성실하심으로 다윗과 맺은 언약을 영원히 지속하실 것을 확인하신다. 특히 '세우다'는 처음 다윗 언약이 모습을 드러낸 사무엘하 7장에서 하나님이 다윗의 집을 세우겠다는 의지를 밝히며 사용하신 단어다. 다윗 언약이 유지되는 것은 그의

후손들이 어떻게 하느냐가 아니라, 하나님이 이 언약에 임하시는 자세
에 의하여 결정된다.

2. 비교할 수 없는 하나님 찬양(89:5-8)

⁵ 여호와여
주의 기이한 일을 하늘이 찬양할 것이요
주의 성실도 거룩한 자들의 모임 가운데에서 찬양하리이다
⁶ 무릇 구름 위에서 능히 여호와와 비교할 자 누구며
신들 중에서 여호와와 같은 자 누구리이까
⁷ 하나님은 거룩한 자의 모임 가운데에서 매우 무서워할 이시오며
둘러 있는 모든 자 위에 더욱 두려워할 이시니이다
⁸ 여호와 만군의 하나님이여
주와 같이 능력 있는 이가 누구리이까
여호와여
주의 성실하심이 주를 둘렀나이다

기자는 하나님이 하신 기이한 일을 하늘이 찬양할 것이라고 한다(5b
절). 이집트를 떠난 이스라엘이 홍해를 건넌 후 부른 노래에서(출 15:11)
'기이한 일'(פֶּלֶא)이 처음 사용된다 하여 그 사건을 회상하는 것이라는
해석이 있지만(Goldingay), 이 단어는 일상적으로 하나님이 행하시는 기
적을 의미한다(cf. HALOT). 다윗 언약에 대하여 노래하고 있는 문맥상
(cf. 3-4절), 본문에서는 하나님이 행하신 '기이한 일'은 다름아닌 다윗
언약이다. 다윗 언약은 한 사람이 누릴 수 있는 최고의 은혜이며, 어떠
한 전제 조건 없이 하나님이 일방적으로 베푸신 자비이기 때문에 주님
이 행하신 기적들 중 으뜸이라 할 수 있다. 저자가 다윗 언약과 연관하
여 이미 두 차례 사용한 주님의 '성실하심'(אֱמוּנָה)(5c절)도 이러한 해석을

뒷받침한다. 본문에서 '찬양하다'(ידה)는 동사를 단 한 차례 사용하기 때문에 하늘이 거룩한 자들의 모임 가운데서 주님의 성실하심을 찬양하는 것으로 번역되지만(cf. 개역개정, NIV, NAS, ESV), 함께 모인 거룩한 자들이 하나님의 성실하심을 찬양한다는 의미를 지녔다(cf. 새번역, 아가페, 현대인, 공동).

하나님은 다윗에게 은혜를 베푸신 이 땅에서만 으뜸이 되시는 분이 아니라, 하늘에서도 으뜸이시다(6-7절). 기자가 사용하는 이미지는 신들이 거하는 곳으로 고대 사람들이 생각했던 하늘이다. 이스라엘의 하나님 여호와와 신들이 참석한 천상어전회의가 배경이 되고 있다. 그러나 하나님은 천상어전회의에 참석한 신들과도 비교될 수 없는 위대한 분이다. 그러므로 그는 "신들 중에서 여호와와 같은 자 누구리이까?"라는 수사학적인 질문을 통해 하나님과 견줄 만한 자는 없다는 것을 선포한다.

하나님이 얼마나 위대한 분이신지 신들도 주님을 두려워하고 무서워한다(7절). 여호와 하나님은 모든 신들의 경배와 찬양을 받기에 합당한 분이시지, 그들과 동급이 아니라는 뜻이다. 기자가 이 같은 언어를 사용하는 것은 신들의 존재를 인정해서가 아니다. 다신주의에 익숙해 있던 사람들의 언어를 사용하여 하나님은 그들이 숭배하는 신들과 질적으로 다르고 거룩하심(구별되심)을 강조하고자 해서다.

신들도 경배하기에 합당하신 여호와는 '만군의 하나님'(אֱלֹהֵי צְבָאוֹת)이시다(8a절). 천군천사들을 거느리시어 싸움을 참으로 잘하는 하나님이심을 강조하는 성호다. 그러므로 세상과 하늘에는 하나님의 능력에 견줄 만한 자는 없다(8b절). 능력이 무한하신 여호와는 또한 '성실하심'(אֱמוּנָה)으로 충만한 하나님이시다(8b절). 기자는 다시 한번 하나님의 성실하심을 강조하고 있다. 큰 능력이 있다 해도 성실함(꾸준함)이 부족하다면 때로는 문제가 될 수 있기 때문이다.

하나님은 능력과 성실함으로 충만한 분이시기 때문에 그 누구와 비

교될 수 없는 위대한 신이시다. 능력도 무한하시지만, 성실하시기까지
하니 누가 주님을 당할 수 있겠는가! 그러므로 이 섹션은 능력과 성실
하신 하나님이 다윗 언약에 따라 주의 백성에게 안정과 평안을 주심을
찬양하고 있다(deClaissé-Walford et al.).

3. 창조주 하나님 찬양(89:9-14)

9 주께서 바다의 파도를 다스리시며
그 파도가 일어날 때에 잔잔하게 하시나이다
10 주께서 라합을 죽임당한 자같이 깨뜨리시고
주의 원수를 주의 능력의 팔로 흩으셨나이다
11 하늘이 주의 것이요 땅도 주의 것이라
세계와 그중에 충만한 것을 주께서 건설하셨나이다
12 남북을 주께서 창조하셨으니
다볼과 헤르몬이 주의 이름으로 말미암아 즐거워하나이다
13 주의 팔에 능력이 있사오며
주의 손은 강하고 주의 오른손은 높이 들리우셨나이다
14 공의와 정의가 주의 보좌의 기초라
인자함과 진실함이 주 앞에 있나이다

신들이 사는 하늘에서 여호와와 비교할 만한 신은 없다고 단언한 기
자가 관심을 세상으로 돌린다. 한마디로 말해 세상은 여호와 하나님
의 절대적인 다스림이 진행되는 곳이다. 하나님은 바다의 파도를 잔잔
하게 하시는 분이다(9절). 주님은 사람을 위협하는 집채같이 큰 파도가
요동치는 바다라도 잔잔한 물로 만들어 평안을 주시는 분이다. 이 말
씀 뒤에는 고대 근동의 신화들에서 바다의 신/괴물로 알려졌던 티아맛
(Tiamat)과 얌(Yam)도 하나님의 통제 아래 있다는 가르침이 서려 있다(cf.

Goldingay).

하나님은 라합도 다스리시는 분이다(10절). '라합'(רַהַב)은 신화적인 괴물의 이름이며 [파도처럼] 밀려오는 자'(surger)라는 의미를 지녔다 (HALOT, cf. 욥 9:13, 26:12). 기자는 고대 근동의 신화에 등장하는 이미지들을 사용하여 주님을 찬양하고 있다(cf. Dahood, Tucker & Grant). 주님이 대드는(밀려오는) 라합을 아무런 저항도 하지 못하는 죽은 사람의 몸뚱이를 으스러뜨리듯이 깨뜨리신다. 또한 깨뜨린 라합의 몸뚱이를 흩으신다. 그러므로 '깨뜨리다'(דכא)와 '흩다'(רכא)는 하나님이 하시는 일을 그 누구도 방해할 수 없다는 점을 강조하는 표현이다. 성경에서 라합은 이집트를 상징하는 이름으로 사용되기도 한다(사 30:7, 시 87:4). 하나님은 세상의 모든 무질서와 혼란을 다스려 질서와 안정을 주시는 분이시다(deClaissé-Walford et al.).

하늘에서는 신들이 하나님을 두려워하고, 땅에서는 그 누구도 하나님이 하시는 일을 막을 수 없다. 그러므로 기자는 하늘과 땅이 모두 하나님의 것이라고 고백한다(11a절). 세상과 그 안에 있는 모든 것은 하나님이 건설하신 작품이다(11b절). 하나님이 온 세상을 창조한 창조주이심을 이렇게 표현하고 있다.

하나님이 세상을 창조하실 때 남쪽 끝에서 북쪽 끝에 이르는 모든 것을 창조하셨다(12a절). '북쪽'으로 번역된 단어(צָפוֹן)(cf. 시 48:2)는 고대 근동 신화에서 신들이 모여 사는 산으로 알려진 곳이다(NIDOTTE). '남쪽'으로 번역된 단어(יָמִין)는 오른손을 뜻하는 단어다. 고대 사람들은 방향을 사람이 동쪽을 향해 서 있는 상황에서 말했다. 그러므로 동쪽을 향해 서 있는 사람의 오른손은 남쪽을 향하고 있기 때문에 오른손이 남쪽으로 해석되고 있는 것이다.

주님이 남북을 창조하셨다는 것은 세상에 하나님이 창조하지 않으신 것은 하나도 없다는 뜻이다. 또한 주님이 세상을 아름답게 창조하셨으므로 지음받은 피조물들이 기뻐한다. 온 세상을 대표하여 다볼과 헤르몬이 하나님의 위대하신 이름을 즐거워한다(12b절). 다볼은 사마리아가 위치한 이스르엘 평지의 북동쪽에 위치한 조그만 산이며, 헤르몬은 다볼에서 약 80킬로미터 북쪽에 위치한 훨씬 더 높은 산이다. 일부학자들은 예전에 이 두 산에서 하나님을 예배했기 때문에 이곳에서 언급되는 것이라고 한다(McCann, Tate). 이와는 대조적으로 한 주석가는 이 산들에서 이방신들이 숭배되었으므로, 이방신들이 여호와를 경배한다는 의미에서 이 산들이 언급되는 것으로 해석한다(Schaefer). 이 두산 사이에 위치한 땅의 소유권이 자주 분쟁에 휩싸였는데, 이 땅도 하나님의 소유라는 것을 강조하기 위하여 언급되는 것이라는 해석도 있다(deClaissé-Walford et al.). 그러나 이 두 산의 규모를 감안하면 헤르몬처럼 큰 산과 다볼처럼 작은 산도 모두 주님의 소유이기 때문에 주인이신 하나님을 찬양하는 것으로 해석하는 것이 바람직하다. 우리가 보는 눈이 있으면 자연을 보고 하나님의 솜씨와 이름을 찬양할 수 있다. 주님의 사역이 세상 모든 곳에 역력하기 때문이다.

주님은 세상을 창조하신 팔로 세상을 다스리신다(13-14절). 주님의 팔과 손은 강하여 능력으로 가득하며 오른손은 높이 들려 있다. 주님은 공의와 정의 위에 세워진 보좌에 앉아 인자함과 진실함으로 다스리신다. '공의'(צֶדֶק)와 '정의'(מִשְׁפָּט)는 자주 쌍으로 사용되며, 하나님이 세상을 다스리실 때 사용하시는 기준을 정의한다. 하나님은 모든 사람에게 공평하고 의로운 방법으로 다스리신다. '인자함'(חֶסֶד)과 '진실함'(אֱמֶת)은 하나님의 속성들 중 가장 중요한 것들이다. 주님은 항상 자비로우시며, 성실하심(꾸준하심)으로 사역하시고 자기 자녀들을 대하신다.

4. 은총을 베푸시는 하나님 찬양(89:15-18)

¹⁵ 즐겁게 소리칠 줄 아는 백성은 복이 있나니
여호와여

그들이 주의 얼굴 빛 안에서 다니리로다
¹⁶ 그들은 종일 주의 이름 때문에 기뻐하며
주의 공의로 말미암아 높아지오니
¹⁷ 주는 그들의 힘의 영광이심이라
우리의 뿔이 주의 은총으로 높아지오리니
¹⁸ 우리의 방패는 여호와께 속하였고
우리의 왕은 이스라엘의 거룩한 이에게 속하였기 때문이니이다

하나님은 세상의 모든 무질서를 다스리는 능력을 지닌 분이시며, 또한 이스라엘을 보호하는 분이시다. 그러므로 하나님을 찬양하며 즐겁게 소리칠 줄 아는 백성(이스라엘)은 복이 있다(15a절). 기자는 이 말씀을 통해 하나님의 놀라운 통치에 대한 유일하고 올바른 반응은 찬양과 경배라는 것을 암시한다(Tucker & Grant).

시편 1편에서 개인에게 사용되었던 '복'이 이번에는 온 백성(הָעָם אַשְׁרֵי)에게 사용되고 있다. 여호와를 기뻐하는 백성이 복이 있는 것은 그들이 하나님의 보호를 받아 주님이 어떤 분이신가를 알고 주님을 즐길 수 있어서 이렇게 반응할 수 있기 때문이다. 이런 사람은 주님의 얼굴 빛 안에서 다닌다(15c절). 하나님의 얼굴에서는 광채/빛(אוֹר)이 나는데, 그 빛 아래서 산다는 것은 곧 하나님의 보호 아래 사는 것을 의미한다. 그러므로 하나님의 웃으시는 얼굴의 보호 아래 사는 사람들은 당연히 복이 있는 사람이다.

하나님은 주님을 찬양하고 기뻐하는 사람들을 공의로 높이신다(16절). '공의'(צְדָקָה)는 의로움을 뜻한다(cf. HALOT). 하나님은 자기를 기뻐하는 사람들을 의롭다며 높이신다. 본문에서 '높이다'(רום)가 하나님이 백성을 높이시는 의미로 사용되는지(개역개정, ESV, TNK, CSB, LXX), 혹은 백성들이 하나님을 높이는 의미로 사용되는지(새번역, 아가페, NIV, NAS, NRS)에 대하여 다소 논란이 있다. 다음 절인 17절에서도 수동태

가 사용되는 것으로 보아, 하나님이 백성을 높이시는 의미로 해석하는
것이 바람직하다. 여호와께서 하나님을 기뻐하는 사람들을 의롭다고
인정하시어 그들을 높이신다는 뜻이다.

하나님은 주님을 찬양하고 기뻐하는 백성을 의롭다고 하실 뿐만 아
니라 은총으로 그들의 뿔도 높여 주신다(17절). '은총'(רָצוֹן)은 왕이 기뻐
하며 자기 백성에게 베푸는 은혜다(HALOT). 성경에서 '뿔'(קֶרֶן)은 힘을
상징한다. 그러므로 이 말씀은 왕이신 하나님이 그를 기뻐하는 백성들
의 힘이 되어 주시는 일을 기뻐하신다는 의미다. 우리가 하나님을 기
뻐하면 주님도 우리에게 은혜를 베푸시기를 기뻐하신다.

하나님은 자기 백성의 방패가 되기도 하신다(18a절). '방패'(מָגֵן)는 적
들의 공격을 막아내는 가장 기본적인 무기다. 그러므로 백성들이 자신
들의 방패는 하나님께 속했다고 하는 것은 하나님이 그들을 보호하시
는 '방패'가 되심을 고백하는 것이다.

그들의 방패가 하나님께 속한 것처럼 그들의 왕도 이스라엘의 거룩
한 이에게 속했다(18b절). '이스라엘의 거룩한 이'(קְדוֹשׁ יִשְׂרָאֵל)는 이사야
가 카피라이트(copyright)한 것이나 다름없는 하나님의 성호다. 기자는
이 구절에서 이스라엘의 왕도 하나님께 속했다며 다음 절에서부터 시
작할 다윗 언약의 몰락에 대한 탄식을 예고하고 있다. 하나님께 속한
왕권이 손상되었기 때문이다.

5. 하나님이 다윗을 선택하심(89:19-20)

¹⁹ 그때에 주께서 환상 중에
주의 성도들에게 말씀하여 이르시기를
내가 능력 있는 용사에게는 돕는 힘을 더하며
백성 중에서 택함 받은 자를 높였으되
²⁰ 내가 내 종 다윗을 찾아내어

나의 거룩한 기름을 그에게 부었도다

기자는 앞 섹션에서 이스라엘을 다스리는 왕권은 하나님께 속했다고 했는데, 이 섹션에서는 그들을 다스리는 왕조를 지명하시고 세우신 분은 하나님이시라는 점을 강조한다. 다윗 왕조는 사람들이 세운 왕조가 아니다. 주님이 다윗 왕조를 세우신 일은 환상 중에(cf. 삼하 7:4, 17, 대상 17:15) '주의 성도들'에게 말씀하신 것으로 시작되었다(19절). 기자가 '주의 백성'(עַמְּךָ)을 사용할 만한 상황인데, '주의 성도들'(חֲסִידֶיךָ)을 사용하는 것이 인상적이다. 다윗 왕조는 단지 정치적인 이슈가 아니라, 종교적인 이슈와도 연관되어 있음을 암시하기 위해서다. 훗날 온 세상을 구원하시는 메시아가 다윗 왕조를 통해서 오실 것이기 때문이다.

하나님은 백성들 중에서 유능한 다윗을 택하시어 능력을 더해 주셨고, 백성들 중에 왕으로 높이셨다(19절). 다윗은 스스로 왕이 된 사람이 아니다. 하나님이 그를 택하시어 왕으로 세우셨다. '백성 중에 택하신 자'(בָּחוּר מֵעָם)는 사무엘상 16장 8-13절을 연상케 한다(deClaissé-Walford et al.). 하나님은 '자기 종 다윗'(דָּוִד עַבְדִּי)(cf. 삼하 7:5)에게 거룩한 기름을 부어 구분하셨다(20절). 이 말씀의 배경이 되는 이미지는 대제사장에게 거룩한 기름을 부어 특별히 구분하는 일이다(Goldingay, cf. 민 35:25). 하나님이 다윗을 특별한 용도로 사용하시려고 그를 구별하셨다는 뜻이다.

6. 하나님이 다윗과 함께하심(89:21-25)

²¹ 내 손이 그와 함께하여 견고하게 하고
　　내 팔이 그를 힘이 있게 하리로다
²² 원수가 그에게서 강탈하지 못하며
　　악한 자가 그를 곤고하게 못하리로다
²³ 내가 그의 앞에서 그 대적들을 박멸하며

그를 미워하는 자들을 치려니와
²⁴ 나의 성실함과 인자함이 그와 함께하리니
내 이름으로 말미암아 그의 뿔이 높아지리로다
²⁵ 내가 또 그의 손을 바다 위에 놓으며
오른손을 강들 위에 놓으리니

하나님은 다윗에게 거룩한 기름을 부어 그를 특별히 구분하신 다음 그에게 온갖 복을 내려 주셨다. 하나님이 내려주신 축복으로 다윗은 블레셋 사람들과 사울을 상대로 승승장구할 수 있었다. 기자는 하나님이 다윗에게 내리신 복들 중 최소한 다섯 가지를 회고한다. 첫째, 하나님은 다윗과 함께하시며 그를 강하게 하셨다(21절). 그러므로 연약한 목동이었던 다윗은 골리앗을 때려 눕히는 용장이 될 수 있었다.

둘째, 하나님은 적들이 다윗을 강탈하지 못하게 하셨다(22절). 여러 면에서 사울이 그토록 다윗을 죽이려 했지만, 성공하지 못한 일이 생각나게 한다. 하나님이 사울의 손에서 다윗을 구원하신 것이다.

셋째, 하나님은 다윗 앞에서 대적들을 박멸하셨다(23절). 다윗은 가는 곳마다 승승장구했다. 오죽하면 그가 전쟁터에서 돌아올 때면 환영 나온 여인들이 "사울은 천천이요, 다윗은 만만이라"고 외쳤겠는가! 다윗이 전쟁에 나갈 때마다 승리하고 돌아올 수 있었던 것은 하나님이 그를 도우셨기 때문이다.

넷째, 하나님은 다윗을 존귀하게 하셨다(24절). 하나님이 꾸준히(성실하게) 그에게 인자함을 베푸시니 온 세상이 하나님이 함께하시는 다윗의 강인함(뿔)을 부러워한다. 성실하심(אֱמוּנָה)과 인자하심(חֶסֶד)은 다윗 언약과 연관된 단어들이다. 하나님과의 특별한 관계로 인해 다윗은 세상에서 참으로 존귀한 사람이 된 것이다.

다섯째, 하나님은 다윗의 손을 바다 위에, 그의 오른손을 강들 위에 두셨다(25절). 이 말씀은 다윗이 유프라테스 강까지 진출하며 주변 나라들을 복종시킨 일을 회고하고 있다(deClaissé-Walford et al., Kirkpatrick, cf. 대상 18장). 그러나 이 말씀에서는 온 세상을 아우르는 표현으로 해석되어야 한다(Anderson, Goldingay, vanGemeren). 하나님의 통치권이 이 세상에서는 다윗 왕조를 통해 실현된다(Mays). 그러므로 여호와께서 지배하고 다스리시는 세상의 모든 혼돈과 무질서를 주님의 종 다윗과 그의 후손들이 지속적으로 견제할 것이다(Tate).

7. 하나님이 다윗의 수호자가 되심(89:26-29)

²⁶ 그가 내게 부르기를
주는 나의 아버지시요
나의 하나님이시요
나의 구원의 바위시라 하리로다
²⁷ 내가 또 그를 장자로 삼고
세상 왕들에게 지존자가 되게 하며
²⁸ 그를 위하여 나의 인자함을 영원히 지키고
그와 맺은 나의 언약을 굳게 세우며
²⁹ 또 그의 후손을 영구하게 하여
그의 왕위를 하늘의 날과 같게 하리로다

하나님은 다윗을 대하기를 마치 입양한 아들을 대하듯이 하셨다(cf. 삼하 7:14, 대상 17:13). 아버지와 아들 관계가 형성된 것이다. 그러므로 감격한 다윗은 주님을 세 가지로 부른다(26절, cf. 삼하 7:11). 첫째, 주님은 그의 아버지시다(26b절). 구약에서 사람이 하나님을 아버지로 부르는 일은 흔치 않다. 다윗은 하나님과의 관계를 아버지와 아이로 묘사하며 마치 아이가 아버지에게 전적으로 의지하는 것처럼 자신도 오직 하나님만 의지할 것을 고백하고 있다.

둘째, 주님은 다윗의 하나님이시다(26c절). 사람이 여호와를 하나님으로 고백하는 것은 주님의 통치 아래 자신을 복종시키겠다는 의지의 표현이다. 하나님은 왕이시고 우리는 그의 백성이기 때문이다.

셋째, 하나님은 다윗의 구원의 바위시다(26d절). 하나님은 그의 피난처시며, 모든 위기에서 그를 건져내 주님의 높은 바위 위에 올리신다. 세상 풍파가 그를 해하지 못하도록 하기 위한 조치다.

이 세 가지는 모두 다윗이 하나님을 전적으로 의지하는 것을 전제한다. 하나님은 아들이 아버지를 의지하듯 다윗이 주님을 전적으로 의지하는 것이 대견스럽다. 그러므로 그에게 더 많은 복을 내리신다. 하나님은 네 가지 복을 다윗에게 내리신다. 첫째, 장자의 복을 주셨다(27a절). 장자는 부모의 재산을 상속할 때 다른 형제들에 비해 두 몫을 받는다. 그러므로 장자는 특별한 지위와 권한을 지녔다. 하나님은 다윗을 부모가 장자를 대하듯 귀하게 대하셨다. 세상 누구보다도 더 특별하게 그를 생각하셨다는 뜻이다.

둘째, 하나님은 다윗을 세상 왕들 중 으뜸이 되게 하셨다(27b절). 다윗이 왕들에게 '지존자'(עֶלְיוֹן)가 되게 하셨다는데, 이 단어는 하나님을 다른 신들과 비교할 때 자주 사용되는 단어다. 하나님이 다른 신들과 전적으로 다른 것처럼 다윗도 세상 다른 왕들과 질적으로 다르게 하셨다는 뜻이다(cf. Anderson).

셋째, 하나님은 다윗과 맺으신 언약을 영원히 지키실 것이다(28절). 하나님은 인자하심을 영원히 지키실 것을 약속하시는데, '인자하심'(חֶסֶד)은 언약적 충성을 의미한다. 하나님은 다윗과 맺은 약속에 대하여 자신의 책임을 성실히 이행하실 것을 다짐하신다. 그렇게 해서 그와 맺은 언약을 굳게 세우실 것이다. 다윗에게 주신 약속을 영원히 지키실 것을 약속하시는 것이다.

넷째, 하나님은 다윗의 후손들의 왕권도 보장하신다(29절). 다윗 왕조는 영원히 지속될 것이다. 하나님은 다윗의 후손을 영원히 세우실 것이다. 하늘이 사라지지 않는 한, 그의 왕위도 영원히 지속되도록 하실 것이다. 하늘이 사라지는 날, 비로소 다윗의 왕조도 끝이 날 것이다.

8. 하나님이 다윗의 견인자가 되심(89:30-37)

30 만일 그의 자손이 내 법을 버리며
내 규례대로 행하지 아니하며
31 내 율례를 깨뜨리며
내 계명을 지키지 아니하면
32 내가 회초리로 그들의 죄를 다스리며
채찍으로 그들의 죄악을 벌하리로다
33 그러나 나의 인자함을 그에게서 다 거두지는 아니하며
나의 성실함도 폐하지 아니하며
34 내 언약을 깨뜨리지 아니하고
내 입술에서 낸 것은 변하지 아니하리로다
35 내가 나의 거룩함으로 한 번 맹세하였은즉
다윗에게 거짓말을 하지 아니할 것이라
36 그의 후손이 장구하고
그의 왕위는 해 같이 내 앞에 항상 있으며
37 또 궁창의 확실한 증인인 달같이
영원히 견고하게 되리라 하셨도다 (셀라)

하나님은 바로 앞 섹션에서 다윗의 후손들이 대대로 왕위에 앉도록 하시겠다고 했는데, 만일 그의 후손들이 죄를 지어 하나님의 기대에 미치지 못하면 어떻게 하실 것인가? 이 섹션은 이러한 상황이 임하면 하나님이 어떻게 하실지에 대해 설명한다. 하나님은 다윗 언약을 계속 지속하실 것을 선언한다. 이 언약은 애초부터 하나님의 자비와 성실하

심으로 세워진 것이지, 다윗과 그의 후손들의 행위에 의하여 좌지우지 되는 것이 아니기 때문이다. 그러므로 이 섹션은 다윗 언약의 속성을 묘사하고 있다.

먼저 하나님은 다윗의 후손들이 죄를 짓는 상황을 총체성의 숫자인 네 가지로 말씀하신다. (1)내 법을 버리며… (2)내 규례대로 행하지 아니하며… (3)내 율례를 깨뜨리며… (4)내 계명을 지키지 아니하면(30절). 이처럼 그들이 죄를 지으면 하나님은 부모가 자식의 죄를 회초리와 채찍으로 다스리듯 그들을 벌하실 것이다(32절).

하나님은 분명히 죄 지은 다윗의 후손들을 징계하시지만, 주님의 '인자하심'(חֶסֶד)을 다 거두지는 않으실 것이며 '성실하심'(אֱמוּנָה)도 폐하지 않으실 것이다(33절). 이 두 단어는 24절에서도 다윗 언약을 상기시키며 사용되었다. 이 절에서도 이 두 단어는 하나님이 죄 지은 다윗의 후손들은 징계하실지라도, 언약은 파괴하지 않으실 것을 암시하며 사용되고 있다. 하나님은 다윗의 후손이 잘못하면 징계는 하시지만, 버리지는 않으실 것이라는 30-33절은 사무엘하 7장 12-15절을 다른 말로 바꾸어 쉽게 설명한 것(paraphrasing)이라 할 수 있다(deClaissé-Walford et al.).

33절에서 언약을 파괴하지 않으실 것을 암시하신 하나님이 34절에서는 더 구체적으로 이러한 의지를 밝히신다. 주님은 다윗의 후손들이 죄를 지어도 다윗과 맺으신 언약을 깨지 않으실 것이다. 하나님은 무엇이든 한번 선언하시면 번복하시지 않는 분이시기 때문이다(34b절). 게다가 하나님은 자신의 거룩하심으로 다윗에게 언약을 영원히 지키실 것을 맹세하셨다(35a절). 만일 하나님이 언약을 파괴하시면, 그것은 곧 다윗에게 거짓말한 것이나 다름없다(35b절). 그러므로 하나님은 다윗의 후손들이 죄를 짓는다 해도 절대 다윗과 맺은 언약을 깨지 않으실 것이다.

다윗과의 약속을 지키기 위해서 하나님은 다윗의 후손들이 장구하여 그의 왕조가 해같이 주님 앞에 항상 있게 하실 것이다(36절). 또한 달이 영원히 견고한 것처럼 다윗 왕조도 영원히 견고하여 주님 앞에 있을 것이다(37절). 어떠한 일이 있어도 다윗 왕조는 영원히 지속될 것을 약속하셨다. 다윗 왕조는 하나님의 우주적인 통치가 영원히 지속되는 일과 맞물려 있다(McCann).

9. 하나님이 다윗 후손들을 버리심(89:38-45)

³⁸ 그러나 주께서 주의 기름 부음 받은 자에게 노하사
물리치셔서 버리셨으며
³⁹ 주의 종의 언약을 미워하사
그의 관을 땅에 던져 욕되게 하셨으며
⁴⁰ 그의 모든 울타리를 파괴하시며
그 요새를 무너뜨리셨으므로
⁴¹ 길로 지나가는 자들에게 다 탈취를 당하며
그의 이웃에게 욕을 당하나이다
⁴² 주께서 그의 대적들의 오른손을 높이시고
그들의 모든 원수들은 기쁘게 하셨으나
⁴³ 그의 칼날은 둔하게 하사
그가 전장에서 더 이상 버티지 못하게 하셨으며
⁴⁴ 그의 영광을 그치게 하시고
그의 왕위를 땅에 엎으셨으며
⁴⁵ 그의 젊은 날들을 짧게 하시고
그를 수치로 덮으셨나이다 (셀라)

기자는 바로 앞 섹션에서 하나님의 스피치를 인용하여 다윗 언약의 영원함을 노래했다. 이 섹션에서는 다윗 언약의 영원함과 어울리지 않는 아픈 현실을 지적한다. 하나님의 약속과는 달리 다윗 왕조에 속한 왕이 폐위되었다는 것이다. 기자는 하나님이 직접 다윗 언약을 파괴하셨다는 점을 강조하기 위하여 이 섹션에서 하나님을 지목하며 2인칭 남성단수 대명사를 18차례나 사용한다(deClaissé-Walford et al.). 그는 하나님이 '주의 기름 부음을 받은 자'(מְשִׁיחֶ)에게 노하여 그를 물리치고 버리셨다고 한다(38절). '노하다'(עבר)와 '물리치다'(מאס)와 '버리다'(זנח) 등 세 동사는 하나님의 불편한 심기와 버리기로 하신 결정의 절대성을 암시한다.

하나님이 버리신 주의 기름 부음을 받는 자는 누구인가? 20절은 하나님이 다윗에게 거룩한 기름을 부어 그를 왕으로 세웠다고 했다. 그러므로 이 말씀은 하나님이 다윗과 그의 후손들을 버리셨음을 탄식한다. 하나님께 버림을 받은 왕은(cf. 39-41절) 다름 아닌 하나님이 높이신 왕이다(cf. 27절). 저자는 하나님이 다윗 언약을 완전히 버리셨다며 슬퍼하고 있다. 한 주석가는 다윗 왕조의 몰락은 하나님의 몰락이라고 하지만(McCann), 그렇지 않다. 하나님이 다윗 왕조를 내치셨기 때문이다.

다윗 왕조에 화가 나신 하나님은 그들과 맺은 언약을 미워하셨으며(39a절), 그들의 왕관을 땅에 던져 욕되게 하셨다(39b절). 다윗 계열 왕에게 엄청난 수치를 입히셨으며, 더 이상 다윗 왕조가 왕을 배출하지 못하도록 하셨다는 것이다. 이어 하나님은 그동안 다윗 왕조를 보호하기 위하여 쳐주셨던 울타리와 요새를 스스로 무너뜨리셨다(40절). 결국 다윗 왕조는 길을 지나가는 자들에게 탈취를 당하고 이웃에게 욕을 당했다(41절). 주변 나라들에게 약탈을 당하고 수치를 당했다는 뜻이다.

원수들이 왕을 괴롭힐 때면 하나님이 왕을 도우시는 것은 당연한 일이었다(cf. 22-23절). 그런데 이번에는 하나님이 오히려 원수들의 손을 높이 들어주시며 그들이 저지른 만행을 인정하셨다(42a절). 그러므로 평소에는 여호와가 두려워 함부로 이스라엘 왕을 넘보지 못하던 원수들이 하나님이 그들을 높이시자 참으로 기뻐했다(42b절).

반면에 다윗 왕조의 왕은 한없이 슬픈 위기감을 느꼈다(43절). 하나님이 그의 칼날을 둔하게 하시어 더 이상 전쟁을 하지 못하도록 하셨기 때문이다. 하나님이 영원할 것이라고 하신 다윗 왕조(cf. 28, 29, 33, 36, 37절)를 버리셨다. 주님이 버리신 다윗 왕조는 결국 더 이상 버티지 못하고 적들에게 속수무책으로 당할 수밖에 없었다. 하나님이 왕에게서 영광을 빼앗으시고 그가 앉아 있던 보좌를 땅에 내치셨기 때문이다(44절). 결국 왕조는 제대로 꽃을 피워 보지도 못하고 짧게 마감해야 하는 수치를 겪었다(45절). 물론 하나님의 관점에서는 다윗 왕조가 끝이 난 것은 아니다. 그러나 기자는 자신이 경험한 정황을 고려할 때 이렇게 결론을 내릴 수밖에 없다.

10. 하나님이여, 다윗과의 약속을 기억하소서(89:46-51)

⁴⁶ 여호와여

언제까지니이까

스스로 영원히 숨기시리이까

주의 노가 언제까지 불붙듯 하시겠나이까

⁴⁷ 나의 때가 얼마나 짧은지 기억하소서

주께서 모든 사람을 어찌 그리 허무하게 창조하셨는지요

⁴⁸ 누가 살아서 죽음을 보지 아니하고

자기의 영혼을 스올의 권세에서 건지리이까 (셀라)

⁴⁹ 주여

주의 성실하심으로 다윗에게 맹세하신

그 전의 인자하심이 어디 있나이까

⁵⁰ 주는 주의 종들이 받은 비방을 기억하소서

많은 민족의 비방이 내 품에 있사오니

⁵¹ 여호와여

이 비방은 주의 원수들이

주의 기름 부음 받은 자의 행동을 비방한 것이로소이다

인간의 죄가 다윗 언약을 무효화시킬 수는 없다. 또한 하나님은 인간의 반응과 상관없이 다윗 언약을 영원히 유지하겠다고 약속하셨다. 그런데 다윗 언약은 파괴가 되다시피 했다. 그러므로 기자의 신앙과 경험이 갈등을 빚는다(Broyles). 어찌된 일인가? 저자는 하나님이 노하셨기 때문에 다윗 왕조를 폐하셨다고 생각한다. 정확히 언제 어떤 상황에서 이런 일이 일어났는지는 알 수 없지만(cf. Goldingay, Terrien), 그의 입장에서는 참으로 충격적인 일이 일어난 것이다. 그러므로 그는 하나님의 진노가 속히 끝나기를 간절히 소망한다(46절). 하나님이 영원히 화를 낼 분은 아니시기 때문이다. 그는 하나님의 진노가 그치면 주께서 다시 다윗 왕조를 회복시키실 것을 믿고 확신한다.

기자는 자기가 살아 있는 동안 하나님이 진노를 거두시고 왕조를 회복하시기를 간절히 소원한다. 그러므로 그는 자신은 하나님이 참으로 허무하게(짧은 삶을 살도록) 창조하신 인간들 중 하나라며 자신의 때(수명)가 매우 짧다는 것을 주께서 기억하시기를 원한다(47a절). 하나님은 인간과 달리 영원히 사시는 분이다. 그러므로 주님이 자기 관점에서 진노를 푸시고 왕조를 회복하시면, 잠시 이 땅을 살다가 죽을 저자의 입장에서는 너무 오랜 세월이 지나 죽은 후에야 비로소 이런 날이 올 수도 있다(48절). 만일 그가 죽은 후 이런 일을 경험하게 된다면, 스올에 있는 그는 기뻐할 능력과 힘이 없을 것이다. 그러므로 그는 하나님께 너무 오래 지체하지 마시라며 이렇게 기도한다. 기자의 절망감은 왠지 다윗 왕조의 왕으로 오실 메시아 예수가 오셔야 해결될 것 같은 생각이 들게 한다(cf. Kidner).

기자는 하나님이 수치를 당한 왕을 기억하지 마시고 그 왕의 조상인 다윗에게 약속하신 인자하심을 기억하기를 구한다(49절). 하나님은 어떠한 전제 조건도 제시하지 않으신 채 다윗에게 일방적으로 은혜로운 언약을 주셨다(cf. 28-29절). 하나님은 다윗의 후손들이 죄를 지어도 이 언약은 파괴되지 않을 것이라고 말씀하셨다(cf. 30-34절). 그러므로 저자는 하나님이 그 '인자하심'(חֶסֶד)을 떠올리시기를 기도한다. 지금 상황이 지속되면 하나님의 맹세(cf. 35-37절)가 헛된 것으로 보일 수도 있기 때문이다. 하나님의 신뢰가 위기에 처했다는 것이 기자의 생각이다.

저자는 하나님이 다윗에게 하신 약속을 생각하셔서 그의 후손들에게 은혜를 베푸시기를 간절히 소망한다. 게다가 그들은 원수들에게서 엄청난 수치와 수모를 당하고 있다(50-51절). 하나님의 통치와 다윗 왕조는 하나로 묶여 있기 때문에 그들이 당하는 수치는 곧 하나님의 수치가 될 수도 있다. 그러므로 기자는 하나님이 그들이 당하는 수치를 기억하시고 속히 은총을 베푸시기를 간절히 기도하며 이 노래를 마무리한다. 다윗 왕조의 몰락과 성전과 예루살렘 파괴에 대하여 슬퍼했던 제3권의 내용이 이 시편에 모두 요약되어 있다(Cole).

11. 제3권을 마무리하는 축도(89:52)

> ⁵² 여호와를 영원히 찬송할지어다 아멘 아멘

시편 제3권은 이스라엘의 포로생활에 대하여 많은 이야기를 했다. 기자들은 한결같이 하나님이 자기 백성에게 진노하시어 그들을 내보내셨다고 했다. 그러므로 하나님에 대한 탄식과 원망도 많았다. 그러나 이 책을 마무리하면서 편집자는 이스라엘의 하나님 여호와는 우리의 영원한 찬송을 받기에 합당한 분이시라고 한다. 하나님과의 동행에서 좋은 일이 있으면 함께 기뻐하고, 슬픈 일이 있으면 함께 슬퍼하되, 어떠한 상황에서라도 여호와 하나님을 찬양하는 일을 절대 잊어서는 안 된다는 권면이다.